Leg
61

LA CHRONIQUE

DE

CHAMPAGNE.

PREMIÈRE ANNÉE.

TOME Ier.

LA CHRONIQUE

DE

CHAMPAGNE.

PUBLIÉE
SOUS LA DIRECTION DE MM. H. FLEURY
ET LOUIS PARIS.

TOME PREMIER.

(1ʳᵉ Année).

Reims,
AU BUREAU, RUE DE LA PEIRIÈRE, N° 16.

Paris,
CHEZ TECHENER, PLACE DU LOUVRE, N° 12.

M DCCC XXXVII.

REIMS.—IMPRIMERIE DE L. JACQUET.

HISTOIRE.

APERÇU GÉNÉRAL
DE
L'HISTOIRE DE CHAMPAGNE.

Ire Époque.

Romains et Franks.

L'Histoire est depuis long-temps le jouet des systèmes les plus opposés, parmi lesquels la vérité se débat et résiste, tour-à-tour mise à la question par les progressifs et les rétrogrades, ces obstinés tourmenteurs, torturant le passé pour le contraindre à s'avouer, ou exclusivement riche de félicité, de merveilles et de gloire, ou uniquement coupable d'ignorance, de barbarie, d'absurdité. Les rétrogrades, dans leur fanatisme du passé, ont du moins sur les progressifs cet avantage qu'ils ne haïssent que le présent, tandis que ceux-ci, fantastiques admirateurs d'un avenir à qui seul appartient l'imaginaire perfection qu'ils ont rêvée, méprisent également, et le passé, qui a le tort irréparable de n'être pas l'avenir, et le présent, qui par malheur ne peut plus l'être. Entre ces deux mensonges, diffamation et panégyrique, se glisse, mais à grand'-peine, la véridique histoire, qui, laissant le présent pour ce qu'il est, accepte le passé pour ce qu'il fut, et dont le travail purement rétrospectif, se borne à remonter les siècles écoulés, pour s'y placer au même point de vue que les contemporains eux-mêmes. Elle voit, elle ne crée pas ; elle perçoit, elle n'imagine pas, non pourtant que sa vision et ses perceptions doivent être, comme quelques modernes l'ont paru croire, matérielles et passives. L'histoire en effet n'est ni un aride procès-verbal, ni un miroir inerte et muet ; encore moins est-elle une chronologie fataliste. Toute perception arrive à son intelligence, et provoque en elle un sentiment ou un jugement, et il ne lui est pas plus possible de se mutiler, en s'isolant de sa partie intellectuelle, qu'il n'est donné à l'homme de nier les idées qui constatent ses sensations.

C'est d'après ces principes, qu'il importait de formuler ici, mais non de développer plus longuement, que nous tenterons de reproduire l'ancienne Champagne avec ses cités gauloises et son druidisme, ses municipalités romaines et ses voies impériales ; sa constitution politique et religieuse ; ses arts et sa gloire militaire ; son importance commerciale et agricole, et par-dessus tout, cet esprit de franchise personnelle et de liberté publique, qui se retrouve énergique et vivace dans toutes ses institutions, comme dans tous les faits de son histoire.

La liberté n'est pas chose nouvelle dans notre patrie, et dès avant la domination romaine, l'élection populaire fut le principe d'organisation politique des cités gauloises, qui, comme Troyes, Reims, Langres, unissaient en une forte confédération plusieurs tribus indépendantes, gouvernées par un Conseil central où siégeaient les élus de chaque canton. Après l'occupation romaine, plusieurs des cités gauloises, notamment en Champagne, conservèrent leur régime municipal, et leurs noms distincts de celui de la nation dont elles étaient capitales. Ainsi Reims ne quitta son nom de *Durocortorum*, pour celui de *Remi*, Langres, son nom de *Automadunum*, pour celui de *Lingonæ*, et Troyes son nom latin de *Augustobona*, pour celui de *Trecæ*, que sur la fin du troisième siècle (1). Ces changements qui, en restreignant à un seul point l'appellation géographique d'une grande contrée, circonscrivaient toute une nation dans une petite ville, durent s'opérer alors que la race gauloise des campagnes, plus immédiatement en but à toutes les vexations de la conquête, et livrée sans défense aux ravageurs du Nord, eut disparu, errante et fugitive en des lieux inaccessibles, éteinte ou dispersée par la misère et l'esclavage, absorbée peut-être, mais pour une bien petite portion, dans les mœurs et les habitudes de la race conquérante.

Ces diverses causes de dépopulation agirent, chacune en son temps, avec assez d'intensité, pour que, dans l'espace des deux premiers siècles de leur domination, les Romains effrayés de tant de terres incultes et des pertes qu'en éprouvait le revenu public, transplantèrent ou tolérèrent successivement dans les Gaules Belgique et Celtique de nombreuses colonies, soit d'Helvétiens qui fondèrent les *Riceys*, soit de Bataves, dont les campements devinrent le bourg de *Passavant*, soit enfin de Franks prisonniers de guerre, qui furent répandus sur les terres des Lingons et des Tricasses, pour les cultiver (2). Le sort de ces colons ne fut pas meilleur que celui des anciens habitants. Il faut entendre Salvien rappelant les misères de la Gaule, à cette funeste époque : « Je vais, dit-il, parler de » ces malheureux qui, dépouillés, flagellés, assassinés par » des juges iniques et sanguinaires, rejetèrent bien loin » leur droit à la liberté romaine, pour se venger du nom » Romain et le flétrir ; nous leur imputons leur misère,

(1) Chronicon Lingonense.
(2) Chron. Ling.

» nous les accusons de leur malheur, nous voulons leur
» infliger notre propre honte; mais d'où vint donc leur
» sédition? sinon de nos injustices et de la prévarication de
» ces magistrats, agents de proscriptions et de rapines, qui,
» au nom du trésor public, exerçaient pour le compte de
» leur cupidité, d'odieuses exactions, et prélevaient les
» tributs au profit de leur insatiable rapacité (1) ». Dans
une telle situation, les divins enseignements dont le vieux
monde commençait à s'émouvoir, furent un don doublement céleste pour ces peuples si misérables. L'Evangile
leur fut une autre patrie, dans laquelle ils se retrouvaient
encore égaux et libres, et les espérances d'une vie meilleure durent pénétrer bien avant dans ces cœurs ulcérés.

Déjà Sinicius et Sixtus à Reims, Memmius à Châlons,
Benignus à Langres et à Dijon, avaient annoncé la *Bonne-Nouvelle* de la résurrection des peuples et de la fraternité
des hommes. La parole des saints ranima l'ardeur éteinte
du patriotisme, rapprocha les lambeaux épars de cette
société brisée; et autour du dogme chrétien, mal compris
peut-être, mais vivement senti par des hommes grossiers,
vint se grouper la grande ligue des *Bagaudes*. Quelques
historiens ont appelé brigands ces hommes forts, ces
patriotes dévoués auxquels se heurta la tyrannie romaine, et qui, se retournant contre elle, la frappèrent à
mort dans de rudes combats; et en vérité ils étaient des
brigands, comme le furent depuis les vieux chrétiens de
Pélasge, comme le sont aujourd'hui les Irlandais d'O'Connel. Vingt ans environ après la formation de cette ligue,
le chef de la légion Thébaine, Maurice, répondait à l'ordre
de marcher contre les Bagaudes : « Mes soldats et moi nous
» combattrons, pour l'Empereur, les infidèles et les Barbares, mais nous ne frapperons pas nos concitoyens et

---

(1) Salv. de prov. Lib. V.

»nos frères (1)». Et le pieux Maurice et ses compagnons payaient de leur vie leur chrétienne et patriotique résistance. Il était impossible que, toute sainte qu'elle fût dans son principe et dans son but, cette vaste association d'hommes aux mœurs âpres et farouches, endurcis par la misère, aigris par la proscription et traqués comme bêtes fauves, n'excitât bien souvent dans ses mouvements tumultueux, d'affreux bouleversements et d'immenses désordres. Les villes fermées, qui tenaient pour les Romains ou étaient tenues par eux, furent plus d'une fois mises en péril par les troupes de la ligue. Ce fut alors que les Evêques de la Gaule qui, dans leur indépendance spirituelle, étaient les pères communs des Gaulois soumis et insoumis, et entretenaient avec les uns et avec les autres les relations nécessaires de leur apostolat, s'entremirent, non pour César ou pour la Bagaude, mais pour l'humanité. Il se fit comme une paix tacite entre les Gaulois des villes, sujets de l'Empire, et ceux des campagnes, mis hors la loi de l'Empire.

Dans cette position élevée d'où ils dominaient les éléments épars d'une société expirante et d'une société prête à naître, les Evêques, seuls et véritables représentants du peuple qui les élisait librement, seuls dépositaires de sa pensée, seuls organes de ses besoins et de ses vœux, devinrent nécessairement les chefs de la nation et les arbitres de son sort. Les lois de l'Empire, expression de ce nouveau rapport social, leur avaient conféré, dans l'ordre judiciaire, un droit de souverain arbitrage en toutes causes, dans l'ordre administratif, les plus importantes attributions du pouvoir municipal, et bientôt ils furent encore le seul pouvoir politique pour des populations, que la lâcheté des Empereurs ou leur impéritie abandonnait aux incursions des Barbares. « Les Evêques, suivant l'ex-

(1) Vit. S. Babol. D. Bouquet.

» pression d'un habile historien, étaient les plénipotentiaires
» des cités gauloises, soit avec l'Empire qui s'éloignait d'el-
» les, soit avec les Germains qui approchaient (1) ». Mais
n'oublions pas, comme l'a fait cet écrivain, qu'ils ne remplissaient de si nobles devoirs qu'au péril de leur vie, et
que Didier de Langres, en 264 (2), Nicaise de Reims, en
405, et tant d'autres en différents temps, périrent massacrés, au moment où ils venaient, seuls et seulement armés de vertus et de saintes paroles, solliciter la paix pour
leurs peuples vaincus. Plus heureux furent Albin de Châlons, et Loup de Troyes, qui surent se concilier le farouche Attila, et épargner à leurs cités la redoutée visite
du Fléau de Dieu.

Les seules nations d'origine teutonique qui, à la fin du
cinquième siècle, se fussent établies dans les Gaules avec
quelques conditions de stabilité et quelque régularité dans
leurs formes sociales, étaient, au Sud les Wisigoths maîtres
des contrées méridionales qu'encadrent dans leurs rives,
l'Océan, la Méditerranée, le Rhône et la Loire; à l'Est les
Burgondes, conquérants du pays entre le Rhône et le Jura,
et au Nord les Franks, possesseurs de tout le territoire
depuis le Rhin jusqu'à la Somme. Ces derniers étaient fameux par leur férocité guerrière qu'exaltaient encore,
loin de la modérer, les superstitions païennes de la secte
d'Odin. Les deux autres au contraire, avant même leur
entrée dans la Gaule, avaient atteint déjà un certain degré
de civilisation, tant par leur initiation à la foi chrétienne,
que par de fréquentes relations, hostiles ou pacifiques,
avec l'Empire romain. Mais en même temps ils apportaient avec eux la grande erreur de l'Arianisme, erreur
fortement enracinée dans des esprits incultes et peu capables d'abstraction métaphysique, et qui, une fois admise

(1) Aug. Thierry. Hist. de la Conquête de l'Angleterre. Liv. I.
(2) Chron. Ling.

en principe, n'allait à rien moins dans ses conséquences, qu'à la ruine totale du Christianisme. Au milieu de ces peuples, les Evêques gaulois délaissés par l'Empire, dont l'ombre seule pesait encore au monde, se voyaient par le fait de ce complet abandon, dans l'obligation de remplacer par une nationalité nouvelle, la nationalité ancienne dont tous les ressorts étaient rompus. Les éléments sociaux dispersés et confondus dans de vastes ruines, ne pouvaient plus se rapprocher ni se coordonner en une forte unité, que par l'effort combiné d'une doctrine absolue, comme le catholicisme, et d'une force irrésistible, comme était alors celle qui débordait du Nord : la doctrine, puissance d'attraction, la force, puissance de cohésion, deux agents nécessaires de la formation et du progrès des sociétés. Or la doctrine n'était plus à chercher, la Gaule s'était faite et voulait être chrétienne; quant à la force, elle s'offrait sous trois noms différents, les Wisigoths, les Burgondes, les Franks, entre lesquels il fallait subir la nécessité d'un choix. Tous trois se présentaient au même titre, l'occupation; tous trois étaient l'expression d'un même fait, l'invasion.

Ce fut à ce moment solennel où l'Episcopat était en travail de la société française, que saint Remi fut élevé sur le siège métropolitain de Reims. Les diverses contrées de la Celtique et de la seconde Belgique, dont la réunion a formé depuis la province de Champagne, étaient la plupart encore libres du joug. Souvent envahies, mais jamais conquises, elles avaient échappé à l'occupation, bien moins sans doute par les succès guerriers de leurs habitants, réputés toutefois les plus braves de la Gaule, que par le mépris des Barbares pour un sol ingrat, et, sur plusieurs points, rebelle à toute culture. La position du chef de l'Eglise Belgique était donc éminemment favorable à la faculté d'option qu'il était contraint d'exercer. Les Wisigoths étaient trop éloignés pour qu'on en pût attendre une réaction prompte et efficace contre les Franks, qui, au Nord, comme les Burgondes à l'Est, serraient de si près la Champagne, qu'elle ne pouvait plus se soustraire aux uns, qu'en se donnant aux autres. D'ailleurs les Wisigoths ainsi que les Burgondes étaient séparés de l'Eglise par l'anathème fulminé à Nicée contre Arius et sa doctrine. Les Wisigoths étaient arrivés dans leur conquête, suivis de tout un clergé arien, qui s'était le plus souvent substitué au sacerdoce catholique, par intrusion et de vive force (1). Les Burgondes, moins pressés peut-être de renverser l'Eglise établie, avaient enlevé d'abord aux ministres orthodoxes toute influence et toute valeur sociales, en les excluant des affaires et des positions importantes. Ainsi, d'un côté comme de l'autre, il y avait péril et pour la société chrétienne et pour ses chefs. Et certes ce serait une atroce dérision de prétendre que, dans une telle situation, les prélats gaulois eussent dû, renégats de la foi romaine qu'ils enseignaient, traîtres aux populations catholiques dont ils tenaient leur mandat, et lâches déserteurs de leur propre dignité, se livrer en proie à un principe ennemi qui, tout au plus, eut accordé tolérance aux doctrines qui, jusque-là régnaient seules et sans partage. C'eût été de la démence et le plus absurde des suicides (*).

(1) Greg. Tur. Hist. Lib. II, cap. 23, 26, 36. Lib. III, cap. 2.

(*) Un historien, dont l'autorité en ces matières est imposante à plus d'un titre, M. Augustin Thierry n'est pas de cette opinion. Il parle d'une manière assez méprisante et des Franks, et des Evêques gaulois et de leur résolution dans cette grave conjoncture. Il reproche au clergé son peu de reconnaissance, et envers le peuple Burgonde, qui voulait bien souffrir les catholiques dans leur propre patrie, et envers le peuple Wisigoth qui, moins tolérant, les persécutait: «Les Burgondes étaient ariens, dit M. Thierry, c'est-à-dire qu'ils ne

Ce n'est pas que les Francks, qui étaient païens, fussent bien vivement désirés ni désirables, et l'on peut croire que saint Remi se tourna d'abord vers les Burgondes, que recommandaient un certain esprit d'ordre et des habitudes laborieuses. Mais avant de leur confier le dépôt de l'unité nationale, il voulut les ramener à l'unité religieuse, dont elle devait être le corollaire. A sa sollicitation, des conférences s'ouvrirent à Lyon, dans le palais de Gondebald, entre les Catholiques et les Ariens ; la discussion fut animée et savante de la part des premiers, aigre et désordonnée du côté de leurs adversaires. Gondebald et sa cour inclinaient déjà pour la foi gauloise, quand les emportements des Burgondes rompirent la conférence et ruinèrent tout espoir de rapprochement.

croyaient pas que la seconde personne de la Trinité fut un Dieu comme la première ; mais malgré cette différence de doctrine, ils ne persécutaient nullement les prêtres et les évêques qui, dans leurs villes professaient le symbole adopté par l'Eglise romaine. Les évêques, peu reconnaissants de cette tolérance, correspondaient avec les Francks, pour les exciter à l'invasion, ou bien se prévalaient de la terreur de cette invasion pour persuader au roi des Burgondes, d'embrasser la foi romaine, qu'ils qualifiaient de seule véritable, évangélique et orthodoxe. Ce roi, nommé Gondebald, quoique barbare et maître, leur résistait avec une grande douceur; tandis qu'eux lui parlaient avec un ton de menace et d'arrogance, l'appelant insensé, apostat et rebelle à la loi de Dieu. « Si votre foi est la meil-
» leure, répondait-il patiemment, pourquoi vos frères de religion
» ne le prouvent-ils pas en empêchant le roi des Franks de marcher
» contre nous pour nous détruire? » — L'entrée des Franks fut la seule réponse à cette question embarrassante.

La mansuétude de caractère que le savant auteur de l'*Histoire de la Conquête de l'Angleterre*, prête à Gondebaud, contraste quelque peu avec l'idée qu'en donne Grégoire de Tours. « Gondebaud, dit le chroniqueur, égorgea son frère Chilpéric : et ayant attaché une pierre au coup de sa femme, il la noya. Il condamna à l'exil les deux filles de Chilpéric, etc. »

Force fut alors de s'adresser aux Franks, et saint Remi, d'abord au moyen de négociations habilement dirigées, puis grâce à l'ascendant qu'exerce toujours le génie inspiré par la vertu, amena bientôt Chlodowig (1) à la croyance des vérités chrétiennes (*). Dès que ce prince eût été admis au nombre des néophites, le grand Evêque, d'accord avec les diverses Eglises gauloises, conclut l'arrangement qui proclama Chlodowig chef de la Gaule, et confondit la nationalité gauloise dans la nationalité franke, réservant à chacun le bénéfice de la loi civile sous laquelle il était né, et les conditions d'existence politique, dans lesquelles il se trouvait. Deux faits d'une haute gravité devinrent la sanction immédiate du nouveau pacte social. Le baptême de Chlodowig et des hommes-forts qui l'avaient suivi, réunit Franks et Gaulois en une seule idée morale et civilisatrice ; et un partage de terres, qui s'opéra entre les Franks, fixa les uns et les autres sur le sol d'une

(1) On a suivi, pour l'orthographe des noms franks, le savant travail de M. Aug. Thierry.—Lettres sur l'histoire de France.—Appendice.

(*) Voici en quels termes Grégoire de Tours raconte la conversion de Clovis. « La reine manda en secret saint Remi, évêque de Reims, le priant de faire pénétrer dans le cœur du roi la parole du salut. Le pontife ayant fait venir Clovis, commença à l'engager secrètement à croire au vrai Dieu, créateur du ciel et de la terre, et à abandonner ses idoles, qui n'étaient d'aucuns secours ni pour elles-mêmes, ni pour les autres. Clovis lui dit : Très saint père, je t'écouterai volontiers, mais il reste une chose, c'est que le peuple qui m'obéit, ne veut pas abandonner ses dieux ; j'irai à eux et je leur parlerai d'après tes paroles. « Lorsqu'il eût assemblé ses sujets, avant qu'il eût parlé, et par l'intervention de la parole de Dieu, tout le peuple s'écria unanimement : « Pieux roi, nous rejetons les dieux mortels, et nous sommes prêts à obéir au Dieu immortel que prêche saint Remi. » On apporta cette nouvelle à l'évêque qui, transporté d'une grande joie, ordonna de préparer les fonts sacrés. On couvre

commune patrie. Comment et aux dépens de qui se fit ce partage ? C'est un point encore obscur ; ce qu'il y a de plus certain, c'est que les Gaulois propriétaires de terres, continuèrent à l'être, et ce qui semble assez probable, c'est que les Franks se seraient bornés à prélever sur les anciens maîtres, et dans des proportions déterminées, le mobilier, les capitaux et les serfs nécessaires à l'exploitation du sol, dont la propriété leur était dévolue.

Bientôt Chlodowig, déjà possesseur des deux Gaules Belgiques et de la Neustrie, le fut encore des Armoriques, de l'Aquitaine et de la Narbonnaise. Quant aux Burgondes, on leur rendit tolérance pour tolérance, et leurs Rois ne furent d'abord que tributaires de l'Empire frank. D'ailleurs, le mariage de Chlodowig avec Chlotilde, préparait à sa race des droits éventuels au royaume de Bourgogne, qui tarda peu à rentrer dans l'ensemble de l'unité

---

de tapisseries peintes les portiques intérieurs de l'église, on les orne de voiles blancs, on dispose les fonts baptismaux : on répand des parfums, les cierges brillent de clarté, tout ce temple est embaumé d'une odeur divine, et Dieu fit descendre sur les assistants une si grande grâce, qu'ils se croyaient transportés au milieu des parfums du Paradis. Le nouveau Constantin s'avance vers le baptistère, pour s'y faire guérir de la vieille lèpre qui le souillait, et laver dans une eau nouvelle les taches hideuses de sa vie passée. Comme il s'avançait vers le baptême, le saint de Dieu lui dit de sa bouche éloquente : « Sicambre, abaisse humblement ton cou : adore ce que tu as brûlé, brûle ce que tu as adoré. »—Saint Remi était un évêque d'une grande science, et livré surtout à l'étude de la rhétorique. Il était si célèbre par sa sainteté, qu'on égalait ses vertus à celles de saint Sylvestre. Nous avons un livre de sa vie, où il est dit qu'il ressuscita un mort.—Le roi ayant donc reconnu la toute-puissance de Dieu dans la Trinité, fut baptisé au nom du Père, du Fils et du Saint-Esprit, et oint du saint-chrême avec le signe de la croix : plus

politique, qui devait un jour s'appeler la France. La Gaule, suivant l'organisation administrative créée par les Romains, était alors et se conserva divisée en duchés, comtés et centenies, dignités, qui étaient tout ensemble offices et bénéfices, mais toujours précaires et amovibles. Sous les premiers Mérovingiens, on les voit conférés à des chefs, soit franks, soit gaulois. Le duc, le comte, le centenier, chacun dans sa juridiction, exerçait le triple pouvoir militaire, judiciaire et administratif, et il suffit d'indiquer ce fait pour indiquer tout ce qu'il recélait de dangers, tant pour la liberté des peuples que pour l'autorité des Rois.

Après Chlodowig, la monarchie fut, par une déviation fatale du principe d'unité, dont le vainqueur frank avait été l'énergique et parfois sanguinaire expression, divisée, suivant la coutume salique, entre ses quatre fils. Théoderik Ier eut l'Austrasie, où furent compris la Champagne Rémoise, et le comté d'Ardennes qui, avec la tour de Rethel (1), bâtie sur la lisière de *la Forêt Profonde*, était depuis longtemps dans une même famille franke, issue,

(1) Rethel.—*Regitestia* ou *Regitesientia*. Marque ou borne du royaume.

---

de trois mille hommes de son armée furent baptisés. On baptisa aussi sa sœur Albophlède, qui, quelque temps après alla rejoindre le Seigneur. Comme le roi était affligé de cette perte, saint Remi lui envoya pour le consoler, une lettre qui commençait ainsi : « Je suis affligé autant qu'il faut de la cause de votre tristesse, la mort de votre sœur Albophlède, d'heureuse mémoire : mais nous pouvons nous consoler, car elle est sortie de ce monde plus digne d'envie que de pleurs. »—La reine Clotilde, pleine de jours et riche en bonnes œuvres, mourut à Tours, du temps de l'évêque Injuriosus, (vers 545). Elle fut transportée à Paris, suivie d'un chœur nombreux qui chantait des cantiques sacrés et ensevelie par ses fils, les rois Childebert et Clotaire, dans le sanctuaire de la basilique de Saint-Pierre, à côté du roi Clovis. Elle avait construit cette basilique où est ensevelie aussi la bienheureuse Geneviève.

(GRÉGOIRE DE TOURS. *Hist. des Franks. Liv.* 11. *Trad. de M. Guizot.*)

dit-on, du roi Clodion, et de laquelle sortirent plus tard, par Peppin de Héristal, la grande race des Carlovingiens, et la maison des comtes de Champagne. Reims fut la capitale de ce royaume, auquel Théoderik réunit en 521 la cité de Langres et d'autres territoires du royaume de Bourgogne. C'est vers ce temps que Chlodoald, fils du roi Chlodomir d'Orléans, fit donation à saint Remi de la terre de Douzy avec ses dépendances, qui comprenaient entre autres, le village de Sedan. Précédemment l'Evêque de Reims avait acquis d'Euloge, qui lui devait la vie, la terre d'Epernay, qu'il incorpora, avec celle de Douzy, et ses biens patrimoniaux du Porcien, au domaine de l'Eglise de Reims.

En 559, Chloter Ier restait seul des enfants de Chlodowig, et seul chef de l'Empire Frank. Dans le partage de sa succession entre ses quatre fils, l'Austrasie échoit à Sighebert Ier, qui réside tantôt à Reims, tantôt à Metz. Sous ce règne et les suivants, la Champagne est ensanglantée par des guerres continuelles. En 566, Sighebert épouse l'héroïque et tant calomniée Brunechilde d'Espagne, dont le nom se lie dans tous les souvenirs, à ceux de Frédégonde et de Chloter II, de Soissons, comme le remords s'attache aux crimes. Hildebert, enfant mineur, succède à Sighebert Ier, assassiné devant Tournay. Pendant sa minorité, Loup, duc de Champagne, menacé par les intrigues d'Ursion et de Bertefred, Fidèles du jeune Roi, proclame l'Ost dans son duché, et vient camper avec ses troupes non loin d'Olumna, aujourd'hui Saint-Dizier. Ses ennemis avancent de leur côté à la tête d'une armée, et l'action allait s'engager quand Brunechilde, que les Leudes d'Austrasie tenaient loin des affaires, accourt de sa résidence de Ponthyon, près de Vitry en Perthois. Elle avait revêtu l'armure des guerriers, elle s'élance à cheval entre les deux troupes ennemies, et là, oubliant sa vie menacée, son caractère brutalement outragé, elle invoque, intrépide et dévouée, la fidélité promise des deux côtés au jeune Roi dont elle est mère. Tant d'héroïsme empêche le combat ; mais le duc Loup n'en est pas moins forcé de se réfugier près de Gonthram, roi de Bourgogne. Cependant Gilles, évêque de Reims, l'un des chefs de la faction opposée à Loup, entre dans un complot d'assassinat ourdi par Frédégonde contre le roi d'Austrasie et sa famille. Il est convaincu de ce crime, déposé dans un concile et relégué à Strasbourg.

En 593, Hildebert réunit à l'Austrasie la Bourgogne, dont il était héritier. Car, dès sa quinzième année, le bon roi Gonthram, son oncle, l'avait amené dans l'assemblée de ses Leudes, lui avait mis sa propre lance dans la main, et de ce jour, Hildebert avait été son fils. Ce prince mourut en 596. On a de lui un édit donné à Cologne, en 595, monument curieux de législation civile et criminelle. Cet acte souverain, qui n'est que le résumé des résolutions prises par les assemblées annuelles des Calendes de mars, admet la représentation indéfinie dans les successions en ligne directe ; autorise la prescription *décennale*, par la possession paisible, dans le ressort d'un même comté ; cette prescription toutefois ne s'acquiert que par *vingt ans* contre les mineurs, et si le litige s'élève entre des ressortissants de comtés différents, elle ne peut être que *trentenaire*. Il déclare non rachetable la peine de mort encourue par les homicides ; mais il veut en même temps que, pour tout crime emportant la peine capitale, l'accusé ne soit condamné qu'après que cinq ou sept hommes de bonne foi et non suspects de haine, l'auront sous serment déclaré coupable. Le même édit veut que tout centenie et tout Leude soient responsables des dommages provenant du fait des brigands qu'ils auront soufferts dans l'étendue de leurs territoires. Ce code en vérité ne paraît pas trop barbare ; et c'est peut-être dans celle de ses dispositions où se retrouve notre institution du jury, qu'il faut chercher l'origine des sept pairies de Champagne, dont les titulaires, comtes de Joigny, Rethel, Roucy, Brienne, Grandpré, Bar-sur-Aube et Bar-sur-Seine, siégeaient comme juges, avec le comte de Champagne, dans les plaids généraux.

En 596, Théodebert, fils de Hildebert, succède au royaume d'Austrasie, et choisit Metz pour sa capitale. Théoderik son frère eut la Bourgogne, et Brunechilde leur aïeule ressaisit l'influence dans les deux royaumes. Mais bientôt fuyant la vengeance des Leudes d'Austrasie, et la révolte des Champenois irrités de la mort de leur duc Wintrio, dont on l'accusait, cette princesse quitte Metz, et vient, seule et délaissée, s'égarer dans les environs d'Arcis-sur-Aube, d'où elle gagne à grand'peine les terres de Bourgogne. Après une lutte fratricide de plus de douze années, durant laquelle les intervalles de paix et de guerre furent également funestes aux populations, Théoderik assiège dans Cologne son frère Théodebert; les habitants de la ville massacrent l'Austrasien, et sa tête fixée sur le bout d'une pique est offerte au vainqueur : c'est la rançon des assiégés. Théoderik jouit peu du fruit de ce meurtre; il mourut à Metz en 613.

Le gouvernement de ses états tomba aux mains des maires du palais Warnaher, de Bourgogne, et Radon, d'Austrasie. Ces puissants dignitaires exerçaient la plénitude des pouvoirs judiciaire, militaire et administratif dans le royaume, comme les ducs, comtes et centeniers dans leurs circonscriptions respectives. Warnaher et Radon traitèrent avec Chlother II de l'héritage de Théoderik, et livrèrent en 616, au poignard du Roi de Soissons, les quatre enfants et l'aïeule de celui dont ils avaient été les Fidèles. Le prix de cette trahison fut la dignité de Maire du Palais, légalement reconnue inamovible et viagère. On a vu, dans ce qui précède, que les ducs prenaient les armes et soulevaient les peuples dès qu'ils craignaient la perte de leur dignité : il en fut souvent de même des comtes et centeniers. Ainsi toutes les fonctions étaient en réalité devenues viagères et inamovibles. Chacun s'y maintenait comme dans son propre domaine ; les offices eux-mêmes s'étaient en quelque sorte immobilisés, et le Souverain ne pouvait ni les modifier, ni les supprimer, ni les laisser vacants. Tel fut le premier germe de la féodalité, dans ses rapports avec le pouvoir central ; et l'on vit en 627, Chlother II, après la mort de Warnaher, maire du palais de Bourgogne, inviter les états de ce Royaume, assemblés dans la ville de Troyes, à délibérer sur l'élection d'un nouveau Maire du Palais. Cet office fut réuni à la couronne.

Parmi ces sanglants débats pour le partage du pouvoir, la liberté du pauvre peuple était bien compromise et bien peu respectée, et les villes alternativement prises et reprises se dépeuplaient de tous ceux que chaque vainqueur à son tour emmenait en esclavage, comme profits de sa passagère conquête. Aussi, en cette même année 627, l'Evêque de Reims, Sonnatius, présidait dans sa métropole un concile qui fulminait l'excommunication, arme si redoutée alors et si puissante, contre quiconque réduirait un homme libre en servitude, ou refuserait de le rendre à la liberté sur une simple monition de l'évêque (canon 19). Le même concile autorisait les Evêques et les prêtres à quitter leur ministère (canon 24) et à aliéner les biens de l'Eglise, pour aller racheter les captifs conduits en esclavage.

Chlother II, le troisième des Mérovingiens maîtres de la monarchie entière, mourut en 628, et eut pour successeur en Austrasie, Bourgogne et Neustrie, Dagobert I, reconnu en cette qualité par les états des trois

Royaumes, assemblés à Reims. Dagobert fixa sa résidence à Paris. Les progrès de Mahomet qui, depuis environ six ans, fondait le règne du Koran par la parole et par le glaive, avaient éveillé toutes les sollicitudes de la Chrétienté, et ranimé les relations entre l'Orient et l'Occident. Le commerce et l'industrie en profitèrent, et si de curieux ouvrages de ce temps n'étaient venus jusqu'à nous, à peine voudrait-on croire aux merveilles qu'enfanta le génie de l'opulent Eloi, artiste et négociant habile, puis saint Evêque de Noyon, et prudent argentier du Roi. Les Australiens faisaient depuis long-temps un commerce actif avec le Levant : leur route était par l'Allemagne. Au temps de Dagobert, un certain Samon, né en Champagne, selon la plupart des historiens, et, de simple aventurier, devenu chef de la ligue des Esclavons-Vénèdes, fit essuyer au commerce frank de rudes avanies. Le Roi réclama, par ses envoyés, la restitution des marchandises et certaines indemnités. Cette démarche fut sans succès. L'hériban fut proclamé en Austrasie, et à travers les vicissitudes d'une guerre acharnée, Dagobert réduisit les Vénèdes.

Sous ce règne et le précédent, Peppin, dit l'Ancien, d'une famille illustre et puissante, fut Maire du Palais d'Austrasie. Il mourut en 639, un an après Dagobert, et huit ans après l'avènement du fils de ce prince, Sighebert II : son père s'était vu forcé de céder à ce dernier la couronne d'Austrasie, pour apaiser les mécontentements de ce Royaume, soulevé par la crainte que sa réunion avec d'autres contrées, sous un même sceptre, ne compromît son individualité territoriale et politique. Peppin eut pour successeur Grimoald son fils. Celui-ci, quand Sighebert II mourut, substitua au légitime héritier, son propre fils Hildebert, qu'il plaça sur le trône. Les Champenois coururent aux armes, et appuyés d'une armée neustrienne, chassèrent l'usurpateur, et en 656;

élurent roi d'Austrasie Hildérik , fils de Chlodowig II,
roi de Neustrie, le même qui, en 638, avait acquis
la terre d'Attigny, et commença, en y résidant quelquefois, l'illustration historique de ce bourg. Ce Chlodowig mourut en 660 ; et Chlother III, son second fils, et son successeur au préjudice de Théoderik, qui était l'aîné, le suivit en 668. Alors, et quoique Théoderik fut vivant, Hildérik d'Austrasie règne seul dans l'Empire frank, et périt en 673, assassiné avec son fils et la reine Bilihilde, son épouse, qui était enceinte. Théoderik III le remplace, et, cédant à la force des armes, confère à Ebroïn, son vainqueur, la dignité de Maire du Palais.

Ebroïn, odieux par ses exactions et ses crimes, avait eu pour auxiliaire Waimer, duc de Champagne. Il lui donna, pour prix de ses coupables services, l'Evêché de Troyes, puis après le persécuta et le relégua dans un cloître. Waimer, duc de Champagne et Evêque de Troyes, rendu à la liberté par la mort d'Ebroïn en 688, fit, en expiation de ses crimes, le pèlerinage de Jérusalem, en compagnie de saint Berchaire, fondateur de l'abbaye de Montier-en-Der et de celle d'Hautvillers. Vers ce temps, furent aussi fondés par sainte Berthe, femme d'un frère de la reine Bilihilde, le monastère et le bourg d'Avenay, non loin du château de Vernay, bâti par Brunechilde dans la forêt de Reims.

Cependant les Austrasiens, toujours ardents à la défense de leur indépendance nationale, et animés d'une haine violente contre Ebroïn, refusèrent de proclamer Théoderik III. Un fantôme de roi qui leur fut présenté sous le nom de Dagobert II, s'évanouit promptement. Ils élurent pour duc, Peppin de Héristall qui, débarrassé d'un collègue par les sicaires de Théoderik, s'intitula lui-même Duc et souverain seigneur d'Austrasie. Peppin continua la guerre contre Théoderik, et de succès en succès, le poursuivit jusque dans Paris, dont les bourgeois lui ouvrirent les portes. Le Roi vaincu se remit entre ses mains et abdiqua tout pouvoir, pour conserver le titre et les marques de la royauté. De ce jour, Théoderik et les Mérovingiens ses successeurs régnèrent, et ne gouvernèrent pas.

« En sa chaire séoit le Roi, la barbe sur le pis (poitrine), et les » cheveux épars sur ses épaules : les messagers qui de divers parts » venoient, oyoit, et leur donnoit telle réponse comme le Maire lui » enseignoit et commandoit, comme si ce fut de son autorité. »

Après avoir cité ce texte, Pasquier ajoute : « on peut voir que nos Rois n'étoient dans ce temps-là que comme des images et pourtraictures. »

« Il est certain, dit Montesquieu (1), que, dès le moment de la victoire du duc Pépin, sa famille fut régnante, et que celle des Mérovingiens ne le fut plus. »

Dès ce moment aussi commença, pour la Champagne, détachée du royaume d'Austrasie, une nouvelle ère politique, qui aboutit à l'époque féodale de son existence, comme nation indépendante, sous des Comtes souverains.

H. FLEURY.

(1) Esprit des Loix, Liv. 51. Ch. 16.

(*La suite au prochain numéro*).

PALEOGRAPHIE.

JEHANNE LA PUCELLE
à Reims.

Extrait de Cocquault.

(ANNÉE 1429).

(Le chanoine Cocquault a laissé sur l'histoire de Reims cinq gros volumes in-f°, dont on a imprimé seulement la table des matières (Reims, v° Bernard, 1650, pet. in-4°). Il est mort le 11 janvier 1645. — Ses manuscrits, qui se trouvent à la bibliothèque de Reims, sont infiniment précieux).

Le grand partisan d'Angleterre Pierre Cauchon, Evesque de Beauvais, estoit à Reims le jour de la feste du St-Sacrement : ce fut lui qui porta le St-Sacrement à la Procession : il venoit dire adieu à sa patrie pour jamais, et qu'il ne la verroit plus en sa perfidie, que bientot elle debvoit quicter (1).

(*Incidence*). Le 25 mai, Le soubs chantre de l'église de Reims donna à la bibliothèque de l'église de Reims, une

---

(1) Quelques écrivains ont dit que Pierre Cauchon était de l'ancienne et noble famille des Cauchon, de Reims, dont descendaient les seigneurs de Maupas, du Terrier, d'Unchair, de Sommièvre et autres. C'est une erreur : ce qui a pu contribuer à la propager, c'est qu'au temps de Charles VI et Charles VII on voit en effet figurer comme lieutenant de la ville de Reims, Jean Cauchon, seigneur de Gueux, homme d'une grande vertu : les Rémois, après le sacre de Charles VII, se rendirent auprès de ce prince garants de sa fidélité, de sa valeur, du grand devoir qu'il rendoit pour conserver la ville dans son obéissance, et comme il y travailloit nuit et jour, n'épargnant ses moyens pour ce faire. — Pierre Cauchon, au contraire, l'un des bourreaux de Jeanne d'Arc, était de fort vile extraction, fils d'un manouvrier, d'un vigneron des environs de Reims : c'est du moins ce qu'assure Juvénal-des-Ursins, qui, mieux que personne pouvait le savoir. C'est donc à tort aussi, que dans les *Annales de Flandres* (liv. XVI), Meyer le dit anglais d'origine. L'un des plus chauds partisans de l'Angleterre et du duc de Bourgogne, il devint vuidame de Reims, puis dès 1420 Evêque de Beauvais. En 1429, quand Beauvais fut repris par Charles VII, Pierre Cauchon se rendit à Reims, espérant bien conserver cette ville aux Anglais. Obligé de renoncer à cet espoir, il alla rejoindre l'ennemi : Charles VII, en raison de son absence et de sa félonie, saisit en 1430, le temporel de son évêché. On sait comment Pierre Cauchon s'en vengea sur l'héroïne de Vaucouleurs. En 1432, le roi d'Angleterre, voulant payer ses services, lui donna l'évêché de Lizieux, qu'il ne garda pas long-temps; il mourut subitement en 1443, tandis qu'il se faisait raser. Le Pape Calixte IV l'excommunia après sa mort : ses ossements furent déterrés et jetés à la voirie. — Triste célébrité pour le pays de Reims qui l'a vu naître !

(Note des Edit.).

des belles bibles manuscriptes qui se peut voir, en quatre très grands volumes et très bien escripts : (1) et si, il donna à l'église une très belle croix d'or, aux costez de laquelle sont quatre perles et une pierre cristaline au milieu. Je crois qu'elle s'y voit encore.

Le 13 juillet, nos Rémois qui estoient Anglois au possible, furent grandement saisis et allarmez de peur : l'on fait garde de tous costés, l'on se prepare au siège, l'on en fait les provisions ; car l'oracle du Ciel avoit fait savoir que Dieu avoit ordonné et denoncé au Roi, par Jehanne la Pucelle, que maintenant estoit venu le temps de sa consécration ; qu'il plaisoit à la divine volonté que le Roi vint à Reims pour estre oint de la sainte et sacrée onction, en la manière de ses prédecesseurs rois, et recevoir le diadème royal, et pour laquelle seule chose son nom debvoit estre plus vénérable au peuple françois, et plus redoutable aux ennemis : qu'elle luy debvoit ouvrir les chemins, bien que toute la Champaigne, Brie, Picardie et toutes les terres de deçà la Loire fussent entre les mains des ennemis. Ce sont les paroles de Gaguin, qui doibvent estre ponctuellement considerées, *que Dieu veut que les Roys de France soient sacrés à Reims, et que ceste onction les rend redoutables.* Si le Ciel n'avoit parlé, et si l'histoire de la Pucelle n'estoit véritable, il y en auroient qui reputeroient cela à fable ; mais après cela, il n'y a plus rien à dire. — Et par effet, voici l'ouverture des chemins qu'elle luy faict par la Champaigne. Les Aussérois luy vindrent au-devant, près Saint-Florentin : delà le Roy se présente devant Troyes, y met le siège, la famine se met en l'armée du Roy : tous concluent au levement du siège ; la Pucelle seule y résiste, à laquelle le Roy preste fort, que dans deux jours les Troyens debvoient se rendre, ce qui arriva. Delà le Roy vint à Châlons, où il fut reçu par l'Evesque et les habitans en grande joye, qui avoient envoyés au-devant du Roy Dut...., Et estoit question de venir à Reims. Gaguin dit qu'il assalit Reims, ce qui ne fut jamais, mais comme les Rémois eurent appris les nouvelles de Troyes et de Chaalons, comme nous avons dict, la crainte les saisit, à cause qu'ils tenoient le parti anglois,

(1) Cette bible est passée de la bibliothèque du Chapitre de Notre-Dame, à la bibliothèque de la ville, où elle est aujourd'hui. Elle est en effet fort belle, de la fin du XIVe siècle ; les nombreuses initiales, lettres ornées et vignettes, peintes et rehaussées d'or, sont fort précieuses pour l'étude de l'art.   (Note des Edit.).

et qu'ils avoient garnison angloise : les Capitaines estoient les sieurs de Chastillon et de Saveuses, lequel de Chastillion se logea, le 6 may, au logis d'*Augier le Danois*, près de la Porte-de-Cérès, afin d'être perpétuellement sur le rempart et pour sçavoir ce qui s'y passoit. — Mais bientôt les cœurs de nos Rémois changèrent, et trouvans qu'ils estoient circonvenus, se rendirent facilement au Roi : car comme une rivière, lorsque on luy veult faire prendre un aultre cours que celuy qui luy est naturel, il y fault beaucoup de force et de peine ; mais pour la remettre en son premier bassin il ne fault qu'un petit pertuy : ainsy ceux de Reims qui avoient quicté le cours naturel de leurs affections envers leur Prince souverain, le voyant proche, tendent les bras, renoncent à l'affection anglitique, ambitieuse et cruelle, qui a tant causé de malheurs en France. Et en cest instant les Rémois se pensèrent jeter sur les partisans anglois qui les tenoient en servage. — Sçavoir : de Chastillon, de Saveuses et aultres.

L'ordre de la recognoissance fut telle, que le samedi xvi juillet, les habitans de Reims commencèrent à recognoistre leur Archevesque, Regnault de Chartres, lequel n'avoit pas encor entré à Reims pour faire aucune fonctions archiépiscopales, bien que ce fut la dix-septième année de son pontificat : d'aultant, que depuis ce temps l'Anglois et le Bourguignon s'estoient rendus maîtres des affections des habitants et ne voulurent recevoir leur Archevêque en raison qu'il tenoit le parti du Roy : mais au contraire le roy d'Angleterre fit tous saisir le temporel, ainsi qu'avons remarquez. Et depuis avoit été tant hay qu'un pauvre curé de Saint-Michel de Reims l'ayant esté veoir à Mouzon, fut à ce subject mis prisonnier.— Reims donc ouvre les portes à son pasteur, qui leur remonstra le chemin de la vérité : que Dieu commande d'obéir à leur Roy : et fist le dict Archevesque son entrée première solemnelle, en qualité de Duc et Seigneur de la ville et en qualité d'Archevesque : fut reçeu à l'église de Reims, en laquelle il presta le serment accoustumé de prester par les Archevesques, sur le grand autel de l'église, ledit jour xvie de juillet.

En même temps les habitants traictèrent et envoièrent les clefs au Roy qui estoit à Châlons. Le Roy entra à Reims donnant grâce aux habitants, au subject de son sacre : et fut sacré et coronné, (la Pucelle présente, suivant qu'elle luy avoit dict à Bourges et réitéré près de Gyen) par ledit Regnault de Chartres, Archevesque de Reims qui estoit Chancelier de France : auquel sacre les ambassadeurs des Princes et de plusieurs villes se trouvèrent, donnant grâces à Dieu de ce qu'il avoit rendu la liberté à la France. Ce sacre fut fait le 10 des kalend. de juillet qui est le 17 de ce mois : auquel jour je me suis rencontré à escrire cest article : et s'abusent ceux qui mettent le sacre au 8 juillet : car j'ay tiré en partie tout cecy des registres de l'église de Reims, de ceste année.

Le succès de la promesse de la Pucelle de conduire le Roy sacrer à Reims de la part de Dieu, donna du repentir à ceux qui vouloient détourner le roy Charles de se faire sacrer à Reims, disant qu'il estoit coronné à Poitiers, qu'il estoit Roy légitime par naissance, et que le sacre ne servoit de rien. Ceste Pucelle constamment s'opposa à ce dessein et soutint le sacre nécessaire, comme avons dict, et fut la vérification de la mission comme elle estoit envoiée de Dieu. Se trouvèrent en ce sacre : Jehan de Bourbon, duc d'Alençon : Charles de Bourbon, comte de Clermont, princes du sang : Artus de Bretaigne, Charles d'Anjou, fils du roy de Sicile et frère de la Royne : le comte Dunois, bastard d'Orléans, Charles d'Albret, le sieur Cullaut, admiral de France, les quatre maréchaux de France ; les sieurs de Boussac, de Lo....., de Lamesans, d'Aulain, et Lahire : et la Pucelle qui estoit conductrice de toute ceste magnifique et généreuse entreprinse, par le vouloir de Dieu, et estoit tenant son estandart blanc et ses armes.

Le Roy en son sacre érigea en Comté la seigneurie de Laval qui n'estoit que barronie, et fit chevalier le sieur de Laval, d'aultant qu'il luy avoit esté loïal. Trois jours séjourna le Roy à Reims puis se retira et fut à Saint-Marcoul, diocèse de Laon, prioré dépendant de l'abbaye de Saint-Remy de Reims, et là, leur est donnée la puissance de Dieu de guérir les escrouelles.

Le 22 juillet l'on fit processions générales non pour le bon succès des affaires des Anglois, ainsy que l'on avoit faict par le passé, mais pour celles du Roy. — Les frais du sacre se levèrent à Reims et furent jetez sur les héritaiges des chatellenyes dépendantes de l'Archevêché, d'aultant que les aultres terres en sont exemptez, aussi à ce subject ne doibvent point de rentes. — Monsieur de Reims prétendoit que les offrandes du sacre du Roy faictes en l'église de Reims lui appartenoient, mais ayant eu communication des tiltres et droits de l'église de Reims, se condamna luy-même.

Extrait de Marlot.

Guil. Marlot, bénédictin de la congrégation de Saint-Maur, né à Reims, auteur de *Metropolis Remensi historia* (Lille 1666, et Reims 1679), avait d'abord composé son ouvrage en français; on lui en fit reproche: il en retoucha le plan, les divisions, supprima de nombreux passages, et la recomposa en latin, telle qu'elle est imprimée. Heureusement le manuscrit original et autographe de son histoire française fut conservé. Il est à la bibliothèque de Reims; infiniment plus complet que l'ouvrage imprimé. Ce manuscrit est d'une grande ressource pour les recherches.—Marlot est mort en 1666.

Le Sacre de Charles VII arrivé pendant l'orage des guerres anglaises a eu des circonstances si admirables, qu'il est difficile de s'abstenir d'en dire quelque chose; bien qu'il soit rapporté fort exactement par quantité d'auteurs, vu que la résolution de la Pucelle, principale conseillère du voyage du roi à Reims, en un temps si désespéré, est une marque de l'estime qu'on a toujours faite de la sacrée onction : le roy pour en estre oinct ayant esté obligé d'exposer sa personne aux dangers, en traversant les provinces et se faisant passage dans les villes que l'Anglois occupoit.

Et pour commencer par le lieu où nacquit la généreuse amazone, quelques historiens rapportent qu'elle prit naissance en la paroisse de Saint-Remy, près Vaucouleurs, en Lorraine : afin que, comme ce grand apostre avoit contribué au bonheur de la France, en secondant les divines grâces pour attirer Clovis en la religion chrestienne, une fille née en un village de son nom et dépendant du domaine de son église, fut choisie du ciel pour rétablir le successeur légitime de Clovis, en la libre possession de ses estats. Elle avoit nom Jeanne d'Arcq, et fut eslevée en la crainte de Dieu dès son enfance, ayant particulière dévotion à la Vierge, à saint Nicolas et à sainte Catherine.

Quoique elle fut employée en un assez vil office par ses parens, néantmoins comme les plus grandes âmes ont esté particulièrement éclairées dans les déserts, aussi se retirant quelquefois derrière un buisson pour élever ses pensées au ciel, elle connut que la ville d'Orléans seroit délivrée du siège des Anglois, que la liberté seroit rendue au duc d'Orléans, prisonnier en Angleterre : que Charles VII recevroit la couronne à Reims, et qu'estant destinée pour l'accompagner, il falloit que, travestie en homme, elle l'allast trouver pour avoir armes et chevaux, afin qu'elle-mesme combattit pour son service. Elle n'entretenoit ses parens d'autres discours, pendant le siège d'Orléans : si qu'enfin elle fut menée devant Robert de Baudricourt qui l'envoya au Roy, retiré à Chinon, assez triste, et méditant sa retraite en Dauphiné. Là elle lui dit que Nostre Seigneur l'envoyoit vers lui pour le conduire à son sacre à Reims et pour délivrer Orléans de l'oppression des Anglois. Après quelque examen qu'on fit de sa mission et de son *integrité*, elle demanda au Roy une certaine espée qui estoit en l'église de Sainte-Catherine-du-Fierbois, enterrée derrière l'autel, avec l'armure d'un chevalier: ceste espée estoit marquée de trois croix, et la Pucelle s'en servit en ses hauts faits d'armes, faisant aussi arborer un estendard où estoit la figure de Jésus-Christ crucifié, tenant une fleur de lys en la main. Toutes ces choses faisant connoistre au Roy qu'il y avoit de l'extraordinaire en sa conduite, on résolut de lui donner des troupes pour secourir Orléans, comme elle fit, avec tant de bonheur et de générosité, qu'il n'est pas possible d'en considérer les effets sans admirer l'assistance de Dieu au rétablissement de cette monarchie.

Ayant donc contrainct l'Anglois d'abandonner ses bastilles devant Orléans, et deffaict ses superbes troupes en diverses rencontres, elle ne parla plus que de conduire le Roy à Reims pour estre sacré. Vous eussiez dit que c'estoit le principal but de sa commission, ou que le Ciel lui dictoit continuellement cette pensée, tant elle pressoit ce voyage contre le sentiment de ceux à qui l'expérience avoit appris de ne rien hazarder. Car à quoy bon entreprendre un si long chemin, puisque la naissance donnoit à Charles le droit au royaume, et qu'il avoit esté couronné Roy à Poictiers ! mais y persista-t-elle, encore que ce voyage fut estimé non nécessaire par les politiques de la cour et de périlleuse entreprise. Le conseil de la Pucelle fut suivy comme un oracle, et le Roy se laissa vaincre à ses justes persuasions, ainsi que descrit le cardinal d'Ossance en ses commentaires.

Ceux qui ont pesé les circonstances de ceste histoire, tiennent que l'acheminement du Roy dans une province entièrement occupée par l'Anglois, est une preuve très manifeste de l'assistance divine et de la grandeur de courage de nostre héroïne, eu égard particulièrement aux obstacles qu'il fallut surmonter, la plupart des bonnes villes comme Auxerre, Troyes et Chaalons estant pleines de garnisons. Quant à Reims, il s'apprend d'une lettre du duc de Bourgogne, que Charles avoit assurance des habitans que, venant pour estre sacré, les portes de la ville luy seroient ouvertes et qu'il reconnoistroit en eux une entière obéissance : en témoignage de quoy ou avoit veu quatre bourgeois en son camp de Troyes qui lui avoient asseuré. Ces lettres gardées au chartrier de l'Echevinage, sont conformes à ce qui arriva depuis, veu qu'ensuite d'une si louable résolution, les bourgeois ne voulurent souffrir une garnison plus forte qu'eux dans leur ville, quelque instance qu'en fit le gouverneur, et un Philbert de Monlart qui s'offrait à leur service.

Charles arrivé près de Troyes, le cinquième juillet, fit sçavoir aux habitans, comme de l'advis de son conseil il avait entrepris le voyage de Reims, pour y recevoir la divine onction : qu'à cet effet ils eussent à luy donner libre passage, à le recevoir avec les honneurs deus à Sa Majesté. La Pucelle pressoit la même chose, et sur quelques défiances, elle leur écrivit en ces termes :

« Jesus † Maria. Très chiers et bons amis, s'il ne tient à vous, Seigneurs, bourgeois et habitans de la ville de Troyes. Jeanne la Pucelle vous mande et fait sçavoir de par le Roi du ciel, son droicturier Seigneur et Souverain, duquel elle est chacun jour en son service royal, que vous fassiez vraye obéissance au gentil roy de France qui sera ung brief à Reims et à Paris, (quique viennent contre), et en sa bonne ville du saint royaume à l'aide du roy Josuas. Loyaux françois, venez au-devant du roy Charles, et qu'il n'y ait point de faute, que vous ne doutiez de vos corps ne de vos biens, si ainsi le faites. Et si ainsi ne le faites, je vous promets et certifie sur vos vies, que nous entrerons à l'aide de Dieu, en toutes les villes qui doivent estre du saint royaume, et y ferons bonne paix ferme, qui que veulent contre : à Dieu vous recommande. Dieu soit garde de vous s'il luy plaist. Response briefve. Devant la cité de Troyes, escrit à Saint-Sole, le mardi quatorzième juillet. »

La copie de ceste lettre fut envoyée aux habitans de Reims par ceux de Troyes, avec une aultre qui les advertissoit de l'approche de l'armée du roy, de la résolution qu'ils avoient prise, et du secours que le duc de Bourgogne leur promettoit : les suppliant de vouloir les assister de conseil, et donner promptement advis au Régent de ce qui se passoit. Ils mandoient aussi qu'un cordelier pris en une sortie, les asseuroit d'avoir veu quatre habitans de Reims au quartier du Roy, traitans avec lui secrètement, et qu'ils eussent à y prendre garde.

Sa Majesté au contraire, advertit les bourgeois de Reims le mesme jour de la victoire remportée contre l'Anglois devant Orléans, de leur défaicte à Jergeaux, Baugency et Melun-sur-Loire, que tous leurs chefs estoient morts ou prisonniers, que par l'advis de son Conseil la résolution étoit prise d'aller à Reims pour le sacre, à quoy ils devoient tesmoigner de la fidélité et de l'allégresse, les exhortant, pour gage de leur affection, de donner quelques personnes pour venir en son camp avec le herault qu'il leur envoyoit.

En ceste conjoncture, les esprits flotans dans l'incertitude d'une ferme résolution, estoient agitez tant par la crainte du roy d'Angleterre et du duc de Bourgogne que par l'asseurance que leur donnoit de Mailly, bailly de Vermandois, de l'arrivée de Jean de Luxembourg à Paris, et que huit mille Anglois estoient descendus au comté de Bologne pour les assister. Les sieurs de Saveuses, de l'Isle-Adam et de Chastillon, vinrent aussi en personnes pour raffermir les plus ébranlés, avec promesse que les compagnies seroient toujours prestes pour les garder de surprise ; mais que l'armée qui devoit résister aux desseins de Charles, ne pouroit estre en estat que dans six semaines. Ces artifices inventés pour rasseurer les bourgeois vacillans augmentèrent leur deffiance, laquelle s'accreut encore grandement par la haine qu'ils portoient à l'étranger : ce qui fut cause que les gens de guerre destinés pour le renfort de la garnison ne furent pas retenus dans Reims ; les chefs de la bougeoisie s'estant voulu réserver les portes et les remparts.

Troyes fut réduite à l'obéissance du Roy, l'onzième juillet, sans grand effort ; Chaalons suivit après, avec quelques autres places de la Champagne ; et en mesme tems l'archevesque Regnault, qui avoit tousjours suivi Charles en qualité de chancelier, envoya lettre du 12 juillet, pour advertir les Rémois du bon succès des affaires de Sa Majesté, et d'estre prets pour la recevoir pompeusement en leur ville : et lui-même le devançant de quatre jours se rendit à Reims le 16 juillet, où il prit possession de l'archevêché en personne, avec les cérémonies ordinaires, faisant le serment, tant en la tour que sur l'autel, puis déclara aux principaux des bourgeois l'intention du Conseil et l'approche de Sa Majesté.

A ces advis, les cueurs vrayement françois commencèrent à s'épanouir, en l'attente d'un bien qu'ils avoient tant souhaité. Vous eussiez dit que la fidélité des Rémois, pareille à la semence gardée au sein de la terre pendant les frimats, recevoit une nouvelle force pour se produire à l'aspect du soleil de la France, par des sentimens extraordinaires de joie et d'allégresse. Les partisans anglois jugeant de l'intention par la gaîté des visages, voulurent se mettre en deffense, mais peu s'en fallut qu'on ne les mit en pièces, tant on avait d'aversion de l'étranger. Les seigneurs de Chastillon et de Saveuses, Capitaines de Reims, usant de leur réthorique, remonstrèrent le deshonneur qu'il y avoit d'estre infidèle à l'Anglois, et que la Pucelle dont on publioit si haut les merveilles, n'estoit pas envoyée du Ciel, comme on le disoit : *mais ils en eurent responses dures et assez estranges* (dit Monstrelet), si que sans tarder ils sortirent pour aller à Chasteau-Thiéry. Le cardinal d'Ossance ajoute que l'armée estant arrivée à quelques demi-lieues de Reims, qu'il y eut émotion dans la ville, et que les Anglois qui estoient les plus forts, voyant un si subit changement dans les volontés, songèrent à leur retraite, se doubtant que l'approche du Souverain hausseroit le courage aux habitans, pour les chasser à vive force hors la ville. Quelques uns du parti anglois furent d'avis d'emporter la Sainte-Ampoule, dont on a accoutumé de sacrer les Rois, afin que si la ville se perdoit pour eux, Charles ne put estre consacré comme il espéroit ; mais ils ne purent onques le faire en estant divinement empeschés. Je laisse les autres particularités décrites par cet auteur, pour dire que les clefs des portes furent présentées au Roi par les plus notables de la ville, et que bon nombre d'habitans s'acheminèrent jusqu'à Sept-Saulx, en bel équipage, pour tesmoigner leurs services, le reste étant aux portes et impatiens de voir leur prince légitime dans le majestueux éclat de ses ancêtres. L'entrée fut magnifique pour la saison, illustrée d'un grand nombre de seigneurs de marque et d'officiers; Charles paroissant dans la splendeur de sa cour, comme un beau soleil après l'orage. Mais entre les principaux ornemens de ce triomphe, la Pucelle Jehanne estoit contemplée de tout le monde avec admiration, et comblée de bénédictions populaires : elle tenoit un guidon en sa main où la Vierge estoit représentée, à qui l'ange annonçoit le mystère de nostre salut. On remarque qu'à mesme temps que les troupes royales entroient par une porte, les Anglois, agités de trouble, sortoient par l'autre : et Polydore Virgile dit que les habitans de Reims obtinrent de Sa Majesté, que la garnison sortit, bague sauve et sans échect. Ainsy la ville se voyant vuide de mauvais hostes, receut son Roy avec des acclamations de joie, un samedy, veille de la Magdeleine, et le dimanche jour de la feste, fut consacré à la cérémonie du Sacre.—Jean Canard, abbé de Saint-Remy, apporta la Sainte-Ampoule, revestu d'une chasse de drap d'or et de sa mitre, jusqu'à Nostre-Dame, dont le Roy fut oint, et ensuite couronné par l'archevêque Regnault de Chartres, son chancelier, suivant la coutume. Monstrelet dit que tous les pairs estant absents, furent appelés devant le grand-autel par le roi d'armes de France, et qu'à leur deffaut assistèrent le duc d'Alençon, le comte de Clermont, le seigneur de la Trémouille, de Beaumanoir, de Mailly; sans marquer si les autres six pairs ecclésiastiques furent représentés par quelques prélats de l'assemblée.—On escrit aussi que la Pucelle présente au sacre, proche de l'autel, tenoit un guidon à la main, marqué de la figure dont j'ai parlé ci-dessus(1), et que Charles voulant imiter l'exemple de Philippe 1er, qui nomma l'archevêque Gervais son grand chancelier, en reconnoissance qu'il l'avoit sacré, pourveut

---

(1) Après lequel sacre fait et accompli, le Roy alla diner en l'hostel épiscopal de l'Archevesque, les Seigneurs et les Prélats en sa compagnie : et se seist à sa table ledit Archevesque de Reims, et servirent le Roy à son diner, le duc d'Alençon et le comte de Clermont avec plusieurs autres grands Seigneurs : et fait le Roy, le jour de son sacre, trois chevalliers dedans l'église, desquels le damoiseau de Commercis en fut l'un; à son département laissant en la cité de Reims, pour capitaine, Anthoine de Hollande, nepveu dudit Archevesque. (*Monstrelet*).

Regnault de Chartres, déjà chancelier de France, de la charge de lieutenant-général dans le païs de..... comme j'ay veu en quelques lettres de l'échevinage de Reims, où Regnault prend cette qualité. — Et au regard de l'Eglise de Reims, le Roi lui fit présent des tapis de satin vert qui avoient servi à son sacre, qu'on convertit en chappes suivant l'inventaire de 1470 : il donna encore un ornement de velours rouge figuré, et à l'église de Saint-Remy un autre de damas bleu à fleurons d'or : et partant de Reims trois jours après, il alla au bourg de Corbeny, en Laonois, pour visiter l'église de Saint-Marcoul et tous les malades; puis passant par Soissons, Chasteau-Thierry, Provins, il fut reconnu partout de ses bons sujets, qui bénissoient le ciel de voir le légitime héritier de la couronne au trône de ses ancestres.

Les rémois qui avoient esté receus d'un très bon œil de Sa Majesté, continuèrent de là en avant à tesmoigner le zèle qu'ils avoient pour son service. Nos mémoires portent qu'on fit procession générale le dimanche suivant, pour rendre grâces à Dieu du couronnement du Roi et de la sortie des anglois, et qu'un ecclésiastique (1) qui estoit accusé d'avoir adverti les ennemis, de l'approche de Sa Majesté, fut privé de son bénéfice et condamné à prison perpétuelle : comme il se voit dans les conclusions capitulaire du mois de juillet. Quant aux bourgeois, ils fournirent quantité de munitions de guerre, comme canons, bombardes, pouldres, balles ; grand nombre de charpentiers et autres artizans défrayés à leurs dépens, pour assister Sa Majesté aux sièges de Meaux, de Lagni, de Pontoise, comme je remarque par les lettres de remerciement qu'elle leur en fait, et qui sont bien quatre-vingt en nombre dans le trésor de l'échevinage (2). Il s'y trouve aussi un mémoire qui témoigne comme, depuis son sacre jusqu'en l'an 1451, ils l'avoient assisté de plus de deux cent mille livres, somme notable après de longues guerres qui avoient épuisé leurs bourses. »

(1) Cet ecclésiastique est nommé dans les conclusions capitulaires : il s'appeloit Jean Honorate, chanoine de Reims, lequel conspira avec Pierre Cauchon, de remettre la ville entre les mains des Anglois : le chapitre eut ordre de lui faire son procès. (Note de l'auteur).

(2) Toutes ces lettres et beaucoup d'autres de Charles VI, Charles VII, du roi d'Angleterre, du duc de Bethford et du duc de Bourgogne, se trouvent encore aujourd'hui dans les archives de la ville de Reims. *La Chronique de Champagne* donnera le catalogue exact de tous ces précieux documents historiques, dans un de ses prochains numéros. (Note des Ed.).

INSTRUMENTS.

(1.)

Lettres du Roy d'Angleterre, du IIIe jour de Juillet 1429,

Par lesquelles il remercie les Rémois, de la fidélité qu'ils lui gardent : il les exhorte malgré ses adversités, à persister dans leur dévouement et leur promet sous peu des secours considérables.

DE PAR LE ROY :

Chiers et bien amez, Nous avons entendu et sommes bien informez comment (depuis les adversitez qui naguères par les entreprinses de nos adversaires sont à nos gens advenues en maintes manières, ce que nostre Seigneur par adventure a voulu permettre pour nos dictes gens, soubz crainte DE LUI, reduire à meilleur arroy et gouverne), vous etes très loyaument maintenuz et maintenez come nos bons et vrays subgez avec notre très chier et très amé oncle le Régent nostre Royaume de France, Duc de Bedford, au bien de Nous et de vous; confirmation de nostre Seigneurie et l'entretenement de nos loyaux subgez, aussi de la bonne police et gouverne qui est entre vous : Et en avons eu grand plaisir et somes très contents. Et pour ce, Chiers et bien amez, que assez pouvons croire que nos dits adversaires, (pour tant que fortune leur a pleu et fait lever en orgueil, qui à la parfin déçoit et met jus son maistre), s'avancent le plus que ils le peuvent, pour vous et nos aultres loyaux subgez nuire et grever ; pour vostre confort, vous laissons sçavoir que l'armée que avons fait preste en grande puissance et qui est en passaige de mer, avons faict avancier avec une autre notable puissance, qui briefvement seront devers nostre dit très amé oncle le Régent et vous : laquelle moyennant l'aide de Dieu, nostre Créateur, de vous et aultres nos bons subgez, fera du bien et sortira grant effect, à la confusion d'iceulx nos adversaires et relèvement de vous et nos dits subgez : en attendant encores une aultre notable armée de grans Seigneurs de pardeça que, après eulx, somes appointez dedans brief y envoier, et Nous en personne y serons en toute la haste que bonnement faire se pourra ; selon ceque autreffois vous avons escript. Si, vueilliez de vostre part faire devoir et tenir tousiours la main que bonne police et gouverne demeure avec vous, en donnant assistance et faveur de tout vostre povoir, come avez, à nostre dit bel oncle, au bien de Nous et de vous, conservation de nos Royaume, seigneurie et sugez, ainsi que en avons parfaicte fiance. Tenans de vray et pour certain que, en temps advenir, ce ne partira de nostre mémoire, mais en aurons telle et si bonne cognoissance que Dieu y prendra plaisir; et vous et autres qui ainsi envers Nous se maintiendront, supposé que un peu de temps leur conviengne porter peine, seront très joyeux d'avoir ainsi longuement perseveré. Nous signifiez adez de vos estats et celui de nostre bonne ville, car Nous en aurons très grant plaisir. Chiers et bien amez, Nostre Seigneur soit garde de vous. Donné soubz nostre privé scel, en nostre palays de Westmenster, le III° jour de Juillet.

(*En marge* : Angleterre 1429.)

(II.)

Lettres du roi Charles VII, datées du 4 Juillet 1429,

Par lesquelles le Roy donne avis de plusieurs victoires qu'il a remportées sur les Anglois, et annonce qu'il vient à Reims pour y estre sacré.

A nos chiers et bien amés les Gens d'église, Bourgois, manans et habitans de notre ville de Reims.

DE PAR LE ROY;

CHIERS et bien amez, Nous tenons vous avoir bien sceu la bonne fortune et victoire qu'il a pleu à Dieu Nous donner nouvellement sur les Anglois, nos anciens ennemis, tant devant la ville d'Orléans que depuis à Jargueau, Baugency et Meun-sur-Loire, en chacun desquels lieux nosdits ennemis ont receu très grant demaige et tel que presque tous ceulx qui y estoient, mesmement leurs chiefs, et des autres jusques à quatre mille et plus, y sont que mors, que demeurez prisonniers : après lesquelles choses ainsi advenues, que réputons plus grâce Divine que œuvre humaine, Nous, par l'advis et meûre délibération de ceulx de nostre sang et lignage, et de plusieurs notables prélas et autres de nostre grant conseil, nous sommes mis à chemin pour aller à Reims, afin de illecques prendre et recevoir, selon la bonne coustume de nos prédécesseurs, nostre sacre et couronnement. Pourquoi vous mandons, sommons et requérons, sur la loyaulté et obéissance que Nous devez, que ainsi que tenus y estes, vous vous disposez à Nous recevoir ainsi et par la manière que, pour cas semblable, avez accoustumé de faire nos prédécesseurs; et sans pour les choses advenues et passées y faire aucune difficulté, pour la doubte que pourriez avoir, que icelles choses eussions encore en nostre mémoire. Car Nous vous certiffions que, en vous bien gouvernant envers Nous (et ainsi que faire devez), Nous vous traitterons, en tous vos affaires, comme bons et loyaulx subgez, et vous aurons toujours pour bien recommandez. Et se, pour être plus avant informez de nostre intention sur ce, voulez venir les anciens de vous pardevers Nous, Nous en serons bien contens; et avec cestui nostre hérault que envoyons devers vous y pourrez venir seurement, en tel nombre que bon vous semblera, sans ce que, à quelque occasion que ce soit, vous soit fait ne donné aucun destourbier ou empeschement. Donné à Brinon-l'Arcevesque, le 4ᵉ Jour de Juillet.

Signé CHARLES;

et plus bas : PICART.

(III.)

Lettres du roi Charles VII, datées du xi Juillet 1429,

Par lesquelles il se plaint que les habitants de Reims n'aient fait aucune réponse à ses lettres du iv Juillet : il leur mande de nouveau qu'ils aient à tout préparer pour le recevoir dignement et disposer toutes choses pour son sacre.

A nos chiers et bien amez les Gens d'église, Bourgoys, manans et habitans de notre ville de Reims.

DE PAR LE ROI;

CHIERS et bien amez, Nous vous avons naguères envoiez nos lettres par Guiènes, nostre hérault, par lesquelles vous signifions que nostre intention estoit d'estre briefment à Reims, pour y recevoir nostre sacre et coronnement, en vous mandant, sommant et requérant que vous disposissiez pour Nous y recevoir ainsi que tenus estes de faire : lequel nostre hérault est retourné pardevers Nous, sans ce que par lui vous ayez fait aucune response à nos dites lettres : dont ne sommes pas content, et ne savons se aucuns particuliers d'entre vous auroient retenu nos dites lettres, sans les monstrer à la communauté. Et pour ce, renvoions par devers vous nostre dit hérault, en vous signifiant de rechief que présentement partons de cy, et est nostre intention, au plaisir de Dieu, d'aler en ladite ville de Reims pour illec recevoir nostre sacre et coronnement ainsi que nos prédécesseurs ont acoustumé de faire. Et desjà fussions bien approchez, si ne fust la demeure que avons fait en cette nostre ville de Troyes, en laquelle avons esté grandement et honorablement receus, et Nous ont nos bourgois et subgiecs d'icelle ville, rendue et faite toute obéissance, ainsi que bons subgiecs doivent faire à leur souverain et naturel seigneur. Et vous mandons, sommons et requérons encore autre fois p sur la loyauté et obéissance que Nous devez, que vous disposez à Nous recevoir en icelle ville de Reims, ainsi que tenus y estes et que en cas semblable avez acoustumé de faire à nos prédécesseurs : sans pour occasion des choses avenues et passées y faire aucune difficulté, pour la doutte que pourriez avoir que icelles choses eussions encore en nostre mémoire : car Nous vous certifions que en faisant vostre devoir envers Nous, vous traicterons comme bons loyaulx subgiecs, et aurons toujours vous et la ville en espéciale recommendation, et comme autre fois vous avons écrit. Se, pour savoir plus certainement nostre intention, voulez venir les anciens de vous au devant de Nous, Nous en serons bien contens ; et y pourrez venir seurement avec nostredit hérault, en tel nombre que bon vous semblera, sans ce que aucun destourbier ou empeschement vous soit fait à quelque occasion que ce soit. Et à cette fois, Nous faites response par icellui nostre hérault.—Donné en ceste nostre ville de Troyes, le xi jour de Juillet.

Signé CHARLES,

et plus bas : COIGNET.

(IV.)

Lettres d'abolition données par le roi Charles VII°, la veille de son sacre,

Des peines, amendes et confiscations prononcées contre ceux de Reims, à raison de leur désobéissance et connivence avec les Bourguignons et les Anglois.

CHARLES, par la grâce de Dieu Roy de France, savoir faisons à tous présens et à venir, que comme nos bien amez les gens d'Esglise, Nobles, Eschevins, Bourgois et habitans de la ville et cité de Reims, en laquelle Nous nous transportons présentement pour illec, au plaisir de nostre sire, recevoir, comme il est accoustumé, nostre sacre et couronnement, ayant envoyé solennelement et en toute révérence au devant de Nous, aucuns leurs notables députés, qui pour eulx et de par eulx en Nous recognoissans, come faire doivent leur seigneur souverain ; Nous ont en toute humilité fait et rendu plaine obeissance, Nous suppliant et requérant que les choses avenues et passées au regart d'eulx, à cause de la division qui a esté longuement et encore est en cestui nostre royaume, pour laquelle et pour la salvation de leur corps et biens leur a convenu adhérer et converser, tant avecques les Bourguignons, à nous désobéissans que aussi avecque les Anglois, nos anciens ennemis, et leur faire et donner toute obéissance, Nous pleust mettre en obly et tout pardonner et abolir en les recevant et recueillant en nostre bonne grace, comme nos vrais et loyaulx subgiecz. — Pour ce est-il que Nous ayans regart et considération aux choses dessus dites, voulans et désirans toujours retraire et réunir à Nous et en nostre bonne obéissance nos vassaulx et subgiecz et les oster de la servitude de nos dits ennemis : aux dites gens d'église, Nobles, Eschevins, Bourgois et habitans de la dite ville et Cité de Reims et du païs d'environ, pour les considérations que dessus et pour aultres qui à ce Nous meuvent, avons par grant et meure délibération de Conseil, de nostre certaine science, auctorité royale et grace spéciale, quicté pardonné et aboly, quictons, pardonnons et abolissons par ces présentes, et à chacun d'eulx qui fera le serment de Nous estre doresnavant vray subject et obéissant, tous cas, crimes, délits et offenses en quoy l'on pourroit dire eulx ou aulcuns d'eux avoir offensé ou délinqué envers Nous, Nostre Majesté et couronne, aux causes que dessus et en dépendances, tant en matière de guerre que autrement en quelque manière que ce soit : Toutes lesquelles choses Nous avons adnullées et abolies, adnullons et abolissons et voulons estre dites et reputées comme non avenues et que lesdits de Reims joissent ce nonobstant des honneurs, franchises, libertez et prérogatives dont, paravant ces choses, avoient accoustumé de joir et aussi de leurs biens héritages et possessions, meubles et immeubles estant en nature de choses, estaz, offices et autres choses quelconques : nonobstant quelconques dons que en pourrions avoir faits et les exploiz qui s'en seroient ensuis que révoquons et adnullons par ces dites présentes. Et surtout imposons silence à nostre Procureur et à tous autres nos officiers : et ne voulons pas que, à l'occasion des choses devant dites, aucune chose leur soit ou à leurs successeurs, au temps à venir, reprochée ou imputée contre leur honneur, mais voulons et ordonnons ceulx qui feroient le contraire estre contraincts à le réparer et amender par voye de justice.

Si donnons en mandement par ces dites présentes à nos amez et féaux les gens de nostre parlement, au Bailly de Vermandoys et à tous aultres nos Justiciers et officiers ou à leurs lieutenans présens et à venir, et à chacun d'eulx comme il appartiendra, que de nostre présente grâce, octroy, quictance, pardon et abolition, facent et souffrent les dits gens d'église, Nobles, Eschevins, Bourgois et habitans de la dite ville et cité de Reims et dudit païs d'environ, qui demourront sous nostre dite obéissance, et chacun d'eulx joïr et user plainement et paisiblement, sans les travailler ou empescher ores, ne au temps à venir, ne souffrir estre travaillez ou empeschez en aucune manière, au contraire. Et affin que ce soit chose ferme et stable à tousjours, Nous avons fait mectre nostre scel à ces dites présentes : au vidimus desquelles, fait soubs scel royal ou autre scel autentique, voulons plaine foy estre adjoustée comme à l'original, et que d'icelui vidimus ung chacun à qui ce pourra toucher se puisse aider comme dudit original. — Donné à Sept-Sauls-lès-Reims, le xvie jour de Juillet, l'an de grâce mil cccc. vingt neuf, et de nostre règne le septième. Scellées de nostre Scel ordonné en l'absence du grand.

Par le Roy en son grant conseil, ouquel mons^r le duc d'Alençon, les Contes de Clermont et de Vendosme, vous, les Evesques de Châalons, de Sées et d'Orléans ; les s^{rs} Delebret, de Laval, de la Tremouille, de Trèves et de Gaucourt et plusieurs aultres, estoient.

Signé PICART.

(*Le sceau n'existe plus, il ne reste que la soie rouge et verte qui le portait*).

(V.)

État de quelques dépenses faites, lors du Sacre de Charles VII, par plusieurs seigneurs et particulièrement par le père de Jeanne la Pucelle, et payées aux frais communs des habitants de la ville de Reims.

Extrait d'un recueil, ayant pour titre : *Compte des deniers communs de la ville de Reims, pour l'an commençant au jour de saint Remy en octobre, l'an mil quatre cent vingt-huit, et finissant audit jour l'an mil quatre cent vingt-neuf.*

Autres deniers baillez par mandement du dit Thomas de Bazoches, naguères Lieutenant de mondit sieur de Chastillon, et à présent Lieutenant de noble homme Antoine de Hollande, Ecuyer Seigneur de Hereauville, Vallet tranchant du Roy nostre sire, Capitaine de la ville et cité de Reims et du pays d'environ, TANT POUR

DONS ET PRESENT FAITS A AUCUNS SEIGNEURS ET AUTRES GENS, COMME POUR DÉPENSES PAR EUX FAITES EN AUCUNES HOTTELLERIES ET AILLEURS EN LA DITE VILLE, ET AUTRES FRAIS FAITS À CES OCCASIONS, et autres déclarez èz dits mandemens.

A Alis, vefve feu Raulin-Moriau, hostesse de *L'asne rayé*, pour despense faite en son hostel, pour le père de Jeanne la Pucelle, qui était en la compagnie du Roy quand il fut sacré en cette ville de Reims, ordonné être payé DES DENIERS COMMUNS de la dite ville, la somme de vingt-quatre livres parisis, comme il appert plus à plain par le mandement du dit Lieutenant, donné le dix-huitième jour du mois de septembre, l'an mil quatre cent vingt-neuf et par quictance de la dite Alis, escrite au dos d'icelui mandement, cy-rendu pour ce................................. xxiiij l. p.

A Jacquette vigneron demeurant à Reims, la somme de cinquante-deux livres dix-sept sols huit deniers parisis, pour despense faite en son hostel, par M. de Chastillion (1), ses gens et plusieurs autres seigneurs, et autres notables personnes de cette cité, et de dehors, ordonnez estre payez leur despenses DES DENIERS COMMUNS dessus dits, et pour quatre muids et quatre septiers de vin, tant de Biaune comme François, prins en son dit hostel, en diverses parties et journées, pour présenter à plusieur Seigneurs, et autres gens notables, aux quels il appartenait de faire, pour l'honneur de la dite ville de Reims, quand ils sont, et ont été en icelle ville........................ Lij l. xvij s. viij d. p.

A Jesson de Chaalons, pour une fine nappe large à lui achetée, donnée au Roy notre sire après ce qu'il fut sacré en cette ville, la somme de deux cent quarante livres parisis, comme il appert par mandement dudit Lieutenant, donné le vingtième jour de juillet, l'an dessus dit mil quatre cent et vingt-neuf, et par quictance du dit Jesson de Chaalons, escrite au dos d'iceluy mandement, cy rendue pour ce.............................. ij^c. xL. l. p.

---

(1) On a vu (dans l'extrait de Cocquault qui précède), que Chastillon était logé à l'hostel d'*Ogier le Danois*, près la Porte-de-Cérès. Cet hôtel qui rappelait un des plus fameux paladins de Charlemagne, n'existe plus à Reims.

CORRESPONDANCE LITTÉRAIRE.

Manuscrit Slavon sur lequel les Rois de France prêtaient serment à leur Sacre.

Parmi les précieux monuments que possède le cabinet des manuscrits de la bibliothèque de Reims, figure un volume dont l'extérieur et l'apparence n'éveilleraient pas à un haut degré la convoitise des hommes positifs de notre époque. Ce volume cependant fut jadis d'un prix inestimable, et plus d'une bibliothèque royale pourrait bien nous l'envier encore, aujourd'hui qu'il est tout dépouillé de l'or, de l'argent, des rubis, des pierres précieuses qui l'enrichissaient avant les jours de la révolution. — Nous aurons fait l'histoire de ce manuscrit en publiant la correspondance suivante, à laquelle il a donné lieu tout récemment.

Paris, Mai 1836.

A M. L. P. Bibliothécaire-adjt. de la ville de Reims.

MONSIEUR ET AMI,

Je vous prie d'être assez obligeant pour adresser à M. de Labinsky, directement, une bonne et belle notice sur le manuscrit d'Évangile en langue esclavonne qui existe dans la bibliothèque de Reims. Ce volume est indiqué dans la bibliothèque de Montfaucon, p. 1042. M. de Labinski aura communication par moi de l'ouvrage de Montfaucon, mais il désire vivement d'autres détails.

Veuillez me croire, etc.

TECHENER, *Libraire*.

Paris, Mai 1836.

Au même.

MONSIEUR,

Un allemand de nos amis nous ayant demandé des renseignements sur le livre d'Évangile qui existait à Reims avant la révolution, et sur lequel les Rois prêtaient serment à leur sacre, je me suis adressé à la bibliothèque royale, et monsieur votre frère nous a dit que vous pourriez nous donner ces renseignements: c'est donc sous ses auspices, Monsieur, et sur sa recommandation que nous prenons la liberté de nous adresser à vous, pour vous prier de nous dire si ce livre existe encore à Reims, le lieu où il est conservé, s'il est en langue latine, slavonne ou toute autre, enfin si c'est bien le livre en question. Pardon, Monsieur, de toutes ces importunités, nous désirons pouvoir répondre le mieux possible à notre ami qui s'occupe beaucoup de langue Slavonne et qui vient de publier un ouvrage sur cette langue.

Nous avons l'honneur d'être, etc.

De Bure *frères*,
Libraires de la bibliothèque royale.

Réponse aux lettres précédentes.

Monsieur,

La bibliothèque de Reims, a conservé le manuscrit dont vous vous enquérez. Il est porté sur notre catalogue sous le chiffre A. 29/31. C'est un petit in-4° sur vélin à deux colonnes : il contient 47 feuillets ou 94 pages. On y trouve deux parties bien distinctes, l'une en pur Slavon, de 16 feuillets: le commencement et la fin de cette première partie semblent manquer : l'autre qui fait suite, sans apparente interruption, est, dit-on, en langue Illyrienne. Les initiales de la partie Slavonne sont coloriées et accompagnées d'ornements bysantins : les initiales de la partie Illyrienne sont ornées de vignettes à fleurs ou à personnages, le tout colorié et rehaussé d'or : le travail en est grossier. J'ai fait voir ce manuscrit à MM. les Conservateurs de la bibliothèque du Roi, qui n'ont pu se mettre d'accord sur son âge. Il résulte pourtant de leur opinion formelle qu'il est, pour la première partie, au plus tard du XIII° siècle. Il n'a pas paru à ces MM. que la seconde partie eût la même ancienneté. Cet évangile était avant la révolution conservé dans le trésor de la Cathédrale; sa couverture était garnie de pierres précieuses et de riches fermoirs en or: tout cela, en 1793, est devenu le butin de la Nation.

Il y a de nombreuses et contradictoires traditions sur l'origine de ce manuscrit : la première, et ce n'est pas la moins curieuse, c'est que cet évangile serait celui qu'écrivit lui-même, au IX° siècle, saint Méthode, le 1ᵉʳ Apôtre des Russes. Je vous renverrai, pour apprécier l'importance dont serait pour nous ce volume, si cette opinion se trouvait fondée, à ce que raconte Nestor des travaux et de la mission de saint Méthode en Slavonie (1). — Les

(1) « Le premier livre Slave fut une traduction faite en Moravie, aussi a-t-on conservé aux caractères encore en usage en Russie le nom des lettres de l'alphabet slavon. — A ce sujet, il faut savoir qu'il se trouvait parmi les Bulgares qui occupaient les rives du Danube, des Slaves baptisés. Leurs princes, Rostislaw, Sviatopolk, et Kotzel, envoyèrent un jour des députés au Tzar Mikhael, qui lui dirent de leur part : « Nos frères sont baptisés et pourtant nous n'avons point de maîtres
» pour nous instruire et nous endoctriner, et qui sachent nous expliquer les livres
» Saints : parmi nous chacun les interprète à sa guise. Nous n'entendons ni la
» langue grecque ni la langue latine : cela fait que nous ne pouvons comprendre
» les mots des livres, et encore moins leur signification. Envoie-nous donc un doc-
» teur, qui nous puisse enseigner à comprendre ces livres et leur sens. » — Le Tzar ayant entendu ces mots fit réunir tous ses philosophes et les instruisit du message des princes Slaves. Les philosophes alors lui dirent : Il y a en Thessalonie un homme
» appelé Léon, qui a deux fils fort savants, lesquels possèdent la langue Slavonne.
— Le Tzar fit dire à Léon en Thessalonie : « Envoie-moi tes deux fils Méthode et
» Constantin. » Léon, aussitôt cet ordre reçu, se hâta de les envoyer, et les deux philosophes vinrent trouver le Tzar. » Voyez, leur dit celui-ci, les Slaves m'ont
» adressé un message par lequel ils me prient de leur envoyer un docteur qui puisse
» leur expliquer les livres Saints : tels sont leurs vœux. » Les deux frères excités par le Tzar se rendirent chez les Slaves, et vinrent trouver Rostislaw, Sviatopolk et Kotzel. Aussitôt leur arrivée ils se mirent à composer un alphabet en langue Slavonne et commencèrent à traduire en cette langue les livres des Apôtres et des Évangiles. C'est alors que les Slaves se réjouirent beaucoup d'entendre enfin dans leur propre langue les merveilles de Dieu. — Ensuite ils traduisirent les psaumes et les octaves et d'autres livres. Mais alors des envieux se mirent à déprécier les livres slaves et dirent : » Il n'est donné à aucune nation d'avoir un alphabet parti-
» culier, si ce n'est aux hébreux, aux grecs, et aux latins, à cause de l'inscription
» que Pilate a fait placer sur la croix de notre Seigneur. » Aussitôt que le Pape eût été informé à Rome de cette erreur, il réprimanda ceux qui murmuraient contre les livres Slaves et dit : » C'est pourtant la seule manière dont puissent s'accomplir
» ces paroles de l'écriture : *toutes les langues raconteront les merveilles de Dieu selon que*
» *le Saint-Esprit leur donnera de l'exprimer*. Que ceux donc qui déprécient la
» langue slave soient aussitôt bannis de l'église, jusqu'à ce qu'ils avouent leurs torts,
» car ce sont des loups, et non point des agneaux, que l'on reconnoît à leurs actes
» et dont il faut se méfier. Mais vous, enfants de Dieu, soyez attentifs à la leçon de
» votre maître, n'abandonnez point la doctrine de l'Église, celle que votre maître
» Méthode vous a enseignée. »
Constantin ensuite s'en retourna pour instruire la nation des Bulgares : quant à

partisans de cette singulière opinion ne manquent pas de raisons pour l'appuyer : ils racontent que ce manuscrit aurait été donné par Anne de Russie, à Roger, évêque de Châlons, quand celui-ci vint la chercher pour la conduire à Philippe Ier, qu'elle épousa, et que Roger aurait cédé ce manuscrit à l'Eglise de Reims. Certes, on ne peut donner à un conte de plus vraisemblables couleurs. — D'autres estiment que les Français, lors de la prise de Constantinople, en 1204, trouvèrent ce manuscrit dans la bibliothèque dite *de Saint-Jérôme*, et que l'Empereur Baudoin, l'envoya en présent à Guillaume aux Blanches-Mains, Archevêque de Reims.

Il est toutefois de notoriété, parmi les personnes versées dans l'histoire et les antiquités de la ville de Reims, que le Cardinal de Lorraine avait en grande vénération ce précieux Evangile ; dans les cérémonies, il le portait suspendu à son cou par une chaîne d'or. On pense que ce fut lui qui le reçut en don du Patriarche de Constantinople et qui l'offrit en 1554 à l'Eglise de Reims : voilà comme vous voyez, Monsieur, des opinions bien contradictoires ; partie de cette dernière se trouve confirmée par la notice suivante écrite sur une tablette de carton, jointe à ce manuscrit.

« Ce texte a été donné à l'Eglise de Reims, par le Cardinal de Lor-
» raine, en 1554. La tradition est qu'il provient du trésor de Cons-
» tantinople et qu'il a été tiré de la bibliothèque de Saint-Jérôme.
» La première partie du livre est en caractères serviens, dits de Saint-
» Cyrille, et en langue orientale, à l'usage des Caloyers : la seconde
» est en caractères illyriens dits de Saint-Jérôme et en langue *in-*
» *dienne ou esclavonique !!* — Le vice-chancelier du Czar passant à
» Reims, le 27 juin 1717, fit lecture très-facilement de la première
» partie, avec deux Seigneurs qui étoient avec lui : ils dirent que
» c'étoit leur langue naturelle. Mais ils ne purent lire la seconde
» partie. — Le Roi prête serment le jour du sacre sur ce livre dont

---

Méthode il resta chez les Moraves ; après quoi le prince Kotzel l'établit évêque de Pannonie, sur le siège de l'Apôtre saint Andronik, l'un des soixante-dix disciples de l'Apôtre saint Paul. C'est alors que Méthode, avec l'aide de deux popes qui écrivaient habilement, traduisit tous les livres du grec en slavon, depuis le commencement jusqu'à la fin, et ce, dans l'espace de six mois, ayant commencé vers la lune de mars, jusqu'au 12 octobre suivant. Puis, quand tout fut achevé, on rendit de solennelles actions de grâces à Dieu qui avait daigné soutenir si efficacement l'évêque Méthode dans ses travaux.

La Chronique de Nestor. (*Traduct.* de Louis Paris, t. 1er, p. 31 *et suivantes*).

»le couvercle est garni de plusieurs chatons qui renferment des
»reliques : par une suite sans doute de l'ancien usage rapporté par
»les historiens, de faire les serments sur les Evangiles, ou sur les
»reliques et autres symboles de la religion; »

Au bas de cette notice se trouve cette mention de la même écriture : *de la main de Perseval, écrivain et vigneron à Sacy, en 1782.*

Enfin, en compulsant un manuscrit du dernier siècle (*pièces diverses sur Reims*, manuscrit non catalogué) il m'est, par hazard, tombé sous les yeux le nouveau renseignement qui suit :

« *Mémoire. Observations sur le livre d'Évangile qui est dans le trésor de Notre-Dame de l'Eglise de Reims.*

« Ce livre est in-4°, épais d'un pouce, relié en maroquin rouge dont le couvert est garni, d'un côté, de grosses pierres précieuses. Il est en deux parties, et elles sont toutes deux de différens caractères. Les feuillets de ce livre sont écrits en lettres étrangères et très anciennes, de manière que personne n'a pu le lire ni dire en quelle langue il est écrit : il a toujours passé pour contenir l'Évangile.

« En effet l'Ambassadeur du Czar en France, passant à Reims le 18 Juin 1726, pour aller aux eaux d'Aix, vint voir le trésor de de l'Eglise de Reims avec son secrétaire : ils firent la lecture de la première partie de ce livre fort facilement devant plusieurs de MM. les Chanoines et Chapelains de l'église.

« Ils dirent que c'étoit des endroits de l'évangile, écrits en langue esclavonique et de la plus ancienne écriture qu'il y eut, et que c'étoit leur langue, et que ces morceaux détachés étoient en forme de martyrologe.

« Ils dirent que le chiffre qui marque la 1re page de ce livre est en leur langue le nombre 19, et qu'ainsi il manque 18 pages au commencement de ce livre : que le titre qui est dans la première feuille est du 5e chapitre de St.-Mathieu.

« A l'égard de la seconde partie de ce livre, qui est d'un autre caractère, ils n'en purent rien dire, mais ils dirent, qu'ils croyoient qu'elle étoit écrite en langue illyrique, qui approche de l'esclavonne, et que ce caractère est des plus anciens.

« Quelque temps après que cet Ambassadeur fut sorti de l'église, MM. Lejeune et Regnault, Chanoines qui avoient été présens à la lecture de ce livre, se transportèrent avec le livre à l'auberge du Moulinet, où cet Ambassadeur étoit descendu : ils demandèrent à parler au secrétaire. On les introduisit dans sa chambre, et il étoit absent. On leur montra un petit livre relié qui étoit sur la table, ils l'ouvrirent et remarquèrent que c'étoit un livre de prières et dont le caractère étoit pareil à celui de la première partie du livre de l'église de Reims qu'ils confrontèrent ensemble.

« M. Regnault, Chanoine, y retourna après midy et pria M. le secrétaire de lui faire la lecture de la première page de ce livre et de la lui dicter en françois : ce qu'il fit gracieusement et M. Regnault écrivit suivant qu'il me l'a donné ainsy :

— Numéro page 19. Le Monde est étonné, disant : Qui est celui à qui la mer et les vents obéissent ?

« Du même mois, le 20 d'Octobre : La martirization de St.-Nestor et Capeline pour ces saints. L'évangile est du 2 de ce mois.

« Du même mois : la souvenance de St.-Cyriaque, Patriarche et du saint martyr Zinobie, pour lequel l'Evangile est du troisième du mois de Septembre.

Du 1er du mois de Novembre : La souvenance de St.-Cosme et Damien, qui n'ont point pris d'argent. L'Evangile est de saint Mathieu, 18e chapitre : « Dans ce temps-là Jésus-Christ ayant appelé ses disciples leur donna la puissance de chasser tous les mauvais esprits et de guérir tous les maux et les maladies, etc. »

Voilà, Monsieur, tous les renseignements que je puis vous donner sur le manuscrit Slavon que possède notre bibliothèque. Je désire qu'ils vous soient agréables et vous prie de recevoir l'assurance de tout mon zèle à vous servir.

Je suis, Monsieur, etc.
Louis Paris, *Biblioth.-Adjt.*

Lettre de M. de Labinski, Secrétaire d'Ambassade de Russie,
A M. L. P. Bibliot.-Adjt. de la ville de Reims.

Paris, le 11 Juin 1836.

Monsieur,

Votre lettre du 9 m'est parvenue hier : je m'empresse de vous offrir l'expression de ma vive reconnaissance pour les détails qu'elle renferme : la promptitude, l'étendue, l'intérêt et l'érudition me rendent fort précieuse cette notice que je dois à votre obligeance.

Propager la science de cette façon, c'est lui donner un double mérite. — Le Chapelain de l'Ambassade impériale lit parfaitement l'ancien Slavon conservé jusqu'à présent, comme langue et écriture, dans les livres d'église : si je possédais un petit *Fac-Simile* des caractères de votre évangile, (quelques lignes suffiraient) je serais à même de fixer positivement l'idiome dans lequel il est écrit. — Pour mon propre compte, je vous prie d'agréer, Monsieur, avec mes sincères remercîments, l'assurance de ma considération très distinguée.

LABINSKY.

Au même (1).

Paris, 11 juin 1836.

MONSIEUR,

Nous avons reçu la lettre que vous avez eu la bonté de nous écrire : nous vous remercions bien de tous les détails que vous avez la bonté de nous donner : il est probable que c'est pour nous que vous les aviez déjà donnés une fois, car un de nos amis, il y a quelque temps, nous en a transmis de semblables, qu'il avait demandés à une personne de sa connaissance à Reims.

Maintenant, Monsieur, que voilà l'existence du livre reconnue, nous avons à vous prier de nous rendre un autre service : c'est de vouloir bien nous faire faire un *fac-simile* de la 1re page du caractère de Saint-Cyrille et de la 1re page du caractère dit de Saint-Jérôme, afin de pouvoir vérifier chacune de ces écritures. Monsieur votre frère nous a dit que vous trouveriez à Reims des personnes en état de faire ce travail : nous vous serons bien obligés, Monsieur, d'avoir la complaisance de le faire faire le plutôt possible, parceque nous avons promis de l'envoyer à Vienne.

Nous avons remis à M. Paulin Paris un exemplaire broché de *Glagolita* pour la bibliothèque de Reims, il y est question de votre manuscrit : il vous l'enverra par la première occasion. — Nous vous réitérons encore nos excuses de l'embarras que nous vous donnons, mais voilà ce que c'est que de posséder des choses curieuses que les pays étrangers vous envient.

Nous avons l'honneur d'être, etc.

DE BURE *frères*.

(1) Voilà une singularité assez remarquable que cette coïncidence de questions et de remercîments sur un même objet, de la part de personnes qui ne se connaissent pas et ne se sont rien communiqué ! (Note des Éd.).

Nouvelle lettre de M. de Labinsky, en réponse à l'envoi du FAC-SIMILE *demandé.*

Paris, le 1ᵉʳ juillet 1836.

Monsieur,

Je vous envoie la traduction du russe en français, de la lettre que vient de m'écrire le chapelain de l'Ambassade impériale à Paris. En lui soumettant le feuillet *fac-simile* de votre manuscrit, je lui avais posé quelques questions, sur lesquelles il a répondu comme vous verrez. Je désire à mon tour que ces notions soient de nature à vous satisfaire. L'autre caractère du *fac-simile* n'a pas été reconnu.

Recevez, Monsieur, l'assurance, etc.

LABINSKY.

Lettre de M. le Chapelain de l'Ambassade de Russie, à M. de Labinsky, Secrétaire de la même Ambassade.

Monsieur,

Je réponds avec le plus vif empressement aux questions que vous m'avez posées sur la petite feuille, qui m'a été remise hier dans votre billet. J'espère que vous attribuerez moins l'insuffisance de quelques unes de mes réponses, au manque d'attention au sujet, qu'au manque de secours nécessaires pour un pareil genre de recherches. J'entre en matière et réponds à vos questions.

1° Quelle est l'écriture et la langue du *fac-simile* ? — *Rép*. L'écriture et l'idiôme sont slavoniques.

2° Quel en est le sens ? — *Rép*. Changeons les lettres slavonnes en lettres russes et rétablissons les mots qui se trouvent en abréviations, nous lirons assez facilement ce qui suit :

« ...... grande, les gens donc s'étonnèrent en disant : qu'est-ce
» que cela ? les vents et la mer s'entendent ! (1).

« Le 27 du même mois : la passion des saints martyrs Nestor et
» Capeline. — Cherchez l'évangile au 11 septembre (2).

---

(1) C'est la fin de l'évangile du 26 octobre, en mémoire du tremblement de terre qui eut lieu à Constantinople, sous Léon l'Isaurien, *év. saint Mathieu*, *ch.* 8. *par.* 26-27.— (Note de l'auteur.)

(2) *Capeline* est une abréviation du nom de Capitoline, que l'église fête le 27 octobre. Capeline ne se trouve pas dans notre diurnal. (id).

« Le 30 du même mois : Mémoire des saints martyrs Ciriaque,
» Patriarche, et Zénobie.— L'Evangile est écrit sous la date du 3
» septembre (1).

« Le 1ᵉʳ Jour du mois de novembre. Mémoire des Saints journa-
» liers gratuits, Cosme et Damien. Evangile de saint Mathieu.

« En ce temps-là, Jésus appela ses douze disciples, et leur donna
» pouvoir sur les âmes impures pour les chasser, et guérir toute maladie et tout......(2).»

3°. A quel genre de livre ce feuillet *fac-simile* appartient-il?—
Rép. Dans l'Eglise grecque, chaque jour de l'année est l'anniver-
saire de quelque événement, ou le souvenir de quelque personne
remarquable du Christianisme. A la messe, on lit la partie de l'E-
vangile qui se rapporte à la fête. Le fragment qui m'a été envoyé,
appartient à un livre contenant l'indication de ces fêtes et l'Evangile
qu'on doit lire à la messe du jour. Cette liste est évidemment in-
complète, puisqu'après le 27 octobre, ce n'est pas le 30 qui doit
venir immédiatement et qu'après cette date on a omis le 31. Les
livres d'église russe n'en offrent pas de semblables. Cette indication se place chez nous à la fin de l'Evangile, dans les calendriers;
de plus elle est toujours complète, sans omission de dates et ne
renferme que la désignation des chapitres et versets de l'évangé-
liste, sans le texte même, comme dans votre fragment : chez les
Grecs un livre de cette nature s'appelle *Désignation des évangiles*.

4° Quel âge peut avoir ce manuscrit d'après la forme des lettres?
Rép. Si nous avions sous la main les feuilles bibliographiques de
Keppenoff, les souvenirs slavons de Stroff et le *Jean Exarque de
Bulgarie* de Katchenoffsky,—trois publications remplies de *fac-simile*, nous pourrions par la comparaison des caractères déterminer
à peu près l'âge de ce manuscrit. A défaut de ces ressources paléo-
graphiques, je ferai les remarques suivantes: 1° dans ce manuscrit
on a fait usage de la lettre *Iouss* (la dernière sur la première
ligne) qui ne se rencontre presque pas dans les livres imprimés,
particulièrement dans ceux de Moscou. — 2° La traduction slavonne
de l'Evangile ne ressemble pas à celle qui est employée dans l'Eglise

---

(1) Ciriaque, patriarche de Constantinople vivait dans le 3ᵉ siècle, après la
naissance de J. C. Dans notre diurnal il ne se trouve pas sous la date du 30 octobre.
(id).

(2) C'est le commencement de l'Evangile du 1ᵉʳ novembre, *saint Mathieu*, ch. 10
§ 1ᵉʳ. (id).

БѢАНКА ҃ҮАВЦИЖЕ ҮЖ
ДНШАСѦ ГЛЩЕ · КАІСОСЬ
ЕСТ Ѣ ꙖКОН ҃ТРИ НИ ПОДЕ
ПОСЛОУШАЕ ГО ·
М҃ЦА ТГО : Ƶ К҃: СТР С Т М҃У
ПЕСТЕРОУ · НИ КА ПЕ А НИЕ · Е҃У
И ѠИ СЕ П ТЕРА БЪ҃Ѣ :
М҃ЦА ТГО В БЪ҃А ПА҃Т С Т М҃У
КУРНАКУ · ПАТР НА҃Р И ҃ЗННО
КНѦ Е҃ Ү ҃ПИ СЕП ТЕР А҃В Ъ · Г :

М҃ЦА НОЕМЬ БР М
БЪ А҃НЬ ПА СТ МА БЕ З МЬ З АЬНИ
К ҃ МА КОУ Z Ь МЬ НА І МЬ АНА
Е҃ У Ѿ МА Т ѲЕ Ꙗ

Ъ · ПРИЗЪВАІ СОУ УЕ НИ КЪ
С ВОЯ · И ДАСТЬ НИМЬ ВААСТ
НА Д Х҃Ь НЕ У И СТЫ ИХЪ Д
А И З ГО НА Т Ꙗ А НЦѢ АИ
Т И ВЬ САІ Ь НЕ ДОУ ГЪ НЬ

Mns. de la Biblioth. de Reims.

2e Partie du Mns.   *Page 37, 2e Colonne.*

russe, quoique cette dernière soit assez ancienne. L'imprimerie ayant été introduite dans les pays slavons vers la deuxième moitié du XV° siècle, et à cette époque la correction des livres ayant été achevée, il en résulte que votre manuscrit est évidemment antérieur au XV° siècle. — Pour l'apprécier encore mieux, on peut ajouter qu'il est écrit en ce qu'on apelle *demi-caractères*, et qu'il provient des slavons méridio-occidentaux. Cette conjecture est fondée sur la forme de la lettre *Ziélo* employée jusqu'à ce jour par les slavons méridionaux: sur l'ignorance du copiste à distinguer *Iérui* de *Iere* —*Ziélo*, de *Iere* : sur la différence de la traduction des évangiles qui se remarque encore aujourd'hui chez les Unitaires Polonais, sur l'expression *Kakocb ecms*, etc.

En résumé, si le feuillet que vous m'avez envoyé est le premier dans le manuscrit, comme on peut le croire par l'annotation qui y figure (1re *partie du manuscrit, page* 1re, 1re *colonne*), évidemment il n'est pas en entier, il y manque les premières feuilles. Il aurait dû commencer au 1er septembre, tandis qu'on n'y trouve pas même le commencement de l'évangile du 26 octobre.

Mais il est temps de finir tout ce long verbiage et de le livrer à votre jugement définitif.

10
22 juin.
       Recevez donc, etc.

Il me reste une dernière particularité à raconter au sujet du manuscrit, objet de cette correspondance. A mon dernier voyage à Paris, l'un de MM. les Conservateurs de la Bibliothèque du Roi m'apprit que l'illustre M. Sylvestre de Sacy avait établi dans l'un de ses écrits (le titre m'échappe) que notre fameux évangile Slavon avait été soustrait ou brûlé à l'époque de la révolution. — Je suis heureux de pouvoir, à ce sujet, rassurer M. de Sacy.

Mais qu'une opinion, (fût-elle fausse), émise par un savant en renom, est promptement accréditée! M. Kopitar, bibliothécaire de S. M. l'empereur d'Autriche publie des recherches pleines d'intérêt et de véritable érudition sur d'anciens manuscrits slavons, glagoliens (1), conservés

(1) On vient de voir par la citation de Nestor (note 1) qu'avant l'arrivée de Cons-

dans la bibliothèque d'un riche amateur. Ses recherches l'amènent à parler des manuscrits slavons qui autrefois jouissaient en Europe d'une grande célébrité : il arrive à notre évangile, et voici ce qu'il en dit :

« Un manuscrit qui réclame encore contre l'oubli, c'est
» le très-antique évangile de l'église de Reims, dit *le texte*
» *du sacre*, sur lequel les Rois de France prêtaient serment:
» ce volume contenait les quatre évangiles, en langue sla-
» vonne, écrits avec les deux caractères, cyriliens et gla-
» goliens. Ce monument si précieux pour Reims (monu-
» ment qui comme tant d'autres fut hélas ! brûlé en 1792,
» par la fureur des guerres civiles) avait, au dire d'*Alte-*
» *rus*, été rapporté en France lors de la prise de Constan-
» tinople, en 1204. *Dobrovius* pense au contraire qu'il fut
» donné par Hélène, reine de Servie, en 1250. Ce ne sont-
» là que des conjectures. On peut dire avec autant de rai-
» son que c'est le livre même que composa saint Méthode
» qui, de Rome où il avait été envoyé *pour confondre les*

tantin et de Méthode en Slavonie, les Slaves proprement dits, les Bohémiens, les Illyriens et les peuples connus depuis sous le nom de Russes n'avaient point encore d'alphabet; les deux frères en inventèrent un formé sur celui des Grecs, auquel ils ajoutèrent onze lettres. Cet alphabet nommé Cyrilien du nom sous lequel était connu Constantin dans l'état monastique, est encore en usage aujourd'hui, sauf quelques variations en Russie, en Valachie, en Bulgarie et en Servie. L'alphabet Slave glagolien ou Boukvitsa est celui des Slaves-Dalmates : quelques uns en font une invention de St.-Jérôme, mais il est à peu près établi qu'à l'époque où vivait St.-Jérôme, il n'y avait pas de Slaves dans les provinces romaines. Quoiqu'il en soit, il y a encore grande division parmi les savants sur la question de savoir quel est le plus ancien de l'alphabet cyrilien ou de l'alphabet glagolien. — Il résulterait de la notice écrite par Perceval que nous avons donnée dans notre lettre à MM. de Labinski et Debure, (si l'on pouvait s'en rapporter à cette notice suspecte) que la première partie de notre manuscrit serait Slave-Cyrilien, (c'est l'avis de M. l'aumônier de l'ambassade de Russie qui en a donné la traduction) et que la seconde, celle dont ni l'ambassadeur de Pierre Ier, ni M. l'aumônier, n'ont pu rien déchiffrer, serait Slave-glagolien. Il est sans doute réservé au savant M. Kopitar de lever toutes ces incertitudes et de préciser définitivement la nature et l'âge de ces deux caractères. C'est ce que l'étude du FAC-SIMILE que nous lui avons envoyé pourra l'aider à faire. (Note des Ed.).

» *calomniateurs de la langue slavonne*, est venu, on ne sait
» par quel hasard jusqu'à Reims.—Après tout, admettons
» qu'il ait été apporté en France, en 1204 ou 1250, tou-
» jours est-il que le Chapitre de Reims n'aurait pas employé
» à un usage aussi solennel, un livre récent et contempo-
» rain, quand il possédait tant d'autres manuscrits plus
» anciens et plus ornés ! Souhaitons qu'il y ait en France
» quelque *Peignot* pour retrouver, s'il est possible, dans
» les archives du pays, la véritable histoire de ce manus-
» crit, dont plusieurs ont encore souvenir, et qui jadis eut
» une si grande célébrité ! » (1)

Il est arrivé qu'après l'impression de son *Glagolita*, quelques inquiétudes sont venues au savant M. Kopitar, sur le manuscrit célèbre de la ville de Reims, qu'il disait avoir été brûlé dans les troubles de notre révolution. Il mande alors à son libraire de Paris, M. Debure, de s'informer si le manuscrit en question est positivement perdu. D'autres eussent fait cette enquête avant d'imprimer : voilà une légèreté à la française ! Il est vrai que l'autorité de M. de Sacy pouvait suffire. — On a vu les lettres de M. Debure et nos réponses. Comme Vertot, M. Kopitar eût pu s'écrier : j'en suis fâché, mon siège est fait ! Mais les érudits d'Allemagne ont la conscience moins large.

(1) « Clamat codex deinde evangeliorum vetustissimus Remensis ecclesiæ, quem olim Galliæ reges inaugurandi prensabant jurantes, *Le Texte du sacre* dictus, complexusque quattuor evangelia Slavica lingua, charactere Utroque cum Cyriliano tum Glagolitico, conscripta. Remense illud cimelium, (heu civili Gallorum 1792 tumultu cum aliis ei furori invisis combustum), Alterus putabat 1204 è præda captæ Constantinopoleos in Galliam reportatum, Dobrovius contra ex dono Helenæ Serbiæ reginæ circa A 1250; e pura puta conjectura uterque. Eodem fere jure quis dicat, fuisse codicem a S. Methodio ipso adornatum Romamque destinatum ad confundendos « Slavicæ linguæ calumniatores » ; delatum postea nescio quo casu Remos. Ponamus enim, allatum seu 1204 seu 1250, ecquis credet, capitulum Remensis ecclesiæ codicem Recentem et Coævum tum solemni usui destinasse, cum tot aliis antiquioribus et ornatioribus abundaret ? Utinam nobis existat Gallus aliquis Peignot, qui in patriis chartulariis exquirat, si pote, historiam nunc combusti, olim certe famigeratissimi cimelii et a compluribus memorati ! »

M. Kopitar en faisant hommage à la bibliothèque de Reims de son savant ouvrage (1), a eu l'obligeance d'annoncer au bibliothécaire qu'il allait s'empresser de faire un carton à son livre, afin de rectifier une assertion qui fort heureusement se trouve être une erreur.   L. P.

---

(1) Voici le titre de l'ouvrage de M. Kopitar. GLAGOLITA GLOZIANUS, *id est, codicis glagolitici inter suos facile antiquissimi, olim, dum integer erat veglæ in thesauro frangepaniano habiti pro S. Hieronymi bibliis croaticis, supparisque ad minimum exarato a MLVII. Cyriliano ostromiri Novogradensis,* LEIPSANON *foliorum .XII. membranearum, servatum in bibliotheca.* ILLUSTRISSIMI COMITIS PARIDIS CLOZ TRIDENTINI — *Bartholomæo* KOPITAR, *Augustissimo Austriæ imperatori à bibliotheca palatinæ custodia.* — VINDOBONÆ 1836 *I vol. in-fol.*

VARIÉTÉS.

TRADITION POPULAIRE.

Growesteins,

OU LES SOUVENIRS DE MON ONCLE (1).

Finiras-tu ? Je vais appeler Growesteins !!
(Ma bisaïeule).

Nous tous qui datons des premières années du XIXe siècle, nous avons appris ce qu'apporte de terreur et d'épouvante certains mots d'alarme jetés à l'improviste au sein d'une population paisible. Qui ne se rappelle l'effet prodigieux de ce cri : *les Cosaques!!* Dans le pays aussitôt, quelle rumeur ! quel mouvement! quel remue-ménage! hommes, femmes, enfants, chacun de s'agiter : Les cloches de sonner l'alarme, les chiens de hurler, les troupeaux de rentrer à la hâte, les enfants de courir çà et là, aux nouvelles, à la découverte; les femmes, les filles de fuir précipitamment au loin, dans les forêts, aux hameaux écartés, tandis que les hommes s'empressent de soustraire à la rapacité menaçante de l'ennemi, l'argent, le butin, ce qui se trouve sous la main et de facile transport. Dans ces moments-là, tout est marqué au sceau de l'effroi, de la précipitation. Que de choses étranges la peur

---

(1) L'irruption de Growesteins en Champagne, est un fait qui, malgré son importance, n'a point trouvé place dans les histoires imprimées de ce pays.—L'abondance des matières nous oblige de renvoyer au numéro prochain, les différents documents que nous avons pu recueillir à son sujet.—

du Cosaque a produites! de combien d'accidents variés sa brusque apparition a nuancé notre train de vie, auparavant si monotone! La langue même a reçu de l'invasion des mots nouveaux, des tournures de phrases, dont l'usage si familier est déjà tombé en désuétude. Tel est par exemple l'emploi du verbe *cacher* comme verbe neutre.

Alors tout le monde *cachait!* Il me souvient qu'un beau matin le maire de mon village fit annoncer, au son de la pelle à feu, que de huit heures à midi, le public serait admis à *cacher* dans certaine cave à cet effet désignée. Il prévenait néanmoins que les objets les plus précieux de chaque maison seraient les seuls admis. — Vous imaginez-vous les objets précieux de trois ou quatre cents pauvres vignerons, laboureurs ou bûcherons? L'inventaire en eût été curieux.

Mais on ne faisait pas d'inventaire : le temps manquait. A midi et demi, tout était accompli. La cave, discrète dépositaire du riche mobilier, se trouvait murée, son issue comblée, son sol applani, et cet amas de meubles et d'ustensiles, de bahuts et de vaisselle, de hardes vieilles et nouvelles, cet étrange fouillis de poterie et de ferrailles restait entassé pêle-mêle, enfoui, oublié, durant un espace de quinze, dix-huit mois et quelquefois davantage. Outre cette cache commune, cette cache-monstre de tout un village, il y avait les caches plus mystérieuses de chaque famille : la cache du notaire, celle du receveur, celle de M. le curé, quoiqu'en général, les curés de village aient peu de chose à cacher. On cachait l'argenterie de ménage, les bijoux des grands parents, les robes de noces, les papiers de famille, le vieux meuble du salon, la montre héréditaire, sans oublier la croix d'or de la bonne Marguerite. On cachait sous les dalles du corridor, derrière la plaque de la cheminée, dans d'ingénieuses cavités ménagées aux puissantes murailles : on cachait dans le jardin, dans le puits, à la cave, au grenier, dans les privés, à trente, quarante pieds sous terre : on se serait volontiers caché, enterré soi-même, tant grande était la panique ! Il fallait voir l'activité du maçon de confiance, du serviteur fidèle, des gens de la maison, pour recouvrir de tombereaux de terre, de pierres et de fumier les impénétrables retraites où restaient ensevelies toutes les richesses de la famille !

Nous avons vu tout cela, et le souvenir nous en touche à peine : mais aussi nous appartenons à un siècle qui a fait, qui a vu tant de choses ! Il n'importe, quand dans quelques cinquante ans nos petits-fils raconteront à leurs enfants les larcins du Baskir, la brutalité du Prussien, le knout, la lance et la grande barbe du Cosaque, nos petits neveux prêteront l'oreille, ouvriront de grands yeux et douteront si les récits qu'on leur fait, ne sont pas des histoires de grand'mère ou des contes de Barbe-bleue !

Je me rappelle qu'étant tout petit, quelques années avant *l'année des Cosaques*, j'avais un bon, un vieil et respectable oncle qui me racontait souvent des histoires de son jeune âge. Je le vois, ce bon vieillard, avec sa longue et blanche perruque à marteaux, son gilet à carreaux rouges sur velours noir, sa culotte courte, ses bas bleus et ses larges boucles d'argent sur ses souliers ; je le vois avec sa grande canne à pomme d'ivoire à la main, précédé de son fidèle Pyrame, arriver et se placer dans son grand fauteuil à ramages, à l'avance préparé près du foyer où nous passions en famille nos longues soirées d'hiver. En attendant les gaufres si desirées, la modeste pomme de terre cuite sous la cendre, la friande châtaigne grillée dans la bassine et le petit vin blanc du crû, le bon oncle entouré de trois générations d'auditeurs, se mettait à nous dire ses histoires, que lui seul savait dire, histoires qui, je vous assure, avaient leur charme. Que de choses il avait vues, ce bon oncle, dans sa longue et laborieuse carrière ! Ses souvenirs les plus chers lui venaient de la ville de Reims, qu'il avait habitée plus de trente ans et pour laquelle il avait conservé un grand fonds de tendresse. Il avait vu commencer la place Royale et s'était trouvé chez M. le Procureur Syndic, à table avec MM. Pigale, Legendre, les frères Varin et M. Tronson du Coudray : belle réunion que celle-là! Il avait pratiqué M. *Ling-u-et* et son adversaire M. *Cocu-é-let* : mon oncle avait présents à la mémoire les traits de la Grande-Jeannette et de ses atroces complices : il savait toute l'histoire de leur crime, de leur jugement, de la torture de Jeannette et de son exécution. — Il avait fréquenté Monsieur Lévêque de Pouilly, le galant auteur de la *Théorie des sentiments agréables*, et Monseigneur l'Intendant de Champagne, deux personnages de haute distinction et de grande conséquence! Monsieur l'abbé Bergeat, le dernier vidame de la Cathédrale, avait été son ami, et M. Hédouin de Pons-Ludon, son voisin. Que de contes et d'histoires à mourir de rire, mon oncle savait, et sur son ami M. le vidame et sur son voisin *M. le juge du Point d'Honneur, près MM. les maréchaux.* Il n'y a peut-être que moi qui puisse citer aujourd'hui un fort joli madrigal de cet original savant qu'un autre original, mais plus savant, qualifie encore du nom de son *petit papa*. A cette occasion, je ne suis pas fâché de rendre hommage au talent poétique, aux sentiments délicats de M. Hédouin de Pons-Ludon, en même temps qu'à la mémoire de feu mon bon oncle. Voici ce madrigal, il est à l'adresse de certains petits lapins de la connaissance de l'auteur :

> Ah petits lapins d'Isabelle
> Que votre sort est doux !
> Vous serez croqués par ma belle...
> Je suis plus à plaindre que vous !

Mon oncle en savait beaucoup de ce genre-là, de son

excellent voisin, avec lequel cependant il n'était pas toujours en bonne intelligence, et qui dans ses moments d'humeur n'hésitait point à le nommer *son cadet sous tous les aspects* : ainsi usait-il de ce mot, dirait Brantôme. Mais de son bon ami M. le vidame, mon oncle en savait bien d'autres ! Que ne puis-je ici vous citer, mesdames, le joli couplet de M. l'abbé sur un apothicaire de votre ville ? Il vous faudrait en rire, malgré la pruderie : j'aime mieux vous le dire à l'oreille, si jamais vous m'en priez. En voici un que vous voudrez bien passer à M. le vidame, et qui prouve et sa tolérance et son penchant pour le beau sexe. Il est à l'adresse d'une comédienne, mademoiselle Delorme, qui, pendant certaines foires de Pâques, était venue jouer à Reims.

> Rien de si beau, rien de si blanc
> Que ma gentille excommuniée;
> Minois joli, cil brun, œil franc,
> Souris mutin, bouche perlée,
> Grâces naïves d'un enfant;
> Taille d'une délicatesse
> Qu'amour prit soin de façonner;
> Et jambe faite pour donner
> Un croc-en-jambe à la sagesse !

M. l'abbé Bergeat, nous disait encore mon oncle, se serait volontiers laissé donner un croc-en-jambe.

Voué contre son gré à l'état ecclésiastique, mon oncle avait d'abord endossé la soutane, pour ceindre bientôt l'épée du noble bazochien ; de clerc de procureur il était devenu greffier de la Cour souveraine établie à Reims pour juger les crimes de contrebande, puis procureur de M. l'Archevêque, puis Bailly de madame l'Abbesse, puis soldat-citoyen, lors de l'invasion de 1791, puis dénoncé comme aristocrate, suspecté de fédéralisme, incarcéré comme muscadin : puis, de retour au village, juge-de-paix de son canton ; pour finir électeur à cent écus et marguillier de sa paroisse ! *Sic transit gloria mundi !* Que de choses il avait pu voir, mon bon oncle, en quatre-vingt six ans qu'il vécut, et notamment durant ce demi-siècle de tourmente et d'orage qu'il sut traverser, sans le moindre accroc à sa belle réputation, noble conquête d'une vie pure et sans tache !

Une de ses histoires favorites, était l'irruption ou, comme on dirait aujourd'hui, l'échauffourée de Growesteins. Mon oncle n'avait pas vu Growesteins, mais dans son enfance il avait fréquenté des gens qui affirmaient l'avoir vu. Il en avait ouï de si terribles et de si merveilleux récits, qu'il nous en faisait venir la chair de poule, cent ans après l'événement : tant est profonde l'impression sur la foule de certains faits, de certains noms propres ! Growesteins ! Ce mot-là se gravait si bien dans nos jeunes esprits, notre imagination accueillait avec tant d'ardeur et de bonne foi tout ce que l'on nous disait de Growesteins ! A notre avis Growesteins devait être un homme d'une race anté-diluvienne, de huit pieds de haut pour le moins et la barbe à l'avenant : Growesteins en un mot c'était tout ce que, sur la foi de leurs grands oncles, nos neveux se figureront un jour, des Titschakoff, Ipatoff, Kouchinekoff, ou de tout autre baskir en off !

Voici comment mon oncle nous commençait toujours ce terrible récit : « A propos ! je ne vous ai pas raconté l'histoire de Growesteins ? — Ah ! interrompait aussitôt ma tante, ce scélérat de Growesteins ? Eh qu'est-ce que tu vas chercher des horreurs comme ça, pour effrayer ces enfants-là ! moi je n'aime pas qu'on effraye les enfants. — Mon Dieu, ma sœur, reprenait mon oncle, de quoi vous mêlez-vous ? — Eh bien de quoi je me mêle, par exemple ! en voilà d'une bonne ! Je me mêle que vous empêcherez ces enfants de dormir, avec votre Growesteins, comme si vous n'aviez pas d'autres histoires plus gaies à raconter ! — Allons, allons, tout est dit, je ne la raconterai pas. — Oh ! mon bon oncle, Growesteins ! racontez-nous Growesteins ! — Puisque votre tante ne veut pas ! — Je ne veux pas, je ne veux pas ! vous voyez bien que votre oncle va vous effrayer et vous faire voir des fantômes, à vous empêcher de dormir toute la nuit ! — Mon Dieu, ma sœur, que vous êtes ridicule ! Comme si je ne savais aussi bien que vous ce qu'il faut taire et ce qu'il faut dire à des enfants ! Mais c'est toujours comme cela ! Je ne dis pas un mot que ce ne soit trouvé ridicule ou déplacé ! — Eh ! mon Dieu, mon frère, dites ce que vous voudrez, je ne m'embarrasse guère ! — »

Et après ce petit démêlé de deux bons vieillards, qui vécurent ensemble plus de quatre-vingts ans sans se quitter un seul jour, tout en se disant chaque jour qu'ils ne pourront jamais vivre ensemble, mon oncle levait les épaules en signe de résignation, il prenait une châtaigne, vidait son verre, faisait une caresse à Pyrame, et commençait son récit.

« Growesteins, nous disait-il, était un célèbre aventurier. Un jour il se mit en l'esprit qu'il pouvait être à lui seul Alexandre, Attila, Cartouche et Mandrin. Il fit le pari, qu'à la tête d'une troupe de gens déterminés, il traverserait la France : qu'il en mettrait toutes les villes à sac, ou à rançon ; qu'il lèverait des impôts, pillerait les châteaux, les églises, les monastères ; qu'il réduirait les hommes en esclavage et ramènerait pour les garçons de son pays toutes les jolies filles qui se trouveraient sur son passage... Il allait bien plus loin : Il jurait de faire prisonnier le roi de France, de l'aller prendre, fût-il sur son trône, de l'enfermer pieds et poings liés, dans une cage de fer, et de le montrer en foire comme une bête curieuse !! — Vous pensez bien, ajoutait mon oncle avec beaucoup de sens et de bonté, que ces projets étaient ceux d'un ambitieux, d'un exalté. — La vérité est que cet aventurier fit bien du mal partout où il passa. Mais le ciel ne permit pas que la France subît trop long-temps le joug honteux d'un soldat de fortune. Growesteins avait déjà conquis, rien qu'en Champagne, dix-sept villes, soixante dix-neuf châteaux, trois cent soixante-cinq villages et une infinité de monastères, couvents et autres lieux semblables : il s'était enrichi des dépouilles et du butin de tous ses vaincus, il était couvert d'or et de sang, et emmenait avec lui une multitude d'agréables jeunes filles qu'il avait enlevées à l'amour de leurs parents désolés... Il allait couronner tous ses forfaits par le plus grand, le plus énorme et le plus capital des forfaits : déjà sa bande rôdait aux alentours du château de la forêt de Fontainebleau pour y surprendre et saisir le roi de France, le plus grand monarque de la terre, quand par un coup inespéré de la Providence, une troupe de cavaliers de la maréchaussée vint à passer par-là : ils avisent un homme équivoque dans sa mise et dans ses allures; ils l'arrêtent et lui demandent ses papiers, car c'est toujours par-là qu'on commence avec les mauvais sujets ; notre homme hésite, ou plutôt il dit : « Je vais vous les montrer mes papiers. » A ces mots il donne trois coups de sifflet. Aussitôt grande rumeur : tous ses complices armés jusqu'aux dents arrivent pour le délivrer. Mais c'est ici que se montre le doigt de Dieu : les brigands mordent la poussière, et Growesteins terrassé, vaincu, est enchaîné, garotté, et, voyez le juste retour des choses humaines ! amené pieds et poings liés à Reims, où sans plus de façon il est incontinent conduit à la *Belle-Tour*. C'est là que le malheureux, enchaîné pour le reste de ses jours, devint l'objet de la curiosité générale. On venait de quarante lieues à la ronde pour voir Growesteins dans son cachot. Il paraît que c'était un Huguenot. Du reste on n'a jamais pu savoir qui il était, d'où il venait, ni qui lui avait inspiré l'orgueil et la pensée d'humilier la France à ce point-là ! Ce que je sais, c'est qu'à Reims, quand on parle d'un mauvais garnement, on dit encore : *Oh, c'est pire que Growesteins!* Et dans ma jeunesse, quand j'étais de votre âge et désobéissant, comme vous l'êtes quelquefois, ma mère, votre grand'tante, me disait toujours : *Finiras-tu, méchant, je vais appeler Growesteins !* »

. . . .

Des récits de mon oncle touchant Growesteins, il était resté dans ma mémoire un souvenir vague et confus, duquel il résultait bien évidemment pour moi que Reims un beau jour avait été pris d'assaut, mis au pillage, à feu et à sang, ni plus ni moins, par ce farouche Growesteins. — Il n'y avait qu'un embarras : c'était de savoir à quelle époque ce nouvel Attila, cet autre fléau de Dieu, avait pu exécuter une aussi sanglante tragédie. Et rien dans l'histoire, rien dans les biographies ne pouvait me remettre sur la voie. Depuis long-temps je m'étais résigné à regarder l'histoire de Growesteins comme une de ces légendes du moyen-âge, faite à loisir et pour effrayer les petits garçons *qui ne sont pas bien gentils,* lorsqu'enfin il n'y a guère, en feuilletant *la Description historique et statisque de la ville de Reims,* de M. Géruzez, le passage suivant me tomba sous les yeux :

« En 1712, quatre-vingt dix-huit ans avant la dernière invasion, pendant le siège du Quesnoy par les Français, trois mille chevaux commandés par Growesteins, major-général des Hollandais, passèrent *l'Oise à Provins (lisez Proisy),* et marchèrent contre Vervins qui se rendit et fut imposé à 25,000 fr., mais il n'en donna que deux mille quatre cents. Les Hollandais pillèrent les faubourgs et enlevèrent jusqu'au Saint-Ciboire de l'Hôtel-Dieu. Marles, Crécy, Neufchâtel, Sainte-Menehould, Triancourt, furent pillés. — Le comte de Coigny poursuivit avec quatre mille hommes Growesteins, qui se retira lentement. Quelques partis s'avancèrent assez près de Reims et y répandirent l'alarme et la terreur. Pendant ma jeunesse, j'ai plus d'une fois entendu parler de cet événement, dont plusieurs personnes alors existantes avaient été témoins. »

Ainsi donc l'histoire de Growesteins n'est point un conte: voilà tous les récits de mon oncle à peu près constatés, et certifiés. Growesteins a existé! Growesteins a fait une invasion en France! Growesteins était un chef de partisans et, selon M. Géruzez lui-même, Growesteins est venu jeter l'alarme et l'épouvante au sein de la bonne ville de Reims! Je vois bien que M. Géruzez prétend que quelques uns des siens seulement approchèrent de Reims: mais qu'est-ce que cela prouve? où sont les matériaux historiques? M. Géruzez, comme mon oncle, parle d'après la tradition: seulement il précise les dates et les attributions de Growesteins; mais s'il n'y a rien de plus notoire que la tradition, pourquoi ne pas s'en tenir à celle de mon oncle? c'est la plus curieuse, et certainement la plus dramatique. LOUIS PARIS.

CRITIQUE LITTÉRAIRE.

Le Notaire de Chantilly,

Par M. Léon Gozlan.

Tout écrivain doit avoir un but en commençant un livre; qui le lit doit juger si ce but est atteint; autrement l'auteur n'a cherché qu'à faire de l'argent et le lecteur à tuer son temps. M. Gozlan a voulu constater un fait: l'impuissance du prêtre, dans ce siècle tout positif, du prêtre jadis directeur unique de la pensée; et son héritage aujourd'hui partagé entre le notaire, l'avocat, le médecin et le journaliste. Pour nous montrer quelques uns des inconvénients nombreux qui résultent de cet état de choses, on nous fait entrer dans l'Etude du notaire; on nous montre des hommes de toutes classes lui apportant leurs secrets et leurs capitaux, lui confiant le tout, plus sûrs de lui que d'eux-mêmes. Tous ont foi en lui. Qui oserait concevoir le moindre doute? personne „ pas même un vénérable curé de campagne, qui, humble, presque pleurant de honte, vient lui apporter le trésor de ses pauvres, et, la voix brisée de douleur, lui avouer qu'il craint d'être volé, et peut-être soupçonné de complicité; lui! le prêtre serait accusé, lui qui ne soupçonne pas le notaire. Maintenant, lui dit-il, on ne pourra plus que me tuer; les pauvres n'auront rien perdu.

Maurice, que la confiance publique honore ainsi, est un honnête homme, et cependant les secrets confiés sont livrés, l'or donné en dépôt est risqué. Le notaire est marié. Sa femme entre à son insu dans son cabinet, pénètre hardiment le mystère des familles, et court, haineuse et vindicative, le jeter aux clartés d'un bal masqué, après avoir donné à son amant les détails d'un plan de campagne mis sous la sauve-garde de l'honneur de son mari. Puis le frère de cette femme entraîne le notaire dans des spéculations dangereuses; ruiné, il enlève sous les yeux de Maurice, sans que celui-ci ait la force de s'y opposer, les valeurs confiées à l'inviolabilité de l'Etude et va les jouer à la bourse.

Nous n'avons pas compris l'intention de l'auteur, en faisant réussir tous ses personnages dans leurs projets blâmables, tandis qu'il les rend malheureux par leurs bonnes qualités: Léonide et son frère, ambitieux et dénués de cœur, réussissent au gré de leurs desirs; honneurs, crédit, fortune, tout vient à point à leur criminelle ambition. Maurice, bon mari, ami dévoué, mais coupable comme homme public, voit ses affaires prospérer au-delà même de ses espérances, tandis qu'il est trahi par sa femme et par le vendéen dont il a sauvé la vie. Un régicide, millionnaire grâce aux biens nationaux, meurt honoré de tous, et maudit par la seule femme dont il ait eu pitié. Cette jeune fille, ange exilée sur la terre, finit par ne plus trouver dans ses malheurs d'autre ressource que le suicide.

L'auteur, dans sa passion pour les dénouements inattendus, ne s'est-il point aperçu, que, par une déduction rigoureusement logique, ses idées n'amenaient qu'une conclusion immorale?

On pourrait aussi se plaindre de la plupart des caractères, vigoureusement dessinés du reste dans *Le notaire de Chantilly;* non que nous regrettions de ne pas y voir tous les hommes parfaits; mais tous y manquent plus ou moins de délicatesse, et dès-lors attirent peu la sympathie.

Nous regrettons encore que l'auteur, dans sa préface, ne mette en jeu Napoléon, que pour lui préférer le marchand de la rue Saint-Denis. Certes, il n'est pas besoin de porter un manteau semé d'abeilles d'or pour éveiller l'intérêt; peut-être même les diamants d'une couronne éblouissant les yeux, empêchent-ils de remarquer si celui qui la porte a le visage plus pâle ou le regard rêveur; mais il ne suffit pas non plus d'être d'un rang obscur pour mériter toute admiration. Vêtu d'un *habit marron* ou d'une redingote grise, c'est l'homme qu'il faut étudier. Justice pour tous! pour l'artisan comme pour l'empereur, et M. Gozlan n'est pas juste, lorsqu'il dit que le négociant, qui laisse sa femme et ses enfants pour aller se noyer, *est plus grand que Napoléon, parce que Napoléon n'aimait pas sa femme.* D'abord il n'est pas grand celui-là qui, trouvant sa croix trop lourde, la jette de tout son poids sur les épaules de ceux qui demeurent après lui; et puis comment, cette mort qui n'est qu'une lâcheté, prouve-t-elle l'amour du commerçant pour la femme qu'il abandonne? Napoléon, maîtrisant son génie et descendant des hauteurs de sa pensée, pour raconter à Marie-Louise, dont il charmait ainsi la souffrance, un des contes de Perrault, ne donnait-il pas une grande et touchante preuve de bonté; d'ailleurs Napoléon ne fut-il pas bien grand par sa patience et sa force dans l'adversité?

C'est là un de ces rapprochements forcés, que ne peut excuser le désir de l'imprévu, ou le besoin de l'extraordinaire.

Le style de M. Léon Gozlan est, on le sait, ferme et précis, élégant et correct, à part quelques rares endroits qui rappellent un peu trop la phrase de l'ancien Figaro. Il n'a adopté aucune opinion politique ni religieuse; le vieux conventionnel, le Libéral Maurice, la jeune comtesse de Meilhan, le vendéen Edouard, présentent avec dignité leurs opinions diverses, les soutiennent courageusement, les gardent jusqu'à la fin, sans que l'auteur approuve l'une ou l'autre par aucun des événements qu'il était le maître de créer.

La première scène du roman entre le vieux régicide et sa pupille Caroline de Meilhan, et celle même de la mort de Caroline, sont pleines de fraîcheur et de suavité merveilleuses, quoiqu'un peu bizarres; celle du bal masqué est forte d'intérêt et de passion; seule elle ferait le succès de l'ouvrage. On regrette de trouver aux deux premières scènes du second volume un cachet de ridicule, là où devait naître une grande émotion. Peut-être y a-t-il aussi quelques lenteurs dans les détails souvent charmants et presque toujours vrais. En résumé, l'on trouvera une si immense distance entre cet ouvrage et la plupart des publications nouvelles, qu'on n'aura que des remercîments et pour l'auteur qui a fait passer des heures si agréables, et pour nous aussi, qui l'indiquons à nos lecteurs. JENNY D'AVRIGNEY.

Louise et sa Mère,

Essai sur l'Education.

Par Mme PAULINE CIRIER (de Mouzay) (1).

Cette lettre, écrite par une dame à l'auteur de *Louise et sa Mère*, nous a paru si bien résumer les diverses qualités de cet utile ouvrage, que nous la donnons textuellement aux lecteurs comme la véritable expression de notre propre jugement.

MON AMIE,

Comme je ne puis parvenir à vous rencontrer, il faut que je vous écrive pour vous exprimer tout ce que je pense de votre *Louise et sa Mère*. Votre amie madame B. a

(1) Reims.—LUTON, 1857.—2 vol. in-12, ornés de planches et joliment cartonnés. Prix : 5 francs.

déjà dû vous dire combien j'en étais contente, mais elle ne vous a pas suffisamment exprimé pourquoi, et de quelle façon je l'étais.

Je ne dois pas vous dissimuler que pour vos débuts dans la carrière littéraire, vous avez choisi le genre de composition le plus épineux. Il est nécessaire qu'avec l'air facile et sans prétention, un ouvrage d'éducation ne contienne pas un mot inutile, surabondant, d'un sens douteux ou forcé. Puis, quelle retenue ne faut-il pas dans les exemples! quelle délicatesse dans les enseignements! quel discernement dans les préceptes! Le style, dans un livre de ce genre, est sans doute de la plus haute importance, mais à mes yeux, ce qui n'en a pas moins, c'est le mode d'enseignement. Que de livres nous avons sur cette matière! et pourtant où prendre celui qui convienne à tous les enfants? partout des leçons maussades ou frivoles. Nulle part une institutrice, une mère qui se fasse enfant elle-même, pour suivre les dispositions, le développement de l'intelligence de l'enfant. Partout la doctrine ou la science; l'enseignement nulle part.

Je ne puis vous dire assez, ma chère amie, combien votre ouvrage a dépassé mes espérances. Vous vous êtes tirée de votre tâche avec un rare bonheur, un véritable talent.

Sauf quelques légères négligences, qu'à l'impression il sera facile de faire disparaître, votre style est d'un bout à l'autre pur, correct et d'une aimable simplicité. Partout il est intelligible à l'enfant, sans cesser nulle part d'être sérieux et facile, grave et fleuri. Vous avez un art charmant, adorable pour amener la leçon: rien chez vous ne sent le travail, l'effort ou l'intention. Vos instructions arrivent naturellement, comme par hasard ou circonstance: elles dérivent les unes des autres et s'enchaînent avec un bonheur qui ferait supposer beaucoup d'art, s'il n'y régnait partout autant de naturel.

Le *Magasin des Enfants* est un ouvrage rempli d'excellentes leçons et d'une moralité parfaite; mais c'est un ouvrage dont le but est manqué. Tous les enfants savent par cœur les jolis contes dont il est semé; c'est un livre attachant au possible, mais pourquoi? pour ses jolis contes, et nullement pour les leçons qui ont amené le conte. L'enfant adore les contes du *Magasin des Enfants*, mais il hait, passe vite et sans les voir les préceptes et les moralités de madame *Le Prince de Beaumont*. Chez vous, mon amie, la fable, l'épisode ou l'anecdote ne sont rien sans le chapitre qui les précède ou qui les suit; parce que chez vous l'anecdote, l'épisode ou la fable sont les accidents obligés de la vie de l'enfant; rien n'y est l'effet du hasard ou de la volonté du précepteur: c'est la direction, le naturel de l'élève qui amène l'événement, la moralité, l'enseignement. Il est impossible qu'une petite fille ne s'attache point à votre *Louise*, aimable enfant pleine d'heureuses dispositions, comme tous les enfants, mais aussi comme eux, pleine de légèreté, de caprices et de curiosité.

Dès la première page de votre manuscrit, on sent qu'il est d'une femme; et cette idée se soutient jusqu'au bout, malgré le grand nombre de choses sérieuses et graves qu'il renferme. Il n'y a pas d'homme en état d'écrire avec cette charmante simplicité, cette bonté si gracieuse, si parfumée de vertu. Votre livre s'adresse à tous les enfants, cependant on croirait une mère qui ne s'occupe que de sa fille chérie, de son unique enfant. Ce qu'on ne supposera pas notamment, c'est que vous soyez dans l'éducation. Malgré soi, les pénibles fonctions de cet état rendent

TOME I.

dogmatique, exigeante, raide et grondeuse: aucun de ces défauts ne se fait jour dans votre livre.

Malgré la pureté évangélique de vos leçons, quelques personnes pourront vous faire un reproche de n'avoir point assez appuyé sur l'enseignement religieux. Ceux qui connaissent toute la sincérité de vos croyances se garderont d'insister sur ce point. Quant à moi, je loue votre retenue: le sentiment religieux a quelque chose de si délicat, de si intime, que chaque mère a le droit de revendiquer le soin de le développer chez son enfant. D'ailleurs, quoiqu'unique, exclusive, la vérité religieuse s'annonce et se fait comprendre suivant la portée d'intelligence et de sensibilité des sujets. Une mère véritablement pieuse ne se plaindra pas de la tâche que vous lui avez laissée: elle a reconnu à vos enseignements la moralité religieuse et chrétienne, cela lui suffit; elle développera le sentiment que vous avez fait naître. Quant aux personnes qui ne font pas de la religion la base de l'éducation, s'il en existe, vous n'avez pas à vous disculper près d'elles des pieux préceptes qui se rencontrent dans votre livre; vous n'avez point travaillé pour elles; leur opinion vous est donc indifférente.

En résumé, je vous suis trop attachée pour chercher à vous donner de l'orgueil: mais en vérité, je croirais faire tort à mon goût, et surtout à l'enseignement, si je ne vous engageais le plus vivement possible à continuer l'éducation de *Louise*, et à donner à votre ouvrage la suite que vous promettez dans votre préface.

Votre bien sincère E.

POÉSIE.

A mon ami C. A. Sainte-Beuve.

DERNIER AMOUR.

>   Elle vit de pensers, de désirs satisfaits,
>   D'amour, de sentiments....
>   A. de LAMARTINE.

I.

Oh! pour l'adolescent aimer c'est vivre : — il aime,
Mais, si près de l'école et doutant de lui-même,
    Dans son isolement,
Peut-il croire, tremblant hier devant le maître,
Qu'en un sein, aujourd'hui, son aspect fera naître
    Le plus vif battement?

II.

Ose-t-il espérer que sa nef sans étoile,
Sur la vague du monde, où l'air gonfle sa voile,
    Aille, au soir, s'amarrer
A des bords où l'attend quelque vierge ingénue,
Dont le sourire ami saluera sa venue?....
    Ose-t-il l'espérer?

III.

Si l'idéal, qui vole au-dessus de sa couche,
Se pare d'une forme, à la fin, pour qu'il touche
    A son but tant rêvé,
Voyant plus d'or aux tons que l'horizon déploie,
Heureux, de tout son sang il paierait avec joie
    Le bonheur arrivé.

. . . .

IV.

Mais, fière de l'éclat dont son front se décore,
La jeune fille sait, toute petite encore,
  Oiseau qui sort du nid,
Qu'elle donne en accents, doux comme un son de lyre,
De ces félicités qui vont jusqu'au délire,
  Et qui font qu'on bénit;

V.

Qu'au désert, mesurant l'espace infranchissable,
Le voyageur demande à l'océan de sable
  L'eau vive et l'arbrisseau;
Qu'il réclame pitié de ce Dieu qui l'éprouve....
Et qu'elle est l'oasis, près de laquelle on trouve
  L'ombrage et le ruisseau.

VI.

C'est elle, à notre anneau diamant qui s'enchâsse,
Elle, qui nous accueille, elle, à qui l'on rend grâce
  Comme on rend grâce au ciel;
Quand, le visage orné de pudeur, beauté sainte,
Elle daigne à la coupe où le sort met l'absinthe
  Mettre un rayon de miel.

. . . .

VII.

Puis l'âge vient.... Alors regardant en arrière,
Enrayé par des fleurs au sein de la carrière,
  Le char, qui fut le sien;
L'homme, dans son esprit qu'une autre fièvre allume,
Dit son passé frivole, et défait plume à plume
  L'aile du songe ancien.

VIII.

Il espère, qu'un jour, d'une ardente fanfare
Enivré par la gloire, il fera comme un phare
  Étinceler son nom;
Et que l'Ambition, coursier sans mors ni rênes,
Le montera si haut qu'à ses volontés reines
  Aucun ne dira : non!

IX.

Ou bien, — ses souvenirs qui lui paraissent vides,
Il les ensevelit sous des calculs avides,
    Comme en un froid cercueil,
Et, laissant dériver sa barque voyageuse,
Il préfère, souvent, au flot clair l'eau fangeuse
    Qui dort sur un écueil.

X.

Des titres, des cordons, la soif du gain, l'envie,
Poussent de plage en plage incessamment sa vie
    Par un flux éternel,
Et si, nid d'alcyons qui chantent dans la brume,
Un sentiment plus pur surnage en cette écume;
    C'est l'amour paternel.

. . . .

XI.

Mais la femme, ô, quels pleurs où son regard se noie,
Alors qu'elle a vu poindre en ses cheveux de soie,
    Anneaux dorés et longs,
Un premier cheveu gris que rien ne lui dérobe,
Fleur parasite en vain cachant sa blanche robe
    Parmi les épis blonds.

XII.

Pauvre ange qui sanglotte errant loin de sa sphère,
Parce qu'il reste encore un grand voyage à faire
    Et moins d'ombre au chemin;
Elle a peur, sur la route où nul bruit ne frissonne,
De marcher tristement, sans rencontrer personne
    Qui lui tende la main.

XIII.

Alors, vienne auprès d'elle, astre dans sa nuit sombre,
Quelqu'un qui, de ses ans ne compte pas le nombre
    Avec un ris moqueur !
Qu'elle puisse, au relai de sa course rapide,
Mirer, comme au cristal d'un lac d'argent limpide,
    Son image en un cœur;

XIV.

Naufragé qui retient, les doigts crispés de rage,
La planche de salut qu'il dispute à l'orage,
  Loin du vaisseau détruit,
D'une ardeur convulsive, elle cherche à se prendre
A cette passion qui lui peut seule rendre
  Sa jeunesse qui fuit.

XV.

Elle sait que le Temps, vieillard au souffle aride,
Peut-être, dès demain, plissera quelque ride
  Au satin de son front;
Que son espoir ne tient que par un fil bien frêle;
Et qu'hélas, avant peu, tout finira pour elle
  Si le lien se rompt :

XVI.

Comme l'agonisant, qu'attend la croix de pierre,
Fait un suprême effort pour rouvrir sa paupière
  Où déjà meurt le jour ;
Comme la lampe expire en lançant plus de flamme;—
De même elle ravive et met toute son ame
  A son dernier amour.

Théodore CARLIER.

29 janvier 1836.

ÉPIGRAMMES

Par feu l'abbé Bergeat.

L'abbé Bergeat, chanoine de Reims, naquit dans cette ville en 1732. Il devint vidame de la Cathédrale en 1758 et, privé de ses Bénéfices par la révolution, il accepta volontiers les fonctions de conservateur du Musée, formé des tableaux, tapisseries, morceaux de

sculpture et autres objets précieux provenant des églises et monastères dont la fermeture avait été prononcée. L'auteur de l'article Bergeat dans la Biographie universelle, raconte un vol considérable qui eut lieu en 1802, dans le Musée dont M. Bergeat était conservateur: la mitre de l'archevêque Hincmar, le beau ciboire en or donné par Louis XVI lors de son sacre, « ouvrage de l'orfèvre Germain, et
» d'autres objets précieux se trouvèrent un jour enlevés, quoiqu'en-
» fermés dans une armoire à trois clés, dont une était entre les mains
» du Préfet, l'autre en celles du Maire, et la troisième entre les mains
» du Conservateur. On voulut, dit M. L. C. J. faire accroire que des
» voleurs avaient fait cette capture, quoiqu'il ne se fût trouvé au-
» cune effraction ni aux portes de la salle, ni à l'armoire. La justice
» simula un commencement de procédure: Le Conservateur et les
» gardiens du Musée furent mandés devant le magistrat de sûreté,
» mais personne ne fut dupe de cette comédie qui n'empêcha pas
» de croire que les objets disparus avaient été enlevés par ordre su-
» périeur. Bergeat se plaignit avec amertume, etc. »

M. l'Abbé Bergeat était un homme rare par les qualités de son esprit, sa vaste érudition et son noble désintéressement. L'Administration municipale ne pouvait remettre en des mains plus habiles le soin de sauver de la ruine, tant de nobles et riches débris, et sous ce rapport, malgré le vol dont nous venons de raconter les circonstances, la ville de Reims lui est redevable, plus qu'à tout autre, d'éclatants services. Cependant cet homme si pur ne fut point à l'abri de la calomnie. Il est mort laissant à ses héritiers un cabinet riche d'objets précieux en tout genre. Comme on l'avait connu Conservateur du musée, on ne manqua pas de supposer que ces curiosités avaient été distraites par lui du dépôt confié à sa garde. Nous ne dirons qu'un mot pour laver la mémoire de M. Bergeat qui ne devrait pas avoir besoin d'apologiste à Reims.—A l'époque où le fanatisme révolutionnaire se manifestait par des ruines et des démolitions, M. Bergeat consacra une partie de sa fortune à retirer des mains des démolisseurs, tout ce qu'il put trouver de précieux. Il espérait qu'un jour la ville lui tiendrait compte de ses déboursés et serait toute heureuse de racheter ses monuments. L'époque de vandalisme passée, la ville eut d'autres dépenses urgentes à faire, et M. Bergeat n'étant point indemnisé, resta propriétaire de cette multitude de petits objets que les curieux se partagèrent à sa mort. — Voilà toute l'histoire du cabinet de M. Bergeat. — Il est mort le 12 novembre

1815. La plupart de ses manuscrits ne se sont pas retrouvés, cependant la bibliothèque publique de Reims, conserve de lui un assez grand nombre de petites pièces de vers qui annoncent un esprit cultivé, délicat et quelque peu satyrique. L'auteur de l'article biographique cité plus haut a donné deux de ses épigrammes que nous ne reproduirons pas ; en voici quelques autres entièrement inédites.

I.

Contre un Médecin.

Mes malades jamais ne se plaignent de moi,
Disait un médecin d'ignorance profonde.
Ah! repartit un plaisant, je le crois :
Vous les envoyez tous se plaindre en l'autre monde.

II.

Contre le sieur Lavalette.

Chassé de sa place de Sénéchal.

Un quidam dont l'honneur a plus d'une lacune,
D'âne devint évêque et d'évêque meunier.
Par ce chemin dame Fortune
Doucement le ramène à son premier métier.

III.

Mariage de Convenance.

Chacun apprenant l'hyménée
Qu'on va célébrer au Saint lieu,
S'écrie l'âme transportée.
Hosanna ! trois fois gloire à Dieu !
De vingt créanciers généreux
L'une liquidera l'affaire :
L'autre, à dix petits malheureux
Va, par contrat, servir de père.

IV.

Contre un Médisant.

Ma langue a, dites-vous, l'habitude de nuire,
Jean-Jacques, vous mentez et je vous reconnais.
Où diable aurais-je appris le grand art de médire,
    Je ne vous écoute jamais!

V.

Sur un Huissier.

A ses juges pour vol un huissier fut conduit.
Gravement courroucé Perin-Dandin lui dit:
Quoi! vous, de la justice officier subalterne,
De la sorte en agir! le trait est impudent!
Messieurs, en vérité, ce faquin-là nous berne!
    Que fera donc un président?

VI.

Contre l'abbé Frémyn de Fontenille

Fat entêté de ses ancêtres et qui ne parle jamais que de noblesse.

Un noble dont le père est mort roturier,
Prônait à tous moments ses titres, sa noblesse.
Notre ex-vilain était sur cela sans quartier
Dût-il vous assommer, il en parlait sans cesse.
Ami, lui dit quelqu'un, c'est se montrer trop vain:
    Trève à toute forfanterie:
    Le mouton de ton parchemin
    Fume encore à la boucherie.

PETITE CHRONIQUE.

Société de la Bibliothèque de Reims. — Depuis quelques années on parle beaucoup du mouvement intellectuel qui s'opère en France : si nous en croyons les journaux, sur tous les points chacun se remue, s'ingénie à travailler, à découvrir. Les lettres n'ont jamais eu plus beau siècle : ce sont des bibliothèques que l'on va créer pour le moindre village ; des musées qui s'ouvrent ; des congrès qui se tiennent, où le plus gravement possible, on met à l'ordre du jour toutes les questions qui peuvent intéresser l'ordre social. — A Reims, il n'y a ni musée ni conservatoire, et nous n'avons encore convoqué personne en congrès, ni mis au concours la moindre difficulté. — Il avait bien été question, une fois, de former une société littéraire : on ne s'est pas entendu sur le titre, les attributions, le caractère de cette société, et le projet en est resté là. Quelqu'un avait émis le vœu de lui voir prendre le titre de *Société de la Bibliothèque de Reims*. Cette désignation modeste eut permis d'y aggréger toutes les personnes qui peuvent fréquenter cet établissement, une légère cotisation eût été nécessaire. Avec ses fonds, la société de la bibliothèque se fut créée un cabinet de lecture, à part de la bibliothèque, et dans une salle attenante. Là, se seraient trouvées les brochures nouvelles, les revues littéraires, les livres de simple littérature et autres que leur caractère d'actualité ou de circonstance ne permet pas à la bibliothèque d'acheter : ce cabinet littéraire eut été à la disposition des sociétaires qui, sur inscription, eussent pu emporter chez eux tel ou tel volume : ce que les règlements interdisent pour la bibliothèque publique. A la dissolution de la société, ce cabinet particulier eut été réuni définitivement à la bibliothèque. — On supposait que le nombre des sociétaires pouvait facilement se composer à Reims de 200 personnes, dont la cotisation annuelle de 15 francs eut produit 3000 francs. — Ces 3000 francs, au bout de dix ans, suffiraient pour créer un cabinet de 10,000 volumes. L'un des bibliothécaires eut été chargé de la direction, de la surveillance de cette succursale. Cette société dont Soissons, Epernay et plusieurs autres villes de France ont donné l'exemple, pouvait être d'un grand intérêt pour la bibliothèque qui est une propriété publique, ce dont le public de Reims n'a pas l'air de se douter. — Mais ce beau projet en est encore à recevoir son exécution.

Buste de Linguet et Portraits divers. — M. Dérodé-Géruzez, neveu de l'avocat Linguet a fait hommage à la bibliothèque publique de Reims d'un buste fort ressemblant et très habilement sculpté de cet illustre rémois. Ce buste est d'autant plus précieux qu'il est unique et que le portrait de Linguet manquait à la ville. — A ce sujet, nous reproduirons le vœu si souvent formulé de voir acquérir par la ville tous les portraits des célèbres rémois que l'occasion met parfois au plus offrant. Il n'y a pas de villes un peu importantes qui ne songent à sauver de l'oubli les traits des hommes célèbres auxquels elle a donné le jour. A Châlons, l'hôtel-de-ville a des peintures à fresque qui reproduisent les traits des personnages dont elle s'honore ; et tout le monde sait que le spirituel et savant Grosley a doté sa ville des bustes d'un grand nombre d'illustres Troyens. C'est un devoir de reconnaissance et de piété que d'honorer la mémoire de ceux qui nous ont rendu service. L'iconographie des hommes célèbres est le premier ornement d'un musée. L'une des salles de l'hôtel-de-ville de Reims renferme déjà quelques portraits d'hommes connus : on y trouve ceux de Nicolas Bergier, auteur de *l'Histoire des grands chemins de l'empire romain* : du minime Féry à qui la ville doit la machine ingénieuse, pour le temps, qui amena dans les fontaines les eaux de la rivière Neuve : du Chanoine Godinot, si connu pour sa philantropie : de Pluche, l'auteur de *l'histoire du Ciel et du Spectacle de la Nature* : de Rainssant, le garde des médailles du cabinet de Versailles, sous Louis XIV ; de Rogier, Lieutenant de ville, qui laissa de grandes sommes pour l'entretien des fontaines et fonda un prix en faveur des écoles de mathématiques et de dessin.—Le portrait du P. Lallemant, savant recteur de l'Université de Paris, auteur de quelques bons ouvrages, a récemment été offert à la ville, par un de ses arrière-neveux. — Mais nous n'avons aucun portrait de nos Archevêques, dont quelques-uns furent si illustres : Il nous manque Mabillon, que Louis XIV a surnommé le plus savant des religieux de France : Dom Ruinart, son érudit collaborateur : J.-B. Delasalle, le vertueux fondateur des écoles chrétiennes : Robert Nanteuil, le plus habile graveur du grand siècle : Batteux, correct auteur d'un *Cours de Belles-Lettres* : Vély, dont l'histoire de France est devenue populaire : Tronson-Ducoudray qui défendit la reine Marie-Antoinette et mourut à Cayenne, et ce qui surprendra bien plus, le rémois Colbert, qui se trouve à-peu-près partout, excepté dans la ville qui lui a donné le jour.

Un savant antiquaire de cette ville conserve chez lui les portraits peints de cinq illustres rémois : ce sont, entre autres, Julien Pilois, Lieutenant de la ville au 16me siècle, et l'un des plus fougueux ligueurs : Lancelot Favart de Richebourg, autre célèbre Lieutenant : Le chanoine Desaulx, chancelier de l'université, écrivain spirituel et fécond.

Tous ces portraits ne sont pas également bons, mais ils sont uniques et aucun n'a encore été gravé ; ils seraient par conséquent d'un grand intérêt pour la ville. Toutefois, on en a jugé autrement : du moins les conditions mises à la cession de ces portraits ont semblé trop rigoureuses, et l'on a renoncé à les acquérir. Il faut regretter que la ville de Reims, dont on connaît les pauvres revenus, ne soit pas assez riche pour honorer la mémoire de ses grands hommes !

Monuments géographiques de la Bibliothèque de Nancy. —M. Blau, Inspecteur honoraire et membre de la société royale de Sciences, lettres et arts de Nancy, vient de faire hommage à la bibliothèque de notre ville, d'une notice imprimée, remplie d'érudition sur deux anciens monuments géographiques qui se trouvent à la bibliothèque de Nancy.

L'un de ces monuments est un globe en vermeil, d'environ 6 pouces de diamètre, divisé en hémisphère oriental et occidental, où sont représentées la terre, les eaux, avec divers ornements. « C'est, dit le père Trouillot (*histoire de l'image miraculeuse de Notre-Dame de Sion*, Nancy 1757), une coupe très riche représentant le globe

» terrestre, d'un demi-pied de diamètre, où sont ciselés et décrits au parfait tous
» les pays, terres, royaumes, mers, fleuves, rivières, comme sur une mappemonde.
» Cette coupe est surmontée d'une sphère armillaire avec tous les cercles représen-
» tant les cieux, et la terre étant au milieu, de la grosseur d'une noix, le tout étant
» supporté par un atlas de la hauteur de 8 pouces, posé droit sur le pied du
» globe. — Cet atlas tient en ses mains une corne d'abondance, de sa hauteur, dont
» le haut chargé de toutes sortes de fruits qui supportent ensemble et le globe et la
» sphère. Le tout d'argent proprement doré en dedans et en dehors, ayant de hauteur
» environ 18 pouces. » M. Blau, pense avec le P. Vincent que ce globe se trouvait
parmi les objets précieux offerts à la Vierge de Sion, par le duc Charles IV, lors de
son heureux retour en Lorraine. — L'époque de la fabrication de ce chef-d'œuvre
d'orfévrerie ne semble pas facile à déterminer; cependant à la configuration générale
des terres et des mers, M. Blau suppose qu'elle se rapporte à la dernière moitié du
16e siècle, et quelle précède, d'un siècle environ, l'année 1667 où ce monument
fut offert à Notre-Dame de Sion.

Le second des monuments dont M. Blau fait la description, est un manuscrit provenant du savant Guillaume de Filiastre, Cardinal archevêque de Reims, à qui notre
bibliothèque est elle-même redevable de si beaux manuscrits. — Celui-ci, petit
in-4°, est une traduction en latin par J. Angelo, de Florence, de la Cosmographie
de Ptolémée : il se compose de 214 feuillets en y comprenant l'atlas de 27 cartes,
toutes richement enluminées et qui présentent l'état des connaissances géographiques au 15e siècle. Au sujet de ce curieux manuscrit, M. Blau s'est mis en correspondance avec les bibliothécaires de la ville de Reims, afin d'obtenir des renseignements
sur un semblable manuscrit envoyé du concile de Constance en 1417, par le même
cardinal à la bibliothèque du chapitre de Reims. — Le manuscrit de Reims, de
quelques années plus ancien, (de 1412) est moins riche que celui de Nancy : il est
de 237 feuilles, avec des titres rouges, des initiales rehaussées d'or et ornées, dans le
goût du 15e siècle, mais il n'a ni cartes ni vignettes et est seulement décoré en tête
d'une belle initiale et des armes coloriées du cardinal. — A ce manuscrit était
joint le dessin magnifique d'un planisphère sur peau de cheval marin, antérieur à la
gravure du fameux planisphère que le Cardinal Borgia envoya de Rome à Gœttingue,
et dont le savant Hewen a donné la description. — La confrontation de notre peau de
veau avec ce planisphère, l'atlas du manuscrit de Nancy et le globe de vermeil
en question, eut été curieuse. — Malheureusement ce précieux monument a disparu depuis long-temps de la bibliothèque du Chapitre de Reims, où il était conservé. Il en est question dans Marlot, comme se trouvant encore de son temps au
Chapitre, « *Visitur adhuc ibidem charta orbis universalis in corio equi marini, cu-
riose descripta, ubi Cardinalis elucent insignia.* (Marlot. t. 2, p. 694.) Mais déjà du
temps du chanoine Lacourt, mort en 16.. ce précieux monument avait disparu. Lacourt en témoigne ses regrets dans ses curieuses recherches manuscrites.

Tableaux de M. Herbé. — On se souvient que M. Herbé, artiste rémois,
offrit l'année dernière à la ville de Reims, son tableau historique *de Colbert présenté à Louis XIV par Mazarin mourant.* Le Conseil municipal désireux d'encourager les travaux de notre jeune compatriote lui fit la commande, pour le musée
futur, d'un second tableau dont le sujet serait pris dans l'histoire de Reims,
sans autrement désigner ce sujet. Nous apprenons que M. Herbé, met en ce

moment-ci la dernière main à son tableau : l'artiste a pris pour sujet les Echevins défendant, en présence de Saint Louis, les franchises et libertés de la ville de Reims, contre les prétentions de l'Archevêque Thomas de Beaumets. (1158.) Nous nous expliquerons sur ce point de l'histoire de Reims, et sur l'œuvre de l'artiste, aussitôt que le tableau sera parvenu à l'Hôtel-de-Ville.

Robert de Luzarches et Robert de Coucy.—M. Joseph Bar, inspecteur des monuments historiques, près du ministère de l'Intérieur, avait mis au concours pour l'année 1837, la question suivante :

« Décrire succinctement et comparer ensemble les chœurs de Cologne, de Beau-
» vais, la chapelle de Paris, les basiliques de Reims, d'Amiens, de Rouen,
» (N. D.) de Chartres, de Paris, de Bourges, de Strasbourg, de Soissons,
» de Saint-Denis, d'Angers, et établir quel est celui de ces monuments qui
» résume le plus complètement le type architectural français, créé au com-
» mencement du treizième siècle par Robert de Luzarches et Robert de Coucy. »

Nous ne savons encore si le prix qui consistait en une médaille d'or de la valeur de 300 fr. a été décerné le 1er Janvier 1837, ainsi que l'indiquait le programme.

Remparts de Reims.—Quelques personnes s'occupent beaucoup à Reims d'un projet qui tendrait à réunir à la ville une partie des fossés qui s'étendent de la porte de Mars à la porte de Cérès. Il ne faudrait pour cela que détruire un rempart, un mur d'enceinte et combler un fossé. Cette mesure provoquée dans un intérêt tout commercial a ses partisans et ses contradicteurs. M. Hédouin de Pons-Ludon, à qui la question de sécurité publique paraît d'un intérêt bien autrement grave, nous adresse au sujet de cette réunion la note suivante :

« Le projet de détruire le rempart de la porte de Cérès à celle de Mars, me sou-
» rirait infiniment, si la ville de Reims n'était pas située à 22 lieues du Luxem-
» bourg belge et à 35 lieues du Luxembourg hollandais. Jouissons de la paix ac-
» tuelle, mais pensons que la guerre peut se rallumer par un accident imprévu. Si
» Reims avait été démantelé, en 1712, les partis de cavalerie commandés par
» Growesteins, l'auraient pillé, rançonné, saccagé. Nous n'avons déjà que trop
» détruit ; que notre ville soit à l'abri d'un coup de main, qu'elle puisse attendre
» quelques heures, que le secours vienne de Châlons, Fismes ou Epernay, tant
» que le Rhin ne sera pas redevenu Français ! »

Tombeaux et Pierres tumulaires.—Autrefois les églises, les chapelles, les cathédrales étaient autant de cimetières : on n'y plaçait toutefois que les morts de distinction : les évêques, les seigneurs, les abbés, les hautes et puissantes dames, les bienfaiteurs ou les restaurateurs des établissements religieux.

Les iconoclastes de 1793 ont commencé leur dévastation par le bris des pierres sépulcrales. C'était pourtant aussi de l'histoire que ces monuments muets des grandeurs éclipsées : mais précisément c'était l'histoire qu'on voulait déposséder. Aujourd'hui nos basiliques sont presqu'entièrement dépouillées de ces sortes d'ornements ; à Reims surtout on ne compterait pas dix pierres tumulaires, en revanche telle maison d'entrepreneur ou de riche industriel en est toute dallée. C'est encore un objet de regret pour l'antiquaire. Ces anciennes inscriptions seraient aujourd'hui d'un grand secours pour l'histoire. J'en prendrai pour témoin la belle pierre de Hues Libergier, qui fixe d'une manière si précise l'époque de la fondation et de l'achèvement de l'élégante et regrettable église de Saint-Nicaise. Au surplus avant 1793, d'autres barbares avaient déjà laissé des traces de leur passage dans nos églises. Sous Henri de France, au temps de l'émeute sanglante de 1161, les bourgeois envahirent les tombeaux et brisèrent les épitaphes: L'église d'Hincmar sur l'emplacement de laquelle fut bâtie la cathédrale ne laissa à celle-ci aucune pierre gravée. L'église de Saint-Remy eut le même sort. — Au commencement du dernier siècle, l'église de l'abbaye de Saint-Denis, fut dépouillée de ses pierres tumulaires par un de ses prieurs même. Voici en quels termes, Lacourt rapporte cette anecdote : « Au » mois de Juillet 1718, Le P. Vaudin, prieur de Saint-Denys de Reims, lequel avoit » fait construire le grand autel de marbre l'année précédente, fit lever toutes les » tombes qui étoient dans le sanctuaire et le chœur, sans respecter même celle de » Manassès second, bienfaiteur de cette abbaye, dans laquelle il avoit choisi sa re- » traite, pour se disposer à bien mourir. Il fit fouiller le tombeau de cet archevesque » dans lequel on trouva ses ossemens et quelques restes de ses habits pontificaux. » Sa tombe eut le sort de ceux des abbez et des anciens chanoines réguliers de cette » maison. Ce moine, homme particulier dans ses idées et dans sa conduite, fit dis- » tribuer ces anciens monumens en pavez à pans tels qu'on les voit aujourd'hui, et » n'a réservé dans le sanctuaire qu'un espace pour placer un marbre sur lequel il » doit faire graver les quatre vers qui étoient sur le bord de l'ancienne épitaphe de » Manassès : il n'a laissé aucun vestige de la sépulture des abbez de cette maison, » incapable par son génie altier et singulier d'écouter sur cela ce que les amateurs » de l'antiquité pensoient, et préférant son goust qui certainement n'estoit point au- » dessus du médiocre, à ce que le bon sens et la reconnoissance dévoient lui inspirer » pour conserver la mémoire d'un archevêque recommandable par sa piété et par » les bienfaits dont il a comblé ce monastère, pour ne rien dire ici des sépultures » des abbez qu'il a détruites sans en laisser les moindres vestiges. »

—Plusieurs découvertes d'anciens tombeaux et de pierres sépulcrales ont eu lieu à Reims dans le courant de l'année 1836. Rue du Couchant, dans le jardin de la maison de M. le directeur du Comptoir d'Escompte, on trouva un assez grand nombre d'ossements et plusieurs belles pierres tumulaires : quelques unes et notamment une fort curieuse du 13e siècle, ont été maladroitement employées par les ouvriers dans les nouvelles constructions de la maison.

La rue du Couchant, percée depuis moins d'un siècle, faisait toute entière avec la rue des Morts, partie du grand cimetière de l'abbaye et paroisse de Saint-Denis, commun alors à l'Hôtel-Dieu et à la petite paroisse de Saint-Michel. Les plaintes des habitants de ce quartier contre l'insalubrité occasionée par ce charnier, fit prononcer sa clôture dès 1787; c'est alors que fut ouvert pour le remplacer le cimetière de la porte de Mars. Le cimetière de la rue des Morts était le plus ancien de la ville de Reims. On lit dans l'histoire de Tilpin, 29e évêque de cette ville, en 756, que ce prélat fut le fondateur d'une chapelle de Saint-Denis, sur le chemin de l'ancien cimetière des chanoines de la Cathédrale. — A la révolution, quand la plupart des rues changèrent de nom, celle des Morts reçut le nom de *Rue des Vivants*. A cette époque il n'y avait encore dans cette rue que deux maisons et sept ou huit habitants.

A la porte de Paris, butte Ste.-Geneviève, sur le bord de la route, de nombreux tombeaux en pierre calcaire, d'une forme assez semblable à celle des baignoires antiques, ont été mis à découvert par des ouvriers terrassiers. La plupart de ces tombeaux ne renfermaient que des ossements, ce qui laissait à supposer que c'étaient ceux des lépreux qui, déjà du temps de l'archevêque Guillaume aux Blanches-mains, étaient établis en cet endroit : mais de petites urnes funéraires, des lacrimatoires et d'autres objets de poterie romaine trouvés dans l'un de ces tombeaux indiquent une autre origine. De semblables exhumations eurent lieu vers la même époque à l'embranchement des routes de St.-Brice et Courcelles, sur le bord du *Chemin Ponton*.

Médailles et Antiquités diverses.—Découvertes a Reims. Rue Libergier, dans les fondations creusées pour les constructions de la belle maison de M. Croutelle, furent trouvées de nombreuses médailles, des amphores, des lampes et divers autres petits objets de travail romain : la plupart de ces curiosités ont passé dans le cabinet de M. Lucas Dessaint.

Dans les démolitions de l'ancienne façade de la Sous-Préfecture, les ouvriers trouvèrent quelques médailles romaines et gallo-romaines, et de plus, un sceau en pierre noire, d'une forme assez curieuse : c'est une tablette en quarré-long, de six lignes d'épaisseur : sur les deux faces de laquelle épaisseur est imprimé en creux et en petites capitales romaines, le nom de maître avec l'usage auquel ce cachet pouvait servir. Ces sceaux, dit Mont-faucon, (t. 4. p. 228) servaient à marquer les grands vases de terre cuite où les anciens gardaient le vin et les liqueurs. C'est M. Lac.... Jolt. qui conserve celui-ci.

De nombreuses médailles des règnes de Gallien, Tacite et Trajan Dèce, ont été trouvées à diverses reprises lors des travaux de terrassements, près l'arc de triomphe de la porte de Mars.

Une autre découverte importante eut lieu, au printemps dernier. En creusant les fondations d'une maison dont M. Mouras est propriétaire, à l'extrémité de la rue de Cernay, faubourg de Cérès, les ouvriers mirent à nu, à trois pieds de profondeur, un débris de parquet en mosaïque. On en a pu conserver des fragments assez importants pour parvenir à restituer et reproduire par le dessin toute la mosaïque, avec ses divers encadrements. Les encoignures seules n'ont point été retrouvées, aussi ne peut-on déterminer la dimension précise du parquet ; suivant toutes les apparences, il n'avait pas moins de 18 pieds. Un de ces fragments a été acquis par le Musée : un autre, et celui-là est plus complet, se trouve dans le cabinet de M. Lucas-Dessaint. Cette mosaïque composée de petites pierres blanches, noires et rouges, est d'un travail assez grossier : aussi ne nous paraît-elle pas de l'époque romaine : peut-être était-ce le parquet d'une salle de bains ou simplement d'un vestibule. M. Lucas-Dessaint, dont tout le monde connaît le bon goût et le zèle pour l'antiquité, a fait, à l'aide des divers fragments conservés, un dessin de l'ensemble du parquet.

Mais, à Reims, parmi les découvertes de l'année 1836, l'objet le plus remarquable, est sans contredit le magnifique médaillon en marbre blanc, d'environ 18 pouces de hauteur, trouvé chez un artisan de Reims qui n'en soupçonnait pas la valeur. Ce morceau de la plus grande beauté représente un Satyre, étreignant une bacchante aux formes rebondies. La sculpture vigoureuse et hardie accuse une des meilleures époques de l'art. Cependant quelques amateurs n'y veulent point reconnaître l'antiquité et supposent ce médaillon de la renaissance : il n'en est pas moins fort beau. Il a été recueilli par M. Firmin-Clicquot.

Découverte à Langres. — Un jardinier d'un faubourg de Langres, a découvert dans le courant de l'année 1835, un assez grand nombre de fragments de poterie, presque en entier, de cette belle teinte rouge et de cette finesse de grain qui indiquent la belle époque romaine. Parmi ces débris, on trouve une tasse assez petite, presque entière, mais sans ornements, et portant dans le fond l'empreinte d'une marque de potier, dont les caractères sont illisibles; des fragments de vases d'une plus grande dimension, sur l'un desquels se trouve cette marque : OF. MODES, *officina Modesti.* Sur d'autres sont modelés en relief des figurines, des feuillages et des branches de vigne d'un dessin très pur et d'un goût exquis. D'autres vases brisés, de forme alongée, en terre blanchâtre très légère avec des cannelures obliques. Les derniers débris sont d'une teinte noirâtre, en terre plus grossière et sans ornement précis. Un clou de bronze portant une tête d'homme avec couronne dans la chevelure, et diverses médailles en bronze de différents modules, du haut et bas-empire. — Enfin, un objet d'un autre genre fut rencontré, en creusant une berge de la route de Châtillon, entre Humes et Beauchemin : c'est un fer de cheval sans trous pour les clous, mais auquel était encore attaché un reste de la courroie qui servait à le fixer à la jambe.

Découverte à Châlons. — En béchant un champ, un jardinier de Châlons-sur-Marne a trouvé, à la profondeur de deux fers de bêche, une urne en terre cuite, dont la forme est un fuseau comme les *diota* que l'on posait dans les colomberia pratiqués au fond des mausolées. Ce vase était rempli d'os de cerf et de sanglier. Au centre de ces ossements étaient placés : 1° une moitié de monnaie de la colonie de Nismes. — 2° une autre moitié de monnaie d'un autre type : 3° deux monnaies gauloises ayant pour légendes *Germanus indutellii:* 4° une autre monnaie de la même nation ayant pour types trois bustes tournés à gauche, et au revers un bige conduit par Osiris: des deux côtés on lit l'inscription : *Remo.* 5° une médaille consulaire de la famille Martia: 6° une médaille de même module, d'Auguste et une autre de même grandeur de Tibère. 7° Trois moyens bronzes d'Auguste et trois moyens bronzes de Tibère. — Ce vase a été trouvé dans une terre très noire et d'une saveur nauséabonde : à côté, étaient des fractions de pavés en marbre blanc, des tuiles romaines, des petits pavés en briques qui paraissent avoir été fabriqués pour être placés dans des endroits cintrés; de grandes portions de ciment gaulois ou romain, une pierre qui paraît avoir servi de support à une croix, etc. — La contrée dans laquelle on a fait cette découverte se nomme Mont-Lampas, et à cent vingt mètres de cette contrée, est un lieu nommé vulgairement le Mausolée. — Lampas est le nom d'un chef rémois que les vieilles chroniques châlonnaises font vivre en l'an 42 de notre ère. Ce même Lampas ou un personnage du même nom, était suivant un historien de Laon, gouverneur de Reims sous Néron. *(Journal de l'Institut historique.)*

Découverte à Jonchery-sur-Suippes. — Nous ne finirons point cet article des antiquités sans mentionner la découverte faite sur la chaussée romaine de Reims à Verdun, entre Souain et Jonchery-sur-Suippes, d'un vase contenant 800 pièces romaines, grand bronze, à l'effigie de Trajan, Adrien, Sabine, OEllius-César, Antonin, Faustine la mère, Lucille, Alexandre-Sévère et Gordien III. — M. Bourgeois-Thierry de Suippes, dont tout le monde connaît le riche et magnifique médaillier, s'est rendu acquéreur de toute cette collection : il a visité les lieux où ces médailles ont été trouvées. « Il est aisé de voir, nous écrivit-il à cette époque, que cet endroit a été le séjour d'une société romaine, on y trouve des débris de vases, des briques énormes, du ciment romain : la terre est noircie par le charbon, et tout annonce que les habitations qui occupaient cet endroit du sol, ont été dévorées par l'incendie.»—M. Bourgeois, quoique n'étant pas rémois, a donné un exemple qui, jusqu'à ce jour, n'a point trouvé d'imitateurs, même à Reims : il a fait présent à la bibliothèque de cette ville, d'une douzaine des mieux conservées de ces médailles.

Provins. — Eglise de Saint-Quiriace. La ville de Provins, cette ancienne résidence des comtes de Champagne, dont le voyageur se plaît à visiter les ruines et à interroger les antiquités, s'annonce au loin par le dôme de l'église de Saint-Quiriace, bâtie au sommet de la ville haute. C'est le plus bel ornement de la ville et le monument le plus remarquable de la contrée.—Nous ne dirons rien ici de l'époque de sa construction, de la ressemblance du site avec celui de Jérusalem, de la beauté de l'église que surmonte ce dôme, nous sommes trop pressés de parler de son triste état. Sa charpente si belle et si hardie a tellement souffert des vents et des orages, qu'on a sans cesse à craindre de la voir tomber. Jamais réparation ne fut plus urgente. Si on ne s'en occupe incessamment, cette ville n'aura bientôt qu'une ruine de plus à léguer parmi tant d'autres qui s'élèvent dans ses ruines. Les efforts du conseil municipal restent impuissants devant la grandeur des dépenses. Le gouvernement, toutes les personnes religieuses ou amies des arts et des antiquités, en un mot tous ceux qui aiment leur pays, doivent s'empresser de seconder les efforts de cette ville et de l'aider à sauver un des monuments les plus dignes de fixer l'attention et d'être transmis à nos successeurs.

Vaucouleurs. — Statuette de Jeanne d'Arc. L'Institut historique (IVe classe, histoire des beaux-arts) a entendu l'un de ses membres, M. Romagnési, faire un rapport sur une petite statue, en pierre de tonnerre, de la Pucelle, qu'il dit exister à Vaucouleurs, dans un état de fâcheuse dégradation. M. Romagnési, savant antiquaire d'Orléans, a, comme tous les français et notamment les habitants d'Orléans, voué un culte de reconnaissance et d'amour à la noble héroïne de Vaucouleurs. Aussi émet-il le vœu que cette statue soit habilement restaurée et placée dans la demeure même de la Pucelle, à Donremi. Nous ne pouvons que nous unir à M. Romagnési dans ce vœu français, et en recommander l'accomplissement aux artistes, sinon à l'autorité de la Haute-Marne.

Rethel. — Jean Gerson. L'Académie française a mis cette année-ci au concours l'éloge de Jean Gerson, l'auteur présumé de l'Imitation de Jésus-Christ. Le prix sera décerné en 1838.

Quelques auteurs ont élevé des doutes sur le lieu de la naissance de cet illustre personnage. Il est certain pourtant qu'il était champenois. Jean Charlier, dit *de Gerson*, naquit à Gerson, hameau sis aux portes de Rethel, et de la dépendance et paroisse de Barby. Il y a moins d'un siècle qu'on y voyait encore un reste de muraille de la maison natale de Gerson, que les gens du pays appelaient le pignon de Gerson. — On trouve encore, dit Lacourt (*Recherches manus.*), dans l'église de Barby, l'épitaphe d'Elizabeth la Chardinière, femme d'Arnault Le Charlier, et mère de Jean Gerson; elle est à demi effacée et est ainsi conçue :

> Elizabeth la Chardinière
> Qui fui bel ot et vie entière,
> D'Arnaut le Charlier espouse
> Auxquels enfants ont esté douze :
> Devant cest hus fust enterrée
> M. quatre cens et. I. l'année
> Estoit d'Juing le jour huitième
> Jhesus lui doint gloire saintième !

Il ne reste plus rien aujourd'hui du hameau de Gerson, si ce n'est une usine de construction nouvelle, sise au bas du coteau qu'il dominait.

Jean Charler naquit en 1363 : il étudia la théologie sous Pierre d'Ailly, et lui succéda dans la dignité de chancelier et de chanoine de l'église de Paris. Persécuté par le duc de Bourgogne qu'il avait hautement attaqué dans ses discours pour le meurtre du duc d'Orléans, il se réfugia en Allemagne et s'y établit maître d'école. Il mourut à Lyon en 1429, à l'âge de 66 ans. Nous avons un recueil de ses ouvrages en 5 vol. in-fol. publié en Hollande 1706, par les soins de Dupin, qui y a inséré un *Gersoniana*, ouvrage fort curieux et digne d'être lu. — Il faudrait un volume pour écrire la vie politique et littéraire de Gerson, l'un des hommes les plus remarquables de son siècle. La bibliothèque de Reims possède différents manuscrits qui portent son nom : on l'a dit Chanoine de cette ville : mais peut-être le confond-on avec un Thomas Gerson qui vivait à-peu-près à la même époque.

Bibliographie. — Ouvrages accordés par le Gouvernement à la Bibliothèque de Reims. Le public qui fréquente cet établissement est fort peu nombreux : on semble ignorer qu'il renferme des curiosités, et que ces curiosités sont le domaine de tous. Quelques professeurs ou maîtres d'étude, qui profitent de leurs moments de liberté pour venir feuilleter les auteurs et prendre des notes : deux ou trois aspirants au baccalauréat, parfois quelques jeunes écoliers, chez qui se décèle déjà l'amour des lettres : par hasard un avocat, auquel une date, un arrêt fait faute : un artiste qui copie des miniatures de manuscrits ou des arabesques de reliure du 16me siècle : puis à de rares intervalles des étrangers qui visitent les salles, de belles dames qui se hasardent à demander l'ouvrage sur l'Egypte ou le missel de St.-Nicaise : des gens de la campagne, des gardes nationaux qui font retentir la solitude des salles du bruit de leurs pas ou de leurs bâillements, tel est le public habituel de la Bibliothèque.

Et cependant les rayons sont garnis de beaux et bons ouvrages ; sans doute aucune des grandes divisions bibliographiques n'est complète ; mais quelle bibliothèque n'offre pas de lacunes ? long-temps la nôtre a été sans allocation de fonds, ou si l'on consentait à lui voter une part au budjet annuel, c'était une somme à peine suffisante à l'entretien des salles, à la reliure des livres, aux fournitures de bureau. Depuis quelques années il n'en est plus ainsi ; la bibliothèque a son traitement, comme un honnête employé : on lui donne 2000 francs par an, pour acquisition de livres : en dix ans, voilà de quoi combler des lacunes et compléter des parties faibles. Joignez à cela les dons du Gouvernement. — Nous nous proposons de passer en revue dans la *Chronique de Champagne*, les richesses de la bibliothèque de Reims. Nous citerons les raretés bibliographiques, les belles éditions des Aldes, des Griffes, des Etiennes, des Vascosans, des Elezevirs et des Didots : les incunables et les riches reliures du 16me siècle : nous ferons surtout comprendre l'importance du cabinet des manuscrits, si peu apprécié et qui, réuni aux archives, forme le plus beau dépôt qui soit en France, après celui de deux ou trois des plus grandes villes. En attendant que nous soyons en mesure de fournir ces détails, nous ne négligerons pas d'informer nos lecteurs du dernier envoi que nous devons à la libéralité du Gouvernement. M. Chaix-d'Est-Ange, cet homme de cœur et de talent dont s'honore notre ville, s'est rendu près du Ministre, l'interprète des vœux de M. le maire : ses démarches ont été couronnées d'un plein succès : voici à cet égard, la copie d'une correspondance dont nous devons la communication à l'obligeance de notre honorable compatriote M. Besançon, conservateur de la bibliothèque du Ministère de l'Intérieur.

Rapport à M. le Ministre Secrétaire-d'Etat au département de l'Intérieur.

30 *Avril* 1855.

Monsieur le Ministre, l'œuvre de Piranési qui donne une représentation si grandiose des monuments de Rome antique et moderne, se compose de plus de 2000 planches en grand format. C'est le plus grand monument de gravures que le dernier siècle ait produit.

Les amis des arts craignaient que cette œuvre immense ne passât dans les pays étrangers, et Napoléon qui voulait la conserver à la France offrit à Piranési 300,000f. et une pension viagère de 12,000 f., à la condition de céder à l'Etat la collection de ses œuvres.

La cession ne put avoir lieu : aujourd'hui, MM. Firmin Didot, devenus acquéreurs de l'œuvre complète de Piranési, se préparent à donner une nouvelle édition et sollicitent une souscription que vous avez, disent-ils, Monsieur le Ministre, promis de porter à 40 exemplaires.

Chaque exemplaire devant revenir à 1400 f., ce serait pour 40 une dépense de 56,000 francs

En imputant cette dépense sur cinq exercices, il faudrait payer 11,200 par an.

J'ai l'honneur de vous proposer, Monsieur le Ministre, de souscrire pour 40 exemplaires, dont le prix montant à 56,000 f., sera imputé sur cinq exercices, à partir de 1835 inclusivement, à raison de 11,200 f., par an.

Le chef de la troisième division,

Signé CAVÉ.

Note pour Monsieur le Ministre.

Paris, le 31 *Août* 1855.

La ville de Reims n'a été comprise depuis quelque temps que pour une faible part dans la répartition des ouvrages que le Ministre accorde aux bibliothèques des départements. Cependant cette ville est une des plus importantes par sa population et par son industrie.

Elle a, sous ce double rapport, des droits fondés aux encouragements et à la munificence du gouvernement. M. Chaix d'Est-Ange, avocat à la cour Royale de Paris, s'est rendu, à cet égard, l'interprète du vœu du Maire de Reims, et a témoigné au nom de ce magistrat, que les deux grands ouvrages ci-après, fussent donnés par M. le Ministre à la bibliothèque de cette ville.

L'Œuvre de Piranési.

Les monuments de l'Egypte et de la Nubie, par Champollion jeune.

J'ai l'honneur de prier Monsieur le Ministre de vouloir bien faire connaître ses instructions.

Le chef de la division des beaux-arts,

Signé Cavé.

Approuvé : *Signé* Thiers.

Ministère de l'intérieur, 3e division, Bureau des beaux-arts.

A M. le Maire de la ville de Reims.

Paris, 31 Août 1835.

Monsieur le Maire, j'ai l'honneur de vous annoncer que par décision de ce jour, j'ai accordé les deux grands ouvrages ci-après à la bibliothèque de Reims.

L'Œuvre de Piranési.

Les monuments de l'Egypte et de la Nubie, par Champollion.—Veuillez prendre les mesures nécessaires pour que ces ouvrages soient retirés du bureau des beaux-arts, où ils sont à votre disposition.

Agréez, Monsieur le Maire, l'assurance de ma considération.

Signé A. Thiers.

Ministère de l'Intérieur. 3me division, Bureau des beaux-arts.

A M. Chaix d'Est-Ange, député.

Paris, le 8 Juin 1836.

Monsieur,

J'ai l'honneur de vous annoncer, que sur votre demande, j'ai accordé les ouvrages ci-après désignés à la bibliothèque de la ville de Reims.

1° Considérations sur les aliénés.

2° Mémoires de la société archéologique de Montpellier.

3° La Chronique de Nestor, trad. de L. Paris.

4° Peintures des manuscrits français, depuis le 8e siècle jusqu'au 16e, par M. le comte de Bastard.

5° Atlas universel d'Histoire et de Géographie.

6° Traité des matériaux manuscrits de divers genres d'histoire.

7° Lettres d'un antiquaire à un artiste, sur l'emploi de la peinture historique murale dans la décoration des temples grecs et romains, par M. *Letrone*.

8° Architecture des Arabes sous les Califes.

Je me félicite, Monsieur, d'avoir pu répondre ainsi au désir que vous m'aviez témoigné et vous prie d'agréer l'assurance de ma considération la plus distinguée.

Le Pair de France, ministre de l'Intérieur :

Pour le ministre et par autorisation, le chef de la division des beaux-arts,

Signé, Cavé.

— Nous avons à nous féliciter de la sympathie qu'a éveillée chez nos concitoyens, la simple annonce de *La Chronique de Champagne*: qu'il nous soit permis de remercier ici, Messieurs les Actionnaires, qui ont assez présumé de notre zèle et de notre amour du pays, pour assurer l'existence et l'avenir de notre Revue. Sur soixante Actions, créées il y a moins de quinze jours, dix à peine restent à délivrer. En attendant que nous ayons de nos Fondateurs l'autorisation de publier leurs noms, nous croyons bien faire et acquérir de nouveaux droits à la confiance de nos abonnés, en publiant les adhésions de nos principaux collaborateurs.

Lettres d'adhésion

Des Collaborateurs à la Chronique de Champagne.

M. Paulin PARIS, 1ᵉʳ employé au Cabinet des Manuscrits de la Bibliothèque du Roi.

Paris, 20 décembre.

Voilà bien long-temps que la publication dont vous me parlez est en projet.... Je n'ai pas besoin de vous répéter à l'un ni à l'autre que je prendrai le plus vif intérêt à *la Chronique de Champagne*, si Chronique il y a. Ce recueil, entre vos mains, peut devenir utile. Dès aujourd'hui comptez-moi comme votre abonné, et au besoin comme votre collaborateur.

Tout à vous, frère et ami,
Paulin PARIS.

M. Félix CARTERET, Avocat à la Cour royale de Paris.

Paris, 24 décembre.

Mon cher Camarade,

J'ai reçu ta lettre avec grande satisfaction; elle m'apportait, outre l'occasion de renouer avec d'anciens et bons camarades, la réalisation d'un vœu que pour ma part j'ai depuis long-temps formé. Car en voyant notre pays prendre dans le monde positif une position si belle, j'ai souvent regretté que tant d'intelligences qui l'honorent et la fécondent marchassent avec tant d'unité vers un seul but, et que si peu vinssent se reposer dans la route que vous voulez ouvrir..... Les ennemis de la centralisation parisienne lui donnent souvent toute sa puissance par leur petit esprit de rivalité et de jalousie : on accepte bien les renommées toutes faites, mais on ne veut pas les faire, et surtout prendre à côté de soi, dans sa ville, l'homme qu'il faut doter de ce riche présent. On se raille des essais, on ridiculise les efforts, on fait avorter les meilleures choses. Tu veux bien me demander mon concours, si c'est une plaisanterie je m'en venge en acceptant : j'accepte surtout par affection pour notre ville, par sympathie pour tout ce qui peut mêler un peu de sang et de vie à l'or qui lui court dans les veines. Je tâcherai de faire ce que tu me demandes. Je suis à toi pour tout ce que je pourrai faire, et vous souhaite succès et prospérité.

Ton bien dévoué,
F. CARTERET.

M. le docteur TIRMAN, homme de lettres.

Mézières, 27 décembre.

Amis,

J'applaudis de grand cœur au projet que vous avez formé de fonder une Revue Champenoise, historique et littéraire... Je ferai ce qui dépendra de moi pour vous être utile. Depuis quelque temps j'ai beaucoup étudié l'histoire des Ardennes ; j'ai déchiffré des chartes, compulsé les Bénédictins : en sorte que si vous me circonscrivez dans la localité, je pourrai vous donner sur les abbayes, les vieux castels, quelques morceaux utiles...... Je ne suis point en mesure de répondre sur tous les points de votre lettre ; je me borne aujourd'hui à vous garantir ma bonne volonté et un concours très actif.

Recevez l'assurance de ma bien sincère affection,
A. TIRMAN.

M. CHAIX D'EST-ANGE, avocat à la Cour royale de Paris, membre de la Chambre des Députés.

Paris, 4 janvier.

Mon cher Compatriote,

J'étais malade et affaibli par la saignée lorsque votre lettre m'est parvenue : c'est ce qui vous explique le retard que j'ai mis à y répondre. Au surplus vous étiez sûr, je pense, de ma réponse. Vous savez que je suis tout à vous et que je me trouverai trop heureux si je puis en quelque chose vous être agréable.

Recevez, je vous prie, la nouvelle assurance de tous mes sentiments,
CHAIX D'EST-ANGE.

M. Eugène GÉRUZEZ, Professeur d'Éloquence française, à la Faculté des Lettres.

Paris, 4 Janvier.

Mes chers amis,

Je vois avec plaisir que vous voulez faire de Reims une ville littéraire, vous entreprenez là une œuvre difficile peut-être, mais le succès vous justifiera. L'appel que vous faites aux Champenois de la Capitale vous sera d'un grand secours, il ne vous manquera pas. Pour ma part, je tiendrai à votre disposition ce que mon fidèle sténographe recueillera de mes improvisations : vous verrez ce qui pourra convenir à votre cadre. Si mes épreuves vous agréent je vous enverrai, avant la publication, les épreuves des leçons qui auront été le mieux accueillies. — Si votre revue est mensuelle, je pourrai vous adresser chaque mois une lettre anecdotique et littéraire qui figurerait à votre article *Variétés*. Je ferai de mon mieux.

Tout à vous,

E. GÉRUZEZ.

M. DIOT, tisseur, homme de lettres.

5 Janvier 1837.

Messieurs,

La création d'un journal littéraire est chose trop utile, et la ville de Reims a trop d'intérêt à s'associer enfin au mouvement artistique de notre époque, pour que je refuse la collaboration qui m'est demandée. A défaut de talent, j'aurai du moins l'excuse du zèle et le mérite d'un ardent amour pour les belles lettres.

Agréez, Messieurs, l'assurance de toute ma considération,

DIOT, *tisseur.*

M. Jules GARINET, Membre du Conseil de Préfecture du département de la Marne.

Châlons, 5 Janvier.

Messieurs et Amis,

Je suis tout disposé à contribuer *pro modulo meo* à la publication de la CHRONIQUE DE CHAMPAGNE, et j'accepte le titre de votre correspondant-collaborateur, à Châlons... Je vous fournirai des pièces historiques avec renvoi aux documents déposés dans nos archives. *La Chronique du Champagne* peut convenir à deux classes de lecteurs : à ceux qui veulent connaître leur pays, ce serait pour eux une revue rétrospective, et à ceux qui ne cherchent dans la lecture qu'un amusement..... Je travaille depuis long-temps à l'histoire de l'église Notre-Dame de Châlons ; je vais rédiger, et pour avril, au plus tard, vous aurez un article.

Votre très humble serviteur,

Jules GARINET.

M. Casimir Bonjour, Conservateur de la Bibliothèque de Sainte-Geneviève.

Paris, ce 8 Janvier 1837.

Messieurs et chers Compatriotes,

C'est une idée extrêmement heureuse que celle que vous avez eue de fonder une Revue Champenoise, et je m'associerai bien volontiers aux noms honorables qui figurent déjà sur la liste de vos collaborateurs. Je crains que des travaux d'une autre nature ne me permettent pas de participer aux vôtres aussi activement que je le désirerais, mais je m'engage à payer ma dette patriotique...

Agréez, messieurs et chers Compatriotes, l'assurance sincère de mon entier dévouement.

Casimir BONJOUR.

La suite des adhésions au prochain Numéro.

N. B. L'abondance des matières nous oblige à renvoyer au prochain Numéro la lettre de M. Michel Champenois (de Rilly-la-Montagne).

HISTOIRE.

APERÇU GÉNÉRAL

DE

L'HISTOIRE DE CHAMPAGNE.

IIme ÉPOQUE.

Les Karolingiens.

Le pouvoir chez les Franks fut d'abord électif (1). Dans l'élection du Roi, la préférence était pour le plus noble, et la couronne ne sortait guère de la même famille; dans l'élection du chef militaire, le courage était le seul titre, et le commandement des troupes, unique puissance réelle chez un peuple guerrier, appartenait au plus brave. Quand les enfants de Chlodowig eurent une cour, avec sa fastueuse hiérarchie de dignitaires et d'officiers, le premier entre tous fut, comme chez les Césars de Constantinople, le *Magister officiorum*. Ce Grand-Domestique, maître d'un pouvoir dont les Rois n'étaient plus que le mystérieux symbole et comme un mythe vivant, put à son gré, s'il fut vaillant et habile, joindre à la souveraineté précaire de Prince du palais, la souveraineté personnelle du Commandant militaire; car l'une devait donner l'autre, soit

---

(1) Reges ex nobilitate, duces ex virtute sumunt, *Tacite*.

que le choix du Roi préparât celui de la nation, ou que l'élection populaire désignât au Monarque son principal ministre. Telle fut l'origine de la puissance conquise plutôt qu'usurpée par les Maires du palais, et de deux éléments, frank et romain, unis et combinés par la force des choses, sortit la glorieuse domination des Karolingiens.

Peppin de Héristall avait pour aïeul paternel saint Arnould, comte d'Ardenne et de Rethel, et pour bisaïeul maternel, Peppin de Lauden, duc d'Austrasie. En 695, alors qu'il régnait au nom de Hildebert III, Peppin donna le duché de Champagne à Drogon, son fils aîné, qui mourut en 708, et eut pour successeur son frère Grimoald, dont le président Fauchet dit qu'il fut *bon, grand aumônier et dévot.* Ce prince était gendre du duc des Frisons, et fut, en 714, assassiné dans le village de Liège, par un émissaire de sa femme qu'avait outragée la préférence donnée à une concubine. Arnould, fils de Drogon, obtint à son tour le duché de Champagne. Vers ce temps, saint Rigobert, de l'illustre maison de Porcien, occupait le siège de Reims. Peppin de Héristall, qui séjournait souvent dans cette ville, fut son ami, et lui donna le château de Gernicourt, avec tout l'espace de terre qu'il parcourrait durant la sieste.

Quand Peppin mourut, après un règne de vingt-sept ans, signalé par les plus brillants succès contre les ennemis de l'empire Frank, la civilisation européenne était menacée de deux fléaux également redoutables, que l'esprit de conquête et le fanatisme lançaient contre elle tout à la fois du midi et du septentrion. Au nord les peuples germaniques, Saxons, Danois, Esclavons, brandissaient leurs puissantes armes, avides d'une meilleure patrie, impatients de la Gaule, cette forte digue opposée par le Christianisme aux débordements de la Barbarie. Au sud, les Sarrazins, que la trahison du comte Julien et les discordes des Goths avaient, dès 711, appelés en Espagne, s'avançaient, innombrables, à la conquête de cette universelle domination promise par le Prophète à ses fougueux sectateurs. Ainsi la lutte entre l'esprit et la matière avait à peine accompli sa phase philosophique dans les idées, qu'elle se reproduisait dans les champs de bataille, avec des peuples pour champions, et le carnage pour argument. En de telles conjonctures, Théodoald, enfant mineur, fut un contresens aux instincts guerriers de la nation et aux nécessités de l'époque. Aussi, malgré les efforts de son aïeule Plectrude, qui tout d'abord avait enfermé le bâtard Karle à Cologne, le petit-fils de Peppin fut bientôt dépossédé, et Karle, échappé à sa prison, fut proclamé duc d'Austrasie. Après trois ans de guerre, le valeureux bâtard se mit en possession de la toute puissance qu'avait exercée son père.

Ce fut pendant ce long et trop sanglant débat qu'il se présenta devant Reims, dont l'entrée lui fut refusée par St.-Rigobert. La résistance d'un prélat, si intimement uni à Peppin qu'il avait été le parrain de Karle, s'explique assez par la conduite même de celui-ci, qui, n'ayant de ressource que son grand courage, et trouvant le domaine public presque entier dans les mains du Clergé, dépouillait les églises et expropriait les clercs, pour entretenir ou récompenser son armée. Maître enfin du pouvoir, il se vengea de St.-Rigobert, en lui substituant violemment, dans le siège de Reims, Milon, plus soldat que prêtre, qui déjà jouissait de l'Evêché de Trèves.—En ce même temps fut construit le château de Bouillon, élevé, comme tant d'autres alors, sur les confins de l'Austrasie, pour assurer au besoin la retraite de Karle et de ses partisans, derrière la Meuse. Tout château avait une circonscription militaire et civile, et donnait à son maître le titre et la juridiction de Comte. La Champagne comprenait ainsi, dans ses dix-huit à vingt Comtés, nombre de castels élevés au fur et à mesure que les partages de la souveraineté avaient, en morcelant le territoire, multiplié les lignes frontières, et, avec elles, les places de défense (1).

Cependant les Sarrazins, vainqueurs des Pyrénées, marchaient droit au cœur de la Gaule, fauchant sur leur passage les hommes et les cités, comme moissons déjà mûres, quand, en 732, Karle les rencontra, dans les champs de Poitiers, et les écrasa sous de si rudes coups, que la terre de France ne les revit jamais. Ce glorieux triomphe lui valut l'expressif surnom de *Martel*; la foi et la patrie furent sauvées, et l'envahissement du domaine ecclésiastique légitimé. Sur la fin de son règne, Karle-Martel donna la Champagne à Grippon, fils de son second mariage, ou peut-être d'une concubine, et attribua aux aînés, Peppin et Karloman, la Neustrie et l'Austrasie. Mais à peine eut-il cessé de vivre que ces deux derniers dépouillèrent leur frère, et réunirent encore une fois la Champagne à l'Austrasie, héritage de Karloman.

Le peuple, cette majorité de citoyens frappés d'incapacité politique, que, dans notre langage matérialiste, nous appelons les prolétaires, comme si nous ne voulions reconnaître en eux que la faculté physique d'engendrer, le peuple n'existait point dans la société païenne, qui n'admit que des maîtres et des esclaves. Le peuple, comme élément social, est né du Christianisme, et, dans nos sociétés modernes, ses idées et ses besoins ont dû toujours, et sous peine des plus graves désordres, trouver leur juste expression, à l'encontre des classes privilégiées. Ainsi, aujourd'hui que les communes et les corporations ne sont plus, les besoins et les idées du peuple auront long-

---

(1) Flodoard. His. Metr. Rem. — Ozeray. Hist. de Bouillon. — D. Lelong. His. du Dioc. de Laon. — Baugier. Mém. Hist. — Detorcy. Recherches sur la Champ. *Passim.*

temps encore leur manifestation dans la royauté : au moyen âge, du 11me au 18me siècle, l'intérêt populaire se produit, énergique, dans la corporation ou la commune, et, s'il est méconnu, dans la Jacquerie, le Mique-macque, l'insurrection ; dans l'origine, depuis l'Apostolat jusqu'à Louis le Gros, c'est-à-dire jusqu'à ce que le blason seigneurial eût entièrement recouvert l'emblême plébéien de la croix, le sacerdoce fut l'unique représentant du peuple. Cette glorieuse et sainte mission éleva le prêtre au sommet de la société, et lui donna toute sa valeur politique, valeur incalculable, tant qu'elle ne s'immobilisa point dans la propriété féodale. Aussi à l'époque historique où nous sommes parvenus, le Clergé se trouve le premier des pouvoirs publics ; les assemblées nationales sont des conciles ; les lois de l'Etat sont des canons ecclésiastiques ; le Droit Romain, cette autre religion de l'Eglise primitive, (1) inspire les Capitulaires ; le trône enfin s'abaisse devant l'autel, car l'autel, en ce siècle, c'est le peuple, et, après Dieu, il n'est donné qu'au peuple de dominer les trônes.

Après six années vides d'intérêt pour la province qu'il avait enlevée à Grippon, Karloman se coupa les cheveux en signe d'abdication, et se retira dans la vie des cloîtres. Ce fut sous son règne, au concile germanique de 742, que, pour la première fois on data de l'ère de l'Incarnation,

---

(1) St.-Clément, dans les constitutions apostoliques, dont on le croit auteur, dit : « Or Dieu ne veut pas que la loi de justice se répande par nous seuls, mais » il a voulu qu'elle brillât aussi par les Romains. » *Neque vero vult ut per nos tantum lex justitiæ eniteat, sed voluit ut per Romanos quoque luceret et splendeat.* Const. Apost. Lib. vi.—Le Pape Jean VIII recommande à Lodevig II d'avoir « en » vénération les lois romaines, parce qu'elles émanent de Dieu, qui les a promul- » guées par la bouche des princes. » *Sed venerandæ romanæ leges divinitus per ora principum promulgatæ.* — Les Capitulaires appellent la loi romaine la mère de toutes les lois humaines, *Omnium humanarum Mater legum.* — St.-Remi, dans son Testament, déclare se conformer au droit prétorien, et Hincmar, dans sa lettre 7me, invoque la loi Justinienne.

l'année commençant au 1er mars, selon la coutume des Franks. A Soissons, un autre concile, en 744, sanctionne l'autorité métropolitaine des Evêques de Reims et de Sens, auxquels il donne le titre d'*Archi-præsules*; puis, pour mettre fin aux désastres de l'Eglise de Reims, désolée par Milon, il élit un Archevêque, Abel, qui ne put se mettre en possession, et céda devant la violence de l'intrus. Milon mourut enfin en 753, tué à la chasse par un sanglier, et eut pour successeur Tilpin ou Turpin, dont le renom poétique appartient au pseudonyme qui, dans le XIe siècle, lui attribua les chroniques chevaleresques de Charlemagne et de Roland.

Peppin cependant vivement sollicité par ses partisans et par l'ambition, songeait à se faire Roi, et aussi à écarter l'obstacle qui pouvait naître du respect traditionnel des peuples pour le nom et la race de Chlodowig. Le pape Zacharie est consulté; il répond *qu'il est plus utile que le titre et le pouvoir de Roi soient unis*, et aussitôt le concile de Soissons, dans l'assemblée de mars 752, proclame Peppin le Bref; et Hilderic III devient moine. L'un des chefs de cette révolution fut Lambert (1), comte de Rethel et d'Ardenne, dévoué compagnon de Karle-Martel, ami non moins dévoué de Peppin, mais qui surtout nourrissait contre les Mérovingiens une de ces vieilles haines de famille que l'honneur teutonique ne laissait mourir qu'avec l'ennemi. Vers ce temps, et peut-être comme prix de l'élection du nouveau Roi, la propriété des bénéfices militaires qui, par suite des usurpations de Karle-Martel, comprenait à peu près tout l'ancien domaine public, et qui, par la mort de Brunechilde, était devenue légalement viagère, devint légalement aussi héréditaire et perpétuelle. Quant à l'office et à la juridiction attachés à ces terres,

---

(1) Camart. *Hist. de la ville et des Seigneurs de Rethel*. Manus. de la Bibl. de Reims.

ils continuèrent pour quelque temps encore, de n'être que viagers, et peut-être même redevinrent-ils un moment amovibles sous Charlemagne, qui du moins put souvent en suspendre l'action, par la haute institution des *missi dominici*. Sur la fin du règne de Peppin le Bref, le concile d'Attigny, de 765, décide de la guerre contre l'Aquitaine. Cette assemblée était présidée par l'Evêque de Metz, Chrodegand, récemment arrivé de Rome avec les reliques de saint Gorgon (1), que possède encore l'église de Pouillon, près Cormicy. Peppin meurt en 768.

Charlemagne (2) apparaît, et tandis que sa puissante main unit et serre en un vaste faisceau, léger pour lui comme sa bonne épée, les peuples de la Germanie, de l'Italie et de la Gaule; son génie presse et féconde le mouvement intellectuel et social imprimé à l'humanité par le spiritualisme chrétien. En ces jours héroïques, la civilisation a brisé sa dernière entrave; son enfance est finie; le manteau de l'initié remplace la robe du néophite; l'armure de l'âge viril revêt sa forte adolescence, et la voilà jeune, passionnée, chevaleresque, ardente de foi et d'amour, qui, croix et bannière en tête, se met en marche vers l'avenir. Cette magnifique Odyssée, fertile aussi en orages et en déceptions amères, aura ses historiens dans l'Episcopat et dans les cloîtres, et son Homère dans le peuple. Turpin et Hincmar de Reims, Prudentius de Troyes, le chanoine Flodoard, les moines de S. Denis et de S. Bertin, les conciles, les cours plénières tiendront le

---

(1) Fleury. Hist. Ecc.

(2) Nous conservons le nom harmonieux et populaire de Charlemagne, dérogeant en ce point à la règle que nous nous sommes prescrite, de suivre pour l'orthographe des noms franks; le travail de M. Aug. Thierry. — « J'avoue cependant, dit Châ- » teaubriand, que j'ai été faible à l'égard de Charlemagne, il m'a été impossible de » le changer en Karle-le-Grand,.... que voulez-vous! on ne peut rien contre la » gloire; quand elle a fait un nom, force est de l'adopter, l'eût-elle mal prononcé ». *Etudes historiques. Préface.*

journal du grand voyage; puis le peuple, sublime créateur de toute poésie, le peuple, s'inspirant aux nobles chants de la vieille patrie, déroule son épopée immense, que traduiront un jour, animée et vivante, les hauts faits de chevalerie, et le merveilleux drame des croisades en Terre-Sainte.

Le culte des femmes, ce culte tout chrétien s'en vient compléter l'œuvre de la deuxième création. C'est par la femme que la suprême intelligence est entrée en ce monde; et c'est par elle aussi que se révèle à l'âme, en de ravissantes extases, le secret des émotions délicates et pures, inépuisable et divine magie, par qui l'amour est une vertu, les épreuves une volupté, le mariage un acte pieux. Joie et lumière du monde moral, la femme est le lien et la beauté du monde extérieur. Vierge ou veuve, le cloître et le sanctuaire l'abritent de leurs ombres saintes ; c'est la Diaconesse associée aux labeurs du Pontificat, comme aux gloires du martyre, et distribuant, au nom du Christ, la parole qui charme, et le pain qui nourrit; c'est la recluse coulant, dans les pieux et poétiques loisirs d'une céleste espérance, des jours mélancoliques et doux, comme la mélodie des cantiques sacrés ; c'est la puissante Abbesse recevant à foi et hommage de redoutés barons, et humiliant sous sa crosse d'argent l'orgueil de l'autre sexe. Amante ou épouse, la femme chrétienne se place en tête de la vie, qu'elle anime et colore, tempérante rosée aux ardeurs du départ, lumineuse nuée dans l'ombre du déclin. A elle sont les grandes pensées de religion, de patrie et de gloire; puis, quand elle s'illumine au mystique reflet de l'auréole où brillent, dans une miraculeuse union, la virginité pure et la maternité divine, alors elle mêle son âme à l'âme de l'homme, et de ces chastes conjonctions naissent le courage, l'héroïsme et l'honneur. Car, au commencement, l'homme et la femme étaient un; la sagesse éternelle voulut qu'ils fussent deux ; elle les partagea, leur laissant toutefois l'instinctif souvenir des joies ineffables de leur primitive unité ; et telle est la puissance de cette mémoire innée, que l'homme ici-bas se sent incomplet, et souffre, tant qu'une âme de femme n'est pas venue se rejoindre à son âme tronquée ; touchant mystère du cœur, que l'Évangile seul a révélé au monde, avec cet autre prodige d'amour où l'intimité d'un Dieu s'offre à ces âmes en peine, qui, seules et délaissées au désert de la vie, n'attendent que du ciel la manne fécondante.

A ces énergiques éléments de vitalité, le peuple et la femme, retrouvés par le Christianisme, se joignit le principe de l'unité politique, personnifié dans Charlemagne. La société, maîtresse enfin de tous ses moyens de progrès, entra, conduite par le grand Empereur, dans sa crise de transformation. Cette époque fut, comme toute révolution sérieuse du corps sociale, exubérante de vie et de chaleur ; ce fut l'époque des miracles. La législation et la science, dans leur essor malheureusement trop tôt ralenti, s'associèrent à la rapidité du mouvement gigantesque, qui portait incessamment, d'une frontière à l'autre, et souvent, sur tous les points à la fois, l'activité conquérante de la civilisation nouvelle. Et parmi tout ce brillant fracas de guerres et de triomphes, à travers les cinquante-trois expéditions armées, qui se partagèrent un règne de quarante-cinq ans, Charlemagne promulgua ces admirables codes, dont l'étude emplirait une longue vie, monuments de grande sagesse, curieux tableaux d'une société, où se mêlent à la virilité robuste, la fougue et les faiblesses de la verte adolescence. A cette nation si riche de gloire, si bien réglée par les Capitulaires dans ses rapports religieux et civils, Charles donna aussi l'instruction qui éclaire, et les arts qui polissent. Car le principal devoir de l'Apostolat consacré par le Christ, est dans ces mots divins : *allez et enseignez*, et certes le précepte ne pouvait demeurer stérile dans un état, qu'avec raison Grégoire de Tours appelait le royaume des Evêques. Charlemagne, l'*Evêque extérieur* (1), fidèle à cette noble mission, et d'accord avec le Clergé, régla l'institution, large comme tout ce qui sortait de sa grande pensée, des écoles de grammaire, de mathématiques et de musique. Dans toutes les villes de l'Empire, ses lettres et ses envoyés fondèrent et propagèrent le bienfait de l'instruction. Lui-même donna l'exemple ; il étudia, docile aux leçons d'Alcuin, le savant abbé de Saint-Loup de Troyes ; ses palais devinrent des écoles, et la science fut un riche patrimoine offert à tout homme, serf ou libre, puissant ou chétif, désireux de fortune et d'indépendance.

Dans ses nobles loisirs, comme dans ses batailles, Charlemagne s'élève si haut, que les Papes le viennent visiter ; Léon III, au monastère de St.-Remi de Reims, l'entretient de l'avenir du monde ; le plus grand des Califes cultive son amitié comme une faveur, et l'Empire d'Orient recherche son alliance comme la plus précieuse conquête. Pourtant il a éprouvé un grand revers à Roncevaux ; c'est là que l'infidèle Sarrazin s'est pu vanter, durant un jour, d'être le vainqueur des preux ; c'est là que les bons avis et la bonne épée de l'Archevêque Turpin (2) sont tombés inutiles ; là sont morts l'Achille des traditions françaises, l'indomptable Roland, et le héros d'exis-

---

(1) Bossuet.

(2) Turpin ou Tilpin, Archevêque de Reims, conseiller et ami de Charlemagne, combattait à Roncevaux. Il y fut tué, au témoignage du poète, auteur de la fameuse *chanson de Roland* :

   Mors est Turpins au servise Charlon,
   En grant bataille et en grant orison.
   Contre païens fu tous tens champion ;
   Dex li otroie sainte beneiçon.

(Fragment d'un manuscrit de la Bibliothèque royale. Paulin Paris. Lettré sur les Romans des douze pairs de France.)

tence moins douteuse, Estulphe avec les braves de son comté de Langres ; là aussi fut le triomphe du rusé Ganelon, l'Ulysse et le Sinon de l'épopée moderne, qui fut, dit-on, un fils de la Champagne. Mais Charles, en revanche, après de nombreux et cruels triomphes, a soumis et pacifié les peuples Saxons. Witikind et Albion, ennemis redoutables et obstinés ; viennent en grand cortège, au palais d'Attigny ; ils reclament une place dans la Chrétienté, et au milieu d'une cour resplendissante de toutes les gloires, ils demandent à Charlemagne, et reçoivent, en signe de fraternité et d'alliance, le baptême, où les conviaient depuis long-temps de généreux apôtres, appelant les nations à l'union politique par l'union des croyances. Ainsi il fut donné à l'Eglise de Reims, aux deux époques les plus décisives, de recevoir et de consacrer dans la solennité de ses rites, le pacte saint duquel dérive toute civilisation en Gaule et en Allemagne. Ainsi commençait, dans la petite chapelle d'Attigny, ce grand Empire d'Occident, dont la majesté rayonna pendant dix siècles, jusqu'aux bornes de la terre ; ombre illustre aujourd'hui, qui surgit encore, comme une pensée de gloire, à chaque nouvelle secousse de la sociabilité européenne.

Charlemagne mourut en 814. Il avait, en 812, donné le royaume d'Italie à son petit-fils Bernhart, fils de Peppin. Son successeur à la dignité impériale, et à ses états de Gaule et d'Allemagne, fut Lodewig Ier, dit le Débonnaire. Ce prince était lettré, mais plus propre à vivre dans la paix studieuse d'un cloître qu'à gouverner ces nations remuantes et guerrières, que le génie de Charlemagne avait bien pu, pour un moment, soumettre à une unité contre nature, mais que l'instinct vivace de la nationalité rappelait puissamment à leur individualité primitive. D'un autre côté, l'ardeur de Lodewig à intervenir dans les plus petits détails de la discipline ecclésiastique, suscita contre lui bien des haines dans un clergé qui, admettait alors dans son sein les fiers et libres enfants de la race conquérante, et n'avait pas cessé toutefois de se recruter largement dans la race conquise. En 816 et 817, l'Empereur proclama, dans les conciles d'Aix-la-Chapelle, des réglements nouveaux qui changeaient toutes les conditions d'existence des moines et du clergé inférieur, et qui, brusquement imposés, furent néanmoins acceptés. Mais à son tour le rigide régulateur dut se soumettre à la rigidité des règles. Les premiers actes de son règne étaient des crimes; Adhalard et Walha, neveux de Peppin le Bref, avaient été exilés, victimes d'une popularité qui survécut à leur disgrâce; Bernhart, roi d'Italie, avait eu, quoique vaincu et soumis, les yeux crevés, et en était mort de douleur; enfin, trois fils naturels de Charlemagne, malgré les vives et saintes recommandations de leur père mourant, s'étaient vus jetés violemment dans des monastères. Ces crimes publics étaient de ceux pour lesquels, selon la sévérité des canons, la pénitence publique fut long-temps de droit commun. Théodose l'avait subie en expiation du massacre de Thessalonique; elle fut imposée à Lodewig, en réparation des désastres de sa famille. Au mois d'août 822, dans une diète tenue au palais d'Attigny, et qui fut tout ensemble concile et cour plénière (1), l'Empereur se reconnut coupable et demanda pardon à Dieu et au peuple. Ce fut un double triomphe, et pour le principe démocratique de l'égalité chrétienne, et pour la morale de l'Evangile, plus respectable à tous, après un tel exemple. Une autre satisfaction avait été déjà donnée aux diverses nations de l'Empire, toutes également jalouses de leur indépendance politique (2). Dès 817, Lodewig partagea ses états entre ses trois fils, et le traité qui réglait ce

(1) Hulot. Hist. d'Attigny.
(2) Aug. Thierry. Lettres sur l'hist. de France. L. XI°.

partage, fut placé sous la garantie d'un serment solennel prêté avec acclamation par les Evêques, les Seigneurs, l'Empereur lui-même et ses fils. Mais douze ans après, il tenta de revenir sur un acte qui était bien moins son ouvrage que celui des populations intéressées. La résistance fut terrible. D'ailleurs, dans cette société sincèrement religieuse, et d'une loyauté souvent enthousiaste, l'inviolabilité du serment, base de tous les codes de lois personnelles, était à peu près la seule garantie des rapports civils et politiques. Les tergiversations du faible Lödewig venaient jeter le trouble dans les consciences, et blessaient grièvement le principe nécessaire des relations sociales. Ses fils menacés dans leur possession, et les peuples dans leur nationalité à peine reconquise, se révoltèrent et coururent aux armes.

A ne consulter que les faits généraux, ce mouvement fut tout démocratique, et Lother et ses frères puisèrent leur force et leur activité, sans s'en douter peut-être, dans l'intérêt populaire. L'histoire d'Ebbon, archevêque de Reims, en est une preuve. Ce prélat, dont le sens fut tout démocratique, figurait à la tête des plus ardents adversaires de l'Empereur, et présida, en 833, les assemblées de Compiègne et de Saint-Médard de Soissons, où Lodewig, soumis de nouveau, comme à Attigny, à la pénitence publique, fut ignominieusement dégradé. Or Ebbon, simple affranchi, élu archevêque de Reims en 817, était un homme d'une rare éloquence, d'un génie ardent et vaste, ami des arts et aimé du peuple. Les historiens, surtout les modernes, la plupart en haine du clergé, et d'autres par un respect superstitieux pour une royauté mal comprise, ont épuisé contre Ebbon tout ce que le reproche a de plus amer, tout ce que l'invective a de plus acéré; tous ont applaudi à ses malheurs, à son exil, à sa déposition. Et pourtant quand, parmi les vicissitudes de son orageuse carrière, le prélat revint un jour à Reims, la joie du peuple éclata partout sur son passage, et son retour fut un triomphe. C'est qu'Ebbon était du peuple ; c'est qu'il avait été martyr de la nationalité gallo-franke, que voulait absorber l'Empire teutonique ; c'est qu'il avait attiré à Reims un grand nombre d'artistes et d'ouvriers de tout genre, dont il fut le libéral protecteur, et de qui les travaux et l'industrie vivifiaient et embellissaient la cité. Les rues et les chemins publics réparés, les ruines des remparts déblayées, l'église principale reconstruite sur les plans de l'habile Rumaldus, le commerce encouragé, les écoles florissantes ; tels étaient, indépendamment du courage et de la capacité politiques, les titres d'Ebbon à l'amour du peuple de Reims. Flodoard, écrivain contemporain, raconte la vie de ce pontife, sans louer ni blâmer ce qu'elle a de politique ; son récit est calme, sa narration simple, et plutôt favorable qu'hostile à l'Archevêque. C'est que Flodoard était de son époque, et qu'il s'étonnait peu qu'on changeât d'opinion, et conséquemment de conduite envers une royauté, encore élective de droit, à peine héréditaire de fait, et qui, comme toute fonction déléguée, n'avait droit à la fidélité, qu'autant qu'elle-même demeurait fidèle à son principe (1).

Quoiqu'il en soit, la royauté avilie en la personne de Lodewig le Débonnaire, comme elle l'avait été, sous les fils de Chlodowig, par l'infâme supplice de Brunechilde, entra bientôt dans sa seconde période de décadence, et livra la société sans défense aux envahissements progressifs de la féodalité. Les imprévoyantes concessions des Rois avaient anéanti le domaine public ; Karle Martel et Peppin avaient

---

(1) Robert de Reims, auteur d'un poëme intitulé les *Antithèses d'amour*, disait encore au XIIIe siècle,

Rois qui fet trahison ne doit être esgardé,
Ne tenir le royaume, ne couronne porter.

peu laissé à prendre à l'Eglise; Karle le Chauve n'eut donc plus à dissiper que les droits du peuple et ceux de la couronne, pour satisfaire l'avidité de ses comtes. Un Capitulaire de 877 couronna l'œuvre commencée par l'ambition des Maires du palais, et les dignités avec juridiction furent déclarées héréditaires, ainsi que l'avait été précédemment la propriété des immeubles attachés d'abord à ces titres, comme salaires des fonctions qu'ils supposaient.

Pendant ce règne, les Normands, qui avaient osé paraître sur la fin de Charlemagne, puis avaient, sous Lodewig le Débonnaire, ajouté les désastres de leurs incursions aux désastres des dissensions civiles, couvrirent la France de dévastations et de ruines. A Troyes, la cathédrale commencée sur les plans du savant Otulphe, son évêque, fut détruite et la ville incendiée. Reims en fut tellement inquiétée que l'archevêque Hincmar, après avoir mis en sûreté le corps de saint Remi, dans l'abbaye d'Orbais, se retira à Epernay, et y mourut en 882. Ce grand prélat avait continué l'œuvre d'Ebbon, et servi d'exemple et de conseil à Prudentius et à Otulphe de Troyes, à Isaac de Langres, à Erchanrade de Châlons, tous bienfaiteurs de leurs peuples, par les arts et les écoles. « Hincmar, dit Anquetil, est » cité partout comme le premier défenseur des libertés de » l'Eglise gallicane. » L'austérité de ses mœurs, la rigidité de son caractère, et un profond savoir donnèrent à ses doctrines une grande autorité; et certes, ce fut vraiment un effort de génie que de triompher des prétentions ultramontaines, quand la discussion était dominée par les fausses Décrétales, d'une authenticité alors incontestée.

A cette époque, Karle le Gros, par un acte de lâcheté qui indigna la France entière, avait donné la ville et le comté de Chartres, au fameux Hasting, chef des Normands, également célèbre et par son courage, et par son astucieuse habileté. Il était, dit un chroniqueur, natif des environs de Troyes, et s'était, dans sa jeunesse, mis à la suite des Normands, pendant une de leurs expéditions. En 885, Thibault, dit le Tricheur, présumé d'origine normande, comte de Blois et de Tours, acheta de Hasting le comté de Chartres, qu'il réunit à ses autres domaines, dont plusieurs lui venaient de la libéralité de Hugues-le-Grand, père de Hugues Capet.

La race impériale de Charlemagne s'éteignait dans sa lâcheté, son incapacité politique, et la postérité de Lodewig le Débonnaire allait bientôt quitter le trône. Cependant la descendance de Bernhart, ce jeune roi si indignement sacrifié par l'héritier de Charlemagne, s'était perpétuée ambitieuse, vindicative et brave. Seigneurs de Saint-Quentin et de Péronne, les fils de Bernhart devinrent en peu de temps les redoutés comtes de Vermandois; maîtres de Laon, d'Amiens, de Château-Thierry et d'Arras, ils purent se donner les joies de la vengeance, en fermant leurs dures prisons sur l'infortuné Karle le Simple. Héribert II, arrière-petit fils de Bernhart, tout en poursuivant, pour son quatrième fils, Hugues de Vermandois, la conquête de l'Archevêché de Reims, donna le comté de Meaux à son troisième fils Robert qui, en 958, après une guerre acharnée contre Anségise, évêque de Troyes, s'empara de ce comté, et s'y établit en vainqueur. A Robert, qui mourut sans enfants, succéda en 968, Héribert, deuxième comte souverain de la Champagne; il eut d'Ogine, veuve de Karle le Simple, un fils, Etienne I, à la mort duquel le comté de Champagne passa dans la maison de Blois, dont les droits héréditaires résultaient du mariage de Thibault le Tricheur avec Leudgarde, l'une des filles d'Héribert II de Vermandois.

H. Fleury.

(*La suite à un prochain numéro*).

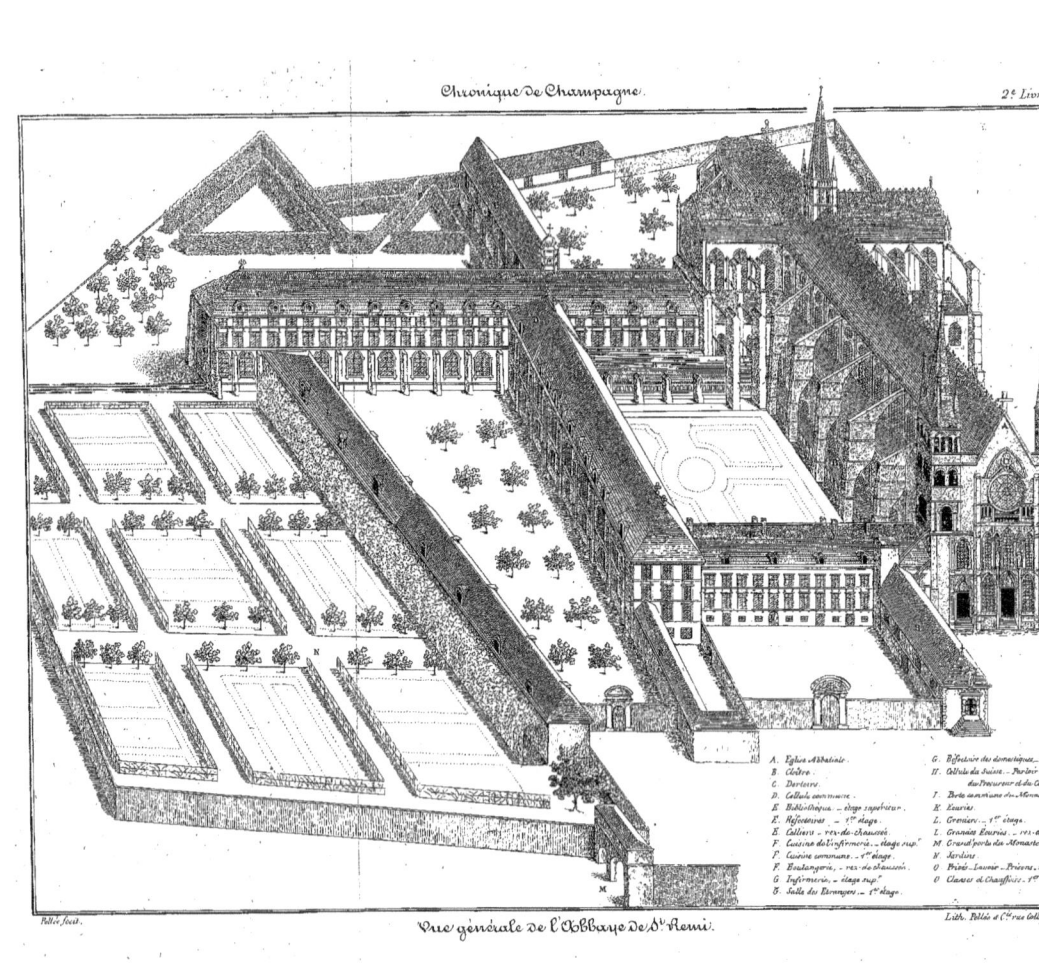

Vue générale de l'Abbaye de St Remi.

PALEOGRAPHIE.

INCENDIE

De l'Abbaye de Saint-Remy.

(*Extr. d'un mns. de la Bib. de Reims*).

La Maison de Saint-Remy a été brûlée trois fois avant l'incendie du 15 janvier 1774. La première fois, en 1098; la seconde, en 1488; la troisième, en 1551. Cette fois-ci, le roi Henry II, se trouvait à l'Abbatiale, où le cardinal de Lorraine, abbé de Saint-Remy, lui donnoit à dîner; (l'Abbaye était alors unie à l'Archevêché). Le feu, disent les mémoires du temps, prit à l'Abbatiale et se communiqua au dortoir des religieux, qui fut réduit en cendres. A cette occasion, le Roi donna aux religieux une somme de vingt-quatre mille livres, et le cardinal, leur Abbé, fit rebâtir le dortoir l'année suivante.

Le feu de 1774 prit le samedi 15 janvier, vers dix heures et demie du soir, au-dessus du grand corridor régnant le long de la bibliothèque, du côté du septentrion, et au-dessus de la chambre de Dom Jean-Baptiste Haudiquier, lors prieur de cette abbaye.

On a eu quelques soupçons, mais qui n'ont pas été approfondis, que le feu avoit été mis, ou par négligence, ou par malice, par un jeune homme, fils d'un gentilhomme des environs, nommé de Montigny, qui avoit été confié à Messieurs de Saint-Remy, pour lui donner instruction et éducation. Ce jeune homme, sujet indocile et indisciplinable, âgé de 14 ans, avoit été trouvé plusieurs fois dans l'endroit où prit le feu, du moins où il parut d'abord. Quoiqu'il en soit de la façon dont le feu ait pris, il est certain que ce ne fut, ni par la cheminée du prieur, ni par l'intérieur de la bibliothèque. Il se manifesta tout-à-coup vers dix heures et demie. Les flammes se firent jour à travers les toitures en ardoises, et s'étendirent avec une prodigieuse rapidité, en face, sur le grand dortoir, le long des bâtimens qui règnent au-dessus du cloître et vont droit à l'église s'appuyer au-dessous de la rose de la croisée du septentrion, puis au-dessus du chartrier, de l'orgue : et de l'autre côté au-dessus de la chambre du prieur, de la bibliothèque, et du corridor qui règne sur la partie du cloître jointe au réfectoire, du côté du septentrion. Il n'y avoit pas une demi-heure, ou une heure au plus, que le feu avoit paru, lorsque ces deux ailes de bâtimens furent embrâsées dans toute leur étendue.

Avant que l'on put être assemblé, pour porter du secours, le feu s'étendit au pavillon carré qui termine cette aile d'une part, et commence celle du côté du couchant; puis tout ce qui composoit les infirmeries au dernier étage, devint la proie des flammes avec les chambres d'hôtes au second ; le beau corridor, les salles de réception au premier étage, le rez-de-chaussée du cloître, et enfin tout ce qui est au niveau de la grande cour d'entrée. Cette aile forme le troisième côté du quarré, va s'appuyer aussi contre l'église au-dessous du clocher, et se prolonge en un bâtiment en retour d'équerre, qui s'étend hors du niveau du portail de l'église, dans la grande place vis-à-vis la rue de Fléchambault: là sont le parloir, la chambre du suisse, les bureaux des cellerier et dépositaire ; en haut, au premier, cinq chambres ; et au-dessus un grenier : ce bâtiment a été sauvé pour la plus grande partie.

La quatrième partie du cloître est appuyée à l'église, dont les arcs-boutants s'étendent de deux en deux arcades jusque dans le jardin, ou préau du cloître. Il n'y a sur cette partie du cloître qu'une espèce de grenier qui sert de garde-meubles et de magasin à avoine. Sa façade est pourtant régulière, percée de croisées séparées par des pilastres, le tout faisant face et semblables aux autres côtés. Il n'y a point de bâtimens sur cette partie qui, d'ailleurs est défendue d'espace en espace par les arcs boutants de l'église ; le feu ne s'y est donc pas communiqué, d'autant qu'on y porta les secours et les forces des ouvriers pour couper les communications des deux ailes qui y aboutissent. Si le feu y eut pénétré, on n'aurait pu sauver l'église.

La chose qui a le plus surpris tous les spectateurs, oisifs, travailleurs et autres, c'est la prodigieuse promptitude avec laquelle tout a été en feu, non seulement dans les trois ailes dont nous venons de parler, mais encore à un pavillon carré placé dans le flanc du grand dortoir; et qui le sépare du bâtiment qui s'étend au levant, et va se terminer aux murs de la rue du Cerf. Ce bâtiment est composé au rez-de-chaussée d'une salle immense, percée de chaque côté de six croisées, dans les trumeaux desquels sont placés les portraits d'évêques, archevêques, abbés de cette maison.—Sur cette salle, est ce qu'on appelle le petit dortoir, garni des deux côtés d'une vingtaine des chambres de religieux. Sur ce dortoir est un plafond simple, et au-dessus, la charpente, sans grenier; les deux bouts de ce bâtiment sont, du côté de la maison, un pavillon, un peu élevé au-dessus du dortoir, dans lequel il y avoit une grande place carrée, qui servoit de décharge à la bibliothèque. Il y avoit dans cette chambre à l'évènement du feu, quelques livres de peu de conséquence, et cent quatre-vingts exemplaires, en feuilles, de la Bible de Dom Sabbathier, qui tous ont été brûlés. L'autre extrémité, au levant, est terminée aussi par un pavillon carré, dans le bas duquel sont le lavoir, les prisons; au premier étage des commodités et au-dessus le chauffoir des jeunes religieux, la classe des cours, etc. A force de secours, et aux dépens du premier pavillon, on est parvenu à arrêter la communication et à conserver ce bâtiment, lequel sépare le grand jardin à gauche et le jardin de l'église à droite.

Le public avoit regardé comme incroyable la promptitude avec laquelle tout le tour de la maison a été enflammé, et s'étoit persuadé qu'il falloit qu'on eût placé, d'espace en espace, des matières combustibles avec des traînées de communication. Cette opinion n'a paru avoir aucune probabilité, aux personnes instruites du local: en effet aucun des bâtimens brûlés n'avoient de greniers, pas même de doubles planchers. Les corridors, la bibliothèque n'étoient couverts que de simples plafonds sans planchers par-dessus; il n'y avoit aucuns murs de refend; le feu ayant pris dans l'angle qui joint l'aile de la bibliothèque, et l'aile qui s'étend à l'église sous la rose de la croisée du septentrion, n'a trouvé aucun obstacle, tout étoit bois de charpente, chevrons, lattes, etc., extrêmement vieux: il s'est porté en avant et à droite tout à la fois: les plafonds des corridors qui étoient en lattes et en terre, et celui de la bibliothèque qui étoit en bois, ont été bientôt pénétrés;

en sorte que toutes les matières combustibles, les boiseries, etc., les meubles dans les chambres, et partout, se sont allumés ensemble, aussitôt que la très-foible séparation d'un simple plancher a été ouverte par le feu.

Rien n'est resté de ce qui étoit bois dans toute l'étendue des trois ailes du bâtiment. Le feu n'a été arrêté que par les voûtes, sur lesquelles tout a été consumé, comme dans un fourneau. Il n'étoit pas possible d'arrêter le progrès des flammes, par pompes, sceaux, ni autres secours humains. Le feu n'étoit pas abordable, et l'on s'est vu réduit à considérer ce spectacle affreux, avec une sorte de surprise et d'admiration, tandis que les ouvriers s'appliquoient uniquement à couper les communications à l'église.

A peine le feu eut-il fait sauter les ardoises et les lattes, que les flammes se sont élevées, et éclairoient toute la ville, jusques dans ses parties les plus éloignées, comme si elle avoit été illuminée pour une réjouissance publique. Le feu qui consumoit la toiture, paroissoit symétriquement arrangé : on eut dit qu'on avoit attaché des lampions sur toutes les portions de cette charpente.

Aussitôt que la flamme se fut fait jour dans la bibliothèque, dans les chambres, tout le tour de la maison parut tout d'un coup illuminé. Chaque croisée sembla d'abord comme éclairée par un transparent de feu d'artifice; mais quelques moments après, les flammes brisèrent toutes les vitres, et sortoient par tous les carrés des croisées, qui s'allumèrent, presque en un même instant, dans tout le pourtour de la maison, et faisoient l'effet de l'illumination la plus symétrique, la mieux disposée, et la plus promptement exécutée. Quelques instants après, toutes les croisées consumées laissèrent passage à un torrent de flammes qui s'élançoient au dehors dans toute l'étendue des ouvertures des portes et des croisées. — Comment eut-il été possible d'aborder dans ce gouffre enflammé, qui vomissoit de toutes parts le feu, comme le Vésuve ou l'Etna ?

On ne peut se figurer l'effroi de tous ceux qui habitoient cette maison. Dom Félix Plioux qui venoit depuis un quart d'heure de se renfermer dans sa chambre, qui étoit dans le grand dortoir proche le chauffoir, fut surpris d'apercevoir une grande clarté ; il mit la tête à sa fenêtre et vit le feu déjà au comble, dans l'endroit déjà indiqué au commencement de cette relation. Il frappa à toutes les portes, et malgré le plus grand bruit, ne pouvoit éveiller personne. Dom Delorme, bibliothécaire, fut un des premiers éveillés et courut à la chambre du père Prieur, frappant et criant de toutes ses forces : *Sauvez-vous, père Prieur, vous n'avez pas un instant à perdre, sauvez-vous!* Le chef de la maison qui avoit été inquiété par quelque bruit ou crépitation qui se faisoit entendre au-dessus de lui, étoit levé, nu en chemise, au milieu de sa chambre, ayant cru que c'étoit une de ses fenêtres qui étoit restée ouverte. A ces cris effrayans, il ouvre sa porte, avance un pas et voit au-dessus de sa chambre dans le grand corridor le feu déjà considérable, qui avoit percé le plafond et tomboit à ses pieds. Il recule quelques pas en arrière, saisit sur un fauteuil à côté de son lit, une robe et un mauvais scapulaire, qu'il endosse tout en se sauvant, il court au grand dortoir qui étoit tout proche, crie, frappe à toutes les portes. Les portes des chambres s'ouvrent les unes après les autres, et tous ces religieux, les uns en chemise, les autres à demi habillés accourent et ne savent où ils vont. On aperçoit le bâtiment tout en feu et on entend de tous côtés les cris que la frayeur et la surprise devoient naturellement faire pousser. Le prieur court sans culottes, sans bas, sans souliers, à l'extrémité du grand corridor, criant de toutes ses forces : *Sauvez les malades, sauvez les malades.* De retour, il se présente à sa chambre : il n'étoit déjà plus temps, ni plus possible d'y entrer, les planchers et plafonds étoient consumés, écroulés dans la chambre : c'étoit un brasier de flammes qui occupoit la porte toute entière.

Les religieux se jetoient de toutes parts, les uns à la bibliothèque, dont le comble étoit déjà tout en feu ; les autres çà et là, et partout où ils croyoient pouvoir sauver des effets précieux. Ceux qui se portèrent à la bibliothèque, en arrachèrent quelques livres qu'on sauva, les uns par les fenêtres, les autres en les livrant à ceux qui se présentoient, (car le peuple occupoit déjà la maison de tout côtés.) Le feu ne laissa pas long-temps le loisir à ceux qui vouloient sauver les livres, de les tirer des rayons, on vit de toutes parts le feu percer à travers le plafond qui étoit de planches peintes, et ceux des ouvriers qui étoient accourus, trouvèrent le danger si pressant, qu'ils enlevèrent, comme malgré eux, et malgré M. le prieur et ses religieux les grilles, pour tâcher de sauver les manuscrits. Bien leur en prit, car un instant après toute la charpente, doubleaux, plancher, s'enfoncèrent dans le vaisseau, et le feu prit de toutes parts à la très-belle menuiserie qui la revêtissoit dans tout son contour.

Le feu gagnant toujours de toutes parts, on fut contraint d'abandonner le haut, pour démeubler et sauver ce que l'on pourroit, des effets les plus précieux qui se trouvoient dans les étages inférieurs à ceux qui brûloient. Alors les officiers Dom Lefebvre, Dom Vernaux, Dom Baudart, etc., firent démeubler les bureaux, mirent sous la clef les papiers et les effets qu'ils avoient entre les mains pour le courant, et firent transporter ces effets dans des maisons voisines, habitées par des gens connus. On enleva de même tout ce que l'on put des salles inférieures; l'argenterie, le linge de table et généralement ce que la confusion permettoit de tomber sous la main. On sauvoit par les fenêtres des chambres, livres, habits, matelas, etc.

La frayeur ne tarda pas à gagner le peuple qui craignoit pour l'église et pour les effets précieux, renfermés dans la sacristie, dans le trésor, dans le tombeau de Saint-Remy, dans toute l'église: aussi ne balança-t-on pas, de peur de soulever le peuple, et on fit porter tous les effets du trésor, de la sacristie, chez les Pères Minimes. On enleva la châsse de Saint-Remi, son bâton pastoral et la Sainte-Ampoule que l'on transporta à Saint-Nicaise, maison du même ordre; on y transporta aussi beaucoup de calices et autres vases sacrés.

Dès le milieu de la nuit du samedi au dimanche, on n'eut plus de crainte que le feu se communiquât à l'église, tous les bâtimens étoient écrasés, et les matières combustibles se consumoient sur les voûtes et entre les murs; mais cependant le dimanche tout entier, le lundi et même encore le mardi, les ouvriers furent sur pied et étoient occupés à jeter de l'eau sur ces monceaux de matériaux qui brûloient encore.

Dès le dimanche matin, il y eut encore plus d'ordre que pendant la nuit, la compagnie de l'Arquebuse, une compagnie de Bourgeoisie, furent employées; on plaça des sentinelles de toutes parts pour conserver les effets que le feu n'avoit pas réduits en cendres; par exemple, le chartrier et autres places intéressantes.

Il est bien difficile d'estimer la perte que l'abbaye de Saint-Remy a faite en cette occasion; et quoique l'on ait sauvée, comme on l'a déjà dit, le linge, l'argenterie de la maison, plusieurs meubles, tous les effets de l'Eglise, tous les papiers contenus dans le chartrier, etc., la perte des bâtiments consumés dans l'espace de plus de 350 toises, tout le mobilier des religieux, va sûrement à une somme considérable. Comment estimeroit-on la perte d'environ vingt-quatre mille volumes de toutes les classes des sciences et des arts, dont la plupart d'anciennes éditions rares et recherchées, qui sont épuisées, et qu'on ne pouvoit plus se procurer, à quelque prix que ce soit? Comment estimeroit-on la perte de neuf cents volumes manuscrits, environ, dont nombre n'ont jamais été imprimés et qui faisoient partie de cette belle bibliothèque? (1) Quel dédommagement pourront faire dix-huit cents volumes échappés aux flammes, parmi lesquels il y a seulement quatre-vingt-dix volumes manuscrits; surtout, si l'on considère qu'un grand nombre sont dépareillés! Des sept volumes de la belle Poliglotte, il n'en reste que deux; d'une belle Bible françoise manuscrite in-folio, forme d'atlas, il ne reste que le second volume; de la belle collection des Conciles, imprimée au Louvre, il y a quatre ou cinq volumes qui manquent, etc., le fameux manuscrit de Phèdre est brûlé! (2)

Quels regrets ne doit pas causer la perte du vaisseau même qui contenoit cette riche collection? Cette place avoit cent cinquante-quatre pieds de longueur, sur vingt-trois pieds de largeur, y compris un ancien corridor qu'on y avoit réuni depuis peu : elle étoit percée dans sa longueur, au septentrion, par huit croisées : elle étoit revêtue dans toute son étendue d'une très-belle menuiserie en châtaignier travaillée magnifiquement : chaque trumeau étoit revêtu de même, et décoré à chaque coin par un pilastre d'ordre corinthien, cannelé, monté sur un piédestal, et terminé par les chapiteaux, architrave, frise et corniches qui appartiennent à cet ordre.--Dans la face opposée aux croisées, chaque partie opposée aux trumeaux et aux croisées formoient des entrecolonemens; et les pilastres qui les soutenoient étoient accouplés par leur réunion. Chaque entrecolonement dans tout le pourtour, étoit garni de tablettes à différentes distances symétriques, dont les faces étoient ornées d'un quart de rond, avec une double baguette et jointes dans toutes les divisions à pointe de diamant, comme les croisées. Chaque croisée étoit revêtue de menuiserie, et le dessous de l'appui rempli d'une petite armoire garnie de rayons. Cette menuiserie étoit en sa couleur de châtaignier naturel, sans peinture ni vernis. On avoit seulement peint en bleu des petits cartouches sur la frise, au dessus et au milieu des entrecolonemens; et apparemment pour y peindre en lettres d'or les différentes classes des livres rangés sur les tablettes. Le plafond étoit en bois, peint en bleu et partagé en trois grands tableaux ornés de cadres et d'enroulemens. Dans ces trois cadres étoit peint le Triomphe de la Religion, d'après les cartons connus du fameux Rubens, qui se sont multipliés par la gravure; on n'a pu apprendre par quel copiste ils ont été exécutés. Entre les trois grands tableaux, il y avoit plusieurs cartouches, les uns ronds, les autres ovales, dans lesquels on avoit peint, de la même main, les attributs des sciences et des arts libéraux: la face opposée aux croisées étoit terminée par deux portes à deux battans, par lesquelles on entroit dans la bibliothèque par ses deux extrémités par le grand corridor, qui venoit d'être fini.

L'extrémité de cette salle du côté du levant étoit revêtue de menuiserie façonnée en armoires grillées. C'étoit dans ces armoires fermées que l'on conservoit les livres hérétiques et prohibés par quelque cause que ce fut; on y tenoit aussi sous clef le plus grand nombre des neuf cents manuscrits, dont on regrette la perte.

Il y a fort peu de religieux qui n'ait fait quelque perte particulière, soit d'une partie de son vestiaire, soit de petits meubles, de livres, que l'usage permet aux religieux d'avoir à leur propre, et qu'ils transportent avec eux dans les fréquentes transmigrations, auxquelles ils sont sujets; parmi les meubles, on entend de petits tableaux, des estampes dont ils peuvent orner leur chambre aux dépens de leur petit pécule, et qui sont plus ou moins précieuses à raison du goût et des connoissances de chaque particulier.

On peut rire de la perte d'une vingtaine de très mauvais tableaux qu'on avoit fait placer tout le long d'un superbe couloir ou galerie qu'ils déshonoroient. Ces œuvres de peintres-vitriers, comme Charpentier, dit Michel-Morin, étoient très-dignes du feu; mais il n'auroit pas fallu que le bûcher ait coûté si cher.

On ne doit pas dire de même de nombreuses cartes géographiques qui étoient là à leur place, et on peut regretter la perte du siège de la Rochelle et du siège de Breda, morceaux précieux sortis du burin de Calot, et qui étoient des plus anciennes et meilleures épreuves.

On peut encore oublier une certaine petite chapelle pratiquée dans un trou, au fond de ce corridor : elle péchoit contre toutes les proportions de l'architecture, et n'a servi qu'à faire gagner des journées aux ouvriers qui rioient en la faisant. On avoit cependant adopté au-dehors, une ancienne menuiserie d'ordre dorique, qui étoit proportionnée dans toutes ses parties, et prouvoit que l'ouvrier qui l'avoit anciennement construite pour un autre objet, connoissoit les règles de son art.

Un objet bien digne de regrets, c'est tout ce qui étoit dans la chambre de Dom Jean-Baptiste Haudiquier, prieur. Les flammes ont consumé tout son vestiaire, ce qu'il avoit de livres de la maison et les siens : tout ce qu'il avoit fait depuis quarante ans, et qui étoit en manuscrit a subi le même sort : son esprit et ses connoissances doivent faire juger que le public est autant intéressé que lui à cette perte. C'est dans son secrétaire qu'étoit enfermé, parmi d'autres effets, une bourse qui contenoit des médailles; entre autres, une suite de celles qui ont été frappées aux différents sacres, et les deux petites clefs qui ouvroient le reliquaire qui contient la Sainte-Ampoule : tout cela a été la pâture des flammes : on n'en a pas même trouvé les lingots dans les décombres.

A l'époque de ce feu, la maison étoit composée de :

Jean-Baptiste Haudiquier, grand prieur, cardinal, etc.; Charles-Antoine Gilliot, sous-prieur, senieur et cardinal; Maximilien-Emmanuel Delportes, doyen, senieur et cardinal; Jean-Gérard Lefebvre, cellérier; Pierre Mignot, dépositaire; Nicolas Dupuis, sous-dépositaire; Thomas Verneau, procureur; Jean-Joseph Baudard, adjoint au dépositaire; André-Salomon Delorme, bibliothécaire, cardinal; Charles Cazin, infirmier; Joseph-Philippe Sutaine, trésorier-sacristain, cardinal; Joseph Grandpierre, surintendant de la musique, secrétaire du chapitre conventuel, et cardinal; six enfants de chœur; Luc Dufresne; Louis Debar; Claude Gérard; Jacques-Claude Vincent; François Grévin; Pierre-Nicolas Froussart; Firmin Thaury; Félix Plioux, cardinal; Jean-Nicolas Leveau; Jean-Remy Léniel, professeur, senieur; Nicolas-Joseph Rivard, professeur, senieur; et neuf étudiants en théologie, profès.

Commis. Thomas Henin, Gérard. — *Domestiques.* Un suisse. Deux tailleurs. Un garde-église. Deux aux chambres d'hôtes. Deux à l'infirmerie. Un à la cave. Un à la dépense. Deux cuisiniers. Un marmiton. Deux à l'écurie. Deux au jardin.

Presque aussitôt le feu, les neuf étudiants, les deux professeurs dom Cazin, dom Thaury, dom Grévin, dom Leveau, dom Félix, dom Verneau, dom Froussart, un des commis et plusieurs domestiques ont été, ceux-ci renvoyés, ceux-là transférés dans d'aules monastères, et la maison a été réduite à treize ou quatorze, qui exercent les mêmes fonctions qu'auparavant. Dès le quatrième jour, on a rapporté le Saint-Sacrement, et les Offices ont été continués de la manière accoutumée.

HISTOIRE SECRÈTE
de l'Incendie de Saint-Remy;
Par Dom Chastelain.

Dom Chastelain, Sous-Prieur de Saint-Nicaise, né à Reims en 1708, et mort en 1784, a laissé des recherches assez curieuses sur l'histoire de cette ville, recherches que l'on a long-temps cru perdues et que la ville vient d'acheter avec d'autres manuscrits à M. Povillon-Piérrard.—Au nombre de ses productions, on trouve: *Journal* ou histoire de sa propre vie. Dom Chastelain y raconte sa vie et les particularités diverses dont il a été témoin : le style en est simple mais pur : c'est une véritable chronique, on y rencontre quelques traits de satyre.—2° Une *histoire de l'Abbaye de Saint-Nicaise,* refaite d'après celle de Marlot.— 3° Une *histoire abrégée de l'église de Saint-Remy.* Cet ouvrage devait être imprimé et méritait de l'être par le grand nombre de choses curieuses qu'il renferme.—4° Une *histoire abrégée de l'Abbaye de Sainte-Claire de Reims,* écrite en 1770.— 5° Une *histoire abrégée de Notre-Dame d'Argenteuil.*—6° *De l'incendie du monastère de Saint-Riquier,* près *Abbeville.* 7° Une courte notice sur *l'Abbaye de Saint-Crépin-le-Grand, de Soissons,* etc.

La nuit du 15 au 16 janvier 1774, le feu prit à l'Abbaye de Saint-Remy, il étoit environ dix heures quand on s'en est aperçu en dedans et en dehors. Le foyer étoit dans les charpentes, à l'angle du grand dortoir et du réfectoire. C'étoit au centre de tous les bâtimens, il est probable que le feu y couvoit depuis long-tems. Avant de faire son éruption à travers les ardoises, il avoit eu le tems de se propager de tous côtés, fort au loin ; de là vient la rapidité avec laquelle trois ailes du cloître ont été embrasées; un religieux étoit passé sous le foyer à neuf heures et demie, il avoit entendu un petit bruit qu'il crut être causé par les rats, il avoit senti un peu de fumée qu'il attribua aux cheminées voisines. Les plafonds l'empêchèrent de voir le malheur; il étoit à peine couché que le fracas des ardoises que le feu faisoit peter le fit sauter à bas de son lit et courir en chemise, éveiller un religieux qui se trouvoit le plus près du foyer, lequel courut aussitôt frapper à la porte du Prieur, qui en chemise aussi se transporta à la croisée des dortoirs, où il cria et appela jusqu'à ce qu'il vit plusieurs religieux sur pied. Il rentra chez lui en enjambant au-dessus d'un brasier qui étoit déjà tombé, vis-à-vis sa porte à travers le plafond, prit sur son bras sa robe et son scapulaire, et se rendit à la bibliothèque avec quelques religieux ; comme il avoit tiré sa porte sur lui, il n'a pas été possible de rien sauver de son appartement. Les habitans des environs entrèrent en foule les premiers dans la maison, déménagèrent de tout côté sans ordre, et la plupart emportèrent chez eux ce qu'ils avoient sauvé des flammes: on n'eut de secours profitable que des bourgeois. La populace n'a paru que pour piller, encore avoit-elle la cruauté d'insulter au malheur des religieux, dont quelques-uns avoient donné lieu aux sarcasmes par des imprudences ou de l'inconduite. Enfin les ouvriers et les secours arrivèrent de toute la ville. Mais M. le Lieutenant-Général, croyant bien faire, dit de donner à boire aux ouvriers, on força le cellier, mais on vint à bout d'en faire sortir le monde et de barricader la porte extérieure ; on mit des archers et des valets de ville à la garde de la porte intérieure, ce qui rétablit un peu l'ordre pour cette partie, et il n'en coûta qu'environ quatre pièces de petit vin. Il y eut cependant beaucoup de canailles qui s'enivrèrent, tant avec ce vin qu'avec les liqueurs qui se trouvoient chez des religieux.

Dès le commencement on vit bien qu'il étoit impossible de rien conserver des trois ailes du cloître, les secours se portèrent pour empêcher le feu de gagner l'église et le petit dortoir, qui a dû sa conservation à un pavillon semblable à celui qui existe au bout du côté de Saint-Thimothée. L'Eglise a été déménagée presqu'avant la maison, la châsse de Saint-Remy fut portée à l'Abbaye de Saint-Nicaise, et la Sainte-Ampoulle donnée étourdiment entre les mains du premier venu qui la confia à M. le Curé de Saint-Timothée: il la porta chez lui, où elle est restée au moins une heure, et a enfin été remise à Saint-Nicaise.

Le feu dura deux jours avec violence. Le soir du troisième, la châsse de Saint-Remy et la Sainte-Ampoulle furent rapportées sans bruit vers les neuf heures et sans qu'on l'eût annoncé à qui que ce soit. On s'est pressé, parce qu'il couroit un bruit que le chapitre de la cathédrale, de concert avec le corps de ville, pensoit à s'emparer de ces deux reliques. On disoit qu'il y avoit eu assemblée tenue par les deux corps, qu'il avoit été envoyé en conséquence un courrier, même une députation à M. le Cardinal de la Roche-Aimon, archevêque de Reims. Ces deux faits étoient faux, mais il n'a pas été prouvé que le chapitre n'ait pas conçu ce projet. Des chanoines qui ne l'approuvoient pas l'ont avoué, les autres l'ont nié. Tous les habitans des environs de Saint-Remy étoient en rumeur sur ce bruit, plusieurs avoient chargé leurs fusils et menaçoient de défendre la châsse. C'est Dom Amé, prieur de Saint-Nicaise qui, dans son goût pour l'appareil, avoit donné lieu à ces inquiétudes, en proposant à MM. les grands-vicaires de rapporter cette châsse avec la plus grande solennité. Le chapitre, la ville, et tous les corps devoient se rendre à Saint-Nicaise au dimanche, quinze jours après le feu; la procession seroit partie de cette église, auroit été faire une station à la cathédrale et seroit remontée à Saint-Remy. M. le Cardinal, par sa réponse au chapitre, arrivée vers le vingt, avoit approuvé cette procession et témoigné le regret de ne pouvoir lui-même y assister. Ce fait m'a été assuré par un chanoine digne de foi; il paroîtroit donc démentir le projet attribué au chapitre. Quoiqu'il en soit, le public prétendoit que le but étoit de retenir dans la cathédrale, la châsse et la Sainte-Ampoulle, en vertu d'ordres de la cour que M. le Cardinal devoit demander. Le rapport furtif de la châsse et de la Sainte-Ampoule a irrité beaucoup MM. les grands-vicaires qui traitèrent durement notre Prieur et Dom Amé. Ils prétendirent que c'étoit manquer à la bonne foi. M. l'Archevêque et M. le coadjuteur de Reims, de Talleyrand, prirent parti pour eux. Dom Amé, victime de leur ressentiment, fut obligé de partir promptement pour Paris et fut envoyé Prieur à Soissons. Ces altercas donnèrent lieu de craindre qu'on ne supprimât l'Abbaye.

En effet, les Supérieurs majeurs de la Congrégation ont craint pendant quelque tems la défense de rebâtir. M. l'archevêque de Reims, informé de l'incendie de S.-Remy, alla en faire part à M. le Cardinal de Rochechouart, notre abbé. Dans la conversation, l'Archevêque l'a sondé pour savoir s'il prenoit quelqu'intérêt à la conservation de St.-Remy. Ses réponses ont fait craindre à M. l'Archevêque de trouver de l'opposition de sa part.

On a fait différentes conjectures dans les premiers jours, sur la cause de cet incendie. Quelques-uns prétendirent que le feu avoit pris par la cheminée du Prieur, ce qui est faux. Le Prieur avoit été le 15 hors de chez lui tout l'après-midi jusqu'à six heures du soir. Il remonta alors chez lui avec le cellérier, et n'eut, suivant sa coutume, qu'un très-petit feu, jusqu'à neuf heures, qu'il se coucha. Sa cheminée étoit neuve et a subsisté après le feu sans aucun trou ni lézarde. La flamme s'est manifestée à plus de six toises de la cheminée. Un religieux et un domestique, qui sont montés au-dessus des plafonds, dès l'instant de l'éruption, ont vu le foyer au-dessous de l'endroit où la flamme a paru au dehors. Mais le plus fort des soupçons est tombé sur un jeune homme de 17 ans, nommé de Montigny, fils d'un gentilhomme des environs, dont on n'avoit pas pu se refuser de se charger, à la sollicitation de M. le Coadjuteur. Il étoit dans la maison depuis deux ou trois ans, et étoit reconnu pour un très-mauvais sujet, même par sa famille. Mais outre ses vices, on a encore d'autres présomptions. Il avoit été trouvé plusieurs fois marchant sur les plafonds. Il les avoit même endommagé en plusieurs endroits, au moment du feu ; le Prieur averti un des premiers est allé en chemise faire du bruit à l'entrée du petit dortoir pour éveiller les religieux. En se retournant pour rentrer chez lui, il a vu derrière lui ce petit de Montigny tout habillé. Il auroit dû au contraire le voir sortir de sa chambre qui étoit dans le petit dortoir. Pendant la même nuit, un religieux le rencontre, les bras croisés, auprès d'une chaîne qui passoit l'eau. Ce religieux lui demande pourquoi il ne travailloit pas : Il répondit avec le sang-froid d'un Erostrate : *Monsieur, je regarde.* Le public indiquoit encore d'autres présomptions.—Enfin les soupçons n'ont plus roulé que sur lui.—S'il est l'auteur de ce désastre, il reste à savoir s'il l'a occasioné par méchanceté ou par négligence. Son caractère comportoit l'un et l'autre. Nous nous sommes bien gardés d'approfondir ces soupçons. L'intérêt que M. le Coadjuteur y prenoit, nous faisoit un crime, même du bruit public. (3)

NOTES.

(1) Une perte qu'il faut amèrement déplorer et qu'on doit vraisemblablement attribuer à l'incendie de 1774, est le précieux cartulaire, connu des paléographes sous le nom de *Polyptique de Saint-Remy*. Nous parlons plus au long de ce manuscrit à l'article *Petite Chronique*.

(2) On a écrit, et long-temps cru, que le Phèdre qui se trouvait à Saint-Remy était celui qui servit à Pithou pour l'édition qu'il a, le premier, donnée de ce fabuliste, c'est une erreur. Le manuscrit employé par Pithou contenait de notables différences avec le texte de Saint-Remy : il était, quant aux fables, plus complet, mais d'au-moins cent ans plus jeune. Le manuscrit brûlé en 1774, datait du VIIIe siècle. Les vers n'y étaient pas distingués, et quand Pithou demanda, en communication, le manuscrit de Reims, il remarqua tant de variations dans les deux versions, qu'il

crut devoir en publier une seconde édition. Grosley, dans ses *Éphémérides* (année 1765) déclare donc à tort que le texte dont Pithou se servit est passé, on ne sait comment, à la bibliothèque de Saint-Remi de Reims. — « Ce manuscrit, ajoute Grosley, forme d'in-8° très allongé, est en velin ou parchemin, l'écriture paraît être du IX° siècle. On lit en tête: *Impressus est iste auctor ope hujus exemplaris.* » —Le Phèdre de Saint-Remy contenait outre les fables une comédie latine intitulée *Aulularia*, dont Pithou ne paraît pas avoir eu connaissance : cette comédie a exercé la sagacité de plusieurs critiques : au manuscrit de Saint-Remy était en ces derniers temps, annexé une lettre de l'Abbé d'Olivet dans laquelle, cet écrivain, contre l'avis des auteurs de la *nouvelle diplomatique*, déclare que cette comédie est celle même qui avait été publiée en 1564 par le savant père Daniel, d'Orléans. — Quoiqu'il en soit, en voilà, je pense assez sur cette matière, pour démontrer tout ce qu'il y a de faux dans l'opinion des savants qui, s'étayant sur la disparution du manuscrit *Pithou*, supposé unique, regardent les fables de Phèdre comme apocryphes.

(3) Nous regrettons de ne pouvoir satisfaire ici la curiosité du lecteur, au sujet d'un étudiant, autre que Montigny, auquel, dans le temps, le bruit public attribua l'incendie de Saint-Remy. La tradition rémoise, malgré le silence des deux relations qu'on vient de lire, n'en restera pas moins la même et continuera à mettre ce funeste accident sur le compte de cet étudiant, devenu depuis un personnage fort illustre : car, il faut le dire, rien de plus obstiné que la tradition. — D'un autre côté, nous ferons remarquer que ces deux récits sont écrits avec la plus grande circonspection. L'auteur de la première avait poussé si loin le scrupule, que le nom même de *Montigny* se trouvait biffé dans le manuscrit. Nous avons cru devoir le rétablir. A son tour, Dom Chastelain, qui en parlant de ce jeune homme écrit: *l'intérêt que M. le Coadjuteur y prenait, nous faisait un crime même du bruit public*, a dû se taire en présence même des charges qui pouvaient peser sur quelqu'un tenant de beaucoup plus près à M. le Coadjuteur. (Notes des éd.)

INSTRUMENTS.

(VI.)

𝔏ettres de MM. Talleyrand de Périgord, à MM. les Chanoines de la Cathédrale de Reims.

On a vu par le récit qui précède de l'incendie de St-Remy, qu'après ce désastre les neuf étudiants ou novices qui se trouvaient alors au monastère furent renvoyés dans leur famille. — L'abbé de Périgord fut de ce nombre. Cependant M. de Talleyrand-Périgord, Coadjuteur et depuis Archevêque, désirant enchaîner la bouillante jeunesse de son neveu, le fit nommer chanoine honoraire de la Cathédrale de Reims, espérant par ce moyen le retenir sous ses yeux. — Voici les lettres de remercîment. Celle du neveu est d'une écriture jeune et qui sent l'écolier : la main qui l'écrivit s'est bien formée depuis.

Paris, ce 3 May 1775.

Je suis on ne peut pas plus touché, Messieurs, de la proposition honnête que vous voulez bien me faire pour mon neveu, je serois très aise et flatté de le voir au milieu de vous, et en partagerai toujours sa reconnoissance. Je n'avois pas besoin de ce nouveau motif d'attachement pour votre compagnie, il y a long-temps que je lui ai voué ce sentiment et que je désire lui en donner des preuves; je vous prie, Messieurs, d'être persuadé que je mettrai toujours mon bonheur à vous témoigner ma reconnoissance et les tendres sentimens avec lesquels j'ai l'honneur d'être, Messieurs, Votre très humble et très obéissant serviteur.

† Le Coadjuteur de Reims.

Messieurs,

Je reçois avec la plus vive reconnoissance la grâce que vous venez de m'accorder; un grand respect pour votre compagnie, le plus grand attachement pour ses membres, le désir le plus vif d'être uni à votre corps et l'amitié dont vous avez toujours donné des marques à mon oncle sont les seuls titres que je me connoisse pour la mériter ; j'espère, Messieurs, qu'ils pourront me conserver vos bontés, je vous réponds de tous mes efforts pour m'en rendre digne.

J'ai l'honneur d'être avec autant de respect que de reconnoissance,

Messieurs,

Votre très humble et très obéissant serviteur,

L'Abbé de Périgord.

A Paris, ce 4 May 1775.

(VII.)

Pièces relatives à Growesteins.

Dans notre précédent Numéro, nous avons promis sur l'irruption de Growesteins les documents écrits que nous ont fourni les archives de Reims. — Ils sont peu nombreux, et consistent en quelques délibérations du conseil qui, sans désigner autrement ce chef de partisans, établissent suffisamment l'alarme que son approche avait jetée dans la ville. Mais un récit fort curieux et que nous donnons ensuite est celui que fait Dom Chastelain, religieux bénédictin, sous-prieur de Saint-Nicaise et témoin, quoique très jeune alors, de l'impression que fit cet événement.

Avant ces pièces laissons parler le maréchal de Villars qui, dans ses Mémoires, à l'année 1712, fait la mention suivante :

« J'eus encore un autre chagrin : c'est que, malgré les mesures que j'avois prises, pour couvrir la frontière avec des corps de troupes considérables, commandés par deux lieutenants-généraux, un corps ennemi de douze cents chevaux, perça leurs lignes, traversa la Champagne et les évêchés, et se retira en passant la Moselle et la Sarre, sans nul obstacle. Tout le monde courut après, et ne put le couper ni le joindre : rien n'étoit cependant plus facile, mais il ne fut pas jugé tel par ceux qui commandoient et ils laissèrent maladroitement porter l'alarme jusqu'à Paris.... Alors aussi commencèrent nos sacrifices pour la paix.... » (*Mémoires de Villars, tome II, page* 370).

Extrait des Conclusions du Conseil, année 1712.

Du 20 juin 1712.

MM. Godinot, Levesque, Lespagnol, Coquebert, Hybert, Coqueux, Anet, Lefrique, Dorigny et Bourgogne; le Procureur du Roy et de la ville, présents.

Conclu a esté qu'il seroit fait achapt d'une quantité d'armes pour le secours de la ville. — Le sieur Peltier a été chargé de faire l'achapt à Sedan ou ailleurs, d'une quantité de 200 fusils, ce qu'il a fait : pourquoi il lui sera payé 600 liv. à compte sur son achapt.

Du 14 juillet 1712. Au Conseil où assistoient Mons. le Lieutenant, MM. Godinot, Bachelier, Pescheur, Levesque, Lespagnol, Demailly, Hybert, Lefrique, Dorigny, et Mimin, conseillers et échevins : Philippe Dorigny, l'ainé, Hachette, Henry Maillefert, Henry-Amé, Larue, Henry-Thierry, Delamotte, Callou, Jacques Rogier, Raoux, Rogier, Pome, Moreau, Philippe-Favart, Josseteau, Homo, De la Salle et Baptiste Rogier : le Procureur de la ville, présent.

Sur ce qui a esté représenté par monsieur le lieutenant qu'il a reçu une lettre de monsieur l'Intendant adressée aux Maires et Echevins, en date du 12 de ce mois, par laquelle il les exhorte à prendre des mesures pour la sûreté commune, et à se pourvoir d'armes et de munitions : que pour exécuter ces ordres il jugeoit à propos de renforcer la garde des portes pendant le jour et celle des remparts pendant la nuit, de faire provision d'armes, de poudre, et de plomb, et de mettre tous les pont-levis volants, barrières et fortifications en estat ; mais que pour faire ces dépenses nécessaires et pressées, il estoit convenable de faire incessamment un emprunt ou une imposition, les revenus de la ville ne pouvant pas fournir aux charges ordinaires et au payement des dettes. — La matière mise en délibération : conclu a esté que pour satisfaire aux ordres de Monseigneur l'Intendant et pour assurer la ville contre toutes surprises, à commencer dès demain, il sera commandé par les officiers de milice bourgeoise, cinquante-cinq hommes par jour pour la garde des portes, savoir : treize à la porte de Vesle, onze à celle de Mars, onze à celle de Cérès, onze à celle Dieu-Lumière : et neuf à celle de Fléchambault : et quarante-cinq hommes, la nuit, pour la gardes des remparts qui seront partagés en trois corps-de-gardes, et feront la ronde d'heure en heure pendant toute la nuit, le jour suivant et conformément aux ordres qui seront donnés par le lieutenant et gens du conseil, auxdits officiers de milice bourgeoise. — Et pour recognoistre l'ordre et l'estat desdites gardes, deux Conseillers et Echevins, selon l'ordre du tableau et le procureur du roy se transporteront chacun jour aux cinq portes de la ville, et feront toutes les nuits la ronde du rampart.

A esté aussi conclu que pour armer les habitants qui sont sans armes et ne sont pas en état d'en achepter, il sera fait provision de deux cent-cinquante fusils : que deux cent cinquante des meilleurs canons de mousquets qui se trouveront dans la chambre des armes seront montez en fusils ; qu'il sera achepté une provision suffisante de poudre et de plomb et que visite sera faite incessamment des portes, pont-levis, barrières, volants, herses, murailles et fortifications de la ville pour y faire les réparations convenables : qu'il sera écrit à Monseigneur l'Archevesque de Reims, fait part à Messieurs du Clergé de la nécessité de ces achapts et réparations pour la conservation et deffense de la ville, afin qu'ils puissent, si bon leur semble, nommer quelques personnes d'entr'eux pour aviser avec les lieutenant et gens du conseil aux moyens de fournir à cette dépense, à laquelle ils doivent contribuer, ainsi que les autres habitans ; pourquoi MM. les Lieutenant et le Procureur du Roy, ont été priés de voir M. Pépin, grand-vicaire de Monseigneur l'Archevesque.

Ainsi signé : HACHETTE et BIDET.

Du 24 juillet 1712. Au Conseil où présidoit monsieur le Lieutenant et où assistoient MM., etc.

Il sera dressé procès-verbal à l'occasion des Nobles qui refusent de recevoir le commandement de la garde et même de s'y rendre ; lequel sera envoyé à M. l'Intendant pour en ordonner ; même envoyer copie du billet à eux présenté pour les y convoquer : conclu aussy que ceux qui ont de la garnison ne seront mandé à la garde ni de jour ni de nuit. — A esté aussy conclu en exécution de la visite générale qui a esté faite, que l'on travaillera aux ouvrages les plus nécessaires ; tant aux portes, ponts-levis, et autres... et pour le restant qui ne sont pas pour la sûreté de la ville, les travaux seront faits dans un temps plus commode. *Ainsi signé*, BIDET.

Du 24 Juillet 1712. Au Conseil où présidoit monsieur le Lieutenant et où assistoient MM. Godinot, Bachelier, Levesque, Lespagnol De Mailly, Bachelier, Hibert, Lequeux, Amé, Mimin et Frémin le Procureur du Roy et de la ville présent ;

Les capitaines de la troisième et cinquième compagnie, de cett ville estant entrés, ont représenté, qu'en conséquence des ordres à eux donnés par la ville, ils avoient ordonné aux conestables de leurs compagnies d'avertir pour la garde de la ville, les sieurs Moet de Brouillet, gentilhomme, et le sieur Lespagnol de Villette, chevalier d'honneur au Présidial de cette ville, dans les termes du billet ordinaire: à laquelle invitation le sieur Moet de Brouillet avoit répondu qu'il prétendoit ne recevoir aucun ordre desdits officiers; et avoit retenu le billet. — Et ledit sieur de Villette, que sa charge de chevalier d'honneur l'en exemptoit. — Qu'effectivement lesdits sieurs n'avoient voulu prendre aucun commandement et ne s'étoient pas trouvé à la garde. — Que ce refus pouvant déranger les bonnes mesures que la ville avoit prises pour se mettre hors d'insultes, s'il n'y estoit promptement pourvu, ils attendoient sur cela les ordres de la compagnie: sur quoi, après que le Procureur du Roy a remonstré que tous les habitants de cette ville sans aucune distinction, ayant de tout temps esté sujets à la garde de la ville, en de pareilles occasions, ce qui paroissoit par plusieurs lettres de cachet des Roys, adressées aux maires et échevins, et par plusieurs arrêts qui sont au Cartulaire de l'Hostel-de-Ville, lesdits sieurs De Brouillet et Lespagnol avoient tort de s'élever contre un ancien usage qui venoit d'estre authaurisé par Monseigneur l'Intendant, tandis que tous les autres nobles et privilégiés prenoient par leur bonne volonté les ordres de la ville; que ce refus estoit d'une dangereuse conséquence et pourroit rendre les gardes désertes, s'il estoit toléré; il estimoit qu'il estoit nécessaire d'en informer Monseigneur l'Intendant et de lui faire sur cela les remonstrances convenables. — Conclu a esté que la ville porteroit ses plaintes à Monseigneur l'Intendant sur le refus fait par les sieurs Moet De Brouillet et Lespagnol De Villette, et qu'il sera très humblement supplié de permettre aux maire et échevins, de délivrer exécutoire contre les cinq refusans, de telle somme qu'il avisera convenir, laquelle somme sera employée aux frais de la garde.

Nous, Capitaine de la cinquième compagnie de la ville de Reims, ordonnons à Drouin-Champagne, le jeune, l'un des conestables de ladite compagnie, d'aller avertir M. Lespagnol De Villette, qu'il est du nombre des cinquante-cinq citoyens qui doivent demain la garde du jour, et de le prier de nostre part de vouloir accepter le commandement de la garde d'une des cinq portes. — Fait à Reims, le 25 juillet 1712. *Signé*: AMÉ, Philippe FAVART et LEVESQUE.

Ainsi signé: HACHETTE et BIDET.

Dans une requête au Roi, des lieutenants et conseillers-échevins de l'hôtel-de-ville de Reims, au sujet de l'arrêt du conseil d'état, en date du 31 octobre 1718, qui ordonne aux maire et échevins de la ville de Reims, de tenir un registre pour y transcrire les délibérations de l'hôtel-de-ville, on trouve entr'autres griefs exprimés par les échevins, contre François de Mailly, alors archevêque de Reims, la mention suivante :

« Les échevins, etc., se persuadoient que, mieux éclaircy de leurs droits, ce prélat louerait la fermeté avec laquelle ils les ont maintenus, quand il a voulu destituer, sans cause, le Principal de l'Université...., quand il a voulu, dans l'incursion de Growesteins, obliger le lieutenant-de-ville (qui dans ces conjonctures fait les fonctions militaires du Gouvernement, en l'absence du capitaine pour le Roy), de prendre de luy l'ordre et le mot du guet pour les gardes nocturnes, etc... »

Dans une autre requête au Roy, présentée vers 1775, par les habitants d'Avenay, au sujet de leurs démêlés avec madame l'Abbesse, pour la propriété des fossés et remparts qui entourent cette commune, se lit le curieux passage suivant :

« Les habitants croyent devoir observer à S. M., qu'Avenay, maintenant bourg, étoit anciennement une ville fermée de bonnes murailles, défendues par des tours. Il paroit certain que ces remparts et ces murailles ont été l'ouvrage de ses habitants, dans les temps malheureux des précédents siècles : que jamais l'abbaye d'Avenay n'a contribué en aucune manière, soit pour la construction de ses murs et remparts, soit pour leur entretien et réédification. On en a la preuve toute récente, en 1711 : (sic) Un parti ennemi, conduit par un chef connu sous le nom de Growesteins, pénétra en Champagne, il passa la rivière de Suippe, distant seulement de cinq lieues d'Avenay : les habitants firent des efforts pour se garantir de ses incursions. Ils réparèrent leurs murailles, mirent en état les ponts-levis des portes, et se gardèrent avec tant de précaution, que non-seulement ils n'eurent rien à craindre personnellement du partisan, mais réfugièrent encore tous les habitants des environs, qui y déposèrent aussi leurs effets. L'abbaye d'Avenay ne contribua pour quoique ce soit à ces réparations. Les religieuses ni les gens d'affaires n'y pensèrent point : on ne leur demanda rien, parce que jamais elles n'y avoient contribué : elles n'avoient d'ailleurs aucun intérêt personnel à la clôture des habitants, leur maison étant séparée de l'enceinte du bourg... etc. »

Extrait des mémoires de Dom Chastelain.

(Mns. de la bibl. de Reims).

À peine eus-je atteint l'âge de trois ans, c'est-à-dire au mois de Juin 1712, que Growesteins, partisan de la république de Hollande, vint presque jusqu'aux portes de Reims. C'étoit un dimanche. Tout le monde étoit alors aux messes de Paroisses, j'y étois moi-même, avec ma mère et mes sœurs, lorsqu'on sonna l'alarme à la ville on commençoit le Prône. Un particulier, Jean Gérard, alors entra dans l'église en criant : Les ennemis sont à la porte de la ville. Le prédicateur descendit de chaire: on acheva la messe, je ne puis dire comment, presque tout le monde sortit de l'église, on me ramena à la maison paternelle qui étoit devant la paroisse, et à peine y fus-je arrivé que je vis descendre dans le puits l'argenterie et l'étain qui étoit chez nous. Le souvenir m'en est toujours demeuré imprimé dans l'esprit, aussi bien que ce que je puis écrire : mon père se munit d'une épée et d'une pertuisanne pour aller recevoir le commandement à la maison de ville et faire la garde avec ceux de la connétablie. Tout petit que j'étois, je fus touché de ce spectacle, je versai des larmes, attendri sans doute par celles que je voyois verser à ma bonne mère et à mes quatre sœurs, et je m'écriai, comme elles me l'ont répété depuis plusieurs fois : Mon père, mon père, n'allez pas à la guerre! — Aussitôt que mon père fut sorti, nous vîmes arriver de la campagne nos vignerons et autres gens de connoissance, les uns traînant des bourriques chargées de leurs enfants et de leurs meilleurs effets, et les autres les portant eux-mêmes dans des paniers et des hottes. On en logea le plus qu'on pût chez nous ; toute la ville en étoit remplie. En un mot, c'étoit un trouble, une agitation générale qui dura jusqu'au lendemain matin, qu'on reçut des nouvelles certaines que Growesteins et ses gens étoient venus jusqu'à Neufchâtel, n'avoient pas passé la rivière, ni au Bac-à-Berry, ni à Pontavert, comme on avoit dit, mais qu'ils s'étoient éloignés de Reims par un autre chemin. Alors les bourgeois se tranquillisèrent, et les gens de la campagne s'en retournèrent chez eux, et on retira des puits l'argenterie et les effets qu'on y avoit jetés. — «J'ai ouï dire que M. de Mailly, archevêque de Reims, et M. Hachette, lieutenant de ville, avoient été tous les deux se réfugier chez les Jésuites, aussitôt qu'on eût répandu la nouvelle qu'un parti ennemi étoit presque aux portes de Reims.»

Au sujet de Growesteins, nous ne pouvons passer sous silence le récit que l'on trouve dans le tome V des Mémoires de Saint-Simon, p. 295. Nous donnons cette anecdote, bien qu'elle soit imprimée. Saint-Simon la place en l'année 1707, il précise les dates, les noms propres et les moindres circonstances; mais il est évident pour le lecteur, que le *Guetem*, dont il raconte l'aventureuse expédition, n'est rien autre que Growesteins, et qu'ici comme en beaucoup d'autres endroits de ses mémoires, l'auteur est inexact et commet un anachronisme. En effet, après avoir consulté les histoires du temps, on ne trouve rien sous la date de 1707, qui puisse se rattacher au fait suivant, qui d'ailleurs s'accorde si bien avec la tradition rémoise et les documents que nous venons de donner. Voici le récit de Saint-Simon :

Un événement aussi étrange que singulier mit le Roi fort en peine et toute la cour et la ville en rumeur. Le jeudi 7 mars, Beringhem, premier écuyer du Roi, l'ayant suivi à sa promenade à Marly, et en étant revenu à sa suite à Versailles, en partit à sept heures du soir pour aller coucher à Paris, seul dans son carrosse, c'est-à-dire un carrosse du Roi, deux valets de pied du Roi derrière, et un garçon d'attelage portant le flambeau devant lui sur le septième cheval. Il fut arrêté dans la plaine de Bissancourt, entre une ferme qui est sur le chemin, assez près du bout du pont de Sèvres, et un cabaret dit le Point-du-Jour. Quinze ou seize hommes à cheval l'environnèrent et l'emmenèrent. Le cocher tourna bride, et ramena le carrosse et les deux valets de pied à Versailles où dans l'instant de leur arrivée le Roi en fût informé, qui envoya ordre aux quatre secrétaires d'état à Versailles, à l'Etang et à Paris où ils étaient, d'envoyer à l'instant des courriers partout sur les frontières avertir les gouverneurs de garder les passages, sur ce qu'on avait su qu'un parti ennemi était entré en Artois, qu'il n'y avait commis aucun désordre, et qu'il n'était point rentré.

On eut peine d'abord à se persuader que ce fût un parti; mais la réflexion que M. le Premier n'avait point d'ennemis, que ce n'était point un homme en réputation d'argent bon à rançonner, et qu'il n'était arrivé d'accident de ce genre à pas un de ces gros financiers, fit qu'on revint à croire que ce pouvait être un parti.

C'en était un en effet. Un nommé Guetem, violon de l'électeur de Bavière, lors de la dernière guerre qu'il faisait alors avec les alliés contre la France s'était mis dans leurs troupes, où passant par les degrés, il était devenu très bon et très hardi partisan, et par là était monté au grade de colonel dans les troupes de Hollande. Causant un soir avec ses camarades, il paria qu'il enlèverait quelqu'un de marque entre Paris et Versailles. Il obtint un passeport des généraux ennemis, et trente hommes choisis presque tous officiers. Ils passèrent les rivières, déguisés en marchands, ce qui leur servit à poster leur relais. Plusieurs d'eux étaient restés sept ou huit jours à Sèvres, à Saint-Cloud, à Boulogne; il y en eut même qui eurent la hardiesse d'aller voir souper le Roi à Versailles. On en prit un de ceux-là le lendemain qui répondit assez insolemment à Chamillart qui l'interrogea; et un des gens de M. le Prince en prit un autre dans la forêt de Chantilly, par qui on sut qu'ils avaient un relai et une chaise de poste à la Morlière pour y mettre le prisonnier qu'ils feraient, mais alors il avait déjà passé l'Oise.

La faute qu'ils firent fut d'abord de n'avoir pas emmené le carrosse, tout avec Beringhem dedans, le plus loin et le plus vite qu'ils auraient pu à la faveur de la nuit, tant pour éloigner l'avis de sa capture, que pour le ménager sur le chemin qu'on lui fit faire à cheval et se donner plus de temps pour leur retraite. Au lieu d'en user de la sorte, ils le fatiguèrent au galop et au trot. Ils avaient laissé passer le chancelier qu'ils n'osèrent arrêter en plein jour, et manquèrent le soir M. le duc d'Orléans, dont ils méprisèrent la chaise de poste. Lassés d'attendre et craignant d'être reconnus, ils se jetèrent sur ce carrosse, et crurent avoir trouvé merveilles quand ils virent à la lueur du flambeau un carrosse du Roi et ses livrées, et dedans un homme avec un cordon bleu pardessus son juste-au-corps comme le Premier le portait toujours.

Il ne fut pas long-temps avec eux sans apprendre qui ils étaient, et leur dire aussi qui il était. Guetem lui marqua toutes sortes de respect et de désir de lui épargner tout ce qu'il pourrait de fatigue. Il poussa même ses égards si loin, qu'ils le firent échouer. Ils le laissèrent reposer jusqu'à deux fois; ils lui permirent de monter dans la chaise de poste dont j'ai parlé, et manquèrent un de leurs relais, ce qui les retarda beaucoup. Outre les courriers aux gouverneurs des frontières, on avait dépêché à tous les intendans et à toutes les troupes dans leurs quartiers; on avait détaché après eux plusieurs gardes du Roi, du guet même; et toute la petite écurie, où M. le Premier était fort aimé, s'était débandée de tous côtés. Quelque diligence qu'on eût faite pour garder tous les passages, il avait traversé la Somme, et il était à quatre lieues par-delà Ham, gardé par trois officiers sur sa parole de ne point faire de résistance, tandis que les autres s'étaient mis en quête d'un de leurs relais; lorsqu'un maréchal-de-logis arriva sur eux, suivi, à quelque distance, d'un détachement du régiment de Livry, puis d'un autre, de manière que Guetem ne se trouvant pas le plus fort, se rendit avec ses deux compagnons et devint le prisonnier du sien.

M. le premier écuyer, ravi d'aise de sa recousse, et fort reconnaissant d'avoir été bien traité, les mena à Ham, où il se reposa le reste du jour, et, à son tour, les traita de son mieux. Il dépêcha à sa femme et à Chamillard. Le roi, fort aise, lut à son souper les lettres qu'il leur écrivait.

Le mardi 29, M. le Premier arriva à Versailles sur les huit heures du soir, et alla tout droit chez madame de Maintenon, où le Roi le fit entrer, qui le reçut à merveilles et lui fit conter toute son aventure. Quoiqu'il eût beaucoup d'amitié pour lui, il ne laissa pas de trouver mauvais que tout fût en fête à la petite écurie, et qu'il y eût un feu d'artifice préparé. Il envoya défendre toutes ces marques de réjouissance, et le feu ne fut point tiré. Il avait de ces petites jalousies, il voulait que tout lui fût consacré sans réserve et sans partage. Toute la cour prit part à ce retour, et le Premier eut tout lieu par l'accueil public de se consoler de sa fatigue.

Il avait envoyé Guetem et ses officiers chez lui à Paris attendre les ordres du Roi, où ils furent traités fort au-dessus de ce qu'ils étaient. Beringhem obtint pour Guetem la permission de voir le Roi et de le mener à la revue ordinaire que le Roi faisait toujours de sa maison à Marly avant la campagne. Le Premier fit plus, car il l'y présenta au Roi, qui le loua d'avoir si bien traité le Premier, et ajouta qu'il fallait toujours faire la guerre honnêtement. Guetem, qui avait de l'esprit, répondit qu'il était si étonné de se trouver devant le plus grand Roi du monde, et qui lui faisait l'honneur de lui parler, qu'il n'avait pas la force de lui répondre. Il demeura dix ou douze jours chez le Premier pour voir Paris, l'opéra et la comédie, dont il devint lui-même le spectacle. Partout on le courait, et les gens les plus distingués n'en avaient pas honte, dont il reçut les applaudissemens d'un trait de témérité qui pouvait passer pour insolent. Le Premier le régala toujours chez lui, lui fournit des voitures et des gens pour l'accompagner partout, et, en partant, lui donna de l'argent et des présens considérables. *Il s'en alla sur sa parole à Reims, rejoindre ses camarades, en attendant qu'ils fussent échangés, ayant la ville pour prison.* Presque tous les autres s'étaient sauvés. Leur projet n'était rien moins que d'enlever Monseigneur ou un des princes ses fils.

Cette ridicule aventure donna lieu à des précautions qui furent d'abord excessives, et qui rendirent le commerce fatigant aux ponts et aux passages. Elle fut cause aussi qu'assez de gens furent arrêtés. Les parties de chasse des princes devinrent pendant quelque temps plus contraintes, jusqu'à ce que peu-à-peu toutes ces choses reprirent leur cours ordinaire. Mais il ne fut pas mal plaisant de voir pendant ce temps la frayeur des dames, et même de quelques hommes de la cour qui n'osaient plus marcher qu'entre deux soleils, encore avec peu d'assurance, et qui s'imaginaient des facilités merveilleuses pour être pris partout.

Quelques personnes qui ne veulent point que Saint-Simon ait commis le grave anachronisme de placer en 1707 un événement qui se serait passé en 1712, établissent que rien ne prouve que Growesteins ait été fait prisonnier, et que la ville de Reims lui ait été donnée pour prison : à cela nous répondrons qu'à la vérité nous ne connaissions sur cette dernière circonstance que ce que nous en disait la tradition populaire ; les archives de la ville n'en faisant nulle mention. Mais voici un passage de l'almanach de Reims qui levera tous les doutes. On sait de quelle juste estime jouissent près des curieux les recherches historiques qui se trouvent dans la collection de ces petits volumes.

Dans le temps des beaux jours de l'été de l'année 1712, un détachement de l'armée ennemie, commandée par le major-général Growesteins, entra en Champagne et fit de grands désordres le long de la rivière de Suippe. La nouvelle s'en étant répandue dans Reims, un dimanche, sur les six heures du matin, l'alarme fut bientôt générale par toute la ville. Growesteins n'y entra pas, mais peu de temps après il fut fait prisonnier et envoyé à Reims.

(*Almanach hist. de la ville de Reims*, année 1778).

Nous finirons ces recherches sur Growesteins, *l'Ogre hollandais*, ainsi que le nomme spirituellement notre vénérable et savant collaborateur, M. l'abbé Hubert, en indiquant aux amateurs d'anecdotes un peu gaies, le récit qui se trouve dans un des annuaires du département de la Marne. Il y est question d'une brave dame qui, fort jalouse de l'honneur des filles de la ville de Sainte-Ménehould, qu'elle croyait exposé à l'approche des gens de Growesteins, donne à ces demoiselles un conseil fort original sans doute, mais aussi par trop *impropre* pour que nous nous permettions de le reproduire ici. — Nous nous bornons à indiquer au lecteur curieux de ces sortes d'anecdotes, l'*Annuaire de la Marne*, année 1817, p. 30.

VARIÉTÉS.

ÉLOQUENCE AU MOYEN-AGE.

J'ai précédemment essayé de déterminer quels avaient été la marche des idées et l'enchaînement des faits, pendant le seizième siècle; aujourd'hui je veux indiquer les questions que nous aurons à traiter, montrer les hommes et des faits principaux, signaler les circonstances où l'éloquence politique et religieuse a jeté quelque éclat; en un mot, tracer le programme de mon cours. Nous aurons donc seulement à caractériser, à classer, à organiser provisoirement nos matériaux.

J'ai commencé l'histoire de l'éloquence à une époque pleine de vie et de grandeur, à ce moment où le Catholicisme, dans toute sa splendeur et dans toute sa force, se précipita sur l'Asie à la voix de Pierre l'Ermite et d'Urbain II. J'ai montré comment la prédication de cette croisade avait été logique, raisonnée, éloquente. Nous avons été étonnés de trouver à une époque, qui, faute d'être étudiée suffisamment, a souvent été considérée comme barbare, une conscience aussi réfléchie de la réalité; car, l'enthousiasme qui emportait, qui échauffait toutes les âmes, n'était pas un aveugle emportement, mais le résultat d'un principe posé depuis long-temps, lentement développé, et faisant explosion lorsque tout est préparé pour en assurer le triomphe. La chrétienté avait conscience d'une mission divine, et elle l'accomplit comme un devoir.

Si cette idée n'était pas précise dans toutes les intelligences, au moins nous avons reconnu que chez ceux qui avaient donné le signal, elle était complètement réfléchie; et le monument qui a attiré le plus vivement notre attention, c'est-à-dire le discours d'Urbain II, peut être considéré comme un chef-d'œuvre de logique, de politique et d'éloquence (1). J'ai suivi toutes ces prédications, et

(1) Nos lecteurs ne seront pas fâchés de trouver ici la traduction fidèle de ce curieux monument :

« Nation des Francs, placée au-delà des monts, nation chérie de Dieu et choisie par lui, comme le montrent clairement vos œuvres, nation distincte des autres par la situation du pays, par la foi religieuse et le respect de la sainte Église, c'est à vous que s'adressent mes paroles, à vous que tendent mes exhortations. Nous voulons que vous sachiez quelle triste cause nous a conduit auprès de vous, et quel danger commun à vous et au reste des fidèles, nous a engagé à passer les monts.

« Des murs de Jérusalem et de Constantinople un bruit sinistre est venu jusqu'à nous, et a souvent frappé nos oreilles. Du pays des Perses une nation maudite, étrangère, éloignée de Dieu, une nation qui n'a jamais réglé son cœur ni confié son esprit à celui de Dieu, a envahi cette terre des chrétiens, l'a ravagée par le fer, le pillage et l'incendie, a emmené les uns en captivité et fait mourir les autres d'une mort déplorable, renversé de fond en comble les églises, ou les a souillées par des cérémonies d'un culte impie. Leurs souillures profanent les autels du vrai Dieu; ils circoncisent les chrétiens, et le sang de la circoncision coule sur les autels ou remplit les vases sacrés du baptême. Ceux qu'ils veulent faire périr, ils leur percent le nombril; ils les mutilent, les attachent à un pieu, et les forcent de marcher ainsi jusqu'à ce que leurs entrailles se répandent au dehors et qu'ils succombent. Ils percent les uns à coup de flèches, après les avoir attachés à un poteau; aux autres, ils font tendre le cou, et de leur glaive nu, ils essaient de leur trancher la tête. Que dire de la violence faite aux femmes? C'est pire chose d'en parler que de s'en taire. Ils ont ravagé le royaume des Grecs, et soumis à leur empire des provinces qu'on ne peut traverser en deux mois.

« A qui donc appartiendrait le soin de venger ces outrages, si ce n'est à vous qui avez reçu de Dieu, au-dessus des autres nations, la gloire des armes, la grandeur d'âme, l'agilité du corps et la vertu de terrasser vos ennemis? Que les faits de vos devanciers, de Charlemagne, de son fils Louis et des princes de sa race, qui ont vaincu les Turcs et reculé à leurs dépens les frontières de l'Église, soient pour vous un encouragement et vous excitent aux actions viriles. Surtout soyez touchés par le sépulcre de notre Sauveur que possèdent d'impurs vainqueurs, ainsi que par les lieux saints que déshonorent leur tyrannie et leurs violences; courageux soldats, fils des pères invaincus, ne dégénérez pas, mais souvenez-vous du courage de vos ancêtres.

« Si vous êtes retenus par l'amour de vos parents et de vos épouses, réfléchissez

nous avons reconnu qu'à mesure que les événements marchaient, l'esprit primitif qui avait déterminé l'explosion allait constamment en s'affaiblissant, que la première croisade surtout avait été spontanée, et pour ainsi dire, naturelle, et que les autres n'étaient guères que d'imitation et artificielles. Nous avons eu occasion de remarquer que dans les prédications qui suivirent, les idées, les expres-

aux paroles du Seigneur dans l'Évangile : « Celui qui aime sa mère ou son père plus que moi, n'est pas digne de moi. Celui qui, en vue de mon nom, aura abandonné sa maison, ou son père, ou sa mère, son épouse, ses fils ou ses champs, recevra le centuple et possédera la vie éternelle. » Qu'aucune possession, qu'aucun souci de vos biens ne vous enchaîne; car cette terre, de toutes parts fermée par les mers, ceinte de montagnes, et resserrée par la multitude qui la couvre, n'a pas de richesses superflues pour vous tenter, et suffit à peine à nourrir ceux qui la cultivent. C'est là la source de vos luttes, de vos guerres et de ces blessures que vous vous faites les uns les autres.

« Cessent donc ces haines mutuelles, se taisent ces disputes, s'apaisent ces guerres, s'endorment ces violences! Prenez la route du Saint-Sépulcre, enlevez la Terre-Sainte à ces impies et vous la soumettez. Cette terre a été donnée en partage aux fils d'Israël, terre qui, suivant l'Écriture, est arrosée de miel et de lait. Jérusalem est le nombril de la terre; contrée fertile et comme un autre paradis de délices, le Rédempteur du genre humain l'a illustrée par sa venue; sanctifiée par ses paroles, consacrée par sa passion, rachetée par sa mort, anoblie par son tombeau. Or, cette cité, placée comme une reine au centre du monde, est maintenant tenue en captivité par ses ennemis et soumise au culte des gentils par des barbares qui ignorent le vrai Dieu; elle demande donc et elle désire sa délivrance et ne cesse d'implorer vos secours. C'est de vous surtout qu'elle réclame assistance, parce que c'est en vous, sur toutes les autres nations, que Dieu a placé la gloire des armes. Entrez donc dans cette voie pour la rémission de vos péchés, et comptez sur la gloire impérissable du royaume des cieux. »

Ce discours émut profondément l'assemblée, qui s'écria tout d'une voix : « Dieu le veut! Dieu le veut! » En entendant ce cri unanime, le pontife levant les yeux vers le ciel rendit grâce à Dieu, et commandant le silence d'un signe de la main il reprit en ces termes : « Mes frères, aujourd'hui s'est montré en vous ce que le Seigneur dit dans son Évangile : Lorsque deux ou trois seront assemblés en mon nom, je serai avec eux.—En effet, si Dieu n'eût pas été dans vos esprits, votre voix n'aurait pas été unanime. Ce cri parti de tant de bouches n'avait qu'une seule origine. C'est pour cela que je vous dis que c'est Dieu qui l'avait mis dans vos poitrines et que c'est lui qui l'en a fait sortir. Que ce mot soit donc à l'avenir votre cri de ralliement dans les combats, car c'est Dieu qui l'a proféré. Lorsque vous en viendrez aux mains avec les ennemis, vous crierez tous ensemble par l'inspiration divine : Dieu le veut! Dieu le veut! »

sions même étaient identiques, et que tous les discours semblaient la contrépreuve et la paraphrase des discours primitifs qui contenaient tout entier l'esprit de ces expéditions. En regard de ce mouvement tout catholique, nous avons placé la figure d'Abeilard, qui a été le héros d'une croisade d'un autre genre, non pas guerrière mais dialectique : au milieu d'un siècle de croyances, nous avons vu poindre l'esprit de résistance, l'esprit d'opposition, esprit qui s'est constamment maintenu, qui a eu des fortunes diverses, mais qui n'a jamais péri.

L'homme qui a attiré principalement notre attention, parce qu'il est réellement la grande figure du siècle, et qu'il en est la personnification, c'est Saint Bernard. Nous avons été frappés de la grandeur de son caractère et de la supériorité de son génie ; nous l'avons vu depuis le commencement de sa vie jusqu'à la fin de sa carrière, poursuivant la même idée, et toujours avec un progrès continu ; nous avons vu sa sphère d'action s'agrandir sans relâche, et sa puissance, malgré l'étendue de son rayonnement, conservant toujours la même énergie. Ainsi, soit qu'il agisse sur sa famille par le prosélytisme, sur la famille du cloître par la prédication et par l'exemple, soit qu'il combatte le schisme ou qu'il lutte contre l'hérésie, soit qu'il agite l'Europe toute entière, lorsqu'il la pousse une seconde fois contre l'Asie, et renouvelle du moins dans les préparatifs de l'expédition, les prodiges de la première croisade ; dans toutes ces circonstances nous l'avons vu dominant par l'ascendant de son génie, par l'exemple de ses vertus. Or, c'est un beau spectacle que celui d'une conviction désintéressée au service d'une haute pensée. La gloire principale de saint Bernard, c'est d'avoir eu l'élan de la passion et la clairvoyance de l'esprit, c'est d'avoir constamment agi sur la société, sans retour sur lui-même, de n'avoir songé qu'à l'humanité et de s'être oublié, de n'avoir poursuivi ni les richesses, ni les honneurs, mais de s'être contenté de cet ascendant moral de génie, qui fit de ce grand homme le véritable souverain du XII˚ siècle. C'est là dans l'histoire un caractère unique par la supériorité du talent, par la constance des efforts, et par un désintéressement qui ne se démentit jamais. Il a eu pour but de purifier les mœurs, de sanctifier autant que possible l'humanité; et tous les projets qu'il a accomplis ont tendu constamment à la conquête de la terre au profit du Ciel. Telle a été la mission de saint Bernard; et pour son talent, et pour son éloquence, combien n'en avons-nous pas trouvés; combien de fois en jetant les yeux presque au hasard sur cette vaste collection de traités et de sermons, n'avons-nous pas été étonnés, transportés par la beauté du langage, par la puissance des idées, et cette éloquence pleine de mouvement et d'onction, que le Christianisme seul peut inspirer (1).

(1) Il suffira de citer un passage pour donner une idée du beau génie de saint Bernard. Nous l'empruntons à une des leçons inédites de M. Géruzez.

« Le nom de la Vierge était Marie : ajoutons quelques mots sur ce nom, qui signifie étoile de la mer, et convient parfaitement à la Vierge, mère de Dieu. C'est avec raison qu'on la compare à un astre; car de même que l'étoile envoie ses rayons sans être altérée, la Vierge enfante un fils sans rien perdre de sa pureté. Le rayon ne diminue pas la clarté de l'étoile, non plus que le fils n'enlève rien à l'intégrité de la Vierge. Elle est donc cette noble étoile de Jacob dont le rayon illumine l'univers entier, dont la splendeur éclaire les hauts lieux et pénètre jusqu'aux nues; elle parcourt la terre, échauffe les âmes plus que les corps, vivifiant les vertus et consumant les vices. Elle est cette étoile brillante élevée au-dessus de cette mer vaste et spacieuse, étincelante de vertus, rayonnante d'exemples! Oh qui que tu sois, qui comprends que dans le cours de cette vie tu flottes au milieu des orages et des tempêtes plutôt que tu ne marches sur la terre; ne détourne pas les yeux de cette lumière, si tu ne veux pas être englouti par les flots soulevés. Si le souffle des tentations s'élève, si tu cours vers les écueils des tribulations, lève les yeux vers cette étoile, invoque Marie. Si la colère, ou l'avarice, ou les séductions de la chair font chavirer ta frêle nacelle, lève les yeux vers Marie. Si le souvenir de crimes honteux, si les remords de ta conscience, si la crainte du jugement t'entraînent vers le gouffre de la tristesse, vers l'abime du désespoir, songe à Marie; dans les périls, dans les angoisses, dans le doute, songe à Marie; invoque Marie; qu'elle soit toujours sur tes lèvres, toujours dans ton cœur; à ce prix tu auras l'appui de

Après saint Bernard il a fallu déchoir un peu, mais nous avons encore rencontré des hommes de conscience et de talent, les prédicateurs de la quatrième croisade, Foulques de Neuilly, simple curé, qui renouvela aux yeux de ses contemporains les merveilles de Pierre l'Ermite et de saint Bernard; il rappelait l'un par la simplicité de ses manières, l'autre par la vigueur de son éloquence, et Innocent III, digne héritier des Grégoire et des Urbain. La croisade qu'ils ont provoquée, celle qui a eu pour historien Geoffroy de Villehardoin, nous l'avons suivie avec intérêt, c'était presque un roman; mais les héros de ce roman, les Dandolo, les Baudoin, les Quesnes de Béthune, tous ces hommes, dans le récit simple, héroïque de leur historien, nous ont apparu doués d'une grande puissance d'éloquence; nous avons recueilli avec admiration plusieurs harangues, marquées de ce caractère de conviction, de simplicité et d'énergie, qui est le cachet de la grandeur d'âme; là, point d'artifice, point de déclamation : c'est l'esprit guerrier, l'esprit religieux qui élève naturellement ces âmes à une grande hauteur, et leur langage sans effort devient l'image, l'interprète de ces grands sentiments, et se teint de leurs couleurs. Pour en finir avec cette époque, après ce récit de Villehardoin, nous avons eu le récit plus simple, plus familier, mais non pas sans grandeur, d'un autre Champenois, de Joinville, qui a montré les vertus héroïques de saint Louis, nous a raconté ses paroles, nous a fait assister à quelques-uns de ces conseils où se traitaient les grands intérêts de la religion et de la patrie. Telle a été la première série de nos travaux; nous avons vu la puissance de l'esprit catholique

ses prières, l'exemple de ses vertus. En la suivant, tu ne dévies pas; en l'implorant, tu espères; en y pensant, tu évites l'erreur. Si elle te tient la main, tu ne peux tomber; si elle te protège, tu n'as rien à craindre; si elle te guide, point de naufrage, et sa faveur te conduit au but, et tu éprouves en toi-même avec quelle justice il est écrit : Et le nom de la Vierge était Marie. »

se montrant avec éclat après l'expédition des croisades ; nous en avons entrevu le déclin dans les imitations, les retours artificiels de la même pensée et des mêmes actes ; mais le déclin de la foi laissait vivre dans toute sa force et toute sa courtoisie l'esprit chevaleresque ; de sorte que l'on peut dire que le XIII° siècle, époque brillante et long-temps méconnue, a été la fleur et comme l'épanouissement de l'esprit féodal, dans les mœurs, les arts et la littérature.

Avec le XIV° siècle, avec Philippe-le-Bel, nous avons vu l'avènement de l'esprit politique ; la scène a changé : à la place de ces grands dévouements, de ces nobles pensées, nous avons vu des actes de barbarie, de perfidie, de cruauté ; nous avons suivi avec intérêt la marche de ce roi perfide dont le seul but était sa grandeur propre, qui n'avait aucun égard aux moyens qu'il employait pour réussir, et qui semble avoir pris pour devise cette maxime sacrilège : la fin justifie les moyens. Ses armes familières c'était la calomnie, la ruse et la violence. Comme il voulait abattre l'œuvre des siècles précédents, frapper ce qu'ils avaient élevé, il commença par lutter contre la papauté, qu'il vainquit et abreuva d'outrages ; il poursuivit l'abaissement du catholicisme en attaquant la milice des Templiers, et pour arriver à leur destruction, il employa les moyens qui lui avaient réussi contre la papauté et de plus la papauté elle-même, qu'il avait asservie et dont il fit le docile instrument de ses vengeances. Sa politique le conduisit non en vue du bien public, mais dans un intérêt de pouvoir, à donner une importance nouvelle aux communes, à les appeler dans les conseils du royaume ; il avait été aussi obligé dans le même but de faire appel à l'opinion, de la tromper, de la pervertir, mais enfin de prendre pour arbitres et pour juges ces deux puissances, qu'il avait éveillées et dont il avait favorisé le développement. Nous les avons vues ensuite un demi-siècle plus tard, livrer bataille à la royauté qui s'était servi d'elles pour triompher. Je rappelle cette époque critique de notre histoire, où les Etats-Généraux assemblés sous le roi Jean, réclamèrent tous les droits de souveraineté, qui furent d'abord concédés par la royauté: droits et garanties qu'on a demandés depuis, qu'on a obtenus en partie, à la suite d'une lutte de plusieurs siècles. Ça été pour nous un spectacle curieux que de voir cette révolution, ce mouvement démocratique, contenus dans l'espace de quelques années, présenter toutes les périodes, toutes les circonstances de notre grande révolution. Les Etats-Généraux s'emparèrent de l'autorité, dictèrent des lois, et ensuite furent dépassés par le mouvement populaire, par le mouvement communal et par le mouvement des campagnes ; ce fut une succession de partis de plus en plus ardents, et conduits par la difficulté des circonstances à des violences qui les perdirent, et à la suite desquelles la royauté profitant de l'épuisement commun, des souvenirs, des répugnances qu'avaient laissés tous ces crimes, toutes ces violences, parvint à s'asseoir sur les ruines de tous les partis.

Après ce spectacle fort curieux en lui-même, et par le rapprochement qu'il amenait naturellement, nous avons été de nouveau affligés par le tableau de nos discordes civiles. Pendant ce temps toutes les tentatives de guerre, tous les assassinats qui se commettaient étaient l'occasion de manifestes et de discours qui ont été la matière de nos études. L'un d'eux qui est généralement connu, auquel l'histoire de M. de Barante a donné une certaine popularité ; celui de Jean Petit, dans lequel on trouve l'apologie du régicide, l'apologie du parjure, nous a occupés assez long-temps. Nous avons eu occasion de montrer dans le fond du discours le reflet des doctrines qu'engendre toujours l'agitation des esprits, la lutte des partis ; dans la composition, dans l'arrangement du discours, dans sa forme, nous avons été frappés des rapports qui existent entre la structure oratoire et la structure des monuments qui s'élevaient alors ; il nous a paru par la multiplicité des détails, par le nombre infini de divisions et subdivisions, présenter un rapport frappant avec ces innombrables figures, ces légendes de pierre, qui font le principal ornement de l'architecture gothique ; et à côté de ces faits, de ces discours où nous trouvions la pratique et l'apologie de doctrines funestes, où nous voyions l'esprit religieux se mettre au service des passions des princes ; nous avons été consolés et frappés en même temps par le courage, par l'audace, par l'éloquence d'un orateur, qui, appelé un jour à parler devant Isabeau de Bavière et le duc d'Orléans, leur adresse de vifs reproches, les interpelle au nom de la misère publique, et montre que tous les désordres de l'état, toutes les souffrances du peuple sont les résultats de l'immoralité des princes et des dépenses qui épuisent le trésor public au profit de leurs débauches. Cet orateur, dont le discours a été conservé non pas entièrement, mais par fragments dans l'histoire du moine de St.-Denis, nous a paru de la plus haute éloquence ; je l'ai cité, et ce n'est pas ici le lieu de le reproduire ; je ne fais qu'un simple résumé, et mon intention est d'abréger pour arriver au terme de cette séance. Je me suis reproché alors une lacune que je n'ai pas l'intention de remplir, j'ai seulement indiqué le rôle que joua alors Jean Gerson qui intervient dans les querelles religieuses comme un médiateur, et qui, successeur modeste, il est vrai, mais puissant encore de saint Bernard, donne à son siècle l'exemple de l'éloquence et des vertus. Depuis, ce sujet a été proposé par l'Académie française : (1) je ne doute pas qu'il n'y ait parmi vous quelques jeunes talents dis-

(1) Voyez le 1er Numéro de la Chronique de Champagne, *page* 81.—

posés à traiter ce sujet ; je ne reviendrai donc pas sur ce point, je constate une lacune que j'ai laissée et que d'autres sauront combler.

Au terme de nos travaux de l'an dernier, après avoir montré combien le sentiment moral, l'esprit de nationalité s'était affaibli au milieu des discordes civiles, combien les esprits avaient dégénéré, nous avons vu naître de l'excès même des maux le remède qui devait les guérir ; j'ai eu occasion d'exhumer, pour ainsi dire, un monument d'une très grande importance, que les historiens ont négligé, et qui cependant me paraît contenir en paroles tout ce que la libératrice de la France, Jeanne d'Arc, mit en action. Ce monument c'est le quadriloge d'Alain Chartier, pamphlet politique inspiré par l'esprit de conciliation, dans lequel lorsque tout semblait perdu pour son maître, l'humble secrétaire du petit roi de Bourges ne désespère ni de la France, ni de la Providence, fait un appel à toutes les passions généreuses, et montre que le salut est encore possible, si l'on revient des erreurs passées, si la France n'oublie pas qu'elle s'appelle France et qu'elle est catholique. Ces pensées sont exprimées dans un langage très élevé ; nous avons été frappé du talent de l'écrivain, non moins que de la noblesse et de l'élévation des pensées, et la mission de Jeanne d'Arc accomplie ensuite n'est qu'une mise en action de ce manifeste publié sept ans auparavant. Ça a été là le terme de nos travaux de l'année dernière ; ce terme avait été rapproché par une circonstance indépendante de ma volonté.

J'avais l'intention de poursuivre notre histoire jusqu'à la fin du XVe siècle, mais vous voyez que le hasard m'a servi mieux que mes projets ; car cet enseignement commencé par la prédication des croisades, terminé par la mission de Jeanne d'Arc, se trouvait encadré entre deux événements d'une grande importance ; je ne regrette pas que le hasard m'ait permis de rapprocher ces deux grandes figures, Pierre l'Ermite et Jeanne d'Arc, ces deux figures plébéiennes, qui marquent deux époques solennelles dans notre histoire, où l'action de la Providence sur les événements humains se montre manifestement. (1)

Eugène Géruzez.

SOUVENIR HISTORIQUE.

La Croix de Vitry-le-Brûlé.

Quelques siècles suffisent pour changer entièrement la physionomie morale d'un pays. Le temps en détruisant les villes efface souvent jusqu'au souvenir de ceux qui les ont habitées; puis vient une époque d'ignorance et d'entier oubli, où les descendants ne connaissent plus leurs ancêtres.

Ainsi dans notre Champagne, cette province autrefois si animée, si poétique, maintenant privée de son ancienne individualité et qu'on ne connaît guères que par son vin; si vous portez vos pas du côté de Vitry-le-Brûlé, dont le surnom rappelle de si tristes souvenirs, et que, voulant connaître quelque chose de son histoire, vous interrogiez le laborieux habitant de la contrée, vous cour[rez]

---

(1) Le lecteur a vu dans cet éloquent et admirable résumé, comment l'auteur a [su] rattacher aux noms de saint Bernard, de Villehardoin, de Joinville, de Jean G[er]son, d'Abeilard, et de Jeanne-d'Arc, la destinée de la France. Quel pays que cel[ui] qui peut citer tant d'illustrations comme lui appartenant. Ce pays c'est le nôtr[e,] c'est la Champagne, cette contrée si peu connue et dont nous entreprenons [de] faire revivre la vieille histoire.

grand'risque d'être plus instruit que lui-même des événements de son propre pays. En vain lui demanderez-vous pourquoi, sur les bords de la Marne, non loin de sa maison, il reste un endroit désert qu'on appelle encore *le Cimetière;* il ignore que jadis ce lieu servit de sépulture à la légion romaine *Victrix*, qui donna son nom à la ville qu'elle habitait, et que la coutume de ces temps était d'inhumer les corps près des eaux, pour montrer que *la vie passe et coule comme elles.* En vain lui demanderez-vous ce que signifient ces ruines d'église qu'il foule aux pieds; il ne saura pas vous répondre que là jadis était *Notre-Dame-des-Marais*, dont Thibault le Grand désigna l'emplacement par une flèche lancée de son château, et qui s'abattit en cet endroit. — Est-ce qu'il sait qu'autrefois il y eut des ducs et puis des comtes en Champagne, et que même, antérieurement Perthes fut au milieu de la Champagne la capitale d'un petit royaume, nommé le Perthois, puisque Grégoire de Tours donne le titre de roi de Perthes à un nommé Mondoric, qui fut assiégé et tué dans sa capitale par le roi Théodoric? Sait-il que, l'an 567, Chilpéric, roi de Soissons, frère de Sigebert roi d'Austrasie, entra subitement en Champagne, mit tout à feu et à sang, mais que Sigebert le combattit, défit son armée, reprit les places qu'il avait perdues, fut reconnu roi du Perthois et couronné à Vitry? Sait-il encore que Perthes a été ruinée, brûlée par les Huns, et s'est transformée en un village muet et inconnu, même aux habitants qui y passent leur vie, comme Vitry qui devait partager avec Perthes cette double destinée, savoir : autrefois, richesses et prospérité, aujourd'hui ruines et presque solitude? Si dans la campagne vous prêtez une oreille attentive au chant lointain, qui semble vous promettre une ritournelle du roi Thibault, vous y reconnaissez un refrain fort populaire sans doute, mais certes, bien peu moyen-âge : *Ah! que l'amour est agréable!* peut-être, ou tout autre aussi trivial.

Et pourtant là, se voit toujours le plateau élevé où jadis était assis le château du noble romancier : qu'en ont conservé les paysans? des pierres, pour bâtir leurs maisons! Pourtant c'était là qu'il aimait à composer ses gracieux poëmes, et à deviser d'amour avec la belle Gertrude, veuve du duc de Lorraine, qu'il épousa âgé de dix-huit ans, étant encore en la garde de sa mère; avec Marguerite, fille du grand Archambault de Bourbon, et avec tant d'autres célèbres beautés. — Curieux de connaître l'origine de la vieille croix de pierre, élevée au milieu de la place de Vitry-le-Brûlé (si toutefois l'on peut donner le nom de place à ce terrain, vide de maisons, où pousse l'herbe en abondance), vous adressez-vous aux habitants du lieu? Ils vous disent qu'ils ont toujours vu cette croix, que leurs pères l'y ont toujours vue aussi, et que nul d'entr'eux n'en sait l'histoire. — Eh! bien, cette histoire, la voici :

Quelques années avant la guerre qui survint entre Thibault le Grand et le roi Louis VII, dit le Jeune, guerre désastreuse à la Champagne, mais surtout à Vitry en Perthois, il y eut en cette ville des juifs qui, par zèle pour leur religion et par haine pour les catholiques, résolurent d'empoisonner les puits et les fontaines. Non contents d'une synagogue qu'on leur tolérait, ainsi que d'autres libertés, ils étaient jaloux de Notre-Dame où le roi Robert avait porté la chape pendant l'office divin, jaloux du riche couvent des Mathurins, jaloux de Sainte-Geneviève, de Saint-Thibaud, sanctuaires opulents d'une religion ennemie. Ils méditèrent long-temps leur complot. Le danger de l'exécution ne les effraya pas; il semblait au contraire leur donner plus de courage, en leur assurant un plus grand mérite s'ils venaient à triompher. Pour éloigner tout soupçon, ils choisirent un jour de sabbat. Jamais on ne leur vit un visage plus gai, plus inoffensif que ce jour-là.

Au sortir de la synagogue, ils devaient consommer l'œuvre qu'ils croyaient sainte, quand au moment d'achever la prière par laquelle ils demandaient à Dieu le succès, ils furent arrêtés, et bientôt emprisonnés au nombre de quarante. Leur procès ne languit pas : tous furent condamnés au feu. N'ayant rien à attendre de la pitié de leurs juges qui étaient aussi leurs ennemis, et voulant éviter l'horreur du supplice qui les attendait, ils se donnèrent mutuellement la mort dans leur prison, à l'exception d'un seul, jeune homme qui n'avait point trempé au complot, mais qu'on réputait coupable du crime de son père. Avant de mourir, le vieil israélite obtint de son fils qu'il tenterait une évasion, afin d'aller consoler, soulager et nourrir sa pauvre vieille mère. Le jeune homme, avec le linge des morts, fit des cordages pour l'aider à descendre de sa prison; mais une grille de fer l'arrête : il saute, et dans sa chute se brise une jambe, ce qui l'enchaîne sur place et l'empêche et de fuir sa prison, et d'y rentrer, pour partager le sort de ses compagnons, qu'il est réduit à envier.

La sentence condamnait les coupables au feu; elle devait être exécutée et elle le fut. La fête pour les habitants, car c'en était une, eut été sans doute et plus agréable et plus complète, si tous les condamnés se fussent trouvés vivants : un seul l'était ; il fallut bien s'en contenter.

Le supplice devait avoir lieu à trois heures de l'après-midi, et dès le matin toute la place où devait se faire l'exécution était pavée de peuple ; les fenêtres des maisons étaient murées de têtes ; les toits en étaient tout hérissés. C'est que ce jour-là un double bonheur souriait aux spectateurs : celui d'une grande calamité évitée, puis celui d'une vengeance qui allait se satisfaire. Il y en eut beaucoup qui de toute la journée ne prirent aucune nourriture ; le spectacle en était une suffisante pour eux. Suivant une coutume qui s'est transmise jusqu'à nos jours, les femmes n'étaient point là en minorité, et leurs voix s'y faisaient entendre impatientes et cruelles. Un grand bûcher avait été dressé sur la place, et n'attendait plus que les condamnés.

Trois heures avaient sonné, et déjà des cris d'impatience s'exhalaient, allant et venant dans cette haie de peuple, comme par une communication électrique, depuis l'endroit du bûcher jusqu'à la prison, lorsqu'une rumeur de satisfaction annonça qu'enfin les portes s'ouvraient et que justice allait être faite. Alors on vit deux charrettes apportant les corps des criminels revêtus de tous les insignes des malheureux qu'on menait au supplice, comme si la vie ne les eut pas déjà quittés. On avait voulu que rien du moins ne péchât par la forme, puisque la réalité n'y était point tout entière. Derrière, au milieu d'une triple haie de prêtres, de soldats et de peuple, suivait le malheureux qui survivait aux autres. Aux regards avides qui se portaient sur lui, à ces bouches béantes de joie, à ces visages stupidement altérés de vengeance, on reconnaissait que cette vie était précieuse pour les assistants, parce qu'à elle seule elle leur représentait toutes celles qui s'étaient éteintes dans le secret, sans leur donner les émotions qu'ils croyaient avoir le droit d'attendre : on eut dit qu'ils voulaient les reprendre toutes sur elle.

Les cadavres furent les premiers livrés aux flammes. Le juif vivant avait été réservé pour la fin. Quand vint son tour, il montait tristement sur le bûcher, lorsqu'une femme s'élança de la foule en criant : — Il est innocent ! rendez-le moi ! Il est innocent ! C'est mon fils ! rendez-le moi ! — Le pauvre condamné tourna la tête du côté d'où partait la voix, et frissonna reconnaissant sa mère; puis levant les yeux au ciel, il fit signe à sa mère que tout était perdu pour lui sur la terre. Quand malgré ses cris elle vit son fils attaché au bûcher, elle y courut, y monta à la grande joie du peuple, couvrit le visage de son enfant de larmes et d'embrassements, et elle voulut aussi devenir la proie des flammes. Il y eut alors un combat déchirant entre la mère qui s'obstinait à mourir, et le fils qui la conjurait de vivre. Bientôt la flamme les dévora tous deux.

La tradition rapporte qu'avant de mourir, la juive pria le ciel pour que la ville et ses habitants devinssent comme elle un jour la proie des flammes !

Une croix fut élevée pour perpétuer le souvenir de l'attentat et du supplice des Juifs.

Peu de temps après, en 1140, Louis VII se brouilla avec Thibauld le Grand : ce dernier ne voulait pas l'accompagner dans une expédition en Aquitaine, puis il donnait protection à Pierre de la Châtre, archevêque de Bourges, nommé par le pape, contre un autre archevêque nommé par le roi ; puis enfin Thibauld soutenait auprès du pape contre Louis VII, la cause de sa mère que le comte de Vermandois avait répudiée pour épouser la sœur du roi. Plein de ressentiment, celui-ci fit ravager cruellement par une armée les états du comte, souleva contre lui non-seulement les seigneurs du royaume, mais même ses propres vassaux, et entra à main armée dans Vitry où il fit brûler l'église, et avec elle treize cents habitants qui, trop crédules, y avaient cherché asile. Vainement saint Bernard, l'illustre abbé de Clairvaux, reprocha-t-il au roi ses excès, lui écrivant avec sa franchise ordinaire : — « Je commence à me » repentir de ma première faiblesse qui m'a porté à avoir trop d'é- » gards pour votre jeunesse. Je tâcherai dans la suite de ne pas » manquer à ce que je dois à la justice et à la vérité. » — Le prince vindicatif commet dans la ville de Thibault de nouveaux homicides et incendies. On sait que plus tard, touché des maux qu'il avait causés pendant cette guerre, et surtout de l'incendie de l'église de Vitry, il crut les expier en engageant une croisade; on sait aussi quel en fut le triste résultat.

En 1544, les troupes de Charles-Quint portèrent de nouveau le fer et la flamme dans la ville de Vitry et la réduisirent à peu près à l'état où on la voit maintenant. L'empereur donna cet ordre parce que le seigneur de Brissac, qui y était logé, incommodait les fourrageurs de son armée. Les habitants quittèrent les ruines fumantes de leur ville qui semblait maudite, et s'établirent à une demi-lieue de là, où François Ier fonda la nouvelle ville appelée de son nom Vitry-le-François, et dont l'emblême fut *une salamandre au milieu des flammes.*

Enfin, et comme si la prédiction de la juive se devait sans cesse accomplir, chaque année le village de Vitry-le-Brûlé est le théâtre d'un incendie, et semble condamné à justifier son surnom. La croix fut plusieurs fois renouvelée. Les sculptures de celle qu'on voyait dernièrement, représentaient le supplice des Juifs, les portraits des comtes de Champagne, et les principaux événements de leur histoire. — En 1826, j'étais témoin d'un incendie qui dévorait une maison vis-à-vis de la croix : tout-à-coup un bruit sourd se fit entendre derrière moi. Un bras de la croix venait de tomber et avait écrasé deux ou trois personnes. Je pensai à la juive, et je crus voir s'illuminer son visage plein de vengeance et de joie.

Il y a quelques mois, je visitais, enfant de Vitry, ces lieux chers à mon cœur : je n'y vis plus de la croix qu'un tronc brisé, et je songeai tristement que ce souvenir historique allait bientôt s'anéantir.

Et. GALLOIS.

POÉSIE.

A Madame.....

Votre nom ?

Dans ce bal je la vois venir,
Semblable à celle que je rêve,
Belle comme un beau souvenir,
Comme l'étoile qui se lève.

Astre pur, dans mon horizon
Es-tu précurseur de l'aurore ?
Jeune femme, oh ! dis-moi ton nom,
Ce nom ravissant que j'ignore.

Quand l'ange des cieux t'apportait
Parmi les anges de la terrre,
Dis-moi le nom que répétait
La lèvre pâle de ta mère.

Quant sur ton front le prêtre saint
Répandait l'eau qui purifie,
Redis-moi le nom que sa main
Inscrivait au livre de vie ?

Mes yeux ont versé bien des pleurs,
Le chagrin a brisé mon âme ;
Un mot charmera mes douleurs,
Ce mot, le direz-vous, Madame ?

Mon Dieu, vous ne m'écoutez pas !...
Perdrai-je encor cette croyance ?
Ce nom, dites-le moi bien bas,
Que je renaisse à l'espérance !

M. L.

(*Février* 1837).

FABLE.

Le Papillon et la Chenille (1).

Un papillon, dans mon parterre
Etalait ses riches couleurs :
Il caressait toutes les fleurs
D'une aile orgueilleuse et légère.

Ah! si vous aviez vu les airs
Que se donnait ce petit maître !
Le fat! A peine il vient de naître
Et Dieu pour lui fit l'univers !

Tandis qu'il s'admire, qu'il brille,
Et va promenant ses dédains
Sur tous les hôtes des jardins
Près de lui rampe une chenille.

Il l'aperçoit : « Fi! quelle horreur!
» Toi, m'approcher! Comment tu l'oses?
» Fuis, vilaine ; et, loin de mes roses
» Cache sous l'herbe ta laideur. »

Sans reproches et sans colère,
L'humble insecte lui répondit
Ce seul mot qui le confondit :
« Ainsi que moi rampait ta mère. »

Vous vantez vos biens et vos noms :
Prenez garde! Dans vos familles
On pourrait trouver les chenilles
D'où sont sortis les papillons !

SOURDILLE DE LA VALETTE.

(1) Nous devons la communication de cette jolie fable à l'obligeance de M. le comte de Chevigné, ami de l'auteur.

PETITE CHRONIQUE.

LETTRES CHAMPENOISES.

(Ire).

Madame,

C'est un grand bonheur pour moi de recevoir votre lettre, malgré les torts dont je me sens coupable envers vous. Je n'ai point la force de vous en vouloir pour les reproches que vous m'adressez, quoiqu'à vrai dire, vous ayez moins que personne à craindre que le changement de pays n'en apporte pour vous dans mon esprit. — Il est bien vrai que malgré ma ferme résolution de vous écrire dès les premiers jours de mon voyage, je me trouve attardé, selon mon habitude, et que vous voilà bientôt depuis quinzaine sans nouvelles de votre vieil ami. Allons, je le sens, cela n'est pas bien. Vous qui, jeune et jolie, avez la bonté de vous intéresser au sort d'un vieux, d'un homme maussade, bizarre, quinteux, et plein de gothiques préjugés ! Non pourtant que je n'aie une véritable affection à tout ce qui vous concerne, une passion réelle à vous faire service ! Mais si vous saviez l'inextricable complication de petites misères, dont se surcharge la vie d'un sexagénaire en voyage? Ce sont ces misères trop longues à vous dire qui tuent l'imagination et sèchent l'encre dans la plume. Un ancien l'a dit, en parlant aux voyageurs : ayez bon pied, bon œil, et bon esprit. — Hélas! Madame, tout cela fait faute en même temps à votre ami.

Puis, je vous l'avouerai, à peine au début de ma course, je me surprends à regretter les si douces habitudes de l'intérieur et les détails de la vie ordinaire : tant il est vrai que pour les vieux, il n'y a que la résidence! J'en suis à soupirer après ma maisonnette blanche qui domine la vallée, mon ciel de Rilly, mon horizon rémois, mes grands arbres se perdant au loin dans le bleuâtre infini : mes villages aux sites pittoresques. Je regrette et ma chambre à persiennes vertes, et mon cabinet de travail, où sont mes vieux bouquins, mes gothiques in-folios que, malgré leur respectable poussière, il vous plaît parfois venir feuilleter de vos jolis doigts effilés. Je regrette nos bonnes causeries que vous savez si bien animer de tout le feu de votre jeunesse et de votre aimable esprit. Il n'est pas jusqu'aux taquineries de l'abbé, aux gronderies de Thérèse, qui ne soient pour moi l'objet d'un soupir.

J'étais parti pour revoir une fois encore notre vieille Champagne, pour la voir dans tout ce que la société moderne lui a laissé de grand, pour recueillir les souvenirs de sa splendeur, m'assurer des monuments qui lui restent, des vieilles églises qu'elle conserve. Eh bien! maintenant, qu'à peine j'ai fait vingt lieues, me voilà rassasié de tourelles et de clochers : la vue d'un vieux donjon ne me ravit plus en extase. A l'aspect des ponts-levis, des meurtrières et des bastions d'un castel bien historique dans la contrée, je me mets à gémir sur la fatale idée qui me prit de vous quitter, pour aller, Don Quichotte de l'ogive et du plein-cintre, tenter les aventureuses rencontres.

Puis, il faut bien vous le dire, Madame, pour moi le temps des illusions passionnées est tout-à-fait passé. Jeune, une pareille excursion m'eut rempli d'enthousiasme. Aller de bourgades en bourgades, visiter les saints lieux, les chapelles écartées, les pélerinages oubliés! Humble, aborder aux manoirs, frapper aux portes hospitalières : pénétrer au sein des cloîtres, des chartreuses et recueillir, là, des enseignements moraux, ici des faits pour l'histoire : ça et là, des légendes populaires, et des récits à charmer, l'hiver, le paisible coin du feu; des inscriptions que le temps efface et qui vous disent les gloires éclipsées: des croquis, pour l'album, de monuments que, de jour à l'autre, le marteau s'en va mutilant... Ne voyez-vous pas ce qu'au bon temps, pouvait être un voyage comme celui que vous m'avez fait entreprendre?

D'abord, aux églises, une riche et capricieuse architecture qui vous transporte en des extases divines. De grandes et magnifiques tapisseries à larges figures représentant la vie mystérieuse de vertueux cénobites, ou les combats en Terre-Sainte de nos preux et héroïques chevaliers : des tableaux de bienheureux martyrs ou de miraculeuses conversions, et tout cela, Madame, des meilleurs artistes du temps! puis des ornements d'une somptueuse splendeur; des ostensoirs tout or et vermeil, des candélabres, des lampes et des saints ciboires en argent ciselé, gravé, sculpté de mille riches façons; des chapes, des aumuses, des étoles toutes brillantes de pierreries; des tabernacles tout resplendissants d'orfèvrerie. Puis au millieu de ces magnificences, un clergé nombreux célébrant les louanges du Très-Haut, en présence de milliers de fidèles dont les voix se confondent avec les sons majestueux de l'orgue, cet instrument si beau, que déjà louait, au IXe siècle, le moine Milon de St-Amand: tout cela, Madame, était assez capable d'émouvoir et d'élever l'âme, et quoiqu'en aient pensé nos beaux esprits, ce n'était pas seulement l'œuvre de bigots et d'imbéciles. Mais enfin, que voulez-vous? La philosophie et la révolution ont passé par-là, et si, de loin en loin, il nous reste encore quelques vieilles églises, il n'y a plus ni pompe, ni clergé, ni fidèles; mais en revanche, nous sommes devenus philosophes, et nous avons la Charte de 1830!

Au bon temps, quand vous abordiez au vieux castel dont la montagne est couronnée, vous faisiez aux premières portes retentir l'air du son du cor suspendu à votre ceinture, ou si vous n'aviez ni cor ni ceinture, chose rare alors, vous tiriez à tout bras la clochette du château : un son aigu partait aussitôt de l'intérieur et soudain, au travers le grillage de la poterne, vous était adressé le cri de reconnaissance : *Qui va-là?* vous répondiez : *Pélerin, ami*; et la herse était levée, le pont s'abaissait et le voyageur se trouvait introduit. On vous faisait traverser les cours, coudoyer les hommes d'armes; vous saluiez les écuyers, les damoiseaux, vous échangiez des sourires ou des quolibets avec les pages, les varlets : puis, suivant votre titre, votre rang, vous étiez conduit à la salle des gardes, au vestiaire ou au salon des étrangers. Là, accueilli, fêté, festoyé, vous preniez place au milieu des familiers et des officiers de la maison. Puis, après boire, et parfois le lendemain seulement, vous étiez présenté au seigneur châtelain, fleur de toute courtoisie et loyaulté, qui vous donnait l'accolade et vous appelait son hôte! A Madame, toujours belle, grande, majestueuse et digne, mais aussi toujours affable et *doulce*, aimant les tendres romances et les gais virelais ; les galants exploits et les beaux faits de chevalerie : vous faisant asseoir à ses genoux, sur moëlleux coussins de satin blanc aux franges dorées, pour que vous lui racontiez vos aventureux voyages, vos peines secrètes, la dame de vos pensées, ses beaux yeux noirs, son beau cou blanc ; ses cruautés et votre martyre! Puis venaient les consolations, les douces paroles et les soupirs de compassion... Puis, le seigneur châtelain s'en allait à la chasse suivi de sa meute, de ses piqueurs et de ses nobles faucons.... ou bien en campagne pour secourir le Roi, son droiturier Seigneur, ou bien en Palestine (car en ce temps, maris allaient toujours en Palestine), pour délivrer le tombeau du Sauveur des hommes... Et l'infortuné pélerin, le langoureux trouvère, restait aux genoux de la dame à lire les poésies d'amour, à chanter les peines de l'absence, les douceurs du retour, à se mirer dans les grands yeux bleus de la dame châtelaine... et puis et puis... Et puis la philosophie et la révolution ont passé par-là, et nous n'avons plus ni castels, ni manoirs, ni pélerins, ni trouvères, ni châtelain qui aille en Palestine, ni châtelaine aux yeux bleus qui console l'infortuné voyageur ; mais en revanche nous sommes devenus philosophes et nous avons la Charte de 1830 !

Après la visite au castel, les nombreux et agréables passe-temps du chevaleresque manoir, vous continuiez votre route, et vous alliez, quelquefois sans autre guide que le chemin tracé qui, le soir, avant que la blanche lune n'ait appâli votre horizon, vous amenait aux portes de quelque célèbre monastère de Bénédictins, de Chartreux ou d'Augustins. Là vous étiez reçu par le frère tourrier, qui n'exigeait de vous ni passeport ni lettres de recommandation pour vous conduire à la table des frères en Jésus-Christ. Vous aviez l'ordinaire, non point des moines, qui pourtant n'était pas si mauvais, mais le menu du Prieur, de l'Abbé, c'est-à-dire chair délicate, poisson exquis, vins fins et abondants. Le lendemain, prière à la chapelle, visite à la bibliothèque où se voyaient de beaux et doctes ouvrages, des manuscrits précieux aux vignettes enluminées, des chartes et des bulles avec sceaux en plomb, en cire de toutes couleurs... Puis, vous goûtiez la fraîcheur des ombrages où nos saints reclus vont promener leur rotondité monacale : on vous y montrait les étangs, les viviers, vastes révervoirs de brochets, de tanches, de perches, de truites et d'autres délicieux poissons ! Puis tout en vous faisant admirer les beautés du monastère, l'un des frères vous racontait son origine et sa fondation, les princes qui l'ont doté, enrichi, les démêlés avec les hobereaux du voisinage : les procès avec l'Evêque, personnage tracassier, ambitieux, envahisseur, qui tâche sans cesse à restreindre l'autorité des Abbés, les droits des religieux et les priviléges du monastère. Puis après copieuses libations en l'honneur de la Sainte-Eglise, vous receviez avec les adieux de tous, l'*exeat* et la bénédiction du père.—Et puis la philosophie et la révolution ont passé par là, et il nous a fallu dire adieu aux cloîtres, aux monastères des gras Bénédictins, à leurs belles églises, à leurs bonnes tables, à leurs savants ouvrages, à cette physionomie si animée, si pittoresque de l'ancienne France... Il nous a fallu renoncer à tout cela! mais en revanche nous sommes devenus philosophes et nous avons la Charte de 1830 !

Tenez, Madame, malgré la philosophie, la révolution et la Charte de 1830, l'ancien régime avait du bon. Je sais que des gens fort honnêtes et que j'estime infiniment vont crier : » Et la dîme! les corvées! le droit d'aînesse! le bon plaisir! les lettres de cachet! la bastille! les privilèges et mille autres *et cœtera*. — Moi, bon homme et peu philosophe, qui crains par-dessus tout le bruit et les grand-batailleurs, je me tairai, vaincu : seulement, tout bas, aux amis, je remettrai en mémoire les octrois, les droits réunis, le timbre, le cautionnement, les ordonnances royales, les mandats d'amener, la prison préventive et, Dieu me le pardonne! la Garde nationale! toutes aimables inventions de la philosophie, de la révolution ou de la Charte de 1830...! mais Chut! Madame, qu'allais-je dire ? gardez ceci pour vous, je vous prie: nous vivons sous un régime de grande liberté; le Gouvernement permet tout contre lui : c'est un fort doux gouvernement, mais il a des amis moins bénins et qui n'aiment point qu'on pense trop haut : et quand, ainsi que vous et moi, l'on est exposé à coudoyer Messieurs les gens du Roi, il faut savoir penser tout bas. Pour ma part, Madame, j'ai toujours eu beaucoup de respect pour MM. les gens du Roi! j'ai d'enfance été élevé dans la crainte salutaire de Dieu le père et de MM. de robe noire. Ne me brouillez donc point avec eux, Madame.

Je voulais donc vous dire, Madame, que voyager aujourd'hui n'est plus chose aussi plaisante qu'autrefois. Il faut l'avouer, l'hospitalité de nos jours, est assez peu pratiquée, si ce n'est par les aubergistes; mais vous savez si ces messieurs se paient de chansons, de beaux vers et de récits merveilleux! Quant aux amis, si quelques uns se rencontrent encore çà et là, ce sont d'actifs industriels, de fort habiles spéculateurs, des notaires, des juges-de-paix, des marchands d'indigos, tous gardes nationaux ou à peu près, et qui tiennent à votre service la poignée de main et le lit de la *Croix-d'Or* ou du *Cheval-Blanc*! Avec cela, je vous prie, écrivez donc vos *Impressions de voyage?*

Quoiqu'il en soit, Madame, je veux vous parler de mes rencontres et de mes découvertes; car si la moderne société nous offre peu à recueillir, le sol de l'ancienne est encore riche d'éloquents souvenirs... Vous vous plaignez de la monotonie de vos journaux, et, me dites-vous, les vapeurs vous prennent à la lecture de nos revues prétentieuses et musquées, de nos fades romans de mœurs, et de toute cette filandreuse littérature que la librairie de Paris subventionne à l'intention de la province. Vous vous lassez de ce creux parlage et rompant en visière aux in-octavos fortunés de MM. Gosselin et Renduel, vous venez me demander à moi, vieux et raconteur du passé, des distractions aux sottises nouvelles, des récits, des descriptions qui vous transportent dans un autre monde! — Eh bien, Madame, me voici bientôt en Ardenne, pays riche en singularités, terre classique des vieux druides, des fées, des enchanteurs et des preux paladins. Je vous dirai ses légendes et ses traditions, *si vous voulez m'attendre*. Je parle ainsi, Madame, car vous ne l'ignorez pas, je ne sais guère deviser qu'à mon caprice et selon que me porte mon idée : ainsi font les vieux. Je n'aime pas qu'on me trace un cercle et je hais par-dessus tout le point interrogatif. Il me faut mes coudées franches. Dans la correspondance, comme en conversation, je vais un peu à bâtons rompus, au hasard et comme m'entraîne ma lubie; et je dirais volontiers avec mon vieux Montaigne: «à mesure que mes rêveries se présentent, je les entasse, n'ayant pas un esprit à conserver deux heures l'idée qui me vient. » — Ainsi voilà quatre grandes pages d'écriture minuscule qui vont vous arriver et pas une réponse à vos questions! pas un mot de ce que vous attendiez de moi! la chose est mal et je reviens à résipiscence, pour aujourd'hui, s'entend, et sans que cela tire à conséquence pour l'avenir.—Un mot donc sur le sujet principal de votre lettre, sur les livres que votre libraire vous envoie de Paris et qui décidément vous donnent la migraine.

Ah! ils vous donnent la migraine! j'en suis vraiment charmé.—Je vous le disais bien que vous nous reviendriez. Les vieux, Madame, les vieux! voilà des amis sûrs et que le temps a éprouvés.—Vous vous étiez laissé prendre, avec toute la province, aux chefs-d'œuvre nouveaux-nés de la maison *Renduel et comp^{ie}*! à ces fadaises parisiennes que relèvent seulement d'ambitieuses trivialités, et dont le succès repose sur une couverture plus ou moins satinée, sur un titre plus ou moins bizarre ou sordide! Tout en m'étonnant beaucoup de vos préférences je ne pouvais cependant m'en offenser. La jeunesse est curieuse, avide de nouveautés, d'imprévu, d'émotions. Je ne blâme point ces goûts. Le tort est d'avoir cherché tout cela dans la littérature débraillée de notre époque. Moi, je suis un homme dont les anciens ont fait les goûts; aussi dans un auteur, je veux, j'ai la bonhomie de l'avouer, du naturel, de la retenue, un peu de science et de fonds, et la connaissance du cœur humain : puis, fidèle à mon pauvre Boileau, si bas dans l'esprit de vos aimables littérateurs, je n'aime point qu'on manque à parler Vaugelas, qu'on écorche la grammaire et qu'on offense la langue, fut-ce au bénéfice du plus ravissant néologisme. Vos jeunes hommes à large poitrine et haute intelligence, en usent tout autrement, je le sais : mais je ne puis songer à me plier à leur goût et à leur complaire en ceci. D'ailleurs, Madame, pour vous dire ce que j'en pense, il en est beaucoup parmi ces charmants écrivains dont la vocation littéraire ne m'est rien moins que démontrée. Aimables vauriens qui se sont éveillés, après boire, poètes, romanciers, dramaturges. Aussi voyez l'intempérance de langage!

Ainsi donc, comme tant d'autres, vous vous étiez rendue à la littérature pittoresque! à ce style parfois bruyant, échevelé; parfois précieux, alambiqué, quintessencié; à cette petite prose de camaraderie grimaçante et bariolée, étincelante et saccadée; à ce déluge d'épithètes oiseuses et de synonymes parasites : genre déplorable que Voltaire trouvait odieux et dont l'illustre M. Janin fait sa plus aimée chevance.

De rechef, Madame, tout cela ne vaut point nos bons auteurs d'autrefois qui sont droituriers et bonhommes : qui ne sentent ni l'affectation, ni la recherche: qui ne sont ni fiévreux ni épileptiques et qui surtout ne se vouent point à l'étude de l'extraordinaire et du fantastique. Chez eux la science est d'un facile accès, on la voit sans qu'ils en fassent parade, et pour ceux qui veulent apprendre, il n'y a qu'à mordre.

Vous souvenez-vous, Madame, de toutes les espérances que vous avaient données ce concours brillant de jeunes capacités qui voulaient refaire le beau siècle, et doter le pays d'une littérature nationale? Ils allaient, nos artistes, replacer la France au premier rang parmi les nations lettrées! A cet effet, toutes les intelligences étaient convoquées et chacun pouvait apporter sa pierre à l'édifice en projet. Les femmes ne se trouvaient point exclues de la pléïade; bien plus, elles en devenaient l'âme et si j'ose le dire ainsi, la pierre angulaire. En effet, durant quelques hivers, il sembla qu'on leur voulut rendre avec large place au salon, part d'influence dans la vie littéraire. Quelques livres parurent sous leur aimé patronage : des journaux, des revues nous promirent leurs fines et délicates productions, gracieux reflets de la société française. On allait à cette occasion nous rendre nos cercles d'autrefois, conversations spirituelles des salons de Paris : Ce n'était point l'Hôtel de Rambouillet ni les bureaux d'esprit qu'il s'agissait de ressusciter, on voulait tout simplement causer avec les femmes, parler de tout à propos de rien, recueillir les spirituelles saillies, les jugements littéraires si prestement formulés, les anecdotes bien dites, et tous ces charmants riens dont le vieux Paris raffolait. Les femmes allaient refondre notre société, réhabiliter le goût et remettre MM. Trissotin et Scudéry chacun à leur place. C'eut été chose curieuse que ce juste retour des attributions féminines! nous eussions pris plaisir à voir le front superbe de nos idoles s'humilier sous vos arrêts, et le sceptre chanceler aux mains usurpatrices! — Il n'en fut rien, comme chacun sait.

Ces journaux, ces recueils de la nouvelle école, écrits, disait-on sous l'influence du salon, signés de noms de femmes, restèrent à la dévotion des vieux thaumaturges de la camaraderie. Ceux que la Revue de Paris ou les feuilletons de haut lieu, signalaient au culte du vulgaire sous les patronymiques d'Henry, Jules, Charles ou Victor, se reproduisirent au bas de chacune des œuvres nouvelles, sous les noms de Victorine, Henriette, Julie et Caroline. Partout le même charlatanisme : là comme ici se retrouvèrent la même emphase, le même orgueil, la même fatuité : des articles prétendus littéraires que la camaraderie dictait : de l'encens (à donner des spasmes) aux puissances accréditées : d'ambitieux prolégomènes en tête de pitoyables rapsodies ; des drames pour le boulevard du Temple, et des proverbes pour la Courtille et la place Maubert. C'était pitié! Jamais un mot de véritable critique, de misérables amours propres froissés qui se vengent par une trahison, par une fourberie littéraire : des réputations échaffaudées la veille, et qui se transforment en hautes intelligences, en fronts couronnés, en âmes saintes!

Et l'on avait le front de trouver cela beau!

Au milieu de ce dévergondage qui sent d'une lieu l'anarchie et le tripot, de cette littérature qui serait encore sans nom, si M. Nisard n'y eut pourvu, qu'est devenue la belle langue française, la langue de La Fontaine, Molière, Racine, Labruyère et Bossuet? Ah! je l'avoue, je me prends d'humeur noire et de chagrin profond, en songeant au petit nombre d'ouvrages modernes que le bon goût et la science peuvent avouer, à côté du monstrueux bagage que les débauches de style, le libertinage de la pensée repoussent des bibliothèques des honnêtes gens! Que de temps perdu! que d'esprit mal employé! que de ressources gaspillées!

Vous me trouverez sans doute rigoureux, Madame : peut-être vous dis-je un peu naïvement mes pensées et mes inclinations. Je vous parle au naturel, comme je suis affecté ; ainsi qu'un vieux d'une autre époque, et que les travers du temps rendent morose. Mais c'est qu'en vérité, l'on semble avoir oublié qu'il y a un orgueil au fond de l'âme des honnêtes gens qui les oblige à s'offenser de tant d'impudeur, de manières si libres et si peu ménagées!

Adieu, Madame, je vous quitte pour aller me remettre de l'humeur qu'à mon insu et malgré moi, je viens de prendre. Je vais à l'enquête des vieilleries ; ma première lettre en sera remplie, je vous préviens ; car je ne veux plus m'irriter la bile à vous entretenir de vos jeunes hommes.

Je ne vous dis rien non plus du beau projet que vos amis ont formé de fonder une revue à Reims. J'ai de la jeune littérature assez ; je ne me mêle point à vos exercices. A moins que vos amis ne se liguent franchement contre les travers du siècle, ne s'insurgent contre les sottises du jour, je leur baise les mains. S'ils veulent se faire ennemis du charlatanisme et lui donner bonne chasse, à la bonne heure; à ce prix, je suis des leurs. Qu'ils plantent donc leur drapeau, et que pour cri de guerre ils y inscrivent ces mots, qui ne devraient jamais être prononcées que contre le charlatanisme : *écrasons l'infâme.*

Madame, après m'être si humblement que je puis, recommandé à vos bonnes grâces et vous avoir fort respectueusement baisé les mains, je prie Notre tant douce Dame de Sainte-Vaubourg, où je me trouve en ce moment, de vous donner en santé, bonne heureuse et longue vie.

Votre très humble et très affectionné serviteur,

Michel Champenois,

(De Rilly-la-Montagne).

Conseil de Surveillance de la Chronique de Champagne. — Dans leur réunion générale de lundi dernier, MM. les Actionnaires de *La Chronique de Champagne* ont procédé par la voie du scrutin à l'élection des membres devant former le conseil de surveillance. Les noms sur lesquels se sont portés les suffrages sont MM. Leroy-Myon, Saubinet aîné, Hannequin, Sirrebeau, Bouché, Gillotin jeune, de Saint-Marceaux, Croutelle, H. Carteret, Ponsinet et Max. Sutaine. Après plusieurs tours de scrutin dont le dépouillement s'est fait sous la présidence de M. Saubinet aîné, président d'âge, assisté de M. H. Carteret faisant les fonctions de secrétaire, MM. Leroy-Myon, Saubinet aîné, Sirrebeau, Hannequin et Bouché ayant réuni la majorité des suffrages, ont été élus membres composant le conseil de surveillance de *La Chronique de Champagne.*

Le Mardi-Gras à Reims. — Notre confrère l'Industriel, a parfois de bizarres correspondants, témoin l'article, *Nouvelles locales*, de son Numéro de Vendredi dernier; Voici le fait. Un monsieur se plaint, comme d'une atroce vexation, que la police ait interdit l'entrée du bal masqué à *d'aimables fous*, à de *joyeux compères* qui s'étaient revêtus de costumes ecclésiastiques; et notre honorable et trop complaisant ami, sans songer d'abord à ce qu'une telle réclamation a d'hétéroclite, nous l'analyse bien gravement dans sa feuille, et il allait, ma foi devenir aussi bouffon que son correspondant, quand, par bonheur, il s'est ravisé, et, par une facétie quelque peu malicieuse, il se prend à nous raconter avec quels arguments de carnaval son fier client foudroie l'autorité. Or ça, dit-il d'abord, puisqu'on interdit le déguisement en surplis, il faut qu'on interdise aussi les déguisements en Quaker ou en ministre protestant. — N'est-ce que cela? eh! bien, monsieur, dès que le costume religieux des Quakers, qui vous intéresse si vivement, sera connu, soyez sûr qu'on vous l'interdira; mais, pour le moment, impossible; il n'est pas inventé. Quant au costume des ministres protestants, dont votre tolérance éclairée prend si judicieusement la défense, vous savez sans doute qu'il varie selon qu'il est de Genève, d'Augsbourg ou de Cantorbéry; dites-nous donc duquel des trois vous entendez parler. Si de Genève? mais c'est la robe du procureur, et le déguisement alors est au moins équivoque et douteux! si d'Augsbourg ou de Cantorbéry? mais c'est le surplis catholique! Et tenez, mon digne monsieur, je parierais que les *joyeux* *compères* et les *aimables fous*, qu'a si malhonnêtement repoussés la police, auront voulu se déguiser en ministres protestants! C'est mal à eux, très mal, n'est-ce pas? la police, dans ce cas, a fort bien fait; mais qu'elle y prenne garde! car si elle s'était abusée? si on avait simplement voulu outrager la religion de la majorité des français, en prostituant ses insignes dans les orgies d'un bal masqué? oh! alors la police serait impardonnable. Et puis n'est-il pas affreux, comme vous le dites si judicieusement, de prohiber les déguisements ecclésiastiques, quand on n'empêche pas les déguisements en garde national! Ah! si vous appelez la force armée au secours de votre esprit, la petite Chronique sera battue! Vous remarquez d'ailleurs très finement que la garde nationale est une *institution*, et c'est vraiment une découverte. Pauvre petite Chronique, qui ne découvre rien, qui n'a pas même deviné que le sacerdoce, expression de l'ordre moral, et le corps-de-garde, expression de l'ordre matériel, sont absolument la même chose, et se doivent maintenir par les mêmes procédés! Mais c'est qu'en vérité le monsieur *de cujus* a eu là une charmante idée, une idée qu'il n'abandonnera pas, Dieu le veuille! car une si curieuse imagination ne saurait demeurer stérile, quand elle vous arrive riche de tant de bon goût, de tact et de convenance.—Pauvre petite Chronique qui ne comprend pas les amabilités du scandale, qui sent à peine les gracieusetés de l'insulte envers ce que respecte même constitutionnellement la majorité des français! Elle est si jeune encore, la petite Chronique, qu'elle croit que la police et l'autorité, qui certainement sont aussi des *institutions*, ont dans la circonstance bien et prudemment fait, et, voici que pendant qu'elles sont en veine de bien et prudemment faire, vous verrez qu'elles procureront enfin à la bonne ville de Reims, propreté, clarté et salubrité, trois accessoires bien inoffensifs, que réclame depuis si longtemps et avec tant de raison, cette fois-ci, notre bon confrère de l'Industriel.

Polyptique de Saint-Remy. C'est sous ce nom qu'était connu le fameux cartulaire commencé, dit-on, par l'évêque de Reims Leudegisile, vers 634.—L'usage des Polyptiques remonte aux premières dotations des monastères : on y inscrivait avec description, les biens fixés pour l'entretien des religieux; antérieurement les évêques administraient eux-mêmes le temporel des ecclésiastiques et leur donnaient de quoi subsister. Le Polyptique de Saint-Remy contenait notamment la désignation de tous les biens donnés à l'Abbaye par les évêques Leudegisile, Saint-Nivard, Tilpin, Vulfard, Ebon et Hincmar. C'était un monument considérable et duquel on pouvait tirer de grandes lumières pour l'histoire. — Outre un dénombrement complet des richesses de l'Abbaye du temps d'Hincmar, on y trouvait l'indication des églises qui en dépendaient; les redevances, le nombre des serfs, les fiefs, les ornements et les livres d'église. — Entr'autres choses, dit Lacourt, (*Recherches manuscrites*) on y voit qu'on se servoit indifféremment du missel de Saint-Grégoire et de celui du pape Gélase. Il y avoit des calices d'argent, d'autres en étain : des cloches en métal, d'autres en fer.—Il s'y trouve un dénombrement très considérable des dixmes appartenant à Saint-Timothée. Il y est parlé de *Ecclesia SS. Cosmæ et Damiani ante ostium ecclesiæ S. Remigii.* On y trouve des notices précieuses pour les villages, et leur étymologie. Le village de Courtisols y est désigné sous le nom de *Curtis-Acuta*.

Le Polyptique de Saint-Remy était donc aussi précieux que célèbre. Ducange en a eu connaissance et le cite dans son *Glossaire*. Le père Mabillon en parle également dans son *Liturgia gallicana*. Il faut bien qu'il ait été jugé curieux, puisqu'il disparut plusieurs fois de l'Abbaye, soustrait ou volé par des amateurs; ce qu'il y a de certain, c'est qu'il était encore à Reims du temps de Bergier qui le cite dans son histoire des grands chemins de l'empire romain. Il disparut ensuite pendant plusieurs années. » Le père Sirmond fut toujours soupçonné, dit Lacourt, d'avoir volé autant qu'il a pu, les manuscrits de Saint-Nicaise et d'en avoir emporté quelques uns de Saint-Remy. Les Centuriateurs de Magdebourg volaient ainsi les manuscrits des Abbayes, sous le prétexte qu'entre leurs mains le public pouvait en tirer de grandes lumières: il valait mieux, disaient-ils, les enlever aux novices, que de les laisser pourrir entre leurs mains. » Le père Sirmond appliquait cet axiome de filoux aux médailles. » Elles n'ont, disait-il, aucun prix réel que celui de leur métal. J'en peux faire un meilleur usage pour l'histoire que le propriétaire qui souvent ne sait pas l'expliquer: en lui payant le cuivre ou l'argent, je sers le public et je ne lui fais pas de tort. — Je sais cette particularité, ajoute Lacourt, de M. O..., qui se défiait avec raison du révérend.»

Pour en revenir au Polyptique de Saint-Remy, disparu de l'Abbaye quelque temps après Bergier, il passa par diverses mains et notamment par celles de De Thou l'historien. A la vente de sa bibliothèque, M. Letellier, archevêque de Reims, mit la main dessus, le racheta et le rendit aux Bénédictins de St.-Remy, dont il était Abbé. Depuis la révolution, quelques hommes zélés pour ce genre de monuments, et notamment le savant M. Guérard, Conservateur à la bibliothèque royale, qui s'occupe en ce moment d'un ouvrage sur les anciens Polyptiques, se sont imaginé que notre fameux manuscrit pouvait bien exister encore enfoui dans quelque coin de bibliothèque. Pour répondre aux instances réitérées de M. Guérard, nous avons fait les recherches les plus minutieuses à Reims, à Châlons, et même à Paris: mais hélas! bien en vain. Nous avons la fâcheuse conviction que le Polyptique de Saint-Remy a péri dans le malheureux incendie de 1774.

Découvertes à Jonchery-sur-Vesle. — Depuis quelques années cette commune a été le théâtre de découvertes intéressantes pour l'archéologie. L'honorable M. Mitteau qui comme nous professe un grand culte pour la sainte antiquité, nous écrit qu'en creusant il y a quelques années, certaines fondations de sa maison, on mit à jour un tombeau bien scellé, dans lequel se trouvaient trois squelettes, gisant à côté l'un de l'autre: celui du milieu portait au cou, un cercle en cuivre fermant par un bouton applati: signe distinctif de la chevalerie chez les Romains.

Depuis, diverses autres découvertes du même genre furent faites aux environs de Jonchery. Nous citerons particulièrement celle que firent les ouvriers de M. Mitteau, de fractions des murailles dont le ciment indiquait des constructions romaines; puis celle d'un vaste cercueil fermé par six grandes pierres de taille sous lesquelles gisaient treize cadavres: voilà pour l'archéologie romaine. — M. Mitteau nous fait part d'autres découvertes intéressant l'art Chrétien; des fragments de vases sacrés, d'ostensoirs, et d'objets divers en cuivre ciselé, fort bien doré: puis des monnaies du XVe siècle et des pièces à l'effigie de Charles X, ce pauvre fantôme de Roi, proclamé par la ligue et qui passa tout le temps de son règne dans les prisons de Fontenai-le-Comte. — C'est ce roi de paille, dont les partis se firent une arme, et qui tout en cherchant à frustrer du trône son neveu le Béarnais, tenait à l'un de ses familiers, ce propos si remarquable: « Je n'ignore point qu'on en veut à la maison de Bourbon. Si je me joins à ses ennemis, c'est pour qu'ils se retrouvent comme malgré eux avec un Bourbon : je ne travaille que pour mes neveux. »

Découverte à Monthelon, près d'Épernay.—Le 28 janvier dernier, un ouvrier en terminant une cave à Monthelon, a porté la pioche sur une pierre avancée dont la saillie l'avait plusieurs fois contrarié; au premier coup vit tomber à ses pieds un flot de pièces d'or. C'était un trésor enfoui là depuis les guerres des Anglais des XIV et XVe siècles. Ces monnaies d'or pur et parfaitement conservées sont au nombre de 430. Ce sont des agnelets à l'effigie de Jean-le-Bon, et des carolus à l'effigie de Charles V et de Charles VI; ces pièces acquises immédiatement par M. Benard, orfèvre à Epernay, valent l'une dans l'autre de 14 à 15 francs. — La maison dans laquelle ce trésor a été trouvé venait d'être vendue : l'acte n'en était pas encore enregistré : le vendeur s'est armé de cette circonstance pour réclamer sa part dans le butin qui s'est ainsi trouvé divisé entre lui, son acquéreur et le maçon. C'est une bonne affaire pour tous trois, sans compter l'orfèvre qui probablement ne perdra point à l'acquisition.—Quant au pauvre maçon, il n'a pas empoché moins de 1200 francs pour sa journée. Je connais plus d'un honnête homme qui se ferait volontiers maçon, à moins de cela par jour.

Plans d'alignements pour la ville de Reims.—On a pu voir exposés, le mois dernier, les nouveaux plans d'alignements de la ville de Reims. Ces tracés exécutés feront de Reims une cité ni plus ni moins régulière que celle de Berlin et de Pétersbourg. Aux yeux de ceux qui aiment la régularité des rues, cela sera magnifique. M. Hédouin de Pons Ludon qui semble en juger ainsi, ne regarde pourtant pas l'exécution de ces projets d'alignement comme très prochaine : c'est du moins ce qui nous a paru résulter de l'écrit qu'il vient de nous adresser. Nous avons trouvé la plaisanterie si originale, que nous voulons en récréer nos lecteurs.

—« *Rêve patriotique.* Cinq cent mille combattants, Russes, Prussiens, Autrichiens, Bavarois, Würtembergeois, Badois, Hessois, Hanovriens, Saxons, Hollandais, commandés par l'empereur de Russie, l'empereur d'Autriche, le roi de Prusse, le prince d'Orange et tous les princes de la Confédération germanique, avaient pénétré jusqu'aux environs de Reims. De la prise de cette ville dépendait le destin de la France. Ferdinand 1er, roi des Français, prince magnanime et guerrier, s'avançait à la tête de quatre cent mille braves, vainqueurs d'Anvers et de Constantine, sous les ordres de S. M., du duc de Nemours, du prince de Joinville, du duc d'Aumale, et des fils des maréchaux, illustres compagnons de Napoléon.

Les ennemis avaient établi sur le mont de la Housse, une batterie de huit obusiers : les maisons des sections de Dieu-Lumière, de Fléchambault et du Jard, étaient incendiées; alors la garde nationale rémoise, augmentée de tous les braves qui se rappelaient la gloire de la 85me de ligne, et de la 25me légère, fit une sortie pour s'emparer de cette batterie. Après un carnage effroyable, les obusiers furent encloués; mais cet avantage lui coûta cher : 800 gardes nationaux furent mis hors de combat. Le lendemain, des masses d'ennemis entrèrent dans la ville héroïque, par les portes de Dieu-Lumière et de Fléchambault. Au milieu de la nuit, une fusée partie de l'hôtel-de-ville, annonça à l'armée française, éloignée de deux lieues, le désastre des Rémois. Aussitôt, nos braves soldats arrivent au pas de course, passant la Vesle à Saint-Brice et à Cormontreuil, entrent par nos six portes, refoulent les ennemis gorgés de vin mousseux et d'eau-de-vie ; les places, les rues, les cours sont jonchées de cinquante mille cadavres des nations susnommées ; tous les empereurs, rois, princes, ducs et comtes se rendent à discrétion, ainsi que 60,000 de leurs soldats. Ferdinand Ier, nouveau Charles-Martel, fait son entrée triomphante dans notre ville, mille fois plus héroïque que Bilbao. Pour récompenser le dévouement sublime et le service signalé rendu par les Rémois à la France et à l'Europe civilisée, S. M. déclare que tous les quartiers incendiés seront reconstruits aux frais des 86 départements ; d'après les plans exposés dans les salles de l'hôtel-de-ville, en janvier 1837 ».

HÉDOUIN DE PONS LUDON.

Cours d'Éloquence française professé à la Sorbonne. — Notre spirituel compatriote, M. Eugène Géruzez, qui occupe si dignement la chaire de M. Villemain, à la faculté des lettres, a autorisé la publicité de ses leçons par la voie de la presse. Si M. Géruzez était moins de nos amis, nous n'aurions pas assez d'éloges pour le talent et le savoir, qui font de ces éloquentes improvisations des études littéraires du plus haut intérêt. Mais forcés par un juste sentiment des convenances de nous borner à l'indication d'une œuvre qui honore le pays, nous croyons bien mériter de nos lecteurs, en leur annonçant que ces leçons, dont ils viennent de lire un fragment si remarquable, sont éditées par les libraires *Ebrard et Cie, rue des Mathurins-St.-Jacques, 24, à Paris*. Le prix de chaque livraison d'une feuille et demie d'impression est de 30 cent. pour les départements.

Concert de Madame Lahore. — Nous arrivons bien tard pour annoncer la soirée musicale de samedi prochain, 18 courant, malgré tout, nous ne doutons pas d'une grande affluence ; chacun voudra payer enfin sa dette de reconnaissance et sa part d'applaudissements à l'admirable cantatrice que le spirituel auteur du feuilleton de l'Industriel (n° du 12 février) vient de venger des froideurs de quelques malencontreux appréciateurs. Oui, comme le dit d'une manière si piquante notre feuilletoniste, *madame Lahore est une cantatrice que l'on peut aller entendre sans craindre de se compromettre.* Nous qui nous rappelons avoir pris notre part de l'enthousiasme que son prodigieux talent inspirait à des milliers d'auditeurs de Paris, ville où l'on sait apprécier les choses aussi bien qu'en aucun lieu du monde, nous nous prenons d'un rire fou en pensant que madame B***, que le Conservatoire regrette et qu'il suppose faire en ce moment les délices de Londres, de Naples ou de Pétersbourg, est en notre modeste ville depuis bientôt dix-huit mois, inconnue, ignorée, enseignant à quelques rares écolières l'art de vocaliser, recueillant les douteux applaudissements d'un très minime public, se résignant à se voir comparer, et que dis-je préférer d'agréables chanteuses de couplets et de romances... elle que Weber, Spontini, Meyer-Beer et Bellini ont proclamée l'une des premières cantatrices de l'Europe !!

Nouvelles adhésions

A la Chronique de Champagne.

M. Raulin, Auditeur de 1re classe au Conseil-d'État.

20 janvier 1837.

Messieurs,

Je suis reconnaissant de votre souvenir. Rien ne pouvait plus me flatter que la proposition qui m'est faite par vous de travailler à la Chronique de Champagne. Je m'efforcerai de répondre à votre confiance et de mériter la place que vous voulez bien m'accorder dans la rédaction de ce recueil, à la création duquel j'applaudis de tout mon cœur.

Recevez, etc.

Raulin.

M. Anot de Maizières, Professeur d'Histoire au collège royal de Versailles.

Versailles, 22 janvier.

Mon cher Camarade,

Je vous remercie de votre aimable souvenir qui a réveillé en moi ceux du jeune âge. L'association que vous me proposez me sourit infiniment. Aussi vous prié-je de me compter parmi vos collaborateurs les plus dévoués. Je n'ai point la prétention de contribuer au succès de votre entreprise, mais je la vois se former avec une joie toute patriotique et j'espère qu'elle réussira; il ne manque à notre belle Champagne, que d'être mieux connue, et en appelant l'attention sur elle, c'est un intérêt plus grand encore, celui de la France que vous servirez. —

Veuillez me croire, mon cher camarade, votre tout affectionné et dévoué,

Anot de Maizières.

M. Etienne Gallois, de l'Institut historique, rédacteur du journal des Enfants, de l'ancien Figaro, etc.

Paris, 31 janvier.

Aussitôt que j'ai été instruit de la création de votre journal, création toute de progrès et de décentralisation, j'ai désiré, moi aussi enfant de la Champagne, attacher mon nom à cette œuvre qui aurait dû être commencée depuis long-temps. Voici donc un article que je vous adresse et que je me propose de faire suivre d'autres encore, si toutefois ils vous agréent.

Veuillez agréer, etc.

Etienne Gallois.

M. l'Abbé Hubert, chanoine et bibliothécaire de la ville de Troyes.

Troyes, 7 février.

Monsieur et bien cher Collègue,

Le plan et le but de la Revue dont vous venez de publier le 1er Numéro, les principes qui vous engagent à doter notre pays d'une œuvre si éminemment patriotique l'agréable et utile association que vous provoquez avec tant de zèle, tout m'intéresse, et répond à mes vœux. Seulement, Monsieur, je regrette qu'une santé encore chancelante, des occupations trop multipliées et mes soixante-dix-huit hivers ne me permettent guère de concourir comme je le désirerais à vos heureux travaux.... mais si mon âge et ma santé ne vous promettent pas en moi un véritable collaborateur, je tâcherai d'être un actif enrôleur. — Je crois pouvoir vous assurer comme zélés correspondants M. Béliard, notre journaliste; M. Paillot de Montabert, auteur d'un savant ouvrage sur la peinture; M. Arnaut, professeur de dessin, chargé par le gouvernement d'explorer les monuments de la Champagne dont il pourra vous donner d'intéressants détails, et M. Corrard de Breban, juge d'instruction, conservateur du musée, antiquaire actif et distingué....

Je suis Monsieur, etc.

HUBERT.

———

— Madame la princesse de Craon a bien voulu nous promettre un chapitre du beau livre qu'elle prépare sur l'héroïne de Vaucouleurs.

— Madame la comtesse de Bradi nous enverra quelques-unes de ces pages animées qu'elle vient d'écrire sur la grande époque de l'Empire.

— M. Bazin qu'il suffit de nommer pour rappeler l'homme le plus spirituel de notre temps, dotera notre Revue d'articles que lui seul sait écrire, et qui n'auront rien à envier à l'*Époque sans nom*.

———

Nous avons également reçu les adhésions de M. Hédouin de Pons Ludon, si connu par son érudition et sa passion pour l'archéologie : de M. Lacatte-Joltrois, qui depuis longues années s'occupe avec une admirable persévérance de l'histoire du pays de Reims. — De M. Povillon-Pierrard, dont les nombreux manuscrits ont été acquis par la ville. — De M. d'Herbés, d'Aï, antiquaire et bibliophile éclairé. — Des artistes de grand talent nous ont ouvert leurs portefeuilles et promis de nous aider de leurs crayons. — Nous citerons M. Pernot de Vassy, à qui la ville de Reims est redevable du magnifique tableau de la cathédrale de Strasbourg, qui décore la grande salle de l'Hôtel-de-Ville. — M. Germain, peintre dont notre ville s'honore, et qui vient de terminer un portrait de Colbert, auquel nous consacrerons un article dans notre prochain N°. — M. Macquart, dont le spirituel crayon a déjà retracé d'une manière si piquante divers détails du vieux Reims. — M. Durand, architecte de la ville, à qui bientôt nous devrons un magnifique travail sur la basilique de Saint-Remy.

———

ERRATA. — Page 98, ligne 15, lisez : Dans *ces* nobles loisirs, comme dans *les* batailles.

Chronique de Champagne.   3.ᵉ Livra

Charles de Lorraine,
Archevêque de Reims.

HISTOIRE ET BIBLIOGRAPHIE.

Un Pamphlet au 16ᵉ siècle.

Pour avoir une idée de l'influence d'un libelle politique il faut se reporter à l'époque de sa publication. Aujourd'hui l'on est tout étonné que tel écrit du dernier siècle ait encouru les poursuites du parquet, les censures du parlement : c'est qu'aujourd'hui les circonstances politiques étant différentes, les mêmes choses dites de la même façon ne peuvent plus égarer ni séduire personne. D'ailleurs le langage acerbe, irritant du journalisme et de la presse en général, laisse de nos jours fort peu de place au pamphletaire. Les fougueuses déclamations du seizième siècle; les feuilles spinthriennes, les libelles effrénés de la Fronde; les livrets impies, anti-sociaux des philosophes; les brochures incisives et passionnées des libéraux,—tout cela ne serait plus compris aujourd'hui. Théodore de Bèze, Regnier de la Planche, Bussy-Rabutin, le baron d'Holbach, Thévenot de Morande, Soulavie et Prudhomme ont pu venir en leur temps. En 1837, Paul Courrier, comme pamphletaire n'aurait plus de prôneurs, car les *Paroles d'un Croyant* ont à peine soulevé quelques pauvres ouvriers d'imprimerie et, pour trouver des lecteurs, Lamenais en est réduit au métier de journaliste!

Au seizième siècle, époque où le journalisme n'était pas né, la presse avait une puissance redoutable et terrible et l'apparition d'un pamphlet devenait le signal de grandes émotions. C'était le temps où Genève, foyer de révolte et de passions haineuses, vomissait en France ses brochures incendiaires, et soulevait au nom de Calvin et de la réforme les populations naguères si paisibles et si fidèles. Il ne faut pas croire que les lois répressives manquassent au pouvoir : elles étaient au contraire fort rigoureuses. L'arrêt de 1558 défendait d'imprimer sans exprès commandement ou permission, aucun livre concernant la religion, à peine de confiscation de *corps* et de *biens*…. Une autre loi bien plus sévère encore, faisait « défenses à toutes personnes de quelque estat et condition qu'elles soient, de publier, imprimer et faire imprimer aucuns livres, lettres, harangues, ou autres écrits, soit en rhythme ou en prose, faire semer libelles diffamatoires, attacher placards, mettre en évidence aucune autre composition, sans permission du Roy, *sur peine d'estre pendus ou estranglez*, et, dit l'arrêt, ceux qui se trouveront avoir attaché ou semé aucuns placards, seront punis de semblables peines. » Mais au milieu de cet arsenal de lois cruelles, le pouvoir se trouvait désarmé : Les libellistes méprisaient une législation que son excessive sévérité rendait inapplicable. C'est le sort de toutes les lois d'exception d'irriter les passions et de fournir aux factieux de nouvelles armes.

Au commencement, les libelles étaient rares, clandestins mais l'effet n'en était pas moins sûr. Des marchands forains, des porte-balles, des laquais, des coureurs de nuit les colportaient d'un endroit à l'autre, les clair-semaient dans les campagnes : on se les arrachait. De nombreux scribes les transcrivaient à la hâte, et bientôt des copies manuscrites et multipliées, suppléaient à la rareté de l'imprimé, se passaient de mains en mains, de la ville au champs, des châteaux à la chaumière où elles allaient soulever les esprits, allumer partout la haine, la fureur et la soif de la vengeance. A mesure que les dissensions politiques s'aggravaient, les pamphletaires redoublaient de cynisme et d'audace. Les libelles qui, d'abord étaient imprimés à la dérobée, sous le manteau, parurent bientôt avec nom d'auteur, d'imprimeur et de libraire, et la loi n'en resta pas moins impuissante.

Le pamphlet dont nous allons entretenir nos lecteurs vit le jour dans les circonstances les plus irritantes, à une époque où le peuple prenant part à toutes les questions politiques, dramatisait l'histoire dans les rues et sur la place publique, et burinait en caractères de sang les impressions qu'il venait de demander au prêche, au sermon, au pamphlet.

C'était du temps du petit roi François II. La France alors gouvernée par les princes de la maison de Lorraine voyait commencer ces horribles exécutions qui durant plus d'un quart de siècle ensanglantèrent notre malheureux pays. Il n'y avait pas six mois que l'imberbe époux de Marie Stuart occupait le trône, et déjà les partis avaient mutuellement des crimes à se reprocher, des morts à punir, du sang à venger. Déjà le meurtre du président Minart et le supplice d'Anne Dubourg : l'assassinat de François de Gilles et les effroyables massacres d'Amboise avaient attristé les yeux et consterné les cœurs. Les esprits éclairés, les véritables patriotes gémissaient en sondant la profondeur de l'abîme où les passions fanatisées allaient jeter le pays. Dès-lors en effet il n'y eut plus comme autrefois en France un seul Dieu, un seul Roi, un seul peuple : la France eut deux religions dont nulle n'était celle du Christ, la religion de l'archevêque de Reims et celle du prêcheur de Genève. Elle eut deux rois dont aucun n'était le légitime, le duc de Guise et le prince de

Condé; elle eut deux peuples qui, ni l'un ni l'autre, ne ressemblaient au peuple français, les papistes et les huguenots.

Donc, ce fut vers la fin de l'année 1559, au mois de mars (l'année alors commençait à Pâques), quelques jours après les sanglantes tragédies d'Amboise, que se répandit à Paris, un pamphlet sans nom d'auteur, *Libellus incerto nomine*, dit de Thou, *in Guisianos scriptus, cui ob id Tigridi titulus præfixus erat*. C'était une satyre des plus virulentes contre les tyrans de la France, un libelle amer et fort rude contre l'archevêque de Reims, Charles de Lorraine; celui contre qui déjà quelques mois auparavant avait été distribué un escrit en rime, *assez bien bâti*, suivant l'expression d'un auteur du temps, et dont voici le dernier couplet :

> ... Amy, pour le faire court
> Je t'asseure qu'au temps qui court
> Trois as ne font pas tant au flus
> Que fait en France un Carolus.

A propos du premier de ces deux pamphlets, du *Tigre*, Brantôme s'exprime ainsi: «Il n'y eut, dit-il, aucun escrit qui piquast et offensast plus qu'une invective intitulée le *Tigre* sur l'imitation de la première invective de Cicéron contre Catilina, d'autant qu'elle parloit des amours d'une très grande et belle dame et d'un grand son proche. Si le galant auteur eust esté appréhendé, quand il eust eu cent mille vies, il les eust toutes perdues, car et le grand et la grande en furent si estomaqués qu'ils en cuidèrent désespérer.»

Les libelles qui succédèrent au *Tigre* se multiplièrent avec une telle rapidité, la passion qui les dictait était si âpre, si effrénée, si incorrigible, que ceux qui s'y trouvaient attaqués renoncèrent à les poursuivre. — La reine mère, Catherine de Médicis, que notre siècle juge encore avec tant de colère et de passion, et contre qui se dirigeaient les plus violentes diatribes, Catherine, dis-je

fut la première à donner l'exemple d'une admirable longanimité, d'une tolérance extraordinaire, tant que les excès de la presse n'eurent qu'elle pour objet. « Si bien, dit Brantôme, quelle faisoit acheter et lisoit les belles invectives qui se faisoient contre elle, dont elle se moquoit et s'en rioit, sans s'altérer autrement, les appelant des bavards et des *donneurs de bellevesées*, ainsi usoit-elle de ce mot. » — Bientôt à son tour l'archevêque de Reims, le cardinal de Lorraine, cet homme si violent, si vindicatif et si puissant, apprit à l'exemple de la Reine et de son propre frère, le grand duc de Guise, à dédaigner les attaques des libellistes. Dans l'assemblée des Notables qui se tint au mois d'août 1560, c'est-à-dire six mois après l'apparition du *Tigre*, le cardinal alla jusqu'à dire avec une noble fierté: Qu'il se faisoit honneur de la haine et des emportements de ses ennemis : qu'on avoit fait courir dans Paris, et de Paris dans la Province, une infinité de libelles remplis d'injures très atroces et de furieuses menaces contre lui et contre le duc de Guise son frère : qu'il en avoit en son particulier jusqu'à vingt-deux qu'il conservoit soigneusement et qu'il prenoit plaisir à les montrer comme autant de marques très éclatantes de leur zèle pour la religion, de leur fidélité inviolable au service de leur roi auquel il avoit plu de les choisir pour ses ministres. »
—Ces nobles paroles de l'archevêque de Reims sont, nous le répétons de 1560, la deuxième année des mouvements politiques qui mirent le pouvoir dans les mains de ceux de sa maison. Si Charles de Lorraine continua la collection des pamphlets publiés depuis contre lui, il en dut avoir une bibliothèque bien fournie ; car il faut le dire, malgré le nombre et la violence des libelles publiés de nos jours contre certains hommes d'Etat, il n'en est aucun contre qui l'on ait autant et si aigrement écrit.

L'*Epître envoyée au Tigre de la France*, trouva Charles

de Lorraine beaucoup moins philosophe, beaucoup moins endurant qu'il ne se montra depuis. Il est vrai que c'était l'un des premiers du genre, et l'effet en devait être d'autant plus dangereux, que plusieurs provinces et contrées de la France étaient en pleine révolte. Amboise, Orléans, Paris étaient dans la torpeur, mais la Guyenne et le Dauphiné se soulevaient : des troubles sérieux éclataient en province, et les récentes tentatives des huguenots sur Lyon, prouvaient que le parti n'était que vaincu et nullement terrassé.

L'*Epître au Tigre de la France* est un chef-d'œuvre d'indignation, de fureur et de mâle éloquence. Elle est, comme le dit Brantôme, une espèce d'imitation de la première catilinaire de Cicéron : le style en est passionné, brûlant, échevelé; l'ironie en est cruelle et sanglante ; le reproche, horrible et féroce : chaque mot, le coup de poignard qui blesse; chaque phrase, le coup de massue qui terrasse. Voici quelques passages de ce modèle de pamphlets : « Tigre enragé, vipère venimeuse, sépulcre d'abominations, spectacle de malheur, jusques à quand sera-ce que tu abuseras de la jeunesse de notre roi? Ne mettras-tu jamais fin à ton ambition démesurée, à tes impostures, à tes larcins!» etc.—Les pamphlets des réformés avaient depuis long-temps accusé le cardinal d'intempérance, de simonie et de libertinage : sous ce dernier rapport surtout, la calomnie avait été loin. Nous ne voulons pas défendre les mœurs de notre Archevêque, surtout des premières années de sa vie : les écrivains contemporains, même ses plus dévoués apologistes, ont à peine osé le faire. Ce relâchement dans les mœurs était une affaire de mode et d'époque. La cour et l'église depuis long-temps s'étaient affranchies de toute retenue. — Après avoir répandu les bruits les plus injurieux sur les liaisons du Cardinal avec la Reine-mère, on alla plus loin, on écrivit qu'Anne d'Est sa belle-sœur, la noble épouse du duc de Guise, vivait en concubinage avec l'Archevêque : infâme calomnie que rien dans la vie de la duchesse ne motivait. Mais laissons parler notre fougueux pamphlétaire.

« Tu fais profession de prescher de saincteté, toy qui ne connois Dieu que de parolle, qui ne tiens la religion Chrestienne que comme un masque pour te déguiser, qui fais ordinaire trafficq, banque et marchandise d'éveschez et de bénéfices, qui ne vois rien de sainct que tu ne souilles, rien de chaste que tu ne violles, rien de bon que tu en gastes. L'honneur de ta sœur ne se peut garantir d'avec toy. Tu laisses ta robe, tu prends l'espée pour l'aller voir. Le mary ne peut estre si vigillant que tu ne décoyves sa femme !...... Tu fis tant par tes impostures que sous l'amitié fardée d'un pape dissimulateur, ton frère aîné fut fait chef de toute l'armée du roi.... Je connois ta jeunesse si enviellie en son obstination et tes mœurs si dépravées que le récit de tes vices ne te sauroit esmouvoir ! Si tu confesses cela, il te faut pendre et étrangler : si tu le nies, je te convaincrai ! »

Voilà, si je ne me trompe, de bien horribles imputations, de bien abominables reproches : mais quelle énergique apostrophe! quel admirable talent oratoire ! Cicéron n'est ni plus impétueux ni plus éloquent.

Le Cardinal en fut atterré. Cependant le libelle immédiatement dénoncé fut poursuivi avec la plus excessive rigueur. On fit des perquisitions chez tous les imprimeurs et libraires de Paris : des visites domiciliaires eurent lieu chez les aubergistes, cabaretiers de la ville et des fauxbourgs afin d'y arrêter tous les gens suspects, les valets, domestiques, et autre gens sans aveu. La populace surtout se montrait furieuse et impatiente de vengeance : car il faut le dire, la populace alors était catholique et crédule. Pleine d'amour et de respect pour M. le Cardinal et ceux de Guise ; de haine et de fureur contre Calvin, Luther, Théodore de Bèze et ceux de la religion. Crédule et passionnée, la foule au seizième siècle pend, égorge les réformistes en religion : athée, égoïste au dix-huitième, elle massacre et guillotine les prêtres et tous ceux qui semblent tenir à la foi de leurs pères. Et pourtant la foule a ses dévots, ses prôneurs qui l'adulent et lui font piedestal, au lieu de l'éclairer et de l'adoucir ! « L'espèce antropophage, dit à ce sujet un de nos plus illustres écrivains modernes, reste toujours la même, en dépit des progrès de son prétendu perfectionnement. Bigote elle mange des incrédules : incrédule elle mange des prêtres : il n'y a de nouveau que le menu du festin. »

Revenons à l'*Epître envoyée au Tigre de la France.* Nous allons à son occasion assister à un magnifique drame populaire.—Malgré l'arrêt du Parlement de Paris qui condamnait le pamphlet et en ordonnait la saisie immédiate partout où elle pourrait se faire ; malgré les poursuites rigoureuses et les efforts de tous les partisans de la maison de Lorraine pour en découvrir l'origine, l'auteur restait ignoré, l'imprimeur inconnu et les distributeurs échappaient à la vigilance de messieurs du parquet. Le Cardinal irrité gourmandait le Parlement et le Procureur-Général, et tous les limiers de la haute et basse police. Enfin, dit Regnier de la Planche, dans un de ses rares pamphlets, un conseiller nommé Du Lyon, à qui le Cardinal avait promis une charge de Président au Parlement de Bordeaux, charge dont il pourrait disposer à son gré, s'étant mis en tête de faire plaisir à M. le Cardinal s'y prit si bien qu'il parvint à mettre la main sur un pauvre marchand libraire qu'on trouva nanti de l'ouvrage et dont le peuple s'empressa de faire bonne et prompte justice. Mais laissons parler ici le seul auteur qui raconte cette tragique histoire avec quelques détails. C'est Regnier de la Planche, le Paul Courrier du temps, le plus habile et le plus implacable des pamphletaires du seizième siècle. Voici son récit tel qu'il se trouve dans l'*Histoire de l'Estat de France, sous le règne de François II* : ouvrage naguère fort rare, mais qui vient d'être réimprimé tout récemment.

Ayant donc mis gens après, on trouua l'imprimeur nommé Martin L'Hommet qui en estoit saisi. Enquis qui le luy auoit baillé, il respond que c'est un homme inconnu, et finalement en accuse plusieurs de l'avoir veu et leu, contre lesquels poursuites furent faites, mais ils le gagnèrent au pied. Ainsi qu'on menoit prendre cest imprimeur, il se trouua un marchant de Rouen, moyennement riche et de bonne apparence, lequel voyant le peuple de Paris estre fort animé contre ce patient, leur dit seulement : eh quoi, mes amis, ne suffit-il pas qu'il meure? Laissez faire le bourreau. Le voulez-vous dauantage tourmenter que sa sentence ne porte? (Or ne sauoit-il pourquoy on le faisoit mourir, et descendoit encor de cheual à une hostellerie prochaine.) A ceste parolle quelques prestres s'attachent à lui, l'appellant Huguenot et compagnon de cest homme, et ne fust ceste question plustost esmeüe que le peuple se iette sur sa malette et le bat outrageusement. Sur ce bruit ceux qu'on nomme la iustice approchent, et pour le rafreschir le meinent prisonnier en la conciergerie du palais, où il ne fut plustost arrivé que Du Lyon l'interroge sommairement sur le fait du Tygre, et des propos par luy tenus au peuple. Ce pauvre marchand iure de ne sauoir que c'estoit, ne l'avoir iamais veu, ni ouy parler de messieurs de Guise : dit qu'il est marchant qui se mesle seulement de ses affaires. Et quant aux propos par luy tenus, ils n'auoyent du offenser aucun, car meu de pitié et compassion de voir mener au supplice un homme (lequel toutesfois il ne reconnoissoit et n'auoit iamais veu) et voyant que le peuple le vouloit oster des mains du bourreau pour le faire mourir plus cruellement, il auoit seulement dit qu'ils laissassent faire au bourreau son office, et que là-dessus il a esté iniurié par des gens de robbe longue, pillé, volé et outragé par le peuple, et mené prisonnier ignominieusement, sans auoir iamais mesfait ne mesdit à aucun : requerant à ceste fin qu'on enquist de sa vie et conuersation, et qu'il se soumettoit au iugement de tout le monde.—Du Lyon sans autre forme et figure de procez, fait son rapport à la cour et aux iuges déléguez par icelle, qui le condamnent à estre pendu et estranglé en la place Maubert, et au lieu mesme où auoit esté attaché cest imprimeur. Quelques iours après, Du Lyon se trouvant à soupper en quelque grande compagnie, se mit à plaisanter de ce pauvre marchant. On lui remonstra l'iniquité du iugement par ses propos mesmes. Que voulez-vous? dit-il, il faloit bien contenter monsieur le Cardinal de quelque chose, puis que nous n'auions peu prendre l'autheur ; car autrement il ne nous eust iamais donné relasche.

Voilà l'histoire de ce célèbre pamphlet dont aucune trace vivante n'était restée dans les fastes bibliographiques. On peut croire en effet que les poursuites de Mons. Du Lyon si empressé de *contenter M. le cardinal de quelque chose* et l'intervention officieuse du peuple de Paris en cette affaire, déterminèrent les acheteurs du *Tigre* à se défaire le plus promptement possible d'un aussi dangereux compagnon. Tous les exemplaires disparurent, et dès ce temps-là il devint difficile d'en préciser même exactement le titre. Regnier de la Planche l'avait incomplètement désigné, tout en faisant l'histoire de sa destinée judiciaire. Brantôme, par ce qu'il en dit, paraît l'avoir lu, mais suivant sa coutume, il ne s'est pas embarrassé du titre. De Thou semblait seul en avoir rétabli le véritable texte, dans ce passage que nous avons cité plus haut : *cui ob id* TIGRIDI *titulus præfixus erat*. Depuis, rien n'avait dissipé ces doutes : le P. Lelong, dans sa *Bibliothèque historique*, se contente de citer la mention qu'en fait de Thou, et exprime le doute que ce livret ait jamais existé. M. Brunet est allé plus loin, il a tout simplement nié l'ouvrage ou plutôt s'est totalement abstenu d'en faire mention dans son précieux *Manuel du Libraire et de l'Amateur*.

. . . .

Ici, force est à l'auteur de cet article d'intervenir en personne dans l'histoire bibliographique de ce célèbre pamphlet : il demande bien humblement pardon au lecteur de cette privauté quelque peu vaniteuse : mais la chose lui semble utile, ne fut-ce que pour prouver aux excentriques de tout genre, de quelles ineffables joies la destinée peut caresser la passion d'un bibliomane.

Il y a moins de deux ans, tandis que je préparais une grande publication sur le règne de François II, (publication, par parenthèse, laissée en chemin, mais qui sera bientôt reprise), je m'avisai d'interroger le savant M. Van-Praet sur l'existence, à mes yeux problématique, du livret désigné sous le titre de *le Tigre*. M. Van-Praet dont on a loué la mémoire, presque aussi prodigieuse que l'obligeante érudition, me dit avoir autrefois possédé ce rarissime pamphlet : il l'avait, croyait-il, confié à l'habile typographe M. Crapelet, qui pouvait bien l'avoir encore à sa disposition! —Interrogé sur faits et articles, M. Crapelet ne se souvint de rien.—Décidément l'histoire du *Tigre* semblait une invention du libelliste Regnier de la Planche.

Un jour, à peu de temps de-là, il était quatre heures de relevée, heure chère aux bibliophiles parisiens, j'entrai selon l'habitude, chez Techener, pour y humer la sainte poussière de ses précieux bouquins. J'avise un lot de vieilleries, qu'à son retour de voyage, Techener avait rapporté : l'un des volumes qui me tombent sous la main est un *Miscellanée*, ou recueil de plusieurs opuscules d'époques et de matières diverses. Tout-à-coup, je me sens tressaillir des pieds à la tête. Je venais de lire, à la volée, en feuilletant du pouce : *Au Tigre de la France !*

Voyez-vous, ces titres-là sont rares en bibliographie ! et si, dans vos flâneries insouciantes, vous avisez jamais, sur quelqu'étalage de bouquiniste, *La Somme rurale*, de Jehan Boutillier, 1479.—*Prosa cleri parisiensis.*—*Epître envoyée au Tigre de la France*... —il vous sera loisible de tressaillir, car on tressaille à moins : vous aurez rencontré des raretés rarissimes, et dont la découverte suffirait au bonheur d'une vie de bibliophile !

Je ressaisis mon recueil, et tout palpitant, je retrouve mon titre : Epitre envoyée au Tigre de la France.—Incontinent, Regnier et son histoire, le passage de Brantôme, et ce qu'écrit de Thou, me reviennent en mémoire : je prends courage, je lis, je dévore le pamphlet, et bientôt j'ai la certitude que c'est le fameux livret *incerto nomine, cui ob id* Tigridi *titulus præfixus erat*, qui a si bien estomaqué monsieur le Cardinal, pour lequel M. Du Lyon s'est donné tant de mouvement; le fatal pamphlet qui fit pendre ce pauvre L'Hommet et ce malencontreux marchand de Rouen : ce pamphlet dont personne ne se rappelait la trace, que tout le monde révoquait en doute, si ce n'est l'illustre Van-Praet, qui vaguement croyait l'avoir confié jadis à l'habile typographe Crapelet, lequel habile typographe ne se souvenait en vérité de rien !— Là-dessus grande rumeur, grands éclats dans la boutique de mon ami Techener : vous vous imaginez la fête ! — Peut-être comptiez-vous sur ma discrétion et sur mon empressement à payer quelques sols un livret de treize à quatorze pages, dont le sagace Techener lui-même n'avait encore soupçonné la valeur...!—Oui, c'est ainsi que j'eusse dû faire, et depuis j'expiai par bien des regrets, mon intempérante loquacité. — Mais, je ne fus maître de ma joie, et tout glorieux je fis part de ma belle découverte à Techener, qui, ravi, en fit part à Nodier, lequel Nodier en fit part à tous les bibliophiles de la terre, dans le plus spirituel, le plus savant et le plus récréatif feuilleton qu'on puisse lire. De sorte que de toute cette affaire, je n'eus pas même la gloire, mince, il est vrai, d'avoir découvert remis en lumière l'Épitre envoyée au Tigre de la France qui estomaqua si fort Monsieur le Cardinal, qui donna tant de mouvement à M. Du Lyon, et qui fit pendre d'une manière si misérable, ce pauvre Martin L'Hommet et ce malencontreux marchand de Rouen ! L'article de Charles Nodier fit fureur ; recueilli, répété par tous les journaux lu de tout le monde, il valut à son auteur, avec toutes les louanges des bibliophiles et des gens de goût, une atroce diatribe en huit colonnes de feuilleton d'un grand journal républicain, qui voulut prouver à M. Charles Nodier que le peuple de Paris n'avait jamais pendu ni ce pauvre Martin L'Hommet, ni ce malencontreux marchand de Rouen. Chose sûre pourtant, au dire de Regnier de la Planche leur comtemporain ! — Cette diatribe eut fait ma gloire à moi, pauvre inconnu ; elle faillit tuer Nodier, et voilà les hommes de génie ! ils disent mépriser la popularité; mais qu'elle menace de les abandonner, vous les voyez, humbles et couards, lui sacrifier le coq de Socrate, ou si vous l'aimez mieux, les plus jolis feuilletons du monde!

Quelques jours après, parut le *Catalogue des livres qui sont en vente en la boutique de Techener, place du Louvre, n° 12* : j'eus la satisfaction d'y lire cette simple notice :

Épître envoyée au Tigre de la France, *rarissime pamphlet de 14 pages. Prix : 200 francs !!*

Après cela, faites des découvertes !

Louis Paris.

PALEOGRAPHIE.

RELATION

De l'Arrivée, de la Réception et du Mariage de Madame la Dauphine en la ville de Châlons, en Champagne.

1680.

NOTICE.

Dès l'année 1670, le mariage de monseigneur le Dauphin, avec la princesse Anne-Marie-Christine, fille de Ferdinand Marie, électeur de Bavière, et d'Henriette Adélaïde de Savoye avoit été proposé et comme résolu; mais la guerre en ayant arrêté l'exécution, dès que la paix fut faite, le roi envoya le duc de Créqui faire la demande de la princesse. Il partit de Paris le treize janvier 1680 et arriva le vingt à Munich. Quoi que pût faire le conseil de Vienne pour traverser ce mariage, il fut conclu et célébré par procureur le 28 du même mois. Après les réjouissances ordinaires en pareille occasion, la princesse partit de Munich le 5 février, avec une nombreuse suite, qui la quitta lorsqu'elle fut arrivée sur les frontières du royaume. Elle se rendit ensuite à Vitry-le-François en Champagne, où le Roi étoit venu la recevoir. Elle étoit encore à deux lieues de cette ville, lorsque le Roi, qui y étoit arrivé sur le midi, partit pour aller au devant d'elle. Du plus loin qu'on vit paroître son carrosse, le comte de Ligneville, gentilhomme de l'Electeur, qui avoit accompagné la Dauphine jusque là, lui ayant donné avis que le Roi n'étoit qu'à cent pas de sa personne, elle voulut ouvrir elle-même la portière de son carrosse pour en sortir. Mais soit qu'elle fût un peu émue, ou que la portière se trouvât embarrassée, le Roi fut hors du sien avant qu'elle la pût ouvrir. Après qu'elle en fut descendue, sa Majesté avança deux ou trois pas vers elle, et elle vers le Roi. Le chemin étoit fangeux, et comme elle voulut faire étendre une peau d'ours pour se mettre à genoux devant sa Majesté, le Roi l'en empêcha et l'embrassa avec les plus grandes marques d'affection. Il lui présenta ensuite M. le Dauphin et lui montra Monsieur, et après les complimens réciproques, ils remontèrent en carrosse pour s'entretenir avec plus de commodité. Mde. la Dauphine se plaça dans le carrosse du roi à côté de sa Majesté: Monsieur vis-à-vis, entre Madame de Richelieu et Madame de Rochefort, et Monsieur le Dauphin à une des portières auprès de Madame la Dauphine. Ils arrivèrent à Vitry-le-François sur les 4 ou 5 heures du soir, et descendirent devant le logis du Roi. Sa Majesté conduisit elle-même Madame la Dauphine à l'appartement qu'on lui avoit préparé, où la foule des courtisans et des autres, que le désir de voir cette princesse avoit attirés, étoit si grande, qu'à peine pouvoit-on la percer. Le Roi voulant entretenir en particulier Madame la Dauphine, se retira avec elle dans un petit cabinet, où Monsieur le Dauphin et Monsieur, frère du Roi, entrèrent aussi quelques momens après.

Le lendemain toute la cour partit pour Châlons, où la Reine s'étoit rendue pour recevoir aussi Madame la Dauphine. Leur entrevue se fit hors de la ville avec toutes les démonstrations imaginables de joie et de tendresse, et le sept mars la cérémonie des fiançailles fut faite par le cardinal de Bouillon dans la chapelle du du Palais Épiscopal. Celle du mariage fut célébrée le lendemain dans l'église Cathédrale par le même Cardinal, assisté de l'évêque de Condom, premier aumônier de Madame la Dauphine, en présence de leurs Majestés et de plusieurs Seigneurs et Dames de la cour. Après la cérémonie, Madame la Dauphine fut reconduite dans son appartement, où elle trouva vingt petites corbeilles, garnies pour la plupart de pierreries, dont le prix faisoit assez connoître qu'elles ne venoient que du Roi. Après le dîné, les principaux officiers de sa maison lui prêtèrent le serment de fidélité. Le 9, toute la cour s'alla divertir dans une maison de plaisance qui étoit à l'évêque de Châlons; et le dix elle partit pour retourner à Saint-Germain. Une partie de la dot de Madame la Dauphine, étoient six places que le duc de Bavière lui avoit données à prendre sur l'électeur Palatin, qu'il prétendoit les lui avoir usurpées : et sur le refus que le Palatin fit au Roi de les lui remettre, sa Majesté les fit prendre par les armes.

Hist. du Règne de Louis XIV, par *Limiers*, tom. II, p. 580.

La cour arriva en cette ville de Châlons, le jour du carnaval : elle y croyoit trouver madame la Dauphine, mais la pluye qu'il faisoit depuis six jours étoit si grande, qu'elle l'avoit empeschée d'y arriver. Le Roi résolut d'aller le jour des Cendres à Vitry-le-François où elle devoit coucher ce jour-là, Sa Majesté ne voulut pas que la Reine ni les dames de la cour y allassent : pour les courtisans, elle leur fit dire qu'elle seroit bien aise que madame la Dauphine trouvast sa cour belle et grosse, c'est pourquoi ils l'accompagnèrent.

Le Roi alla à Vitry en relais pour y arriver plus tôt, madame la Dauphine n'étoit pas encore arrivée quand Sa Majesté y fut, c'est pourquoi elle monta en carrosse et prit avec elle monseigneur le Dauphin et Monsieur, pour aller au-devant de cette princesse.

Le Roi ne fut pas à un quart de lieue de Vitry, qu'il remarqua son carrosse : il l'envoya avertir qu'il alloit au-devant d'elle. Les carrosses s'étant joints, le Roi mit pied à terre, monseigneur le Dauphin et Monsieur firent la même chose. Madame la Dauphine sortit du sien en grande diligence ; elle se jeta à genoux dans la boue devant le Roi, et lui dit, en lui embrassant les genoux par force : *J'avois, Sire, toutes les plus grandes impatiences du monde d'avoir l'honneur de voir Votre Majesté, pour la remercier, comme je fais très-humblement, d'avoir jetté les yeux sur moi pour me donner à un si grand prince, et pour m'élever à un rang si fort au-dessus de tout ce que je pouvois espérer.*

Elle prononça si haut toutes ces paroles, que nous les entendismes tous. Le Roi la releva de force, en lui disant qu'il avoit fort souhaité de l'avoir pour sa fille, et qu'il étoit très content de voir qu'elle l'étoit, parce qu'elle lui plaisoit beaucoup ; il l'embrassa deux fois et prit monseigneur le Dauphin par la main, et lui dit : *Madame, voilà le Prince pour lequel je vous ai tant désirée.* Monseigneur le Dauphin l'embrassa seulement une fois, et Monsieur une. On remonta aussitôt en carrosse, car il pleuvoit ; le Roi dit : *comme père, je monte le premier.* Monsieur donna la main à madame la Dauphine pour la faire monter ; elle se plaça avec le Roi dans le fond du carrosse, monsieur et madame de Richelieu, sa dame d'honneur sur le devant, et Monseigneur le Dauphin à la portière de son costé, pour estre à ses pieds : tous les courtisans qui étoient à cheval allèrent devant pour estre arrivez quand elle mettroit pied à terre.

Le carrosse étant arrivé à la porte du *Louvre* (sic), le Roi descendit le premier et donna la main à madame la Dauphine, il lui présenta monsieur le Prince qui l'embrassa, il lui présenta aussi monsieur le duc, son fils ; messieurs les princes de Conty et monsieur le duc de Vermandois qui l'embrassèrent tous.

Le Roi la mena à sa chambre, où après avoir demeuré un moment seul avec elle, il la laissa pour recevoir les courtisans ; madame de Richelieu les présenta tous les uns après les autres en les nommant ; les princes étrangers baisèrent le bas de sa jupe, et en se relevant lui baisèrent le visage ; les ducs et pairs de France lui baisèrent de même le bas de la jupe et à la joue ; ensuite les maréchaux de France en firent de même. Les autres personnes de qualité qui n'ont aucune de ces grandes dignités, comme les gouverneurs de province, les cordons bleus, marquis, comtes et autres, tout cela baisa seulement le bord de sa jupe. Je comptai les baisers qu'elle reçut : il y en eut quarante-deux.

Elle reçut très bien tout le monde, et parla à ceux qui lui parlèrent ; elle dit : *Je dois paroître bien affreuse, car depuis que je sen* que j'approche du roi, je n'ai pu dormir, et j'en suis toute incommodée. On lui dit qu'il n'y paroissoit point et qu'elle plaisoit beaucoup. *Je voudrois*, dit-elle, *que cela fust ainsi, car il y a long-temps que je m'étudie à plaire en cette cour, et je veux employer toutes mes peines pour le pouvoir faire entièrement.*

Monseigneur le Dauphin avoit suivi le Roi, il revint après toutes ces salutations faites. Monsieur le marquis de Laurière, qui avoit esté présenté et nommé, se rangea de son costé, et monseigneur lui dit : *Je vous veux présenter*, ce qu'il fit en disant à madame la Dauphine : *Madame, voilà monsieur le marquis de Laurière, neveu de monsieur de Montausier, que j'estime beaucoup ;* il s'avança, baisa sa jupe et se retira en arrière, car on servoit le soupé.

Monsieur le duc d'Anguien présenta la serviette mouillée à madame la Dauphine, le Roi se mit le premier à table dans un fauteuil du costé du feu, il fut seul de son costé ; c'étoit une table longue, madame la Dauphine se mit au bout, à la droite du Roi ; Monseigneur se mit au même bout auprès d'elle, et Monsieur à l'autre bout, tous trois sur des sièges plians et fort éloignés du Roi : Pendant le souper madame la Dauphine parla beaucoup et toujours très juste, se louant fort de tous les courtisans, et disant qu'il n'y avoit pas de lieu au monde où il y eut un si grand nombre de gens si polis et si bien faits. Le soir le Roi la mena dans sa chambre, et il y laissa monseigneur le Dauphin qui n'y demeura qu'un moment, car il ne lui étoit pas encore permis d'y coucher : en sortant il lui baisa la main en lui disant : *Je prends ce plaisir, Madame, pour m'aider à résister à toutes les peines que je vais avoir cette nuit.*

Le lendemain matin il entra dans sa chambre à sept heures avant qu'elle fût éveillée, il tira le rideau de son lit, disant : *J'ai impatience, Madame, que nous soyons arrivés à Châlons, parce que le Roi veut bien que notre mariage se fasse ce soir, en présence de la reine ; je vous supplie, avançons-nous.* Les dames qui la servoient la supplièrent de vouloir bien sortir pour l'habiller en diligence.

La Reine, qui étoit restée à Châlons, reçut un courrier du Roi, qui lui vint dire qu'il étoit très content de madame la Dauphine, et qu'elle lui plaisoit beaucoup. Cela donna tant d'impatience à cette bonne princesse, qu'elle ne pût attendre l'arrivée de la cour à Châlons ; elle monta en carrosse et vint à trois lieues au-devant d'elle.

Cette jeune princesse se jeta hors de son carrosse et vint pour se prosterner aux pieds de la Reine, mais elle la soutint et l'empescha de se jeter à bas; elle l'embrassa tendrement; elles furent long-temps à se tenir embrassées sans se pouvoir rien dire l'une à l'autre

Enfin, madame la Dauphine rompit le silence, pour dire tou haut à la Reine : *Votre Majesté, madame, verra que toutes les action de ma vie ne butteront qu'à reconnoitre l'honneur que vous m'avez fait, e qui m'est envié par toutes les princesses de la terre.* La Reine ne lui ré pondit autre chose sinon qu'elle étoit bien aise qu'elle fust contente

On vint à Châlons, le Roi se mit dans le carrosse de la Reine, e mit entre eux deux madame la Dauphine. Monseigneur le Dau phin, Monsieur et Madame, se mirent dans l'autre fond, Mademoi selle à la portière du costé du Roi, et madame de Guise à l'autr portière : et ce fut un carrosse plein de la maison royale.

D'abord que l'on fut arrivé, madame de Richelieu présenta à ma dame la Dauphine toutes les Duchesses, les Maréchales de Franc et les autres dames qui la baisèrent toutes; après cela on commenc à l'habiller, pour la marier le même soir. Toute la cour se para l mieux qu'elle pût, et se rendit à mesure dans la chambre du Ro

Madame la Dauphine étant preste, on vint le dire au Roi, il alla, et sans autre cérémonie, il la mena par la main à huit heure du soir à l'église, où tout le monde suivit, et là les paroles essen tielles au mariage se renouvelèrent; il y eut moins de cérémoni qu'aux noces; on vint souper, et à dix heures et demie du soir o les fit coucher.

La Reine donna la chemise à madame la Dauphine, et le Roi l donna à monseigneur le Dauphin. La Reine, avant de sortir de leu chambre, prit monseigneur le Dauphin par la main et madame l Dauphine par l'autre, et se mit à les embrasser tous deux à la fo et à pleurer de joie et de plaisir, car elle-même l'a dit.

Il arriva un accident la nuit qui les troubla un peu, car le fe fut mis imprudemment à trois heures après minuit, par une femm de chambre, à l'appartement de madame de Montespan, et to le monde se mit à crier au feu et à s'enfuir de costé et d'autre, to nus en chemise, car on croyoit que tout alloit brûler, mais le fe fut bientôt arresté par les grands soins que l'on y prit; il n'y avo que deux chambres entre celle où le feu étoit et celle de nos no veaux mariés qui, peut-estre, estoient bien en feu dans ce m ment-là.

Le lendemain, à dix heures du matin, le Roi entra seul dans le chambre, et ayant tiré le rideau, il embrassa madame la Dauphine, et lui dit qu'il avoit encore plus de joie et de plaisir qu'elle-même, de ce qu'elle étoit sa fille. Elle lui répondit : *Il n'y a rien d'impossible à Votre Majesté, Sire, mais souffrez qu'en cette occasion je lui dise qu'elle trouve en cela de l'impossibilité, car Votre Majesté ne sauroit estre si contente que je la suis.* Le Roi sortit, et on recommença encore à louer madame la Dauphine.

La Reine ayant su qu'il étoit jour chez eux y alla en robe de chambre, et les embrassa tous deux plus de cinquante fois. *Ils sont*, dit-elle, *fort contens tous deux.* Et sortit aussitôt.

Quand ils furent habillés on les mena à la messe, monseigneur le Dauphin passa le premier, le Roi et la Reine et madame la Dauphine entrèrent ensuite, on les mit tous deux sous le poisle, et ce fut là toute la cérémonie qu'il y eût.

Vous voudriez bien, sans doute, que je vous fisse le portrait de madame notre Dauphine, mais je ne suis pas assez habile pour l'entreprendre, quelque envie que j'aie de vous contenter; il faut laisser cela pour les habiles peintres de Paris; je vais seulement vous en faire une petite ébauche, telle qu'un mauvais barbouilleur comme moi est capable de la faire.

Madame la Dauphine est une jeune princesse d'une fort belle taille, au-dessous de la grande, bien proportionnée, claire-brune, qui a le front beau, les yeux gris et assez agréables, le nez un peu gâté de cinq grains de petite vérole qui ne lui messient point, les dents fort belles, le bas du visage très beau et d'une belle figure; pour le teint on n'en peut rien dire à présent, car elle est fort hâlée, mais elle est fort blanche; la plus belle gorge qui se puisse voir, au dire même de toutes les dames de la Cour, les bras fort bien passés et les portant très bien, marchant d'une majesté fort grave, elle a beaucoup d'esprit, et l'âme la plus généreuse du monde, étant fort libérale et donnant à tout moment.

Le Roi lui a fait porter dix mille louis d'or par monsieur Colbert. *J'en ai bien de la joie*, dit-elle, *parce que cela me met en état de faire un peu de bien à ceux qui en manquent.* Monsieur Colbert étant sorti, madame de Richelieu lui dit : *Il faut serrer cela, Madame.* Elle lui répondit : *J'aurois bien plus de plaisir à les donner à mille pauvres gens qui en ont besoin qu'à les serrer.*

Elle fait les plus agréables réponses du monde à ceux qui lui parlent. Le Roi lui a dit ce matin, en dînant : *J'ai bien peur, Madame,* que vous ayez de la peine à vous accoutumer à la nourriture de France. Elle a répondu avec un souris agréable et spirituel : *On s'accoutume toujours très aisément, Sire, à venir de bien en mieux.* Cela a charmé tout le monde. Cette après-disnée elle a dit à monseigneur le Dauphin : *Vous voulez bien, Monsieur, que je m'absente de vous pour un moment, pour mander de vos nouvelles en Bavière, et de celles du roi et de la reine.* Monseigneur l'a menée lui-même dans son cabinet pour écrire, et après y avoir demeuré un quart d'heure seulement, elle en est sortie, tenant à la main sa lettre toute pliée, pour l'aller faire voir au Roi et à la Reine et leur demander la liberté de l'envoyer en Bavière. Elle mandoit qu'elle avoit esté reçue d'une si agréable manière, et avec tant de grandeur, qu'il étoit au-dessus de son esprit de le pouvoir exprimer, qu'elle s'étoit formé de grandes idées de la majesté de la cour de France sur les beaux récits qu'on lui en avoit toujours fait; mais que toutes ces idées n'étoient rien en comparaison de ce qu'elle avoit trouvé. Le Roi a trouvé cette lettre fort à son gré, et ne se peut lasser de louer son esprit et de s'applaudir du choix qu'il a fait de sa personne pour monseigneur le Dauphin.

(*Extr. d'un mns. de la Biblioth. de M. L. P.*)

INSTRUMENTS (1).

(VIII.)

Le Cardinal de Lorraine, Archevêque de Reims, à la Reine-Mère, Catherine de Médicis.

Après la mort de François II, les Princes de la maison de Lorraine furent éloignés des affaires : Condé, Coligny, le roi de Navarre en eurent, pour un temps, toute la direction. Le duc de Guise et le cardinal de Lorraine, marquèrent leur dépit en se retirant, l'un à Joinville et l'autre à Reims : puis les deux frères profitèrent de leur exil pour aller réchauffer le zèle de leur amis, en Lorraine et en Alsace. C'est au retour de ce voyage et quelques jours avant le massacre de Vassy, que le cardinal de Lorraine écrivit cette lettre remarquable, dans laquelle se montre à plein toute l'influence que notre impérieux prélat voulait se conserver sur l'esprit de la Reine-Mère.

A la Royne.

MADAME,

J'ai receu les lettres qu'il vous a pleu de m'escripre, l'une par Villemus et l'aultre par ce courrier, et vous mercye très humblemant de l'édit qu'il vous a pleu m'anvoyer. Et quant à ce qu'il vous plaist m'an demander mon advis, ce seroit grant sotise à moy, après la résolucion prinse, en vouloir parler. Si esse que selon mon petit jugemant, il y a des choses à l'avencemant de nostre saincte catholique religion, dont je loue Dieu; Il y en a d'aultres qui démonstrent quelque desir de l'establissement des ministres de l'Antechrist, que si je y eusse esté, je n'eusse neullemant conseillé; car ils sont contre Dieu et contre le roy : or, Dieu veulle, Madame, que par-là vous soyez à repos, comme vous espérez : quant à moy, je n'an croys ni n'an panse rien : car toute édification qui est contre Dieu et tout dessaing des hommes contre sa loy, ne prosperera jamais. J'ai veu aussi, Madame, ce qui vous plaît me mander que vous avez gaigné

---

(1) Sous ce titre *Instruments*, nous voulons publier une série de lettres et de documents des époques les plus diverses, sans adopter dans la classification d'autre ordre que celui des dates. Cette partie de la *Chronique de Champagne* pourra devenir fort curieuse tant par la nature que par la variété de ses matières. A la fin de chaque volume, la table en donnera le classement méthodique.

ce point que l'on ne presche plus au chasteau du Roy vostre fils et j'en loue Dieu. C'est ainsy, Madame, comme il faut faire. Mai qui vaut myeus la prèche au villaige à la calvinienne ? Si le roy e vous, n'estes obéis que dedans les fossés avecq toute vostre cour et vos guardes, commant le serez vous par les provinces ou vou anvoyez les gouverneurs? Et puis, Madame, il faudroit repurger vostr maison et celle du roi et de messieurs et madame vostre fille, e envoyer chez eux ceus qui ne veulent vivre selon la loy que vou tenez. Car encoires est-il plus estrange que vous n'ayés le moye de nétoyer les hérésies de vostre chambre et vostre guarde robe, je n'ose dire les logis des dames et Seigneurs qui sont en vostr estat! Or Madame, puisque vous le voulez et que vostre vie le de monstre, puisque c'estoit la volonté du roy vostre Seigneur, auqué je m'assure que la mort ne vous a rien osté de l'obéissance que vou luy portiez, comme ung chacung la connue, et que il vous pla nous mander que le roy de Navarre est du tout de vostre advis que il vous aprouve, qui, ne vous parlera jamais de telles gens, faitte que vous le puissiez, et à tel commandemant vous serez obéie vous appaiserez l'ire de Dieu, et tous les troubles du Royaume : lors je croy que vous arez repos. Madame, vous me commandez vous mander franchemant mon advis et en serviteur fidelle; tel qu je vous suis, je ni ay voulu aucunemant faillir. — Je vous suppli très humblement, Madame, le prandre en bonne part, car je vou suis trop tenu pour flater. — Monsieur mon frère, vous va trouve ainsy qu'il vous escrispt et moy je m'an vays a Reims, annoncer l parolle de Dieu, en mon église et prier Dieu, Madame, pour le ro et pour vous.— Vous entandrez par mon dict frère, tout le discou de nos actions, mesmes du voyage que nous avons faict en Alle maigne, qui me fera ne vous annuyer de plus longue lettre et apri avoir très humblenmant baisé les mains de votre Majesté, je pri ray Dieu qu'il vous doint très bonne vie et longue.

De Nancy, ce XXIe de février.

Vostre très humble et très obéissant
subject et serviteur.
Card. de Lorraine.

Au dos : A la Royne. Et d'une autre main : le cardinal de Lorrain du XXI février 1564.

(IX.)

Lettre de Dom Martene au Prieur de St-Thierry.

Dom Edmond Martene, savant et laborieux bénédictin de la congrégation de St.-Maur, né à St.-Jean-de-Lore, le 22 Décembre 1654, mort à l'âge de 85 ans en 1739, fut élève ou collaborateur des D'Achéry, des Mabillon et autres érudits antiquaires. Outre un grand nombre d'ouvrages fort utiles, dont Martene est auteur, il a travaillé au *Gallia Christiana*, à *l'art de vérifier les dates*, au *Spicilège* de D'Achéry : il est avec Dom Durand, l'auteur du *Voyage littéraire de deux Bénédictins* et a laissé en manuscrit plusieurs ouvrages curieux.

Au Révérend Père Dom Martial Mause, Prieur de l'Abbaye de St.-Thiéry — à Reims.

Benedicite. † Mon Révérend Père,

Je viens de recevoir la relique de St.-Poppon, en bon état et le tout en bonne forme, comme vous verrez par lettre du père Prieur de Stavelo, que je vous envoye. Vous aurez la bonté d'écrire deux lettres de remerciemens, une à son Altesse Monsieur l'abbé prince de Stavelo, et l'autre à la Communauté, que vous m'enverrez : vous aurez aussi la bonté de me faire tenir quatre francs pour le port, j'envoye au carrosse de Reims le petit pacquet.

Lorsque vous demanderez permission à Monsieur l'archevêque ou à ses grands-vicaires de poser votre relique, vous les prierez de venir chez vous pour faire l'ouverture du pacquet que vous devez leur présenter tel qu'il est, car c'est eux qui doivent lever le sceau et couper le ruban : je vous supplie aussi d'avoir la bonté et la charité de dire pour moi une messe en l'honneur de St.-Poppon, pour lui demander une bonne mort pour moi : et ne manquez pas d'écrire dans le livre des choses notables la réception de cette Relique.

J'ai l'honneur d'être sincèrement, mon Révérend Père,

Votre très humble et très obéissant serviteur,

F^r. EDMOND MARTENE.

M. B. P.

Ce 21 *Avril* 1733.

(X.)

Lettre de J.-B. Pigalle, sculpteur, à MM. de l'Hôtel-de-Ville de Reims

J.-B. Pigalle, né en 1714 d'un père menuisier, fit ses études chez Le Lorrain sculpteur de l'Académie. Ses principaux ouvrages sont : une *Vierge*, qu'il fit pour les invalides et qui commença sa réputation : un *Mercure* et une *Vénus* que lu commanda Louis XIV et qui lui ouvrirent les portes de l'Académie : *un enfant te nant une cage* : le tombeau du Maréchal de Saxe --- la Statue de Louis XV érigé à Reims, --- celle du même Prince à Paris, que Bouchardon avait commencée la fameuse Statue de Voltaire qui est à l'Institut, -- le tombeau du Duc d'Harcourt *une jeune Fille qui se tire une épine du pied*, le plus joli de ses ouvrages, dit-on Pigalle mourut pauvre en 1785, laissant à sa femme une créance assez forte sur l ville de Reims, laquelle je crois ne fut jamais payée. Il est vrai qu'à l'époque o la veuve Pigalle fit ses réclamations, l'œuvre de son mari avait été précipitée d sa base par ceux-là même peut-être qui quelques années plus tôt, en avaient le plu vivement sollicité l'érection. --- On sait qu'au monument élevé à Louis XV, Reims, la figure du piedestal représentant un marchand assis, retrace les trait de Pigalle lui-même.

Paris, ce 24 Novembre 1762.

Messieurs,

Recevez mes remercîmens les plus sincères de toutes les bonté et de toutes les politesses que vous m'avez témoignées pendant mo séjour dans votre ville. Je vous prie de m'excuser, si je n'ai poin eu l'honneur de vous faire mes adieux lors de mon départ : les in quiétudes dont j'avois la tête remplie, en ont été la cause. Mais j compte bien réparer mes torts à cet égard, lorsque je retournera à Reims. Je suis très sensible à la lettre que je viens de recevoir d vous, Messieurs, par laquelle vous me marquez la part que vou prenez à la réussite de notre fonte. Cependant comme il n'y a poin de plaisir sans peine, notre satisfaction a été troublée par un acc dent qui est arrivé à M. Clicquot ; la crainte et la joie ont fait che lui une si grande révolution, qu'après la fonte, il s'est trouvé tr mal pendant près de trois heures ; ce qui nous a donné pendant tou ce tems-là beaucoup d'inquiétude. Heureusement cela n'a eu aucun suite.

Je suis avec un très profond respect, Messieurs,

Votre très humble et très obéissant serviteur,

Pigalle.

(XI.)

Dénonciation républicaine, par le citoyen Mogue.

Nicolas Memmie-Mogue, né en 1766, le 16 décembre, à Ville-sur-Lumes, près de Mézières, était fils d'un honnête laboureur qu'il perdit à cinq ans : un oncle maternel, curé au village de Prys, près de Ville-sur-Lumes, se chargea de son éducation et le fit entrer au collège de Charleville.

Mogue s'y fit remarquer par une imagination ardente et des talents précoces. En 1785, étant en 3e, il fut parmi ses condisciples l'instituteur d'une *société libre* qui prit le nom de secte *Sans-Gêne*. Le but avoué de cette association était de faire une guerre à mort aux prêtres, aux nobles, aux financiers, à tout ce que les disciples de la philosophie voltairienne traitaient d'abus et de préjugés. La révolution féconda ces opinions effrénées.—Nous possédons dans nos Archives plus de cinquante dénonciations du style et du genre de celle qui suit : et l'on sait toute l'autorité dont jouissaient alors ces actes patriotiques. Chaque dénonciation était suivie d'une arrestation, et l'arrestation d'une sentence capitale. La prison du Mont-Dieu, cette ancienne chartreuse, autrefois si sainte et si paisible fut encombrée des malheureuses victimes de la fureur de Mogue. Nous reviendrons sur les sanglantes tragédies qui précédèrent à Sedan la chute de Robespierre. Mogue, qui prenait le titre de *propagateur des droits de l'homme*, fut mis en état d'arrestation après le 9 thermidor, enfermé au château de Sedan, jusqu'au moment de son exécution. C'est là qu'il composa pour sa défense un précis de sa conduite politique, il y fait l'apologie la plus audacieuse de tous les actes de sa vie : il finissait sa défense par un sonnet dont voici les deux tercets :

Eh bien! de mes travaux quelle est la récompense?
De mes anciens bourreaux l'abitraire vengeance,
Depuis dix mois m'enchaîne au fond d'un souterrain;

O Marat! O Challier! immolés par le crime,
Votre sang affermit les droits du souverain;
Frappez tyrans, s'il faut encore une victime!

« Le 15 mars 1795, dit l'auteur, à qui nous empruntons ces détails biographiques » (Peyran, *hist. de l'anc. princip. de Sedan*), sur le bruit que Mogue et ses amis » allaient être rendus à la liberté, le peuple se laissa emporter à de coupables ex-» trémités.... Le domicile des personnes qui semblaient s'intéresser à leur sort fut » violé, dévasté, et ni les proclamations ni même l'intervention de la force armée » ne parvinrent à calmer ces fureurs... Mogue monta sur l'échafaud avec la fermeté » d'un martyr... c'était un fanatique qui ne croyait pas avoir commis un seul crime, » quoiqu'il eût fait répandre beaucoup de sang innocent; il est probable qu'il n'aurait » jamais connu le remords. »

Le vingt-sept messidor, l'an second de la République une et indivisible, sur les cinq heures de relevée, est comparu au comité de surveillance et révolutionnaire de la commune de Mézières; le citoyen Mogue, commissaire national du tribunal du district de Sedan; lequel a déclaré que le nommé Millet (ci-devant de la Constituante, et à l'époque de la révolution, bailly seigneurial de la duchesse Mazarin à Mézières), s'est comporté à l'Assemblée constituante comme un ennemi du peuple et de l'égalité, n'ayant jamais voté qu'avec les modérés et les traîtres qui sont émigrés, ou dont les têtes sont tombées sous le glaive de la loi, tels que Duport, Barnave, Lameth, Cazalès, Thouret, Target, Freteau, et autres assassins du peuple; que Millet ne saurait prouver qu'il ait jamais fait une motion ou une démarche en faveur du peuple et de l'égalité; qu'il est fortement prévenu d'avoir, étant député à l'Assemblée constituante, reçu une somme de six cents livres de la commune de Mézières, pour avoir soi-disant sollicité dans les comités, afin de faire obtenir à la ville de Mézières, les placemens des autorités administratives et judiciaires du département des Ardennes; qu'il est prévenu d'avoir voulu arrêter les progrès de la révolution populaire en vilipandant et en outrageant le petit nombre des patriotes qui étaient à la hauteur des vrais principes de la liberté et de l'égalité; en tenant des propos contre les Jacobins qu'il traitait de scélérats, et en cherchant à empêcher la distribution des écrits populaires tels que ceux intitulés : *la sentinelle du peuple*, etc., qui étaient adressés au citoyen Fay-Oudart, chapelier à Mézières, par son frère Fay-Robillon, secrétaire-commis dans les bureaux du comité des secours publics de la Convention Nationale, pour qu'il les répandît dans la commune, et qu'il propageât par ce moyen l'esprit public.

Que le même Millet, qui était exécuteur testamentaire dans la succession de la citoyenne Derval, a été accusé d'avoir soustrait à son profit des meubles et des argenteries faisant partie de cette succession, ce qui lui a occasioné un procès criminel, d'où il ne s'est tiré qu'à force d'intrigues et de trésors; que les hommes probes sont encore dans la surprise de voir que la soustraction imputée à Millet, qui d'ailleurs était alors juge seigneurial, soit demeurée impunie. Qu'ayant été nommé juge du tribunal du District de Libreville, il tournait en ridicule les patriotes qui professaient devant ce tribunal les principes de la popularité, ou du républicanisme; que ledit Millet, a toujours passé pour un homme faux, un égoïste et un être improbe. Qu'il a été l'ami intime de D'averhould, complice de La Fayette; qu'il a toujours été et qu'il est encore un royaliste, et un partisan de la Constitution monarchique de mil sept cent quatre-vingt-onze (v. s.): qu'il est prévenu d'avoir pris part soit par ses suggestions, soit par ses conseils, soit par ses manœuvres aux articles de la Convention royale, qui concernaient la royauté et les monstrueuses prérogatives qui furent accordées au tyran par la Constitution; qu'il n'a cessé de fréquenter depuis le commencement de la révolution, les aristocrates, les gens suspects et tous les ennemis du peuple; qu'il n'a jamais fréquenté les républicains purs, qu'il détestait autant qu'il les méprisait et cherchait à les vilipander: que Millet, nommé juge du tribunal du district de Libreville, ne s'est jamais conformé à la loi qui lui prescrivait impérieusement de résider dans la commune de Libreville, où est le tribunal; enfin que le déclarant, ainsi que tous les vrais patriotes, n'a jamais regardé Millet que comme un royaliste dangereux, un fayétiste, et un ennemi du peuple, de l'égalité et de la liberté, seules bases du gouvernement républicain.

Le déclarant invite le comité à entendre et recevoir les dépositions des citoyens Fay-Oudart, chapelier, David Coutelier, membre du comité, Fay-Robillon, secrétaire-commis du comité des secours publics de la Convention nationale à Paris; Lambin, membre du département, Gillet, membre du comité, Cailleteau l'aîné, et autres témoins qu'ils indiqueront. En foi de quoi le déclarant a signé la présente dénonciation, qu'il a déposée sur le bureau du comité de surveillance de Mézières, en invitant les membres qui le composent, à recueillir les renseignemens, témoignages, et toutes les correspondances, lettres et autres actes pouvant servir à la conviction de tous les faits ci-dessus consignés, ou autres faits que le déclarant ne connaîtrait pas à la charge de Millet; fait les jour et an que dessus.

MOGUE,

Commissaire national et Jacobin de la Société populaire de Sedan.

P. S. J'ajoute que le vingt juillet, mil sept cent quatre-vingt-douze (v. s.); le traître La Fayette, s'étant rendu en la maison commune de Mézières, où le tribunal criminel jugeait le nommé Nicolas Couvin, accusé d'assassinat, Millet lui sauta au cou, l'embrassa affectueusement et le tira à part dans une chambre séparée de la maison commune, pour parler en particulier à ce monstre, souillé de tous les crimes liberticides. Fait lesdits jour et an.

MOGUE,
Commissaire national.

(XII.)

Lettre du conventionnel Thuriot aux officiers municipaux de la ville de Reims.

Après la dénonciation de Mogue, la lettre qui suit trouve naturellement place ici.—Les Rémois appelaient Thuriot *Tucroi*, par allusion à son vote régicide.

Le Commissaire du directoire exécutif près les tribunaux civil et criminel du département de la Marne.

Aux citoyens président et membres de l'Administration municipale de la commune de Reims.

Je requiers, citoyens, que vous fesiez fournir sur-le-champ à Desmarets, exécuteur des jugemens criminels, une livre de savon et des cordes dont il dit avoir besoin. Je requiers aussi que vous donniez injonction à un coutelier de faire à l'instant même ce que ledit Desmarets prétend nécessaire à l'instrument qui doit servir aujourd'hui à l'exécution d'un jugement du tribunal criminel du département de la Marne.

Reims, 14 Ventose an IV, dix heures du matin.

THURIOT.

(XIII.)

Lettre de Pie Duruissel père, entrepreneur du Spectacle de Reims, aux officiers municipaux de ladite ville.

Voici encore une pièce de la révolution : celle-là du moins est plus réjouissante. M. Pie Duruissel, père de l'acteur en ce moment au théâtre de Reims, avait été plusieurs fois dénoncé à la Municipalité, comme manquant de vrai patriotisme. *Les chansons républicaines*, disaient ces ennemis, *ont été bannies de son théâtre.* M. Duruissel était un homme plein d'esprit et de savoir vivre, et voici la réponse qu'il fit à ses dénonciateurs.

Le 22 Floréal, an 6.

(Spectacle de Reims). *Entreprise Duruissel*, N° 79

Aux Administrateurs de la Municipalité.

CITOYENS,

Parmi les ouvrages de nos auteurs les plus célèbres, il en es quelques-uns qui, renfermant des traits propres à favoriser l'espri royaliste, ont été justement proscrits par l'Autorité, qui sont per dus pour le théâtre; mais, si je ne me trompe, ce serait entrer dans les vues du Gouvernement que de les rendre à la scène, purifiés de ces louanges adulatrices prodiguées au trône, de ces maximes corruptrices qui fomentent l'amour aveugle et servile des peuples pour le Monarque, de ces flagorneries enfin que nos poètes philosophes ont fait servir de passeport aux grandes vérités semées dans leurs écrits, à ces flots de lumière qui ont éclairé l'esprit humain et l'ont dégagé des ténèbres des préjugés. —

La Sémiramis de Voltaire a particulièrement frappé mon attention. — Une épouse parricide, une mère incestueuse punie fatalement de son forfait par les mains de son propre fils, m'a paru laisser dans l'esprit des spectateurs la terreur du crime : ces mots qui terminent la pièce.

     .... « Apprenez tous du moins
    » Que les crimes secrets ont les dieux pour témoins, »

sont une moralité résultante de l'ensemble de l'ouvrage et peut-être une des plus frappantes qui *sont* au théâtre. Comme littérateur et comme artiste, je regrettais depuis long-tems de voir ce drame si beau, si magique plongé dans l'oubli : j'ai peu consulté la faiblesse de mes talents; je n'ai écouté que mon zèle; j'ai osé corriger... Que dis-je ? Corriger Voltaire ! Non, j'ai fait disparaître de son ouvrage ce que l'auteur de Brutus n'aurait jamais pensé à y insérer, s'il l'eût composé une trentaine d'années plus tard. Les changemens que j'ai faits comprennent près de deux cents vers ; je ne me suis attaché qu'au sens et à la correction de ceux que j'ai substitués : je ne me flatterai pas d'avoir atteint ce coloris inimitable du grand maître, mais, en conservant les effets, j'ai cru devoir porter le scrupule jusqu'à faire diparaître les mots de *Roi*, de *Prince*, de *Sceptre*, de *Couronne*, de *Diadême* dont la fréquente répétition, rappelant des idées pénibles, choquent les oreilles républicaines. Je soumets aujourd'hui cette pièce à votre examen : si vous pensez qu'elle soit encore digne du théâtre et d'être offerte à des hommes libres, je la mettrai sur le champ en répertoire; s'il ne s'agissait que d'y faire quelques nouvelles corrections, je vous prierai de me les indiquer : si elle vous paraît devoir être totalement proscrite, je me conformerai sans regret à votre décision et trouverai ma jouissance à vous donner une preuve de ma soumission à votre autorité.

         Salut et fraternité,
         Pie Duruissel, père.

VARIÉTÉS.

LITTÉRATURE.

Quelques Redites sur de vieilles Questions.

L'HOMME est un être ondoyant et divers, a dit Montaigne dans son style coloré et pittoresque. De là tant de contradictions qui des individus remontent aux sociétés ; de là tant d'efforts opposés qui se détruisent, tant de tiraillements douloureux qui souvent n'aboutissent qu'à une complète immobilité. Toutefois, à travers ce conflit de passions et d'intérêts contraires, nous avons tous un fonds commun de désirs et de besoins, parce que tous nous devons concourir à l'accomplissement du même œuvre, la réalisation la moins imparfaite de la destinée humaine. Mais par quel chemin arriver à ce but ? Qui pourra apaiser et satisfaire cette vague inquiétude qui nous mord au cœur, cet incessant désir de l'inconnu, cette soif de l'avenir, ces secrètes et mystérieuses ardeurs qui nous font entrevoir quelque chose au-delà de ce monde, cette puissance fatale et irrésistible qui nous pousse souvent en aveugles, et crie à chaque siècle : Va ! — En présence de cet immense avenir dont la fin nous échappe, devant cet horizon où l'œil se perd, le champ est ouvert à toutes les utopies, à tous les essais : essais sanglants dans des temps peu éloignés de nous, essais pacifiques dans les siècles qui les suivront ; c'est là une loi nécessaire de notre destinée. Après le règne de la force, le règne de l'intelligence ; après l'aristocratie de la naissance et de l'argent, l'aristocratie de la pensée. Assez de ruines comme cela ; il est temps de reconstruire : c'est la mission qui nous est réservée. Et en effet, qui ne serait frappé du travail de tous les esprits pour l'accomplir? Qui n'applaudirait aux efforts même infructueux, pour marcher dans le vrai chemin; aux recherches même erronées, pour arriver à la source de toute beauté, de tout accord, de toute harmonie, à la vérité? Il est impossible que tant de persévérance, tant de bonne foi, tant d'ardeur pour le progrès restent sans résultats, et que les erreurs de nos pères ne nous soient pas un avertissement d'éviter les mêmes écueils. *Cherchez, et vous trouverez*, c'est le Christ qui l'a dit. Oui, nous trouverons, parce que nous cherchons ; nous trouverons, parce que la grande famille humaine tend à réunir ses forces au lieu de les diviser; nous trouverons, parce que le travail de chacun profite à tous, et que la lumière qui part d'un point éclaire le monde entier. Le progrès sera lent, car bien des intérêts privés lui font encore obstacle ; le *moi* est une puissante barrière qu'un siècle ne renverse pas aisément. Long-temps encore il y aura de l'écume à la surface de ce beau et large fleuve sur lequel nous descendons le cours des âges. Mais qu'est-ce qu'un siècle dans le temps? Qu'est-ce que la volonté d'un individu contre la marche nécessaire de l'esprit humain? Chaque jour, comme un flot, emporte quelques débris de ce rocher qui paraît indestructible. Le grand mérite de notre siècle sera d'avoir jeté les fondements de l'édifice auquel d'autres mettront la dernière main, semblables à ces architectes du moyen-âge qui dévouaient leur vie à une œuvre qu'ils laissaient à d'autres l'honneur de terminer. Le désintéressement est aussi une gloire : ce sera la nôtre.

Mais quelle doit être cette destinée dont nous poursuivons avec tant d'ardeur la réalisation? C'est (notre sens intime semble nous l'indiquer), c'est la satisfaction de tous les désirs et de tous les besoins que Dieu a mis en nous, c'est la jouissance pleine et entière des droits auxquels nous pouvons prétendre comme hommes et comme citoyens, c'est l'accomplissement des devoirs que nous imposent et la nature et la société, c'est en un mot ce qu'on a nommé le développement de la vie sociale. Nos droits, c'est la loi civile appuyée sur la loi naturelle, qui doit les assurer. Nos devoirs, c'est la conscience, c'est le sentiment religieux né avec l'homme, qui nous les dictent. Nos besoins matériels, c'est à l'industrie, c'est à la science d'y pourvoir. Nos besoins intellectuels, c'est l'art, ou le sentiment du beau et du vrai, qui doit les satisfaire. De tous ces divers éléments de la vie sociale, le dernier est le moins compris, le moins connu, et pourtant c'est celui qui tient le plus à la nature intime de l'homme.

Il faut bien le reconnaître, le mouvement industriel préoccupe exclusivement les masses ; dans le large chemin de la civilisation, c'est le seul côté qui soit fréquenté par la foule ; les autres sont laissés à quelques esprits d'élite dont les applaudissements du monde viennent à peine de temps en temps encourager la marche solitaire. Cette indifférence presque générale pour tout ce qui n'a pas un but d'utilité directe, ce prosaïsme de la pensée, toute cette sève, cette vigueur des intelligences tournée vers les affaires d'argent, ce culte de la richesse qui menace de remplacer les autres cultes, tout cela n'a rien qui doive nous surprendre. A peine sortis d'une révolution qui a bouleversé toutes les existences, déplacé tous les rangs, renversé toutes les hiérarchies, esclaves émancipés d'hier qui portons encore au bras la marque de nos chaînes, comment aurions-nous pu embrasser à la fois tout l'avenir ? L'œil de l'aigle nous a manqué. Il a d'abord fallu que chacun prît ou reprît sa place sur les degrés de l'échelle sociale, que l'équilibre se rétablît, que le crédit, ce fondement des états, revînt avec la confiance et la sécurité ; il a fallu que cette mer agitée par la tempête redevînt peu à peu calme et tranquille.

Il n'est donc pas étonnant que dans cette grande ruine d'une société usée, dans cet enfantement laborieux d'une société à naître, les intérêts matériels aient d'abord pris le dessus : c'est dans l'ordre des choses. Mais maintenant que le présent est à peu près assuré, que l'avenir est devant nous étalant toute la magnificence de nos destinées nouvelles, que le passé nous offre et des modèles et des leçons dont une sage expérience sait profiter, maintenant il sera temps de faire marcher de front tous les éléments de la vie sociale, de ne pas toujours sacrifier le beau à l'utile, mais de les combiner dans une heureuse proportion, d'agrandir un peu l'horizon qui limite l'esprit de spéculation, enfin, de faire dans l'ordre intellectuel ce qui a été fait dans l'ordre matériel. Il est temps que le génie des arts marche du même pas que le génie des affaires. Un peu de poésie dans notre prose, un peu d'idéal dans notre positif, quelque chose à l'artiste de cette bienveillance sympathique qu'on accorde à la fortune. Et par sympathie je n'entends pas ces stériles applaudissements que la société, à ses heures perdues, donne aux fruits de tant de veilles, aux efforts de tant de jeunes et nobles courages, aux labeurs de tant de fraîches et vigoureuses intelligences. Les Romains applaudissaient aussi leurs gladiateurs et les laissaient mourir. Il faut que l'art entre enfin dans la vie des peuples, qu'il y tienne sa place distincte et à part, qu'il ne soit plus comme autrefois sous le boisseau du sacerdoce et de la royauté, ou comme aujourd'hui sous le boisseau de l'industrialisme; mais qu'il soit une puissance parmi les puissances actuelles, que son action se fasse sentir dans les rouages de notre machine, qu'au cri de joie du poète qui découvre une terre inconnue, la foule réponde par un cri de joie qui dénote son intérêt, sa sympathie; qu'elle alimente ce foyer sacré d'où s'échappent tant de lumières, qu'elle soit fière de ses grands artistes, qu'elle relève vers le ciel tant de fronts qui s'abaissent vers la terre. La poésie ne doit plus être un amusement, une vaine étude ou une spéculation, mais un enseignement, un sacerdoce. Il ne faut plus que le poète soit en dehors de la société, mais que ses inspirations, qui viennent de Dieu, tombent dans le peuple et y fructifient. Il ne faut plus que l'art soit le patrimoine d'un petit nombre d'élus, qu'un coin de la terre soit illuminé tandis que le reste est dans l'ombre. Non, il est temps enfin que le sentiment du beau se réveille chez l'homme où il dort depuis si long-temps, que l'art parfume de sa poésie le terre-à-terre de notre existence; qu'il fasse vibrer quelque chose en nous, qu'il nous appelle à notre destination véritable, qu'il fasse de l'homme l'image la plus parfaite du Créateur. Le temps n'est plus où un grand génie méconnu pouvait dire à l'humanité ignorante de ses services, ce que disaient aux empereurs Romains les esclaves destinés au cirque: *Cæsar, morituri te salutant.*

Ce que je dis ici s'applique, non pas à Paris, centre de toutes les lumières, mais aux départements encore bien arriérés sous ce rapport. Il est juste pourtant de faire la part des obstacles. Le plus puissant, c'est cet esprit de centralisation qui réunit sur un seul point toutes les lumières, qui fait de Paris un soleil autour duquel gravitent les départements comme autant de satellites. Certes, il est bon qu'une nation ait un centre; autrement elle manquerait d'unité. Mais il faut que de ce centre partent des rayons qui aillent à tous les points de la circonférence. La centralisation sous l'empire était chose nécessaire aux vues de l'homme de fer qui nous rendait en gloire ce qu'il nous avait ôté de liberté. L'indépendance de la pensée devait l'effrayer, alors qu'une femme de génie traitait avec lui de puissance à puissance. Concentrée sur un point, cette pensée était plus facile à asservir; il la tenait sous sa large main, et à la moindre révolte il l'eût écrasée du pommeau de son épée. Mais aujourd'hui que ces temps de gloire et de servitude sont passés, en face d'une constitution qui prolame l'égalité des droits, pourquoi cette inégalité de lumières? Pour que nous marchions tous d'un pas égal vers l'avenir, pour obtenir cette unité de vues et de direction qui peut seule faire le progrès, il faut que la force motrice soit également répartie partout. Assez long-temps la pensée parisienne nous a servi de régulateur, assez long-temps cette force magnétique de la capitale a absorbé tous nos principes vitaux, tous nos germes de gloire, toutes nos plus douces et nos plus chères espérances, gouffre toujours béant où vont s'engloutir tant de fleurs écloses sous le soleil de la province. C'est ce qu'ont merveilleusement compris quelques hommes de cœur et de talent; ils ont senti que dans un pareil état de choses la marche de la civilisation serait toujours retardée par l'ignorance, l'indifférence, l'apathie des provinces comme l'est une armée par ses traînards; qu'il fallait aider à la diffusion des lumières, implanter l'art dans un sol jeune, vigoureux, plein de sève, mais inculte; et en dépit des efforts de l'envie, ils ont secoué le joug de la capitale et proclamé leur nationalité. Mais depuis combien de temps s'est opéré cette réforme salutaire? Cinq ans à peine se sont écoulés depuis l'apparition des premiers journaux qui ont rendu l'art populaire en province. Et encore cette tentative se borne-t-elle à quelques grandes villes où les fréquentes relations avec Paris en ont fait sentir plus vivement le besoin, à Rouen, à Bordeaux, à Lyon, à Rennes, etc. Dans beaucoup d'autres villes presqu'aussi importantes, sous le rapport commercial, l'art n'a d'autre écho que la presse parisienne; on adopte sans discussion, sans examen, les oracles infaillibles des Calchas de la capitale. Mais l'étude de l'art en lui-même, les tentatives qui se font pour le régénérer, les comparaisons entres les différents âges de notre littérature, l'examen des circonstances sous lesquelles elle s'est modifiée, le spectacle si intéressant de ses modifications, on n'en a cure. On vit au jour le jour sur la littérature courante, on accepte des opinions toutes faites, on juge sur la foi d'autrui, on substitue à ses propres impressions des impressions étrangères, souvent passionnées, on étouffe en soi ce sens du vrai et du beau qui est la pierre de touche du jugement. C'est à quoi doit remédier création des journaux littéraires en province. Vues de plus près, les œuvres d'art seront mieux appréciées, le goût s'en propagera plus vite; la discussion sera aisée, car on saura avec qui discuter; la critique sera tenue d'énoncer les considérants de ses arrêts; la facilité de concourir au mouvement littéraire développera d'heureux germes qui sans débouchés seraient restés enfouis. Ce sera aussi pour les villes une occasion d'étudier leur propre histoire, de débrouiller le cahos de leur origine, de revenir sur leur passé pour mieux comprendre leur avenir. Voilà le but, voilà la lice; viennent maintenant les combattants.

E. H. (Diot.)

(La suite au prochain numéro.)

CORRESPONDANCE LITTÉRAIRE.

A MM. les Editeurs de la *Chronique de Champagne.*

Charleville, mars 1837.

Je vous remercie, Messieurs, de l'honneur que vous voulez bien me faire en me comptant parmi vos collaborateurs à la *Chronique de Champagne*. Je crains cependant que vous n'ayez préjugé trop favorablement de moi, et que mon secours ne vous soit que d'une bien mince utilité. Toutefois je ferai de mon mieux, et c'est déjà quelque chose par le temps qui court.

Votre entreprise est à mon sens, belle et généreuse. A ce double titre, elle mérite un plein succès; espérons que la fin couronnera l'œuvre. J'ai cependant entendu avant-hier une personne de *goût* se récrier sur l'élévation du prix d'abonnement. Trente sous par mois, un si chétif volume! c'est horriblement cher! Le *Journal de Connaissances utiles* ne coûtait que *quatre* francs, et contenait dix fois plus de matières! — A cette personne de *goût*, j'ai brusquement ôté mon chapeau et souhaité le bonsoir. Que voulez-vous répondre à de semblables arguments? La littérature, l'histoire, l'art, la poésie, comparés aux recettes économiques pour faire le cirage et conserver les pommes de terre! Soyez donc écrivain une fois par mois, dévouez-vous aux dieux infernaux, c'est-à-dire à la critique, pour recueillir cette récompense de votre zèle et de vos labeurs, pour être mis sur la même ligne que les illustres inventeurs du savon à barbe et de la poudre dentifrice!

Voilà pourquoi j'ai eu l'honneur de vous dire que votre entreprise est éminemment généreuse, et que *pedibus et manibus descendo in vestram sententiam.* Pardonnez-moi ces trois ou quatre mots latins; c'est un reste d'habitude tant soit peu pédantesque et qui tient au métier.

Faire d'un pays industriel un pays littéraire, et d'un commis-voyageur un Lamartine, ce n'est pas, dit-on, chose facile. A cela vous répondrez, ou plutôt je réponds pour vous que tel n'est pas précisément votre but : vous voulez simplement répandre quelques notions utiles sur l'histoire de la contrée, de ses monuments, de ses antiquités, de ses mœurs, et donner à l'intelligence une petite part dans les innombrables occupations de la vie positive et industrielle. Or, pour arriver à ce but, vous employez les formes les plus attrayantes que vous pouvez, la Chronique sérieuse et la Nouvelle, l'archéologie et la poésie, la bibliographie et le roman. Vous frottez les bords du vase avec un peu de miel:

>.......... porgiate aspersi
> Di soave licor gli orli del vaso.

Je vous demande grâce pour cette citation, elle n'est pas d'un classique. — Il ferait beau voir, dans quelques années, notre province de Champagne, assez mal notée comme vous savez, donner à certain proverbe un démenti formel et imposer silence à sa malignité.

Je crois donc que vous avez patriotiquement agi, en fondant *la Chronique de Champagne*, et que le pays ne saurait trop récompenser vos efforts (style figuré pour dire:) vous adresser trop de souscriptions.

Votre cadre est vaste. — Il est vrai que le champ l'est aussi. Le sol que nous foulons est bien vieux, historiquement parlant, car à Dieu ne plaise que je veuille parler de son âge géologique! — Il s'est passé bien des choses, entre Reims et Givet, seulement depuis Clovis jusqu'à nos jours!

Ah! si quelque Gaulois d'alors avait eu le bon esprit de publier comme vous une Chronique mensuelle avec une couverture jaune et des Lithographies, que de choses nous saurions aujourd'hui! que d'événements mystérieux seraient pour nous aussi certains que l'est, par exemple, l'existence de la garde nationale! Mais nos ancêtres ne pensaient pas à tout. S'il nous était permis d'interroger les ruines des monastères et des châteaux, que d'anecdotes terribles, que de naïves histoires, que d'aventures étranges nous seraient racontées! Car ils en savaient long, les pauvres vieux! pourquoi faut-il que l'âge leur ait fait perdre la mémoire? Je crains fort que votre *Chronique* ne vienne, en certains endroits, troubler leur repos.

Vous avez, à Reims et dans ses environs, de riches filons à exploiter, et je vous envierais presque votre bonheur, si le pays que j'habite n'était pas aussi intéressant sous le triple rapport de l'histoire, de l'industrie et des monuments.—Avant de connaître les *Ardennes*, le seul nom du pays m'inspirait je ne sais quel sentiment d'appréhension et d'effroi. Aujourd'hui que je le connais, l'effroi a fait place à un intérêt aussi vif que profond. Je n'y ai plus trouvé d'autels antiques, ni de chênes séculaires, ni de pierres druidiques, mais à leur place une humble église de village, quelques jeunes taillis, une cabane de douanier.—Qu'est devenu Maugis le grand enchanteur? le vaillant Renaud, qui de chevalier se fit maçon et porta sur ses épaules les pierres de la cathédrale de Cologne?—Que sont devenus les quatre fils Aymon, dont la tradition se retrouve ici comme dans le midi et dans l'ouest de la France? Que sont devenus la blonde Yseult, et l'amoureux Tristan du Léonois?

Toutes ces légendes si naïves, si simples, si poétiques, il faut les lire aujourd'hui dans de vieux manuscrits à peine déchiffrables. Les jeunes filles ne se les racontent plus le soir, à la veillée. Elles s'y entretiennent de leurs moutons, de leurs légumes, du prochain marché, etc. Elles y causent argent, loyer, dot.—Où est passée la poésie des anciens jours?

....

Dans les moments de loisir que me laissaient de temps en temps les travaux de l'enseignement, j'ai compulsé les vieux parchemins de notre bibliothèque, poursuivant avec ardeur tantôt un fait, tantôt un nom, tantôt une date. J'ai facilement compris l'indicible bonheur qu'éprouvent, à de longs intervalles, ces respectables antiquaires qui, après avoir pressé, comprimé, torturé une phrase, une épithète, une virgule, en ont fait jaillir, un beau jour, une étymologie, un événement, un homme : puis là-dessus ont écrit des mémoires et arrangé une biographie à laquelle il ne manque qu'un héros tant soit peu légitime. Vraiment c'est un grand bonheur de secouer la poussière amassée sur ces vénérables bouquins, de rompre les toiles d'araignées qui sont venues s'établir (les impies!) entre un Saint Chrysostôme et un Saint Grégoire.

Les quelques renseignements que j'ai pu recueillir à droite et à gauche par la tradition et par la lecture, en voyageant ou en restant assis dans mon cabinet, je suis prêt à vous les transmettre. Vous en ferez ce que bon vous semblera; les bons vous les appelerez a vous, les mauvais vous les précipiterez dans le feu éternel, *in gehennam ignis*. Bon Dieu! si l'on précipitait ainsi, toutes les œuvres mauvaises ou seulement médiocres, quel incendie s'élèverait quotidiennement de tous les points de la France, et surtout du vaste chantier qui s'appelle Paris, chantier où l'on empile les uns sur les autres, comme des bûches, histoires et romans, vaudevilles et drames, revues et mémoires, ouvrages sérieux et légers, scientifiques et grammaticaux ; qui s'annoncent la plupart, avec grand fracas de prospectus et d'affiches et qui s'en vont mourir, à quelque temps de là, chez le débitant de tabac !

Vraiment, Messieurs, c'est chose assez curieuse, de voir la littérature parisienne avec ses riches habits la plupart du temps composés de haillons et de guenilles ; reprocher tous les jours à la littérature provinciale sa misère et son humilité. J'ai lu, il n'y a pas plus de deux mois, dans je ne sais quel feuilleton, de je ne sais quel grand journal politique, cette phrase d'un de ces jeunes écrivains à 7 fr. 50 cent. la colonne de 60 lignes : *La province écrit beaucoup, ce qui ne veut pas dire qu'elle écrit bien*. Cette phrase, au surplus, que nous pourrions, nous autres provinciaux, regarder comme une impertinence, n'est que l'expression, adoucie même, d'une pensée commune à la république des lettres qui a son Forum, sa tribune et son capitole à Paris. — Quant à sa roche tarpéienne, elle se dresse chaque jour plus menaçante dans nos quatre-vingt-six départements.

C'est en effet un de ces paradoxes effrontés qui ont fait fortune rapide dans un certain public. — Car il en est des paradoxes comme des individus. Il ne leur faut souvent, pour réussir, que force, audace, aplomb. *La province écrit beaucoup*, c'est possible, mais moins toutefois que Paris, le grand laboratoire des idées bonnes et mauvaises. La province n'écrit pas bien, c'est encore possible ; mais à qui la faute ? A ceux probablement qui se sentant dans la tête quelque capacité et dans l'âme quelque chaleur et quelque énergie, s'en vont, au sortir du collège, habiter Paris, parce que Paris est la source du talent, le centre de l'inspiration, le siège du génie ; parce qu'on étouffe dans un chef-lieu de département, parce qu'on y maigrit dans une atmosphère épaisse et lourde où les poumons ne fonctionnent pas à l'aise, où l'esprit s'hébète et se détériore. — Et ces jeunes capacités, vous les entendez quelques mois après du haut d'un feuilleton, régenter les badauds dont elles ont fait des abonnés, et leur débiter avec le plus grand sang-froid les plus atroces bêtises. Ce n'était, ma foi, pas la peine d'aller à Paris! Autant valait hurler avec les loups de chef-lieu, c'est-à-dire, écrire de mauvais vers ou de mauvaise prose dans le journal du département et se faire siffler par un public de deux mille âmes, plutôt que par un public de trente-trois millions, si tant est que nos trente-trois millions de français lisent les feuilles de ces Messieurs.

Dans le fait, à quoi bon un provincial, si ce n'est à toucher ses revenus, à faire sa partie de domino, à arracher les herbes de son jardin, à pêcher à la ligne et à prendre des actions aux entreprises industrielles et littéraires? Voilà l'idée qu'on se fait de nous là-bas; et avouons que c'est un peu notre faute.

Nous lisons tout ce qu'ils écrivent; nous achetons tout ce qu'ils nous font l'honneur de nous vendre; nous souscrivons à tous leurs journaux, à toutes leurs revues, à toutes leurs publications; nous assistons à toutes leurs pièces; nous écoutons tous leurs drames....!

Ne sera-t-il pas bientôt temps d'entonner une *Marseillaise* contre ces despotes de l'intelligence, de leur arracher le sceptre et de proclamer une constitution de par laquelle ils ne soient que nos égaux, si le génie ne les fait nos supérieurs? En politique, le despotisme a fait son temps; en littérature, il faut espérer qu'il aura bientôt fait le sien; car voilà déjà quelques années que la révolution se prépare, qu'elle apprête ses batteries, qu'elle charge ses pièces. Gare aux trônes qui ne seront pas solides!

Les provinces cherchent à ressaisir leur indépendance. De temps en temps il leur revient en mémoire que jadis toute la surface de la France était illuminée des mêmes rayons, et que Paris ne possédait alors que le monopole du gouvernement. Alors chaque province, chaque bourg, chaque village avait son moustier, sa chartreuse et ses moines; là, des bénédictins aux veilles laborieuses et savantes; ici, des minimes à l'érudition moins vaste, mais aux labeurs non moins dévoués, non moins utiles. Il n'est pas un seul de nos cantons qui ne conserve le souvenir d'une de ces maisons pieuses où la science avait un culte aussi fervent que celui de Dieu.

. . . .

Mais l'histoire, l'archéologie, la numismatique, la paléographie ne sont pas les seules branches importantes d'une littérature.

Ainsi, l'instruction primaire, l'instruction secondaire, le commerce, l'industrie, voilà des objets importants à étudier dans le pays même, et non dans les articles menteurs des journaux de Paris. Il ne faut pas oublier non plus les productions de l'esprit champenois ; la moindre brochure doit être signalée, analysée. La critique littéraire toutefois ne s'applique pas seulement aux produits indigènes, à la chanson locale, aux élucubrations des savants champenois et ardennais; elle doit embrasser un champ plus vaste et s'attaquer même aux géants de la littérature, aux tyrans du cabinet de lecture, aux despotes du roman et du vaudeville.

Car si l'on ne pense pas mieux, ni plus en province qu'à Paris, on y pense du moins plus mûrement et plus librement. Chez nous, dans notre petite ville, nous nous faisons à nous-mêmes nos opinions et nos idées ; nous ne connaissons de camaraderie que celle du collége ; nos haines et nos enthousiasmes pour les œuvres que nous lisons, sont fondés sur les écrits et non sur les personnes. Qu'importe, par exemple, à mon voisin, qui est fabricant de blanc de céruse, et qui ne met le nez dans un livre que le soir, après son souper, entre sa table et son lit, que lui importe que le livre qu'il tient soit de M. D. ou de M. C., de Mme K. ou de Mme Z. Qu'a-t-il besoin de connaître à fond la vie d'un auteur, de savoir s'il a les cheveux blonds ou noirs, s'il est myope ou presbyte, grand ou petit, beau ou laid, s'il est homme ou femme, s'il porte un jonc ténu ou une canne énorme? Mon voisin, qui fait du blanc de céruse, a-t-il besoin de savoir tous ces détails pour que le livre l'amuse et l'intéresse. Je sais bien que la vie d'un homme de génie est toujours environnée d'un certain prestige, pour la curiosité contemporaine; le désir de rencontrer dans la vie d'un poète ou d'un artiste quelques particularités originales et piquantes, nous fait rechercher avec amour les notices et biographies. Pour mon compte, j'aime à rapprocher certaines pages de Châteaubriant et de Lamartine des temps où ils les ont écrites. Mais chez moi comme chez mon voisin le fabricant de céruse, ce besoin n'est que secondaire. Ce que j'aime surtout dans un livre d'histoire, c'est de l'histoire; dans un livre de philosophie, c'est de la philosophie ; et non pas ce qu'on y trouve aujourd'hui, de la politique, du roman, de la comédie, de la botanique, du ridicule, surtout du ridicule.

A Paris, chaque écrivain, sauf de très rares exceptions, a ses apologistes et ses détracteurs, ses journaux amis ou ennemis. La critique n'y est pas la juste et sincère appréciation des produits de l'intelligence ; c'est tout bonnement, suivant l'occurrence, l'expression louangeuse et aveugle de la flatterie, ou la vengeance haïneuse et mesquine de la rivalité. La presse consciencieuse a donc un beau rôle à jouer, une noble mission à remplir; celle de faire à chacun, suivant ses œuvres, sa part de louange ou de blâme, de tendre la main à la capacité timide qui n'a souvent besoin pour s'élever, que d'un peu d'aide et de protection. Quant à ces nullités orgueilleuses, à ces médiocrités incorrigibles, qui ne parviennent à usurper la place des plus dignes, qu'à force de scandale, de déraison ou d'immoralité, la critique doit être pour elles sans pitié et sans entrailles. — Ne vous en laissez point imposer par la couverture *beurre frais*, par les vignettes de Porret, par le papier satiné et les marges de trois pouces !

Dans une publication comme la vôtre, il ne faut pas craindre de dire à M. Jules Janin, que son *Chemin de Traverse*, sauf un ou deux chapitres, est une œuvre sans intérêt, sans vérité, sans vraisemblance, écrite seulement comme tout ce qu'il écrit, avec quelque verve et quelqu'esprit — à M. Victor Hugo, que ses drames ne l'ont pas encore élevé tout-à-fait au niveau de Racine et de Corneille : — à M. Paul de Kock, à M. Victor Masson, qu'ils font des romans amusants sans doute et fort intéressants, mais qu'ils feraient bien d'en éloigner les fautes de français : — à M. Napoléon Landais, l'auteur du Dictionnaire des Dictionnaires, d'une Grammaire de toutes les Grammaires, qu'un homme qui réforme l'Académie, qui corrige Beauzée, Lamare, Vaugelas, Boiste, Féraud, Laveaux, qui donne des leçons de syntaxe à Racine, à Fénélon, à Bossuet, à Rousseau, devrait bien prendre pour lui-même quelques-uns de ses préceptes, et surtout faire moins de bruit de ses compilations. Voilà ce qu'il faut avoir le courage de dire aux gens, en province, puisqu'il est convenu qu'à Paris M. Janin sera toujours loué par M. X, que louera toujours M. Janin : — que M. Hugo trouvera son apologiste naturel et tant soit peu fatigant dans M. Granier (de Cassagnac) : — qu'enfin M. Napoléon Landais sera porté aux nues, lui et sa Grammaire, par M. Karr, qui s'y connaît un peu moins que M. Landais.

Vous voyez, Messieurs, que je comprends tout ce que vous avez à faire. Vous avez pris là un rude fardeau. Pour moi, je vous donnerai de temps en temps un petit *coup-de-main*, heureux si je puis vous être de quelque utilité.

J. B. Hubert (de Charleville).

POÉSIE.

Réponse.

A M......

Merci de vos beaux vers ! — ainsi quand je partais
Le cœur plein et brisé d'adieux et de regrets,
Un souvenir d'ami se jetait sur ma route
S'attachait à mes pas, ange mystérieux,
Et m'apportait l'écho de ces tristes adieux
Comme un son retrouvé d'une voix qu'on écoute.

Merci ! Se souvenir c'est presque aimer deux fois ! —
Ecoutez : — J'ai revu notre ciel dauphinois :
J'accourais au-devant de ce baiser de larmes
Qu'un père garde au fils qui revient au foyer....
Au lieu de ce bonheur, intime, hospitalier,
Sur le seuil du foyer, j'ai trouvé les alarmes.

Un mal violent et prompt me devançant d'un jour,
Au lit de mon vieux père attendait mon retour....
Je l'ai vu, sans parole et presque sans pensée,
Du fils qui l'embrassait chercher en vain le nom ;
Puis j'ai vu le délire égarer sa raison
Et lui prêter la voix d'une tête insensée.

Maintenant — c'est la nuit — sous la fièvre accablé,
Il est là qui me voit et ne m'a pas parlé :
C'est mon tour de veiller près du lit de souffrances.
La nuit met avec moi d'affreux pressentiments ;
Je fais tout éveillé des rêves désolants....
J'ai peur de regarder le jour qui recommence.

Et pourtant on m'a dit : « Il est temps d'espérer ;
Voici venir le mieux : cessez donc de pleurer ! »
Mais quand au cœur la crainte a trop marqué sa trace,
Lorsque l'angoisse est là nous montrant tout en noir,
Le cœur n'a plus d'écho qui réponde à l'espoir ;
Il tremble qu'on le trompe.... et veut qu'on le menace.

Vous me comprenez, vous qu'en vos heures de deuil,
Notre cité naguère a vu, près d'un cercueil,
Conduire avec des pleurs le saint convoi d'un père.
Deux cœurs s'entendent vite en de communs malheurs :
Aussi depuis qu'en vous s'épanchent mes douleurs,
J'éprouve ce qu'on sent après une prière.

Je bénis ces amis par qui je fus heureux :
De l'exil, ma pensée ira planer sur eux.
Moi, j'ai déjà connu les longs jours de l'absence :
De tout ce que j'aimais rien ne s'est effacé.
Oubliant le présent, je vis dans le passé,
Et j'ai du souvenir à défaut d'espérance.

Mais, promettez-le moi, quelque fois sur le soir,
Quand va venir la nuit avec son voile noir,
Quand la prière sonne au loin dans la vallée,
Quand on surprend son cœur battre en élans plus forts,
Quand l'âme est plus rêveuse et se souvient des morts....
Rendez un souvenir à ma vie isolée.

Dites-vous qu'en ces jours où, lassé de souffrir,
L'homme hésite à savoir s'il doit vivre ou mourir,
La voix qui se souvient est la voix qui console !
Que l'amitié fidèle a séché bien des pleurs.
Que seule elle a le droit de parler aux douleurs
Car Dieu lui prête alors sa magique parole.

Et puis, (votre amitié, je crois, me comprendra)
Quant Boulogne ou Saint-Cloud parfois vous reverra,
Dans un char élégant, assis près d'une femme
qui vous nomma son fils d'un mensonge charmant
Et nous vit à ses pieds, frères en dévoument ;
Quand vous serez là, seul, pour écouter son âme ;

Quand vous recevrez, seul, comme un éclair des cieux,
Ce regard qu'entre nous partageaient ses beaux yeux,
Vous qui sentez en vous ce qu'il sentit pour elle,
Quand vous prendrez la main dont il prenait la sœur,
Ami, vous qui restez, parlez du voyageur....
Vous serez généreux et lui sera fidèle.

Ernest de R.

2 septembre 1833; deux heures du matin.

Une Fille sans cœur!

> Ne prostituez pas votre cœur aux pieds d'une vaine idole.
>
> (Sylvio Pellico, *les Devoirs.*)

Elle touchait à peine, à sa seizième année :
Fraîche comme une fleur, de grâces couronnée,
De son front virginal j'admirais la candeur :
Sa voix, sa douce voix arrivait à mon cœur.
Pareille aux sons divins, à la douce harmonie
D'un luth qui frémirait sous le doigt du génie,
Son œil bleu qui sur moi s'attachait sans pâlir,
D'un frisson inconnu me faisait tressaillir ;
Et bientôt je sentis s'allumer dans mon âme,
Une âme de seize ans, une brûlante flamme.
Je l'aimai d'un amour ardent, impétueux !
Vivant de son regard où je voyais les cieux,
Je poursuivais partout son image adorée,
Et mon âme d'amour et d'espoir dévorée,
Se perdait follement en rêves enchanteurs
Et peignait l'avenir des plus belles couleurs.

Eh! comment, à cet âge, où l'âme, vierge encore,
De la réalité n'entrevoit que l'aurore,
Deviner un abîme où brille un champ de fleurs,
Et sous des mots d'amour des pièges imposteurs!

Comment imaginer qu'une bouche si pure
Distillait à plaisir l'hypocrisie impure,
Et qu'un jour, dépouillant son masque de pudeur
Elle rirait de moi, fille lâche et sans cœur!
J'aurais cru blasphémer ta bonté tutélaire,
Mon Dieu! si j'avais pu d'un soupçon téméraire
Flétrir et profaner cette œuvre de ta main!
Car elle avait seize ans : et je voyais son sein
Palpiter de plaisir, alors que de mon âme
J'osais lui révéler la dévorante flamme :
Et sa voix répondait aux élans de mon cœur.
Par des serments d'amour elle venait en larmes,
Sitôt qu'on menaçait nos rêves de bonheur,
Confier à ma foi, sa douleur, ses alarmes,
Et vingt fois, n'écoutant que sa pudique ardeur,
Pour consoler mon âme, elle osa, téméraire!
Prendre et presser ma main sous les yeux de sa mère.
Vingt fois dans nos discours elle éleva l'autel
Qui devait nous unir! et souvent poursuivie,
Elle a fui, pour moi seul, la double tyrannie
D'un hymen imposé par le choix maternel!

Eh bien! cela n'était qu'un horrible mensonge :
Que trafic odieux de serments sans valeur!
Car tout a disparu : car de ce mauvais songe
Il ne me reste rien, que le mépris au cœur!
Oh! mépris et dégoût, sur cette créature
Qui, si jeune, a connu la ruse et l'imposture;
Qui vint, parant son front d'un faux air de pudeur
Séduire et fasciner ma naïve candeur;
M'enchaîner à son char, pour rire au fond de l'âme,
De mon ardent amour, de mes transports, l'infâme!
Oh! le ciel vengera mon cœur de cette femme!
Et son front qui rayonne aujourd'hui de bonheur,
Son front sur lequel brille une impure allégresse,
Un jour se couvrira d'une affreuse tristesse,
    Sous le souffle ardent du malheur!

A. MAT.

PETITE CHRONIQUE.

𝔗𝔥𝔢́𝔞𝔱𝔯𝔢 𝔡𝔢 𝔓𝔢𝔦𝔪𝔰. 𝔖𝔬𝔦𝔯𝔢́𝔢 𝔡𝔲 14 𝔪𝔞𝔯𝔰 1837. — Nous disons soirée, parce qu'il nous paraît difficile d'appeler spectacle, l'horrible tohu-bohu qui, hier, pendant près de cinq heures, a tenu en échec le directeur, les acteurs, et la police locale. Le désordre était partout, sur la scène, au parterre, dans les loges, au foyer, dans les couloirs, avec accompagnement de cris, de sifflets, de pommes cuites, d'œufs frais, et d'un épais nuage de poussière, suffoquant, aveuglant, strangulant, étourdissant, à travers lequel, chaque spectateur, jurant, sifflant, hurlant, semblait un démon, un gnome, une apparition funeste : tandis que le parterre, dansant, chantant, ricanant se dressait comme une traduction vivante de ces ballades fatales, de ces énergiques peintures du moyen âge, où les morts évoqués par la magie de l'art s'en viennent danser d'horribles danses, où les sorcières entraînées par le bouc infernal tourbillonnent les rondes du sabbat.

Dans ce déluge universel où s'abîment oubliées de tous, les convenances, les égards mutuels, les bienséances publiques, apparaît, organe de conciliation, un pamphlet, ayant le titre de *Petit Factum*, et pour épigraphe *J'en appelle à Philippe à jeun !* pamphlet que l'espace ne nous permet pas de reproduire ici. Nous nous bornerons à poser les questions suivantes :

1° Le parterre du 14, qui était certainement composé de ses *habitués payants*, mais qui, pour un moment, a eu le tort grave d'attaquer, d'insulter, par d'odieux projectiles, les loges, les acteurs en scène, et, ce qui est indigne, une femme inoffensive, le parterre abdiquera-t-il la souveraineté qu'un usage constant et non interrompu lui accorde en France depuis près de trois siècles ?

2° Le parterre renoncera-t-il à ce moyen de discussion, tant soit peu abject, qui prend ses arguments dans l'échoppe d'une fruitière, et s'en va les lancer à la face de quiconque est d'un avis opposé ? — Nous l'espérons.

3° L'autorité, fidèle aux traditions scéniques, reconnaîtra-t-elle que son action se borne, en pareil cas, à faire exécuter les décisions de la majorité ? — Nous ne savons ce qui adviendra. — Pour le moment on annonce comme certaine la démission du directeur.

𝔖𝔬𝔦𝔯𝔢́𝔢 𝔡𝔲 16, 𝔅𝔢́𝔫𝔢́𝔣𝔦𝔠𝔢 𝔡𝔢 𝔪𝔞𝔡𝔞𝔪𝔢 𝔐𝔬𝔫𝔫𝔢𝔲𝔰𝔢. — Etrange bénéfice ! Le désordre est à son comble. Il n'y a plus de directeur, c'est M. Nestor lui-même qui vient le déclarer. Le commissaire en grand costume harangue la multitude. — La multitude vocifère : Le directeur ! Nestor ! le directeur !!! De vives interpellations arrivent à l'autorité. — Des colloques animés s'établissent sur tous les points. — L'ordre d'évacuer la salle est donné : l'exaspération éclate comme un violent orage. — Le lustre est menacé, des cris de femmes percent le tumulte, les banquettes sont arrachées, mises en pièces et les premières escaladées ; le public des premières se réfugie au foyer. — Malgré, ou plutôt en raison de ces démonstrations, il paraît certain que la démission de M. Nestor aura son plein effet.

Les Tauréadors. — Il nous est arrivé dernièrement un essai de l'un de ces grands spectacles, qui, en Espagne, sont des événements presque historiques. Une large et longue affiche, toute retentissante de noms espagnols, graves, sonores et ronflants, proposait à la population Rémoise, avec permission de M. le Maire, un spécimen de ces hardis plaisirs où l'énergie péninsulaire s'assouvit en émotions électriques, puissantes à briser les nerfs exténués de notre politesse tant soit peu sybaritique. L'épreuve, par malheur, a complètement manqué. Tauréador, picador, cirque, spectateurs et taureaux, personne n'était dans son rôle, la grippe exceptée : détestable fantôme qui depuis deux mois est venu assombrir toutes nos fêtes, contrister tous nos festins : comme si ce n'était point assez que la truffe en fût bannie, et que l'aristocratique tubercule n'ait trouvé place, en ce fatal hiver, que chez le receveur-général et l'avocat, ces rois de la société moderne. Donc nous n'avons pu sentir tout ce qu'ont de passionné, de merveilleux, d'étourdissant, sous le beau ciel de Madrid, ces prodigieux combats où s'étalent la grandeur et la fierté du génie espagnol, comme se révèlent le terre-à-terre et la mesquinerie de l'esprit anglais dans le champ-clos des coqs et des boxeurs. Mais voici un témoin oculaire, une femme de haut rang et surtout de haut mérite qui va peindre ici ce que nous espérions voir. « Le combat de taureaux, dit la comtesse
» Merlin, dans l'admirable livre qu'elle a intitulé *Souvenirs d'une Créole*, le combat
» de taureaux est un plaisir, qui a quelque chose de grand, de neuf, de hardi.....
» J'ai toujours compris qu'on pût l'aimer, même étant femme, mais l'aimer avec
» folie, par cela même qu'il a la force de vaincre nos répugnances et de nous faire
» trouver un plaisir là où de prime-abord la nature se sent repoussée. Aussi, on n'est
» plus à soi quand on s'amuse aux courses de taureaux. Cet ensemble de gaîté,
» d'adresse, de cruauté, de sang, agite et remue jusqu'à la moëlle des os. Le dan-
» ger, la générosité, la cruauté, viennent tour-à-tour s'emparer du spectateur ; tout
» agit sur lui, tout l'intéresse : l'homme, parce qu'il s'expose et qu'il est le plus
» faible ; le taureau, parce que sa force puissante, les armes redoutables qu'il doit
» à la nature, se trouvent aux prises avec l'adresse et l'intelligence de son ennemi ;
» le cheval surtout, le cheval inoffensif et courageux, noble héros de fidélité, qui
» reçoit mille blessures sous son maître ; qui, portant la mort dans ses flancs
» marche toujours du même pas ; et qui, lorsque la vie l'a déjà quitté, n'a pas en-
» core quitté son maître. — Ensuite, ce grand cirque en plein air, qui rappelle des
» temps si loin de nous ; ces alguazils qui viennent, en grand costume, prendre les
» ordres du roi pour ouvrir la lice ; ces trompettes, ces fanfares, qui annoncent

» tour-à-tour le combat et la mort, comme dans les fêtes, à la fois brillantes et
» funestes des Zégris et des Abencérages. Puis, que sais-je? tout cet appareil étrange
» qui annonce des mœurs, des coutumes tout-à-fait en dehors des autres pays de
» l'Europe, et qui ont donné jusqu'à présent un caractère, une couleur particulière
» à l'Espagne » (1).

Les Dames de Miséricorde.

Le clergé de Reims vient d'organiser dans cette ville une de ces merveilleuses associations de bienveillance, qui rappellent les beaux temps du Christianisme primitif, et les nobles travaux des Vincent de Paul et des François de Sales. Cette œuvre sera un admirable et bien nécessaire supplément aux secours, de plus en plus rares, mais très administrativement et très méthodiquement distribués par douzièmes, au nom du bureau de bienfaisance. La charité, qui n'est pas sèche comme un budget, paperasse peu et donne beaucoup, et sans nous étendre bien longuement sur la précieuse institution que nous signalons ici à la reconnaissance publique, nous en ferons connaître l'esprit et la portée, par l'extrait suivant d'un avis pastoral que vient de donner le vénérable Prélat, qui dirige l'administration diocésaine. «......Le morceau de pain qu'on
» donne au malheureux, ne satisfait pas tous ses besoins; il en éprouve de plus d'un
» genre. Tantôt il lui faut un conseil prudent qui le dirige, tantôt une tendre com-
» passion qui écoute le récit de ses peines, et qui essuie ses larmes; tantôt enfin,
» un concours bienveillant qui l'aide à élever et à placer convenablement ses en-
» fants......Le but de l'Association est de procurer le bien-être matériel et moral
» de la classe indigente...... Pour atteindre cette fin touchante, les membres de
» l'Association joindront toujours à l'aumône matérielle, l'aumône spirituelle, c'est-
» à-dire: le conseil qui éclaire, l'exhortation qui touche, où les sages avertissements
» qui amendent; ils exhorteront de tout leur pouvoir l'infortuné qu'ils assisteront,
» à mener une conduite régulière et chrétienne; mais en recommandant la fidélité
» aux devoirs religieux, ils ne feront pas de leur accomplissement la condition des
» secours de l'Association; ils passeront même sur la différence de religion, et, à égalité
» de besoins, ils assisteront avec un égal empressement le juif et le chrétien, le
» protestant comme le catholique. » — Honneur au clergé de Reims! honneur aux femmes généreuses qui s'associent à son dévouement! Espérons qu'après un tel exemple, nous n'entendrons plus dire qu'en certain lieu on refuse tout secours au pauvre qui n'envoie pas ses enfants dans telle école, plutôt que dans telle autre.

Portrait de Colbert.

Par une singularité assez remarquable, il n'existe en France, non pas même dans la famille, dont il est l'auteur, aucun portrait ressemblant du ministre Colbert, le plus illustre des enfants de Reims. Car le beau tableau dû au talent de M. Germain, et au patriotisme de la chambre de Commerce, n'est malheureusement pas un portrait. L'auteur n'a eu pour modèle que la gravure de Nanteuil, parfaite comme toute œuvre de ce grand maître, mais qui a le tort, assez grave en vérité, de ne pas reproduire la ressemblance du personnage, dont elle porte le nom. M. Germain, qui assurément ne pouvait trouver l'image de Colbert là où elle n'est pas, s'est pris,

(1) *Souvenirs et Mémoires de Mme la comtesse Merlin, publiés par elle-même.* 1835, Paris, Charpentier, rue de Seine, 31.

avec un bonheur qui n'appartient qu'au véritable artiste, à nous donner une belle peinture à défaut d'un bon portrait.

Dans cette composition, on voit le grand ministre, le projet d'ordonnance des conseils de commerce à la main, quittant son fauteuil, et prêt à passer chez le Roi pour lui soumettre son travail. Cette idée est juste, et d'un heureux à propos pour la salle des réunions d'une chambre de Commerce. La pose du personnage est noble et grave; la tête est d'une belle expression, quoique peut-être plus maladive que méditative, et le regard, s'il n'a pas toute la profondeur qu'y voudrait l'imagination animée par l'histoire, se distingue toutefois par beaucoup de précision et de fermeté. — L'ensemble est harmonieux et calme, comme au meilleur temps de la bonne école; les chairs sont d'une grande vérité de ton et de couleur, les draperies bien posées et d'une rare vigueur de coloris, et tous les détails accessoires excellemment choisis et exécutés. Mais enfin ce n'est pas le portrait de Colbert, et certes s'il y avait moyen de retrouver cette ressemblance, telle que nous l'ont retracée et transmise tous les mémoires du temps, il n'est pas probable que la ville de Reims balançât un instant à s'enrichir d'un monument historique si précieux. Or cela n'est pas si difficile qu'on le pourrait croire d'abord. Il existe un portrait de Colbert, et ce portrait est de Philippe de Champagne: c'est nommer un chef-d'œuvre. Aussi le grand-duc de Bade n'a point hésité à le faire acheter en France, il y a quelques années, pour la somme de 22,000 fr. Il suffit donc de passer le Rhin, pour aller l'admirer dans la galerie de Carlsruhe; — C'est un voyage qu'a tout récemment fait l'un de nos concitoyens, digne représentant d'une de ces vieilles familles Rémoises où l'amour des arts et l'amour du pays sont héréditaires. Il est bien dur pourtant de ne retrouver les grands hommes dont la France s'honore, que chez l'étranger, et quoiqu'il ne faille pas songer à reconquérir le chef-d'œuvre lui-même, nous savons toutefois, et ce nous est un grand bonheur de l'annoncer, qu'il n'est pas impossible de réparer cette irréparable perte. M. J. Th. à qui nous devons ce renseignement, s'est assuré sur les lieux même, que le conservateur du Musée de Carlsruhe se prêtera volontiers à ce qu'il en soit pris une copie, et évidemment le prix dont on devra payer ce travail ne saurait être une lourde charge au budget municipal.

Manuscrit d'Hincmar à Épernay. — Dans l'article *Aperçu général de l'Histoire de Champagne*, (2me liv., p. 103) il est question de l'asile que l'archevêque Hincmar vint chercher à Épernay contre la fureur et la rapacité des Normands. Voici comment parle de cet événement Le Féron, curé de St. Léonard, dans son manuscrit inédit ayant pour titre : *Introduction à l'histoire de Reims*.

« Dans l'incursion que les Normands firent en France, en 882, commettant les
» derniers excès, sans épargner ni les lieux ni les personnes sacrées, Hincmar, pour
» sauver la ville du pillage, laquelle étoit alors sans défense, n'ayant plus de mu-
» railles, Hincmar, accablé d'années et de douleur de voir Reims, dans une si triste
» et si fâcheuse situation, ayant donné à ces barbares le calice de saint Remy, et
» un autre d'or, pareillement enrichi de pierreries, se sauva en litière à Épernay,
» avec le reste de l'argenterie, et avec les ornements les plus précieux, faisant em-
» porter avec lui le corps de saint Remy. Il y mourut la même année au mois de
» septembre : son corps fut rapporté à Reims, et enterré dans l'église de St.-Remy,
» derrière le tombeau de ce saint, avec une épitaphe en quatorze vers latins. »

Parmi les objets précieux que dans sa fuite de Reims, Hincmar emportait avec lui, se trouvait un magnifique livre d'évangile composé dans les premières années du IX⁰ siècle, pour son prédécesseur, le fameux Ebon. — Ce précieux manuscrit passé dans la bibliothèque des Bénédictins de l'abbaye d'Hautvillers, se trouve aujourd'hui à la bibliothèque publique d'Épernay, où il fût déposé avec les autres volumes et manuscrits de cette abbaye lors de la révolution; en voici le titre écrit sur la garde, d'une main moderne :

Evangeliorum codex Monasterii Sancti Petri Altavillarensis, ordinis S. Benedicti, Congregationis S. Vitoni et Hydulphi, scriptus est circa annum 825, scilicet tempore Ebonis Archiepiscopi remensis ; ut patet ex pagina sequente :

Ebo remense decus	Cujus ad imperium
Celsa et clara farus	Abbas humilis noster
Ordinis omnis honos	Cœpit anhelanter
Atque sui compos	Hunc auro interius
Pontificum culmen	Atque ebore exterius
Cunctorum specimen	Sic et ut ornavit
Et cleri norma	Culmine apostolico
Doctor evangelicus	Sicque jubente illo
Hunc in honore Dei	Præcepit Dominus etc.
Librum jussit agi	. . . . . .

Le texte de ce manuscrit, magnifique d'exécution et de la plus parfaite conservation, est d'un bout à l'autre en lettres d'or sur très beau vélin : Des initiales ornées, les quatre figures des évangélistes, et des canons d'un fort bon style byzantin, surmontés de fleurs, d'oiseaux et de personnages grotesques, rendent ce manuscrit infiniment précieux. — La ville d'Épernay, qui, à l'exception d'un Flodoard du XVI⁰ siècle, ne possède que ce manuscrit réellement précieux, a déjà tenté de l'échanger contre une partie de livres qui lui manquent et qui, pense-t-on, seraient plus utiles à la bibliothèque. Nous savons que cet évangile, si digne de la convoitise des amateurs et des gens riches, a fait plusieurs lointains voyages, et qu'en certain haut lieu on en a offert deux mille francs à la ville d'Épernay, qui voulait en avoir six. — Nous regardons comme un devoir de déclarer ici que la ville d'Épernay n'a pas le droit de vendre ce manuscrit, ni d'en disposer, pas plus que de tout autre. La loi révolutionnaire tout en confisquant les biens, meubles et immeubles des anciennes communautés religieuses dont elle prononçait la suppression, a déclaré les livres, les manuscrits, les objets d'art, propriétés de l'état : et tout en les cédant aux villes qui les possèdent, le gouvernement s'est réservé le droit de veiller à leur conservation et à ce qu'ils ne soient ni déplacés, ni aliénés, sans une autorisation spéciale du Ministre de l'Intérieur.

Procès de Presse. — M. Hippolyte Tampucci, rédacteur en chef de *feu le Grapilleur*, journal politique et littéraire, auquel à Reims a succédé l'*Industriel de la Champagne*, comparaissait il y a quelque temps sur les bancs de la cour d'assises de la Seine, après trois mois de prison préventive, comme prévenu du délit d'offense envers la personne du roi des Français : délit résultant d'une brochure intitulée *Chants populaires*, contenant plusieurs pièces de vers composées à différentes époques, depuis avril 1835.

M. Tampucci a déclaré n'avoir distribué de son ouvrage qu'environ vingt-six exemplaires et avoir déposé le reste, deux cent soixante, chez son ami M. Gautier, arrêté pour ce fait. — M. Plougoulm, avocat-général, a soutenu la prévention et a donné lecture de plusieurs passages incriminés. — Nous ne reproduirons point ces vers où se font remarquer malgré la tendance révolutionnaire, une pensée forte et de belles images poétiques. — M. Barbier, défenseur des prévenus s'est attaché à démontrer qu'il n'y avait pas eu publication ni distribution, dans le sens de la loi de 1819. Il a excité l'intérêt du Jury, en faveur de Tampucci, en rappelant l'éducation de ce jeune homme, qui, fils d'un garçon de classe au collège de Charlemagne et garçon de classe lui-même, s'était appliqué à des études qui ne semblaient pas faites pour lui, et avait en quelque sorte dérobé le feu sacré de la science et de l'inspiration poétique : que c'était ce délire de poète qui l'avait emporté trop loin. — Le Jury a divisé la question qui lui était soumise, et a répondu que l'auteur était coupable d'offense ; mais que l'écrit n'avait pas été distribué. En conséquence, M. Hippolyte Tampucci a été acquitté ainsi que son ami Gautier. — La cour a ordonné la destruction de l'écrit.

𝕰𝖌𝖑𝖎𝖘𝖊 𝖉𝖊𝖘 𝕮𝖆𝖕𝖚𝖈𝖎𝖓𝖘. On a trouvé à quatre ou cinq pieds de profondeur, dans la vaste cour de la maison qu'occupent MM. Lachappelle et Levarlet, rue des Capucins, deux fort belles pierres avec inscription, rappelant la fondation de l'église des Capucins, bâtie à Reims en 1613, sous l'archevêque Louis de Guise. Voici ces deux inscriptions, l'une en l'honneur du Prélat à la munificence de qui les Capucins devaient le terrain sur lequel ils s'établissaient, et l'autre en l'honneur de Renée de Lorraine, sa sœur, abbesse de St-Pierre-les-Dames de Reims, également leur bienfaitrice.

ANNO A XPO NATO MDCXIII. QUO ROMÆ SEDIT PAULUS. V. PONT. MAX. IN GALLIA REGNAT LUDOVICUS XIII, ET PIA MATER MEDICEA REGNI INFANTIAM CURAT ILLUSTRISS. PRINCEPS ET R. IN XPO. PATER. DNS. DNS. LUDOVICUS A LOTHARINGIA ARCHIEPISCOPUS DUX REMENSIS FRANCIÆ PRIMUS PAR SANCTÆ QUE SEDIS APOSTOLICÆ LEGATUS NATUS. HUNC ECCLESIÆ RR. PP. CAPUCINORUM ÆDIFICANDÆ PRIMARIUM LAPIDEM PIETATIS SUÆ PERENNE MONIMENTUM D.O.M. VOVIT POSUIT ET DUX REMENSIS DICAVIT JO. DIE NOVEMB. † *Blason de Louis de Guise* †	ILLUSTRISSIMA PRINCIPISSA ET R. IN XPO DNA, DNA RENATA A LOTHARINGIA MONASTERII S. PETRI RHEMORUM ABBATISSA HOC LAPIDE VOTA PRO SALUTE TOTIUS SUI MONASTERII NUNCUPAVIT IN HONORE DEI O. M. B. VIRGINIS MARIÆ ET S. RENATI ANDEGAVENSIS. EPISC. PATRONI ECCLESIÆ RR. PP. CAPUCINORUM REMENSIUM DIE 10. NOVEMB. 1613. RENÉE DE LORRAINE. NÉE DE LU † *Blason de Renée de Lorraine* RAINE ONNEUR. †

MM. Lachappelle et Levarlet qui se proposent d'élever divers bâtiments à l'endroit où ces pierres ont été trouvées, nous ont promis de les faire placer dans l'u des murs qu'ils vont élever, de façon à en laisser lire les caractères et à perpétuer le souvenir de l'église et du couvent des Capucins dont ces bâtiments vont occuper le terrain.

Peine de Mort. — Un arrêt rendu dans la dernière session des Assises de la Marne, semble avoir ranimé d'un intérêt nouveau d'actualité, la grande controverse sur la question de la peine de mort. Plusieurs articles, remarquables de talent et d'esprit de discussion, nous ont été adressés à ce sujet. Après examen, il a été reconnu qu'une telle polémique, complètement en dehors du cadre que s'est tracé la Chronique de Champagne, n'y devait point trouver place. C'est dans les journaux de politique actuelle, ou dans les recueils consacrés à des travaux purement philosophiques, que doivent se produire ces graves débats qui intéressent la politique et la législation.

Académie des Inscriptions. — C'est décidément le 14 avril prochain que l'Académie des Inscriptions pourvoit au remplacement du savant et regrettable M. Van-Praet, conservateur de la bibliothèque royale. — La lutte, dit-on, sera chaude. Les candidats qui semblent réunir le plus de chances pour l'élection, sont MM. Depping de la société royale des Antiquaires de France; Garsin de Tassy, orientaliste; Champollion-Figeac et Paulin Paris, de la bibliothèque royale.

La Tribune de la Jeunesse Française. — Ce journal hebdomadaire, dont le 1er n° a paru le 1er mars, s'annonce sous les plus brillants auspices. Il s'est donné pour mission la solution de cette grande question, qui préoccupe aujourd'hui toutes les intelligences de quelque portée : la rénovation sociale par le christianisme. Les fondateurs de cette publication, à laquelle un brillant avenir nous semble réservé, sont Madame la Baronne de Vaux, et MM. Arthur Berryer, B. Maury et Francis Lacombe. On jugera du style et de l'esprit de cette œuvre, par l'extrait suivant :

« Un homme surgira, croyez-le, un génie envoyé par Dieu, qui prendra la vieille société dans ses mains puissantes, et, soufflant sur le cadavre, dissipera les germes de mort qu'il contient, et lui dira de recommencer à vivre ; car il lui aura été donné une grande force et un grand amour pour ses frères. Cet homme, nul ne le connaît, mais tous affirment qu'il va bientôt paraître. Déblayons les sentiers par où il doit venir, préparons les voies, défrichons les bruyères arides, afin que la semence soit plus facile et la moisson plus belle; jeunes hommes, et vous tous que le poids de l'avenir accable, qui regardez avec tant d'impatience de quel côté va se lever l'aurore, venez avec nous sur les hauteurs pour l'apercevoir plus tôt. Laissez là tous les bagages qui pourraient gêner votre marche ; prenez le bâton du pèlerin, formons une vaste communion de pensées et de sentiments; en marche ! le moment est proche, voici venir le signe qui annonce aux peuples le désiré des nations.....

« Ainsi donc notre ligne de conduite est toute tracée, notre œuvre est grande et hardie; mais aidés par tout ce que la France compte d'illustre dans son sein, soutenus par une foi vive, une volonté que les obstacles ne pourraient vaincre, nous espérons jeter les bases d'une vaste association intellectuelle dont notre recueil deviendra la *Tribune*. Philosophie religieuse et sociale, philosophie de l'histoire, arts, théâtres, poésie, romans, sciences physique, agricole et industrielle, tout le mouvement intellectuel de notre époque trouvera place dans nos pages. Notre littérature sera digne et consciencieuse. Sans préjugés, sans admiration exclusive pour telle ou telle école, nous dirons le bien partout où il se trouvera. La critique si souvent haineuse ou complaisante sera vraie avant tout, sévère pour le talent qui abuse de sa supériorité, indulgente et amie pour celui qui commence. Les études historiques tiendront une grande place dans nos colonnes. Nous irons remuer le passé pour étudier l'avenir. Nous emprunterons aux anciens jours toute leur puissance magique et leurs enseignements. Loin de nous la vanité funeste de vouloir tout renouveler, de répudier nos ancêtres en brisant les liens de parenté qu'ils nous ont transmis; nous voulons seulement retremper la société aux sources de la croyance. Lorsque de désolantes doctrines trouvent tant d'échos dans la presse, n'aurions-nous pas le courage de proclamer les vérités religieuses et sociales ? Le cœur ne manque jamais à la foi (1). »

Collection de Raretés bibliographiques,

en vente au 1ᵉʳ avril prochain.

— Nous ne saurions trop dire si l'amateur qui nous prie d'annoncer la vente prochaine de sa bibliothèque, possède les ouvrages suivants, imprimés ou manuscrits. — Sa note que nous avons sous les yeux ne le dit pas. Si ces opuscules sont imprimés ils doivent être d'une excessive rareté, car nous n'en avons trouvé les titres dans les catalogues d'aucune librairie, et l'érudit M. Brunet les a lui-même ignorés. Cette vente dans tous les cas sera une bonne fortune pour les véritables bibliophiles qui sont nombreux à Reims, *comme chacun sait.*

1° Étude algébrique et morale, tendant à prouver contre l'ordre apparent des choses que une et une font trois. — Par un homme d'affaires.

2° Recherches sur la valeur intrinsèque de la monnaie de singe, ou l'art de payer ses créanciers. — Par un grand monsieur.

3° Le tarif de la femme, ou l'art d'en tirer tout le parti possible. — Par un mari délicat et fort habile.

4° Les dangers de l'esprit pour un homme de lettres, et le moyen de s'en passer — Par un auteur à la mode.

5° Nouveau dictionnaire de l'académie française : édition recemment revue, cor

---

(1) Le prix de l'abonnement est de 24 fr. par an. On s'abonne à Paris, rue Grenelle-St-Honoré, 30; et, dans les départements, chez MM. les directeurs des postes et chez tous les libraires.

rigée, considérablement augmentée et la seule complète.—Par Messieurs les Quarante, (Des mille et une nuits.)

6° L'art d'élever un édifice suivant les lois de l'équilibre. — Par un architecte du gouvernement.

7° Caprice de la nature, ou description pittoresque d'un animal singulier qui réunit les qualités diverses du chat, de la perruche et du porc-épic. (Article pour le dictionnaire des sciences naturelles.) Par l'épouse d'un homme bien heureux.

8° De l'importance du secret dans les affaires de cœur. — Par une dame sensible.

9° L'art de paraître franc, sans l'être autrement. Ouvrage instructif et moral. — Par un bon-homme.

10° De l'essence de la rose et du jasmin combinée avec l'essence du fromage de Marolle et de la queue de morue. — Par un être bien aimable.

11° L'homme content de lui. — Par un gros Monsieur.

12° Apothéose de Cartouche et Mandrin. — Par un financier retiré des affaires.

13° Le cerf-volant. — Par une compagnie de gens mariés.

14° On peut être couronné sans être empereur; Charade en action. — Par la même compagnie.

15° Le secret de pêcher en eau trouble, ou la manière de brouiller les gens en paraissant les obliger. Etude sociale. — Par un ami de tout le monde.

16° L'art de traiter ses amis avec grandeur, économie et profit. — Par une dame de maison.

17° Le talent de parler beaucoup sans dire grand chose, à l'usage d'une infinité de personnes. — Par une société de gens comme il faut.

18° De l'inutilité des chemins de fer, attendu la sûreté des routes et l'habileté des conducteurs. Ouvrage de circonstance. — Par un directeur de voitures publiques.

19° Le pourvoyeur de cuisinières, ou garantie contre les dîners sans façon. — Par un monsieur que tout le monde connaît.

20° Essai sur la détonation, ou preuve que l'explosion peut s'opérer par les moyens les plus naturels du monde. Expériences physico-abdominales. — Par un docteur en droit-canon.

21° De l'utilité des réverbères en plein jour, à l'usage des gens qui sortent la nuit. Ouvrage couronné par le conseil municipal d'une grande ville.

22° Théorie de l'ennui, ou nouveau moyen de tuer les gens sans le secours du médecin ni la crainte de la cour d'assises. — Par un voisin intime.

23° De la vertu des femmes, et des douceurs du tête-à-tête. — Par un cosmopolite.

24° Recherches consciencieuses sur le siège local de l'intelligence. Ouvrage profondément conçu. — Par un membre de la société royale de Pharmacologie.

25° Des oreilles qui tintent et du front qui démange. Inquiétude en plusieurs chapitres. — Par un mari débonnaire.

26° Les loups ne se mangent pas. Vaudeville en un acte. — Par deux marchands de laine.

27° De l'influence du nez dans les affaires de ce monde; ouvrage vaporeux et romantique. — Par un employé au gaz.

28° La vertu sauvée par des circonstances tout-à-fait indépendantes de sa pro[pre] volonté. Péripétie en plusieurs actes. — Par une dame grosse et point du to[ut] joufflue.

29° Faites fête à l'âne, il vous pète au nez. Réflexion morale en quatre poin[ts.] — Par un empressé.

30° L'esprit ne court pas les rues. Pointe spirituelle et locale. — Par une [so]ciété de messieurs.

31° Recette infaillible pour égayer extraordinairement les gens. Promenade [en] carrosse. — Par un entrepreneur de pompes funèbres.

32° La foire n'est pas sur le pont : Farce de carnaval. — Par un commissaire [de] police.

33° Corneille, Racine, Voltaire, et M. Fulchiron. Études morales et littérair[es,] suivies d'un essai sur la fabrication des tragédies classiques et de la chandelle m[ou]lée. — Par un ami des lumières et des saines doctrines.

34° Le chapitre des informations, ou le diable dans un bénitier, par un so[lli]citeur.

35° Un journaliste et une bête, c'est deux. Facétie nerveuse, par un abonné.

RAPPORT.

RAPPORT

SUR

L'ÉTAT ACTUEL DU CARTULAIRE

DE LA VILLE DE REIMS.

(1re PARTIE.)

REIMS,

IMPRIMERIE DE L. JACQUET, LIBRAIRE,
RUE ET PLACE ROYALE, N° 1.

1837.

RAPPORT

SUR L'ÉTAT ACTUEL DU CARTULAIRE

DE LA VILLE DE REIMS.

A Monsieur le Maire de la ville de Reims.

Monsieur le Maire,

On s'est occupé à diverses époques du classement des archives de la ville de Reims. Ces archives, si riches en documents d'histoire locale, étaient dignes en effet d'attirer les regards et la sollicitude de l'autorité municipale. Il serait plus long que difficile d'énumérer les travaux de classement d'inventaire et d'analyse dont ces pièces ont été l'objet. Ce récit n'étant d'aucune importance pour le compte-rendu que j'ai à vous soumettre, je me bornerai à vous signaler le travail dont fut chargé en 1786, l'archiviste Lemoine, auteur d'un ouvrage imprimé ayant pour titre : *Diplomatique-Pratique*. Auteur encore des inventaires manuscrits de différentes communautés religieuses de l'ancienne province de Champagne, Lemoine possédait toutes les qualités du véritable archiviste. A une méthode sûre et logique, à un esprit d'analyse prompt et exercé, Lemoine joignait une connaissance approfondie de la paléographie et une admirable facilité de travail et de conception. Tous les inventaires que j'ai vus de lui, et j'en ai vu plus de quinze écrits de sa main, sont tous dressés sur le même plan d'analyse et d'utilité. Malheureusement ce plan, qu'il a toujours suivi et qui se trouve tracé dans sa *Diplomatique-Pratique*, est défectueux en plusieurs points : mais ce défaut est plutôt celui de l'époque où il écrivait que le sien propre. Autrefois, dans les archives monastiques comme dans les archives municipales, il n'y avait qu'une sorte de titres dont l'analyse et la conservation fussent instamment recommandées : c'était les titres qui prouvaient la propriété, qui établissaient les droits les priviléges, les servitudes de la ville ou du monastère. Tout ce qui n'était pas essentiel au patrimoine, à la juridiction, était rejeté sans analyse, sans inventaire, dans d'énormes liasses étiquetées *Renseignements*, que l'on ne conservait qu'un certain espace de temps. Ainsi, dans notre Cartulaire, les pièces les plus précieuses pour l'histoire des mœurs, de l'état social, des événements politiques ou autres, sont généralement enliassées pêle-mêle, avec cette note inscrite sur l'étiquette : *A conserver* 10, 20, 30 *ou* 40 *ans*. Après quoi l'on brûlait. Que de choses curieuses ont dû périr de cette façon.

Vous concevez, Monsieur, que le mode à suivre aujourd'hui pour dresser l'inventaire de nos archives ne peut plus être le même. En ce qui concerne le domaine patrimonial de la ville, il restera dans la formule adoptée par Lemoine, à peu de chose près; quoique depuis la révolution ce domaine ait bien changé de nature et de contenance. Il suffira d'y ajouter les acquisitions faites depuis, en indiquant celles des propriétés aliénées, échangées, vendues et qui ne font plus partie du domaine de la ville.

Quant à toutes les autres parties de l'inventaire Lemoine, elles sont ou à modifier, ou à compléter. Lemoine guidé par l'idée exclusive de l'utilité matérielle, n'admettait dans ses liasses que les pièces faisant foi en justice. Il élaguait, ainsi que je l'ai indiqué tout-à-l'heure, les correspondances, les mémoires, les récits, en un mot tout ce qui donne à une institution le caractère moral et historique. Ainsi, pour vous rendre sensible ce que j'ai l'honneur de vous exposer, au mot *Place Royale*, il réunit et analyse seulement les pièces comptables des acquisitions de terreins, de l'élévation des édifices, des frais de statue, etc.; puis il renvoie à la liasse des renseignements, sans en donner autre indication, tout ce qui retrace les travaux de l'hôtel-de-ville, des administrateurs, des artistes; les obstacles rencontrés pour les difficultés d'acquérir, de niveler le terrain, d'obtenir des secours : les procès avec les propriétaires, les vendeurs, avec les employés, les artistes : les détails relatifs à l'érection de la statue, aux fêtes données à cette occasion, etc., toutes choses, il est vrai, qui n'intéressent que l'histoire locale, mais qui, par cela même, méritaient d'être recueillies, et qu'on ne peut plus négliger aujourd'hui.

Par exemple, la plupart des institutions dont se composait le gouvernement de la ville, et dont Lemoine inventorie les archives n'existant plus aujourd'hui, les titres de comptabilité, de propriété, de juridiction de ces diverses institutions, sont bien moins intéressants pour nous que ne le seraient les pièces qui serviraient à faire l'histoire ou à établir l'utilité morale de ces institutions. Ainsi, dans la partie de l'inventaire de Lemoine, intitulée : *Matières diverses*, nous trouvons l'Echevinage, les Administrations provinciales, le Droit de bourgeoisie, les Annoblissements, les Chevaliers de l'arquebuse, l'Arsenal, les Milices provinciales, la Maréchaussée; puis les nombreuses corporations religieuses, les corporations plus nombreuses encore des industriels, artisans et autres, et une infinité d'établissements qui nuançaient l'ancienne organisation sociale : cette organisation n'est plus actuellement que de l'histoire, puisque rien de son ancien état, de son ancienne physionomie n'a survécu. Or, il est certain que nous aimerions mieux aujourd'hui sur ces diverses branches de l'état social des documents qui nous aideraient à en connaître l'origine, le but et l'histoire, que des pièces de comptabilité ou d'intérêt matériel qui ne peuvent plus nous être d'aucune utilité. Ce n'est pas que les pièces dont je regrette que Lemoine n'ait pas donné l'analyse soient toutes perdues! Il en existe encore quelques-unes; mais, je le répète, elles sont confondues, sans ordre ni indication, dans les volumineuses liasses intitulées *Renseignements*. Voilà donc quelle est, du travail de Lemoine, la partie à refaire.

Maintenant je vais, Monsieur, vous indiquer la nature des travaux exécutés au Cartulaire depuis l'époque de la révolution.

Sous la restauration seulement, le conseil municipal frappé du désordre affligeant dans lequel les archives communales se trouvaient, par suite des folies révolutionnaires, nomma une commission qu'elle chargea de remettre chaque pièce à sa place, et chaque liasse à son rayon. Malheureusement la science de la diplomatique-pratique dont Lemoine dans son ouvrage a donné de bonnes règles, n'était pas familière à tous les membres de la commission. On se mit à la besogne sans soupçonner qu'un homme spécial avait déjà passé par-là, sans soupçonner qu'un assez bon inventaire était quelque part enfoui sous les paperasses. En telle sorte que chacun rangea selon son goût, sa propre idée. Il est résulté de ce long rangement une merveilleuse confusion pire que la première, chacun s'étant mis à raccorder ensemble des numéros de liasses différentes, à former de nouvelles divisions, en un mot à rendre le travail de Lemoine totalement méconnaissable.

Les choses en étaient là quand M. Hiver, substitut du procureur du roi à Reims, eut occasion de jeter les yeux sur nos archives. Il fut surpris de l'incohérence et de la confusion qui avaient présidé au dernier classement. Appréciant à la première vue toute l'importance des documents que renfermait notre Cartulaire, il commença, avant de procéder à aucun genre de travail, par déterminer le conseil municipal à faire la dépense d'un nouveau chartrier dans lequel on pût disposer d'une manière convenable et digne de la ville de Reims, les nombreux matériaux historiques qu'il n'avait encore fait qu'entrevoir. Je ne m'étendrai pas, Monsieur, sur la nature des services rendus par M. Hiver aux archives de la ville de Reims : ils sont nombreux et importants. Outre la création d'un beau chartrier, dont, je crois, l'idée première lui appartient, M. Hiver, en échange des liasses du tribunal criminel qui se trouvaient, on ne sait comment, aux archives de la ville, obtint du greffe du tribunal civil toutes les pièces relatives à l'ancien bailliage ducal du pays de Reims : collection importante pour l'histoire des mœurs et de l'ordre judiciaire de l'ancienne cité. M. Hiver entreprit immédiatement de dépouiller toutes ces liasses, d'en faire l'analyse raisonnée et d'en dresser un inventaire général : ce qu'il exécuta avec une rare habileté. Ce travail en effet ne pouvait être mieux confié qu'à M. Hiver, homme spécial et également versé dans la connaissance de l'ancienne et de la nouvelle jurisprudence. — Quoiqu'il en soit, cet inventaire n'a pas, je dois le dire, complètement satisfait M. Varin, dont vous avez été à même d'apprécier les connaissances variées et l'érudition.

M. Varin, qui depuis long-temps s'occupe d'une histoire de l'ancien échevinage de Reims, appelé par vous, Monsieur le Maire, à succéder à M. Hiver, dans les fonctions honorifiques d'archiviste, remarqua dans le travail de M. Hiver quelques lacunes, et peut-être quelque chose de hasardé dans l'appréciation de certains faits, ou de certains usages que M. Hiver s'était appliqué à faire connaître. M. Varin se proposait d'achever la tâche de M. Hiver : il n'a pu trouver le loisir d'exécuter ce projet.

M. Varin se livra, pendant les heures que ses occupations universitaires lui permirent de consacrer au Cartulaire, à la recherche de tous les titres et documents qui pouvaient se rattacher à l'histoire de l'ancien échevinage. C'était un travail qui demandait beaucoup de zèle et de patience. Il n'y a peut-être pas une seule pièce antérieure au XVI° siècle, se rattachant de près ou de loin à l'échevinage, que M. Varin n'ait lue, copiée ou analysée. Ce travail était aussi rebutant que long : il a été continué avec une persévérance dont rien n'approche. — Malheureusement M. Varin a quitté Reims n'ayant point achevé son ouvrage, et sans avoir tiré parti de ses copies et de ses analyses; il lui a fallu tout emporter avec lui : en telle sorte que pour son successeur, ce long travail est absolument comme s'il n'avait pas été entrepris. Il ne nous reste qu'un souhait à former : c'est que M. Varin, que des fonctions importantes tiennent éloigné de la ville de Reims, ne se rebute pas dans la tâche qu'il a entreprise, et que malgré les obstacles et les difficultés dont il s'est plaint naguère, il ne persiste point à vouloir priver le pays d'un travail qu'on attend de ses veilles: travail qui en jetant de nouvelles lumières sur la vieille histoire du pays de Reims, ne serait pas sans gloire, pour son auteur.

Je vais actuellement, Monsieur le Maire, vous mettre sous les yeux la nature des travaux auxquels je me suis livré au Cartulaire, depuis qu'il vous a plu de me désigner à la place d'archiviste de la ville de Reims.

M. Hiver s'était exclusivement occupé du bailliage ducal, qu'il avait repris au greffe du tribunal civil, et de nombreuses pièces sur les hôpitaux, qu'il avait obtenues de l'administration des hospices; M. Varin de l'histoire de l'ancien Echevinage : M. Povillon-Pierrard des archives de la Mairie, depuis 1800 jusque vers 1810.

Il y avait selon moi, une besogne pressante avant toute autre : c'était de rétablir les anciennes archives dans l'état où Lemoine les avait disposées, afin de constater l'absence ou la présence au Cartulaire des pièces inventoriées par lui. Vous apprécierez de suite, Monsieur, la nécessité de ce travail, en réfléchissant que, pendant la révolution, les archives ont été livrées à des mains infidèles ou dévastatrices, et, que malgré le zèle des diverses personnes préposées depuis à la garde du Cartulaire, nul n'avait eu la pensée ou le loisir de faire cette utile vérification. Cette confrontation des pièces avec l'inventaire-Lemoine, me mit donc dans la nécessité d'inutiliser tout le travail de la *Commission du Cartulaire*, et de rétablir chaque pièce dans les liasses étiquetées par Lemoine, dont elles

avaient été diverties à la longue, soit par quelques travailleurs cu‑
rieux ou mal intentionnés, soit par la *Commission du Cartulaire*.

Dans la nouvelle disposition du riche et brillant chartrier que
votre administration, Monsieur le Maire, fit exécuter il y a peu
d'années, sont dressées deux cent trente tablettes occupées aujour‑
d'hui par d'élégants cartons. C'est dans ces cartons que MM. Hive
et Varin avaient provisoirement déposé toutes les liasses, tous les
papiers et parchemins, sans leur donner d'ailleurs aucun ordre
précis. J'ai vidé ces cartons, tenu toutes ces pièces, rétabli les
liasses d'après l'inventaire-Lemoine : puis après les avoir replacées
suivant l'ordre de leur numéro, chacune dans un carton spécial,
j'ai étiqueté le carton du titre des liasses, de leur numéro d'ordre
et de leur numéro de renvoi à l'inventaire-Lemoine. En telle sorte
qu'aujourd'hui, en se reportant à la table de cet inventaire, on
peut, avec le numéro, trouver immédiatement et avec la plus grande
facilité la liasse, la pièce dont on a besoin.

Les pertes que les archives ont éprouvées depuis la composition
de l'inventaire-Lemoine n'ont pas été fort nombreuses dans la partie
du domaine, de l'impôt, de la juridiction et des matières diverses.
Je les ai toutes indiquées en marge de l'inventaire, et dans les
liasses, à leur numéro d'ordre, sur une feuille volante. La perte la
plus grande et la plus sensible que le Cartulaire ait faite, c'est
l'article *Histoire*, *Section des Sacres*. A fort peu d'exceptions près
toutes les pièces relatives au sacre des rois de France, depuis
François Ier jusqu'à Louis XVI inclusivement, sont devenues la
proie des sociétés populaires de Reims, qui en ont fait des auto
da-fés sur la place publique avec un grand nombre de parchemins
nobiliaires, de chartes, et de lettres patentes de nos rois, portant
des sceaux à l'effigie royale et aux armes de la couronne. Ce sont
des pertes irréparables dont nous ne pouvons que gémir. Si quelque
chose peut, sinon consoler, du moins adoucir l'amertume de nos
regrets, c'est que toutes les pièces concernant le sacre des rois
prédécesseurs de François Ier, à compter de Philippe-le-Bel (1285)
ont été, par un bonheur inespéré, soustraites aux regards et au
pillage de l'ennemi. Il faut croire que les brûleurs patriotes n'au‑
ront pu lire l'écriture gothique et les pièces latines dont se com‑
posaient les liasses des sacres, ou que des hommes plus éclairés
auront eu l'adresse et le bonheur de soustraire ces pièces à leurs
épurations.

Cependant j'ai déjà, de mon propre mouvement, réparé autant qu'il était en moi le tort fait à cette partie de nos archives. Informé qu'une personne de Reims avait entre les mains des manuscrits qui, me disait-on, intéressaient l'histoire locale, je me rendis chez elle et me fis montrer les pièces en question. C'était trois volumes in-4° contenant un nombre considérable de copies de documents originaux concernant l'histoire des sacres, et notamment de ceux de François Ier et de ses successeurs. Je fis immédiatement l'acquisition de ces manuscrits et les plaçai provisoirement dans ma propre bibliothèque, en attendant qu'il vous plût, Monsieur le Maire, vouloir bien en ordonner le dépôt au Cartulaire : mesure que vous venez de prendre tout récemment.

Je n'ai point la prétention, Monsieur, de vous entretenir ici des richesses historiques que renferme le Cartulaire : toutes ne me sont pas encore familières, à moi-même. Je puis seulement vous signaler comme une chose fort précieuse que n'a pas mentionnée Lemoine, et dont j'ai fait la découverte parmi de vieux parchemins mis aux liasses de renseignements, une volumineuse collection de lettres des rois de France, d'Angleterre, et des principaux personnages des XIVe, XVe et XVIe siècles, adressées aux Echevins, bourgeois, et gens d'église de la ville de Reims, à l'occasion des guerres avec l'Angleterre et la Bourgogne.—Ces précieux matériaux pour l'histoire générale et pour celle de Reims en particulier n'ont jamais été consultés par aucun des historiens de la ville : Anquetil a tenu aux archives le registre intitulé *Cartulaire*, qui contient les anciennes chartes et immunités de la ville de Reims; mais il a surtout fait usage des archives de l'archevêché, du chapitre et de l'abbaye de Saint-Remy. Le compilateur et judicieux Lacourt ne les a pas connus non plus.

Cette partie si précieuse de nos archives demandera un travail tout spécial, tout littéraire que, pour cette raison, je renverrai après les travaux qui sont encore à faire au Cartulaire.

Il me reste, Monsieur le Maire, à vous donner un aperçu de la manière dont sont divisées, classées et étiquetées les liasses dont j'ai fait la vérification et constaté l'état de conservation. C'est ce que vous indiquera suffisamment le tableau suivant.

NUMÉRO des cartons.	NUMÉRO des liasses.	DOMAINE.
1	1	Hôtel-de-Ville.—Hôtel de la maréchaussée.
2	2 2 bis.	Maison de la rue Fléchambault.—Arsenal.
3	3	Maison de la rue de Thillois, derrière l'arsenal.
4	4	Tours.—Jardins.—Corps-de-garde.
5	5	Porte de Mars.—Places.—Réserves.—Glacière.
6	6	Porte de Cérès.
7	7	Fief du portage de la porte de Cérès.
8	8	Remparts et fossés.
9	9	Jardins et prés des portes de Vesle et de Fléchambault.
10	10	Usages en général.
11	11	Usages proche Fléchambault, prés, marais.
12	12	Prés, marais, près le moulin Huon.
13	13	Prés, marais de Taissy.
14	14	Rivière.—Pêche.—Dégorgeoirs.
15	15	Marche-pieds.—Bordages.—Hollandages.
16	16	Rivière-Neuve, ou canal de Sillery.—Ancienne rivière.
17	17	Rivière.—Affaires avec messieurs du chapitre.
18	18	Rivière.—Affaires avec messieurs de Saint-Remy.
19	19 20	Rivière.—Fouleries.—Baux.
20	21	Surcens et rentes foncières.
21	22	Rentes provinciales sur l'hôtel-de-ville de Paris.
22	23	Surcens, ou rentes passives dues par l'hôtel-de-ville de Reims.
23	24	Droits de chaussée, ou péages aux cinq portes.
24	25	Adjudications des droits de chaussées.
25	26	Pavés de la ville.
26	27	Grévière pour les pavés.
27	28	Marée.

NUMÉRO des cartons.	NUMÉRO des liasses.	DOMAINE.
28	29	Marée.—Offices de visiteurs.
29	30	Supplément. Renseignements divers.
		OCTROIS.
30	1re	Exemptions de tailles, droit de 4e, de 1484 à 1584.
31	2	id. de 1600 à 1755.
32	3	id. de 1755 à la suppression.
33	4 5	Titres communs à toutes espèces d'octrois, de 1616 à la suppression.
34	6	Petit ayde.—Impôt sur le vin, de 1418 à 1583.
35	7	id. de 1519 à 1628.
36	8 9	id. de 1762 à la suppression.
37	10 11	id. Adjudications des droits d'entrées, de 1616 à la suppression.
38	12	id. Adjudications des foins, de 1677 à la suppression.
39	13	Exemptions du clergé et de la noblesse.
40	14	Supplément.—Renseignements divers.
		JURIDICTION.
41	1re	Echevinage du XIIe siècle à 1530.
42	2	Echevinage de 1530 à 1636.
43	3	Echevinage de 1656 à 1670.
44	4	Echevinage de 1700 à la suppression.
45	5	Mairie de St-Eloy.
46	6	Police du buffet de 1378.
47	7	id. jusqu'à la suppression.
48	8	Voirie.—Alignements depuis le XIIe siècl.
49	9	id. id.
50	10	id. id., jusqu'à la révolution.
51	11	Voirie.—Rues et grandes traverses.
52	12	Terrains acquis pour percer des rues.
53	13	Percée de la rue devant St-Remy.
54	14	Police sur les glacis, fossés et remparts.

NUMÉRO des cartons.	NUMÉRO des liasses.	JURIDICTION.
55	15	Police sur les glacis, jusqu'à la révolution.
56	16	État-major. — Offices de gouverneur et lieutenant du roi réunis à l'hôtel.
57	16 bis.	Capitaines de ville.
58	17	Gouvernement municipal.--Élection des officiers, échevins, etc.
59	18	Procureurs du roi, syndics de la ville.
60	19	Receveurs des deniers communs et octrois.
61	20	Greffiers.—Secrétaires de la ville.
62	21	Officiers de milice bourgeoise. — Colonels.—Majors.—Capitaines.—Connét.
63	22	Hoquetons, ou archers du guet, de la garde, etc.
64	23	Valets de ville.—Sergents de la forteresse.
65	24 25	Archers des pauvres. — Portiers. — Piqueurs des ouvrages.
66	26	Anneleurs de bois.—Mesureurs de charbon.
67	27	Courtiers de vins. — Jaugeurs de tonneaux.
68	28	Supplément.—Renseignements divers.
		DIVERSES MATIÈRES.
69	1 2	Administrations provinciales. — Amortissements.
70	2 bis.	Annoblissement.
71	3 4	Arquebuse. — Officiers. — Chevaliers. — Délivrance de l'Oiseau.
72	5 6	Artillerie. — Canons, affûts, poudre. — Procès-verbaux de visites.
73	7	Arts.—Métiers.—Manufactures.
74	7 bis.	Bains publics.
75	8	Boues de la ville et des faubourgs.
76	9	Bourgeoisie.—Lettres d'admissions.
77	10 11	Bourses fondées par MM. Picotin-Bazin.
78	12	Cérémonial. — Passages de Princes. — Réjouissances publiques.

NUMÉRO des cartons.	NUMÉRO des liasses.	DIVERSES MATIÈRES.
79	13	Collége des Bons-Enfants.
80	14	Communautés.—Capucins.—Carmélites.—Minimes.—Magneuses.
81	15	Communauté des Jésuites.
82	16	Commerce.
83	17	Concerts publics.
84	18	Ecoles chrétiennes.
85	19	Ecole de mathématiques et de dessin.—Titres communs.
86	20	Ecole de mathématiques (seule).
87	21	Ecole de dessin (seule).
88	21 bis.	Ecole gratuite d'accouchements.
89	22	Election.—Procès avec les officiers d'élection.
90	23 24	Finances.—Grâces.—Liquidation.—Etats de situation.
91	25	Foires.
92	26 27	Fontaines-Godinot.—Visites.
93	28	Grains.
94	29	Haras (près Reims).
95	30	Hôtel-Dieu.
96	31	Hôpital-Général.
97	32	Hôpital St.-Antoine, réuni à l'Ordre de Malte.
98	33	Hôpital St.-Marcoul.
99	34	Hôpitaux de St.-Ladre-Léproseries de St.-Eloi et de Ste.-Anne.
100	35	Hôtel des Juridictions royales.—Monnaies.
101	36	Incendies.—Pompiers.
102	37	Indemnités dues à l'Archevêché.
103	38	Imposition.—Tailles.—Capitation.—Don gratuit.
104	39	Inondés secourus.
105	40	Illuminations.—Lanternes.—Réverbères.
106	41	Lods et Ventes.
107	42	Logements des gens de guerre. Casernes.—Convois militaires.

NUMÉRO des cartons.	NUMÉRO des liasses.	DIVERSES MATIÈRES.
108	43	Logements des gens de guerre. — Casernes. — Convois militaires.
109	44	Maréchaussée. — Logements.
110	45	Milice de la ville et de la campagne.
111	46	Milices provinciales.
112	47	Noyés. — Suffoqués.
113	48	Pauvres. — Bureau de miséricorde. — Caisse de charité.
114	49	Place Royale.
115	50	id.
116	51 à 56	Portes et Ponts de Vesle. Fléchambault. Férons. St.-Denis. Bazée. St-Nicaise. Lunière.
117	57	Promenades.
118	58	Salle de spectacle.
119	59	Salpétriers.
120	60 61 62	St.-Remi. St-Thierry. Séminaire. Société d'Emulation pour les arts.
121	63	Stellage.
122	64	Travaux de charité.
123	65	Supplément. — Renseignements divers.
		SECTION HISTORIQUE. — SACRES.
124	1re 2 3	Philippe-le-Bel. — Philippe V. — Charles IV
125	4	Philippe VI.
126	5 6	Jean-le-Bon. — Charles V.
127	7 8	Charles VI. — Charles VII.
128	9 10 11	Louis XI. — Charles VIII. — Louis XII.
129	12 à 16	François Ier. — Henri II. — François II Charles IX. — Henri III.
130	17 17 bis	Henri IV. — Louis XIII.
131	18	Louis XIV.
132	19 20	Louis XV.
133	21 22	Louis XVI.
134	22 bis 23	Charles X.
135	24	Supplément. — Renseignements divers.

N° DES cartons.	BAILLIAGE DUCAL.	
136	Bailliage ducal. —Prévosté foraine de Laon. Plaids plumitifs.	1477 à 1593
137	id. Feuilles d'audience ordinaire.	1607.
138	id. id.	1608.
139	id. id.	1609.
140	id. id.	1610-1611.
141	id. id.	1612-1613.
142	id. id.	1614-1615.
143	id. id.	1616-1618.
144	id. id.	1619-1621.
145	id. id.	1622-1624.
146	id. id.	1625-1627.
147	id. id.	1628-1629.
148	id. Jugements ordinaires.	1630-1632.
149	id. id.	1633-1641.
150	id. id.	1642-1653.
151	id. id.	1654-1659.
152	id. id.	1659-1660.
153	id. id.	1661-1662.
154	id. id.	1663-1666.
155	id. id.	1667-1670.
156	id. id.	1607-1648.
157	id. id.	1654-1660.
158	Rapports distributions. 1665 à 1667.— Informations au criminel.	1660-70.
159	Comptes de tutelle.	1576 à 1579-1658.
160	id. id.	1659-1661.
161	id. id.	1662-1663.
162	id. id.	1664-1665.
163	id. id.	1666-1670.
164	id. id.	1671-1680.
165	Adjudications d'immeubles.	1609-1661.
166	Adjudications d'immeubles de baux 1662.-1622 à 58. Succession Cocquault.	1634.
167	Actes de successions. Inventaires. — Ventes de meubles.	1621-1662.
168	Pièces diverses.	1610-1670.

N° DES cartons.	BAILLIAGE DUCAL.	
169	Pièces diverses.	1610-1670.
170	Juridiction du buffet. Echevinage de	1479 à 1633.
171	Juridiction id. id.	1654 à 1759.
172	Juridiction. Mairie de la Couture, de Venisse, de Saint-Eloy.	1352 à 1770.
173	Tribunal de police municipale	1790 à l'an VI.
174	Justice criminelle.— Mandats d'arrêt.—Prises de corps, de 1792 à l'an IX.	
175	id. id. id. Jugements	de l'an XII à 1808.

	COMPTABILITÉ MUNICIPALE.	
176	Deniers patrimoniaux. — Nouveaux octrois de 1712 à 1736.	
177	id. id.	de 1717 à 1758.
178	id. id.	de 1661 à 1768.
179	id. id.	de 1769 à 1774.
180	id. id.	de 1775 à 1779.
181	id. id.	de 1780 à 1785.
182	id. id.	de 1786 à 1789.
183	Anciens octrois. — Pièces comptables.	de 1640 à 1671.
184	id. id.	de 1728 à 1764.
185	id. id.	de 1765 à 1776.
186	id. id.	de 1777 à 1789.
187	id. Pièces diverses.	de 1757 à 1790.
188	Chaussées et pavés.—Pièces comptables.	de 1550 à 1755.
189	id. id.	de 1760 à 1782.
190	id. id.	de 1790 à 1792.
191	id. id.	de 1793 à l'an V.
192	id. id.	de l'an VI à l'an VIII.
193	id. id.	de l'an IX à l'an X.
194	id. id.	de l'an XI à l'an XII.
195	id. id.	de l'an XIII à 1806.
196	id. Pièces diverses.	de 1725 à 1796.
197	id. id.	de 1754 à 1796.

N° DES cartons.	HOPITAUX, LEPROSERIES.
198	Pièces comptables. de 1619 à 1636.
199	id. de 1574 à 1596.
200	id. de 1696 à 1610.
201	id. de 1611 à 1618.
202	id. de 1515 à 1573.

	RÉVOLUTION.
203	Municipalité. —Procès-verbaux d'élection. 1790 à 1793.
204	Municipalité. —Documents divers. de 1790 à 1793.
205	Société populaire. —Registres des délibérations de 1790 à l'an III.
206	Société populaire. — Registres des comités. id. id.
207	Société populaire. — Lettres. Adresses. Dénonciations. id. id.
208	Société populaire. id. id. id. id.
209	Société populaire. —Documents généraux. id. id.
210	Comité de la Réunion. An II à 1793.
211	id. id. id. id.
212	Comité-Le Pelletier. id. id.
213	id. id. id. id.
214	Comité du Contrat Social. 1793 an II.
215	Comité des Droits de l'Homme. id. id.
216	id. du Temple de la Raison. id.
217	id. de la Fraternité. Renseignements généraux. id.
218	id. des Amis de la Patrie. id.
219	id. de la Montagne ou de la Sans-Culotterie. id.
220	Comité révolutionnaire du district, établi par le représentant Bo.
221	id. id. Loi du 7 fructidor an II, etc.
222	Comités des communes du district de Reims.— Registres et délibérations.
223	id. id. — Lettres et documents.
224	Émigration. Documents divers. de 1791 à l'an X.
225	Notabilités. — Assemblées de cantons. Arrêtés. Procès-verbaux. Déclarations.
226	Électeurs. Juges-de-paix. Assesseurs. Officiers municipaux. An III à l'an VII.

N° DES cartons.	RÉVOLUTION.
227	Justices-de-paix. de 1790 à l'an x.
228	Garde nationale. 1re organisation. de 1789 à 1791.
229	Garde nationale. 2e et 3e organisation. de 1791 à l'an III.
230	Garde nationale. 4e organisation. Documents divers. De l'an III à l'an XII.

A ces archives de matières et d'époques si diverses, toutes enliassées, toutes réunies dans les deux cent trente cartons de la grande salle du Cartulaire, et dont le classement définitif est opéré, il faut joindre les registres et les pièces reliées en volumes, dont le catalogue suit :

SECTION JUDICIAIRE.

	vol.
1° Plaids de la Prévosté et de la baillie du Bailliage ducal, de 1332 à 1392. — 16 vol. in-4°	16
2° Plaids en Prévosté, de 1400 à 1516. 9 vol. in-4°	9
3° Plaids en Baillie, de 1394 à 1496. 4 vol. in-4°	4
4° Protocoles des actes de la Juridiction, de 1406 à 1412. 1 vol. in-4°	1
5° Mairies de la Couture et de Venisse, de 1355 à 1519. 3 vol. in-4°	3

COMPTABILITÉ. OCTROIS.

6° Cahiers de la taille, de 1301 à 1328. 2 vol. in-fol. parchemin.	2
7° Comptes des recettes et mises pour la ville de Reims, de 1336 à 1429. 3 vol. in-fol.	3
8° Comptes des deniers patrimoniaux, de 1423 à 1682. 39 vol. in-fol.	39
9° Comptes des deniers patrimoniaux et nouveaux octrois, de 1683 à 1769. 12 vol. in-fol.	12
10° Comptes spéciaux rendus à l'intendance de Champagne, de 1671 à 1707. 2 vol. in-fol.	2
11° Comptes des deniers extraordinaires, de 1590 à 1598. 9 vol. in-fol.	9
12° Comptes des deniers communs d'octroi et extraordinaires, de 1507 à 1744. 17 vol. in-fol.	17
Total.	117

	vol.
Report....	117
13° Comptes de la subvention et du taillon, de 1577 à 1622. 12 vol. in-fol.	12
14° Comptes de l'octroi sur les farines, de 1657 à 1740. 7 vol. in-fol.	7
15° Comptes spéciaux à l'Intendance de Champagne, de 1723 à 1740—1 vol. in-fol.	1
16° Comptes des droits d'estage et de gourmetage, de 1693 à 1720—2 vol. in-fol.	2
17° Compte spécial à l'Intendance de Champagne, de 1692 à 1724. 1 vol. in-fol.	1
18° Chambre des Comptes.— 127 vol. in-fol.	127
19° Comptes des fortifications et dépenses de guerre, de 1345 à 1346—de 1514 à 1553.—3 vol. in-fol.	3
20° Compte des aides levées pour la guerre, de 1544. 1 vol. in-fol.	1
21° Comptes des pavés et chaussées, de 1358 à 1767—48 vol. in-fol.	48
22° Comptes des boues, de 1747 à 1777.—1 vol. in-fol.	1
23° Comptes de la navigation et des œuvres pies, de 1529 à 1786.—9 vol. in-fol.	9
24° Comptes de la taxe des pauvres, de 1562 à l'an v. 17 vol. in-fol.	17
25° Registre de la capitation, de 1700 à 1789. — 89 vol.	89
26° Comptes des receveurs des deniers communs levés par capitation pour le paiement des ustensiles, de 1665 à 17..—25 vol.	25

SECTION ADMINISTRATIVE.

27° Conclusions du buffet (extraits des registres des) : années 1417 à 1655. 14 vol. in-fol.	14
28° Conclusions du conseil de Ville, de 1422 à 1790. 87 vol. in-fol.	87
29° Registre où sont transcriptes les lettres, actes et arrêts obtenus au profit de la Ville : ensemble les escriptures et mémoires concernant les procès et autres affaires communes de ladite ville, de 1651 à 1740—1 vol. in-fol.	1
30° Comptes du collége, de 1671 à 1789. 9 vol. in-fol.	9
31° Registre des délibérations du conseil municipal, de 1790 à 1793.—3 vol. in-fol. (Manque le 2°).	3
Total......	574

	vol.
Report. . . .	574
32° Registre des délibérations du conseil général de la commune de Reims, de 1790 à l'an II. 8 vol. in-fol.	8
33° Registre des délibérations du comité permanent de la Maison commune de Reims, de 1789 à l'an III.	4
34° Registre de la contribution patriotique, du 6 octobre 1789, à l'an II. 3 vol. in-fol.	3
35° Registre de l'enregistrement des lois et ordonnances du 4 août 1789.—4 vol. in-8°.	4
36° Registre des pétitions à l'administration municipale, du 1ᵉʳ pluviose an V à 1827. 2 vol. in-fol.	2

HOPITAUX.

37° Comptes des hôpitaux et léproseries de 1337 à 1631. 29 gros volumes in-fol. (vélin et papier).	29
38° Inventaire des titres de la léproserie qui ont été délivrés à MM. les administrateurs de l'Hôpital-Général de Reims.—1 vol. petit in-fol.	1

CARTULAIRES.

39° Cartulaire de l'Hôtel-de-Ville, ou transcription de chartes et priviléges de la ville de Reims, à dater de 1182. — Ecrit vers 1450. gros vol. in-fol. sur vélin de 375 feuillets—rel. en chamois gros clous—1.	1
40° Table par ordre alphabétique des matières du Cartulaire de 1450—vol. petit in-fol.	1
41° Titres de l'Echevinage, ou recueil de titres, lettres et précieux renseignements, remontant à 1182, écritures des 13ᵉ, 14ᵉ et 15ᵉ siècles, 1 vol. pet. in-fol. de 224 pages, vélin.	1
42° Inventaire des chartes, ainsi intitulé : c'est le répertoire portant en soy les effects en bref de toutes les chartes estant et qui ont été trouvées en l'Hôstel-de-l'Eschevinage de Reims, soubs le clef et en la charge et garde des greffes d'icelluy eschevinage. De 1481 à 1529. 1 vol. pet. in-fol.	1
43° Inventaire des titres et papiers qui sont au Carthulaire de l'Hôtel-de-Ville en l'année 1648. — Dressé par M. Quatresols en conséquence d'une conclusion du 11 avril 1642. 1 vol. in-fol. de 322 feuilles.	1
Total. . . .	630

	vol.
Report. . . .	630
44° Inventaire des titres de l'Hôtel-de-Ville, fait par M° Copillon, notaire en l'an 1691. 1 vol. in-fol. sur papier de 341 feuilles.	1
45° Inventaire des titres et papiers de l'Hôtel-de-Ville dressé par M. Pierre-Camille Lemoine en l'an 178. 1 vol. in-fol. sur papier de 814 pages.	1
46° Ancienne coutume de Reims de 1481—recueil écrit vers 1530—1 vol. pet. in-fol.	1
Nombre total des volumes du Cartulaire.	633

Tel est, Monsieur le Maire, l'état actuel du Cartulaire, c'est-à-dire des Archives qui se trouvent classées, mises en cartons, ou sur tablettes, étiquetées et repertoriées. Il reste à en renouveler l'inventaire général et raisonné. J'ai l'honneur de vous soumettre avec ce rapport un commencement de ce nouvel inventaire (*le Domaine*) qui vous donnera l'idée de la manière dont j'entends procéder à ce travail. Vous verrez, Monsieur, en jetant un coup-d'œil sur mes feuilles de catalogue, combien toutes les recherches, de quelque nature qu'elles puissent être, seront simplifiées désormais, à l'aide de ce nouveau travail.

Mais, Monsieur, je ne vous ai encore entretenu, à peu de chose près, que des archives, qui se trouvaient déjà au Cartulaire avant la révolution. — Depuis cette époque, elles ont plus que doublé, tant par les pièces que Lemoine a mises au rebut sous le titre de *Renseignements*, pièces dont, plus haut, j'ai démontré l'importance historique : que par la multiplicité des papiers de tout genre qui depuis la révolution sont venus de la Mairie se joindre aux anciens, et par les volumineuses archives monastiques dont, ainsi que vous le savez, j'ai effectué la rentrée au Cartulaire. Je vous demanderai la permission de remettre à une autre époque à vous entretenir de la nature et de l'importance de ces derniers matériaux, n'ayant encore eu, jusqu'à ce jour, ni le loisir de m'en occuper sérieusement ni la place nécessaire pour parvenir à les classer. Les travaux que vous avez dernièrement autorisés au Cartulaire, en augmentant quelque peu son local, faciliteront l'examen et le placement de ces nouvelles acquisitions.

Toutefois, Monsieur le Maire, en réfléchissant à l'encombrement dans lequel est encore aujourd'hui le Cartulaire, vous sentirez comme moi, la nécessité d'un nouvel achat de cartons ou portefeuilles, propres à recevoir et contenir les archives modernes ou anciennes, non encore inventoriées, et dont j'ai fait à l'avance un classement provisoire dans la forme qui suit :

DOMAINE ANCIEN ET MODERNE.	Portefeuilles à exécuter.
Domaine de la ville. — Nouvelles acquisitions. Mutations.	10
Domaines nationaux. — Biens d'émigrés, du clergé, etc.	5
Anciens passifs de la ville.	2
Anciens titres divers.	2
Papiers de la succession Godinot.	2
id. id. Pluche.	1
id. de successions diverses.	1
ÉTAT CIVIL.	
Population. — Recensements divers.	1
Registre civique.	1
Cadastre. — Statistiques.	1
Electeurs. (Listes et réunions d')	1
Maire. — Conseil municipal. (composition de)	1
Mairie. (personnel de la)	1
JURIDICTION.	
Conseil général de la commune.	1
Ancienne Maîtrise des eaux et forêts.	1
Cour souveraine. — Contrebandiers.	1
Chambre de Justice. — Fermiers et traitans.	1
Bailliage ducal. Supplément.	1
Assignats. — Matières d'or et d'argent.	2
Mercuriales.	1
Poids et nouvelles mesures.	1
Chemins vicinaux.	1
Tribunaux.	2
Total.	41

	Portefeuilles à exécuter
Report. . . .	41
Chasse. (droits de)	1
Exécuteur des hautes œuvres.	1
Calendrier.—Ère républicaine.	1
Serments. (prestations de)	1
Justices-de-Paix.	1

FORCE PUBLIQUE.

Garde nationale.	2
Gendarmerie.	1
Garnison.— Passage de troupes.	1
Conscription.	1
Equipements.—Habillements.	1
Réquisitions.	1
Prisonniers de guerre.—Déserteurs français.	1
Réglements militaires.	1
Hôpitaux militaires.	1
Pensions militaires.—Congés.	1

IMPOTS.—FINANCES.

Contributions directes et indirectes.	2
Contributions patriotiques.	1
Nouvel octroi.	1
Emprunt forcé.	1
Maximum. (exécution de la loi du)	2
Taxe des pauvres.	1
Compte des farines.	1
Capitation.	1
Secours publics.	1
Enregistrement.—Hypothèques.—Timbre.	1

POLICE.

Police municipale.	1
Réglements de police.	1
Police de sûreté.—Passeports.	2
Cartes de résidence.—Certificats.	2
Forçats libérés.—Détenus.	1
Sûreté générale.—Sûreté publique.	1
Total. . . .	78

	Portefeuille à exécuter
Report.	78

COMMERCE ET INDUSTRIE.

Fabriques.—Usines.—Manufactures.	3
Vins de Champagne.	1
Communautés des arts et métiers.	10
Agriculture.—Blés.—Céréales.	2
Entreprises diverses.	2
Tribunal de commerce.	2

ÉTABLISSEMENTS D'UTILITÉ PUBLIQUE.

Fontaines. (entretien des).	1
Place Royale.	1
Château d'eau.	1
Postes et messageries.	1
Lanternes et réverbères.	1
Marchés et places publiques.	1

CULTE.

Exercice, abolition et rétablissement du culte.	2
Pensions ecclésiastiques.	2
Incarcération, déportation, persécution des prêtres.	1
Église réformée.—Israélites.	1
L'archevêché.—Le chapitre.—La cathédrale.	3
L'Abbaye et l'église paroissiale de St.-Remy.	2
L'Abbaye et l'église de St.-Nicaise.	1
L'Abbaye et l'église de St.-Denis.	1
Congrégation des Chapelains.	1
id. de l'Enfant-Jésus.	1
id. des Carmélites.—Des Carmes.	1
id. des Augustins.	1
id. des Cordeliers.	1
id. des Capucins.	1
Paroisse de St-Symphorien.	1
id. de St-Hilaire.	1
id. de Ste-Balsamie.	1
id. de St-Julien.	1
id. de St-Jacques.	1
Total.	128

	Portefeuilles à exécuter
Report.	128
Paroisse de St-Martin.	1
id. de St-Thierry.	1
Abbaye de St-Pierre-les-Dames.	1
id. de St-Etienne-les-Dames.	1
Hôtel-Dieu.	2
Hôpital-Général de St-Marcoul, de Ste-Marthe.	3
Séminaire, grand et petit.	1
Le Temple.	1

SCIENCES, LETTRES, BEAUX-ARTS.

Université.	1
Instruction publique.	4
Bibliothèque.	2
Cartulaire.	1
Musée.—Médaillier—tableaux. Tapisseries—objets d'Art.	2
Travaux publics.	2
Imprimerie.—Librairie.	1
Dessin.—Gravure.—Lithographie.	1
Littérature.—Auteurs.	
Monuments.	1

HISTOIRE.

Etats-généraux depuis le 14ᵉ siècle jusqu'à l'époque de la révolution.	3
Guerres des Anglais—14ᵉ et 15ᵉ siècles.	3
Guerres de la Ligue.—16ᵉ siècle.	2
Guerres de la Fronde—17ᵉ siècle.	1
Pestes, épidémies, maladies contagieuses, depuis le 14ᵉ siècle.	2
Epizooties.	1
Disettes, famines.	1
Emeutes, soulèvements populaires, pillages.	1
Démêlés avec l'Archevêché.	2
Conciles Provinciaux.	1
Constitution de 1790.	2
Assemblées sectionnaires.	2
Total.	174

	Portefeuill à exécute
Report.	174
Fédération.	2
Journées de septembre à Reims.	1
Dénonciations—destitutions.	2
Suspects.	1
Visites domiciliaires.	1
Emigrés.	2
Acceptation de la constitution de 1793—de l'an III.	2
Régime de la Terreur.	1
Déportations.	1
Changements de noms des rues, des noms propres, etc.	1
Désarmement des Nobles, des Prêtres, des Aristocrates.	1
Prisonniers-détenus, civils et militaires.	2
Fêtes nationales—révolutionnaires.	1
Poésies.—Littérature révolutionnaire.	1
Destruction des signes féodaux, aristocratiques.	1
Réaction du neuf Thermidor.	1
Directoire.—Consulat.	2
Couronnement de l'Empereur.	1
Fêtes et passage de princes.	2
Invasion des Prussiens. — Guerres de la Vendée.	2
Guerres, victoires et défaites de Napoléon.	3
Invasion de 1814.	2
Invasion de 1815.—Occupation de la ville.	3
Restauration.	3
Histoire générale.—Matières diverses.	20
Total des cartons ou portefeuilles à faire exécuter	233

Tel sera, Monsieur, à quelques modifications près, le cla(ssement) général des matières qui me restent à examiner. Les amé(lio)rations que vous avez reconnues nécessaires, et les travaux imp(or)tants que, depuis quelques années vous avez fait exécuter au (Capi)tulaire, pour la tenue et la conservation des archives, tout (ce)serait incomplet, si vous n'autorisiez la nouvelle fourniture de (car)tons ou portefeuilles dont je viens de vous faire voir l'urgente né(ces)sité, par l'indication des nombreuses pièces qui se trouvent en(core) aujourd'hui comme dispersées.

Comme cette partie des archives est distincte des archives d(e) sées dans les cartons de la grande salle du Cartulaire, dont le classement est définitivement opéré, il n'est plus indispensable, pour la symétrie, qu'elles soient, comme les anciennes, placées dans des cartons élégants, il est vrai, mais fort coûteux quoique peu solides. Des portefeuilles auraient l'avantage d'être moins dispendieux, plus commodes, plus durables, et offriraient mieux l'aspect d'un cabinet d'archives. A Paris, les précieuses archives du royaume sont, pour la plus grande partie, enfermées dans des portefeuilles.

Vous voudrez bien, Monsieur le Maire, aviser dans votre sagesse à l'opportunité de cette nouvelle dépense, que je regarde comme nécessaire et comme devant compléter l'œuvre de restauration entreprise au Cartulaire, sous votre direction éclairée.

Dans la seconde partie de ce rapport, j'aurai l'honneur de vous entretenir des archives des anciennes communautés religieuses du pays de Reims, que, fort de votre concours et de l'autorisation de MM. les Ministres de l'Intérieur et de l'Instruction publique, je suis parvenu à faire rentrer au Cartulaire de la ville de Reims.

Je suis avec respect,

Monsieur le Maire,

Votre très humble et très obéissant serviteur,

LOUIS PARIS,
Archiviste.

Reims.—*Mars* 1837.

HISTOIRE.

De l'Établissement du Christianisme

A CHALONS,

ET DES INSTITUTIONS QUI S'Y RATTACHENT.

Nous traiterons dans cet écrit de l'établissement du Christianisme à Châlons, de l'origine des paroisses de la ville épiscopale, de ses abbayes et couvents, de ses hôpitaux et de ses établissements d'instruction publique.

Il est assez difficile de préciser l'époque où le christianisme a été prêché à Châlons. On s'accorde généralement à reconnaître saint Memmie comme l'apôtre de nos contrées et le fondateur du siège épiscopal.

Il existe deux vies de saint Memmie : la plus ancienne est d'un auteur inconnu (1). On croit qu'elle a été composée à l'occasion de l'invention du corps de l'apôtre, en 674. Elle abonde en anachronismes et en miracles. La seconde vie de saint Memmie a été composée par un religieux bénédictin de l'abbaye d'Hautvillers, nommé Altman ou Alman, à la prière de Theudoin, prévôt du chapitre de Châlons, sous le règne de Charles le Chauve.

(1) Elle se trouve imprimée dans Du Bosquet. *Hist. Eccl. Gall. Pars.* 2, *lib.* 5, p. 1.

Theudoin, dans sa lettre à Altman, convient que la vi[e] de saint Memmie dont nous avons parlé ne jouit d'aucun[e] autorité, et qu'on la néglige jusqu'à l'abandonner à l[a] pâture des vers (1). Le premier historien de saint Mem[-]mie en fait un disciple de saint Pierre: Altman fixe sa mi[s-]sion au Pontificat de saint Clément. Il lui donne quatr[e]-vingts ans d'apostolat et d'épiscopat (2). Cette vie de l'[a]pôtre châlonnais n'a jamais été jugée digne des honneu[rs] de l'impression.

S'il fallait ajouter foi aux anciennes chroniques, au[x] leçons des anciens bréviaires, au témoignage de Flodoa[rd] et à l'autorité du martyrologe romain, saint Memmi[e,] disciple de saint Pierre, serait arrivé à Châlons quan[d] le chef du collége apostolique vivait encore. Nous pen[-]sons que l'établissement du siège épiscopal de Châlo[ns] n'est pas plus ancien que celui de Reims et de Soisson[s;] que saint Sixte, chef d'une mission venue de Rome ou [de] la haute Italie, et qui a été le premier évêque de Reim[s,] a eu pour coopérateurs dans ses travaux, saint Sinic[e,] premier évêque de Soissons, et saint Memmie, premi[er] évêque de Châlons. Il ne s'agit plus que de recherche[r] quelle époque on doit faire remonter ce triple établisse[-]ment.

Vers le milieu du troisième siècle de notre ère, il [y] avait quelques chrétiens dans la seconde Gaule belgiqu[e,] mais aucun des sept évêques envoyés dans les Gaules p[ar] le pape saint Fabien n'a été destiné pour nos contrées (3[).] Hincmar, l'un des plus savants prélats de son temps, pen[se] que saint Sixte fondateur du siège de Reims, a été e[n-]

(1) Annal. Ord. Sancti Benedicti. *Tom.* 2, *p.* 91.

(2) Beati Memmii Pontificis Episcopatum pariter que Apostolatum divina pie[tate] per annos octoginta implevit.
Vita S. Memmii Altmano. Manuscripta.

(3) Greg. Tur. Hist. *Lib.* 1, *cap.* 28.

voyé dans les Gaules par un pape du même nom, qu'on croit être le pape Sixte, second du nom, mort en 258 (1). Cette époque nous paraît s'approcher du temps où parurent dans la seconde Gaule belgique Sixte, Sinice et Memmie. Cependant il est certain que ces trois évêques ne furent pas recherchés dans la cruelle persécution de Dioclétien, qui avait associé Maximien à l'empire.

Rictius Varus, préfet du prétoire dans les Gaules, et Julianus, son successeur, se signalèrent par leurs cruautés contre les chrétiens de la seconde Gaule belgique. Plusieurs prêtres payèrent de leur vie leur attachement à la foi. Les églises particulières les honorent comme martyrs. Un seul évêque, saint Firmin, fondateur du siège d'Amiens, fut décapité secrètement dans sa prison, dans la nuit du 25 septembre 289. Si à cette époque il y eût eu des évêques à Reims, à Soissons et à Châlons, les préfets du prétoire auraient ordonné leur arrestation, et les anciens monuments en parleraient (2).

Les actes de saint Sixte et de saint Sinice ont été recueillis dans le quatrième siècle par les diacres de l'église de Reims (3). C'est après le martyr des saints Crépin et Crépinien, à Soissons, vers l'an 288, que, selon ces actes, parurent ces deux évêques. Saint Memmie faisait partie de leur mission, et avant de s'établir à Châlons comme évêque, il avait prêché la foi aux peuples voisins de la forêt des Ardennes, et situés sur le cours de la Meuse.

Les trois sièges de Reims, de Soissons et de Châlons, ont été fondés entre le temps qui s'est écoulé depuis que Constance Chlore fut proclamé César et gouverneur des

---

(1) Hincmari Opera. *Tom.* 2, *p.* 431.
(2) Cùm furor gentilium potestatum in electissima quæque Christi membra sæviret, et eos præcipuè qui ordinis erant sacerdotalis impetteret. S. Leonis papæ. *rmo in natali B. Laurentii.*
(3) La bibliothèque de la ville de Châlons en possède un manuscrit sur vélin, du siècle.

Gaules, en 292, et l'édit de tolérance de Constantin, [en] 314. Saint Memmie n'existait plus en 314, Donatien, so[n] successeur, était contemporain d'Imbetause, évêque [de] Reims, qui assista au concile d'Arles en 312.

La foi chrétienne se répandit lentement dans le pa[ys] Châlonnais. Les trois premiers évêques de Châlons so[nt] inhumés hors la ville; on éleva un monastère près [de] leurs tombeaux (1). Au commencement du quatriè[me] siècle de notre ère, Châlons n'avait ni la même forme, [ni] la même étendue qu'aujourd'hui. Eumène, Ammien Ma[r]cellin, Antonin, dans son itinéraire, en font mention. [Ce] dernier en parle comme d'une ville environnée d'un m[ur] flanqué de tours en forme pyramidale. On croit que s[on] nom celte latinisé en celui de Duro-Catalaunum, indiq[ue] sa situation dans une plaine, et sa force, qui consist[ait] dans un château et dans des tours (2). Châlons se divis[ait] en quatre parties composées d'une ville haute, d'un fa[u]bourg, d'une ville basse et d'un autre faubourg. La vi[lle] haute comprenait l'étendue depuis Saint-Pierre jusqu'[au] cours de la Maud, à l'exception de la partie où est Not[re-] Dame. La ville basse, séparée de la ville haute par [des] jardins et des prés, s'étendait jusqu'au pont de Nau[;] elle était divisée en plusieurs parties comprenant le m[ar]ché défendu par un château, *Macellum*, et le lieu [des] séances du tribunal, *Scabinium*. La quatrième partie [de] la ville basse formait le grand faubourg de Marne, qui s['é]tendait jusqu'au mont Saint-Michel.

C'est dans la ville haute que fut construit le prem[ier] oratoire sous l'invocation de l'apôtre saint Pierre, p[ar]

---

(1) Hi tres sepeliuntur (Memmius, Domitianus, Donatianus) extrà urbem nunc monasterium habens Fortunati. *Lib.* 3, *cap.* 6.

(2) *Dur* ou *Duron*, tour ou fort; *Cata*, château; *Laun* ou *Laon*, plaine. M. [Gre]nard a recueilli plusieurs médailles du peuple Châlonnais, frappées avant la [con]quête romaine. La description de ces médailles a été favorablement accueilli[e par] la Société royale des Antiquaires de France.

duquel fut élevé le baptistère dédié à saint Jean-Baptiste: ces deux édifices n'existent plus. Dans l'origine, le faubourg de Marne eut sa paroisse, sous le titre des Saints-Innocents, depuis uni à celui de Saint-Sulpice. Vers le même temps, une basilique s'éleva près de la sépulture de saint Memmie : c'est en ce lieu que Grégoire de Tours vint implorer l'intercession de l'Apôtre châlonnais, en faveur d'un enfant qui lui était cher et qui se trouvait dangereusement malade (1).

La cité, jusqu'au règne de Clovis, n'avait eu qu'une chapelle sous l'invocation de Saint-Vincent. L'évêque Florent, qui avait reçu des marques de la libéralité du chef des Francs, après son baptême, entreprit d'élever une cathédrale sous l'invocation de Saint-Etienne, premier martyr. Il en jeta les fondements. Saint Elape et saint Lumier, ses successeurs, vendirent leur riche patrimoine en Limosin, pour en continuer la construction, qui ne fut achevée que sous l'épiscopat de Félix Ier, en 625. Cet édifice a été la proie des flammes en 1137; il en est resté le petit portail de la croisée du côté de l'hôpital.

Une nouvelle cathédrale fut construite avec tant de rapidité que, dix ans après l'incendie, le pape Eugène III, pût en faire la consécration le 28 octobre 1147. Un tableau, probablement le plus ancien qui existe en France, représente cette cérémonie ; il est d'autant plus précieux que les figures des personnages sont des portraits.

En 1230 l'incendie éclate de nouveau ; mais le désastre est réparé sous l'épiscopat de Philippe de Nemours. En 1668, le 19 janvier, la foudre écrase la flèche en plomb, l'une des plus hautes de France ; elle avait été élevée en 1520 par le cardinal Gilles de Luxembourg, évêque de Châlons : le feu s'étant communiqué à la charpente, les

---

(1) Greg. Tur. De gloriâ Confessorum. *Cap.* 66.

voûtes furent enfoncées, les orgues et les cloches fondues, les ornements du maître autel, les châsses des saints éprouvèrent des dommages considérables (1). Louis XIV et M. de Vialart, évêque de Châlons, vinrent au secours du chapitre pour remédier au désastre. En 1624, avant l'incendie, l'église avait été augmentée en longueur de deux travées de piliers : les chapelles derrière le maître autel sont de construction moderne, ainsi que les deux flèches percées à jour, et le portail de l'orient majestueusement lourd et sans grâce.

La paroisse du faubourg du Marché, dédiée à saint André, prit le nom de Saint-Alpin, lorsque l'évêque Erchanré y eût déposé les reliques de son saint prédécesseur, en 850. L'église paroissiale de Saint-Germain, qui fut détachée de son ban en 1204, a été détruite en 1772 pour former une place devant l'hôtel-de-ville.

La collégiale de la Trinité, paroisse de la cathédrale, reconnaissait pour fondateur un prévôt du chapitre nommé Boves ou Bovon. L'évêque Roger la bénit en 1027 et y unit les biens des chapitres Saint-Sauveur et Saint-Nicolas : elle n'existe plus aujourd'hui.

La paroisse Saint-Jean tombait en ruines, lorsque Roger Ier la répara pour en faire don aux religieux de Saint-Pierre. Elle a été consacrée en 1165, le quatrième des nones de septembre par Guy de Joinville. Des pierres d'attente indiquent le projet d'y ajouter deux nouveaux bas-côtés ; mais on y a renoncé pour bâtir la paroisse Saint-Nicaise, dont l'évêque Pierre de Hans fit la bénédiction en 1250.

L'église Notre-Dame n'était dans l'origine qu'une simple chapelle en bois, visitée par les pèlerins et élevée par saint Alpin, sur les débris d'un temple payen. En 666, Ar-

(1) Procès-verbal de Lefèbvre de Caumartin, intendant de Champagne, du 21 janvier 1668.

nould Ier, vingt-deuxième évêque de Châlons, donna cet autel avec ses revenus aux frères de Saint-Étienne, c'est-à-dire au chapitre de la cathédrale, qui se déchargea du soin de la desserte sur des prêtres qu'il décora du titre de chanoines en leur laissant peu de revenus (1). Charles le Chauve confirma cette donation en 850. Notre-Dame ne faisait pas encore partie de la cité à cette époque (2). Depuis elle fut érigée en paroisse, et le pape Pascal II, par sa bulle de 1107, l'exempta de la juridiction des ordinaires (3). Cette chapelle en bois menaçait ruines depuis long-temps, lorsqu'elle s'écrasa le 17 janvier 1157, sans qu'on eût à déplorer la mort d'aucun homme. On avait pris des précautions, et les verrières de l'église avec les vases sacrés furent retirés à temps (4).

Dans les accidents de ce genre, le clergé, au moyen âge, y a toujours plus gagné que perdu. L'église, pour la reconstruction de la belle basilique qu'on admire encore, malgré les ravages du temps et des hommes, n'y a contribué que par le secours de ses prières ; la libéralité du peuple a fait le reste (5).

En 1183, Guy de Joinville bénit moitié de cette église, c'est-à-dire la nef (6). Au mois de décembre 1283, un débordement détruisit une partie des murs; mais Philippe de Nemours ayant accordé quarante jours d'indulgence à tous les fidèles qui contribueraient à la réparation, l'argent vint en si grande abondance, qu'on pût non seule-

(1) Pridiè nonas martii obiit Arnulphus, qui dedit nobis altare Sanctæ Mariæ in suburbio. *Obituarium Sancti Stephani*.

(2) Capella Sanctæ Mariæ non longè à muro civitatis cum suis pertinentiis.

(3) Bull *subjectis Ecclesiis* vii kal. junii indict. xv, Anno 1007 Pontif. Paschasii viii.

(4) L'inscription qui parle de cet événement est conservée dans le manuscrit de Beschefer. *Tom.* 2, *p.* 674.

(5) Le peuple d'alors et l'Église n'étaient qu'un. *Note des Ed.*

(6) Guido episcopus benedixit Ecclesiam Beatæ Mariæ in vallibus. *Chron. S. Petri ad montes*, *ad annum* 1185.

ment réparer, mais encore poursuivre les travaux avec plus d'ardeur. L'édifice fut achevé en 1322, et fermé en 1469 par le mesquin portail qui le termine si grossièrement (1). Pendant la construction de l'église Notre-Dame, la population devint si nombreuse sur cette paroisse, que les deux prêtres titulaires de la cure ne pouvaient plus suffire pour le service. A la demande du chapitre de Saint-Etienne, le cardinal Eudes de Châteauroux, légat du Saint-Siége, donna un décret le 4 mars 1245, par lequel la paroisse Notre-Dame est divisée en cinq parties, dont deux, savoir : Saint-Éloi, ci-devant Sainte-Croix ; Saint-Loup, ci-devant Saint-Jacques, furent laissées à la desserte du chapitre de Notre-Dame. A l'égard des trois autres, il est ordonné qu'il sera bâti trois nouvelles églises dans le ban Notre-Dame, dont les curés seront à la nomination du chapitre de Saint-Etienne.

La paroisse Sainte-Marguerite, démembrement de Notre-Dame a été achevée en 1272, par les libéralités d'Arnould de Los, soixante-troisième évêque de Châlons. Elle est détruite. En 1380, Archambault de Lautrec, consacra celle de Saint-Antoine, élevée aux frais de la communauté des tisserands, dont les navettes étaient peintes en plusieurs endroits de cette église, et qui n'existe plus.

La chapelle Saint-Jacques devint paroisse sous le nom de Saint-Loup, et fut consacrée en 1380, par l'évêque Archambault de Lautrec.

La chapelle Sainte-Croix, d'une origine très ancienne, fut reconstruite pour être paroisse sous le nom de Saint-Éloi, dans le cours du quatorzième siècle.

Sainte-Catherine, la plus petite paroisse de Châlons, ne fut renfermée dans la ville qu'en 1544 ; on y transféra

---

(1) La construction de ce portail a duré pendant deux ans. Il a coûté 325 livres tournois pour la main-d'œuvre.

le prieuré Saint-Michel, dont l'église située sur le mont, existait encore à la fin du douzième siècle (1).

La paroisse Saint-Nicolas, qui a été démolie pour construire le grand séminaire, occupé aujourd'hui par l'école des arts et métiers, comptait, à l'époque de sa réunion à l'abbaye de Toussaints, cinq cents ans d'existence. Gérard de Douay la consacra en 1204.

L'Hôtel-Dieu formait aussi un titre curial pour le chapelain chargé de sa desserte.

Si l'on considère l'état de la population de Châlons à l'époque de la révolution française, on s'étonne du nombre des paroisses, mais en se rapprochant du temps de la construction des plus nouvelles, on voit qu'il était nécessaire de les créer. Nous avons la lettre de Charles VII à la ville de Châlons, du 3 mars 1421 avant Pâques, c'est-à-dire 1422, par laquelle il reconnaît que, par suite des guerres et des malheurs du temps, la population est tellement diminuée *que de présent n'y a pas plus de 1,200 feux taillables, ou environ, et au temps passé en soulait bien avoir xxv mille* (2).

Châlons comptait deux abbayes. Saint-Pierre, siège primitif de l'évêché de Châlons, fut abandonné à des religieux venus de Lerins, quand la cathédrale St-Etienne fut construite en 660. Laudebert, évêque de Châlons, leur prescrivit de suivre la règle de Saint-Benoît, et l'évêché leur laissa une partie des droits et revenus qui y avaient été originairement attachés, c'est-à-dire le bourg et ses dépendances en fiefs et justices. Les désordres de la féodalité appauvrirent cette maison; Roger Ier résolut, en

---

(1) Voir la charte de Guy, évêque de Châlons, de 1186, qui accepte pour cette église le don qui lui est fait par Gerard de Nogent, de plusieurs terres et d'une rente de dix tonneaux de vin à prendre sur les vignes de Thibis et de Saint-Germain.

(2) Tiré de la Layette des Fortifications. *Archives de l'Hôtel-de-Ville.*

1001, de lui rendre son premier lustre, en lui faisan[t] restituer ses propriétés usurpées, et en la dotant de nou[ve]lles. Il recréa cette église, *renovando iterum ditavit*: tel sont les termes de la charte du roi Robert, de 1028, qu[i] confirme toutes les donations faites à l'abbaye de Saint[-]Pierre. En l'an 1034, Roger fit la dédicace de l'église, e[n] présence des religieux venus de Saint-Vannes, auxquel[s] il confia non-seulement le soin de célébrer l'office cano[]nial, mais encore celui de tenir des écoles.

L'abbaye de Saint-Pierre, dans la hiérarchie féodale[,] relevait du roi seul; et exerçait sur son ban, composé d[e] cinq cent quatre-vingts feux compris dans l'enceinte de l[a] ville, haute, moyenne et basse justice, sauf appel.

Roger II, évêque de Châlons, au commencement d[e] son pontificat, fonda, dans une île du faubourg de Marne[,] une église en l'honneur de tous les saints, et y plaça de[s] serviteurs de Dieu *servos Dei*, pour avoir soin de l'hôpita[l] des pestiférés. Rainevard en fut le premier abbé. Les do[]nations faites par Roger, à cet établissement, que Mabil[]lon croit avoir été occupé par des chanoines réguliers[,] furent confirmées par le pape, en 1047 et 1062, ratifiée[s] par Philippe-Auguste et Louis le Jeune, rois de France[.]

En 1230, Gérard, abbé du monastère de Toussaints[,] fit un réglement en faveur des religieux attaqués de la lè[]pre. Il leur accorde un cens dans le ban de l'île avec le[s] poules et le cens des poules (1).

En 1349, l'hôpital des pestiférés desservi par les reli[]gieux, avait besoin d'une grande réforme qui fut adopté[e] dans un chapitre tenu à cet effet, et où votèrent les père[s] et les frères; les premiers sont dénommés dans l'acte *Domini*. Les dignitaires de cette abbaye avaient pou[r] officiers un prévôt, un cellerier, un chambrier, u[n]

---

(1) *Gallia Christiana*. *Tom. IX. p. 948, Col. 2e.*

pitancier ou économe, un trésorier et un conservateur des grains. — Il fut reconnu que, abusivement, les abbés de cette maison avaient reçu des sœurs converses dans leur hôpital de Saint-Nicolas pour soigner les malades, en plus grand nombre qu'il n'était nécessaire ; qu'ils y avaient introduit des femmes de leur parenté, des *demoiselles*, de jeunes filles qui les touchaient de près, et qui n'étaient point soumises aux réglements, au grand péril de leurs âmes, au grand dommage de la maison, et au grand scandale du public, qui voyait ces *demoiselles* s'engraisser aux dépens du monastère, sans rendre aux malades aucun service, et passer leur temps dans l'oisiveté, jusqu'à ce qu'elles eussent trouvé des maris. Pour remédier à ce désordre, les profès et les frères, abbé, prieur claustral et religieux, d'un consentemement unanime, ordonnent qu'à l'avenir le service de l'hôpital Saint-Nicolas sera confié à une supérieure et à quatre sœurs converses âgées de vingt-cinq ans au moins, et qui seront reçues par l'abbé, assisté du prieur claustral et des quatre plus anciens chanoines. Leur dotation sera réduite à celle des sœurs converses, sans qu'elles puissent prétendre au revenu des prébendes canoniales. On stipule les quantités de vin et de blé qui leur seront délivrées annuellement (1).

(1) Attendentes quod temporibus retroactis, Abbates dicti monasterii ultra numerum conversarum necessariarum et utilium poni in eorum hospitali Beati Nicolai, ad ibidem deserviendum infirmis jacentibus in hospitali eodem ; alias mulieres seu conversas quæ nuncupabantur, domicellas affines et consanguineas ipsorum abbatum et alias juvenes plus quàm expediret, pro suæ libito voluntatis, et in tantâ quantitate quàm sibi placebat, absque prioris et conventus posuerant et ponere consperverant in hospitale prædicto, in dicti monasterii et hospitali ejusdem sarcinam et damnum, periculum animarum et scandalum plurimorum, cum dictæ domicellæ ex bonis dicti monasterii viverent, et pingues prebendas reciperent continue nec in spiritualibus vel temporalibus, monasterio vel hospitali lucrum afferent aliquod vel commodum nec infirmis aut aliis dicti hospitalis deservirent, sed in otiis consumebant in dicto hospitali dies suos. Post multa tempora, ad seculum rediebant matrimonia contrahentes, etc., etc., etc.

Actum officialis Cathalaunensis, anno Domini 1349, *post Pascham.*

En 1392, l'abbaye de Toussaints fut brûlée et pillée par les Anglais. Les chanoines alléguaient cette circonstance pour se dispenser de produire les actes qui ne leur étaient pas favorables. Ils avaient cessé de soigner les malades depuis long-temps, et, de tous les moines, ils étaient devenus les plus inutiles. Cette maison fut attribuée à la congrégation des chanoines réguliers de France, en 1644. Elle avait été reportée dans la ville en 1544. Son église consacrée en 1553 par Philippe de Lenoncourt, a été détruite pendant la révolution.

Outre ces deux abbayes, il y eut au faubourg de Marne sous le pontificat de Roger du Perche, un monastère de religieux Trinitaires chargés de desservir un hôpital au faubourg Saint-Sulpice, conjointement avec les religieuses de Sainte-Sire. En 1544, leur maison et leur hôpital furent détruits aux approches de Charles-Quint. Ils reconstruisirent sur les anciennes fondations, et y demeurèrent jusqu'en 1686. Alors ils renoncèrent à la desserte de leur hôpital, qui fut réuni à Saint-Maur. Le cardinal de Noailles permit à ces religieux de venir s'établir dans la rue Saint-Jacques, où ils occupèrent un emplacement considérable, sans trop s'occuper, dans les derniers temps du but de leur institution, d'aller racheter des esclaves chrétiens chez les barbares et les infidèles.

Guillaume du Perche, cinquante-huitième évêque de Châlons, ayant connu dans ses voyages saint Dominique, lui demanda quelques-uns de ses religieux, qui arrivèrent à Châlons en 1219, au nombre de neuf.

L'évêque les logea à ses dépens, et leur construisit une église et des lieux réguliers, les employant à des missions dans son diocèse, et à la prédication alors fort négligée par le clergé séculier et régulier. Un frère de cette maison portait le titre de vicaire de la sainte Inquisition. Aucun d'eux n'a jamais fait brûler personne.

Les Jacobins contribuèrent en même temps à la sanctification des Châlonnais et à leurs plaisirs. Ils étaient acteurs dans les mystères du temps. Il paraît que, dans les entr'actes, il y avait un sermon. En 1486, Jacques Loyer, jacobin, reçut soixante sous pour son carême prêché sur le théâtre. Les ménétriers qui jouaient et pour les acteurs et pour les prédicateurs sont taxés à la somme de vingt-quatre livres pour leur droit de présence au spectacle et au sermon.

Le parlement de Paris, réfugié à Châlons, tint ses séances au couvent des Jacobins. C'est dans le réfectoire de ces religieux que fut rendu l'arrêt du 6 juin 1591, qui condamne à être lacérées, par la main du bourreau, les bulles de Sixte-Quint et de Grégoire XIV, contre le droit de Henri IV au trône de France.

Les hermites de Saint-Augustin ont succédé, en 1292. aux frères de la pénitence. Leur établissement a été confirmé par l'évêque Jean de Châteauvillain, en 1297. Ils n'étaient pas toujours très réguliers, car le conseil de ville, en 1613, prit une délibération par laquelle *M. l'évêque et autres ecclésiastiques, en son absence, seraient invités de mettre ordre aux malversations et scandales journellement vus et reconnus ès maisons et couvents des Augustins et Jacobins de cette ville.*

Les Cordeliers, fondés en 1224 à Châlons, du vivant même de saint François, furent logés aux dépens de l'évêque Pierre de Hans, en 1261. Leur cloître fut achevé en 1274. Le provincial de l'Ordre, en 1518, requit le capitaine de la ville et les officiers *de faire vuider et bouter hors dudit couvent les religieux qui n'étaient pas profès en icelui.* On attribuait aux novices les scandales donnés par la communauté. Il n'est plus fait mention des Cordeliers qu'à l'occasion d'un procès qu'ils intentèrent à leur père gardien qu'ils avaient maltraité pour lui voler la clé de la cave. Ces religieux occupaient le public de leurs dissensions intérieures, lorsque la révolution les chassa de leur couvent, qui appartenait à la ville, comme ils le reconnurent dans leur délibération du 3 février 1612.

Cosme Clause, évêque de Châlons en 1610, y fit venir les Récollets pour faire le catéchisme aux enfants, comme si les curés et les vicaires de paroisse ne suffisaient pas pour l'enseignement religieux. Les Cordeliers s'opposèrent vigoureusement à l'admission des Récollets. Ils prétendirent que, quoique enfants du même père (St François), les Récollets ne pouvaient, en leur qualité de cadets, s'établir où se trouvaient leurs aînés. Le duc de Nevers, gouverneur de la province, l'évêque Cosme Clause et le comte de Tresme, gouverneur de Châlons, levèrent tous les obstacles, et les Récollets furent établis dans le lieu aujourd'hui occupé par les religieuses de la congrégation de Notre-Dame.

Louis XIII leur accorda les matériaux provenant de la démolition du château de Mareuil-sur-Marne, qui servirent à la construction de leur maison et de leur église commencée en 1620, et consacrée en 1628, par Henri Clause, évêque d'Aure, coadjuteur de son oncle Cosme Clause.

Châlons avait en établissements de femmes, le prieuré des Bénédictines de Vinay, le prieuré des Bénédictines de Saint-Joseph, filiation de l'abbaye d'Avenay; le chef-lieu de la congrégation de Notre-Dame établie par le père Fourrier; les Ursulines vouées également à l'éducation et à l'instruction des personnes du sexe, qui furent supprimées par un arrêt du conseil de 1769, après cent ans d'existence. Les Nouvelles Catholiques de l'institution de M. de Vialart, en 1672, ne faisaient aucun vœu, procuraient l'éducation publique aux petites filles, et recevaient chez elles les grandes qui voulaient rompre avec le vice et revenir à la vertu.

Les hôpitaux sont aussi anciens que les paroisses. Une tradition respectable par son antiquité, attribue à sainte Pomme, sœur de saint Memmie, l'institution des sœurs hospitalières à Châlons. On montrait, au faubourg de Marne, dans le septième siècle, les ruines d'une chapelle sous son invocation, située près du plus ancien hôpital de la ville.

L'hôpital de Buxère, situé dans le voisinage de la sépulture de l'apôtre Châlonnais, dont l'oratoire était dédié à saint Léger, était aussi fort ancien.

L'hôpital Saint-Lazare occupait l'emplacement du bureau des trésoriers de France, rue de l'ancien collége, près de Notre-Dame, entre la rue Saint-Jacques et celle de la Grande-Etape. Archambault de Lautrec, soixante-douzième évêque de Châlons, lui donna, en 1373, une des prébendes royales de l'église cathédrale, qui était à sa collation. Cet hôpital a existé jusqu'en 1560, où il a été transformé en collége par transaction passée entre le chapitre et le corps de ville.

L'hôpital Saint-Nicolas, pour les pestiférés, était desservi par les religieux de Toussaints, qui se substituèrent des sœurs hospitalières dans le quatorzième siècle, en se réservant la haute inspection sur elles. Le cardinal Gilles de Luxembourg, évêque de Châlons, par son testament du 11 février 1523, lègue à cet hôpital des pestiférés, son fief de la Boutellerie au marché, avec deux maisons qui en dépendent.

L'hôpital du Saint-Esprit, appelé aussi l'Hôtel-Dieu-Saint-Esprit, était desservi par des béguines, que l'évêque Guillaume du Perche y introduisit en 1222. La supérieure de ces béguines dissipa une partie de la dotation de cet hôpital, et elle fut dénoncée, pour ce fait, au pape Benoit XII, qui enjoignit à l'évêque de Châlons, Jean de Happe, par sa bulle du 15 avril 1342, d'informer contre la supérieure, et de rétablir l'ordre dans la maison, en confiant son administration à deux personnes notables choisies parmi les laïcs ou les clercs. C'est à cet hôpital que Henri de Somme-Tourbe, évêque de Châlons, laissa par son testament de 1284, un lit de son hôtel, le meilleur après le sien, avec sa garniture, pour l'usage des pauvres. Il existait encore en 1349, année où il reçut un legs du chanoine Jean des Clefs.

La léproserie, fondée en 1180, sur la paroisse Saint-Loup, fut assez bien dotée pour y recevoir un nombre assez considérable de lépreux et de lépreuses qui formaient une communauté. Cet hôpital devint à peu-près inutile par la cessation presque totale du fléau, qui avait nécessité son établissement; néanmoins il subsistait encore en 1581. Des malades qui n'avaient pas la lèpre, se présentèrent pour y être admis : les maîtres en chirurgie nommés par le conseil de ville pour les examiner, déclarèrent qu'ils étaient atteints de la maladie que les Espagnols rapportèrent du Nouveau-Monde. Au lieu de leur faire subir un traitement pour les guérir, on les défera comme des scélérats, à la justice, qui en fit brûler plusieurs.

La communauté des Filles-Dieu, sur la paroisse Notre-Dame, près la place au Chétif, recueillait les enfants abandonnés et exposés en l'église Notre-Dame.

La dotation attachée à chacun de ces établissements d'humanité, a été réunie aux deux seuls hôpitaux qui existent, à l'hôpital Saint-Maur et à l'Hôtel-Dieu.

L'hôpital Saint-Maur, au faubourg de Marne, a été construit en 1574, à l'endroit où avait existé l'hôpital sous l'invocation de sainte Pomme et de sainte Sire, entre l'ancien couvent des Mathurins et le cimetière Saint-Sulpice. L'hôpital Saint-Maur ne commença à être doté qu'en 1665. L'évêque Vialart voulut en faire un hôpital-général pour y renfermer les mendiants et détruire la mendicité; il lui donna de magnifiques aumônes à partir du jour où il avait été adapté à cette destination. En 1686, il fallut agrandir l'hospice, et il y avait encore des mendiants; la ville acheta, pour quarante-quatre mille livres, l'église, le couvent et le jardin des Mathurins, qui y furent unis. Les dons reçus par l'hôpital Saint-Maur, depuis 1642 jusqu'en 1771, montent à cent quarante-six mille livres en capital, qui rapportaient sept mille trois cents livres de revenu à cette dernière époque. Quand il fallut creuser un nouveau canal à la Marne et construire un nouveau pont, l'Intendant de Champagne régla l'indemnité qui lui était due pour son déplacement, à la somme de quarante-cinq mille livres, et il fut transféré dans le couvent Saint-Joseph, qu'il occupe encore. Il reçoit les enfants et les vieillards des deux sexes.

L'Hôtel-Dieu de Châlons existait déjà au commencement du dixième siècle; il fut établi conformément à un capitulaire de l'assemblée d'Aix-la-Chapelle, de l'année 816, qui ordonna à chaque évêque de construire un hôpital pour y recevoir les pauvres et de lui assigner un revenu suffisant aux dépens de l'église. Les chanoines sont taxés à lui fournir annuellement la dîme de leurs revenus, même de leurs oblations, et l'un d'eux doit gouverner l'hôpital au spirituel et au temporel. L'hôpital doit être situé de manière que les chanoines puissent s'y rendre aisément, et à proximité de la cathédrale. Telle est la véritable origine de l'Hôtel-Dieu de Châlons.

L'évêque Guillaume de Champeaux, par sa dernière charte de l'an 1131, attribue à l'Hôtel-Dieu, avec le consentement du chapitre, l'annate des prébendes, et Geoffroy Ier, en 1141, lui donne une prébende perpétuelle de chanoine.

Cet hospice reconnaît pour ses bienfaiteurs les évêques

de Châlons, des chanoines, des prêtres et de charitables laïcs des deux sexes.

L'Hôtel-Dieu eut de nombreux abus dans son administration intérieure, qui furent réformés en 1261, par un statut du chapitre (1).

Le nombre des frères convers et des sœurs converses de cet hôpital s'était si fort augmenté, que l'hôpital était obligé de faire plus de dépense pour les entretenir que pour soulager et nourrir les pauvres malades. Le chapitre fixe la totalité de leur nombre à vingt, et jusqu'à ce que cette limite soit atteinte on n'en recevra point.

Pour détourner tout mauvais soupçon, le chapitre arrête qu'aucune sœur converse ne sera reçue à l'avenir

(1) Universis præsentes litteras inspecturis Guillelmus Decanus totumque Capitulum Cathalaunense salutem in Domino.

Noverit Universitas vestra, quod cùm hospitale nostrum Cathalaunense de bonis nostris sit totaliter fundatum ob alimonias et sustentationem pauperum principaliter constitutum, conversi conversæ que positi sint ibidem, in eorum servitium deputati, ut in his quæ domestica cura exigere dignoscitur possent familiari obsequio sustentari, et adeo excrevit numerus predictorum conversorum et etiam conversarum, quòd longè ampliùs in usus eorum, quàm in alimonias predictorum pauperum ordine preposterò convertatur.

Nos anno Domini 1261 feria secunda post *Quasimodo*, in pleno Capitulo generali, de consensu omnium et etiam voluntate, deliberatione providà, duximus statuendum ut nullus conversus vel conversa, de cetero recipiatur ibidem, scilicet in hospitali nostro, usque numerus qui nunc est ibidem ad numerum viginti pervenerit, numerum tam conversorum quàm conversarum ad predictum numerum viginti scilicet in perpetuum restringentes.....

Ut omnis sinistra suspicio evitetur, statuimus ut nulla conversa major quinquagenaria recipiatur ibidem, et nulla nisi compleverit vigesimum quintum annum.

Statuimus quod si conversus vel conversa statum suum, vagandi causâ, vel brica carnis ductus vel ducta, vel qualicumque sine licentiâ nostrâ reliquerit, statum pristinum vel prebendam minime de cetero admittatur, eidem aditum veniæ in perpetuum denegantes, cùm hæc occasionem dederit pluribus dequendi veniæ facilitas, et ex hoc scandala sæpe et sæpius sint exorta.

Et ad hæc statuimus quod Magistri hospitalis qui fuerint pro tempore reddant in pleno capitulo singulis annis rationem Decano predicto, Succentori Evrardo, Magistris Simone et Guillelmo Presbiteris; Dominis Willelmo et Synebaldo, conis; Magistris Girardo et Remigio; Dominis Andrea, Warnero, Petro Thesaurario, Petro de Billeio et Griffono Subdiaconis...... *Archives du chapitre St. Etienne.*

avant vingt-cinq ans accomplis, ni après cinquante ans.

Si un frère convers, ou une sœur converse, quitte son état sans la permission du chapitre, soit pour vagabonder, ou pour vivre dans la débauche, ou pour d'autres causes, on ne l'admettra pas à le reprendre, et on lui refusera tout espoir de rentrer en grâce, parce que l'expérience a fait connaître que la perspective du pardon et la facilité de l'obtenir avait été pour plusieurs l'occasion de leur perte, et que de nombreux scandales, trop souvent répétés, n'avaient pas d'autres causes.

Le chapitre décide, en terminant, que les chanoines administrateurs de l'Hôtel-Dieu rendront compte de leur gestion tous les ans, en assemblée générale du chapitre, au doyen, assisté du grand-chantre, de deux prêtres, de deux diacres et de sept sous-diacres.

Les chanoines de la cathédrale, surintendants de l'Hôtel-Dieu, cherchèrent à s'affranchir de leurs obligations envers lui, quand ils pensèrent que sa dotation pouvait suffire à ses besoins. Ils cessèrent de lui payer l'annate de 1121, la prébende de 1141 et la prébende royale de 1373, que l'évêque Archambault avait attaché à l'hospice du Saint-Esprit, et qui depuis devait être unie aux revenus de l'Hôtel-Dieu.

En perdant ces revenus, l'hôpital s'enrichit de ceux qui provenaient des hôpitaux supprimés par plusieurs arrêts du parlement de Paris. C'est ainsi que les biens de la léproserie furent unis à ceux de l'Hôtel-Dieu (1), ainsi que ceux attachés aux hôpitaux du Saint-Esprit, de Saint-Léonard, de Saint-Nicolas et de Saint-Lazare, dont on n'avait pas autrement disposé (2). L'Hôtel-Dieu de Châlons a hérité des biens attachés aux hôpitaux de Pogny, de Mery, de Sommevesle, et de Saint-Léger à Saint-Memmie.

---

(1) Arrêt du Parlement, du 18 mai 1534.
(2) Arrêt du 27 décembre 1577.

Les protestants avaient un hôpital à Fagnières, avec un[e] ferme attachée à leur temple. Cette ferme a été unie [à] l'Hôtel-Dieu, en 1685, sous la condition que les prétendu[s] réformés des deux sexes y seraient reçus et traités auss[i] humainement que les catholiques.

Vers le milieu du seizième siècle, on s'aperçut que le[s] comptes de l'Hôtel-Dieu ne présentaient pas toute la régu[arité désirable, et que cet établissement avait des intérê[ts] souvent opposés à ceux des chanoines chargés exclusive[ment de son administration.

Par mesure de haute police, le parlement de Paris ren[dit un arrêt le 1er juillet 1550, qui enjoint au chapit[re] Saint-Etienne d'appeler à l'audition, à la clôture et au[x] discussions de leur compte d'administration des officie[rs] de la ville et des bourgeois.

Les chanoines éludèrent l'ordre jusqu'en l'année 161[6] mais un arrêt du conseil du 12 décembre de cette anné[e] détermine les formes de l'administration des hôpitaux [de] Châlons, dont l'union avait été ordonnée en 1606.

Le nombre des administrateurs pris dans toutes les cla[sses de la société fut d'abord fixé à onze, puis porté à di[x-] huit, en vertu de lettres-patentes du mois de février 163[7] et d'un arrêt du 11 août suivant. Le clergé n'eut plus q[ue] trois voix sur dix-huit; mais on laissa à l'évêque la pré[si-] dence avec le pouvoir de se faire représenter par un gra[nd] vicaire. Les chanoines de Saint-Etienne eurent deux d[é-] putés, élus par le chapitre pour cinq ans; puis venaient [le] lieutenant-général du bailliage, le procureur du roi, [le] bailli du comté de Châlons, pairie de France, deux [des] sept échevins de police, le procureur fiscal de la com[té-] pairie, à cause de leurs charges. Les officiers municipa[ux] nommaient pour trois ans deux échevins municipaux. [Le] procureur du roi de la ville était administrateur tant q[ue] duraient ses fonctions; six notables bourgeois pris par[mi] les avocats, notaires, procureurs, bourgeois vivant noblement, marchands, négociants, élus pour trois ans, complétaient le nombre des dix-huit membres du bureau d'administration des hôpitaux-unis de Châlons. Cet ordre de choses a duré jusqu'en 1789.

Il nous reste à parler des établissements d'instruction publique, ouverts par le clergé régulier et séculier, dans la ville de Châlons.

Nous avons déjà dit que Roger Ier, évêque de Châlons, en comblant de ses bienfaits l'abbaye de Saint-Pierre, avait eu l'idée d'en faire une maison d'études et d'instruction, au moins pour ceux qui voulaient parcourir la carrière de l'église. Les religieux remplirent les intentions de l'évêque pendant quelque temps; ils eurent même le soin d'entretenir sur leur ban seigneurial des écoles primaires où l'on enseignait aux enfants à lire, à écrire et à compter. Le prieur de Saint-Pierre nommait à des bourses viagères les écoliers qui annonçaient quelques dispositions pour l'étude; ils habitaient une maison située près l'église Saint-Jean, et formaient la communauté des Bons-Enfants (1). L'abbé de Saint-Pierre ne souffrait pas que des étrangers s'établissent sur son ban pour instruire la jeunesse. Un professeur de belles-lettres qui, à cette occasion, n'avait pu obtenir le consentement de l'abbé, s'en plaignit au pape Alexandre III, grand partisan de la liberté de l'enseignement. Ce pontife commit l'archevêque de Reims pour faire lever l'obstacle, parce que, dit la bulle, ni l'abbé de Saint-Pierre, ni personne, n'a le droit d'empêcher un homme lettré et probe, d'enseigner soit dans la ville de Châlons, soit dans ses faubourgs. Le pape défend de rien exiger de ce professeur à l'occasion de son exercice de l'enseigne-

(1) La Congrégation des pauvres Écoliers, dits *les Bons-Enfants*, a reçu un legs du chanoine Jean Desclefs, en 1349. Il y a du prieur de St-Pierre deux actes d'admission de Bons-Enfants, dans le xviie siècle. L'un date du 31 octobre 1656, l'autre du 9 février 1657.

ment, parce que la science des lettres est un don de grâce céleste qu'il n'est pas permis de taxer comme u[ne] marchandise à l'encan (1).

Au commencement du douzième siècle, le besoin [de] l'instruction se fit sentir parmi les laïcs. Les chanoines [de] Notre-Dame, pauvres bénéficiers, ouvrirent un collége simple externat, où ils enseignaient la langue latine et [la] philosophie avec les subtilités du temps. Ces classes avai[ent] été construites dans un terrein dépendant de l'hôpital St Lazare, dont le chapitre Saint-Etienne était l'administra[-]teur.

Ce collége en peu de temps devint très fréquenté. L[es] chanoines de Saint-Étienne, dans le but d'augmenter l[es] revenus de leurs prébendes, s'avisèrent d'imposer une r[é-]tribution sur chaque tête d'écolier, suivant les cours.

Les chanoines de Notre-Dame s'adressèrent au pa[pe] Alexandre III, pour obtenir réparation de l'injustice co[m-]mise contre leurs écoliers, par les frères de Saint-Etienn[e].

Le pape leur répondit par cette bulle, dont nous rep[ro-]duisons le texte en français :

« Alexandre évêque, serviteur des serviteurs de Die[u]
» à ses chers fils les chanoines de Notre-Dame-en-Vau[x]
» salut et bénédiction apostolique.

« Prenant en considération combien il est indigne et o[p-]
» posé à la saine raison d'exiger de vous une rétributi[on]
» par rapport à la tenue de vos classes, et voulant tout-[à-]
» fait déraciner l'abominable coutume qui s'est glissée à [ce]
» sujet dans certaines églises de France, nous avons appe[lé]
» sur cet abus l'attention de nos frères nos co-évêques,
» en vertu de notre autorité apostolique, nous accordo[ns]
» à ceux qui sont parmi vous, habiles et honnêtes, la [li-]
» berté de vaquer à l'enseignement, sans obstacle et sa[ns]

(1) Non enim venale debet exponi, quod munere gratiæ cœlestis acquirit[ur]. *Voyez* Marlot. Œuvres posthumes, *tom.* 2, *liv.* 3, *p.* 394.

» impôt, défendant, sous peine d'anathème, à toute per-
» sonne, d'avoir la prétention de vous extorquer de l'argent
» à l'occasion de la tenue de vos classes. Donné à Anagni,
» le quatrième jour des kalendes de mai, l'an de l'incarna-
» tion 1159 (1) ».

Les écoles de l'abbaye de Saint-Pierre et des chanoines de Notre-Dame ne subsistaient déjà plus au commencement du seizième siècle.

Jérôme Le Bourgeois, évêque de Châlons, et abbé commendataire de Saint-Pierre, voulut, peu de temps avant sa mort, réunir en un seul établissement d'instruction un séminaire pour les jeunes clercs, un collége pour les séculiers. Il posa la première pierre de l'édifice destiné à cette fondation, le 14 octobre 1572, dans un terrein dépendant de l'hôpital Saint-Lazare. Il laisse, par son testament, un legs d'une rente de six cents francs, *pour apprendre les pauvres enfants de Châlons, qui n'auraient pas moyens suffisants pour parvenir à l'étude, et apprendre les arts libéraux et mécaniques.*

En 1646, M. de Vialart transféra les séminaristes près de la paroisse Saint-Nicolas, et ce nouveau séminaire fut autorisé par lettres-patentes du mois de janvier 1650. Le séminaire diocésain a été successivement dirigé par les pères de la Doctrine chrétienne et les Oratoriens. Les prêtres de

---

(1) Alexander Episcopus, servus servorum Dei, dilectis filiis Canonicis Beatæ Mariæ in Vallibus, salutem et apostolicam benedictionem.

Attendentes quàm indignum sit et obvium rationi pro scholarum regimine pretium exigi, et volentes illam pravam consuetudinem, secundum quam in quibusdam ecclesiis Gallicanis scholæ pretio solent exponi prorsus evellere, ad ipsam consuetudinem extinguendam, fratrum coepiscoporum nostrorum duximus sollicitudinem ad vocandam, ut autem à vobis pro scholarum regimine pretium non valeat exigi, autoritate vobis apostolicâ duximus indulgendum, ut singulis vestrûm qui periti sunt et honesti licitum sit sine contradictione alicujus et exactione precuniæ regere scholas, sub interminatione anathematis, prohibentes ne quis à vobis pro scholarum regimine pretium exigere vel extorquere presumat.

Datum Anagniæ, ive kalendas maii, anno Incarnati Verbi mclix.

(Tiré du Cartulaire de Notre-Dame.)

la congrégation de Saint-Lazare y furent admis en 1681, e[t] y restèrent jusqu'à la révolution française.

La réunion d'un séminaire pour les clercs et d'un col[lège pour les laïcs dans le même établissement, ayant ét[é] reconnue impossible, les habitants de Châlons vouluren[t] avoir un collège séparé, et le conseil de ville présenta e[n] leur nom une requête au chapitre Saint-Etienne, pou[r] l'engager à leur accorder l'hôpital Saint-Lazare et ses re[-] venus pour ériger un collége et l'entretenir.

Le chapitre, en réponse à la requête des habitants nomma pour commissaires, à l'effet de conférer avec l[e] conseil de ville, les vénérables hommes seigneurs et maî[-] tres Claude Buat, trésorier du chapitre; Jacques d'Aou[s] grand-chantre; Jean Aubertin et Hugues Defontaines (1).

Le chapitre, sur le rapport de ses commissaires, con[-] sentit à accorder aux habitants de Châlons ce qu'ils de[-] mandaient, mais sous les conditions suivantes : Que l[a] juridiction spirituelle et temporelle de ce collége appar[-] tiendrait au chapitre; que les revenus de l'hôpital Saint-La[-] zare seraient exclusivement consacrés à la réparation de[s] bâtiments et à la dotation du principal et des régents, e[t] que les pauvres voyageurs seront reçus en l'hôpital du Sain[t-] Esprit, comme ils l'étaient à l'hôpital Saint-Lazare (2).

Ces conditions furent acceptées par la ville. Nicolas Be[s-] chefer et Jean Lalemant, gouverneurs et députés du con[-] seil de ville, présentèrent au chapitre Jean Collin pou[r] principal; Benoît Severum, Henri Aulbrier et Guy Mai[-] rot pour régents de seconde, troisième et quatrièm[e] classes du nouveau collége Saint-Lazare : ce qui fut agré[é] par le chapitre (3).

L'hôpital Saint-Lazare jouissait d'environ sept cent[s]

---

(1) Conclusion du Chapitre Saint-Etienne, du 17 novembre 1559.
(2) Conclusion du Chapitre Saint-Etienne, du 1er décembre 1559.
(3) Conclusion du Chapitre Saint-Etienne, du 4 novembre 1560.

livres de rente ; la ville constitua la rente de cent vingt-cinq livres tournois au capital de quinze cents livres, pour suppléer au manque de fonds. Les matériaux de construction, pierres, cailloux, tuiles et carreaux, furent sur-imposés à la taxe de douze deniers tournois par livres, pour augmenter le revenu du collége. Les six cents livres de rente léguées par Jérôme Le Bourgeois, en 1572, furent encore affectées à ce service (1).

L'ordonnance d'Orléans, du mois de janvier, article IX, avait statué qu'une prébende de chaque église cathédrale serait réservée et destinée à l'entretien et à la subsistance d'un précepteur, chargé d'instruire gratuitement la jeunesse de la ville. Sur les conclusions du ministère public, le Parlement de Paris ordonna, conformément à cet article IX, que la première prébende de l'église de Châlons qui viendrait à vaquer serait supprimée, et que son revenu serait affecté à un précepteur (2).

Deux ans après, le chanoine Charles Godet, doyen du chapitre, mourut, et le conseil de ville demanda l'exécution de l'arrêt du Parlement.

Le chapitre prétendit que le collége étant doté, il ne pouvait rien être exigé de lui. Cependant, en vertu d'une transaction du 18 janvier, entre la ville et le chapitre, il fut convenu que le chanoine Godet ne serait pas remplacé et que le chapitre paierait à l'avenir au collége Saint-Lazare une rente fixe de cent soixante livres.

L'évêque Cosme Clausse voyant avec déplaisir l'éducation et l'instruction des jeunes Châlonnais, dirigées par des séculiers, détermina le chapitre et le conseil de ville à confier aux Jésuites le collége de Saint-Lazare.

Le prélat, par contrat passé entre lui et les députés du conseil de ville, le 30 mai 1615, *pour donner moyen aux*

(1) Archives de la Ville.
(2) Arrêt du Parlement de Paris, du 22 novembre 1563.

habitants de Châlons de faire instruire la jeunesse en
piété, bonnes mœurs et bonnes lettres, par les pères jésuites
leur confère en don une somme de douze mille livres e[n]
argent, trois mille septiers de froment, autant de seigle
mesure de Châlons, et une rente de cent septiers, moi[-]
tié froment, moitié seigle.

Le 17 février 1617, le provincial visita les bâtimen[ts]
du collége, et se présenta au conseil de ville pour stipul[er]
avec lui les conditions de l'établissement de sa société [à]
Châlons, et tout ce que l'évêque Cosme Clause avait pr[o-]
mis lui fut remis en présence des députés du clergé et [de]
ceux de la ville. On convint que sur la somme de dou[ze]
mille francs, il en serait employé quatre mille pour l'ach[at]
du mobilier et l'arrangement du collége, et les jésuit[es]
prirent possession de la maison de Saint-Lazare. On le[ur]
donna, pour servir de collége, l'emplacement de l'hôp[i-]
tal des enfants rouges, de la fondation de l'évêque Cosm[e]
Clause.

Les jésuites promirent d'ouvrir un collége composé [de]
cinq classes, dont trois de grammaire, une d'humani[té]
et une de réthorique. Quant aux deux chaires de philo[-]
sophie, ils devaient en différer l'établissement jusqu'à [ce]
qu'il se présentât un nombre suffisant d'écoliers. Les j[é-]
suites s'engagèrent aussi à prendre des pensionnaires, [et]
à recevoir les enfants de la religion prétendue réformée[.]

Au mois de septembre suivant, Cosme Clause, en f[a-]
veur de l'ouverture de leur collége, assura aux jésui[tes]
une rente de trois cents livres, remboursable à leur v[o-]
lonté au capital de quatre mille huit cents livres, et [la]
ville leur accorda cent cinquante livres de rente rache[ta-]
ble au capital de deux mille quatre cents livres (1).

Louis XIII, par ses lettres-patentes, du 2 mars 161[8]

---

(1) Archives de la Ville.

ratifia tous les contrats passés entre les jésuites, le chapitre, l'évêque et le conseil de ville.

Pendant quelque temps, les jésuites parurent ne s'occuper que de l'enseignement, mais ils ne perdaient pas de vue leurs intérêts.

En 1643, ils demandèrent aux chanoines de la cathédrale le revenu entier de la prébende préceptoriale. Leur demande fut communiquée à l'intendant, et ensuite renvoyée aux requêtes du palais : ils y perdirent leur procès; mais ils interjetèrent appel, et comme leur droit n'était pas douteux, les chanoines en vinrent avec eux à une transaction, en vertu de laquelle la somme de cent soixante francs payée par le chapitre fut portée à celle de trois cents (1).

Les jésuites ont élevé, aux dépens de leur société, un magnifique collège à Châlons, et une chapelle d'une architecture fort élégante. M. Mathé, directeur de la compagnie des Indes, qui avait trois fils jésuites, fit construire le portail de l'église à ses frais, et leur donna cinquante mille francs pour la bibliothèque, autant pour la chapelle.

En 1741, les jésuites s'aperçurent qu'ils étaient lésés par la transaction de 1644, faite avec le chapitre, et que leur prébende valait beaucoup plus qu'elle ne leur rapportait. Ils assignèrent le chapitre Saint-Etienne devant le grand conseil, par exploit du 27 octobre 1741, pour qu'il eût à leur délivrer un lot pareil à celui d'un chanoine, tant en gros fruits qu'en distributions manuelles pour la prébende préceptoriale affectée au collège. Ils demandèrent aussi la restitution de vingt-neuf ans d'arrérages, et pour l'avenir la communication de tous les livres et registres du chapitre, afin de s'assurer du revenu réel des prébendes de la cathédrale. Les chanoines suc-

(1) Transaction du 22 août 1644.

combèrent sur tous les points ; le grand conseil décida que les jésuites n'avaient pu valablement, en 1644, renoncer à des avantages qui leur étaient ouverts, parce qu'ils étaient mineurs, et, qu'ils avaient droit au partage intégral d'une prébende.

Les jésuites, en moins de cent ans, avaient acquis des biens fonds pour plus de huit mille livres de rente, bâti un collége dont la dépense s'était élevée à plus de cinq cent mille francs. Ils avaient fait unir à leur établissement les prieurés de Larzicourt et de Vassy, et s'apprêtaient à donner à leur enseignement la plus grande extension lorsqu'ils furent expulsés, en 1763, du collège de Châlons, qui leur devait sa renommée.

Nous n'avons pas dans ce mémoire la prétention d'avoir épuisé les sujets que nous n'avons fait qu'effleurer ; mais si notre travail peut fournir des renseignements à ceux qui écriront après nous, il n'aura pas été inutile.

Jules GARINET.

PALEOGRAPHIE.

Lettre d'un gentilhomme ardenais à madame l'Intendante de Champagne.

JOURNÉE DES SERVIETTES.

NOTICE.

Voici une pièce satyrique fort curieuse et qui peint assez bien le caractère français. Elle est datée de 1710, l'année la plus désatreuse du règne de Louis XIV. —C'est quelques semaines après la funeste bataille de Malplaquet, après la perte successive de plusieurs affaires, et d'un grand nombre de villes; au milieu des embarras de finances, des impôts de tout genre et de la misère publique, qu'un frondeur champenois écrivit cette burlesque relation. L'armée française défendait une à une et sans succès les villes de Douai, Béthune, Aire et Saint-Venant.—Elle était pourtant commandée par le plus illustre de nos maréchaux : mais Villars avait contre lui Eugène et Malborough, et plus que tout cela, le découragement de ses troupes.

Au camp de Fosseu, le 15 Septembre 1710.

Madame,

Voici la relation de la bataille qui se donna hier ici, qui est apparemment la seule que nous verrons de cette campagne.

Depuis quelques semaines, environ trois mille officiers de cette armée n'ayant rien à faire, se sont résolus de se livrer un grand combat avec des serviettes tortillées en anguilles, et ayant fait tous les préparatifs nécessaires pour cela et pris jour à hier, ils montèrent tous à cheval après midi en vestes rouges ou bleues, avec des écharpes, des turbans ou des bonnets de fourrures; ceux qui n'en avoient point mirent à leur teste des chaperons de pistolets des plus beaux; il n'y en avoit point qui ne fut vêtu très proprement: ils avoient aussi des grandes moustaches postiches.

Cette petite armée se divisa en deux corps : le premier que j'appellerai l'armée des Chrétiens, s'étoit marqué avec du vert : le second que je nommerai l'armée des Turcs, avoit du blanc.

Chaque escadron étoit uniforme, ceux habillés en Turcs avoient arboré la queue de cheval : ils avoient des janissaires, des arabes, des polacres et des houssards, et tous avoient beaucoup de trompettes, de timballes, de hautbois, de tambours et de fifres et des étendards, chacun à leur mode.

Monsieur le Duc (1) passa à la teste de l'armée des Chrétiens où il fut salué de toutes les troupes par le moulinet qu'ils firent faire à leurs serviettes tortillées, pendant que les trompettes sonnoient beaucoup de fanfares.

Monsieur le maréchal de Villars avoit permis la veille à l'ordre, le rendez-vous de cette bataille, et deffendu de faire des nœuds aux serviettes, de porter des pistolets, ni des épées, ni d'autres armes que la serviette bien tortillée, dont chacun se servit vigoureusement, comme vous l'allez voir par la suite.

Toutes ces troupes se trouvèrent au rendez-vous à une heure après midi, autour du village du grand Rulecourt, pendant que les armées se disposoient à combattre, quelques petits partis de houssards, de part et d'autre, furent à la petite guerre au travers du village pour reconnoître la disposition de leurs ennemis, dont ils envoyèrent faire le rapport à leurs généraux, tandis qu'ils escarmouchoient à grands coups de serviettes. Il n'y eut dans ces petits préludes qu'une vingtaine de blessés et de prisonniers des deux côtés, sans que la victoire se déclarât pour personne : ils se séparèrent après avoir caracollé pour rejoindre le gros de leur armée.

L'armée des Turcs étoit commandée par monsieur le duc de Louvigny et par monsieur le marquis de Seignelay. Messieurs les marquis de Gondrin et de Saint-Micau commandoient l'armée des Chrétiens. Son Altesse Sérénissime n'étoit d'aucun parti, mais elle s'intéressoit d'autant plus pour les Chrétiens que les régimens de Condé et de Bourbon avoient pris parti de ce côté-là.

(1) Le duc de Bourbon, fils du prince de Condé. «On l'a vu dans le champ de Mars, dit un autre pamphlet du temps, mais là comme ailleurs a-t-il fait parler de lui? Son caractère approfondi, je craindrais qu'on ne trouvât plus de mal que de bien; sa réputation n'est pas éclatante, il ne semble être né que pour les petites choses, tout son mérite est de ne point faire de mal, et d'avoir quelque disposition à faire le bien.» Louis de Bourbon mourut subitement à Paris, à l'âge de 42 ans, en 1710, et quelques jours après la campagne de Flandre.

Après que les généraux eurent donné tous leurs ordres, monsieur de Saint-Micau marcha avec une partie de l'armée pour tourner le village. Le général Gondrin s'avança avec le corps de l'armée du costé de la tête du village; il venoit d'apprendre par ses espions, pour lesquels il n'épargne point l'argent, que la plus grande partie de l'armée ennemie occupoit une petite plaine entre les retranchemens du camp et le village; il détacha deux escadrons pour s'avancer sur la droite et se rendre maître des avenues du village où il vouloit appuyer sa droite, crainte qu'on ne le prist en flanc.

Le général de Louvigny qui est très habile à conduire une affaire d'infanterie, se trouva un peu embarrassé pour la manœuvre générale d'une affaire de cavalerie; il eut la docilité de demander conseil aux vieux officiers de ses troupes, pour savoir s'il enverroit charger ces deux escadrons ennemis qui paroissoient. D'abord ils lui dirent qu'il falloit en envoyer six pour les combattre; il crut qu'il y alloit de sa gloire de n'y pas envoyer à armes égales, il ne fit d'abord marcher que deux escadrons, et par complaisance pour son conseil il permit encore à un escadron de les aller soutenir; les deux escadrons de Chrétiens ne s'étonnèrent point d'en voir venir trois à eux, ils commencèrent par charger les deux premiers qui soutinrent leur premier feu sans s'ébranler, mais d'abord qu'ils furent meslés, le troisième escadron des Turcs ne leur donna pas le tems de se rallier, les pénétra par le flanc, les battit et les contraignit de se retirer, mais pourtant en bon ordre et sans une perte considérable, parce qu'ils furent secourus à propos, ce qui obligea les Turcs qui les poursuivoient de s'arrester.

Je ne dois pas oublier de parler ici de monsieur le marquis de Gesvres, qui est un de ceux qui s'est le plus distingué en cette importante affaire par plusieurs manœuvres très dignes de mémoire, où il s'est extrêmement signalé. Vous savez, Madame, de combien son génie a devancé son âge: ses manières engageantes lui attirent autant les cœurs de tout le monde que son aimable figure: il a eu le bonheur de n'estre que légèrement blessé, il semble même que les ennemis l'aient respecté: je ne puis vous exprimer l'attention que toutes ses troupes avoient pour conserver sa personne: il a paru d'une expérience consommée, il s'est conduit, non-seulement en habile général, mais en valeureux soldat; il n'avoit point compté de servir dans cette armée, mais les généraux qui connoissoient son mérite le prièrent d'y prendre parti, ayant d'ailleurs besoin de secours contre les Turcs dont ils apprenoient que l'armée augmentoit à tout moment; ils lui offrirent d'estre maréchal-de-camp, et qu'il commanderoit les volontaires dont il auroit un corps séparé. Aussitôt que l'on eut appris la promotion de ce jeune général, beaucoup de gens vinrent lui offrir leurs services. Comme il es[t] adoré dans les troupes, il eut bientôt trouvé des gens plus qu'i[l] ne lui en falloit: il commença par distribuer les emplois aux off[i]ciers de son régiment qui l'avoient tous suivi: n'ayant pas eu d[e] tems pour faire leur mascarade comme les autres, ils combattiren[t] en habit ordinaire avec du vert à leurs chapeaux; leurs escadron[s] étoient des plus gros, quoiqu'ils n'eussent point d'étendards, mai[s] en revanche ils avoient grand nombre de trompettes.

Le général Gondrin chargea le maréchal de Gesvres d'observe[r] la manœuvre des ennemis, et de s'avancer à la teste de toute l'armée. Il marcha dabord avec une fierté digne de sa naissance, d[u] côté de la plaine où étoient les ennemis, qui ne s'inquiétèren[t] guères de voir venir à eux un si petit nombre de troupes; mai[s] quand ils apprirent qu'il étoit commandé par le maréchal de Gesvres, ils redoublèrent d'attention, ayant ouï parler très avantageusement de la valeur et du mérite de ce jeune héros. Le généra[l] de Seignelay demanda à l'aller combattre et marcha avec un[e] partie de l'armée. Le maréchal de Gesvres qui connoissoit le terrain, s'avança aussi de son côté, ce qui fit croire à tout le mond[e] qu'il alloit estre enlevé par la supériorité du nombre de ses ennemis qui marchoient à grands pas pour le charger, mais ils furen[t] obligés de passer un chemin creux où il ne donna le tems qu'[à] une partie des turcs de déboucher: il les chargea si à propos qu'il[s] furent culbutés dans le chemin, ce qui obligea le général Seigne[-] lay à faire sonner la retraite; il demanda à parler, sous parole, a[u] maréchal de Gesvres, qui se doutant bien de ce qu'il vouloit lu[i] dire, ne le jugea pas à propos et revint joindre l'armée des Chrétien[s] dont il fermoit la droite et chargea avec toute l'armée, où l'on re[-] marqua que son escadron ne se rompit jamais: toute sa manœuvr[e] fut admirée et applaudie de tout le monde, depuis le commencement jusqu'à la fin.

Avant que la bataille générale fut engagée, monsieur de Saint-Micau arriva après avoir fait le tour du village et avoir défait plusieurs petits corps de troupes des Turcs qu'il avoit trouvés dans so[n] chemin. Enfin, les deux armées se trouvèrent en présence toutes rassemblées entre ledit village du grand Rulecourt et les retranchemens, et elles se battirent pendant deux heures et demie avec une vigueur qui étonna tous les spectateurs, dont la plupart étoient montés sur les parapets des retranchemens qui servoient de montpagnote, comme aussi sur les arbres du village, où beaucoup de gens s'étoient perchés: il y en avoit jusque dans le clocher. Presque la moitié de l'armée se trouva à ce spectacle, qui fut aussi imposant qu'extraordinaire.

Pendant que les curieux spectateurs se pâmoient de rire, nos vaillans champions écumoient de rage en se battant en désespérés. Il étoit deux heures et demie quand la bataille commença: elle dura jusqu'à cinq heures dans ce même champ, où toutes les timballes, trompettes, hautbois, fifres et tambours faisoient un tintamarre épouvantable en sonnant tranquillement la charge. Le combat fut assez opiniâtre, et le terrain vigoureusement attaqué et défendu de part et d'autre, sans que l'on pût voir pendant quelque temps qui auroit l'avantage de cette grande action; mais la bonne situation qu'avoit prise le général Gondrin, et son application infatigable se portant partout avec une valeur qui encourageoit tout le monde, força enfin les Turcs à plier un peu, puis à reculer, et ensuite à abandonner le champ de bataille après avoir vaillamment disputé et soutenu le terrain où ils laissèrent beaucoup de blessés et de prisonniers; ils avoient déjà perdu la moitié de leurs étendards dans l'action qui fut très chaude, et on leur prit presque tout le reste, lorsqu'ils furent contraints de se retirer tout en désordre derrière les retranchemens du camp dont ils gardèrent les barrières avec le peu de troupes qui leur restoit.

Après avoir crié victoire et fait de grandes acclamations de joie dans l'armée des Chrétiens, chacun se rangea sous son étendard: on envoya tous les blessés et les prisonniers au corps de réserve que commandoit le sieur Allits; ses troupes étoient composées de tous les mulets du Prince, dont les muletiers avoient tourné leurs casaques à l'envers, portant les aigrettes des mulets avec toutes leurs cloches, dont ils faisoient un bruit épouvantable, qui s'accordoit pourtant aux cris de ces animaux qui ne sont pas accoutumés à se trouver dans ces occasions, et encore moins à y être montés par leurs gouverneurs qui ne les pouvoient faire escadronner qu'à grands coups de bâton.

Enfin, le général Gondrin, charmé de sa victoire, ne songea plus

qu'à la rendre complète : comme il est infatigable de gloire, il ré[é]
solut d'aller encore forcer les Turcs jusque dans leurs retranche[-]
mens. Ses troupes, quoique fatiguées, lui marquèrent leur bonn[e]
volonté par de grands cris qu'elles firent en jetant leurs bonnets [et]
chapeaux en l'air, ce qui est, comme vous savez, Madame, un[e]
marque d'envie de combattre : de sorte que pour ne pas laisser r[a-]
lentir cette belle et noble ardeur, ce général monta sur un de s[es]
grands chevaux, et fit à ses troupes une belle harangue militaire
que je ne vous rapporterai pas ici, crainte d'en diminuer le mérit[e,]
et afin de les mieux encourager, il la conclut en leur prometta[nt]
le pillage du camp ennemi ; après quoi voyant la bonne dispositi[on]
de ses troupes, et voulant profiter de l'occasion, il commença [à]
ordonner la disposition de l'attaque et se mit à la tête de ses gr[e-]
nadiers à cheval, qui furent soutenus par les troupes du génér[al]
Saint-Micau. Le maréchal de Gesvres étoit aussi à leur tête où [il]
avoit déjà fait des merveilles. Ils furent tête baissée aux barrièr[es]
de l'ennemi, où après une très vigoureuse résistance de plus [de]
trois quarts d'heure, les Turcs furent enfoncés et mis en dérout[e ;]
on débanda les houssards des Chrétiens pour achever les fuyar[ds]
qui n'étoient pas bien montés, tandis que le reste des troupes s'o[c-]
cupoit à piller leur camp où l'on fit un grand butin.

On commença par enlever tout le bouillon des marmites dont [on]
mangea la viande sans pain, étant fort affamés par la fatigue de [la]
journée ; après avoir fait plusieurs actes d'hostilité de cette forc[e,]
quoique les ennemis fussent entièrement défaits, cette arm[ée]
triomphante se forma en escadron, sur une seule ligne, pour sal[uer]
Son Altesse Sérénissime, qui passa à leur tête : tous jetèrent [de]
grands cris de joie en faisant faire le moulinet à leurs serviett[es]
et crièrent : Vive le Roi et Monseigneur le Duc !

La nuit s'approchant, chacun se retira en son camp, à la rése[rve]
de quelques escadrons qui furent commandés pour escorter [le]
Prince jusqu'à son quartier, où il remercia les troupes, et, avec c[ette]
politesse qui lui est si naturelle, il retint les officiers principau[x à]
souper avec lui. On n'a encore eu aucune nouvelle des enne[mis]
que l'on croit entièrement dissipés ; leurs généraux sont perdus, [ou]
du moins ils n'osent paroître : l'armée victorieuse jouira de [son]
triomphe en rentrant de bonne heure en quartier d'hiver, ou ap[rès]
avoir été couronnée de lauriers, elle ira bientôt se couronne[r de]
myrthes, n'ayant plus d'ennemis en campagne.

Les troupes qui se sont le plus distinguées dans cette brillante journée, sont les escadrons des régimens de Son Altesse Sérénissime avec les officiers de Gesvres, dont on avoit fait un même corps, qui combattant sous les yeux et à la vue de leur Prince, ont fait des merveilles. Je ne dois pas aussi oublier de louer ceux de Gondrin et de Greder-allemand, qui étoient de la même brigade et qui ont fait des choses presque inconcevables. C'est à eux que l'on doit une grande partie des avantages les plus considérables que l'on a remportés dans cette mémorable action, très digne d'être transmise à la postérité.

Parmi les troupes des Turcs, qui toutes ont parfaitement bien fait, les escadrons de Champagne et de Lionnois, l'ont de baucoup emporté sur la bravoure et la valeur extraordinaire du reste de leur armée. Ils ont fait des choses surprenantes et inouïes jusqu'à présent, et se sont battus comme des enragés et comme des gens qui auroient cru être invunérables.

Ils estoient tous en vestes uniformes galonnées de papier blanc: il en est beaucoup resté avec cette livrée sur le champ de bataille. Voici, Madame, de cette glorieuse campagne, quelques unes des scènes les plus tragiques : j'espère que vous serez bien aise d'en lire le récit : en réalité, il n'y a rien eu en cette bataille d'assez funeste pour vous faire pleurer, j'en serois au désespoir.

Il y a eu beaucoup de chevaux cabrés et renversés, d'autres ont foulé aux pieds les combattans qui mordoient de rage la poussière du champ de bataille; il y a eu aussi beaucoup de bonnets perdus dans la mêlée, quantité de gens désarmés, ou pour mieux dire déserviettés : un très grand nombre de part et d'autre ont eu les yeux pochés, un plus grand nombre encore les épaules et le dos tout meurtris, quelques uns les bras déboités, et la plupart se sont fort enrhumés dans la chaleur du combat, n'y étant pas accoutumés. Je n'ai vu de sang répandu que par le flanc des chevaux, où l'on appuyoit très souvent et fort vigoureusement la molette de l'éperon.

La scène la plus pitoyable et la plus comique de cette mémorable journée, fut donnée par un officier des Turcs, que je vous supplie, Madame, de me dispenser de vous nommer, quoiqu'il ait fait en cette bataille des actions dignes d'un grand homme. En fuyant devant les Chrétiens, il tomba malheureusement au milieu d'une latrine très légèrement couverte d'un peu de terre : il s'y enfonça si avant qu'il faillit à y étouffer; la mauvaise odeur qu'il fit exhaler autour de lui, fut cause que l'escadron qui le poursuivoit et quelques autres fuyards de son armée, se rompit à cet aspect; pendant que notre infortuné que personne n'osoit aborder pour le faire prisonnier de guerre, se débattoit avec son cheval dans ce gouffre d'infection, pire que celle d'enfer, tous les spectateurs de l'un et l'autre parti le regardoient tranquillement en faisant des éclats de rire surprenans, sans que pas un d'eux eut le courage, ni même peut-être la pensée de le secourir dans un si *pressant cas*, en sorte que ce pauvre malheureux ainsi abandonné, n'eut d'autre ressource que d'appeler quelque soldat qui n'avoit pas reçu son prêt, à qui il offrit tout son argent pour le sortir de cet effroyable cloaque.

Après que Son Altesse Sérénissime eût soupé, comme ce Prince est infatigable dans l'art militaire, il alla tirer des bombes jusqu'à minuit: il en avoit fait faire deux batteries qui tiroient l'une contre l'autre: Monsieur de Gondrin étoit à l'une, et Son Altesse Sérénissime à l'autre, où elle mettoit elle-même le feu à la fusée et au mortier avec la même adresse que les plus habiles bombardiers.

Voilà, Madame, comment cette célèbre journée se termina; je ne doute pas que l'histoire n'en fasse part à la postérité, méritant fort, par sa singularité, de n'être pas oubliée.

Je suis, etc.

INSTRUMENTS.

(XIV.)

Notes et Pièces à consulter pour l'histoire d'Épernay.

NOTICE.

L'auteur de l'*histoire de la ville d'Epernay* (l'abbé G.), écrit d'après le P. Lelong, comment en 1428, Charles VII et la Pucelle d'Orléans vinrent mettre le siège devant Epernay que tenaient les Anglais. Il raconte avec toute les circonstances de ce siège, un stratagème fort ingénieux, selon lui, du commandant de place anglais, qui pour surprendre l'ennemi fit sortir de la ville et diriger vers Châlons un convoi de voitures chargées de vin de Champagne, comme pour le mettre à l'abri du pillage. Les Français, ainsi que l'avait prévu le commandant, arrêtèrent le convoi, firent main-basse sur le liquide et s'en abreuvèrent si bien qu'ils se laissèrent surprendre par les Anglais, qui les massacrèrent inhumainement. Mais ajoute M. G. « Charles répara cette perte, et la Pucelle d'Orléans ayant pris la ville, pour se venger de cette ruse, passa au fil de l'épée toute la garnison. » — Voilà qui est fort bien et l'histoire est curieuse. — Il n'y a qu'une chose à dire à cela : c'est que jamais la Pucelle d'Orléans ni Charles VII ne vinrent assiéger Epernay. Il suffit pour s'en convaincre de lire les pièces sur Jeanne d'Arc que nous avons publiées dans le 1er N° de la *Chronique de Champagne* : on y trouve l'itinéraire de Charles et de son armée, de Troyes à Vitry, Châlons, Reims où il se fit sacrer, Corbeny, Soissons, Château-Thierry, Provins, et il n'est nulle part question d'Epernay ; d'ailleurs comment le commandant anglais aurait-il imaginé, pour mettre à couvert son convoi, de le diriger sur Châlons alors au pouvoir de Charles VII ? — Tout ceci n'est qu'un conte fait à plaisir, dont l'auteur a complaisamment accueilli le récit. Mais ce qui est bien vrai, c'est l'étrange destinée des Sparnaciens, quatre ans plus tard. Les troupes du duc de Bourgogne surprirent la ville d'Epernay le jour des Cendres 25 février 1432 : après de nombreuses vexations commises sur les citoyens, l'ennemi publia l'ordre d'évacuer la ville, et toute la population, hommes, femmes, enfants, se vit réduite, en plein hiver, à aller mendier un refuge dans les villages voisins. Cet exil dura trois ans. Nous manquons de détails sur les circonstances de bannissement, mais le fait est historique et consigné non-seulement dans les registres des délibérations du conseil de la ville, mais encore dans un manuscrit que nous avons sous les yeux, intitulé : *Etat général des Cens et Vinages de l'Abbaye*

de St-Martin d'Epernay pour l'année 1420 et suivantes; dont suivent des extraits
Voici d'abord le passage qui atteste la prise d'Epernay :

Pour mémoire à l'advenir :

*Anno Domini millesimo quadringentesimo tricesimo secundo, vicesim[a]
quinta mensis februarii, quæ fuit dies cinerum, villa ista de Sparnaco cap[-]
ta fuit ex defectu custodiarum malevigilantium, et erat jam dies clarus
et fuerunt mortui in dicta villa quinque homines, et una mulier prægnans
quæ percussa fuit ex una sagitta in suo utere et statim defuncta* (1).

Vient ensuite la mention du bannissement.

Est ce présent registre fait pour trois années ensi, car on ne l[e]
peu bonnement renouveler, pour cause que les habitans dudit E[s-]
parnay ont esté tous, ou à bien peu près, boutez hors de la vil[le]
depuis le xxv[e] jour de février jour des Cendres mil iiii[c]. xxxii, ju[s-]
ques au dimanche xvi[e] jour du mois de octobre l'an mil iiii[c]
trente-cinq, que la paix fut criée audit Esparnay entre le Roy [et]
monseigneur de Bourgogne, et que ceulx qui estoient en garniso[n]
audit Epernay eurent ung mois de vidange, pour leurs corps [et]
pour leurs biens.

Un événement plus triste pour les habitants d'Epernay que leur exil de 143[2,]
c'est l'incendie de 1544 qu'alluma François Ier, pour affamer son redoutable enne[mi]
Charles-Quint, maître déjà de Commercy, Ligny, Saint-Dizier, Vitry et de to[ut]
les environs de Châlons. Afin de retarder la marche des impériaux, François a[vait]
ruiné la campagne depuis Vitry jusqu'à Epernay: cette dernière ville était deve[nue]
le point d'approvisionnement général : elle se trouvait alors encombrée de b[es-]
tiaux, de grains, de vins et de denrées de toute espèce. Cependant parut bien[tôt]
Charles-Quint. Paul Jove raconte dans son histoire qu'il s'empara d'Epernay :
« Au demeurant, s'arrestant tout court à son dessein et faisant incontinent marc[her]
» son camp en avant, s'en alla vers la ville d'*Aspernet*, assise sur le chemin q[u'il]
» s'estoit destiné, et l'ayant saisie, outre l'opinion du Roy et des ennemis, s'y raf[frai-]
» chit d'opulente provision de toute sorte de vivres. » --- Paul Jove se trompe évide[m-]
ment. François Ier se trouvait campé à Jallons, et tenait le côté gauche de [la]
Marne. Charles-Quint campé au bourg d'Avenay ne passa point la rivière et pou[r]

---

(1) L'an 1432, le 25 du mois de février, qui était le jour des Cendres, par la fa[ute]
des sentinelles endormies, la ville d'Epernay fut prise, et pourtant il faisait [grand]
jour. Cinq hommes furent tués dans la ville, ainsi qu'une femme enceinte qui f[rap-]
pée d'une flèche au sein, mourut aussitôt.

plus tard jusqu'à Château-Thierry, sans quitter ce même côté droit qu'il avait toujours tenu. François Ier désespérant de sauver Epernay, manda au capitaine Sery d'y mettre le feu. Voici la mention de cet événement que nous fournit le manuscrit dont nous avons extrait les citations qui précédent.

La ville d'Esparnay fût arse et brûlée le IIIe jour de septembre, l'an mil cinq cent quarante-quatre, par le cappitaine Sery, cappitaine Françoys, par le commandement du roy Françoys premier de ce nom, ayant son camp et armée à Jallon, et Charles d'Autriche, empereur, à Avenay (1). Et fut ce fait, pour garder que led. empereur ne se fortifiasse des vivres de l'ost qui estoient aud. Esparnay : et fut la chose faite sy soudainement, que les habitans d'icelle, n'eurent loysir de sauver quelques de leurs meubles, où il y eût grande perte et ruyne : et se sauvèrent lesd. habitans à qui mieux mieux; et à leur retour, ne trouvèrent aulcuns logis en lad. ville pour se loger, synon bien peu, et en l'iver; qui causa aud. habitans (avec les morts qui gisoient sur la terre sans sépulture), une grande pestilence qui régna huit moys : car depuis le IIIe jour de septembre susdict et jusques en mai en suivant, il en mourut tant par ladite pestilence, que par le maulvais traistement qu'on obligea à la fuite la moitié des chefs d'hostels dud. Esparnay.

Nous finirons ces extraits par l'indication que nous fournit le même manuscrit, des rues de la ville d'Epernay, dont quelques unes du temps de l'auteur n'existaient déjà plus. Nous savons que l'Administration municipale d'Epernay songe à rendre à chaque rue son ancien nom. Ce catalogue dressé au XVe siècle, pourra fournir quelques précieux renseignements. — On y verra du moins combien l'orthographe de certains noms a été altérée.

---

(1) Il y a quelques années qu'en creusant à Avenay, les fondations d'un mur, près des fossés de la rue dite *la Lombardie*, les maçons trouvèrent des restes de foyers avec leurs cendres, et divers ustensiles de ménage; deux monnaies d'argent, l'une au type d'Isabelle de Castille, de la valeur d'un franc, et l'autre au type de Ferdinand le Catholique, de la valeur de cinq francs, furent également trouvées dans ces décombres. Il n'est pas douteux que cette partie du bourg d'Avenay n'ait été incendiée par les soldats de Charles-Quint, furieux, sans doute de n'y point trouver de dédommagement à la perte que leur allait faire éprouver l'incendie d'Epernay. — Car voilà comme se vengent les soldats, par le feu et le pillage !

Le nom des rues anciennes de la ville d'Esparnay et faux-bourgs d'icelle, partie desquelles sont aulcunement incogneues à présent :

A commencer à l'église de Saint-Martin, qui est l'abbaye au milieu de ladite ville, et tirant à la porte de Châlons, à droicte, puis à la porte Saint-Thibault et à la Porte-Lucart revenant à ladite église :

1. La rue Saint-Martin, qui va de l'église jusqu'à la halle.
2. La ruelle de l'Aumône, dedans celle de St.-Martin, à gauche.
3. La rue de l'escaille, depuis la Belle †, dite des Bouchers jusques aux murailles du costé du chasteau, à gauche.
4. La rue Montillier, depuis la maison de l'escaille jusques au murs de la ville, à droite.
5. La Grande-Rue depuis la halle jusques aux murs de la ville ou la tour du Comte.
6. La rue . . . . . . dedans ladite Grande, à gauche.
7. La rue Basse-de-St.-Remy, dedans ladite Grande-Rue, tiran vers l'église St.-Remy.
8. La Haulte-Rue-St.-Remy, depuis l'église St.-Remy jusques la halle.
9. La rue Rancienne, — La rue des Estuves.

Il y a quelque conjecture que ce n'est qu'une rue de ces deu noms, et que c'est derrière l'église St.-Remy, depuis la Grande Rue, jusques à la porte Châlons.

10. La ruelle du cemetière St.-Remy, dedans la Grande-Rue à droite.
11. La rue derrière St.-Remy, va de la Grande-Rue à la porte d Chaalons.
12. La rue de Porte-Chaalons, depuis ladite Porte jusques à l rue St.-Martin.
13. La rue des Bersaults, va selon les murs de la ville de Chaa lons, à la rue St.-Thibault, proche de ladite Porte St.-Thibaul
14. La petite rue des Bersault va au milieu de la grande précé dente, et de Tour-Batteresse à la rue St.-Thibault.
15. La rue St.-Thibault, depuis la Porte-St.-Thibault jusques a coing de ladite Abbaye, ou maison de l'Abbé.
16. La rue Montsuzain, depuis la Porte-St.-Thibault jusques la Tour-Blanche qui regarde la bonde des fossés, dite du Pas-d'Asn
17. La rue Chaugastel depuis la Tour du Pas-d'Asne, jusques la maison de Brugny, ou rue de la Grivelle.

18. La rue du Pressoir-Chaugastel va du milieu de ladite précédente du Pas-d'Asne, à la grande rue de St.-Thibault.

19. La rue qui descend de ladite Chaugastel vers le jardin dit des Harquebuziers est maintenant appelée.....

20. La rue de la Bergerie, va depuis le jardin de Brugny anciennement, maintenant le jardin des Harquebuziers jusques à la rue du Pommier.

21. La rue de la Grivelle, ou des Orgues, depuis ledit jardin des Harquebuziers ou Brugny, jusques à la rue des Trois-Pilliers, devant la maison de l'Abbé, aultrement dite la Court-St.-Wallon.

22. La rue de la Fervette, depuis dite du Pommier, va depuis les murs de la ville, jusques à la rue de la Juiverie droite à l'aumonne de céans. Ceste rue a issue à la rue de la Grivelle.

23. La rue de la Juiverie-Basse, va de la Porte-Lucart à la rue de la Juiverie-Haulte qui descend à la halle.

24. La rue de la Juiverie-Haulte va de la halle jusques à la rue du Pommier par-devant l'aumonne, et à la place de l'église St.-Martin.

25. La rue des Trois-Pilliers ou Court-St.-Wallon va depuis la rue de la Grivelle ou des Orgues, jusques à la place devant l'église St.-Martin.

C'est tout ce qui se cognoist de présent.

Les rues des faux-bourgs d'Esparnay.

A la Porte de Chaalons. La rue du Pont qui va de ladite porte jusques au pont à main gauche.

La rue des Pescheurs qui est audessoulz de la précédente, va de la Tour-le-Comte jusques à la croix du pont.

La rue de la Folie, depuis la Porte-Chaalons droite à la Croix-Brussy.

La rue dite du Mᵉ des Canes, va de celle de la Folie ou Maison-de-la-Galère en la rue du Pont à gauche.

La rue de la Charonnière, va de la Folie, à droite vers le grand jardin ou faux-bourg St.-Thibault.

A la Porte Saint-Thibault. La rue du Moustier-St.-Thibault, va de la porte de la ville au Haut-Pavé ou à St.-Julien.

La rue de Lorme à gauche du jardin St.-Thibault.

La rue au Moulin-le-Roy qui va audit Moulin.

La rue Chanteraine.
La rue du Bout-du-Monde.
La rue de la Planchette.
La rue des Ponts-Neufs, anciennement la Rigolle, qui va de [la] Porte-St.-Thibault à droite aux vignes.

A la Porte Lucart. La rue des Nommois qui va des boutiques a[u] ruisseau des moulins en tournant aux vignes.

La rue du Moulin-la-Planche, depuis ledit moulin jusques a[u] Puits-Rouillart qui est devant la Courte-Crance.

La rue du Puits-Rouillart, va depuis ledit Puits, devant la Court[e] Crance, jusques aux boutiques ou rue de Nommois.

La rue St.-Laurent depuis ledit Puits-Rouillart jusques pardelà [la] chapelle St.-Laurent.

La rue de Breban, dite maintenant la rue d'Igny, va du Mouli[n] la-Planche à la cense d'Igny jusques aux champs.

C'est tout ce qui est contenu, partie en ce livre ancien, et autr[es] semblables de ceste maison abbatiale d'Esparnay.

VARIÉTÉS.

ÉTUDE DE MOEURS.

Un coeur à placer.

> La société, la Providence même, peut-être, n'a permis qu'un seul bonheur aux femmes. — L'amour dans le mariage. Mᵐᵉ DE STAËL.

J'habite Paris et le Marais, je suis rentier, garde national, heureux et veuf. — J'ai le nom le plus vulgaire du monde, et assurément, Messieurs, le plus ignoré de vous. — Mais que voulez-vous? on ne choisit jamais tous les échos de sa gloire; quoiqu'il en soit, et par la seule vertu du cabinet de lecture, LA CHRONIQUE DE CHAMPAGNE est arrivée hier jusqu'à ma retraite, à moi, vieux Champenois oublié et dont le coeur battra cependant toujours à tous les réveils de la patrie absente.

A l'apparition du recueil que vous avez fondé, j'ai souri d'abord de souvenir et d'orgueil; puis je me suis dit, comme Arnal dans *Heur et Malheur* : Voici mon affaire.

J'attends de vous un service, mais je prétends vous en rendre un.

Les journaux qui naissent cherchent deux choses : des actionnaires et des annonces.

Des actions! Je ne vous en demande point. — L'action c'est l'ancien régime de la presse *mourante*, comme diraient les journaux à 40 fr., qui cependant jusqu'ici n'ont pas méprisé l'action.

Mais l'annonce! Messieurs, l'annonce, c'est le progrès; c'est l'avenir!

L'annonce ! c'est la révolution, — c'est le chemin de fer de [la] presse, — c'est le verbe de la religion nouvelle, — c'est la femm[e] libre du Saint-Simonisme, avec cette différence légère que l'a[n]nonce est trouvée et que la femme libre est encore à découvrir. L'annonce, c'est mieux encore : c'est un système à l'aide duqu[el] on gagne à force de perdre, et qui fait que celui qui vend une cho[se] 80 fr. traite de fripon celui qui la donne à 40. — Deux résultat[s] dont le premier pourrait bien être moins faux qu'il n'en a l'ai[r,] mais dont le second tient quelque peu, ce me semble, de l'esp[rit] de justice et de la force de raisonnement de cet estimable et pre[sque] que trépassé *Constitutionnel*.

J'arrive donc à vous avec une annonce.

J'ai de par le monde un ami.

Il est garçon.

Je veux le marier. — J'aime à croire qu'il en vaut la peine.

Aujourd'hui, attendre modestement chez soi que le bonhe[ur] vienne vous y chercher ! vouloir gagner par les efforts d'une [vie] sans reproche l'immense faveur d'être désiré et choisi, peut-êtr[e] ce serait, m'assure-t-on, un rêve presqu'aussi vieilli, aussi m[al]heureux, j'allais dire aussi ridicule, que celui de prétendre conqu[é]rir, sans demande et par son seul mérite, l'honneur capricieux [des] faveurs du pouvoir.

On m'a dit cela, et c'est parce que je tends à le croire, que je [me] suis résolu à publier par voie d'annonces les mérites de mon ca[n]didat au mariage.

Avant la naissance de *La chronique de Champagne*, j'allai naï[ve]ment porter mon annonce au *Journal des Débats* : on m'offrit p[our] elle (alors à 1 fr. 50 cent. la ligne) une place entre le *Racahout [des] Arabes* et les *Rateliers de Désirabode*. Je redoutai, pour mon ami, [le] voisinage : je me retirai. — Je conçus ensuite ce que j'appelle u[ne] innovation en matière d'annonces de ce genre : je rêvai pour e[lle] le cadre d'une revue littéraire.

Je frappai à la porte de la *Revue de Paris*, on me répondit que [la] prochaine livraison contiendrait un article sur l'adultère, signé J[.] C'était mal rencontrer : je reculai, désespérant un peu de mon a[mi.]

Serai-je plus heureux auprès de vous ? Le quatrième numéro [de] votre Chronique me répondra.

J'ai maintenant à vous faire connaître mon ami.

Je ne vous donne pas son signalement, pour deux raisons ; la première, c'est que je ne suis ni commissaire de police, ni employé au physionotrace. La seconde, c'est que je réserve le physique de mon ami pour le coup de théâtre de l'entrevue, si entrevue il y a. Il faut bien laisser quelque chose à l'imagination et aux rêves de vos lectrices.

Il a trente et quelques années.

Il a un nom peu moderne, j'en conviens, un nom qui lui a nui, je dois encore l'avouer; enfin, un nom que je me hâte de vous livrer, comme on se hâte de se débarrasser d'une chose qui gêne à dire. Ce nom, c'est Epaminondas ! — N'en parlons plus.

Mon ami a ce qu'on appelle de quoi vivre à Paris, et ce qui est de la fortune, dans la ville qu'il habite aujourd'hui, car il habite une ville du midi que la discrétion ne me permet pas de nommer encore.

Il est, en outre, actionnaire des *Parapluies-Omnibus*.

Il a reçu d'un de ses oncles, mort du choléra, une maison et un jardin dont le site semblerait emprunté à la Suisse.

A l'extrémité du jardin, coule une rivière dont je ne vous vanterai ni les flots d'argent, ni le lit de fleurs; mais qui, à parler plus simplement, est bien la source la plus pure que vous ayez par fois bénie, après les ardentes journées d'une course de montagnes.

Tout cela est joli, élégant, entouré d'un paysage inspirateur : tout cela rappelle quelque peu, par les détails, les habitations enchantées de la campagne sicilienne.

L'intérieur de la maison, que je me garde de vous décrire, révèle la présence d'un homme de goût dont la vie d'expérience et d'observation a transporté dans le calme et dans le bien-être de la province, des habitudes que la province ne donne pas.

Douce et attachante solitude que s'est ainsi faite mon heureux ami ! Mais enfin c'est toujours une solitude ; il y a autour de ce bien-être je ne sais quel vide qui donne à cette maison l'apparence d'un lendemain de départ, qui fait que l'étranger même semble y chercher une chose absente, et qui jette comme un deuil inconnu sur tous ces éléments d'une existence riante. Epaminondas dit que cette chose absente, que ce souffle de vie qui manque à cette gracieuse création, c'est une femme. — C'est une femme que je demande pour lui.

Mon ami a profondément réfléchi sur le mariage.

A vingt ans, par genre et surtout par ignorance de la vie, il pa[r]lait mal des femmes et flétrissait le mariage. Cela devait être; [on] croit à cet âge que nier la vertu chez les femmes, c'est se donn[er] un brevet de séducteur.

Plus tard il a subi à son tour cette révolution morale que n[ul] conseil, qu'aucun enseignement n'opérerait en nous et que no[us] n'acceptons avec bonne foi que de notre propre et douloureuse e[x]périence.

Il a secoué peu à peu et les rêves exagérés de seize ans qui déc[o]rent du nom d'ange toute ombre de femme qui leur apparaît, [et] les imprudents blasphèmes de vingt ans qui à la première, à la pl[us] inévitable déception, jettent hardiment sur toutes les femmes l'o[u]trage irréfléchi de leur désespoir d'enfant.

Illusion folle, d'abord ! — Puis, désenchantement injuste, i[m]pie ! — Ce sont là deux écueils de la vie que l'homme doit travers[er] à ses risques et périls, avant d'arriver à la raison du cœur, rais[on] plus lente encore et plus difficile à atteindre que celle de l'esprit.

Pour mon ami la traversée a été bonne et sans naufrages.

Il en est venu à croire assez au mal pour adorer le bien, qua[nd] le ciel veut qu'il le rencontre.

Il en est venu à se dire que nous autres hommes nous avons [en] général une grande part dans les fautes que nous reprochons am[è]rement aux femmes, tandis qu'elles ont et gardent tout l'honne[ur] de ces qualités qui sont leur privilége et que leur dévouement c[on]sacre à notre bonheur.

Il en est venu à considérer le mariage comme l'œuvre grav[e et] sérieuse de l'homme, comme le but et le terme des affections de [la] vie.

Sa théorie est, comme vous voyez, peu en harmonie avec [les] idées du siècle. Je dois reconnaître qu'il ne l'explique pas trop m[al].

Figurez-vous un instant que c'est lui qui vous parle; cela me [fa]cilitera singulièrement dans l'analyse de ses pensées.

Selon mon ami :

I.

A ne voir le mariage qu'au point où la société l'a amené, [et] dans le cadre qu'elle lui a tracé, on ne devrait s'étonner que d'[une] chose, c'est qu'il s'y rencontre parfois encore des hasards de b[on]heur.

Deux chiffres mis en regard, quelquefois (et ce sont les meilleures chances) deux positions de famille comparées : — un intermédiaire insouciant, froid, égoïste, qui n'a jamais étudié les cœurs qu'il assemble, qui ne voit pour une jeune fille qu'un malheur, celui de vieillir sans mariage : — voilà, à très peu d'exceptions près l'histoire uniforme, la recette banale du mariage actuel.

Les rapports de caractères, de goûts, d'esprit, d'éducation, les habitudes de cœur surtout, toutes choses qui touchent au vif la dignité d'une femme; c'est là ce qu'on livre à toutes les incertitudes d'un avenir irréparable.

Ce point de départ est déjà une fatale condition, car on débute dans l'existence commune par la défiance.

Une femme qui a quelqu'élévation dans l'âme a déjà peine à estimer l'homme qui l'a ainsi associée à lui, de sang-froid, par calcul, sur renseignements, presque sans hommages et sans avoir laissé se prononcer de toutes les volontés la plus inviolable, celle du cœur.

C'est un mauvais souvenir qui demeure.

II.

Qu'arrivera-t-il, à plus forte raison de l'affection?

L'affection! mais c'est la vie des femmes. Elles échappent dans leur vocation privilégiée de Dieu, à ces soins d'affaires, à ces passions égoïstes et ambitieuses qui flétrissent et dessèchent, et qui sont, à nous, notre destinée journalière : leur cœur garde sa pureté et ses ardeurs premières. Il a un éternel besoin d'aimer.

Or, il ne dépend pas d'une femme qui a quelque valeur, de disposer de son affection selon le hasard; il peut ne pas dépendre d'elle que cette affection naisse un jour du devoir même le plus résigné. Et d'ailleurs, malheur à celui qui aurait imprudemment fondé l'espoir de ses heures d'amour sur le despotisme impuissant de ces trois mots : « *il le faut* ».

III.

Cependant ces caractères, inconnus l'un de l'autre, se rassemblent; ils s'observent et s'étudient.

Les qualités que l'on rencontre, on les trouve à peine à la hauteur du rêve que se font toujours nos imprudentes exaltations.

Les défauts même les plus ordinaires apparaissent au contra[ire] comme une déception, comme un mécompte, et on s'en ga[rde] rancune comme d'une déloyauté dans le marché qu'on a fait.

Voilà le danger de remettre après l'engagement irrévocable, [l'] essai de caractères, qui n'a plus d'admiration possible et qui [ne] rencontre que des sévérités sans pardon.

IV.

Or, quel est l'homme qui, venant à une femme de cœur avec [la] promesse sacrée de travailler toute sa vie, de toute sa puissan[ce] à la guider vers le bonheur, quel est l'homme qui, avant d'ent[re]prendre cette sainte mission, n'a pas à racheter quelque insu[ffi]sance, à se faire pardonner d'avance un défaut qui n'est souve[nt] qu'un malheur, à obtenir de cette noble absolution de femme [le] baptême du voyage qui va commencer ?

Les femmes ont, en général autant de générosité que d'amou[r.]
Après Dieu, elles ont au premier dégré la vertu du pardon.
Tout ce qui est ardent et franc va droit à leur cœur.
Tout ce qui souffre et prie a de souverains pouvoirs sur lui.
La reconnaissance est de tous les hommages celui qu'elles a[m]bitionnent le plus. — Serait-ce parce qu'il nous place mieux et p[lus] humbles sous leur empire adoré ?..... Je n'examine pas.

Eh bien ! une femme sera indulgente, bonne, dévouée pour ce[lui] qui aura ainsi d'avance, respecté les magnifiques délicatesses de [sa] nature, et qui aura pris soin de mériter son affection comme [un] bienfait, avant de l'exiger comme un droit.

Quand un défaut, qui ne sera pas une surprise, reparaîtra d[ans] la vie commune, elle songera aussitôt aux qualités qui l'ont rac[he]té auprès d'elle, et elle arrivera à en aimer peut-être davant[age] l'homme qui l'aura assez bien jugée pour lui demander loyalem[ent] la force d'un sacrifice, alors qu'il dépendait encore d'elle de [le] refuser.

C'est à ce prix que se gagne la volontaire et affectueuse soum[is]sion d'une femme.

C'est à ce prix que l'on peut s'avancer avec quelque cour[age] vers l'avenir. — « La femme obéit instinctivement à ce qu'elle aim[e, »] a dit le grand écrivain, je me trompe, le grand poète de nos jou[rs,] Georges Sand.

V.

Non que ce système, si c'est là un système, tende à réhabiliter ce que le monde est convenu d'appeler mariage d'inclination. Ce n'est pas par les illusions enchantées mais passagères de la passion que l'homme doit arriver au mariage; c'est par l'étude réfléchie et dévouée des volontés du cœur; par l'affection de choix : affection lente et grave, réservée à la seconde jeunesse de l'âme, et qui, après avoir douté et souffert dans sa route, vient apporter aux pieds d'une femme, non plus, les banales et naïves adorations d'un culte d'ignorance, mais l'enthousiasme raisonné et croyant d'une conversion.

VI.

Cela conduit à dire, qu'en général, et de nos jours surtout, l'homme ne doit pas se charger trop jeune des périls du mariage.

Le mariage doit être le dernier amour de sa vie.

Il doit en faire une question de bonheur, bien plus qu'une affaire de plaisir : l'un vaut bien l'autre; les femmes n'ont rien à y perdre.

La vie a, pour chacun de nous, plus ou moins de hasard.

La portion aventureuse, incertaine, exposée du voyage, il faut la faire seul. Il faut n'avoir à jouer que son sort, et pouvoir, si la chance tourne mal, le perdre, sinon sans regrets pour soi, au moins sans remords pour la destinée d'un autre.—Souffrir de ses propres revers, c'est un devoir de courage; mais souffrir des maux d'une femme venue à vous sous les charmes de l'espoir et dont l'existence s'est brisée dans vos mains : c'est pour certaines âmes, un malheur sans résignation. Puis si le ciel s'épure au-dessus de votre marche, si le chemin s'applanit et se pare de fleurs, si après les aspérités de la montagne inconnue, vous touchez aux vallées riantes, si un éclair de gloire a lui sur votre tête, si la fortune s'est montrée à vous, si vous avez repris, à la vue de l'étoile qui vous a sauvé, cette sérénité joyeuse d'esprit et de cœur que donne la confiance du bonheur, oh! alors, venez demander ce bonheur aux genoux d'une femme qui vous l'aura permis; venez lui offrir cette destinée faite sans elle et pour elle : — Donnez-la lui pour premier hommage.

VII.

Pas une de ces sollicitudes prévoyantes et dévouées n'échappe à la miraculeuse intelligence du cœur des femmes.

Tome I.

Tout cela intéresse et engage l'exquise loyauté de leurs impres[sions]; tout cela devient plus tard au milieu des ivresses du monde pour elles, une raison de force; pour vous, une chance de salut.

VIII.

Plus une femme est distinguée, et plus cette marche d'honneu[r] plus ces sages scrupules sont exigés et nécessaires auprès d'elles.

Il est des femmes, on le disait tout-à-l'heure, dont la dignité [ne] voudra jamais pardonner à un homme d'être arrivé autrement [à] elles, de les avoir acceptées d'autres que d'elles.

Mais prenons la position la moins défavorable : elle rentre d'ailleurs davantage dans la nature la plus habituelle des femme[s] pauvres anges créés pour la douleur et que la douleur trouve pre[sque] toujours héroïquement résignées.

Supposons donc que malgré la situation fausse d'une femm[e] secrètement blessée, que l'homme auquel on la donne ne se s[oit] pas préoccupé du devoir de la mériter : supposons que, malgré ce[tte] première défaveur, il y ait chez elle désir d'aimer, effort pour [ai]mer cet homme.

Chaque jour (ici encore ne prenons rien au pire), chaque j[our] développe chez le mari un de ces caractères d'estime, de prob[ité] froide et grave, mais un de ces esprits sans distinction, pour l[es]quels la vie n'a jamais eu une heure de poésie, qui ne savent [pas] s'élever (d'autres disent descendre), au langage du cœur des fe[m]mes et qu'en revanche les femmes ne savent pas aimer ;—Car[ac]tères utiles du reste, qui font honorablement fortune sur la te[rre] mais qui n'y font guère que cela.

Eh! bien cette contrariété de natures, toute adoucie que n[otre] hypothèse l'ait faite, contient un double malheur.

La logique des impressions humaines veut que l'homme qui [n'a] vu dans le choix d'une femme qu'une froide combinaison d'a[mour-] propre ou de fortune, songe peu et mal à l'entourer de ses s[oins] fidèles, de ces hommages nobles, mais encore galants, de ces [em]pressements heureux qui en satisfaisant la vertueuse coquett[erie] d'une jeune femme, attirent jour par jour et récompensent le[s lé]gitimes ambitions de son cœur.

Aussi chacun des élans de cette âme de jeune femme lui [rap]porte une froideur.

Ses illusions de jeune fille tombent tout-à-coup et avec un[e] chîrement affreux, pour s'être heurtées contre une réalité qui les glace. — Or, les illusions d'une femme, c'est la moitié de son courage.

Belle et noblement affectueuse, elle en arrive bientôt à cet état presque désespéré qui retient et paralyse tous les entraînements d'un cœur qui a perdu confiance et qui se flétrit sous une perpétuelle contrainte.

Il y a là une souffrance inconnue pour elle.

Elle n'a pas un tort sérieux à reprocher à l'homme qui s'est chargé de sa destinée. Il a pour elle des égards. Mais tout dans ses froids et gauches empressements, conserve un aspect légal. — Sa femme ! C'est la chose frivole, c'est le temps perdu de sa vie.

Oh ! ce n'était point ainsi que lui était apparu le mariage, le jour où, couronnée de fleurs, sa tête s'inclinait sous la parole sainte du prêtre : alors dans ce trop court vertige de la royauté nuptiale, dans sa pieuse et naïve extase, la jeune fiancée demandait au Dieu qui la bénissait, deux bonheurs souverains entre le bonheur des femmes :

Celui d'être le seul amour de l'homme qui venait à elle.

Celui d'être toujours et partout fière de lui.

IX.

Au lieu de cela aujourd'hui ses journées se passent sans hommages de son mari.

Ses soirées sont le plus souvent solitaires.

Rien, quand le hasard ramène un tête-à-tête presque désappris, rien n'appelle ces trésors de paroles aimantes qu'elle sent déborder dans son cœur ; qu'elle répandrait avec tant de décence et d'amour sur l'amour permis qu'elle attend et qui se tait et que par dignité elle retient en elle, comme un de ces bienfaits qui veulent une prière. — Les femmes, comme Dieu, n'accordent qu'à ceux qui prient.

Jamais, dans les cercles du monde, il ne lui a été donné de sentir les battements de cette joie secrètement orgueilleuse qu'inspire à une femme l'alliance d'un mari, qu'on remarque, qu'on distingue, qu'on écoute.

Jamais, sur son passage, elle n'a entendu une autre femme jeter sur son sort une de ces paroles d'envie dont elle eût voulu rapporter la gloire à son mari.

Ainsi, affection ! noble fierté d'épouse ! tout lui manque ; et chez

elle le cœur méconnu n'a pas même à se consoler dans les ravis[sements]
ments de l'amour propre.

X.

Elle subit sans plaintes ces mécomptes sans remède.

Mais elle languit et pleure.

Les tendres et brûlants penchants de son âme grandissent[,] s'irritent dans ce vide qui la dévore; dans cette contrainte [de] doute et de froideur forcée qui la tue.

Et cependant, selon le monde, cette femme devrait peut-ê[tre] se dire heureuse.

Que voulez-vous ? il y a des souffrances qui ne se raisonnent pa[s.]

Il y a des susceptibilités de cœur qui ne se démontrent pas.

Jetez autour de cette femme un espoir d'affection, et vous la v[er]rez refleurir, comme la plante que le vent de la nuit a courbée [et] qu'un rayon de soleil vient subitement ranimer.

C'est précisément ici que nous touchons aux situations les p[lus] ardentes, aux dangers les plus sérieux d'un mariage de ce genre[.]

Une femme belle et admirée ;

Une femme qui s'est efforcée d'aimer son mari et qui a vu reto[m]ber sur elle-même ses efforts découragés;

Une femme qui, par principes, par respect pour celui qu'elle [ne] peut du moins s'empêcher d'honorer, par dignité pour elle, s[e] fait une ferme volonté du devoir;

Une femme qui s'ennoblit et s'exalte dans les larmes de c[ette] existence immolée qui la séduit, comme séduit parfois le désesp[oir.]

Cette femme-là ne sera pas vulgairement attaquée.

Ce ne sont pas des hommages ordinaires, joyeux et rap[ides] comme ceux du monde qui essayeront de s'élever à la hauteu[r de] tant de dignité, à la noblesse de cette souffrance; ou s'ils l'essa[yent,] ils y succomberont. — Le péril n'est pas là.

Mais que le hasard le moins cherché place au-devant de [cette] femme et conduise à ses pieds un homme de cœur et de dév[oue]ment qui la comprenne assez, qui la place assez haut pour l'[aime]rer avec le respect et la patience, plus encore qu'avec la pass[ion.]

Si cette affection dont l'absence la laissait mourir, se prés[ente] ainsi à elle discrète, soumise et pure :

Si elle réveille peu à peu en elle ces fiertés d'amour propr[e qui] ne sommeillent pas long-temps chez une femme et qui so[nt la] route infaillible de son cœur :

Si elle arrive à elle avec ces paroles inspirées qui endorment toutes les défiances, avec ces accents oubliés qui rappellent à la vie....

La tête de cette femme y tiendra-t-elle?

Personne n'ignore combien l'âme qui a long-temps souffert, s'ouvre plus avide et plus confiante aux impressions, et combien nous sommes près d'aimer la voix qui nous a consolés.

Personne n'ignore combien aussi l'admiration d'un homme s'exalte presque sans le savoir aux saisissants entretiens de la souffrance d'une femme, quand chaque heure vient lui apporter en elle la découverte d'une vertu de plus.

Eh bien! dans ce progrès dont on oublie le danger, dans cette lutte de tous les jours du devoir contre le bonheur:

Le devoir sera-t-il toujours le plus fort?

Qui répondra de l'avenir?

A qui, pour être juste, devra-t-on renvoyer la faute de cet avenir?

N'est-ce pas à celui qui, dans sa fatale imprévoyance, ne s'est pas assez souvenu que c'est par le bonheur qu'on lui donne, qu'on assure chez une femme le triomphe du devoir?

Ne rien faire pour le bonheur d'une femme, c'est peut-être lui manquer plus que de faire ouvertement son malheur.

XI.

Ainsi tout le secret est là, toujours là : pour base et pour sécurité au mariage, l'affection.

Sans doute le malheur sera encore possible; le malheur! c'est une des conditions de l'humanité; mais si c'est le sort commun de le subir quand il vient, c'est folie d'en semer soi-même les germes dans sa vie : c'est coupable de se charger du malheur d'un autre.

Le besoin d'affection c'est l'instinct impérissable de la femme.

Cet instinct il faut l'avoir pour soi, à peine de l'avoir contre soi.

Dans un temps où l'idée politique nous déborde, il est permis de dire qu'il en est de la nature aimante des femmes comme des instincts nationaux des peuples. Il faut, quand on gouverne, savoir saisir ce que ces instincts ont de noble et de grand, le respecter, l'attirer à soi, en faire la protection de l'avenir. — Avec eux est la force, le pouvoir des grandes choses, le bonheur du succès : en dehors d'eux et contre eux est l'écueil.

Voilà le programme de mon ami Epaminondas, ou si vous [ai-]
mez mieux son *prospectus*.

Au milieu de profondes vérités, il y a bien dans ses théories quel[que] chose d'un peu exalté qui marche peut-être trop en dehors [de] la vie ordinaire : mais, disons tout bas ensemble que les femm[es] le lui pardonneront.

En présence des misères qu'il voit naître d'un système malh[eu]reux de mariage, mon ami jette le cri d'alarme. Mais il se ga[rde] d'imiter certaines voix égarées de notre époque et d'en faire m[on]ter le reproche jusqu'à l'institution du mariage qu'il regarde com[me] l'une des plus hautes conceptions sociales qu'ait inspirées l'ét[ude] du bonheur des hommes.

Il descend aux sources du mal et les découvre.

A une époque où chacun cherche à vivre sur une idée, il [se] présente lui aussi avec une idée. « L'affection dans le mariag[e »,] idée qui n'a rien de nouveau et dont cependant nos mœurs [mo]dernes sont le plus éclatant oubli.

Il se fait le prophète d'une réaction qu'appellent le malaise e[t les] mécomptes de la plupart des existences actuelles.

Prêtez-lui, messieurs, votre journal pour tribune.

Vous qui avez parlé si éloquemment de l'apostolat presque d[ivin] de la femme, cette seconde providence de l'homme, donnez [ac]cours à ceux qui tentent de lui préparer de meilleures destinée[s.]

Pour moi, persuadé que les choses du monde les plus parfa[ites] périssent souvent inutiles, faute d'être connues, j'arrache mon [ami] à sa retraite et à sa modestie, je vous le livre ; faites-le conna[ître] et, s'il se peut, désirer.

Il a droit aux honneurs de l'épreuve et ce n'est pas trop de v[otre] glorieuse publicité pour une pareille exception.

On dit que le journalisme nouveau est appelé à produire [des] merveilles : c'est peut-être un peu à cause de cela que, du hau[t de] mon expérience de veuf, moi, plus sceptique que mon ami, je v[ous] convie à organiser, une fois, pour l'exemple, un mariage heur[eux.]

Je fais la moitié du chemin et je vous dis : *Voici l'homme.*

Mars 1837. PAUL BONNET,

Rue Charlet, n° 11, au fond de la [cour.]

CORRESPONDANCE LITTÉRAIRE.

Réponse au manifeste de MM. Michel Champenois et Hubert
(de Charleville.)

A MM. les éditeurs de la Chronique de Champagne.

Epernay, mars 1837.

MESSIEURS,

Il est probable qu'en dépit de vos sollicitations, je ne me fusse point décidé à vous aider de ma faible collaboration, si deux lettres publiées dans vos numéros de février et de mars, n'eussent singulièrement stimulé mon zèle. A vrai dire, je souffrais depuis longtemps des injustes diatribes lancées à tout propos contre la littérature contemporaine, et j'épiais l'occasion que vient de m'offrir le nouveau manifeste de MM. Michel Champenois et J.-B. Hubert, de Charleville, vos correspondants.

Vous vous faites les champions de l'école ancienne, messieurs, et vous brûlez pour elle tout ce que vous avez d'encens : c'est fort bien, mais il ne faudrait pas être injuste et adopter ouvertement la devise :

... nul n'aura d'esprit, hors nous et nos amis.

Vous n'avez pas vu, entraînés que vous êtes par vos goûts exclusifs, que vous renouvelliez une querelle non encore jugée, quoique vieille déjà et longuement débattue.

Dociles à vos impressions, vous frappez sur l'école nouvelle, vous M. Michel, *parce que vous êtes vieux et que vous aimez les vieux; parce que vous ne savez guère deviser qu'à votre caprice et comme font les vieux, selon que vous porte votre idée* : Vous M. Hubert, parce que vous appartenez à l'Université dont les membres, presque tous de l'Académie, sont essentiellement voués au culte des anciens; de l'Académie qui, à la vérité, fait accueil aux vaudevillistes de l'empire et de la restauration, mais qui ferme sa porte aux esprits vigoureux de notre époque; de l'Académie enfin qui s'en va s'humiliant toujours devant l'ancienne littérature, comme devant une inviolabilité de droit divin: Voilà le secret de vos médisances, Messieurs. — Il y a peut-être bien quelque chose à vous répondre.

On comprend mal, je crois, la position des écrivains de notre siècle. On ne voit que l'œuvre, sans considérer le mobile. Oui, je veux bien l'avouer, on rencontre chez nos poètes une licence extrême de style, un bouleversement autant dire complet de la prosodie, une marche désordonnée à travers les chemins battus! D'où vient cela? d'où vient aussi chez les prosateurs cette énergie, cette franchise de langage, ce coloris d'expression, ces tableaux vrais, animés, en un mot ce luxe de poésie dans la prose? — Voilà ce que ne se sont jamais demandé nos critiques, puisqu'ils montrent si peu d'indulgence. Au lieu de reprocher aux productions nouvelles *cette prostitution du langage et de la pensée* dont se plaint M. Michel Champenois, ils eussent applaudi à tous ces jeunes hommes qui donnent généreusement leurs sueurs et leurs veilles à la régénération de la littérature. Je dis généreusement, car on ne leur fera pas l'injure de leur supposer des vues de vil intérêt. On sait assez que le métier d'homme de lettres est aujourd'hui plus riche en dégoûts qu'en profit. Et c'est l'injure à la bouche, la haine dans les yeux que l'on accueille un tel désintéressement, de si nobles labeurs; et l'on appelle cela de la justice!

Donner une nouvelle impulsion à la littérature, la faire briller d'un éclat inattendu, l'entourer d'une gloire inconnue, c'est la noble entreprise de nos jours: il faut l'encourager et non la flétrir.

Et d'ailleurs, ne faut-il pas reconnaître que des mains inhabiles ne se sont pas seules mises à l'œuvre? et nous contestera-t-on le droit de citer parmi nos artistes, les noms de Châteaubriant, Lamartine, Hugo, Nodier, Delavigne, Sand, Dumas, Soulié, Lacroix, Musset, Barbier, et de tant d'autres écrivains, non sans gloire. Ils ont élevé un édifice dont les solides fondements ne seront point ébranlés par les ombres de Corneille et Rousseau.

Je ne veux pas méconnaître le talent des auteurs d'un autre âge. Dieu me préserve d'être jamais apostat! d'ailleurs n'eussent-ils eux-mêmes d'autre mérite que d'avoir tenté et mené à bonne fin une révolution dans les lettres, ils mériteraient mon admiration, comme l'ont aujourd'hui ceux qui prêtent l'appui de leur génie à la régénération de notre littérature.

Mais je vois à ce mot toute la gent classique se soulever et s'écrier : qu'est-il besoin d'une régénération ? notre littérature n'a-t-elle point atteint le point culminant de sa gloire ?

Eh quoi ! aujourd'hui que les arts, les sciences, l'industrie prennent une extension à frapper d'étonnement l'esprit humain, on veut que l'imagination, cette folle, reste inactive et se resserre petite et honteuse dans les anciennes limites ! que l'intelligence qui préside à toutes les découvertes, à toutes les améliorations, dédaigne la littérature, cette autre carrière si belle à parcourir !

Non : il faut que l'esprit humain travaille, élabore, et cette tendance à fondre, à briser pour refondre et reconstruire, est la meilleure preuve de la perfectibilité de toute chose et notamment de la littérature. Pour ne rien changer au langage de Racine ou Voltaire, retiendrez-vous l'idée prisonnière ? Mutilerez-vous quiconque essaiera de nouvelles voies pour l'émission de nouvelles idées ? Voilà ce que vous fera faire, Messieurs, l'amour exagéré du *statu quo*. Le pourrez-vous ?

Que dirait M. Michel Champenois qui évoque les ombres tranquilles de La Fontaine, Molière, Racine, La Bruyère et Bossuet, si tous ces glorieux créateurs de la littérature française avaient laissé la langue telle qu'ils l'ont trouvée : et si ne voyant dans les écrits de ces hommes de génie *qu'intempérance de style et débauche d'esprit*, les critiques du temps eussent dédaigné leurs efforts, découragé leur zèle et appelé sur eux la haine et le mépris ? Notre littérature, je pense, n'existerait pas.

Il faut qu'avec les diverses facultés de l'intelligence humaine, celles du littérateur s'exercent et marchent de pair. — Sommes-nous arrivés au point de repos ? la régénération est-elle opérée ? non, je le reconnais forcément : nous en sommes encore aux preuves. Voilà ce qui explique et peut-être excuse *les débauches de style, le libertinage de la pensée* de quelques uns de nos écrivains. Mais loin d'accabler sans relâche ces hommes dévoués, applaudissons à leur zèle, puisqu'il ne tend réellement qu'à répandre une nouvelle gloire sur notre pays.—J'ai peine à comprendre les antipathies de nos adversaires, et leur répugnance à nous donner quelques paroles d'encouragement. Si la littérature gagne aux efforts des travailleurs, auront-ils à regretter leur concours! si non, [leur] restera-t-il pas toujours la langue de Racine et de La F[on]taine?

Je n'ai parlé jusqu'ici que de la littérature parisienne, parce qu'e[lle] seule met la main à l'œuvre, et que les gens de lettres de provi[nce] ne se montrent pas. Quoique provincial, je ne pense pas a[vec] M. Hubert que la littérature parisienne *avec ses riches habits* ai[t] grand tort de reprocher à la littérature provinciale sa misère et [son] humilité. Ces reproches me semblent assez fondés. Oui, n[ous] sommes humbles et misérables, il faut bien l'avouer! comb[ien] voyez-vous de noms de province dans les illustrations littérair[es,] de bons ouvrages éclos et publiés en province? — *Apparent rari*.

En conservant notre apathie, nous ne sommes bons, ainsi qu[e l']a dit M. Hubert, qu'à toucher nos revenus, si nous en avons, à fa[ire] notre partie de domino, arracher les herbes de notre jardin, à [pê]cher à la ligne, à devenir actionnaires, à faire du blanc de céruse, [etc.]

Aux éditeurs de *la Chronique de Champagne*, nous allons peut-ê[tre] devoir l'impulsion souhaitée. Votre publication, messieurs, rév[eil]lera les intelligences endormies, stimulera les amours propr[es,] propagera le goût des lettres, et dans peu, nous l'espérons, n[ous] verrons se grouper autour de l'édifice dont vous posez les bas[es] d'habiles et intelligents artistes qui donneront, nous n'en dout[ons] pas, un démenti formel à la presse de Paris.

J'ai, à la hâte, jeté ces lignes sur le papier, je n'ai fait qu'effle[urer] une grande question : il resterait à la traiter plus sérieuseme[nt;] c'est ce que je pourrais tenter, si MM. Michel Champenois et Hub[ert] de Charleville, voulaient m'y contraindre, et si vous me ju[gez] digne de soutenir la polémique.

Je suis, etc.

ALPHONSE DU BREUIL.

Le Musée de Troyes.

Aux mêmes.

Troyes.—Mars 1837.

MESSIEURS,

Je vous ai promis de prendre et de vous transmettre des ren[sei]gnements sur le Musée de Troyes, à mon passage dans cette v[ille.] Je viens acquitter ma promesse.

L'histoire de ce Musée est un nouvel exemple de ce que peut accomplir avec les plus faibles moyens une volonté persévérante, animée de l'amour du bien public.

A diverses époques l'administration avait conçu l'idée de quelque chose de semblable, soit pour recueillir les objets d'art appartenant au département et demeurés sans destination, soit pour servir à l'enseignement des sciences naturelles. Je ne sais quels obstacles ont rendu inutile cette bonne volonté.

Cet état de choses affligeait les hommes éclairés qui voyaient souvent de précieux restes de l'antiquité et du moyen âge, périr ou devenir la proie du brocantage, faute d'un centre commun de conservation ; enfin vers 1829, la société d'agriculture de l'Aube imagina au moyen d'économies sur l'allocation annuelle qu'elle perçoit, de compléter autant que possible et de disposer méthodiquement dans la salle de ses séances à la préfecture, certains échantillons de minéralogie que la ville avait mis à sa disposition.

En même temps la société invitait les habitants du département à la mettre à même par des envois gratuits, d'en faire autant pour les deux autres règnes, considérés notamment dans les productions de la localité.

Cet appel fut entendu.

Chacun vit avec faveur et entoura de ses vœux une entreprise qui répondait à un véritable besoin. Le concours de l'autorité ne lui manqua pas, et bientôt le premier local ne suffisant plus à contenir les collections, elles furent transférées, sous le nom de Musée dans le rez-de-chaussée de l'ancienne abbaye de St-Loup, au dessous de la bibliothèque publique.

Ce local, parfaitement convenable, se compose de deux vastes salles reliées entr'elles par une troisième pièce formant vestibule.

Le Musée est administré par cinq conservateurs gratuits, membres de la société, et par un conservateur adjoint, rétribué.

Il est ouvert au public le dimanche, et les citoyens de toutes les classes qui le fréquentent, semblent voir avec une satisfaction mêlée d'orgueil un établissement qu'ils ont eux-mêmes contribué à fonder.

J'ai tout visité en détail.

La partie minéralogique est la plus complète, elle ne se recommande pas par de riches échantillons, mais elle présente peu de lacunes et sert depuis deux ans aux démonstrations d'un professeur du collége communal ; son classement m'a paru irréprochable. Il est en grande partie l'ouvrage d'un ancien élève de l'école polytechnique, M. Leymerie, qui s'est dévoué à cette tâche avec le plus grand zèle. La collection des roches d'Auvergne, des environs de Paris et du département de l'Aube, une belle suite de coquilles et quelques fossiles remarquables offrent d'autres sujets d'étude aux amateurs de la science à la mode, la géologie.

La botanique n'est encore représentée que par des échantillons de bois exotiques et indigènes et quelques cryptogames ; mais j'ai appris que le conservateur n'attend qu'une disposition nouvelle dans la galerie, pour y placer un herbier soigneusement préparé où figureront surtout au grand complet les plantes du département dont le catalogue a été publié par deux membres de la société.

Le conseil municipal de Troyes a été de plus saisi d'une demande afin de convertir le jardin de St-Loup en école de botanique et de culture d'arbres fruitiers; il y a tant de motifs d'utilité et de convenance à produire à l'appui d'un pareil projet, qu'on peut lui prédire une réussite certaine.

Les suites dans le règne animal, sont déjà fort nombreuses, surtout pour les espèces indigènes. On ne laisse pas d'y voir de beaux oiseaux d'Afrique aux formes étranges et développées, et la jolie famille des colibris aux reflets métalliques. Sur le plus grand nombre des exemplaires on lit le nom du donateur qui se trouve ainsi désigné à la reconnaissance publique. Cette manière de stimuler la libéralité par l'amour propre, m'a paru fort habilement employée.

Les tableaux occupent une des salles en totalité. Le premier fonds en a été formé en grande partie des dons d'un citoyen généreux nommé Morlot. On conçoit que bien des toiles médiocres aient été admises, avec le temps elles céderont la place aux productions du talent. Dès-à-présent l'amateur ne verra pas sans intérêt cette collection où j'ai remarqué de fort bons tableaux de nature morte.

Dès qu'il est question à Troyes de sculpture, le nom de Girardon se présente à la pensée. Aussi trouve-t-on au Musée plusieurs morceaux de ce maître, au nombre desquels je dois citer, comme morceaux capitaux, deux beaux bustes en marbre blanc de Louis XIV et Marie-Thérèse, qui proviennent, m'a-t-on dit, du château de Colbert, à Villacerf. On y voit aussi quelques modèles en plâtre d'un jeune troyen, M. Simart, pensionnaire de l'école de Rome qui a voulu faire hommage à sa patrie des prémices de son talent.

Le département des antiquités recueille avec soin les médailles, bronzes, poteries que le hasard fait découvrir de temps à autre : mais le département de l'Aube est stérile en pareilles découvertes ; on peut même dire, qu'en général, il est pauvre de monuments antiques. Aussi, à moins d'acquisitions à prix d'argent, ce ne sera que dans bien des années qu'on pourra songer à former des suites en objets de ce genre.

Si j'ajoute à cette nomenclature des curiosités chinoises et javanaises, une collection d'instruments aratoires perfectionnés et quelques chapiteaux moyen-âge, arrachés aux démolisseurs, pour servir de types aux diverses périodes de l'architecture religieuse, vous connaîtrez exactement ce que les soins de la société d'agriculture de l'Aube ont réalisé jusqu'à ce jour.

Permis à quelque touriste de la Chaussée-d'Antin, blasé par les richesses de la capitale de dire en essuyant son lorgnon que tout cela n'est pas merveilleux.

Moi j'applaudis à cette œuvre de progrès et de conservation.

J'y vois une idée utile, heureusement mise en action et que l'avenir fécondera inévitablement.

J'y vois surtout un exemple et un enseignement pour d'autres villes plus importantes, ou placées dans des conditions meilleures, et qui jusqu'ici n'ont pas offert d'asyle au culte sacré des sciences et des arts. Elles ne doivent plus être admises à se retrancher dans l'insuffisance de leurs ressources financières, vous me comprenez de reste.

Je suis, etc.

Un ami des Arts.

POÉSIE.

Mort d'un Enfant.

> « Ma jeunesse sera flétrie
> Avant l'herbe de la prairie,
> Avant le pampre du coteau!...
> (Millevoye).

Pars, bel archange, monte aux cieux!
Prends ton vol, jeune âme exilée!
Avec des chants harmonieux,
Ses compagnes l'ont rappelée;
Pars, bel archange, monte aux cieux!

Clos tes beaux yeux à la lumière.
Déjà pour ne plus se tarir
Les pleurs inondaient ta paupière,
Bientôt elle allait se flétrir...
Clos tes beaux yeux à la lumière!

Dis-moi, bel ange, savais-tu
Combien la vie est éphémère?
Quand ta bouche à peine avait bu
Aux bords de cette coupe amère,
Ange, dis-moi, le savais-tu?

Ainsi qu'une légère abeille
Suspendue aux rameaux fleuris,
Ta lèvre suave et vermeille
Puisait à deux sources de lys,
Ainsi qu'une légère abeille.

Oh ! ta vie était douce alors !
Quand ta jeune mère orgueilleuse
Comme le plus cher des trésors
Te contemplait ivre et joyeuse.
Oh ! ta vie était douce alors !

Tes pleurs mêmes avaient des charmes !
Ils tarissaient sous un baiser ;
Ou bien elle versait des larmes
Lorsqu'elle t'en voyait verser :
Tes pleurs mêmes avaient des charmes !

Quand le sommeil d'un vol léger
Venait effleurer ta paupière,
Sa voix, pour mieux le protéger
Chantait la ballade étrangère.
Et ton souffle était si léger..!

A ton réveil, âme innocente,
Tu souriais à ces accords,
Et si ta mère caressante
Accourait avec des transports,
Tu souriais, âme innocente !

Fleur entr'ouverte aux feux du jour,
Tu n'as vu qu'une douce aurore ;
Tu savouras l'air et l'amour ;
La nuit, tu l'ignorais encore,
Fleur entr'ouverte aux feux du jour !

Referme ta corolle blanche,
L'orage accourait te briser !
Peut-être une froide avalanche
Bientôt allait te renverser....
Referme ta corolle blanche !

Oh ! combien ton sort sera beau ;
Ignorant nos longues misères,
Quand tu surgiras du tombeau ;
Avec tous les anges tes frères !
Oh ! combien ton sort sera beau !

Laisse-nous les tristes alarmes,
Les vœux déçus et dispersés :
La terre est un séjour de larmes,
Les cœurs sitôt y sont brisés!..
Va, fuis, laisse-nous nos alarmes!

Un jour pur va briller pour toi,
Douce colombe, ouvre ton aile,
Et va la fermer sans effroi
Au sein de Dieu qui te rappelle.
Un jour pur va briller pour toi !

Dans ce ravissant élysée,
La prière aux ailes d'azur
Consume l'âme et la pensée ;
Tout flotte, si doux et si pur,
Dans ce ravissant élysée !

Pars, bel archange, monte aux cieux !
Vers une demeure étoilée,
Au bruit de chants harmonieux,
Ta jeune âme s'est envolée...
Va, bel archange dans les cieux!!

L. de J.

Un Homme sans cœur (1).

Honte à celui dont la salive impure
Souille l'autel du Dieu qu'il adora!
Honte à celui qui vient lancer l'injure
Au front de celle qu'il aima !

(1) Nous n'avions vu dans la pièce de vers de notre 3ᵉ Numéro, *Une Fille s
cœur*, qu'une de ces boutades amoureuses qu'avec ou sans motifs, se permett
souvent les poètes. Voyez-les tous à compter du plus ancien! L'histoire des pays
pleine de cela, comme dit M. Hugo. Mais voici bien autre chose ! Il est de pa
monde une infidèle qui s'est mise à prendre la chose au sérieux : du moins un

À peine elle touchait à sa seizième année,
Son âme vierge encor, fleur que n'avaient fanée
D'un monde sec et froid le souffle destructeur
Ni de l'ambition le calcul imposteur,
S'ouvrait à mon amour, comme s'ouvre à l'aurore,
Au matin du printemps, la fleur qui vient d'éclore ;
Elle m'aimait, dis-tu ; ses regards et sa voix,
(Pouvaient-ils me tromper ?) m'avaient dit mille fois
Que son cœur à mon cœur, que sa vie à la mienne
Un jour seraient unis par une sainte chaîne,
Et que pour elle et moi s'élèverait l'autel
Où le prêtre commande amour au nom du ciel !

Et tu l'aimais aussi, tu l'aimais ! de ton âme
Ta voix lui révéla la dévorante flamme.
Quoi ! tu l'aimais d'amour, et pourtant à son front
Tu voudrais imprimer un éternel affront !
Tu l'aimais ! et tu viens au nom de cette femme
Attacher à jamais, comme une lèpre, *Infâme !*
Honte à toi ! — Quand l'amour est aussi mal placé
Le reprendre est un droit, un devoir. — Insensé !
Mais tu ne vois donc pas que ta lâche vengeance
La lave aux yeux de tous du crime d'inconstance ?
Si son cœur à regret a subi cette loi
Qui pour un autre époux la séparait de toi ;
Et si trop plein encor d'une illusion chère
Pour te rester fidèle, aux ordres d'une mère
Il résista long-temps : ah ! qu'elle doit bénir
L'ordre qui de son cœur bannit le souvenir,
Alors qu'elle t'entend lui dire : « Jeune femme
» Écoute : qu'à tes yeux se révèle mon âme ;
» Tu crus à mes serments lorsque je te disais :
» Je t'aime ! — A mon amour tu livrais tes secrets

ant champion vient-il en son nom relever le gant du discourtois chevalier. Nous
oici donc revenus aux plus beaux temps des Cours d'amour et des galants tournois.
spérons que nos deux rivaux se borneront au champ-clos de *La chronique de
hampagne*, et qu'ils ne rompront pas d'autres lances !—Après cela, il faut bien le
ire, si toutes les beautés volages, oublieuses de leur premier amour, allaient
rendre pour elles la petite drôlerie *Une Fille sans cœur*, nous plaindrions bien
ncèrement notre pauvre collaborateur. Les affaires ne lui manqueraient pas !
ais aussi pour notre Chronique quelle myriade de vers réparateurs !—Dieu pro-
ge la France et *La chronique de Champagne* !

TOME I.

» Secrets d'âme innocente et qui pure, ingénue
» Sans crainte, sans soupçons se livrait toute nue
» Aux regards d'un ami ! tu croyais que pour toi
» Je t'aimais, pauvre fille ! eh non, c'était pour moi.
» Pour moi seul je t'aimais : mon amour mercenaire
» En toi n'aimait que moi. — Lâche dépositaire,
» Ces secrets de ton cœur je les ai tous trahis,
» Je me suis fait un jeu de jeter au mépris,
» Aux caquets des méchants, comme une large proie,
» Ces aveux que ton cœur me livrait avec joie.

» Tu le vois près de moi quel eût été ton sort,
» Mon amour c'est la honte et ma haine la mort » !

Ainsi tous tes serments n'étaient que raillerie
Que mensonge du cœur, que lâche tromperie !

Au bas de cet écrit, infâmant pour toi seul,
Dont tu voulais couvrir, (comme un sombre linceul
Couvre le corps muet que vient de quitter l'âme),
L'honneur assassiné de cette pauvre femme,
Il n'était nul besoin, d'inscrire, sans pudeur,
Un nom, car tu l'avais signé : *L'homme sans cœur*.

Et toi, contre laquelle, en un jour de délire,
Cet homme a dirigé cette infâme satire ;
Va, ne demande pas d'autre vengeance au ciel :
Il a marqué son front d'une éternelle tache,
Insulter une femme, est vil autant que lâche
Et sur sa face est retombé son fiel.

Comme à celui qui d'une bave impure
Souille l'autel du Dieu qu'il adora,
Honte à celui qui vient lancer l'injure
Au front de celle qu'il aima !

J. D.

PETITE CHRONIQUE.

La Foire de Pâques.

> Eh ! bien, voisin, les affaires ?
> — mal, et vous ?
> — rien : demain j'emballe.
> *(Deux Forains).*

Vous avez lu sans nul doute un tout petit livre de feu M. de Montesquieu, sur la grandeur et la décadence des Romains, et vous savez probablement à quelles causes attribuer le dernier état de cette république, de cet empire, de ce royaume, quand mourut la liberté, vierge un peu farouche qui s'étiole et meurt dans la civilisation et le luxe ! Rome, la ville éternelle, comme disaient les anciens, n'est plus qu'un vaste cimetière, dont le sol épuisé supporte à peine les vieilleries et les ruines qui parent sa nudité : et voilà ce que gagne un peuple à courir le monde et à se civiliser. Ainsi des foires, ami lecteur, et je vous prie de croire que cette assimilation n'a rien de paradoxal. Certes, et je l'avoue, les foires n'ont aucunement besoin, pour vivre et prospérer, des bienfaits de la république une et indivisible ; mais je prétends que la civilisation, avec ses besoins incessants et de tous les jours, avec ses caprices et ses retours de coquetterie, les a frappées à mort ; les grandes routes, avec leurs messageries et leurs roulages tant ordinaires qu'accélérés, les ont réduites au dernier soupir, et, sans être prophète, je vous prédis que, deux jours après la mise en activité des chemins de fer et des Montgolfières perfectionnées, vous ne les entendrez plus respirer. Pauvres vieilles filles ! jadis courtisanes fringantes, gaies coureuses de carrefours ! les voilà maussades et moroses, comme une erreur ou un contre-sens.

Ainsi que toute chose en ce monde, elles ont eu leurs beaux jours, leur saisissante actualité ; c'est qu'alors elles étoient dans les besoins de l'époque, c'est qu'elles satisfaisaient à des exigences sociales qu'on ne pouvait que difficilement assouvir ailleurs. On les conçoit radieuses et splendides au temps heureux où l'on ne connoissait ni les merveilles des messageries Lafitte, Caillard et Cie, ni l'activité des lourds roulages dits accélérés : au bon temps où nos vénérables aïeux, gens de sens et de prud'hommie, ne montaient dans *le carrosse de Paris*, qu'après avoir visité, salué et embrassé la ville entière, et déposé très gravement chez le tabellion l'acte de leurs dernières volontés. Rien de mieux qu'une foire alors ; elle vous mettait sous la main ce que vous ne pouviez aller chercher au dehors et qui manquait au dedans.

Mais, bon Dieu ! qu'avons nous affaire de ce que nous apportent nos fora d'aujourd'hui ? des fonds de boutique, bons tout au plus à reléguer dans une c lection d'antiques. Vous qui venez ainsi du dehors vous morfondre pendant des maines entières, l'œil hagard, l'air piteux et les bras croisés, sous vos cinqua planches mal clouées, plus mal assemblées, ne voyez-vous donc pas que la conc rence, galvanique puissance de notre époque, a déjà jeté dans la localité, dep plus de six mois, toutes vos vieilles nouveautés ? Amour propre à part, dites-vo inutilité, superfétation, et si vous aspirez, en style commercial, à faire des affair donnez vos raretés pour rien, ou à peu près, et le chaland ne vous fera faute, n faillite non plus, je vous le jure.

Je m'arrête un jour devant l'étalage d'un négociant en plumes de Pery ; le p vre diable parcourait avec une étourdissante rapidité les deux ou trois mètres sa barraque de louage, à peu près comme un écureuil irrité. C'était une mani de s'échauffer, et puis aussi un salutaire passe-temps. Je pris une carte : « Monsie me dit-il, c'est la deuxième que je vends depuis dix jours, depuis mon arrivée. » avait déjà *fait* trois francs. Malheureux, qui n'avait pas deviné que partout on tro des plumes de Pery, et au même prix ! J'achetai, c'est-à-dire que je fis une mône, car, Dieu merci ! je ne quitte jamais la classique plume d'oie.

Qui n'a connu ce marchand de gravures et de lithographies, cet estimable inc triel, calme et silencieux comme un pacha, dont la boutique est un Musée gra livré à la curiosité des promeneurs, bonnes d'enfants, gamins et flâneurs. Si payait pour voir, cet homme gagnerait beaucoup ; mais on ne paye qu'en achetâ et il ne gagne rien.

Et les marchands de brosses, de pommades, de souliers, de savon à mains barbe, de cuirs magiques, de gants de Blois et de Chaumont, de boîtes de S de pendules, de montres, de lorgnons, de matelas de laine, et d'os de grenoui que croyez-vous qu'ils vendent ? — Leur recette, je le crains, a la forme d'u majuscule.

N'en voyons-nous pas, anachronisme de bien mauvais goût ! apportant du dél chez vous, ô mes concitoyens, du pain-d'épice, du sucre d'orge et des bonbo On te prend donc, ô Reims, mon friand pays, pour une ville égarée, excentri Ce sont peut-être là les erreurs de cœurs sensibles ; mais en sont-elles moins dé rables ? Perdue hors des confins du paradis terrestre, toi la terre classique du croqu et de la nonnette, l'Eldorado des gourmands et des confiseurs ! Mais vous verrez bientôt ils viendront, ces atroces mystificateurs, nous offrir des biscuits, du mousseux, de la flanelle, et le gaz inodore par brevet de perfectionnement !

Je ne vois de profit, dans tout cela, que pour la ville qui afferme son terr et pour le fermier qui loue ses barraques, et en perçoit peut-être le lo Ajoutez-y les oisifs, les flâneurs, et les grisettes, pour qui tout est profit, pu marchande de gauffres, et les entrepreneurs de pommes de terre frites en plein

Vous parlerai-je de cette autre industrie qui spécule sur vos yeux, vos orei votre curiosité, et qui se présente avec son imposant matériel de paillasses, d crisses, de charlatans, de grosses caisses, de clarinettes, de crieurs, d'acroba de peintures, de gardes nationaux en cire, de Grecs et de Turcs remuant le co les yeux ?

Avant de nous enfoncer dans le spectacle de ces misères, un coup-d'œil phil phique et humanitaire, je vous prie : car tenez-vous pour averti que ce n'est qu'avec répugnance et dégoût que je vous promène dans cet affligeant pêle-mêle. Si des autres j'ai frondé les spéculations commerciales, il n'y a là du moins qu'absurde calcul d'intérêts, la bourse seule y pâtit. Mais ici c'est bien pis, et d'une bien autre valeur; c'est l'humanité dégradée et flétrie ; c'est l'homme avili et torturé. Nos fibres les moins délicates jettent un cri d'effroi, se crispent de douleur aux périlleux efforts de ces pauvres enfants à peine démaillotés, de ces malheureuses femmes presque toujours enceintes, et de ces pauvres diables, frappés mille fois par jour sur le visage et ailleurs, cherchant, dans l'intérêt de leur rôle, à bannir de leurs traits et de leurs prunelles, les traces et le rayon d'intelligence que le Créateur y a déposés.

Voilà ce qui fait mal à voir! voyons pourtant. Aimez-vous les sauteurs, équilibristes, funambules, danseurs et voltigeurs, race impérissable et toujours vivace? Entrez ici, suivez la foule, et placez-vous bien vite, car les places vont manquer. Vous voici dedans, bien; maintenant cherchez quelqu'un près de qui vous puissiez vous asseoir, chose plus difficile qu'on ne pense. La corde est tendue : un jeune enfant y monte timide et vacillant : son père, le paillasse de la troupe, suit, le cou tendu, l'œil inquiet; les bras à demi levés, chacun de ses mouvements, pour le rattraper au vol, en grimaçant un éclat de rire, s'il vient à tomber, ce qui arrive deux à trois fois par représentation; pauvre petite créature !—Maintenant voici venir une dame somptueusement parée et empanachée; elle essaie la tension de la corde qu'elle fait vibrer sous deux ou trois voluptueux coups de pied, tandis qu'elle abandonne avec grâce l'autre pied à l'obligeant paillasse pour en blanchir la semelle, cette belle dame ne pouvant rien faire *sans blanc*, comme dit le même paillasse, son spirituel cornac. Puis après celle-ci en vient une autre ; puis encore une autre, puis un beau jeune homme qui s'appelle le petit diable : celui-là danse avec des paniers aux pieds et sans balancier; il retombe sur la corde, les jambes ouvertes, les jambes fermées, joue au bilboquet, agite des drapeaux, dîne en équilibre; tire un coup de pistolet, et salue dans la perfection.

Voyez-vous volontiers les collections d'oripaux et de friperies, vulgairement nommées *Salons de figures?* Les voici sur votre droite, dans cette grande baraque dont l'accès est encombré par le populaire en admiration devant le garde national de cire. Pour vos dix sous, vous pouvez, le soir, en vous chauffant les pieds, raconter à votre femme et à votre petite famille les plus mémorables faits de l'histoire ancienne et moderne; vous leur peindrez trait pour trait les personnages les plus célèbres, dans chaque époque, par leur bravoure, leurs vertus ou leurs crimes. Un inconvénient, peu considérable à la vérité, mais dont vous ferez bien de ne pas parler; c'est que dans ces galeries de portraits historiques, on ne rencontre ni histoire, ni ressemblance. Bagatelle! — A propos d'histoire, entrons ici, je vous prie; jetez un regard sur ce tableau, et placez votre chapeau sous votre bras, car l'enseigne vous dit : *Le vertueux Empereur des Français : ici l'on se découvre et l'on contemple!* Maintenant que nous avons la tête nue, pénétrons dans le sanctuaire. Que contemplons-nous? une voiture. Où sommes-nous? dans cette même voiture. Mais prenez-garde; si un caprice d'espièglerie vient à germer dans quelques têtes folles, vous courez risque de rouler d'une rue dans l'autre. Quant aux batailles, toutes se ressemblent; c'est à en dégoûter, pas la moindre différence entre celle de la Mos-

Lowa, et celle de Waterloo ! singulière stratégie ! si Napoléon revenait, il fera
fusiller tous ces gens-là, et à vrai dire, il y a de quoi. Pauvre empereur ! quell
consommation on en fait !

Parlerai-je des cirques ? qui ne les connaît ? qui n'a ri, qui n'a pleuré, qui n'
soupé aux cirques plus ou moins olympiques ? qui ne s'est pris de pitié pour c
malheureux écuyers, quand une moitié du centaure, la partie bipède, s'en v
rouler la tête ou les pieds en avant, dans le sable, ou contre les planches de clôtur
qui ne s'est ému quand, dans un exercice difficile et forcé, quatre ou cinq tent
tives échouent, tandis que la chambrière du maître ne s'arrête qu'après le fa
accompli ou l'entorse ? Bienheureux centaure, tu es encore dans les secrets de l'aveni
et toujours dans le passé de la fable ! L'orchestre d'ailleurs y est détestable ; u
clarinette, une grosse caisse et une trompette, marchant de front et d'amitié
comme ferait un lièvre accouplé à une écrevisse.

Je ne dirai rien des jocrisses et des paillasses, et de leurs parades en plein vent
la vue n'en coûte rien, ils exercent à l'air, et vous êtes fort libre de vous y arrêt
ou de passer outre ; le meilleur parti à prendre est ce dernier, pour peu qu'on
respecte dans son semblable, et qu'on ait des entrailles.

Rien n'est usé, n'est-ce pas ? comme les jongleurs et les charlatans, thaum
turges cosmopolites, qui vous auraient créé le soleil et la lune, si la Providence
s'y était prise à temps, mais qui, en revanche, vous font d'excellent thé, avec
foin de vos prairies, ou vous vendent 15 fr. la bouteille l'eau de vos puits, comm
spécifique contre les rhumatismes, et font des confitures parfaites avec des résid
de cigarres ; véritable secret de Polichinelle. — Quant à ce dernier, allez le voi
c'est toujours un brave et honnête garçon, et une bonne curiosité, malgré la co
currence effrénée que lui font la politique, le journalisme et la diplomatie.

Je vous aurais volontiers offert la Géante, s'il en était venu, pour vous conso
de nos grands hommes. Mais pas une ! pénurie entière ! mauvaise année ! Il y a de
ans, à la bonne heure ! quatre superbes, tirées de l'étranger ! marchandise de cont
bande, il est vrai ; mais qu'importe ? humilions-nous, toujours devant la grande
sans souci de son origine ; le précepte est sage, et l'observer profite.

A défaut de géantes, je vous recommande, ami lecteur, cette toute petite b
raque, modestement reléguée dans le fond du champ de foire, comme un pau
honteux. Plusieurs fois par jour, et surtout le soir, on y donne des représentati
théâtrales, dont l'Histoire-Sainte et la légende font tous les frais. Pièces en ver
pièces en prose, au choix du spectateur ; et quelle poésie, quelle verve, quel pât
tique, dans Geneviève de Brabant, par exemple ! pends-toi Hernani. Et vo
comme la troupe, ce seul homme, homme ou femme au besoin, selon l'exigea
des rôles, vous poignarde la versification, et vous estropie le vers, avec une ha
leté et une intrépidité qui vous rappellent instinctivement certains coryphées
ci-devant Théâtre de M. Nestor. Grandhomme, va ! maudite soit la toile
te cache à nos regards ! si tu n'as pas au moins douze pieds d'envergure et tr
de longueur, il y a eu erreur ou méprise du Créateur. Je demande pardon du b
phème, mais le souvenir de cet homme, de ce Talma multiple, me foudroi
m'électrise. Et si vous l'entendiez dans Joseph vendu par ses frères, drame si
tendrissant et si animé, avec son beau ciel d'Orient, ses mœurs pastorales et ch
pêtres, ses traditions patriarchales et candides, à la vente près toutefois de l'i

cent Joseph! puis encore, dans son triomphe, *la Passion!* Quelle douceur, quelle onction, quel miel dans son organe, quand il fait parler le Sauveur! Quelle rudesse, quelle âpreté, quelle férocité dans sa voix de Tam-Tam, quand il la prête aux prêtres, aux conseillers de Caïphe, au populaire des rues de Jérusalem! mais son beau moment, son triomphe, c'est quand à lui seul, cet homme, au gosier vaste et varié comme l'orgue des cathédrales, entonne le cantique des douze Apôtres; et résume dans sa seule voix, le concert de leurs douze voix. C'est à s'y méprendre. Incroyable tour de force et d'harmonie! et n'est-il pas rationnel de penser que cet homme, génie, ange, ou démon, ce prodigieux polyglotte a une taille de 3o à 4o pieds de haut, et le reste à proportion! C'est mon opinion, j'y tiens, et je ferai certainement la conquête de la vôtre, si vous allez à ces fameux mystères, qui ont d'ailleurs l'avantage de vous reporter aux plus belles époques dramatiques du moyen âge, à la seule différence bien regrettable, que vous n'avez, dans l'entr'acte, ni jacobin, ni dominicain, ni franciscain, pour vous régaler d'un sermon: Vous êtes réduits à l'éventaire du marchand de sucre d'orge et d'oublies.

Maintenant, cher lecteur, mon rôle de critique et de cicérone est fini, ou à peu près; car nous avons parcouru tout ce que le champ de foire offre de curieux, de récréatif, de mémorable. Dans les années ordinaires, quand la grippe n'est pas au chevet de chaque lit; quand la température n'arrive point féroce et désordonnée, comme en 1837, vous trouvez, parmi les pauvretés de la foire, une compensation qui n'est pas à négliger. De deux à cinq heures, les jolies femmes, les dandys, toute la fashion du lieu et des environs, s'en viennent dans l'allée de Versailles, pour faire leur promenade ou leurs emplettes, pour voir et pour être vus. Gardez-vous de manquer à ce brillant rendez-vous, et espérons qu'il n'y aura pas tous les ans une barrière de neige et de frimas, élevée par la colère divine entre la foire et le monde élégant.

Pour cette année, un seul dédommagement de bon goût nous a été offert; c'est l'habile, le prestigieux Conus qui en a fait les frais. Le rusé prestidigitateur a presque toujours eu ses compères dans la meilleure compagnie. S'il est encore à Reims le 16 avril, allez-y, sous peine d'être de mauvais ton. Je vous préviens pourtant que ses tableaux ne valent que comme rideaux d'entr'acte. Ne les regardez pas.

Jules SALMON.

Conseil de surveillance de la Chronique de Champagne.

— Dans notre N° de février dernier (p. 154) nous avons annoncé la formation du conseil de surveillance de la *Chronique de Champagne.* Nous croyons à propos de déclarer, que cette surveillance, créée en vertu de l'article 11 des statuts de la société, est purement administrative et pour la meilleure gestion du fonds social: quant à la direction littéraire de *la Chronique,* en vertu des mêmes statuts, elle est exclusivement restée dans les attributions des deux gérants.

La Centenaire d'Avenay.

— Avenay est un fort bon pays: on y guérit de la folie, grâce à madame Ste-Berthe; on y mange d'excellents échaudés qu'envie la ville de Reims; on y boit du vin qu'a vanté Labruyère et l'on y vit cent ans et plus! Voilà plus d'un titre à la célébrité. — Il vient d'y finir une bonne vieille femme, âgée de cent ans, trois mois, qui n'a cessé toute sa vie de louer Dieu de deux choses: de sa santé constamment bonne, et de sa position, parfois pourtant bien nécess[i]teuse. Depuis longues années elle vivait retirée chez ses enfants, honnêtes vign[e]rons et manouvriers du pays, eux-mêmes assez peu fortunés. D'un caractère f[ort] gai, la veuve Arsigny causait avec esprit et une certaine élégance inhabituée a[ux] gens de la campagne. Jadis femme de chambre d'une grande dame, elle savait d[u] bon vieux temps une infinité d'anecdotes curieuses qu'elle racontait volontier[s]. Tempérante et frugale par goût autant que par nécessité, sa grande friandise éta[it] une tasse de café au lait que chaque dimanche lui envoyait une bonne dame d[u] pays. Ce n'était pas sans peine qu'on était venu à bout de vaincre sur ce point [de] délicatesse, car elle se faisait scrupule d'accepter aucune offrande de ce gen[re]. « Que penserait-on de mes enfants, disait-elle: on s'imaginerait qu'ils me laisse[nt] manquer. » Le jour où elle eut cent ans, une dame lui disait que le pays désorma[is] devrait pourvoir à sa subsistance. » Tenez, madame, répondit-elle, je ne sais [ce] que mes enfants penseront de ce que je vais dire : à leur place, ayant tant fa[it] pauvres comme ils sont, d'avoir entretenu leur vieille mère jusqu'à cent ans, je ro[u]girais, pour si peu qui leur reste à la soigner, de devoir rien à la charité publique.» La veille de sa mort, la veuve Arsigny, assise près du feu, recousait tranquilleme[nt] sa jupe qu'elle avait laissé brûler. «Du moins, disait-elle, ma fille n'en saura rien.»

Musée à vendre. — M. Sarazin, de Château-Thierry, annonce l'intention [de] vendre en masse le curieux Cabinet que les amateurs lui connaissent et qu'il a m[is] plus de quarante années de sa vie à former. Les antiquaires y trouveront un gra[nd] choix d'armes gauloises et romaines; plusieurs moules de monnaies ou médaill[es] romaines antiques et modernes, d'une grande rareté.— Armes russes, espagnole[s], turques, grecques, etc., arcs, carquois, flèches, sabres, poignards, casse-têt[es], lances, ornements, habillements et ustensiles provenant des Sauvages de différent[es] parties du monde. — Porcelaines de la Chine et du Japon. Tablette curieuse fa[ite] en encre de la Chine, etc., petite statue trouvée dans les ruines d'Herculanum. Objets provenant de personnages illustres; de Jean La Fontaine, Jeanne d'Arc, L[es]diguières, Guillaume Tell, Louis XVI, Napoléon, etc.—Armes, statue, tablea[ux], sculptures sur bois et sur cuivre, et autres objets trouvés dans les ruines du vie[ux] château de Thierry.— Enfin, un curieux Cabinet d'histoire naturelle, très bi[en] classé, contenant 18 à 20,000 pièces :—Quantité de minéraux de tous pays; cr[is]taux de roche, coraux, agates d'une grande variété; pétrifications, congélation[s], pyrites, aimants-fossiles, coquillages marins, madrépores, etc., etc.

Origine du Poisson d'Avril. —L'auteur du *Dictionnaire des Origines* don[ne] trois origines au poisson d'Avril.— Les uns l'attribuent aux fréquentes pêches q[ue] l'on fait ordinairement en avril. Ils prétendent que comme assez souvent il [ar]rive qu'en croyant pêcher du poisson on ne prend rien, c'est de là qu'est née [la] coutume d'attraper les gens simples et crédules, ou ceux qui ne sont pas sur leu[rs] gardes. D'autres, croyant qu'on disait autrefois *Passion d'avril*, et que le mot poiss[on] y a été substitué par corruption, ils conjecturent que c'était une mauvaise allusi[on] à la passion de J.-C. et que comme le Sauveur fut indignement promené, non [obstant] pendant par dérision, de tribunal en tribunal, de là provient le ridicule usage [de] se renvoyer d'un endroit à l'autre ceux dont on veut s'amuser.—On donne en[fin] au poisson d'avril une origine plus récente. Un auteur prétend qu'un prince de Lorraine, que Louis XIII pour quelque mécontentement faisait garder dans le château de Nanci, trouva le moyen de tromper ses gardes, et de se sauver le 1er jour d'avril, en traversant la Meuse à la nage, ce qui fit dire aux Lorrains que c'était un poisson qu'on avait donné à garder aux Français.

Ces diverses étymologies ne me semblent nullement satisfaisantes : en voici une qui me paraît meilleure. On peut, je pense, faire remonter l'usage du poisson d'avril au temps de Charles le Bel. Ce prince, en 1326, rendit une ordonnance par laquelle il était défendu de pêcher pendant la nuit, depuis le 15 de mars jusqu'au 15 de mai, *attendu*, est-il dit, *que les poissons frayent en icelui temps, et laissent leur fraye ès herbes, et que les pêcheurs de nuit les chassent et détruisent toute ladite fraye*. Comme l'exécution de cette loi rendait plus rare l'usage du poisson pendant le mois d'avril, les plaisants auront donné le nom de *poisson d'avril* aux mystifications de cette époque.—Une ordonnance de Louis XIII, en date du mois d'août 1669 a renouvelé celle de Charles le Bel et fait défense de pêcher le poisson dans le temps de la fraye, c'est-à-dire depuis le 1er avril jusqu'au 31 mai, afin de ne pas dépeupler les rivières.

Théâtre d'Alger. — On nous écrit d'Afrique :

« Ce n'est pas seulement en France que l'on cabale au spectacle. Le directeur du théâtre d'Alger vient d'éprouver les tribulations les plus extraordinaires. On n'avait eu jusqu'alors aucun sujet de plainte contre son administration. Depuis la conquête, parterre et loges, tout le monde avait pris un plaisir infini à voir ses acteurs faire sauter les boules de cuivre, avaler des épées, franchir des compagnies de chasseurs d'Afrique, armés jusqu'aux dents, comme au jour de l'expédition de Constantine. J'ajouterai même à la louange des jongleurs indiens, que tous à plusieurs reprises avaient reçu les témoignages les plus flatteurs de la satisfaction publique, à l'exception peut-être de deux ou trois pauvres diables, auxquels on reprochait peu de souplesse dans les reins et quelques traditions européennes, traditions dont le parterre d'Alger a horreur, comme vous savez.—D'un autre côté le public fashionable du théâtre finit par se lasser des exercices atlastiques, et certain jour demanda tout uniment qu'on substituât aux jongleurs mâles et femelles dont le parterre faisait ses délices, de vrais comédiens qui pussent jouer à Alger les pièces en vogue à Paris, seules capables, pensait-il, de former les cœurs africains, et infiniment plus propres à affermir la conquête que les baïonnettes et le canon. On se mit donc à réclamer à grands cris : le Facteur, Lucrèce Borgia, la Tour de Nesle, Karl ou le Châtiment, et tous ces mignons chefs-d'œuvres de la nouvelle école si bien faits pour former l'esprit et le cœur.—Cela se passa d'abord assez tranquillement pour la première fois : mais à la représentation suivante, une cabale toute organisée parut à l'improviste.

A la première épée avalée, les loges demandèrent le directeur pour lui transmettre les volontés du public à peau blanche. Grand embarras pour celui-ci qui croit ou feint de croire qu'on veut faire jouer la comédie française à ses jongleurs indiens. « Messieurs, dit-il, du ton le plus respectueux, je suis et je serai toujours aux ordres du public : mais j'aurai l'honneur de vous faire observer que mes artistes ne parlent pas français, ce qui, à la rigueur, ajoute-t-il, avec un ton légèrement caustique, n'est peut-être pas absolument indispensable pour jouer les pièces que vous me demandez! » — Là-dessus, bordée de cris, de huées et de sifflets de la part de[s] loges. — « Il se moque de nous : à bas le directeur! à bas sa troupe! à bas! à bas! — et les huées, les cris, les sifflets, les cornets à pistons d'aller leur train. — Le parterr[e] qui n'avait pas précisément compris ce dont il s'agissait entre les loges et le directeu[r] demandait à grands cris les épées! les boules! les chasseurs d'Afrique! — là-dessus grand et interminable conflit. — Messieurs, disait le directeur... — Lucrèce Borgi[a] criaient les loges. — Les boules, vociférait le parterre — Messieurs!... les épées! Tour de Nesle! les chasseurs d'Afrique! — Messieurs! — Robert-le-Diable! — les boule[s] madame Saqui! — à bas les jongleurs! — les boules! les boules!... — La plus grand[e] effervescence régnait dans la salle : le pauvre directeur suait, criait, soufflait, éta[it] rendu! — Tout-à-coup, parut M. le commissaire, revêtu de ses insignes, qui, non sa[ns] peine, parvint à faire comprendre au public comment il pouvait bien y avoir du bo[n] dans les prétentions respectives : » Messieurs, dit ce magistrat, en terminant sa hara[n]gue, *Vous serez tous contents!* — Cette assurance ramena le calme. — Bientôt on lais[sa] le directeur s'arranger avec ses pauvres jongleurs qui, la plupart n'avaient d'autr[es] moyens d'existence que leurs boules, leurs épées et les chasseurs d'Afrique, et p[ar] un traité non pas quadruple, comme on les fait maintenant, ce qui n'en rend p[as] l'exécution plus facile, mais par une simple convention, on imposa au directe[ur] l'obligation de former une nouvelle troupe qui satisfaisant à toutes les exigeanc[es] put donner *ad libitum*, les épées et le drame, l'opéra-comique et les boules, [la] comédie et les chasseurs d'Afrique. On dit même qu'on a stipulé dans l'acte, [le] ballet et le théâtre nautique. Ne m'étant pas trouvé ce jour-là sur les lieux, je vo[us] abandonne cet *on dit* pour ce qu'il vaut.

Afin de conserver son emploi, le directeur souscrivit à tout. — Maintenant le di[ffi]cile est de remplir le nouvel engagement. En attendant, les passions sont en p[ré]sence : on a paru se réconcilier en apprenant les bases du traité, mais on n'[est] pas tranquille sur son exécution : chacun s'observe et tout en se faisant politess[e] chaque parti se dit :

J'embrasse mon rival, mais c'est pour l'étouffer.

Espérons que les choses n'en viendront pas là, et que l'on est décidément [en] paix. En effet, depuis ce temps, la ville et la colonie entière sont dans le calme [le] plus profond. — Le directeur s'est empressé d'écrire à l'agence dramatique de Pa[ris] qui lui a indiqué comme pouvant parfaitement remplir son attente, et satisfaire a[ux] exigeances du public algérien, les artistes dramatiques de la ville de Reims qu[i est] dit en ce moment en disponibilité. L'affaire paraît conclue, et notre directeur, n[ous] assure-t-on, vient de fréter un bâtiment pour opérer le transport de votre troupe [et] de tout son matériel qui doit arriver ici pour la St-Jean. — Voilà, Monsieur, [le] récit exact de ce qui vient de se passer en Afrique. Vous en ferez l'usage qui v[ous] conviendra. — Si les choses n'eussent pas été aussi avancées, je vous aurais dema[ndé] quelques renseignements sur les acteurs et actrices qui vont nous arriver ; m[ais] nous sommes assez tranquilles sur ce point, sachant de reste que les acteurs [les] plus en vogue à Paris, sont tous sortis du théâtre de Reims, en grande réputa[tion] à Alger, comme école de goût et de bonnes traditions. Je suis, etc.

M. Casimir Bonjour notre compatriote vient de mettre la dernière main à [sa] comédie en cinq actes et en vers : le sujet pris dans nos mœurs actuelles, est nous semble, appelé aux succès des meilleures productions de l'auteur. M. Bonjour en ce moment à Reims, au milieu de ses nombreux amis d'enfance, a bien voulu nous promettre, pour le prochain numéro de *la Chronique de Champagne*, un fort joli conte en vers dont la lecture a été accueillie dans les Salons de Paris par les plus vifs applaudissements.

M. Chaix-d'Est-Ange, notre compatriote et M. Dugabé, tous deux membres de la chambre des Députés et avocats à la cour royale de Paris, sont aujourd'hui attendus à Reims. Ils y plaideront lundi, l'un contre l'autre, dans une affaire importante en elle-même et à laquelle le talent si connu des deux illustres avocats va donner un nouvel et puissant intérêt. — Il y aura foule en l'auditoire.

L'Académie des Inscriptions a procédé hier 14 au remplacement de M. Van-Praet, décédé. Au premier tour de scrutin, M. Paulin Paris a réuni 15 suffrages, M. Guigniaud, son compétiteur, 16. Au deuxième tour, M. Paris 16, M. Guigniaud 18, majorité absolue. M. Guigniaud a été proclamé.

BIBLIOGRAPHIE.

Anciennes Tapisseries. — Il a été question l'année dernière à Reims, d'une publication artistique fort importante. Il s'agissait de reproduire par la gravure au trait, quarante des plus belles tapisseries que possèdent l'église de St-Remy, l'Hôpital-Général et la cathédrale de Reims. Un prospectus de la publication projetée avait été demandé par MM. du conseil municipal, qui, après mûr examen, sans rejeter entièrement l'idée, en ajournèrent la mise à exécution. — Cette idée que nous avions conçue d'autres vont en tirer parti, et nous nous en félicitons. — MM. *Achille Jubinal*, de la société royale des antiquaires de France, et M. V. *Sansonetti* élève de M. Ingres, viennent de mettre au jour leur 1re livraison. Cette intéressante et belle publication a pour titre : *Les Anciennes Tapisseries*, ouvrage grand in-f°. imprimé avec le plus grand luxe, composé de 240 planches sur cuivre, dessinées avec la plus scrupuleuse exactitude, en présence des monuments originaux, par M. *Sansonetti*, accompagnées d'un texte explicatif, par M. Ach. *Jubinal*. — Les éditeurs ont l'intention de faire entrer dans leur collection un certain nombre des tapisseries de la ville de Reims. — Dans le but d'assurer un prompt écoulement à l'ouvrage, les gérants ont arrêté que la publication des *Anciennes Tapisseries* aurait lieu par les deux modes suivants, savoir : 1° qu'il y aurait 200 exemplaires, ayant une pagination suivie, de façon à former des quarante livraisons un recueil complet; 2° Que les 200 autres exemplaires, n'auraient de pagination que celle qui serait nécessaire à chaque bloc de tapisseries, de façon à ce que les personnes qui ne voudraient posséder qu'une portion de l'ouvrage, puissent n'acquérir que les parties qui leur conviendraient.

Cette belle entreprise est faite par actions. Le prospectus en est distribué au bureau des *Anciennes Tapisseries*, rue de Seine, n° 25, et l'acte de société imprimé, chez M. Defresne, notaire à Paris, rue des Petits-Augustins, n° 12. La 1re livraison des *Anciennes Tapisseries* est déposée par les auteurs à la bibliothèque de Reims, où les amateurs en peuvent prendre connaissance.

Abrégé de l'histoire Sainte. — *contenant l'ancien et le nouveau Testamen[t] avec l'application des figures et des notes géographiques ; --- Ouvrage rédigé sur [un] plan entièrement neuf, suivi d'un abrégé de géographie de la Palestine : par Mada[me] J. d'Avrigney, et approuvé par S. Em. Mgr. l'archevêque de Reims. A Reim[s,] chez Luton, Imp.-Libraire, place Royale.* 1 vol. in-18.

C'est un sentiment honorable qui nous vaut ce petit livre : dans un temps où [les] productions frivoles et sans but moral débordent de toutes parts, il est consola[nt] et doux de voir une dame prendre la plume pour instruire et former la jeunes[se.] L'espace qui nous reste ne nous permet pas d'entrer dans de longs détails sur [cet] ouvrage, qui malgré l'exiguïté de son volume, en raison de son objet et de la mani[ère] dont il est traité, mériterait cependant quelqu'examen. Nous nous borneron[s à] dire qu'il manquait dans la librairie d'éducation ; et nous croyons pouvoir, au n[om] des mères de familles et surtout des enfants, remercier l'auteur de nous l'av[oir] donné.

Histoire de Ste-Ménéhould. — Il vient de paroître à Ste-Ménéhould u[ne] fort bonne et fort compendieuse histoire de cette ville (1) : l'auteur, feu M. Cl. B[ui]rette s'est studieusement livré à la recherche des titres et monuments capab[les] d'étayer son ouvrage. Nous ne pouvons assez louer ce livre qui tout en étant l'h[is]toire de la ville de Ste-Ménéhould et de ses environs, jette un grand jour sur ce[tte partie] du pays des Ardennes. On y trouve de précieux détails sur les comtes de Cha[m]pagne et les institutions dont le pays de Ste-Ménéhould leur est redevable. L[es] guerres des 15e et 16e siècles ; les troubles de la fronde, la fuite de Louis XV[I,] l'invasion des Prussiens dont cette partie de la Champagne fut le théâtre, la g[lo]rieuse bataille de Valmy, et les événements qui en furent la conséquence y s[ont] racontés avec autant d'élégance que de fidélité. Nous comptons revenir sur ce[tte] publication qui intéresse à un si haut point l'histoire de notre Champagne. N[ous] regrettons seulement une chose, c'est que l'auteur n'ait pas toujours indiqué les ma[té]riaux sur lesquels il a travaillé. On sent en le lisant qu'il a été aux bonnes sourc[es] et qu'il est bien informé ; cependant comme dans un pareil ouvrage, il ne [peut] point y avoir de surprise, le lecteur est par fois désireux de consulter lui-même [les] originaux, satisfaction que M. Buirette ne facilite pas toujours. Nous ne pens[ons] pas que l'auteur ait eu à sa disposition les *Annales de la ville de Ste-Ménéhould*, [par] André Charpentier, d^r médecin, dont le manuscrit autographe est conservé [à la] bibliothèque de Reims. Il lui eut sans doute fourni quelques nouveaux et préci[eux] matériaux : nous publierons des fragments de ce manuscrit dans l'un des prem[iers] numéros de la *Chronique de Champagne*; ils pourront servir de preuve, d'appen[dice] et de supplément à l'ouvrage que vient de publier M. Buirette fils.

(1) *Histoire de la ville de Ste-Ménéhould et de ses environs*, par Cl. Buire[tte,] avec portrait de l'auteur, carte de l'arrondt. et trois plans de la ville. --- Ste-[Mé]néhould, chez Poignée-d'Arnauld, 1837, 1 vol. in-8° de 644 pag. (petit rom[ain,] prix 6 fr. 75 c.

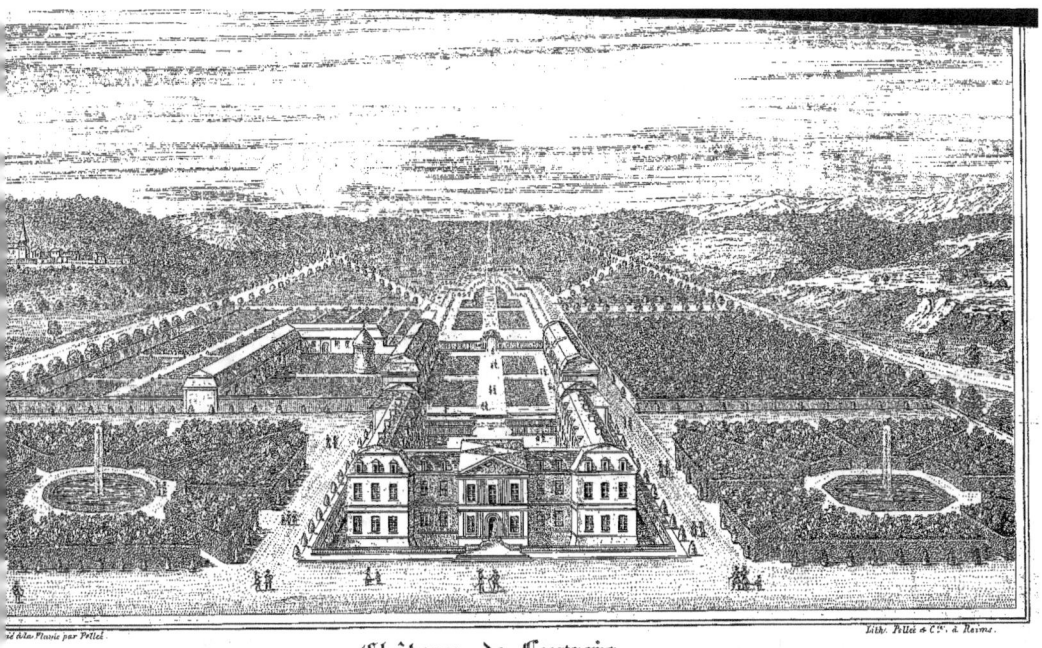

Château de Louvois,
vu du côté du Jardin.

HISTOIRE ET BIOGRAPHIE.

Les Seigneurs de Louvois (1).

La maison de Chastillon-sur-Marne était sans contredit l'une des plus illustres du royaume de France. Alliée treize ou quatorze fois à celle de Bourbon, elle a produit une longue suite de héros et de personnages honorés des plus hautes charges de la couronne. Cette illustration si extraordinaire a fait dire à l'un de nos vieux historiens que *cette famille a été décorée dans ses premières branches de tant de grandeurs, qu'il ne reste plus que la royauté au-dessus d'elle.*

C'est, il paraît, parmi les sires de Chastillon qu'il faut aller chercher les premiers seigneurs de Louvois. Le plus ancien titulaire que citent les chartes est l'illustre Gaucher de Chastillon, IVe du nom, comte de Saint-Pol, « l'un des plus puissants et renommés seigneurs que la maison de Chastillon ait produits, et dont les historiens ont le plus magnifié la valeur, qui laissa en modèle à ses héritiers sa piété, son courage, sa fidélité, sa munificence et tout plein

(1) Louvois, anciennement Loup-Voies (*Luporum viæ*), vicomté, baronie, marquisat, puis enfin duché-pairie, situé en Champagne, à trois lieues et demie sud de Reims, cinq nord-ouest de Châlons, trois est d'Epernay, était avant la révolution une paroisse de soixante-quinze feux. Le village situé dans le fond d'une gorge, est entouré de bois et de montagnes, excepté vers le couchant, où se prolonge

TOME I.

d'autres belles vertus qui reluisoient singulièrement en lui.

C'est à la bataille de Bouvines que Gaucher de Chastillon donna surtout des preuves de sa brillante valeur. Si nous en croyons l'auteur de *La Chronique de Rains*, il fu la principale cause de cette guerre qui devait mettre Philippe-Auguste et son royaume au pouvoir de l'étranger mais qui finit d'une manière si glorieuse pour la France son roi. Laissons parler notre vieux chroniqueur :

« Après çou, avint que li Rois tint un parlement à Melun, et i ot moult de ses baron. Si avint que li quens Gauchier de St-Pol, et li quens Renaut de Boulogne, qui tro s'entrehaoient d'armes, s'entreprisent devant le Roi : tant que li quens de St-Pol frappa le conte Renaut de so poing sous le visage et le fist tout sanglant. Et li quens R naut se lancha à lui vighereusement; mais li haut hom qui là estoient, se misent entre d'eux, par quoi li quens Boulongne ne se pot vengiez, ains se parti de la cour sa congiet prendre. Et quant li rois sot que li quens R naut s'en estoit ensi alés, si l'en pesa, et bien dist q li quens de St-Pol avoit eu tort; si, li blasma moul et envoia frères Garin, Evesques de Saint-Lis, à lui Dammartin, un sien castiel où il estoit. Et quant il vi là, si li dist : « Sire, li Rois m'envoie chi à vous, pour discorde qui est entre vous et le comte St-Pol, dont il poise, et vous mande que il le vous fera amender à v tre houneur. — Frère Garin, dist li quens, j'ai bien e tendu çou que li rois me mande par vous, et bien vo

une agréable vallée, qu'arrose à sa naissance la petite rivière de la Livre. Auj d'hui Louvois renferme quatre cents individus, répartis en cent ménages, comprenant les écarts de Vertuelle et de La Neuville-en-Chaillois. Les seuls moignages qui restent à Louvois des grandeurs qui s'y succédèrent, sont dans glise, le tombeau fort simple de la marquise de Louvois, sur lequel on lit c simple épitaphe : *Ci-gît* LUDOVICA M^{se} DE LOUVOIS, *morte à 27 ans*, 1768. Et autre pierre noire, placée dans la chapelle de la Vierge, d'après laquelle on voit y avait à Louvois, des sœurs de charité entretenues au compte du château, et compagnie de cavaliers de maréchaussée.

tiens-je à ciertain message : mais tant voel-je bien que vous sachiez, et bien le dites au Roi, que se li sang qui descendi de mon visage à terre, ne remonte de son gré, là dont il issit, et se li cose n'est amendés aussi come s'il n'eust onques esté faist, paix ne accorde n'en sera faite ! — Ciertes, dist frères Garin, vous demandez outrage, et cose qui à venir ne peut. Mais, pour Dieu ! prendés l'amende que li Rois vous offre ! — Sire Evesques, dit li quens, taisiéz vous en atant, car jamais ne vous ameroie se vous plus en parliez. — Voire, dist frère Garins, atant m'en tais, et savées qu'il vous en avenra : vous en pierderés l'amour le Roi, et le houneur dou monde (1) ! »

Renaut de Bourgogne, furieux de ne pouvoir se venger du comte de St-Pol, que soutenait Philippe-Auguste, se rendit près du comte de Flandre, Ferrant, qu'il engagea dans une guerre ruineuse que mit à fin la bataille de Bouvines. Gaucher de Chastillon s'y fit d'autant plus remarquer qu'il se reprochait cette guerre comme son propre fait : d'ailleurs ses ennemis étaient parvenus à le noircir dans l'esprit de Philippe. « Sire, dit-il au matin de la bataille, en ce jour verra-on qui iert (sera) traistres ! — Et dist ces paroles, pour cou que il savoit que li rois l'avoit en souspeçon pour certaines paroles. »

La Chronique de Rains n'est pas le seul livre qui témoigne de la valeur de Gaucher de Chastillon à la bataille de Bouvines. Guillaume Guiart d'Orléans, dans son roman des *Royaux lignages*, fait un long récit de ses prouesses.

> Gaucher de Sainct Pol rompt la presse,
> Tant s'est de férir entremiz,
> Qu'il a perciéz ses ennemis...... etc.

Gaucher de Chastillon avait eu pour père Guy de Chastillon, dont la sœur Yolande épousa Archambaud de Bourbon, auquel elle apporta en dot les comtés de Ne-

(1) *La Chronique de Rains*, sous presse depuis plusieurs mois, devait paraître au

vers, d'Auxerre et de Tonnerre. De ce mariage naquit Agnès de Bourbon, depuis épouse de Jean de Bourgogne et mère de Béatrix, dame de Bourbon, qui s'unit à Robert de France, tige de la maison royale de Bourbon e sixième fils du roi Saint-Louis.

C'est dans une charte de 1218 que nous voyons Gauche de Chastillon, comte de St-Pol, prendre avec ses autre titres celui de seigneur de Louvois, ce qui semble indi quer qu'à cette époque la terre de Louvois n'était pas en core érigée en baronie avec Louvois; Gaucher posséda les terres voisines de Vertuelles, Bulon, Tauxières et L Neuville en Chaillois.

La charte de 1218, que nous citons, est relative à l fondation du village de La Neuville, dans les parages d la seigneurie de Louvois. Gaucher de Chastillon, de con cert avec les abbés et religieux de Chartreuve, de l'ordr de Prémontré, près de Fère-en-Tardenois, en autori l'érection, et à cet effet assigne sur ses domaines une po tion de terrain que les moines de Chartreuve complète de leur côté. L'une des principales conditions de cet création est que de part et d'autre on jouirait moitié p moitié des droits et redevances dûs par les habitants La Neuville, sauf cependant de la part des religieux l droits de terrages et dîmes qu'ils se réservent express ment audit terroir, et de la part de Gaucher de Chastill le droit de haute et basse justice sur tous délits tels q rapt, fur et homicide.

commencement de l'année 1837; mais la nécessité d'envoyer chaque feuille à P pour en corriger les épreuves sur le manuscrit unique de la Bibliothèque roya apporte dans l'impression de longs et inévitables retards. Cependant la correc avance, et nous pouvons annoncer prochainement la mise en vente de l'ouvrag

La Chronique de Champagne rendra compte de *La Chronique de Rains*, publ tion du plus haut intérêt et qui doit prendre sa place dans les bibliothèques e Villehardoin et Joinville, ces deux autres chroniqueurs champenois.

(Note des Ed.)

Gaucher de Chastillon mourut en 1219, dans l'expédition contre les Albigeois : « Sa vie, dit André Duchesne, n'avoit esté qu'un perpétuel combat pour la défense de la foy et du Royaume, aussi finit-il là glorieusement ses jours en combatant pour le service de Dieu et de son Prince, et remporta cet honorable louange que lui donne Guillaume le Breton, d'avoir esté le *plus vaillant en armes de son temps.* » Par son testament il voulut que ses héritiers restituassent à l'abbaye de Saint-Remy de Reims, la vicomté de Rilly, qu'il avait achetée d'un Jean de Termes qui la tenait injustement.

En signalant les sires de Chastillon-sur-Marne comme les premiers seigneurs de la terre de Louvois, nous avons suivi la tradition rarement infidèle en pareille matière, et surtout, l'*Inventaire des titres du duché de Louvois* (1). Nous devons à des recherches minutieusement faites, depuis notre premier travail, la découverte de plusieurs titres originaux (2), qui nous prouvent que dès le milieu du xiiie siècle, le fief de Louvois avait cessé d'appartenir aux Chastillon. — Nous avions été tenté de considérer Gaucher de Chastillon, v^e du nom, comte de Porcien, comme héritier de son aïeul, qui précède, et comme tel, de le citer au nombre des seigneurs de Louvois. — De nombreuses chartes témoignaient des possessions de cet autre héros, dans le voisinage du fief. En effet nous voyons qu'à son retour en Champagne, de la campagne de Tournay, dont le succès fut son ouvrage, Gaucher de Chastillon après avoir donné aux frères et sœurs de l'Hôtel-Dieu de Reims « li bans et la justice, l'avouerie et toute l'autre seignourie

---

(1) *Manuscrit in-f° de la Biblioth. royale: Supplém.* n° 144.

(2) *Chartrier de l'Abbaye de Saint-Basle* : pièces rapportées de Châlons en 1836, et réunies au Cartulaire de la ville de Reims.

de la ville et du terroir Delsely en Porciens et de Gomon[t] qui lui appartenoient à cause de son comté de Porciens e[t] sa seigneurie de Chastel, vend, en 1315, à l'abbaye d[e] Saint-Denis de Reims, sa terre d'Isse, près d'Ambonnay; des menus cens en la terre d'Avenay; des droits et debite[s] pour esbouages, forages et roages de la terre de Sapi[g]neues, d'Aigny, de Condé; des servitudes dues par Notre[-]Dame de Compiègne et de Saint-Pierre d'Hautvillers. « E[t] est, et a esté fait cis présens vendages, pour le pris d[e] quinze cens cinquante trois livres et cinc sols tournois[,] duquel pris, nous Gauchiers dessusdit, reconnoissons avoi[r] eu et receu nostre plein greet, en bonne et loiale monnoie bien nombrée que lesdits religieux nous ont pour c[e] paiée, bailliée et délivrée. »—Et le jeudi, vii° jour d'aou[t] 1315, nous le voyons contracter envers les Echevins d[e] la ville de Reims, un emprunt de six cent quatre-vin[gts] florins, « pour cause de pur et loyal prêt, sans usure n[i] decevance, » outre cinq cents autres qu'il leur devoit déj[à] d'ailleurs. — Malgré tous ces indices qui nous avaient u[n] instant persuadés, il nous fallut reconnaître d'autres se[i]gneurs au domaine de Louvois.

Nous avons sous les yeux un acte de 1254, par leque[l] Robert de Loup-voie, fils d'Oudart, et Collet de Thye[m]bie, reconnaissent que le blé auquel étaient tenus leu[rs] prédécesseurs envers l'église de St-Baale, est encore red[û] par eux à ladite église. — Un autre acte de 1295, pr[é]sente un accord entre les religieux de cette Abbaye, [et] monseigneur Bertrand de Chanteraine de Chaumuzy, d[u]quel il résulte que Jehan dit Bernards, vicomte de Loup[-]voie doit l'hommage de sa terre à l'abbaye de St-Baale, [et] non audit Bertrand de Chantraine, comme celui-ci le pr[é]tendait.—Enfin nous avons une sentence de 1336, par l[a]quelle Jean-Poncinet de Tauxières, est condamné à pay[er] auxdits religieux de St-Baale, les arrérages d'un septier [de] froment de rente, à cause d'une pièce de terre qu'il possède à Loup-voie.

Il résulte de ces divers titres, que le fief de Louvois relevait dès le XIII° siècle, de l'abbaye de St-Basle, et était sorti de la maison de Chastillon pour passer à Robert de Loup-voie, puis à Jehan, qui prend le titre de vicomte de Louvois, et dont nous ne savons autre chose, si non qu'il fut enterré dans l'église du monastère d'Avenay.

Ce qu'il y a de certain, c'est que dès l'année 1399 on trouve un Aimé de Sarbruches, seigneur de Commercy, de Louvois et dépendances.

La maison de Sarbruches ou Sarebruck qui tirait son nom de Sarbruck, ville du Surgau, au diocèse de Metz, avait depuis longues années contracté de nombreuses alliances avec les plus illustres familles de Champagne. Aux XIII° et XIV° siècles on la voit unie aux maisons de Broyes, de Montmirail, de Joinville, de Vignory et de Chastillon. — Jean de Sarbruches et Isabeau de Joinville, sa femme, eurent pour enfants Simon de Sarbruches, sire de Commercy, de Fère-Champenoise et d'Estreelles, qui mourut en 1397 en l'île de Chypre, sans laisser de postérité d'Isabeau de Chastillon, veuve d'Oger, seigneur d'Anglure.

Aimé de Sarbruches, dont nous venons de parler, hérita des titres et prérogatives de son frère. Nommé gouverneur du duché de Bar en l'absence du duc, il suivit en 1414 le roi Charles VI au siège de la ville d'Arras où il fut tué d'un boulet de canon qui lui brisa le crâne. Il avait épousé Marie de Château-Villain, dame de Louvois, qui tenait cette seigneurie de Jean de Château-Villain, son père, allié à la maison de Chastillon. A cette époque la terre de Louvois avait le titre de baronie.

Vers l'an 1440, Robert de Sarbruches, seigneur de Commercy, comte de Braine et de Roucy, petit-fils du précédent, devint par la mort de son père, propriétair[e] de la baronie de Louvois et dépendances. Le 10 juille[t] 1446, il en fit foi et hommage au duc d'Angoulême, [à] cause de sa chatellenie d'Epernay. Robert joignit à la ba[ro]ronie de Louvois la terre de Germaine et de Vaurémont [,] distante d'une lieue de Louvois. En 1487, il avait épous[é] Marie d'Amboise, fille de Charles, seigneur de Chaumon[t,] gouverneur de Champagne et de Bourgogne.

Philippes de Sarbruches, sa fille, dame de Commerc[y,] Montmirel et Louvois, épousa Charles de Silly, baron d[e] Rochefort, seigneur de Laroche-Guyon et de Venisy e[t] transporta par ce mariage dans la maison de Silly la baro[-]nie de Louvois et dépendances avec la terre de Germaine e[t] Vaurémont. — Louis de Silly, vers 1545, recueillit de la suc[-]cession de sa mère la terre et les dépendances de Louvoi[s.]

En 1576, ses enfants Catherine et Antoine de Silly[,] baron de Montmirel en firent la vente et abandon à Claud[e] Pinart, secrétaire d'Etat, seigneur de Cramailles, vicomt[e] de Comblizy et premier baron de Vallois. — A la terre d[e] Louvois se rattachait alors Vertuelle, Bulon, Tauxières[,] La Neuville, Germaine, Vaurémont, Sarbruches, la vi[-]comté de Vausillons au terroir de Rilly; Rilly, Chigny[,] Verzenay et Vaudemanges; ces quatre dernières toutefo[is] pour le droit de voirie et de vicomté seulement. Pinart [y] joignit encore la seigneurie de Ludes, au moyen de l'ac[-]quisition qu'il en fit en 1578, d'Adrien Paternotte et d[e] demoiselle Hennequin. Le 30 décembre 1577, Pinart fit [à] Marie Stuart, reine d'Ecosse, douairière de France e[t] chatelaine d'Epernay, foi et hommage de sa baronie d[e] Louvois et dépendances.

Il était originaire de Blois, et s'éleva par son seul mérit[e] aux principales charges de l'Etat. Il appartenait au maré[-]chal de Saint-André, l'un des principaux personnages d[u] XVIe siècle, qui le donna au roi Charles IX. Devenu e[n]

1569 secrétaire des finances, Pinart sut se maintenir dans l'esprit de la reine Catherine de Médicis qui l'employa en diverses occasions importantes. Il gagna si bien sa confiance qu'elle lui fit donner en 1570 la charge de secrétaire d'Etat que la mort de son favori Claude de l'Aubespine laissait vacante. Henri III, parvenu à la couronne, utilisa l'habileté de Pinart pour les affaires, et lui confia la délicate mission d'ambassadeur extraordinaire en Suède: Il s'agissait, tout en ménageant le roi de Danemarck, alors en guerre avec la Suède, d'obtenir pour Henri la main de la princesse Isabelle de Suède, union contre laquelle étaient ligués le tzar de Moscovie, la république de Pologne, dont Henri avait si honteusement abandonné la couronne et surtout le Danemark qui, par cette alliance, se voyait menacé dans ses propres états. Cette négociation dont les historiens ont perdu la trace et qui devait, au titre de roi de France, ajouter un jour ceux de roi de Suède, de Danemark et de prince de Livonie, est toute entière dans des manuscrits originaux dont nous avons ailleurs donné un extrait (1). Claude Pinart en Suède et Charles Danzay en Danemark, avaient été chargés de préparer cette difficile affaire; le désir qu'avait Catherine de Médicis de la voir réussir, était si grand, qu'elle avait fait accompagner son ambassadeur d'un des plus habiles peintres de l'époque, Nicolas Bélon, qui devait rapporter au Roi le portrait de la princesse, qu'on disait d'une rare beauté. Ce mariage qu'avait projeté Catherine de Médicis assurait à la France la plus haute influence en Europe; mais Henri III dont le règne fut si fatal, était tombé amoureux de Louise de Lorraine, nièce de l'archevêque de Reims : et malgré les remontrances de la Reine-mère, il donna l'ordre à Pinart de cesser ses poursuites et de re-

(1) Pièces importantes et inédites touchant les anciennes relations de la France avec la Russie. *Extr. des mnss. de la Biblioth. du Roi.* -- Paris 1834.

venir immédiatement en France. L'ambassadeur obligé d[e] rompre une affaire aussi délicate au moment où le succè[s] paraissait assuré, faillit payer cher son dévouement et so[n] habileté. Le fils de Gustave Wasa, Jean III, alors roi d[e] Suède, fort blessé de l'injure que lui faisait la France, s[e] serait infailliblement vengé sur son ambassadeur, qui fu[t] tout heureux de s'échapper et de gagner incognito un bâ[-] timent qui le ramena en France. Pour la princesse Isabell[e] elle épousa sept ans plus tard le prince Christophe, fi[ls] d'Albert, duc de Meklenbourg.

Claude Pinart, après la journée des Barricades, fu[t] soupçonné d'avoir voulu vendre au duc de Parme la plac[e] de Château-Thierry dont il était gouverneur : il eut tou[-] tes les peines du monde à se laver de cette imputation[.] condamné comme rebelle, il finit pourtant par purger s[a] contumace et obtenir des lettres de réhabilitation. Il mou[-] rut en septembre 1605, en son château de Cramailles.

Son fils Claude Pinart, vicomte de Comblizy, seigne[ur] de Cramailles, et comme lui gouverneur de Château[-] Thierry, obtint en 1625 des lettres-patentes portant ére[c-] tion en marquisat de la terre de Louvois; mais n'aya[nt] point été enregistrées au Parlement ni à la chambre d[es] Comptes, ces lettres n'eurent d'effet qu'en 1656, comm[e] nous le dirons plus loin.

En 1640, François de Rouville, ses sœurs et Eustach[e] de Conflans recueillirent de la succession de Claude P[i-] nart, leur aïeul maternel, la terre et les dépendances [de] Louvois : ils obtinrent en 1649 des lettres-patentes [de] Louis XIV portant distraction de la mouvance de la ter[re] de Louvois et autres paroisses et villages de la dépendan[ce] qui relevoient de la couronne, à cause de la prévosté [et] chatellenie d'Epernay, pour à l'avenir relever de la gros[se] tour du Louvre de Paris, *aux mêmes droits seigneuriaux [et] féodaux, sans y rien changer ni innover en aucune manièr[e]*

Des mains d'Eustache de Conflans d'Armentières, la seigneurie de Louvois passa à Michel Le Tellier, seigneur de Chaville, de la Ferté-Gaucher en Brie, marquis de Barbésieux, commandeur des ordres du Roi, secrétaire d'Etat, et ensuite chancelier de France, qui en fit l'acquisition le 4 février 1656. Ce fut lui qui obtint des lettres-patentes portant confirmation de l'érection du marquisat de Louvois faite ainsi que nous l'avons dit, en faveur de Claude Pinart, par autres lettres du mois de février 1625, et contenant nouvelle érection pour lui et ses successeurs de la terre de Louvois et dépendances : ces dernières lettres furent enregistrées au Parlement et à la Chambre des Comptes, et le 25 mai 1656, Michel Le Tellier fit foi et hommage au Roi à cause de sa grosse tour du Louvre, et rendit le dénombrement des biens de son marquisat.—C'est à dater de cette époque que les propriétaires de Louvois prirent le nom de cette terre. Aussi les aînés des Le Tellier ne sont-ils plus guère connus que sous le nom de marquis de Louvois. — Ainsi que Colbert, Le Tellier dut à Mazarin son crédit et son élévation. Nommé intendant de Piémont en 1640, il gagna les bonnes grâces du Cardinal qui le proposa au roi Louis XIII pour remplir la place de secrétaire d'État, dans laquelle il signala son zèle pour le bien du royaume : mêlé à toutes les affaires de la Fronde, instrument de toutes les négociations, brouilleries et divisions qui remuèrent alors la France, Le Tellier resté au ministère pendant la retraite de Mazarin, supporta seul quelque temps le fardeau des affaires. Après la mort du Cardinal il continua l'exercice de sa charge jusqu'en 1661, et s'en défit alors, à l'âge de 74 ans, en faveur du marquis de Louvois son fils. En 1677, élevé à la dignité de chancelier et de garde des sceaux, « *Sire*, dit-il à Louis XIV, *vous avez voulu couronner mon tombeau* ». On sait la part qu'il eut à la révocation de l'Edit de Nantes et son mot à la nouvelle de cette mesure : *Nunc dimittis se[r]vum tuum, domine quia viderunt oculi mei salutare lumen[.]* Nul personnage politique peut-être, n'encourut à pl[us] haut point, la haine et la louange des partis. Au dire [de] l'abbé de Saint-Pierre, c'était un lâche et dangere[ux] courtisan, un calomniateur adroit ». Le comte de Gran[m]ont disait de lui en le voyant sortir d'un entretien pa[r]ticulier avec le Roi : *Je crois voir une fouine qui vient d'[é]gorger des poulets en se léchant le museau teint de leur san[g].* D'un autre côté ses panégyristes, et ils sont nombreu[x] ne tarissent point sur son éloge. Il exerça, dit notamme[nt] l'inventaire des titres de Louvois, les diverses et haut[es] fonctions dont il fut revêtu avec autant de prudence q[ue] de force d'esprit; son application aux affaires, la douce[ur] et la patience avec laquelle il accueillait indistincteme[nt] tous ceux qui réclamaient sa justice et son équité, la m[o]dération et la modestie qu'il a toujours conservées da[ns] la plus grande élévation, et les autres qualités qu'il po[s]sédait si éminemment lui ont de plus en plus acquis l'e[s]time et la vénération du public.—Au milieu de ces jug[e]ments contradictoires, nous ne craignons pas de lass[er] nos lecteurs, en introduisant ici le portrait qu'en don[ne] le piquant abbé de Choisy, qui nous paraît avoir le mie[ux] saisi ce caractère multiple. « Michel Le Tellier avoit re[çu] de la nature toutes les grâces de l'extérieur, un visa[ge] agréable, les yeux brillants, les couleurs du teint vives, [un] sourire spirituel qui prévenoit en sa faveur. Il avoit to[us] les dehors d'un honnête homme, l'esprit doux, facile, i[n]sinuant : il parloit avec tant de circonspection qu'on [le] croyoit toujours plus habile qu'il n'étoit et souvent on [at]tribuoit à sagesse ce qui n'étoit que d'ignorance. Modes[te] sans affectation et cachant sa faveur avec autant de so[in] que son bien. Une fortune éclatante et la première char[ge] de l'Etat ne lui firent point oublier que son père avoit é[té] conseiller de la Cour des Aides.—Il promettoit beaucoup et tenoit peu : timide dans les affaires de sa famille, courageux et même entreprenant dans celles de l'État; génie médiocre et borné, peu propre à tenir les premières places où il payoit souvent de discrétion, mais assez ferme à suivre un plan, incapable d'en être détourné par ses passions dont il étoit toujours le maître; régulier et civil dans le commerce de la vie où il ne jetoit jamais que des fleurs; c'étoit aussi tout ce qu'on pouvoit espérer de son amitié : ennemi dangereux, cherchant l'occasion de frapper sur celui qui l'avoit offensé, et frappant toujours en secret, par la peur de se faire des ennemis qu'il ne méprisoit pas, quelque petits qu'ils fussent. »

Michel Le Tellier mourut à Paris en 1685, âgé de 83 ans, et laissa de son mariage avec Elisabeth Turpin trois enfants : François-Michel, dont nous allons parler; Charles-Maurice, qui fut archevêque de Reims; et Madeleine, qui épousa le duc d'Aumont.

Ce fut le 19 mars 1662, qu'en faveur de son mariage avec Anne de Souvré, marquise de Courtanvaulx, très riche héritière d'une des meilleures maisons du royaume, François-Michel Le Tellier, marquis de Barbezieux, comte de Tonnerre, baron de Crucy, d'Ancy-le-Franc et de Montmirel, reçut de Michel Le Tellier le marquisat de Louvois avec ses dépendances.—Nous ne rapporterons pas tout ce que la vie de Louvois eut d'éclatant et de remarquable; il faudrait faire l'histoire d'une grande partie du plus beau règne de la monarchie française. Nous nous bornerons à quelques traits caractéristiques.

Louis XIV, qui savait si bien discerner le mérite, ne tarda point à apprécier celui de Louvois, dont plus tard il se glorifia d'avoir fait l'éducation politique [1]. La

---

[1] Louis XIV, en appelant au ministère le jeune fils de Louvois, Barbézieux, âgé seulement de 25 ans, lui disait : *J'ai formé votre père, je vous formerai également.*

plus grande gloire de cette belle époque, était l'œuvr[e] de trois illustres champenois. En effet, tandis qu[e] Colbert s'occupait de rendre le royaume florissant [et] qu'il en multipliait les ressources, Louvois garantis[-] sait les frontières par la construction de places forte[s,] établissait les droits et les prétentions de Louis XIV, [et] préparait les plans au moyen desquels Turenne à la tê[te] des troupes assurait le triomphe de l'honneur et du no[m] français. Pourquoi faut-il que ces trois hommes de géni[e,] si bien faits pour se comprendre et travailler de concert [à] la gloire du pays, aient connu l'envie, les rivalités et tout[es] ces petites passions qui ne devraient être le partage qu[e] des esprits vulgaires!

A la mort de Colbert, en 1683, le crédit de Louvois pr[it] un nouvel accroissement. Il fut chargé de la surintendanc[e] des bâtiments des maisons royales, arts et manufacture[s.] Quoique chargé principalement des affaires de la guerr[e] qui, dit un biographe, auraient dû, sous un monarq[ue] tel que Louis XIV, absorber un homme tout entier, Lo[u-] vois suffisait à ses nombreux emplois; son vaste gén[ie] les embrassait tous et dans toute leur étendue. L'Hôt[el] des Invalides, dont l'idée seule honore Louis XIV, f[ut] commencé par les soins de Louvois, dès 1671. C'est à s[on] instigation que furent entrepris les grands travaux de Ve[r-] sailles, Trianon, Marly, les aqueducs de Maintenon et [la] place Vendôme à Paris.

Malgré les reproches que les historiens adressent à L[ou-] vois sur son orgueil, ses violences et ses prodigalité[s,] sur la part qu'il prit ainsi que son père, à la révocati[on] de l'Édit de Nantes, aux deux incendies du Palatinat, a[ux] guerres successives qui appauvrirent si fort les finance[s,] il faut rendre justice à tout ce qu'il y eut de grand, d'ut[ile] et de glorieux dans son administration. Il avait trouvé [la] discipline militaire fort relâchée; il corrigea les abu[s] bannit la mollesse des camps, mit fin aux malversations. Grand-maître de l'artillerie, il traça, de concert avec Vauban et Colbert, les principes d'organisation qui ont fait la gloire du génie militaire de la France. Il fonda des écoles pour les jeunes gens de famille : c'est à lui que les troupes doivent les uniformes qui distinguent les régiments. Il améliora la condition du soldat; son austérité n'arrêtait ni sa justice, ni sa générosité. Il n'y eut plus dans l'armée, pour parvenir, d'autres titres que la bravoure, l'intelligence et la bonne conduite. Ceux qui de nos jours aiment tant à répéter qu'avant la révolution l'avancement était le partage exclusif de la noblesse, ne connaissent guère l'histoire de leur pays. Ecoutez Voltaire lui-même, ce grand détracteur de l'ancien ordre social : « Sous Louvois, dit l'auteur du siècle de Louis XIV, le grade militaire commença à être un droit beaucoup au-dessus de celui de la naissance : les services et non les aïeux furent comptés, ce qui ne s'était guère vu encore. Par là l'officier de la plus médiocre naissance fut encouragé, sans que ceux de la plus haute eussent à se plaindre. »

La sévérité de Louvois pour la discipline militaire était excessive. Madame de Sévigné rapporte à ce sujet l'anecdote suivante : « Monsieur, dit-il un jour à Nogaret, capitaine de cavalerie, votre compagnie est en fort mauvais état. — Monsieur, je ne le savais pas. — Il faut le savoir. L'avez-vous vue? — Non Monsieur. — Il faudroit l'avoir vue. — Monsieur j'y donnerai ordre. — Il faudroit l'avoir donné. Il faut prendre un parti, Monsieur, rester courtisan, ou s'acquitter de son devoir quand on est officier. »

Aucun ministre de Louis XIV ne se permit avec ce prince autant de hardiesse et de liberté. Nous n'en citerons qu'une preuve: Pendant le siège de Mons, Louvois faisant une ronde prit sur lui de déplacer à plusieurs reprises un[e] sentinelle posée par le roi lui-même. Se promenant [le] même jour après dîner, le hasard fit que le roi vînt passer devant cette même garde qu'il trouva ailleurs : « Qui vous a mis ici? demande Louis XIV tout courroucé — C'est M. de Louvois, répondit la sentinelle. — Mais n[e] lui avez-vous pas dit que c'était moi qui vous avais placé — Oui Sire. — N'admirez-vous pas Louvois, reprit Loui[s] XIV en s'éloignant, il s'imagine, sans doute, savoir l[a] guerre mieux que moi ! »

Cependant le joug du ministre commençait à peser a[u] monarque, dont la patience d'ailleurs était poussée à bou[t] de longue main. Louvois s'aperçut du refroidissement d[e] Louis XIV : « Tout est changé, dit-il un jour fort triste[-]ment à l'un des siens; nous avons eu cent fois des disput[es] fort aigres; je sortais de son cabinet et le laissais fort e[n] colère, et le lendemain quand il fallait travailler, il repr[e]nait son air gracieux. Or depuis quinze jours il a toujou[rs] le front ridé. Il a pris son parti contre moi ». — Enfin [le] 16 juin, dit Saint-Simon, son sort fut décidé. Il al[la] l'après-midi travailler avec le roi qui devait se promen[er] ensuite : il se trouva un peu incommodé ; il voulait co[n]tinuer, mais le roi l'obligea de sortir : c'était chez m[a]dame de Maintenon. Il traversa, dit-elle, la galerie [de] santé, et il allait mourir... En effet, arrivé dans sa cha[m]bre il demande Barbézieux son fils qui était dans la mê[me] maison, ne peut le voir et expire ». — On apprit av[ec] étonnement cette mort si subite et des bruits d'empoiso[n]nement ne manquèrent point de se propager. Saint-Simo[n], grand ami des anecdotes scandaleuses, se hâte de les co[n]signer dans ses mémoires ; pour la plupart des historie[ns] sérieux, la fin prématurée de Louvois est suffisamme[nt] expliquée par l'excès de travail, les veilles, les fatigu[es] de tout genre, et peut-être bien encore par le cruel chag[rin]

de se voir menacé d'une disgrâce. « On trouva, dit d'Avrigny, son cœur entièrement desséché, comme s'il eût été comprimé avec violence, ce que plusieurs regardaient comme l'effet du chagrin qu'il eut sur la fin de ses jours».
— Nous ne pouvons résister au désir de citer encore ici ce que dit de sa mort, madame de Sévigné :

« Le voilà donc mort ce grand ministre, cet homme
» considérable, qui tenoit une si grande place, dont le
» *moi* (comme dit M. Nicole) étoit si étendu, qui étoit le
» centre de tant de choses! Que d'affaires, que de desseins,
» que de projets, que de secrets, que d'intérêts à démêler!
» que de guerres commencées, que d'intrigues, que de
» beaux coups d'échecs à faire et à conduire! — Ah mon
» Dieu, donnez-moi un peu de temps! Je voudrois bien
» donner un *échec* au duc de Savoie : un *mat* au prince d'O-
» range. — Non, non, vous n'aurez pas un seul, un seul
» moment. — Faut-il raisonner sur cette étrange aventure!
» non! En vérité, il faut y réfléchir dans son cabinet.... »

— Nous avons essayé de faire connaître fort sommairement, il est vrai, ce que fut Louvois, ministre de Louis XIV : nous allons le suivre dans ses domaines de Louvois, qu'il avait pris en grande affection et dont il portait le nom.

Nous n'avons pu nous assurer ni dans nos archives, ni dans l'*Inventaire des titres de la seigneurie de Louvois*, ni même par aucune tradition orale, de la forme et de l'importance de l'ancien château de Louvois : l'époque de sa construction, celle de sa ruine nous est pareillement inconnue. Il y a lieu de supposer que le marquis de Louvois en acheva la démolition, et que sur ses ruines il fit élever celui dont la vue accompagne cette notice. La tradition, muette sur l'existence du castel féodal, raconte les merveilles de la construction du nouveau. On connaît la passion de Louvois pour les bâtiments. Il voulut que son

TOME I. 22

château, élevé sur le plan, sinon dans les proportions d[e]
celui de Versailles, en offrit la reproduction la plus fidèle.
Les jardins, comme ceux du château royal, tracés sur l[es]
dessins de Le Nôtre, furent exécutés avec toute la magn[i-]
ficence que le site put permettre. L'eau, aujourd'hui
rare à Louvois, y fut amenée à grands frais des monta[-]
gnes voisines, et de nombreux bassins, des cascades[,]
des jets d'une admirable disposition, rappelèrent les dé[-]
lices de Versailles et vinrent soudainement embellir cet[te]
charmante solitude, objet des prédilections du ministr[e.]
Il faut dire que si Louvois parvint à vaincre la nature, [la]
main-d'œuvre ne fut point épargnée. Tout un régime[nt]
avait été dirigé sur ce point étroit que resserre une gor[ge]
de montagnes. Quinze cents soldats recevant journell[e-]
ment la paye d'ouvriers ordinaires, étaient employés [au]
défrichement du sol, à l'assainissement des marais vo[i-]
sins, aux travaux de terrassements et de constructio[n.]
Quoique la forme du moderne castel en fit tout simpl[e-]
ment un lieu de plaisance, Louvois, grand-maître d'a[r-]
tillerie voulut lui donner un aspect militaire. A cet effe[t,]
il obtint de Louis XIV l'autorisation d'y mettre des piè[ces]
d'artillerie, des arquebuses à croc et autres armes av[ec]
les munitions nécessaires pour les exploiter au besoin. C[et]
appareil formidable était une satisfaction d'amour-prop[re]
que se donnait Louvois, et qui servait bien plus à rappe[ler]
les hautes fonctions dont le seigneur châtelain était r[e-]
vêtu, qu'à protéger une maison agréable que rien [au]
reste ne signalait comme une forteresse.

Sous le marquis de Louvois le domaine reçut de no[ta-]
bles agrandissements. Moitié de la seigneurie de Mut[igny]
que possédait Antoine Paillot, fut réunie au quart acq[uis]
précédemment par Claude Pinart: du Deffand-Delalan[de,]
colonel de dragons, et Charlotte-Angélique Amelot, s[on]
épouse, lui vendirent la terre et seigneurie de Bisseu[il]

avec des droits de pêche dans la Marne et des droits d'avoine, dûs par les habitants d'Ambonnay. Sous le nom de Leblanc, en mars 1691, Louvois se rendit adjudicataire de la terre et seigneurie de Ville-en-selve, que possédait l'abbaye de Saint-Remy de Reims, et que lui vendit son frère Charles-Maurice Le Tellier, alors archevêque de Reims et abbé de Saint-Remy.—Mais des soins d'agrandissement n'occupèrent pas seuls la sollicitude du marquis de Louvois. « Il voulut, dit le manuscrit déjà cité, laisser à son pays un monument plus durable de sa piété, de sa bienfaisance et de son zèle pour le soulagement des pauvres». Nous avons entre les mains une fondation à Louvois, datée du 23 mars 1689, de deux sœurs de charité, auxquelles, au moyen de 21,000 livres placées sur la maison de Saint-Lazare, à Paris, il assure 700 liv. de rente, avec quelques autres revenus pour servir et assister les malades, les pauvres honteux, et tenir les petites écoles aux jeunes filles du village.

Louis-Marie-François Le Tellier, marquis de Barbézieux, devint par la mort de son père, et au moyen de partages faits entre lui et ses frères et sœurs, possesseur du marquisat de Louvois et dépendances, excepté de la terre de Ville-en-selve, laissée en douaire à Anne de Souvré, sa mère. — En 1701, époque de la mort de Barbézieux, marquis de Louvois, la terre et ses dépendances passèrent à ses filles, Anne-Catherine-Eléonore-Marie-Madeleine, et Louise-Françoise-Angélique Le Tellier, qui peu de temps après, en 1703, en firent cession totale à leur aïeule Anne de Souvré, déjà maîtresse de Ville-en-selve.

En 1705, par suite de substitutions voulues par Anne de Souvré, François-Louis Le Tellier, comte de Rebenac, marquis de Souvré, devint seul propriétaire du marquisat de Louvois et dépendances. Son fils, Louis-Sophie Le Tellier de Souvré, mestre-de-camp du régiment Royal-Roussillon-Cavalerie, et lieutenant-général du royaume d[e] Navarre et province de Béarn, acquit en 1769 de Louis-François de Corvisart, le restant de la seigneurie de Mu[s]try, déjà en partie possédée par ses auteurs.

Le souvenir des Souvré est encore tout vivant dans l[e] pays et les environs de Louvois. Il n'est pas un vieillar[d] qui ne raconte les bons mots, les joyeusetés de monsieu[r] le marquis; ses parties de chasse et les fréquentes réu[-]nions au château des seigneurs et des gens distingués d[e] toute la contrée; Louvois était un véritable paradis ter[-]restre où venaient s'ébattre les joyeux disciples d'Epicure comme on disait alors. Nous avons eu entre les main[s] une volumineuse correspondance du marquis avec l[es] nombreux amis que son joyeux train de vie lui conciliait et l'on montre encore, dans la forêt de Reims, *l'arbre d[e] M. de Souvré*, dont l'heureux ombrage l'abrita si souvent, l[ui] et les gais convives, ses compagnons de chasse et de plaisi[r].

Ces dissipations, ces folies bruyantes et fastueuses qu[e] la régence et le ministère Dubois avaient mis si fort à [la] mode parmi les grands seigneurs du dernier siècle, du[-]rent amener un dérangement dans plus d'une fortun[e]. Celle du marquis de Souvré en fut considérableme[nt] froissée. Pour faire face à ses nombreuses dépenses, [il] fallut bientôt aliéner le beau domaine de Louvois. [La] seigneurie de Sarrebruches, unie depuis si long-temps [à] celle de Louvois, en fut la première distraite et vend[ue] en 1775 à un M. Chemisot.—Le fief de la Maison-Roug[e,] la ferme de Tour-sur-Marne, la ferme de Bohan, à Lude[s,] eurent le même sort. Bientôt on vendit également la te[rre] de Germaine et Vaurémont, la plus belle et la plus ric[he] dépendance de Louvois, et dont le revenu tout en b[lé] composait à lui seul près de la moitié de celui du m[ar-]quisat. Ce fut M. de Boisemont, beau-père de M. de [Pa-]lerne, qui s'en rendit acquéreur.

En 1776, le domaine de Louvois sortit de la famille Le Tellier qui l'avait possédé pendant cent vingt années, pour entrer dans une maison qui ne le cédait à aucune autre pour la noblesse, l'illustration, la haute origine et le long avenir qui lui semblait alors réservé. Le 3 février, M. Randon de Pommery, receveur-général des finances et garde des meubles de la couronne, se rendit acquéreur de la terre, seigneurie et dépendances du marquisat de Louvois, au nom et comme fondé de procuration de très hautes, très puissantes, très excellentes et très illustres princesses mesdames Marie-Adélaïde et Sophie-Philippine-Elisabeth-Justine de France, tantes du roi.

Ce dut être une grande joie pour le peuple de la contrée, d'apprendre que cette terre si appauvrie, si obérée, passait des mains du dernier des Le Tellier en celles de Mesdames de France!—En faveur de ses tantes, Louis XVI, dès l'année suivante, érigea le marquisat de Louvois en duché-pairie. Bientôt, par la mort et le testament de madame Sophie, sa sœur, madame Adélaïde se trouva propriétaire de la totalité du duché-pairie de Louvois. « Cette princesse, dit l'*Inventaire de Louvois*, dont les hautes et sublimes vertus égalent le rang et la naissance, dont la principale étude est de faire autant d'heureux qu'on lui présente de misérables, vint à Louvois, pour la première fois, au mois de septembre 1781. Elle était passée à Reims le 17, au matin. Le concours et les acclamations du peuple furent les seuls honneurs dont la princesse ne put se défendre. »

Elle y reparut l'année suivante, puis encore en 1786, accompagnée cette fois-ci de madame Victoire, sa sœur, et de toutes les personnes dont se composait leur maison. Le séjour d'un mois, que fit à Louvois l'aimée duchesse, fut signalé par des fêtes tour-à-tour brillantes et villageoises. Les unes donnaient au peuple l'idée des joies du grand monde, et les autres aux grands l'idée des plaisirs du village. Toutefois, soulager les infortunes, visiter les malades, consoler les affligés, porter partout les bienfaits, les encouragements, les paroles bienveillantes, telles furent les pieuses et principales occupations de Mesdames de France. Cette heureuse époque fut encore marquée par un événement dont le souvenir vit bien puissant dans la contrée. La reine de France, la belle et si brillante Marie-Antoinette, vint rendre visite à ses tantes, au petit château de Louvois. Jamais le pays n'avait vu si imposante et si mémorable réunion. Sa Majesté était accompagnée de cet autre ange de vertu, madame Elisabeth, que nos sanglantes saturnales ont placée si haut dans l'admiration des peuples, et de Louis-Stanislas-Xavier (Louis XVIII), frère du roi. Il n'est pas à Louvois une personne de soixante ans qui ne se rappelle l'affabilité, les grâces, la gaîté de la reine et des princesses. On cite encore un mot fort naïf d'un bon paysan qui, usant de la permission qu'avait le public de faire le tour de la table où mangeait S. M., se prit à dire tout haut, en contemplant Marie-Antoinette : « Ben, elle r'ssemble à Marion, not' reinette ; elle a tou d'même bonne façon ! — Aussi bonne façon que Marion, dit la reine en riant. — Oh là, Madame, je n' dis pas ça ! » — Le mot du paysan fit fortune. La reine voulut voir celle qui avait meilleure façon qu'elle. Marion, toute honteuse fut amenée au château, caressée, complimentée de tou le monde, et, ce qui valait mieux pour elle, grassemen dotée. Marie-Antoinette ne cessait de la montrer à tou ceux qui l'entouraient, et de répéter : *Elle a tout d' mêm bonne façon, not' reinette..... mais pas si bonne que Ma rion !*

Lors de leur passage à Reims, Mesdames de Franc furent complimentées par les magistrats et le conseil d ville ; un enfant de trois ans leur adressa les rimes suivantes :

> Vous voyez sur votre passage
> Tous les cœurs voler à la fois !
> Permettez, pour vous rendre hommage,
> Que l'enfance emprunte ma voix :
> Pour aimer le sang de ses Rois,
> Le peuple français n'a pas d'âge.....
> . . . .

Quelques années après, Louis XVI, Marie-Antoinette et madame Elisabeth, portaient leur tête sur l'échafaud, et les *Petites Affiches de Reims* publiaient un avis commençant ainsi :

District de Reims : n° 1550. A vendre : Biens nationaux provenant d'Adélaïde et Victoire Capet, émigrées, lesdits biens sis à Louvois, Ludes et autres lieux.... Savoir : etc.
LOUIS PARIS.

Nous avons dû terminer ici l'histoire des seigneurs et du château de Louvois : ce qui reste à rapporter ressemble à tout ce que l'on peut dire de tout autre domaine ou bien national. Le 1er nivôse, an VI, eut lieu l'adjudication du château, de l'enclos et de quelques petites dépendances, et le sieur Louis-Vincent Pommier, sous le nom des sieurs Mathias et Bauger, s'en rendit acquéreur moyennant la somme de 1,500,000 fr. — Par sous-seing privé du 8 fructidor, an VII, Pommier a revendu le tout au sieur Hainguerlot, banquier, qui, le 28 avril 1805, en fit la cession au sieur Pierre Dambrun, entrepreneur de bâtiments : c'est dire le sort qui attendait les riches constructions du marquis de Louvois. La démolition du château fut poursuivie par lui, de concert avec les sieurs Clausse, de Strasbourg, et Jean-Joseph Davia, ancien entrepreneur de charpente. Le 16 mai 1812, ce dernier devint seul propriétaire de ce qui restait du château, dont il commença une espèce de restauration. Le 15 septembre 1826, le château de Louvois devint la propriété de Claude-Julien Provost, de Reims ; qui, le 20 décembre 1827, en fit la vente à M. le baron Hémart, dont il est aujourd'hui la résidence.

M. Hémart, à l'obligeance duquel nous devons quelques-uns des renseignements qui nous ont guidé dans nos recherches, a, par des travaux et des restaurations de bon goût, rendu au château, sinon sa magnificence, du moir[s] quelque chose de sa grâce et de son ancienne élégance : la seule partie inté[-]ressante qui reste du château de Mesdames, est la salle à manger, dite de [la] reine, conservée à peu de chose près comme elle était. Elle a vingt-cinq pied[s] carrés, et l'on conçoit facilement, nous dit M. Hémart, que le public y p[eut] circuler sans gêner les convives de la reine.

L. P.

PALEOGRAPHIE.

𝕷𝖊𝖘 Annales de la ville de Sainte-Menehoud, où l'on pourra voir l'antiquité et les juridictions d'icelle, les fondations des Abbayes des environs, les Armoiries des seigneurs, gentilshommes et autres possesseurs des Fiefs mouvants du chasteau, avec leurs blasons : ensemble, la générosité et la fidélité des habitants pour le service du Roy, pendant les guerres, tant estrangères que civiles; finalement, les particularités des sièges, les batailles, et ce qui s'est passé entre Meuze et Marne, jusqu'à la paix, faite en 1660.

Par André CHARPENTIER, docteur médecin.

A Messieurs, Messieurs les Maire, Eschevins, Gens du Conseil, et habitans de la ville de Sainte-Menehoud.

MESSIEURS,

Puisque de la lecture et de la cognoissance des choses remarquables l'on tire une grande lumière pour le jugement humain, d'où nous apprenons à sainement discourir tous les événemens selon leur juste grandeur, il m'a semblé à propos de vous représenter comme dans un tableau, l'image de cette ville, affin d'y recognoistre par tant d'assauts et de changemens de sa fortune, une flottante et notable variété. Plusieurs se plaisent à estimer les choses anciennes des peuples et nations étrangères, mesprisans ou négligeans celles du temps et du pays; pour mon particulier m'estant proposé de déduire celles qui sont arrivées en ces frontières, selon la suite des années, je croiray avoir satisfait à mon devoir envers ma patrie, si la postérité sait les accidens funestes, et les peines souffertes par

ses prédécesseurs. C'est garder les premiers droits de la nature que
de veiller soigneusement à la protection d'icelle, elle nous doit estre comme une autre divinité et tenir lieu de père et de mère e[t]
plus chère que la vie tant nous lui sommes obligés. Or pendant toutes ses disgraces et afflictions pendant toutes les guerres civiles e[t]
estrangères, elle a remporté ceste gloire et cest honneur d'avo[ir]
tousjours continué dans l'observation du serment et de la fidélit[é]
promise à son roy, lequel elle honore et revère religieusement. Qu[e]
si par ses pertes et traverses elle est demeurée désolée et dépouillé[e]
de ses ornemens, elle peut encore recouvrer son lustre, si l'unio[n]
et la bonne intelligence se rencontrent entre ses habitans: car c'e[st]
un asseuré fondement pour affermir un estat foible et le vra[i]
moyen de faire monter les choses basses en un haut degré, et d'un[e]
petite et nécessiteuse ville en faire une grande et opulente cité. C[e]
qui réussira heureusement si nous adressons nos vœux et nos prièr[es]
au père de toute concorde avec protestation et ferme résolution [de]
nous amander et de luy complaire : c'est à quoi je vous convie, [et]
supplie aussi de me croire,

    Messieurs,

        Vostre très humble serviteur
        et fidèle compatriote,

            A. CHARPENTIER.

Par quel comte le chasteau a esté bâti.

Drogo étant maire du palais d'Austrasie et comte de Champag[ne] ne voulut perdre l'occasion de bastir ce chasteau ayant principal[e]ment rencontré une place du tout conforme à ses desseins, fust po[ur] son contentement à la chasse, ou pour s'en servir de forteresse [en] cas de nécessité ; car c'est un rocher assez ample, haut eslevé, a[u]quel rien ne commande, environné de belles prairies et arrousé [de] tous costés des rivières d'Aisne et d'Aune, si bien qu'il semble es[tre] une des merveilles de la nature. Ainsi depuis le temps dudit Dro[go] l'on peut conter neuf cens soixante ans ou environ que ledit ch[as]teau subsiste, lequel on appela Chasteau-Neuf ou Chasteau-su[r]-Aysne, et pour preuve de ce raisonnement il est nécessaire de sav[oir] qu'après plusieurs victoires remportées par Charles Martel sur ennemis, il fut créé en une assemblée des trois estats de France, prince et duc des François: ce nom estant plus illustre que celuy de maire du palais duquel ses prédécesseurs s'étoient contentés; les roys qui régnèrent de son temps n'en eurent que le tiltre sans aucune puissance: Rousard parlant de luy, dit:

> C'est ce Martel le prince des François,
> Non roy de nom, mais le maistre des Roys.

Il mourut en 741 et laissa plusieurs enfants et entre autres, Pepin le Bref, Carloman et Griffon: ce dernier n'estant à son gré assés appanagé s'esleva contre ses frères qui le vainquirent et le prindrent en la ville de Laon, puis le constituèrent prisonnier en seure garde en un chasteau près la forest d'Ardenne: *Du Haillan* le nomme Chasteau-Neuf, et par ce chasteau l'on entend facilement estre celui de Sainte-Menehoud, ceste forest n'en estant pas beaucoup esloignée. Et depuis la structure dudit chastcau, jusqu'à la délivrance dudit Griffon, l'on compte cinquante-trois ans ou environ. — Un sçavant homme, lisant BELLEFOREST, fit quatre ou cinq lignes d'annotations en la marge disant: « Ainsi comme les premiers comtes de Champagne eussent basti un chasteau dedans leur forest au bout de celle d'Ardenne pour leur chasse, où la rivière d'Aune se joint à Aisne, ce chasteau fut long-temps nommé Chasteau-Neuf. Et Henry, 1er du nom, comte de Champagne, qui a édifié le palais de Troyes dédié à saint Estienne, ayant dévotion à Sainte-Menehoud, d'autant que par son intercession il avoit esté délivré d'une grande frayeur dont il estoit travaillé pour estre tombé dans un puy, fit apporter quelques reliques à l'église consacrée à Dieu, sous l'invocation de la Vierge Marie, la feste de laquelle on solemnise le 15e aoust, jour de l'Assumption: il donna ordre de mettre d'un costé de la Vierge saint Estienne et sainte Menehoud de l'autre, au grand autel, ainsi que l'on voit à présent; et au lieu de Chasteau-Neuf on lui donna le nom de Sainte-Menehoud, qui fut environ l'an 1164. Ce comte embellit et fortifia le chasteau plus qu'il n'estoit auparavant, lequel aussi octroya quelques droits de chauffage en sa forest pour l'hospital. »

Ces comtes de Champagne estoient fort puissants, ayant sous eux sept comtes pour pairs, qui estoient obligés de se trouver toutes et quantes fois que le comte vouloit tenir ses grands jours dans la ville de Troyes: sçavoir les comtes de Joigny, Rethel, Por-

tian, Brienne, Bresme, Grandpré, et Roussi; desquels le comte d[e]
Joigny estoit le doyen. Les autres tiennent qu'il y avoit treiz[e]
comtés de Champagne et que pour ceste raison les comtes portaien[t]
en leurs armoiries potencé et contre potencé de treize pièces. Le[s]
autres comtés estoient celles d'Auxerre, de Bar-sur-Seine, d[e]
Tonnerre, de Vertus, etc.

De la situation de Sainte-Menehoud et autres particularités.

L'ancienne Gaule se divisoit en trois parties selon César et l[es]
cosmographes : en Celtique, Aquitanique et Belgique. Ceste de[r]nière prend son nom de Belgius, xiv° roi de la Gaule qui régno[it]
après le déluge du temps d'Amram père de Moïse, durant la capt[i]vité des enfants d'Israël en Egypte. Elle se divise en Gaule Belgiq[ue]
supérieure ou orientale qui a pour provinces Hollande, Zéland[e]
Gueldres, Clèves, Juilliers, Limbourg, Luxembourg, Lorrain[e]
Cologne, Trèves, Mayence, Alsace : et en inférieure ou occide[n]tale, qui contient les provinces de Flandres, Brabant, Picard[ie]
et Champagne, et a pour borne le fleuve de Seine. En ceste part[ie]
la ville de Ste-Menehoud est située entre la Meuse et la Marn[e]
ce qui est pour le nom général : mais pour le particulier, il y a d[u]
doute, car les uns tiennent que sa situation est dans le pays d'A[r]gonne. Toute ceste contrée des bois qui s'estend depuis Aspremo[nt]
Varennes, Clermont, Moiremont, Villers, jusqu'à l'abbaye [de]
Moustier, s'appelant les bois d'Argonne, entre les rivières d'A[ire]
et d'Aisne : et pour preuve de ceste opinion, l'on disoit ancienn[e]ment, comme marquent les vieux tiltres, Aspremont près les b[ois]
d'Argonne; Clermont en Argonne, Moiremont, Villers et Mout[ier]
en Argonne, ainsi qu'on nomme encore à présent tous ces lieux.
Or le rocher sur lequel le rocher de Sainte-Menehoud est bâ[ti]
estoit dans l'enceinte de ces bois : la rivière d'Aisne passant [au]
pied d'icelui, les autres veulent que ce chasteau soit situé da[ns]
le pays Astenois, qu'on dit en latin *pagus stadunensis*, et po[ur]
raison allèguent le tiltre de la fondation du Prieuré de Cha[u]defontaine, ce village qui n'est esloigné que d'un quart de li[eue]
de Sainte-Menehoud estant situé audit pays d'Astenois et Da[m]pierre, le chasteau à deux lieues de ladite ville qu'on dit Da[m]pierre en Astenois, comme il se voit par un tiltre de l'abbaye [de]
Moutier, en l'an 1280, où est dénommé Jean, sire de Dampierre

Astenois et par un ancien registre du greffe dudit Sainte-Menehoud, en date de 1571, qui porte Nicolas de Bossu, comte de Dampierre en Astenois, baron de Bazoche et de Han et aussi par le tiltre de l'archidiaconat, de Sainte-Menehoud, appelé Stadunensis, qui est archidiaconat d'Astenois, et qu'il faut conjecturer que ce pays a ainsi esté appelé de quelque lieu, ou chasteau particulier situé sur une montagne et entre plusieurs étangs, comme celui de Sainte-Menehoud, d'où seroit venu le nom de Stadunum, *quasi stagni dunum;* *dunum* en vieux gaulois signifiant un mont ou montagne. Mais quoiqu'il y ait quelque raisonnement sur ce nom, l'on ne trouve point qu'auparavant la dénomination de Sainte-Menehoud, le chasteau aye esté appelé *Stadunum*, ains *Chasteau-Neuf* ou Chasteau-sur-Aisne; voilà la difficulté en ces recherches. — Au reste, dès l'an mil cent, il y a eu des Seigneurs particuliers gouvernant audit chasteau, comme Raoul, père d'Albert Ier, père de quatre fils, sçavoir : Raoul second, Bertrand, Guimahaire et Hugues; et d'une fille nommée Ermengarde, mariée à un nommé Gauthier, vivant du temps de Joinville évesque de Châlons, en l'an 1170. Ce Raoul fut marié à Cécile dame de Clermont et en fut qualifié seigneur, car l'on trouve en un tiltre Rodolphe de Clermont, fils d'Albert, Seigneur de Sainte-Menehoud en l'an 1183, des descendans duquel sont venus par filles, Jean de Seaux, seigneur de Cernon, et autres. — De temps en temps en la suite de cette histoire l'on trouvera les choses remarquables arrivées tant au chasteau qu'en la ville de Sainte-Menehoud.

Cette ville est dans un fond, entre deux rochers, l'un plus haut et éminent sur lequel le chasteau est posé, du costé du levant et de la forest, et l'autre qu'on appelle le Chastelet, du costé d'occident et de la campagne. Les environs sont pleins de petites collines et montagnettes, autrefois couvertes de grands bois, et maintenant revêtues d'arbres de toutes sortes de bons fruits et de vignes. Deux rivières Aisne et Aune se viennent joindre presqu'au milieu d'icelle, qui arrousent les prairies et les jardins, dont l'on en reçoit le profit et le contentement. — Les caves à cause des rochers y sont extrêmement froides, lesquelles entretiennent le vin tousjours avec fraicheur qu'on boit par ce moyen avec plaisir et délectation : La ville est propre pour la commodité du pays estant posée au milieu de plusieurs autres villes qui en sont presque toutes esloignées d'une journée : Verdun de huit lieues; Bar-le-Duc d'autant, Victry de dix, St-Di-

zier de douze, Châlons de neuf, Reims de quatorze, Rethel
mesme, et Mouzon de douze. Si bien que les peuples des enviro[ns]
souffriroient infiniment, s'ils ne trouvoient ce refuge pendant [la]
rigueur des guerres. —

Au temps passé, vingt-cinq chambres de monnaies estant es[ta-]
blies en France, Sainte-Menehoud estoit la vingt-deuxiesme [et]
avoit T pour lettre. Cette chambre a esté transférée à Nantes [en]
Bretagne depuis la réunion de cette province à la couronne.

L'opinion de quelques uns est, qu'elle n'a esté environnée de m[u-]
railles, comme on la voit maintenant, que pour les premières cour[ses]
des Anglois, l'an 1335, sans alléguer aucun garant : à quoy je [ne]
puis souscrire, car en l'an 1085, Théodoric évêque de Verdun, m[it]
la ville et le chasteau en son obéissance comme l'on pourra v[oir]
cy après, et il est à juger qu'il y a plus de six cents ans qu'elle [est]
fermée et murée. — Les mœurs des habitans y sont assez inéga[les]
et variables, car les excès et les inégalités du chaud et du froid [qui]
dominent, diversifient les tempéramens : la bonne complexion pro[fi-]
tant non seulement au corps mais aussi à l'intelligence de l'honne[ur]
selon la doctrine d'Aristote. Les maladies n'y règnent pas souv[ent]
quoi qu'elles soient fortes et puissantes, parce que les corps s[ont]
robustes et vigoureux, qui ne s'abbatent qu'avec grande violen[ce]
et l'on doit toujours mesurer la grandeur de la maladie à la gra[n-]
deur de la cause qui l'a engendrée. La vie des citoyens n'est [pas]
des plus longues et ne passe guère quatre-vingts ans, *d'autant [que]*
la vieillesse n'est autre chose qu'une certaine pourriture : or la putréfac[tion]
provient du peu de mouvement qui se fait ordinairement aux lieux ha[uts]
marécageux où l'air est plus impur et se corrompt plus facilement. An[...]

Des choses remarquables arrivées tant à Sainte-Menehoud qu'é[s] environs, depuis l'an 1037 jusques en l'an 1145.

Je n'ai pu apprendre d'aucun livre n'y avoir adressé d'auc[une]
personne pour sçavoir ce qui s'est passé à Sainte-Menehoud jusqu[es]
l'an 1037 ; auquel temps Odo, comte de Champagne perdit [la]
bataille contre Goselo, duc de Lorraine près de Bar, en laquell[e]
dit comte fut tué : et nos anciens registres de l'église rappor[tent]
que les victorieux poursuivans leur bonheur, assiégèrent Sai[nte-]

Menehoud, d'où ils furent vivement repoussés, et Valerand, chef principal de l'armée, griefvement blessé, reprit le chemin de Verdun. Touchant cette expédition on trouve ces anciens vers :

> Anno milleno trigesimo septimo et uno,
> Tentarunt postes Menechildis virginis hostes,
> Frangere Barrenses ; sed statim currit ad enses
> Gens bona Castelli ; flagrans que cupidine belli,
> Sustinet instantes imprimis collatilantes.
> Plura Valeranus testatur idem male sanus,
> Pectora trajectus ferro est, vanusque reductus.
> Gens bona da laudes sanctæ cujus prece gaudes,
> Semper salvata, nec ab hostibus exuperata. (1)

Quoique plusieurs tiennent que Sainte-Menehoud a toujours esté soubs la domination des comtes de Champagne, néantmoins, Vasbourg dit que Manassès, comte de Castro-Retexto, à présent Rethel, qui avoit espousé la sœur de Henry l'Aveugle, comte de Luxembourg, mit garnison en son chasteau de Sainte-Menehoud, pour faire courses et pilleries sur les terres de l'évêque de Verdun : Parquoy l'évêque Théodoric, homme magnanime et grand protecteur de la liberté de son église, assembla grosse armée et vint assaillir le chasteau de Sainte-Menehoud, duquel il se rendit maistre et de la ville aussi, ce qui arriva en l'an 1089 ; et suivant sa pointe, il prit le chasteau de Sampigny, appartenant audit Manassès qu'il ruina entièrement : et à raison que Dudo, fils de Vaubert, seigneur de Clermont s'estoit déclaré ennemi dudit évesque, il assiégea le chasteau, et l'ayant réduit à son obéissance, le confisqua, l'adjoustant à son domaine dont lui et ses successeurs en ont depuis long-temps joui.

En l'an 1130, l'empereur Henry cinquième, fit raser et démolir le chasteau de Montfaucon, Gothuinus, en estant lors seigneur qui oppressoit et tyrannisoit les pays circonvoisins ; au mesme temps, l'évesque Albert, fit accord avec Regnaldus, comte de Bar, et luy laissa les chasteaux et fiefs de Clermont, Han et Vienne.

En l'an 1143, Thibault, comte de Champagne, favorisant un

(1) L'an mil trois cent sept plus un, nos ennemis les gens de Bar tentèrent d'emporter la place de Sainte-Menehoud : mais l'excellente garnison du chasteau courrut soudain aux armes. Enflammée d'une ardeur guerrière elle soutient les efforts des assiégeans. Ce fou de Valerand, percé d'une flèche, humilié vaincu est un témoignage de leur courage. Bonnes gens remerciez la Vierge à qui vous devez vos joies. Par elle toujours serez sauvée et triomphante de vos ennemis.

nommé Pierre, lequel contre le gré du roi Louis sept, dit le Piteux avoit esté esleu et sacré archevesque de Bourges, ledit roi entra e Champagne avec une puissante armée, et prit le chasteau de Vitry où l'église fut bruslée, et treize cents personnes qu'hommes qu femmes et enfans qui s'estoient retirés dedans.

Suite des matières concernant Sainte-Menehoud et les environs, depu l'an 1144 jusqu'en 1183.

En l'an 1144, Henri comte de Grand pré, entreprit sur le com de Verdun et eut diverses rencontres avec l'Evêque, en l'une de quelles il fut blessé et porté dans son chasteau de Vienne, auquel faisoit la plus part du temps sa résidence. Long-temps depuis led chasteau est venu ès mains de Gratian-d'Aguère, qui se trouva en bataille devant Nancy, avec Réné duc de Lorraine, où fut tu Charles duc de Bourgogne, en 1476. Lequel d'Aguère fut marié la fille de Philippe de Lenoncourt bailly de Victry qui laissa cet fille et deux fils, l'un nommé Robert qui fut evesque de Châlon et abbé de St.-Remy de Reims, puis cardinal, et l'autre Henry bailli de Victri.

L'an 1145, Albert seigneur de Sainte-Menehoud, menoit u forte guerre aux subjects de l'Eveché de Verdun, et s'en retourna d'une grande course conduisant plusieurs prisonniers avec gr butin, il fut poursuivi par l'Evesque Albert, de sorte qu'il demeu prisonnier et conduit à Verdun, d'où il fut après délivré par a pointement entre ledit Evesque, et Robert comte de Conflan parent et allié dudit Albert.

L'an 1144, le Pape Alexandre, troisième du nom, fugitif France, pour la crainte de l'Empereur Frédéric Barberousse, d fenseur de l'anti-Pape Victor, y tint trois conciles généraux, le p mier à Clermont en Auvergne, où l'Empereur et l'anti-Pa furent déclarés excommuniés; le second à Tours et le dernier Reims, où se trouva St. Thomas archevêque de Cantorbéry, ré gié en France pour n'avoir voulu prêter consentement aux co titutions de Henry, Roi d'Angleterre, contre la liberté de l'égli En ce concile se trouva aussi Cono, abbé de St.-Venne, leq par l'exhortation d'un de ses religieux nommé Gozuinus, prieur Chaude-Fontaine, obtint du Pape pour l'église de St.-Venne consentans l'Evesque et l'Archidiacre de Châlons, qui assistoi audit concile, la disposition et présentation de la cure de Valn village voisin dudit prieuré de Chaude-Fontaine, lez Sainte-Menehoud.

Environ l'an 1189, le comte de Chaalons, nepveu de Henry comte de Champagne, qui estoit lors en la terre sainte, commença à persécuter les églises de Champagne, prenant l'alliance d'un sien parent appelé Albert Pichot, seigneur de Sainte-Menehoud par la donation que le bon Thibaut père de Henry susdit en avoit faite à Albert ci-dessus nommé père dudit Pichot, qui n'estoit pas bastard, comme dit Vasbourg, lequel lui donne ce nom en haine de ce qu'il couroit les terres de l'Evesché de Verdun.

Or ces deux unis ensemble assaillirent les terres et seigneuries de l'évesque de Châlons qui se nommait Guido de Joinville, 3ᵉ du nom, entre les évesques de Châlons et estoit fils de Godefroy second et frère de Godefroy 3ᵉ du nom, baron de Joinville et seneschal de Champagne. Ce Guido et Arnould évesque de Verdun, pour résister à leur ennemi commun ledit Pichot, s'unirent et levèrent une puissante armée tant du pays de Champagne que de Lorrraine, en laquelle se trouva mesme Symon duc de Lorraine, en faveur de l'évesque Arnoud, et vinrent assaillir ledit Albert Pichot en son chasteau de Sainte-Menehoud, devant lequel ledit Evesque fut frappé en la teste d'un coup d'arbaleste décoché par un coup du chasteau, duquel coup il mourut subitement, ce qui troubla et rompit le courage à toute l'armée qui s'en retourna en portant le corps à Verdun, lequel fut inhumé révérement au milieu de l'église Nostre-Dame et sur la tombe de marbre cest épitaphe est escrit :

« Quisquis es sta et lacryma, ossa dum cernis Arnulphi Virdunensis præsulis vigilantissimi rubentia mœsto tegi lapide. Hic enim apud S. Manechildem gregis dominici sceleratum hostem Albertum Pichot forti persequens obsidione, adversa e propugnaculis sagitta percussus infelici præmaturoq. funere cecidit, anno millesimo centesimo octogesimo primo, decima quarta Augusti. ET INFRA: Pugili bene mœrenti, fratres posuere (1). »

(1) Qui que tu sois, arrête! et pleure à la vue du marbre funèbre qui couvre les restes ensanglantés d'Arnould, évêque très vigilant de la ville de Verdun. Tandis que sous les murs de Sainte-Ménéhould, il poursuit courageusement et assiège Albert Pichot, cet ennemi exécrable du troupeau du Seigneur, il est frappé d'une flèche, lancée par les assiégés, et tombe d'une mort aussi malheureuse que prématurée, le 14 août 1181.—En mémoire des services de ce généreux athlète, ses frères lui ont érigé ce monument.

Ledit autheur Vasbourg s'est avancé de dire que ledit Guido après son retour de ceste guerre entreprit le voyage de Jérusalem où il mourut et son corps enterré en la vallée de Josaphat, avec aucuns de ses prédécesseurs, lesquels avant leur départ faisant conscience de conférer les bénéfices de leurs Eveschés, cédèrent les présentations des prébendes dudit Chaalons à messieurs du chapitre et plusieurs cures aux abbés circonvoisins, dont leurs successeurs Evesques en ont receu un assez sensible déplaisir: mais il a été convaincu de supposition par un arrêt de la cour le 28 avril 1643, entre maistre Charles de Guillon conseiller en Parlement, nommé par le Roy & M⁰ Michel Gallois et le chapitre partie intervenante, ledit Gallois pour par ledit chapitre : par lequel arrêt on recognoît manifestement que la collation des prébendes appartient de temps immémorial au chapitre dudit Châlons, la possession duquel est très ancienne, paisible, et tousjours semblable en divers temps, et même en ceu que la régale a esté ouverte en l'Évesché de Chaalons.

(*La suite à un autre Numéro*).

VARIÉTÉS.

TRADITION RELIGIEUSE.

La Pompelle.

Hier était la fête de la Pentecôte, hier, dans toutes les parties du monde connu, le christianisme a célébré la grande et solennelle époque du départ de ces douze plébéiens qui, pauvres, ignorants, méprisés, ayant pour emblème commun la croix du supplice des esclaves, se mirent en route, armés de la parole, vinrent jusque dans Rome revendiquer les droits des nations; et, du haut du Capitole, à la face des dominateurs du monde, proclamèrent l'égalité sociale, comme un fait nécessaire, et la liberté personnelle, comme un droit impérissable.

Et le lendemain de ce jour, si grand dans l'histoire de l'humanité, Reims, pendant une longue suite de siècles, célébra aussi, comme la plus belle époque de son histoire, l'époque de son affranchissement par le christianisme; Reims aime à se rappeler les noms et le courage de ces hommes divins, qui, les premiers, lui apportèrent, au nom du Christ, lumière et liberté. D'où vient pourtant qu'aujourd'hui, en ce jour consacré par vingt générations aux fêtes de la patrie, d'où vient que la noble héritière des églises de Saint-Timothée et de Sainte-Balsamie, de Saint-Julien, Saint-Jean-Baptiste et Saint-Martin, la vieille et vénérable basilique de Saint-Remi demeure sombre et muette? Pourquoi la pétulante et joyeuse harmonie des ses cloches, aux sons graves, aigus, argentins, aux gammes riches, variées, étourdissantes, n'a-t-elle pas comme autrefois devancé le jour, et réuni les enfants de Reims pour ce pieux voyage, où, de souvenir en souvenir, la religion ramenait la cité attentive jusqu'au fait solennel de son initiation à la civilisation chrétienne? que ces pompes étaient belles! comme ces cérémonies allaient à l'âme! combien elles exaltaient le véritable patriotisme!

La théorie sacrée s'avançait majestueuse et lente, offrant aux regards et à la vénération de la foule empressée, les restes précieux des pères de la patrie; en tête du pieux cortége, flottaient les chevaleresques et loyales bannières des paroisses, antiques palladiums des libertés communales; puis les blancs gonfanons de la vierge, symboles gracieux de la réhabilitation de la femme et de sa dignité; puis venaient sur deux rangs, avec les gothiques flambeaux à l'image de saint Blaise, les derniers débris de cette corporation de Sergiers, la plus ancienne et non la moins honorée des corporations de la commune de Reims; et tous chantaient en chœur e ces graves litanies, qui redisent l'histoire du monde, et les psaumes odes sublimes, trésors divins de toute poésie. A ces harmonie si pures de la religion et de la patrie, s'unissaient les pures harmonies d'une fraîche matinée de printemps, toute pleine d'amou de chants suaves, de vivifiants parfums. Le beau soleil de mai ve nait éclairer cette énergique et pittoresque traduction de l'histoir du pays, et le saint pèlerinage trouvait à son retour la ville entiè hors des murs, accourue au passage de la troupe sacrée. A ce m ment, le pavé disparaissait sous les fleurs et les riches tapis; l maisons se paraient de la naissante verdure dérobée au tilleul au peuplier; et de sveltes guirlandes de bleuets et de coquelico étalaient l'élégance de leurs ondulations capricieuses, au-dess de la marche triomphale. C'était la fête du printemps embellissa les solennités de la patrie.

Les temps sont bien changés. Des hommes sont venus, qui, niant l'histoire, ont, dans leur ignorance, déversé le mépris sur touchantes institutions, sur ces vivants enseignements qui, chaq année, rappelaient au peuple un passé glorieux et les héroïqu fondateurs de sa liberté. Il n'est plus permis d'honorer, com autrefois, ces dieux de la patrie; on ne s'assemble plus sous saints étendards, pour visiter les lieux où Timothée et Apollina marquèrent de leur sang le premier pas de la société rémoise, d les voies du progrès civilisateur.

C'était en l'an 62, sous le règne de Néron. Reims, comme tou les villes soumises à l'empire, comptait plus d'esclaves que de toyens, et de ceux-ci la liberté s'était dès long-temps perdue d les monopoles de l'administration Romaine. Les riches manufactures de tissus, les célèbres ateliers d'armes de guerre, étaient exploités au profit de l'empereur, sous la direction despotique des officiers impériaux. Le peu qui restait aux travailleurs était revendiqué par les jurandes romaines, qui, sous prétexte d'affiliation, absorbaient dans leurs dévorantes étreintes l'industrie de l'univers. A ceux que n'occupaient ni les tissus, ni les armures, advenaient ces rudes corvées d'où sont sortis les grands chemins de l'empire, et tant d'arcs de triomphe dressés en l'honneur du maître. On comprend jusqu'où fut poussée l'oppression, quand on voit que, dans les régions pauvres en matériaux solides pour la construction des routes, la gent corvéable fut condamnée à recueillir les ossements des animaux morts, à les scier, à les régulariser, puis à les arranger par couches successives avec une merveilleuse symétrie. Le sol du vieux Reims offre plus d'une preuve de ce fait. En ce temps aussi, les arts et les lettres fleurissaient dans la cité rémoise, mais sous l'influence exclusive des monopoleurs romains, et l'enseignement public élaboré au profit du vainqueur, ne fut qu'une vexation de plus.

Telle était la condition de nos pères, quand Timothée, dont le nom seul indique l'origine grecque, vint à Reims. Il était chrétien, et dans l'ardeur orientale de son dévouement, il proclama, sans hésiter, la bonne nouvelle de la résurrection des peuples et de la fraternité des hommes. Le préfet romain Lampadius, le même peut-être que les traditions populaires de Châlons rappellent si souvent sous le nom du roi Lampas, fit saisir Timothée. Les menaces et l'appareil du supplice touchèrent peu le fier chrétien. Lampadius, en politique habile, et qui savait tout le prix d'une apostasie, s'avisa d'un moyen, toujours nouveau quoique bien ancien, et qui manque rarement son effet. Il offrit à Timothée des dignités, où l'appelaient son savoir et son éloquence, puis de l'or, beaucoup d'or, pour soutenir ce qu'on appelle le rang et la position. Le disciple du crucifié, l'apôtre de la loi d'égalité et d'amour, méprisa ces offres, si rarement méprisées : « corrupteur, répondit-il ; garde tes honneurs, garde tes richesses ; que tes trésors soient ta confusion et ta perte. » Et pourtant il fallait que, dans l'intérêt de la tyrannie Romaine, Timothée fut réduit au silence ; on essaie de la torture, et bientôt voilà que dans sa chair, déchirée par le fouet et pendante en lambeaux sanglants, le meurtrier juridique répand le vinaigre et la chaux vive. La foule frissonne d'horreur; ce courage inflexible allume son enthousiasme; elle se passionne, elle s'écrie; elle a vu les deux envoyés célestes qui soutiennent Timothée, et lui montrent le ciel entr'ouvert, avec ses ineffables magnificences, prêt à le recevoir et à le couronner. Apollinaire, le bourreau, se jette aux pieds de la victime, embrasse ses genoux; lui aussi veut être un enfant du Christ, lui aussi veut mourir pour le salut de ses frères. Alors le vent de la sédition commence à gronder, le peuple ému s'agite, se tourmente, s'irrite; sa grande voix est près d'éclater; le juge effrayé suspend le supplice, et Timothée et son nouveau disciple sont conduits en prison.

Le lendemain, pour imposer par la terreur à l'indignation populaire, Lampadius fait traîner hors la ville, et mettre à mort cinquante suspects de christianisme, et avec eux le saint prêtre Maur qui, dans la nuit même, avait visité Timothée et baptisé Apollinaire. Ceux-ci sont réservés comme criminels d'importance; de nouvelles séductions sont encore tentées; mais, ni les reproches de folie, ni la feinte admiration de leur courage, ni les promesses les plus brillantes, ni les hypocrites regrets de leurs souffrances, rien n'amollit leur vertu; on s'emporte, on les menace; « Vous n'aurez pas, leur dit-on, d'autre Dieu que les dieux de César. » Car César a fait ses dieux à son image et à son profit; et ces paroles insensées, qui résument tout l'esprit des persécutions religieuses, tombent inutiles et méprisées devant les deux martyrs; Rome n'aura point le bénéfice de leur apostasie.

Et le troisième jour avant l'aube, les héros de la régénération évangélique, les saints par qui toute liberté va renaître pour la cité rémoise, Timothée et Apollinaire sont conduits par la voie Césarée, jusqu'au lieu dit *Buxitus*, aujourd'hui la *Pompelle*; là, ils eurent la tête tranchée, là, ils cessèrent d'annoncer que la conscience n'a de juge et de maître que Dieu, et que l'égalité et la liberté sont le droit commun de l'humanité.

Et tel est le drame puissant, animé, sublime, qu'une modeste procession religieuse retraçait chaque année dans la mémoire des peuples; tels sont les modèles de courage et de patriotisme qu'on dédaigne aujourd'hui de livrer à notre admiration et à la reconnaissance publique (1).

(1) Il existait à la Pompelle une chapelle où tous les ans, le jour de la fête des Sts Martyrs, les chanoines de St-Timothée allaient en procession avec les reliques,

Plus sage fut Châlons, où se célèbre encore aujourd'hui, malgré notre prétendu progrès, malgré nos doctrines dites avancées, la procession des baguettes blanches, ainsi nommée parce que chaque assistant y porte ce symbole d'affranchissement et de liberté. Cette cérémonie, destinée à perpétuer les traditions patriotiques, rappelle chaque année au peuple châlonnais, et la prédication libératrice du pontife Memmius, et la délivrance de la ville, sauvée de l'implacable Attila par le dévouement personnel et la captivité volontaire du saint évêque Alpin.

H. FLEURY.

lébrer les Sts Mystères. La chapelle fut démolie par les ordres de M. l'Archevêque Le Tellier, sans doute à cause des abus, et le seigneur de Sillery y substitua une belle croix, avec une inscription tumulaire à côté.

L'auteur de la vie du P. Robert Mopinot, religieux minime, mort en odeur de sainteté il y a plus d'un siècle, rapporte un fait curieux dont aucun historien n'a parlé (cette vie se trouve en manuscrit dans la bibliothèque des Minimes de Reims). « M. de Montal, gouverneur de la ville de Rocroy, pour lors au roi d'Espagne, vint ravager les villages de la montagne de Reims, mettre tout à contribution, faire des prisonniers, enlever les bestiaux, brûler les villages qui ne pouvaient payer. Du château de Sillery où il s'était fortifié, ses troupes s'étendaient dans la campagne. M. le Comte de Grandpré, maréchal de France, aussi brave que son épée, (c'est toujours le biographe qui parle), se met à la tête de quelques compagnies de cavalerie et d'infanterie, et sa petite armée grossie par des volontaires s'assemble à la Pompelle. Le maréchal après avoir invoqué le secours des saints patrons tutélaires de la province, harangue les soldats, leur rappelle la valeur de leurs ancêtres, et leur fait espérer que par l'intercession des saints Martyrs, il remporterait la victoire, et purgerait pour jamais la Champagne de ces terribles ennemis. Au même instant l'armée se met en marche, et rencontre le général de Montal : le signal se donne et le combat s'engage sur les trois heures après midi : (C'était le 2 du mois de septembre qui cette année tombait un dimanche.) Déjà l'aile gauche des Espagnols plie, ce général soutient, ranime ; les troupes font des efforts incroyables jusqu'à ce qu'enfin l'on aperçoit une armée de combattants qui descendait d'une colline prochaine. La terreur s'empara de l'esprit des Espagnols, ils prennent la fuite à travers les marais, et sont presque tous défaits par les Français : peut-être même aucun ne se serait échappé si l'on eût coupé le pont de bois de Sillery : ainsi la victoire fut complète. »—L'opinion rémoise veut que ce fut saint Timothée et ses compagnons, comme protecteurs du pays, qui apparurent ainsi armés qui s'en venaient effectivement au secours de leurs compatriotes et qui jetèrent l'épouvante dans l'esprit du commandant et de sa troupe.

(Note de feu LEMOINE, archiviste de la ville de Reims.)

CAUSE CÉLÈBRE.

Les Sorcières de Sugny.

1657.

Qui ne s'est pris à regretter parfois les beaux temps de la sorcellerie, ou tout au moins les bonnes vieilles histoires à charmer de longues soirées, par une succession rapide et continue d'émotions de terreur, de surprise et de pitié? Alors que nous n'avions pas encore rencontré, dans les phases de notre civilisation progressive, les drames épileptiques de la moderne école, un seul narrateur, visible à peine sous la tremblotante lumière d'une lampe sans clarté, suffisait à crisper les nerfs du silencieux auditoire devant lequel passaient échevelées, flamboyantes et ricaneuses, ces épouses du démon, hardies rivales de M. Green, chevauchant par les airs sur le moindre manche à balai, ou sur quelque pâle rayon de la lune effrayée. C'était merveille de les voir, comme beaucoup les ont vues, s'élever par-delà l'atmosphère, pour cueillir des étoiles, ramasser des orages, emplir leurs poches de tonnerre et d'éclairs, charger des sacs de grêle, puis soudain s'abattre avec fracas, hurlements et rage, sur les contrées de leur malédiction, et répandre à pleines mains la cargaison de fléaux.

Ce n'est pas qu'elles n'eussent du bon, et même beaucoup. Souvent elles rajeunissaient les vieillards, ouvraient les cœurs à l'amour, ressuscitaient les morts, et composaient ces divins élixirs dont l'efficacité replaçait en un clin d'œil toute tête coupée sur sa nuque, en fut-elle séparée d'une lieue, et depuis plusieurs jours. Puis elles s'enfonçaient dans les entrailles de la terre, s'y promenaient à l'ombre et s'y récréaient durant de longues heures, et reparaissaient bientôt versant des flots d'or, de diamants, de rubis, d'émeraudes, et vous servant pour dîner des perles d'une grosseur à payer un empire. Elles se métamorphosaient à volonté en chattes, presque toujours blanches; en poules, le plus souvent noires; en couleuvres, comme il s'en rencontre encore; parfois en colombes, dont l'espèce devient bien rare.

D'où leur venait tant de pouvoir? voilà la question. N'avaient-elles pas accueilli les infernales caresses du galant au pied fourchu, aux yeux de flamme, au poil étincelant, que sa queue et ses cornes n'ont jamais empêché d'aller en bonne fortune? c'est l'opinion du savant Bodin, et des plus fins scholastiques. N'avaient-elles pas troqué leurs âmes immortelles contre les lubriques étreintes de Satan, et contre une part quelconque du pouvoir qu'il exerce sur la nature? nous n'en faisons nul doute, d'autant qu'il est constant que, chaque mois, au treizième jour de la lune, à minuit, sur la hauteur des monts sauvages ou dans le sein des forêts profondes, il vous suffit de frapper la terre avec un brin de coudrier vierge, cueilli selon la formule, pour qu'aussitôt un monsieur très débonnaire vous arrive, porteur d'un stylet qui vous ouvre la veine, et d'un beau parchemin bien blanc où s'écrivent avec votre sang les clauses du traité. Or ceci s'appelle un pacte, et nous avons vu maint contrat de ce genre parmi les manuscrits conservés dans les bibliothèques publiques de la Bohême et de l'Ecosse.

Toutefois, et malgré l'autorité des plus savants docteurs, une secte s'est trouvée, à la tête de laquelle marchent Porphyre, Jamblique, Averroës, Paracelse, Raymond Lulle, Fernel, Cardan, le comte de Saint-Germain, secte conservatrice du dogme antique d'Orphée et de Zoroastre, et qui nous apprend que Lucifer est infiniment calme et paisible, et que, depuis sa chute, dont il est fort meurtri, l'archange rebelle se tient coi, et ne dit mot. A la bonne heure; mais les sorcières? quant à la sorcellerie, les cabalistes, que je vous prie de ne pas confondre avec les cabaleurs, en donnent une explication frappante de vraisemblance. Ecoutez bien :

Du temps qu'il y avait quatre éléments, et avant les abominations de la chimie moderne qui les a contraints à donner leur démission, chacun des dits éléments servaient d'atmosphère et de milieu spécial à des populations infiniment nombreuses, savantes, polies, gracieuses et singulièrement affables. Les Gnomes habitaient l'élément terrestre; les Ondines, l'eau; les Sylphes, l'air; les Salamandres, le feu essentiel. Le Créateur, par des raisons que je vous dirai plus tard, refusa aux Gnomes, aux Ondines, aux Sylphes, aux Salamandres, une âme impérissable comme la nôtre. En revanche il les dota d'une prodigieuse longévité, de plusieurs connaissances rares et curieuses, et, ce qui vaut mieux encore, de la faculté d[e] monter au rang des immortels, par le fait de la plus simple gala[n]terie avec les individus de la race humaine. Vous compren[ez] maintenant, j'espère, comment et pourquoi depuis que le mon[de] est monde, Gnomes, Ondines, Sylphes et Salamandres ne cessen[t,] incubes ou succubes, de provoquer les enfants d'Adam, de coquet[er] autour d'eux, de les solliciter par les agaceries les plus piquante[s] pour en obtenir le don d'amoureuse merci. Il n'est personne qui [ne] puisse citer sa propre expérience à l'appui de ce fait général, d'ai[l]leurs incontestable.

Les sorciers et sorcières sont donc tout simplement les amants o[u] les épouses d'individus de ces races élémentaires ; ils en reçoiven[t,] en échange de l'immortalité qu'ils leur communiquent, comme ch[a]cun sait, la connaissance des divins arcanes, par lesquels tout prodi[ge] est possible. Et certes, quand de si heureuses unions viennent à [se] former, grande est l'allégresse des conjoints, et de leurs parents [et] amis de toute race, et on célèbre de superbes fêtes, et de telles noc[es] ne vont pas sans festins et sans de merveilleux chœurs de danse. [...] « ce sont là ces danses et ces cris de joie qu'Aristote dit qu'on e[n]» tendait dans certaines îles, où pourtant on ne voyait personn[e.] » Le grand Orphée fut le premier qui convoqua ces peuples ; à [sa] » première semonce *Sabatius*, le plus ancien des Gnomes, fut i[m]» mortalisé, et c'est de ce *Sabatius*, qu'ont pris leur nom ces asse[m]» blées (1). »

En vérité il n'y a rien dans tout cela que d'innocent et de f[ort] agréable, et sur ce point je serais assez de l'avis du seigneur Agoba[rd,] archevêque de Lyon, au temps de l'empereur Charlemagne. Ce b[on] prélat entendant que son peuple allait brûler trois hommes et u[ne] femme, accourut dans l'émeute, et ayant ouï le populaire qui a[c]cusait de magie ces quatre innocents, puis les quatre innocents q[ui] soutenaient n'avoir fait qu'un tout petit voyage d'amitié chez [les] Sylphes, décida que l'accusation et la défense étaient égaleme[nt] raisonnables, et renvoya chacun chez soi.

Par malheur, on n'a pas toujours jugé comme le Révérend Ag[o]bard.

....
....

(1) Comte de Gabalis, tome I. Amsterdam. 1715.

A Sugny, en 1657, qui le croirait? un bûcher s'alluma pour quatre misérables, dont le procès marcha si vite, que l'enquête fut ordonnée le 10 mars 1657, et la sentence rendue le 21 du même mois.

Les détails qu'on va lire, sont tirés en partie d'un manuscrit déposé aux archives de Bouillon, et extrait des arrêts de la cour souveraine de ce duché.

Les caractères effacés en plusieurs endroits par près de deux siècles d'existence, rendent difficile à saisir le sens de ces affligeantes procédures. A voir cette écriture mal tracée, il semblerait que les hommes chargés de l'exécution des lois d'une époque barbare, ont craint de livrer franchement à l'avenir ces incroyables relations.

Le petit village de Sugny, placé non loin de la frontière actuelle de la Belgique, était en 1657, entouré de vastes forêts et de bruyères incultes. Il y avait dans le voisinage plusieurs retraites solitaires, aux abords sauvages, évitées avec soin par les habitants de la contrée. Le sieur de la Bische, seigneur haut-justicier de Sugny et de ces landes stériles, faisait rendre la justice par son procureur fiscal et ses Echevins, en rencharge de la cour souveraine de Bouillon (1) et il devait foi et hommage au Prince Evêque de Liège.

Vers l'époque dont nous parlons, un sort fatal pesait sur le hameau; des maladies inconnues s'étaient déclarées; des hommes et des animaux mouraient sans cause apparente; parfois sur la lisière d'un bois s'élevait un épais brouillard au milieu d'un jour serein. Enfin les forêts, disait-on, étaient visitées par des esprits, car on y avait entendu des bruits étranges et on y avait vu des êtres qui n'appartenaient pas à ce monde, mener dans les clairières des danses diaboliques.

La terreur populaire donna à ces faits des causes surnaturelles et la cour décréta prise de corps contre quatre femmes soupçonnées de sortilège.

C'étaient Genette Huart, Jeanne Pihart, Genette Petit et Marson-Huart.

L'identité de la procédure pour les quatre accusées et son issue semblable pour trois d'entre elles, ont fait penser qu'il suffirait de

(1) On appelait *rencharge* une ordonnance de la cour souveraine par laquelle il était enjoint à une justice dépendant d'elle, telle que la haute justice de Sugny, de procéder à un acte judiciaire quelconque; sur le résultat la cour rendait sentence.

parler de la dernière, pour donner une idée de la justice criminell[e] de la *haute justice* de Sugny en 1657.

Le 10° jour de mars 1657, Messieurs de la Cour souveraine e[n]voyèrent au procureur de Sugny les articles au nombre de trent[e] pour examiner Marson-Huart, détenue prisonnière pour crime [de] sortilège.

Sur cette réquisition, Guarlache Mergny et Jean Dubier, éch[e]vins, assistés de Thomas Gerardin, leur greffier, se rendirent à [la] prison de l'accusée.

J'aurais voulu vous ouvrir ici les portes d'un sombre tribuna[l] vous y laisser entrevoir, éclairés par une lumière blafarde, d[es] instruments de mort et des juges au front sévère et impassibl[e] vous peindre devant eux, une femme échevelée, aux longs vê[te]ments en désordre, pareille aux sorcières de Macbeth; puis vo[us] rendre les émotions et la physionomie animée d'une foule avide [de] spectacles funèbres; vous faire enfin, assister à la scène solenne[lle] d'un drame judiciaire.

Hélas! bien que la publicité des débats en matière crimine[lle] fût alors un bienfait encore inconnu, la vérité ne me permet p[as] de suppléer au silence de la Chronique par un tableau d'imagi[na]tion.

Selon toutes les probabilités, le lieu où fut amenée Marson-Hua[rt] était une modeste chambre de justice, garni des meubles stri[cte]ment nécessaires. Les échevins interrogateurs, paysans des Ard[en]nes, dont la science se bornait à sceller d'une croix leurs grossiè[res] enquêtes, n'avaient rien sans doute de l'air farouche des juges [du] moyen âge. Le greffier suppléait de son mieux à leur ignorance.

La prisonnière avait environ 60 ans. Ses habits étaient simp[les] et prosaïques. Son esprit semblait borné, sa folie ou son inex[pli]cable crédulité n'avait rien d'original, car bien qu'elle s'avouât p[os]sédée du démon, ses réponses n'étaient pas dictées par un es[prit] aliéné et elle n'employait aucun de ces mots inconnus et caba[lis]tiques, qu'affectaient de prononcer les prétendues sorcières [des] temps antérieurs.

Les échevins, par l'organe de leur greffier, l'interrogèrent su[r les] trente articles de MM. de la Cour souveraine.

Voici le sens des plus remarquables :

L'accusée a-t-elle su que des membres de sa famille aien[t été] exécutés comme sorciers?

Est-elle, elle-même, sorcière?

N'a-t-elle pas eu copulation charnelle avec le diable?

A-t-elle été aux danses diaboliques, et que s'y passait-il?

A-t-elle fait mourir des hommes et des animaux, et de quels maléfices a-t-elle usé à cet effet?

Connaît-elle les autres prisonnières, les a-t-elle fréquentées et suivies à la danse du sabbat?

Marson-Huart répondit négativement et d'une manière évasive.

Le sieur haut-justicier ordonna sa confrontation avec Genette Petit, et celle-ci déclara l'avoir vue aux danses diaboliques.

Le treize mars, un changement s'opéra dans les idées de la prisonnière; elle manifesta la volonté de faire des aveux, car le sieur de la Bische requit un nouvel examen.

Alors elle: «*déclara et confessa d'avoir estez deux fois aux danses diaboliques avec Genette Petit, au lieu dit la Goutelle, et que le démon avoit une fois eu copulation avec elle, lequel démon s'appelle Bélsébuth, qui est le mesme que ladite Petit avoit: et n'avoient que lui à elles deux pour leur maistre, etc., et qu'elle a remarqué à la Goutelle, Catherine Roban, femme à Husson Jadin, et Jeanne Jadin, et n'a congnu les autres pour estre masquées.*»

Acte de ces fatals préliminaires, scellé de deux croix, fut renvoyé à la Cour souveraine.

Le 15ᵉ mars cette Cour: «*trouvant que Marson-Huart a confessé d'estre sorcière, et d'avoir esté plusieurs fois aux danses diaboliques et en copulation charnelle avec le démon, outre qu'elle a été confrontée avec Genette Petit, exécutée pour ce mesme crime, qui lui a maintenu tout ce qu'elle avoit déclaré et à mourir là dessus, qui sont des subjects trop suffisants pour la condamner à la* TORTURE, *à quoi l'on conclud afin d'avoir plus d'esclaircissemens sur ses dernières confessions pour la condamner à mort, et sçavoir ses compagnes aux danses, requiert à cet effet, etc., etc., etc.*»

La malheureuse redoutant les douleurs atroces de la torture, avoua tous les faits qu'il plut à ses juges de lui imputer, mais elle ajouta qu'elle ne connaissait de ses complices que celles qu'elle avoit nommées, les autres ayant assisté, masquées, aux danses diaboliques.

Le manuscrit ne contient les dépositions d'aucun témoin; cependant ces moyens de parvenir à la vérité ne furent pas négligés, mais il est affligeant de dire qu'aucune voix ne s'éleva en faveur de la victime. Elle ne trouva d'appui ni dans des juges éclairés, ni dans un défenseur zélé, ni dans l'opinion publique : son sort fu[t] livré au plus effrayant arbitraire.

La haute justice de Sugny, faisait en quelque sorte dans ce pro[cès] les fonctions d'un procureur-général de nos jours.

Je transcris ici, sans commentaires, ses conclusions.

Messieurs de la Haute-Justice de Sugny

Marson-Huart prisonnière pour crime de sortilège à laquelle a esté pro[-]noncé le décret de torture donné en rencharge par la Cour souveraine, déclaré ne la vouloir souffrir en persistant à ses déclarations du 13ᵉ et 1[6e] du courant reposantes aux actes, et estant examinée sur les crimes et m[a]léfices qu'elle a fait a déclaré qu'elle a renoncé à Dieu et au Saint-Sa[-]crement de Baptesme pour adhérer au Diable. Qu'elle a fait mourir, a[u] poison, Marie et Jeanne Dubière, comme aussi Elisabeth Michel, un enfa[nt] et deux vaches, appartenant à Thomas Lefort, et enfin qu'elle a esté plu[-]sieurs fois aux danses diaboliques et se servy de poudres et graisse que so[n] démon familier lui donnoit : qui sont des actions et crimes suffisants pou[r] la condamner à estre estranglée et puis brulée et ses biens acquis aux Se[i-]gneurs : à quoi ils concluent.

Comme ils font de mesme à décrêt d'appréhension contre Catheri[ne] Boban et Jeanne Jadin que ladite Marson a accusé et ratifié d'avoir [esté] par diverses fois aux danses, en nommant les lieux et places et qu'elle vi[t] mourir là dessus : l'on espère du moins que la Cour souveraine ne fera pas [de] difficulté de s'accorder contre la dernière, veu qu'elle est encore charg[ée] dans l'enquête par la déposition de Poncelet Lambert, tesmoing 19ᵉ, que sa mère et sa tante ont été exécutées pour sorcières et outre enco[re] accusée par Genette Petit, exécutée, qui sont des indices et présomptio[ns] assez fortes pour appréhender notamment dans une matière si cachée et obscure; on laisse néanmoins le tout à la discrétion du Juge souverain auqu[el] les actes devront estre portés pour avoir rencharge, et que l'on supplie.

. . . .

Et dans un siècle fameux par tant d'illustrations, à une époqu[e] voisine de celle où devait s'opérer un progrès immense, dans u[n] pays soumis à un pouvoir de religion et de paix, une scène dig[ne] des sauvages indiens épouvanta les Ardennes.

Une femme condamnée pour crime de sortilège, fut étranglée [à] un poteau et ses cendres jetées au vent ! . . .

J. OZERAY.

SCIENCE HÉRALDIQUE.

Origine du Blason. — Armes parlantes.

Un principe fondamental et reconnu de tout le monde, en fait de mots, est que toute science a été inventée ou perfectionnée par le peuple, dont elle a emprunté le langage : c'est d'après ce principe que nous reconnaissons pour nos maîtres les Phéniciens dans la marine, et les Grecs dans l'astronomie, l'anatomie et autres sciences anciennes.

Mais le nom du Blason et celui des couleurs qu'il emploie sont orientaux ; cette connaissance est donc venue de l'Orient, les Croisés la trouvèrent existante dans ces contrées, ils la rapportèrent avec ses mots : elle est donc antérieure aux Croisades, et elle eut, par conséquent, des motifs absolument différents de ceux qu'on lui assignait si mal à propos, par une précipitation sans égale. Ainsi, plus nous nous avançons dans nos recherches sur le Blason, et plus nous nous assurons de la fausseté de cette assertion, qu'il ne remonte pas au-delà des XIe et XIIe siècles, et qu'il fut inventé par les Croisés, qui n'inventèrent rien.

Dans le dictionnaire arabe de Djévhéry, publié en 390 de l'hégire (999 de Jésus-Christ), et par conséquent avant la première Croisade, on trouve le mot Bladzon, avec les significations 1° de *Gens*, famille, maison, et 2° d'*Insignia*, armoiries, symboles d'une maison.

Ainsi ce mot est oriental : il était connu dans l'Orient long-temps avant les Croisades, il est significatif, tenant à une famille immense, relative aux mêmes idées, au lieu que chez les nations européennes, il n'offre aucune idée quelconque, il ne se lie avec aucune famille de mots, il est absolument isolé, il s'y montre étranger à tous égards.

Il en est de même de la plupart des noms de couleurs : quel peuple européen se serait jamais avisé d'appeler le rouge *gueules*, le noir *sable*, le vert *sinople* ? quel rapport ont ces noms avec leurs

objets dans aucune langue d'Europe? Cela n'est point étonnan[t]
ils ne sont point européens, ils ont été puisés dans la même sour[ce]
que le nom du Blason.

Gueules, pour désigner la couleur rouge, est l'oriental G[ul]
Ghul, Gheul, qui signifie rouge, rose; etc. Delà, le nom du poë[te]
persan de Saadi, le Ghul-Istan, ou l'empire des roses.

Sable, nom de la couleur noire, est un mot également orient[al]
et qui, prononcé Zébel, Zibel, subsiste encore dans martre zi[be]-
line, martre noire, en allemand Zobel, et en anglais Sable.

Azur, couleur du ciel, ou bleu, est l'oriental, Lazurd, qui désig[ne]
les mêmes objets, le ciel et sa couleur.

Sinople, nom de la couleur verte, s'est refusé, quant à son é[ty]-
mologie, aux recherches de tous les érudits: ils n'ont avancé [là-]
dessus que des conjectures ridicules. Les uns ont dit que son n[om]
venait de la ville de Sinople, sur le Pont-Euxin, comme si elle fou[r]-
nissait une terre verte, tandis que la terre y est rouge; les aut[res]
y ont vu une altération des mots grecs *Prasina opla*, armes vert[es,]
comme si des armes étaient une couleur, comme s'il fallait al[ler]
chercher chez les Grecs des noms d'une science qu'ils n'inventère[nt]
pas. C'est un nom oriental, de même que ceux qui précèdent[. Il]
est composé de *Tsin*, herbe, verdure, et *Bla*, blé, le blé naissa[nt]
et d'un beau vert.

Aucun peuple, aucune ville, aucun particulier ne se choisit [d']
armoiries au hasard: elles furent constamment relatives à quel[que]
objet intéressant pour ceux qui les adoptaient. C'étaient ou [des]
armes relatives au nom de ces peuples ou de ces particuliers, [ou]
armes parlantes (c'est-à-dire, des armoiries dont les figures f[ont]
allusion au nom de ceux qui les portent), ou des armes relative[s à]
la situation de ces peuples, aux principales productions de l[eur]
territoire, à leurs divinités tutélaires, à celles de leur mère-pat[rie]
ou du prince dont ils relevaient. Quelquefois à la plupart de [ces]
objets, lorsque le nom était choisi de manière à les embrasser [tous]
ou la plus grande partie.

On est généralement dans l'idée que les armes parlantes désig[nent]
une noblesse très moderne, qu'elles sont mêmes très suspec[tes;]
on a souvent tourné en dérision, sur ce vain prétexte, la nobl[esse]
de familles qui étaient incontestablement d'une antiquité très [re]-
culée, qui avaient même donné lieu à des ordres de chevalerie [dans]
des temps anciens, et où peut-être n'existaient pas celles

individus qui les méprisaient. Il faudrait, d'après ce faux raisonnement, contraire à tout principe, rejeter la noblesse d'un grand nombre d'illustres familles, même de pays considérables de l'Europe, car on pourrait en citer une multitude dont les armoiries sont parlantes, comme les suivantes, toutes de la Champagne : Beaufort, d'azur, au fort d'argent ; Belin, trois têtes de béliers (en langue romane, belin signifiait mouton ou bélier franc) ; Bezannes, d'azur semé de besants d'or au lion d'argent ; Cockborne, trois coqs ; Coquebert, un coq ; Coiffart, trois coiffes (bonnet ou calotte que les chevaliers portaient sous le casque et le chaperon) ; Colbert, une couleuvre (en latin *coluber*) ; la Croix, une croix d'or ; Dezeddes, un Z ; de la Fougère, de gueule au chevron d'argent, accompagné en pointe d'un brin de fougère d'or ; de L'Aigle, de gueules, à l'aigle à deux têtes, éployée d'argent ; du Lyon, d'or, semé de croisettes de sable, au lion de même, armé et lampassé de gueules ; Mailly, trois maillets ; de Mance, d'azur, à la mancienne d'or, au fruit de sable, bordé de gueules ; de Niger, trois têtes de Maures (Nègres) ; Noizet, quatre coquerelles (noisettes en fourreau) ; Pampelune, d'argent à trois étoiles de gueules, au croissant d'azur en cœur ; de Porchier, trois hures de sanglier ; Rogier, trois roses ; Sacqu'espée, de sinople, à une aigle d'or, semblant tirer avec son bec une épée hors du fourreau (Le mot sacquer signifie en langue romane, tirer, arracher, enlever avec ébranlement, avec secousse ; sortir l'épée du fourreau, dégaîner). Saint-Belin, trois têtes de béliers ; Sanglier, un sanglier.

Plusieurs villes de la Champagne ont des armes parlantes : Reims, des rinceaux, que nos ancêtres appelaient rains (feuillages dans les ornements de peinture et d'architecture). Remarquez qu'ils écrivaient le nom de notre ville, Rains ou Rainz, exemple :

Ils arcent Rains et asisent Paris,
Et Saint Nichaises de Rains i fu occis.
(Romans des *Loherens*, fol. 1.)

Rethel, deux rastels (râteaux) ; Château-Thierry, un château-fort ; Coulommiers, que Monstrelet appelle Coulombiers, un colombier ; Rosoy, trois roses.

Si ces recherches héraldiques plaisent à quelques lecteurs de LA CHRONIQUE DE CHAMPAGNE, nous nous ferons un plaisir de les continuer.   HÉDOUIN DE PONS-LUDON, et C. DE G.

CRITIQUE LITTÉRAIRE.

Les Manuscrits français de la Bibliothèque du Roi,

PAR M. PAULIN PARIS (1).

Tome 1ᵉʳ, formats in-folio maximo.

Je ne sais qui l'a dit : les vrais savants rendent la science ai[mable] et facile. Je ne suis pas même bien sûr que cela ait été di[t] mais pour plus d'effet et d'autorité, j'aime mieux vous laisse[r] croire que la pensée ne vient pas de moi.

Je me faisais surtout cette réflexion, en lisant le livre dont j'[ai] témérairement entrepris de vous parler, moi, voyageur profane sur les terres, hier encore ignorées, où je veux essayer de vous gu[i]der aujourd'hui. En vérité je ne trouve le secret de mon audac[e] que dans le plaisir de ma lecture.

Il est inutile d'apprendre à la Champagne dont il est l'enfan[t] et qui me permettra de l'en féliciter, que M. Paulin Paris est l'u[n] des bibliothécaires de la bibliothèque du Roi à Paris.

Cette bibliothèque se compose de quatre grandes collection[s]. Celle des livres manuscrits. — Celle des livres imprimés. — Ce[lle] des médailles et des antiques. — Celle des estampes et des car[tes] géographiques.

Le cabinet des manuscrits se subdivise lui-même en cinq s[ec]tions : les volumes orientaux. — Les volumes grecs et latins. Les volumes écrits dans une des langues vulgaires de l'Eur[ope] chrétienne. Les titres généalogiques. — Enfin les copies des char[tes] et des diplômes.

La troisième section des manuscrits porte le nom général [de] *fonds français*, parce que les textes français en forment la ma[jo]rité. C'est de cette troisième collection, que M. Paulin Paris [a] entrepris l'histoire abrégée. C'est de cette histoire qu'il publi[e le] premier volume, en vous disant avec une de ces expressions

(1) 1836. Paris. Techener, Place du Louvre; 12.

modestie et de courage, qui ne viennent qu'aux hommes accoutumés à bien faire : « Dieu, je l'espère, m'accordera le bonheur « d'achever le dernier. »

Écoutez, M. Paris vous donner lui-même le plan de son ouvrage. — (Une fois pour toutes, j'annonce à ceux qui veulent bien me lire que, dans leur intérêt, je citerai beaucoup et que je copierai sans scrupule).

« J'ai prétendu faire ici, dit l'auteur, moins un *catalogue* qu'une » *histoire* des manuscrits (1). »...... « Description des manuscrits; » conjectures sur leur date, leurs propriétaires, leurs ornements, » leur reliure, leurs scribes, et leurs enlumineurs ; notice sur leurs » auteurs connus ou probables; discussion des sentiments que l'on » a jusqu'à présent émis sur leur compte; citations nombreuses; » particularités qui les concernent : voilà ce que je me suis proposé » d'indiquer avec plus ou moins d'étendue. » (2).

On le voit, ce n'est pas l'œuvre d'un jour ni d'un caprice littéraire, que celle qu'a entreprise M. Paris : sans parler ici de ces incertitudes, de ces hésitations historiques, qui arrêtent sérieusement les hommes, voués aux recherches, et résignés à s'abstenir des fatales hardiesses de l'ignorance, le nombre des manuscrits est immense.

L'exécution matérielle de leur classement et de leur description, peut s'apprécier par l'aperçu suivant :

Les manuscrits en langue vulgaire, sont partagés en *fonds anciens et fonds nouveaux*. La série des fonds anciens se compose de 3856 N°^{s}. (6701 à 10,557.) Les numéros précédents appartiennent aux manuscrits latins.

A ces 3856 n°^{s}, on a réuni plus tard et en les distinguant par des sous chiffres, une quantité de manuscrits que M. Paris évalue à un chiffre six fois plus fort que celui qui vient d'être cité. Dans cette dernière série se trouve, pour le dire en passant, à Reims, qui m'en saura gré, la collection de Jean-Baptiste Colbert, acquise par le Roi, en 1732, de M. de Seignelay, petit-fils du ministre, pour le prix de 100,000 écus. (pag. 11).

Les *fonds modernes*, comprennent les volumes entrés à partir de la clôture du grand catalogue, exécuté par les ordres de Colbert. Ils ont commencé par les collections de Brienne, de du Puy, du duc

(1) Page VIII. *Préf.*
(2) Page XIV. *Préf.*

de la Vallière, etc., etc., et se sont ensuite accrus, sous la législation
de la révolution française, des précieux manuscrits des églises détruites et des monastères supprimés : là figurent, dans l'ordre
admirable et savant qui avait présidé à leur laborieux classement
les collections de Sorbonne, de Saint-Victor, de Saint-Germain
des-Prés, des Missions Étrangères, etc., etc.

Enfin, à toutes ces richesses acquises, se joignent jour par jour
les conquêtes nouvelles de la bibliothèque, qui viennent prendre
place dans un *Supplément français*, dont le chiffre s'élève à plus de
2 000 numéros.—

Jugez maintenant la partie du travail de M. Paris, et pour peu
que vous vouliez pénétrer, jusqu'à la conscience qu'il y a apportée
apprenez de lui comment après huit ans de persévérance dans un
premier système, celui de l'ordre alphabétique, il s'éprend un jour
d'une idée qu'il croit meilleure, plus praticable, et retourne courageusement à son point de départ pour recommencer sa route
adopter définitivement l'ordre des formats.

Il consacre ce premier volume, celui dont nous parlons, au
manuscrits *in-folio maximo* des anciens fonds. « Ces immenses v
» lumes, vous dit-il, sont loin d'être les plus précieux, sous le ra
» port des matières, mais ils offrent une suite rarement interro
» pue de parfaites transcriptions et d'ornements admirables. C'
» même chez eux qu'on retrouve les plus beaux monuments de
» peinture au xve siècle. Presque tous ont été la propriété de gra
» princes ou de somptueux personnages, et chez eux, comme c
» leurs illustres possesseurs, il est parfois arrivé que le fonds
» répondait pas complètement aux promesses de la forme ». —

Voilà le plan d'ensemble : voilà le sommaire de l'ouvrage. Il
temps d'en venir aux détails et de faire saisir la manière de l'aute
Rassurez-vous, je ne vous donnerai pas de dissertations, mais
extraits : ce sera mieux et plus vrai. Je ne sais si je m'égare, m
je veux tâcher de me réduire ici à l'humble rôle d'un homme
aurait parcouru et admiré avant vous une galerie de tableau
qui vous y conduirait avec ses souvenirs, en vous indiquant de
férence certains points de stations, certains sujets privilégiés e
tous.

—Arrêtons nous au N° 6796, (*pag.* 223).

« *Un vol. in-fol. max., vélin, deux colonnes, très jolies miniatures, vig*
et initiales, fin du XIVe et commencement du XVe siècle. Relié en maroquin r
aux armes de France sur les plats.» *Fonds Colbert,* N° 255. »

Tel est le système de la notice descriptive qui précède chaque N°.

Ce manuscrit, comme cela se rencontre souvent, réunit trois œuvres sans rapport entr'elles. Je ne veux vous parler, moi, que de celle qui tient la place intermédiaire : c'est la traduction par Laurent de Premierfait, des livres *de senectute et de amicitiâ*, de Cicéron.

« Laurent de Premierfait (vous dit M. Paris, qui ne laisse rien ignorer de ce qu'il faut savoir), le plus célèbre des traducteurs du siècle des traductions, était un simple clerc de la province de Champagne, et natif de la ville de Troyes. Il fleurissait de 1380 à 1420........ » Et à propos de cette partie biographique de sa tâche, M. Paris discute et relève avec une logique d'histoire et de dates qui n'échappe à personne, des erreurs de nom, d'époques et d'appréciations, ou plutôt de conjectures littéraires, surprises par lui chez Lacroix du Mayne et chez La Monnoye.

Voilà pour l'homme.

La traduction du livre *de senectute* est précédée d'une miniature que décrit M. Paris, et d'une dédicace qu'il cite et dont je veux que vous connaissiez quelque chose. Elle est adressée à Louis de Bourbon, fils d'Isabelle de France, sœur de Philippe de Valois, mort en 1410, à 72 ans.

.... « A vous donques, noble duc, qui, entre plusieurs vo-
» lumes, avez choisy et eslu le livre de viellesse, lequel dicta et
» escrivi le noble philozophe et prince de éloquence, Tulle, consul
» rommain, dedans la poitrine duquel philozophie naturelle et morale
» eslut son domicile : jasoit ce que vous vueillez avoir, lire et entendre
» ledit livre escript cy-devant ou très correct latin, et après converti
» en langaige françois, pour ce que selon cours de nature vous ap-
» prouchiez à l'aage de vieillesse à qui est due reverence et honneur
» selon les mérites et les bienfaits de l'aage précédent, si crois-je
» toutes voies que vous délierez ce livre, afin que vous congnoissez
» plus à plaire que sé au gouvernement du royaume de France....
» dame vieillesse la sage et attrempée n'est préférée et mise devant
» jeunesse la fole et la desmeurée, tel royaume est semblable à la
» nef faitte de vielles tables qui est sans gouvernail très loing de
» port ès-ondes de la mer...... »

Le dialogue de *amicitiâ*, traduit peu de temps après par Laurent de Premierfait, est encore adressé à Louis de Bourbon, et précédé d'une préface.

Les N°ˢ 6797 à 6801, contiennent les autres traductions de Laurent de Premierfait :

Ce sont : 1° la première et la deuxième traductions du livre de Bocace, *de casu nobilium virorum et feminarum*. Ouvrage pour lequel Laurent de Premierfait, poussa l'admiration jusqu'à le traduire deux fois.

2° La traduction de Décameron de Bocace. 9798 (fonds Colbert).

Le manuscrit 6797, dont le premier possesseur fut Jean de Daillon, seigneur du Lude, gouverneur du Dauphiné sous Louis XI, et mort après 1481, porte cette rubrique :

« Cy commence le livre Jehan Boccace, des cas des nobles hommes et femmes, translaté de latin en françois, par Laurens de Premierfait. » Il contient la deuxième traduction précédée d'une préface à la fin de laquelle le traducteur porte lui-même de l'ouvrage un jugement dont les appréciations philosophiques et le style pittoresque conservent aujourd'hui une précieuse originalité..... «E
» certain est que entre tous autres volumes escripts par les acteurs
» historiens, ce présent livre parlant des doulces et amères fortunes
» des nobles hommes et femmes est de très singulier pris et de noble
» exemple de vertu, car il fait presque mention ou en long ou e
» bref des historiens de tous ceux et celles qui depuis le commence
» ment du monde jusques à Jehan, roi de France, mort prisonnier
» en Angleterre, ont eu puissances, ricesses, dignités, honneur
» et délectations mondaines. Car fortune a coustume de abattre ju
» et de desrocher presque tous ceux qu'elle a élevés au haut degré
» de sa roue. Et par ainsy ce livre moult etroit et brief en parole
» est, entre tous autres livres, le plus ample et le plus long à dr
» expliquer pas sentences ramenable aux hystoires. »

Le manuscrit 6799 que M. Paris, pense avoir appartenu à Jea
duc de Berry, mort le 15 juin 1416, contient un prologue adres
à ce prince, dans lequel Laurent de Premierfait se plaint avec u
amertume, avec un pressentiment, d'opposition, que ne désavou
raient pas certains journaux de nos jours, de ce que « les sai
» prestres anciens sont en leurs successeurs dessaintis » . . . . .
de ce que « ils s'efforcent de occuper la seignourie du monde con
» la sentence du vrai Ihûs, disant en l'Evangile que son Royaul
» n'est pas de ce monde. »

M. Paris extrait du même volume, 29 vers latins composés
traduits ensuite en français par Laurent de Premierfait. On p

juger de l'admiration du clerc de la Province de Champagne pour Bocace, par la dernière strophe de la traduction française de ces vers :

> Sé les dieux aux merites rendent digne louyer,
> Jehan porte sur sa teste couronne de lorier,
> Qu'il vivant desservit, par vertueux ouvraige.
> Car tous ses livres sont de vertu droit imaige,
> A vertu font chemin, de mal font dévoyer;
> Tel auteur adonc doit avoir au ciel partaige.

Je plaindrais l'époque littéraire qui, sous prétexte d'avoir épuré la langue, proscrirait comme incorrect et vieilli ce vers d'une poésie inimitable et perdue :

> A vertu font chemin, de mal font dévoyer.

Laurent de Premierfait que nous avons de la peine à quitter, ne savait pas l'Italien. Il se fit traduire, en latin, le Décameron ou les cent nouvelles de Bocace, par Antoine de Aresche, frère de l'ordre des Cordeliers, et il traduisit ensuite le latin en français. Cette traduction contenue dans le N° 6798³ (fonds Colbert) est précédée d'une dédicace au Duc de Berry, dans laquelle il raconte ces deux traductions successives et en demande le salaire ou plutôt les frais, dans les termes les plus habilement obséquieux. M. Paris rapporte en entier ce curieux prologue où Laurent de Premierfait en justifiant la traduction de « celles hystoires ou escriptures qui » ont ung seul sens et entendement simple selon la pure lettre,» s'é- » lève contre la traduction de la Bible et accuse les *translateurs* d'a- » voir « commis sacrilège en desrobant, ravissant et ostant la beauté » et l'atour du très précis langaige et la majesté des sentences.»

D'autres manuscrits vont nous ramener encore un nom Champenois. Ne me blâmez pas de ma préférence d'aujourd'hui. Au milieu des richesses du livre de M. Paris, je cède, c'est vrai, à un petit mouvement de courtoisie pour la Champagne. Je prends pour elle son bien partout où je le trouve; et par une illusion permise, je me laisse aller à une prédilection de concitoyen, presque de frère, pour ceux de ses enfants dont le nom lui revient glorieux et honoré par l'histoire.

Les N°⁵ 6804 à 6807, inclusivement, reproduisent l'histoire de la Toison d'Or, par Guillaume de Fillastre, évêque de Tournay.

Guillaume de Fillastre (1) né en 1400, fut d'abord moine de St-Benoit à Châlons-sur-Marne, puis abbé de St-Thierry près Reims, évêque de Verdun en 1437, de Toul en 1449, de Tournay en 1461.

Philippe le Bon, duc de Bourgogne, le nomma président de son conseil-d'état et chancelier de l'ordre de la Toison-d'Or, dont il entreprit d'écrire l'histoire.

M. Paris décrit la 2ᵉ miniature du n° 6804: elle représente six dames : *Magnanimité.* — *Justice.* — *Prudence.* — *Fidélité.* — *Patience* Clémence ayant sous leurs pieds autant de toisons chargées de nom *Jason.* — *Jacob.* — *Moïse.* — *Gédéon.* — *Job et Otoniel.*

Ce volume qui ne comprend du reste que l'histoire de la 1ʳᵉ toison (la Toison-d'Or), contient une préface qui adresse l'ouvrage à Charles le Téméraire, duc de Bourgogne, et qui annonce l'intention de faire six livres dont chacun renfermera l'histoire d'une toison.

Le n° 6806 contient l'histoire de la toison de Jacob : c'est la 2ᵉ et la dernière que put achever avant de mourir Guillaume de Fillastre.

Le plus beau de ces manuscrits paraît être le n° 6805 qui vient de la bibliothèque de Louis de Bruges, seigneur de la Gruthuyse. contient deux miniatures dont la première surtout, selon M. Paris est d'une grande perfection. Cette miniature n'est au surplus que l'exécution de la rubrique qui suit la table du n° 6807, volume dont les ornements n'ont pas été exécutés. Voici cette rubrique qui peut donner une juste idée des soins qu'on apportait à diriger et surveiller l'exécution de ces admirables manuscrits.

Ici fault une histoyre en laquelle y a ung prince assis sur une haulte chèse, tenant ung livre en la main ; à l'entour duquel y a à l'environ de luy XII chevaliers six de chascun cousté, tout abillez de drap d'or et chascun aiant la thoyson d' au col. Tous assis en chèses descendans de celle du prince ; et au dessoubs du prin y a une table dressée et à l'ung des bouts y a un escuyer court vestu ayant devant luy sur le bout de la table deux livres et a les cheveux jaulnes, ung chapeau po sur la teste à deux plumes blanches. A l'autre bout, ung homme long vestu, teste nue, ayant aussi deux livres devant luy et au milieu de la table y a ung evesque vestu de chappe et de mitre faisant obstentation d'un livre.

M. Paris tire de cette similitude d'ornements qui paraissait prescrite pour les manuscrits de l'histoire de la Toison-d'Or et qui se représente peu dans les autres manuscrits, la conclusion que vraisem

---

(1) Guillaume de Fillastre dont il est ici question, était le neveu de Guillaume de Fillastre, né en 1344 qui fut successivement, doyen de l'église Reims, cardinal en 1411, archevêque d'Aix en 1421, de la nomination du pa

biablement c'était une obligation pour les chevaliers de l'ordre d'avoir le volume de Guillaume de Fillastre.

Déjà par ces premiers aperçus, si incomplets qu'ils soient, on peut entrevoir tout ce qu'il y a d'intérêt, d'instruction constante et nouvelle dans l'étude du livre de M. Paris. Le difficile, je vous assure, c'est de choisir pour citer, c'est de s'arrêter pour admirer.—J'avais noté pour vous le livrer certain manuscrit du commencement du 17ᵉ siècle, le dernier du volume, n° 68172.—Je l'avais mis en réserve comme œuvre originale et bizarre, comme petite pièce de feuilleton destinée à vous distraire un instant des graves appréciations de ce grave ouvrage. Ce manuscrit paraît avoir été fait pour l'éducation de Gaston, 2ᵉ fils d'Henri IV. Il contient, en onze figures d'une exécution, à ce qu'il paraît assez brillante, les principes de la grammaire traduits en évolutions militaires.—Vous y auriez vu le régiment des adverbes, dans lequel *Citrà* et *Ultrà* servent comme sergens.—Celui des verbes dans lequel *Amo* apparaît comme Roi. — Ce qui est un peu chevaleresque pour un grammairien. — *Volo*, comme capitaine des *Volontaires*.—Ce qui est un Calembourg.—Enfin ces malheureux verbes défectifs, comme *estropiés*.—Ce qui est assez juste. —Vous y auriez vu le pronom interrogatif *qui, quæ, quod,* transformé en sentinelle criant *qui va là?*—Allégorie protectrice qui ferait honneur à l'imagination d'un caporal. — Enfin vous auriez assisté au grand combat livré entre les noms et les verbes et leurs alliés. *Aio* est tué; Je ne comprends pas pourquoi.—*Edo* est vivandier; —Je comprends.—Les interjections gémissent.

Mais le temps me gagne et la *Chronique* s'émeut de la place que je lui prends. — J'ai encore à vous parler de toute une période du livre des manuscrits, je veux vous faire pleurer peut-être avec un des vieux chefs d'œuvre de l'enfance si belle et trop flétrie de notre langue nationale. J'abandonne sans plus de détails le carnage grammatical; mais je vous donne son adresse et je vous le recommande.

Les manuscrits de la 1ʳᵉ série des romans en prose de la *Table Ronde* occupent dans le livre de M. Paris une place importante qui s'étend du n° 6768 au n° 6795.

Martin V. Nous aimons à rappeler ici que une grande partie des manuscrits précieux de la bibliothèque de Reims viennent de ce Guillaume de Fillastre qui les avait légués au chapitre de Reims. Il avait fait rebâtir les écoles de théologie de Reims, et fait achever en 1427 une des tours de la cathédrale restée imparfaite jusqu'à cette époque.

Ces Romans sont : 1° Le Saint-Graal; 2° Le Merlin; 3° L[e] Lancelot; 4° Le Bret; 5° La mort d'Artus ou la quête du Sain[t] Graal; 6° Le Tristan.

Ils se rattachent tous, au moins par les faits qu'ils racontent, des traditions bretonnes.

M. Paris dans une dissertation dont nous aurons tout-à-l'heure parler, explique comment le Saint-Graal est devenu le point d'u[-] nité de cette épopée bretonne qui a fourni les diverses branches de romans de la Table Ronde.

Il rappelle que le Saint-Graal était (suivant le conte) le vase dan[s] lequel Jésus-Christ sacrifiait ordinairement : que ce vase miraculeu[x] remis par Pilate à Joseph d'Arimathie fut plus tard rapporté par c[e] dernier sur les terres de France.

L'un des premiers apôtres de l'Angleterre, se nommait Josephé[.] Faire de ce Joseph le fils de Joseph d'Arimathie: lui faire transpor[-] ter en Bretagne, ce vase dont la présence devenait l'origine et l'ex[-] plication des merveilles de la Table Ronde et de l'histoire Bretonne[.] C'était là une conjecture moins hardie que celle de beaucoup d[e] chroniqueurs, et qui d'ailleurs rentrait singulièrement dans le[s] habitudes du XII° siècle, de rattacher toute chose à une caus[e] surnaturelle et originairement divine.

Quoi qu'il en soit des faits réels, les traditions populaires se lière[nt] et celle du Saint-Graal, est demeurée la base et le point de dépa[rt] de celles reproduites par les romans de Merlin, de Lancelot, et d[e] Tristan.

Quant aux dates respectives des rédactions françaises de ces tra[-] ditions, quant à la question gravement agitée de la préexistence d[u] texte latin, je n'ai garde d'y toucher, et j'aime mieux pour vous e[t] pour la science, vous renvoyer aux profondes et entraînantes dis[-] cussions de la théorie raisonnée de M. Paris.

Au nombre de ces romans que j'ai nommés, il en est un don[t] j'aurais voulu aussi vous parler; c'est Lancelot du Lac, le livr[e] heureux, laissez-moi vous le dire en passant, qui présida à la faut[e] inspirée de Françoise de Rimini, et qui peut-être nous valut le Dant[e.]

Mais il faut que j'arrive à Tristan, « au plus remarquable, a[u] »plus beau de tous les romans de la Table Ronde; » c'est encor[e] M. Paris qui vous le dit.

En grande partie composé par Luces de Gast, gentilhomme de[s] environs de Salisbery, il fut achevé par Hélie de Borron.

(Epilogue de ce dernier, joint au manuscrit 6776²).

Ici les manuscrits décrits par M. Paris, l'un d'eux du moins, ont plus d'un droit à nos vénérations.

Le roman de Tristan a subi comme tant d'autres œuvres, les mutilations réactionnaires du XVIᵉ siècle qui l'imprima.

Il n'est venu à nous dans ces éditions imprimées, qu'après les prétendues corrections des arrangeurs, cette plaie immortelle des littératures; hommes sans puissance de création qui n'ont jamais compris qu'un siècle en se refermant sur lui-même conquiert un droit d'inviolabilité; que le progrès, ce lent et grave mystère de l'humanité, consiste à marcher en avant aux lueurs du passé, et non pas à refaire incessamment les routes accomplies; que manquer à cette inviolabilité, c'est toucher au reflet tout entier d'une époque, c'est toucher à la sève d'une littérature, c'est altérer d'avance les traces et les conditions de l'histoire et des comparaisons à venir.

M. Paulin Paris, après avoir analysé le récit de Tristan, tel que l'a fait la version des éditions imprimées, met en parallèle le récit primitif dans l'originalité pure de sa conception, de son dénouement et de son style : c'est-à-dire, tel qu'il souhaiterait qu'une édition moderne et religieusement fidèle vînt le rétablir. C'est du manuscrit 6775 qu'il extrait cette citation dont je ne résiste pas à vous livrer les derniers passages.

Tristan, fils de Méliadus de Léonois, avait suivant la tradition bretonne, délivré le pays de Cornouailles, de l'asservissement du Morhaut de l'Irlande; il avait demandé pour son oncle le roi Mark, la main d'Yseult la blonde. Il avait, sans le vouloir, partagé avec la fiancée de son oncle, le breuvage magique dont l'effet nécessaire avait été de les rendre amoureux l'un de l'autre (1).

Tristan, surpris par le Roi *en chambre la royne* où *il harpoit un lay qu'il avoit fait*, est frappé mortellement par le Roi d'un glaive envenimé. Il s'enfuit au château de Dinas. Le mal fait des progrès. Le roi Mark, en apprenant que Tristan va mourir, envoie chaque jour chercher des nouvelles, « *qui bien lui plaisent*, car l'en lui dit » certainement que ne puet mès Tristan longement vivre. » La reine pleure et chaque jour augmente son deuil.

Cependant le roi Mark éprouve le désir de revoir avant sa mort,

(1) Page 194.

son neveu Tristan, « Certes, dit-il en pleurant, ce est damaige
» de la mort Tristan, que j'amais, à mon escient; aussi bonne lance
» ne sera el monde comme il estoit, et se il ne se fust si desloyau-
» ment mené vers moy, l'en le péust prisier de toutes choses su[r]
» tous chevaliers. »

De son côté, Tristan dit à Dinas d'appeler le roi auprès de lui[.]
Le roi en apprenant ce désir, pleure et s'y rend. « Oncles, lui di[t]
» Tristan, bien vengniès vous! vous estes venus à ma derrenièr[e]
» feste...... Ha! roy Marc, vous cuidastes faire vostre preu de mo[y]
» ocire; si m'aït diex, encore sera telle heure que vous voudreés avoi[r]
» donné demi vostre royaume que vous n'eussiez Tristans mort[.]
» Mais ore est ainsi venus qu'il ne puest estre autrement. »

Tristan se prenant à pleurer, exprime au roi le désir de voir Yseult[.]

« C'est la derraine requeste que je vous face, et que elle me voy[e]
» finir. Car sachiés vraiment que je mourray huy ou demain.....—
» Nepveu, fait li rois, vous volés que la royne vengne à vous, et el[le]
» y venra maintenant.....»

La reine vient: Tristan essaie de se lever; mais il ne le peut e[t]
n'a que la force de parler. Tout ce qui se dit là est digne de cett[e]
situation dramatique.

Viennent enfin deux scènes où je n'ai plus le courage de cou[p]-
per. Lisez :

L'en demain quant il ajourna, Tristans vit le jour bel et clair; il s'effor[ce]
adont de parler tant comme il pot; et dit si haut que ceulx de léans l'entendirent[:]
Ha dieux! fait-il, que pourai dire? En cest jour me convient finir! Jamès autre jou[r]
ne verrai! A chief de pièce parla Tristans à Sagremor et lui dit : Biaus amis! s[']
vous plaist, apportés moy m'espée et mon escu; je le vueil veoir, ains que l'a[me]
me parte du corps. Puis dit : Hélas! et plus ne dit. Sagremor apporte l'escu [et]
l'espée. Et quant Tristans le vit il dit à Sagremor : Biaus amis, treez l'espée ho[rs]
du fuerre, si le verrai plus clérement. Et il la traist tantost.

Quant Tristans vit l'espée que il tenoit à si bonne, il soupire fort, puis dit : Ha[!]
espée, que ferés-vous des ores mais! à cestui point departés-vous de vostre se[i]-
gneur. Certes, jà si bon n'aurés mais! né tant ne serés doubtée comme vous av[ez]
esté. Vous perdés vostre honneur. Sagremor, dous amis, des ores mais comman[d]-
je à Dieu toute chevalerie; hui mais pren-je congié à èle; moult l'ai amée [et]
honnorée, mais ne sera plus honnnorée par moy. Lors se tais. A chief de pièce
recommence à parler à Sagremor. Biaus amis, fait-il, dire le m'estuet, je ne p[uis]
plus cest fait celer; volés oïr la greigneure merveille du monde? hélas! comme[nt]
le dirai-je? certes, force me le fait faire; voulés oïr toute la plus honteuse paro[le]
que Tristans dit? hélas! comment istra de ma bouche? Lors se taist autrefois p[uis]
redit : Sagremor, ne le puis plus celer, *je suis vaincus!* Lors commence à plou[rer]
trop durement plus qu'il ne fist autrefois. Et quant il a assés efforcement pleuré[,]

regarde Sagremor, et puis lui dit: Sagremor, je puis bien rendre mes armes. Je les vous rend, je vous rend ma chevalerie; et je la laisse outre mon gré.

Quant il a dite ceste parole, il recommence son pleur, puis dit à Sagremor: Treez près de moy cele espée, si que je la puisse adéser; et il si fait. Et il commence à baisier le branc et le pont. Après baise son escu et redit: Hélas! comme il me griève que je me desparte de mes armes! hélas pourquoi sui-je sitost mort? Adieu, bonne espée, si vous commant à Dieu, que je ne vous puis plus regarder. Li cuers me crieve de douleur. Sagremor, je vous baille mon cuer et mes armes; en leu de moy les honorez, sé vous onques Tristans amastes.

Quant Tristans a dit ceste parole, il se tourne vers la royne et li dit: Dame, je me muir! venue est l'eure que je ne puis més aler avant; certes tant me suis combattus contre la mort comme j'ai pu. Ma chiere dame! et quant je muere que ferés-vous? comment durerés-vous après moy? Comment pourra ce estre que Iseult vive sans Tristans? ce sera aussi grant merveille comme du poisson qui vit sans aigue, et comme du corps qui vit sans ame. Chiere dame! que ferez-vous? Quant je muir, ne mourrés-vous avoec moi? Ha! bele douce amie, que je ai plus amée de moy, faites ce que je vous requiers, que nous meurions ensemble.--La royne qui tant avoit deuil qu'à pou que li cuers ne li crevoit ne sait qu'ele doit respondre, à chief de pièce li respont: Amis, sé Diex m'aïst, il n'est ore nule chose en cest monde que je amasse tant comme morir avec vous, et comme faire vous compaignie à cest mort: mais je ne sais comment ce puisse estre; sé vous le savés, si le dites, jel ferai errament. Sé pour douleur et angoisse péust nule femme morir, je fusse morte plusieurs fois puis que je vins céans. Car je ne cuit mie que nule dame fust onques tant dolente que ce ne soie encore plus. Et s'il fust à ma volenté, je mourusse ore en droit.--Hé! douce amie, fait Tristans, voudriés vous doncques mourir avoec moi?--Amis, fait-ele, sé m'aïst Diex, onques riens tant ne desirai. --Or, fait-il, sui-je doncques trop lie; et avendra-il ainsi, selon mon avis. Ce serait honte sé Tristans moroit sans Iseult qui avons esté une char, un cuer et une ame. Et puisqu'il est ainsi, ma douce dame, que morir volés avoec moi, il est mestier que nous muirrions amdui ensemble. Or, maccolés, sé il vous plaist, car ma fin approuche.

La royne pleure mout fort, quant ele entent ceste parole. Ha! fait li rois Marc, sans doute elle monstre bien quele est de ceste mort dolente outrageusement. Dinas qui est près de Tristans et Sagremor pleurent et tuit li autre; il n'i a nul qui ne prie Dieu que la mort venge prochainement, puis qu'il voient Tristans mourir. Quant Tristans vit apertement qu'il estoit à la mort venus, il regarde entour soi et dist: Seigneur, je muire, je ne puis plus vivre; à Dieu soyés tout commandé. Quant il ot dite ceste parole, il dist à la royne Iseult: Amie, or m'accolés, si que je fine entre vos bras. Si, finerai adonc à aise, ce m'est-avis. Iseult s'accline sur Tristan, quant ele entent ceste parole; ele s'abaisse seur son pis. Tristans la prent entre ses bras, et quand il la tint seur son pis, il dist si haut que tuit cil de léans l'entendirent: Des ore ne me chaut quant je muire, puis que je ai ma dame avoec moy. Lors estraint la royne de tant de force que il li fist le cuer partir, et il méesmes morut en tel point. Si que bras à bras et bouche à bouche moururent li dui amant, et demourèrent en tele manière enbraciés. Mort sont amdui et par amour, sans autre comfort.

Voilà comment on racontait alors.

Mais ici c'est M. Paris que je veux laisser parler de toute l'autorité de son jugement, de toute la puissance de ce style grave, plein, concis, harmonieux qui entraîne et élève la dissertation jusqu'aux plus hautes pensées de la critique.

« Il seroit difficile de citer dans aucune langue un récit plus pathétique, une scène aussi déchirante. Tristan, le héros le plus intrépide et le moins accessible aux sentiments de peur, tremblant néanmoins à l'aspect d'une mort nécessaire, Tristan, entre sa bonne épée et sa maîtresse, regrettant également l'un et l'autre et ne se consolant de perdre la première qu'en abandonnant la vie au même instant que la seconde ; Tristan enfin, appelant à son chevet celui qui l'a mortellement frappé, et le forçant à pleurer l'effet d'une vengeance cependant assez légitime ; voilà certes, l'un des plus beaux épisodes de l'histoire morale de l'humanité. On retrouvera sans doute ici de nombreuses redites, et pourtant j'en ai fait disparoître quelques-unes ; on reconnoîtra dans chaque phrase l'inexpérience d'une langue qui n'a pas encore été fréquemment écrite ; mais combien de beautés naturelles rachèteront cette extrême simplicité ! Et comment les artifices du style pourroient-ils exprimer mieux toutes les angoisses de la mort et toutes les dernières émotions de l'amour ? »

Ce que je viens de dire du morceau qui termine la dissertation sur le roman de la Table Ronde, je dois le dire avec plus de vérité de la dissertation entière : c'est le morceau capital du volume. L'auteur y apparaît seul et tout entier : c'est un de ces résumés qui ne peuvent s'échapper que d'une vaste et complète érudition ; c'est une de ces pages qui touchent à chaque mot à toutes les contestations historiques ; à tous les faits généraux de l'histoire des peuples et des littératures. M. Paulin Paris y a en outre apporté une aisance et une logique de discussion qui repousse tout esprit de conjecture hasardée, et qui s'abstient avec un rare bonheur de ces écarts d'interprétation qui font plier les faits à une doctrine, quand les faits viennent déranger leur doctrine. M. Paris dit quelque part dans son livre, en réfutant La Monnoye. « Je supplie tous les jours le »bon Dieu de m'ôter l'imagination qui, des bibliomanes, a égaré le »plus sage. » Nous nous permettrons de dire à M. Paris, (que nous ne connaissons pas), que Dieu ne l'a heureusement exaucé qu'en partie et, qu'en lui ôtant l'imagination qui égare, il lui a laissé celle qui saisit et sent les merveilles que le travail découvre, celle qui retrouve les routes parfois perdues des vérités historiques, celle qui juge de haut, qui coordonne, sans les troubler, les intelligentes moralités des faits et qui les livre, ensuite, après ses longs labeurs, fortes de toutes les séductions d'un raisonnement justifié, de tout le charme rétabli d'un poëme primitif.

On reconnaît là l'amant passionné de notre belle littérature du moyen-âge, l'éditeur de *Berthe-aux-grands-Piés*, de *Garin le Lohèrain* et du précieux *Romancero français*.—Après de tels travaux ainsi accomplis, ainsi publiés, on peut bien manquer d'une voix une élection à l'Académie des Inscriptions : On peut bien, dans un découragement permis, s'affliger une heure, en venant à se dire que pour atteindre ces nobles palmes de l'étude, il ne suffit pas toujours des efforts patients, des volontés obstinées d'une vie de labeur ; mais on laisse de soi des traces utiles, durables, honorées.—On a gravé son nom aux tables de la science, et la science, plus tard, vous en garde mémoire.

Pour moi, je remercie le hasard fortuné qui m'a initié pour quelques heures à ces savantes études; je sais que des éloges que j'ai cherché à modérer, vont rencontrer parmi les fondateurs de la Chronique qui veut bien m'accueillir, les honorables susceptibilités d'une modestie fraternelle. Je prie qu'on pardonne ces éloges à l'indépendance de mes impressions. L'homme qui juge doit être vrai: il doit apporter à l'éloge comme au blâme, le courage de la vérité.

8 mai 1837.

ERN. DE ROYER.

POÉSIE.

Adieux à ma Dame.

Virelay.

Adieu m'amour, ma joie, m'espérance,
Mon bien mondain, mon désir, ma plaisance :
Adieu celle qui m'a ressuscité,
Adieu ma dame, adieu cœur de pitié,
Ayez de moi s'il vous plaît souvenance !

Car, je m'en vais contre ma volonté,
De revenir briefment entalenté,
Plein de douleur et désespérances
Hors du pays languir en obscurté
Pensant à vous, triste et déconforté,
Doutant toujours que vous n'ayez grevance !
Mais vous m'avez tant noury dès m'enfance
Que je me pars, à vo bonne ordonnance,
Pour querre honneur et acquérir bonté :
C'est ce qui m'a forment reconforté,
J'en porterai plus aise ma grevance !

Adieu m'amour, ma joie m'espérance,
Mon bien mondain, mon désir, ma plaisance :
Adieu celle qui m'a ressuscité,
Adieu ma dame, adieu cœur de pitié,
Ayez de moi s'il vous plaît souvenance !

Or veuille Dieu qu'il vous soit rapporté
Tous biens de moy, et que ja lascheté
En mon las cuer ne face demourance,
De bien faire m'avez amonesté,
Si doy avoir prudence, honesteté
Et acquérir renommée et vaillance :
Et par ma foy cuer et corps et puissance
Y mettray et telle persévérance
Que l'on dira qu'amour m'a profité;
Ou je mourray, tant que votre amictié
A son retour ara grant cognoissance.

Adieu m'amour, ma joie, m'espérance,
Mon bien mondain, mon désir, ma plaisance =
Adieu celle qui m'a ressuscité,
Adieu ma dame, adieu cœur de pitié,
Ayez de moi s'il vous plaît souvenance !

Eustache Deschamps (1).

Le Voleur par humanité.

Conte.

C'était par un beau jour de septembre ; j'errais
Pensif et désœuvré dans le fond du Marais.
J'aperçois un hôtel entr'ouvert !... je m'arrête,
Le rossignol en main, j'entre et me mets en quête;
J'arrive à petit bruit dans la salle à manger,
Et prends tous les couverts, dont je puis me charger.
Deux ou trois jours après, joyeux de mon aubaine,

---

(1) Eustache Deschamps, poète fameux au xve siècle, était Champenois et né à Vertus. Ses œuvres qui n'avaient jamais été publiées, viennent d'être recueillies et mises au jour par l'un de nos meilleurs typographes, M. Crapelet, membre de la société royale des Antiquaires de France. Nous rendrons compte de cette belle publication qui fait l'éloge des presses de M. Crapelet, de son bon goût et de son érudition, et qui en outre est un véritable monument élevé à la gloire de la Champagne, puisqu'il remet en honneur un de ses vieux poètes oubliés.

Au cabaret voisin le hasard me ramène.
Curieux de savoir si tout est éclairci,
Je m'adresse au marchand : Quelle nouvelle ici ?
» Ah ! monsieur, répond-il, d'une voix gémissante,
» Bien triste ! le portier du numéro soixante,
» Qui, depuis vingt-cinq ans habitait la maison,
» Vient de voler son maître ! on le mène en prison !...»
A ces mots, sur mon cœur tombe un poids qui m'assomme.
Je dis : j'ai fait le mal, je sauverai cet homme !
Puis, élevant la voix : « Mais cet affreux malheur,
» En êtes-vous certain ? — Hélas ! le successeur
» A pris possession la semaine dernière !...»
Le successeur ! Ce mot fut un trait de lumière ;
Je m'éloigne, et pendant que le nouveau portier
Causait avec quelqu'un, je me glisse au premier.
Développant soudain toute mon industrie,
Je crochette ; je vais, guidé par mes remords
A l'armoire où l'on a serré l'argenterie ;
J'ouvre bien doucement.... je prends le reste et sors.
Vous tous, qui m'écoutez, vous jugez bien peut-être
Qu'après un tel exploit le lendemain matin,
J'accourus essoufflé chez le marchand de vin.
Le digne, le brave homme ! en me voyant paraître,
Il me sourit de loin, et se met à crier :
» Il n'était point coupable, il n'est plus prisonnier ;
» Un vol, commis hier, prouve son innocence.
J'eus alors une douce et pure jouissance....!
Et je me dis tout bas avec émotion,
En essuyant mes pleurs : une bonne action
A donc toujours sa récompense !...

Casimir Bonjour.

Le Sylphe.

Harmonie.

> « C'est toi, lutin, qui t'amène ?
> Sur ce rayon du couchant
> Es-tu venu ? ton haleine
> Me caresse en me touchant. »
>
> (V. Hugo).

Dès l'aurore, au sommet de la tour féodale,
Tu cours admirer l'aube à l'horizon vermeil,
  Et dans la fraîcheur matinale
  Te reposer de ton sommeil.
  Et si l'herbe ondule avec grâce,
Si la cime des blés se balance en flottant,
Tu dis : « c'est le zéphir qui les courbe en volant, »
  Non, c'est un Sylphe heureux qui passe !

Le soir, sur le balcon qui domine la plaine,
Tu viens rendre le calme à tes esprits troublés ;
  Alors de tes cheveux d'ébène
  Les anneaux flottent déroulés,
  Et si la brise, qui murmure,
Soulève dans les airs des parfums étrangers,
Ne crois pas respirer l'odeur des orangers :
  D'un Sylphe c'est l'haleine pure.

Autour de tes cheveux, invisible, il voltige ;
Il t'adresse bien bas des mots mystérieux ;
  C'est lui qui joue avec la tige
  De la fleur qu'admirent tes yeux.
  Et si ta voix pure et touchante,
A ta harpe sonore anime ses transports,
Ne crois pas que l'écho répète tes accords ;
  C'est ton Sylphe amoureux qui chante.

L'hiver, sous tes rideaux de velours et de soie,
Tu cherches quelquefois le sommeil qui te fuit.
  Souvent tu nages dans la joie :
  Parfois le chagrin te poursuit ;
  Alors, autour de ta demeure
Entends-tu murmurer des sanglots, des soupirs ?
Tu dis : « c'est l'aquilon ! » tu rêves aux plaisirs....
    Hélas ! c'est ton Sylphe qui pleure !

L. DE J.

Les Fiancés du Devonshire.

Ballade.

La jolie Nancy allait épouser le jeune Edwin ; Edwin le plus beau, le plus adroit des archers du Devonshire. Et les jeunes filles se hâtaient de tresser des guirlandes, et les jeunes garçons répétaient leurs chansons les plus belles, leurs plus joyeux refrains.

« Bonsoir, ma douce Nancy, dit le jeune homme ; demain je ne te nommerai plus ma fiancée ; je ne te dirai pas.... » Edwin ne put achever. Il pressa sur ses lèvres la petite main blanche qui venait de s'y poser : Nancy se retira en rougissant, et le fiancé partit.

Comme il allait entrer dans le petit bois qui sépare sa maison de celle habitée par Nancy, comme il entendait déjà la clochette de l'hermitage où l'on voit une image de sainte Marie, que les jeunes vierges vont prier la veille de leur mariage, Tony l'appelle, Tony le hardi chasseur de renards.

« Edwin, Edwin, retourne un instant avec moi. Que je te montre la jument bai que j'ai achetée de Jack. Viens, car je sais que tu es aussi habile à juger un cheval qu'à toucher de ta flèche le but éloigné, ou à bien gagner le cœur de jeunes filles. »

Edwin suivit son ami ;—Il était déjà tard quand il repassa dans le petit bois. Il entendit un léger bruit dans le feuillage.—Oh, oh, pensa-t-il, beaux pigeons qui ne dormez pas, vous servirez au festin de mes noces. Se fiant à la finesse de son ouïe, il prit une flèche, tendit son arc, et tira. Un sourd gémissement se fit entendre, le feuillage fut fortement agité, et deux ramiers en sortirent et s'envolèrent à tire d'ailes. Edwin ne put voir s'ils étaient blessés, il n'essaya pas non plus de retrouver sa flèche, car la nuit était sombre : Maladroit! se dit-il ; puis il reprit gaîment son chemin et sa chanson.

La journée du lendemain l'occupait dans son sommeil ; et celle de la veille, passée tout entière près de sa douce fiancée, se retraçait à son imagination. Tout-à-coup il sentit encore la main de Nancy sur sa bouche brûlante. Il ouvrit les yeux, sa fiancée était là debout près de son lit ; sa robe blanche était tachée de sang, du sang était figé entre ses doigts qu'elle appuyait fortement sur son cœur.

« Edwin, j'ai voulu te répéter Bonsoir ; demain nous ne nous quitterons plus ; mais je ne serai encore que ta fiancée. » Elle disparut, et Edwin à son réveil, se rappelait confusément avoir été troublé par un songe pénible.

Il voulut courir vers son amie, sans attendre ses compagnons. Il revêtit ses habits de fêtes. Pendant qu'il marchait les cloches sonnèrent. Elles annoncent mon bonheur, dit-il ; il ne reconnut pas le glas de mort. Il rencontra les jeunes filles vêtues de blanc ; mais des pleurs baignaient leurs joues fraîches, et les jeunes garçons mêlaient des soucis à leurs guirlandes de roses.

. . . .

Nancy était morte, c'était Edwin qui l'avait tuée.
. . . .

Un seul tombeau s'éleva près de la chapelle, deux noms y furent gravés avec un arc et des flèches parmi les fleurs qui le couvraient.

Jenny d'Avrigney.

PETITE CHRONIQUE.

LETTRES CHAMPENOISES.

(IIe).

Vous voulez des nouvelles de notre bonne vieille ville de Reims, et c'est à moi, Madame, que vous en demandez, comme si vous n'aviez plus aucun droit sur notre digne et gothique Michel, vrai champenois, quelque peu radoteur, mais fort bon homme, toujours très enrhumé, et qu'aucuns assurent être en ce moment à la recherche du tombeau du roi Pharamond. Des nouvelles, Madame ! mais je ne sache pas que notre patrie si féconde, comme dit M. Michelet, *en bons petits draps, en bons petits vins, en pains-d'épice, chapelets, et Agnus,* le soit également en nouvelles. La vie ici ressemble à une page du savant livre de M. Barême ; elle se pose méthodique, alignée, perpendiculaire ; c'est une longue et raide colonne de chiffres, sans nul autre mouvement que le va-et-vient de l'addition. Et certes, ledit M. Michelet, qui, à propos d'histoire de France, a découvert que *Reims est triste dans la largeur solennelle de ses rues,* mais n'a pas vu combien Reims est gai dans leur divertissante longueur, M. Michelet, s'il nous eut cherchés ailleurs que dans l'étendue de nos carrefours, était homme à dire et à écrire que nous sommes étroits autant que nos rues sont larges, et que notre vie est bien triste dans la longeur solennelle de ses calculs. Je crois que M. Michelet aurait eu beaucoup de très honnêtes gens de son avis.

Voilà qui n'est pas trop nouveau, dites-vous. Eh ! mon Dieu, Madame, un peu moins, je l'avoue, que notre place Royale qu'on s'occupe enfin de terminer, sans que la foule, spectatrice curieuse de la construction et de ses savants agrès, se doute le moins du monde que ce sont les plans de l'ingénieur Legendre, des plans d'avant la révolution ! qui s'exécutent aujourd'hui, et que ces plans ont été inspirés par le Lieutenant des habitants Rogier. Et, tenez, j'aime ce titre de Lieutenant des habitants ; il m'a toujours plu ; il est moins fastueux et plus pittoresque que celui de Maire. Car le Maire, c'est comme qui dirait le citoyen plus grand à lui seul que tous les autres citoyens ensemble, et ce titre, tout latin qu'il est, n'est pas trop démocratique, comme vous voyez ; il n'est certes, pas en rapport avec le principe tout populaire de l'établissement communal. Le Lieutenant des habitants, au contraire, c'était un citoyen délégué pour tenir la place des autres, ses égaux selon la Charte de Commune ; il n'était pas le plus grand, mais seulement le plus occupé ; il était l'expression non le prince de la cité ; il représentait ses droits, ses intérêts, sa dignité. Aussi, quand il sortait de l'Hôtel-de-Ville et parcourait les rues, pour aller, dans quelque solennité officielle, tenir la place des habitans, M. le Lieutenant ne marchait-il que précédé de ses hocquetons et appariteurs richement chamarrés des couleurs de la ville et caparaçonnés de sa livrée; autour de lui et avec lui venaient MM. les Echevins, M. le Procureur syndic, MM. du Conseil, même M. le Greffier, tous en habits de cérémonie; les passants s'arrêtaient et saluaient, car c'était la cité rémoise, la vieille et sainte patrie qui apparaissait au grand jour.

Tels étaient, Madame, mes souvenirs et mes réflexions, quand dernièrement passa près de moi le maigre et inaperçu petit cortège, qui suivait à Notre-Dame M. le Maire de Reims, se rendant presque seul, sans appareil aucun et de la façon la plus modeste du monde, à la messe de S.-Philippe. Je gémissais de l'isolement dans lequel se montrait la plus belle et la plus honorable des magistratures électives, et volontiers j'aurais, tribun audacieux, dit à M. le Maire que je le loue fort d'apporter dans ses relations personnelles, cette simplicité de bon goût qui distingue aujourd'hui et toujours les gens comme il faut; mais que cependant la dignité d'une position officielle ne doit pas se tenir dans le terre-à-terre du sans-gêne bourgeois. Ceci est plus important qu'on ne le croirait d'abord; le cérémonial inspire le respect, et l'étiquette, une sage retenue, et on aura beau philosopher et tout réduire en formules algébriques, on ne fera jamais que la dignité soit de la dignité, si elle n'est entourée de ce prestigieux éclat de grandeur, de richesse et de force, qui impose au vulgaire, et agit, *quoiqu'on die*, sur l'imagination de tous.

Vous intéresse-t-il de savoir que bientôt viennent les élections municipales? Puissent ces élections être des réélections! Trois ans suffisent à peine aux élus pour acquérir les connaissances spéciales de leur position, et l'expérience de nos affaires. Maintenant donc que nous avons des capacités toutes pourvues d'expérience et de connaissances, ce serait folie de recourir à d'autres capacités dont l'éducation administrative serait à faire, chose plus ou moins dispendieuse, comme chacun sait. Le progrès n'est pas le changement; bien loin de là, et si le Conseil veut bien enfin donner à M. le Maire les trois adjoints, qui lui font défaut depuis si long-temps, je ne vois vraiment pas la nécessité de faire du neuf.

Et à propos de neuf, je veux vous dire, Madame, que nous avons eu, le 10 mai, une quasi-cérémonie, autour de l'orifice supérieur de notre projet de puits artésien. L'église, la robe et l'épée s'y donnaient la main, et pour que rien n'y manquât, l'ingénieux auteur de l'appareil, à l'aide duquel nous allons bientôt pénétrer dans les plus ignorées profondeurs de la terre, a prononcé ce que j'appellerais volontiers un discours, et ce que nos anciens de l'université de Reims ou de Paris n'eussent pas manqué d'appeler un *quàmquàm*, qu'il ne faut pas confondre avec *cancan*, son fils dégénéré. Mais il y avait là-dedans une si docte et si mirifique abondance de déductions géométriques, mécaniques, statiques, physiques et chimiques, que je vous en épargnerai et à moi aussi l'analyse. Je me borne à faire ici des vœux pour le succès.

Je fais aussi des vœux bien sincères pour que la paix se conclue entre l'association de la Miséricorde et l'administration du Bureau de Bienfaisance. Nous avons aujourd'hui grand besoin de l'une et de l'autre, et c'est en vérité bien mal prendre son temps que de venir, pendant la crise commerciale, guerroyer sur les formes plus ou moins légales de la charité publique. Les dames de Miséricorde sont, dit-on, coupables d'indépendance et presque d'insurrection. Je ne suis juge de ce fait, mais que MM. du Bureau de Bienfaisance veuillent se rappeler que nous sommes dans un mois d'amnistie et de conciliation, et que la France entière applaudit à l'amnistie, parceque l'amnistie c'est la générosité faisant appel à la loyauté. Que si pourtant ni conciliation, ni fusion ne sont possibles entre Messieurs du Bureau et les dames de l'Œuvre, pourquoi repousser une généreuse concurrence, une féconde rivalité de zèle et de bienfaits? Cela vaudrait peut-être bien une querelle, où après tout c'est la liberté en lutte contre la prérogative.

Vous savez, Madame, tout mon faible pour la liberté, et, à ce sujet, je suis bien aise de vous annoncer qu'enfin Nestor, le malicieux et habile directeur de notre Théâtre, a retrouvé la liberté de recruter des artistes, et la liberté de nous les présenter. Nous aurons, mercredi prochain, la liberté de les entendre, et peut-être aussi celle de les juger. On dit que ce sera superbe, nous verrons bien. En attendant, je prie le parterre, dont l'autorité m'est toujours infiniment respectable, d'amnistier les premières, et d'oublier des prétentions quelque peu irréfléchies. Ayons aussi la paix au théâtre; la paix est bonne et utile en tout et partout. Nous avons bien assez vraiment des atrocités d'un hiver, devant qui le printemps recule de jour en jour; nous n'avons que trop de sinistres en tout genre, inondations, grêles, gelées, pertes de vigne, et dégradation de notre belle cathédrale, dont on a déparé les piliers par les plus mauvais petits tableaux qui se puissent imaginer.

J'ai aussi à vous annoncer un suicide, crime fréquent aujourd'hui, symptôme déplorable de la décrépitude d'une société, que minent sourdement l'égoïsme et le doute. Vous penserez peut-être que le suicidé est un négociant en faillite, un coupable échappant par la mort au déshonneur, un poète sifflé, ou un romancier mourant de faim. Eh bien! ce n'est rien de tout cela; à travers le matérialisme de l'époque, au milieu de notre positivisme tout personnel, il se rencontre encore des passions ardentes, impétueuses, dévouées, qui jouent toute une vie contre un caprice d'amour, et le suicide de la semaine dernière ne fut que l'explosion d'un violent désir trompé. Cela, Madame, est éminemment dramatique, mais cela est bien affreux.

Ce qui n'est pas moins déplorable c'est un malheureux ouvrier écrasé dans des éboulements, c'est la grande catastrophe industrielle de Rethel; ce sont les petites faillites, les atermoiements, le malaise commercial de notre ville.

Par compensation nous avons, depuis quelques jours, quatre commissaires de police au lieu de trois. Notre siècle est vraiment l'âge d'or de la police; cette belle institution est en progrès, et ses pas, aujourd'hui, sont des pas de géant. Ce serait un curieux travail, je vous jure, que de compter et récapituler le nombre des commissaires de police créés en France, depuis l'année réparatrice 1830, jusqu'en l'an de grâce 1837. On y trouverait de précieux éléments statistiques en faveur de la haute moralité qui, au dire de certains régénérateurs, distingue notre époque entre toutes les époques. Mais ce serait de l'histoire contemporaine, et vous savez, Madame, que les vieux de *la Chronique de Champagne*, n'ont de droits que sur le passé.

Adieu donc, et, en attendant que le présent nous appartienne, sous le nom de passé, croyez à la persévérante vivacité de tous les sentiments avec lesquels, etc.

Reims, 15 mai 1837.

JEAN-SINICE.

Des réjouissances publiques. — Il est un usage bien vieux sur cette terre, que l'autorité des siècles n'a pas rendu plus respectable, à mon sens, c'est celui de se réjouir en public à certains jours de l'année, à certaines époques, fêtes, ou anniversaires. Quoi de plus vide et de plus absurde que ce que l'on appelle une réjouissance publique, une solennité nationale ? Quoi de plus faux que cette pompe de commande, que cette joie administrative, à laquelle les fonctionnaires publics ont presqu'exclusivement, toujours monopoleurs et cumulars, l'ineffable volupté de s'asseoir ? ces illuminations, à double ou triple rang de lampions, témoignant, sur la façade de nos administrations, du patriotisme des bons habitants qu'elles ont du moins, ceci est vrai, le privilège d'éclairer ? ces rares drapeaux flottants à quelques fenêtres, la tête modestement baissée, comme une mère de famille qui pleure et mendie dans l'ombre ? ces bruyants vivats venant après une tasse de chocolat, ou de racahout, préservatifs excellents contre les enrouements et les tiraillements de poitrine, comme chacun sait ?—Bien fou celui que l'on encense, s'il s'enivre et se glorifie dans cet amour de contrebande, qui n'est bien souvent qu'un brouillard imposteur ! Et mon Dieu, ouvrez l'histoire, celle seulement, d'un fonctionnaire octogénaire, je n'en veux pas davantage, si déjà je ne prêche pas un converti : voyez cet homme enfant, saluant, le 25 août de chaque année, le soleil de Louis XV, à son lever et à son déclin; s'épanouissant de joie à la venue au trône de Louis XVI, au sacre, à la fête annuelle, et peut-être même à la mort de cet infortuné monarque ; criant vive la Constituante, l'Assemblée législative, la Convention et le Comité de salut public ; bondissant de bonheur et d'enthousiasme aux fêtes démagogiques de la révolution, entre M. de Robespierre et la guillotine en permanence ; dansant aux fêtes du Directoire, du Consulat ; frénétique et forcené dans les réjouissances impériales; heureux aux fêtes de la Restauration, et voyant encore avec un certain plaisir, vieux et glacé qu'il est, celles de la révolution de juillet et du régime actuel. Ainsi est fait l'homme, s'amusant de tout et ne s'amusant de rien; sans regard en arrière, sans regard en avant; prenant le temps comme il vient, et les hommes qu'il amène : ce tableau est historique, et justifie pleinement mon scepticisme et ma répugnance, en matière de réjouissances publiques : arrière donc cette fantasmagorie, qui n'est que mensonge et fumée.

Et croyez-vous sincèrement que le peuple, pour lequel une fois ou deux par an, l'administration aux entrailles paternelles, se met en frais, puise dans le programme de ces fêtes, de grands éléments de plaisir et de moralité ? Hélas ! ce n'est plus l'histoire, c'est le fait, tout palpitant et encore chaud, qui répond : c'est un jour d'orgie et de désordre, pour le grand nombre, dans la classe ouvrière, auquel on n'a pas fait comprendre encore qu'ainsi c'était mal honorer et célébrer la fête du monarque : et quels plaisirs ! à cela près qu'ils ont vacances, et occasion de dissiper le gain d'une semaine.

L'administration que leur offre-t-elle ? quelques salves d'artillerie, une ou deux sérénades, une revue de la garde nationale, intitulée obligatoire comme inspection d'armes, une course de gamins aux promenades, avec un chapeau noir pour le vainqueur, et deux gendarmes à cheval l'un au point de départ, l'autre au but indiqué; une machine bien graissée et tournant sur elle-même, avec deux ficelles latérales et une troisième supérieure, escortée d'une grande quantité de commissaires et

d'agents de police, chargés de distribuer un chapeau gris au meilleur équilibriste
voilà tout pour la journée.

L'administration, selon moi, a bien fait, et je l'en félicite, de renoncer aux mât[s]
de cocagne qui sont bien usés et rouillés, puis aux courses en sac qui sont bie[n]
périlleuses et bien ignobles, enfin aux plateaux d'inondation, qui eussent été d[é]
placés dans cette ère de froid et de grippe : peut-être n'est-ce qu'une variante [et]
rentrerons-nous aux fêtes de Juillet, dans la grande et respectable famille des amu[se]
sements que je viens de critiquer : tant pis !

Le soir, un lampion à chaque arbre, et aux extrémités de la grande allée un [feu]
ni plus ni moins, un orchestre gratis au milieu, avec concession des promenad[es]
jusqu'à minuit, et de l'eau de la Vesle pour les danseurs ou les flaneurs altérés, d[e]
rafraîchissements à discrétion.

Et puis, bien fatigué, souvent malade, le peuple, en criant vive le roi ! va
coucher dans des draps qu'il porte, le lendemain matin au Mont-de-Piété, po[ur]
payer le plaisir qu'il a eu la veille, et donner du pain à sa femme et à ses enfan[ts]
jusqu'au samedi.

Ceci n'est pas exagéré ! pourtant vivent les réjouissances publiques, les fêt[es]
nationales, et dans leur principe et dans leurs conséquences ! vivent encore l'[é]
norme budget avec ses dotations et ses fonds secrets, sans oublier le Mont-d[e]
Piété.   JULES SALMON.

Conservation des monuments historiques de France. — Dans l'une de s[es]
dernières séances, le conseil administratif de la *Société établie pour la conservation d[es]
Monuments historiques de France*, présidée par M. de Caumont, a nommé M. Lou[is]
Paris, Inspecteur des monuments historiques du département de la Marne. En co[n]
séquence, M. le Préfet, MM. les Sous-Préfets, MM. les Maires et tous les amis d[es]
arts et de l'histoire sont priés de seconder le titulaire, et de favoriser de tout l[e]
pouvoir, les travaux qu'il croirait devoir entreprendre pour la conservation ou l'[ex]
ploration des monuments historiques.

Antiquités acquises pour le Musée. — M. N*. de Reims, avait découv[ert]
l'année dernière plusieurs tombeaux romains dans sa propriété de Clairmarais, a[ux]
portes de la ville. Dans l'un de ces tombeaux, se trouvaient divers objets de [po]
terie disposés avec art, autour d'un squelette fort bien conservé. M. N. qui, jusq[u'à]
ce jour et par pure curiosité gardait ces antiques, vient de se décider à les cé[der]
à la ville, pour le musée dont M. le Maire ne néglige aucune occasion de recuei[llir]
les éléments. Parmi ces objets, aujourd'hui déposés dans une des salles de la bibli[o]
thèque, plusieurs sont remarquables par leur forme, et leur conservation. N[ous]
citerons notamment une fiole lacrymatoire, haute de six pouces, en verre bla[nc]
encore enduite d'un onguent ou baume funéraire, que l'on mêlait aux lar[mes]
des pleureuses. Celle-ci d'une forme carrée, avec un col étroit et long, présent[e au]
fond, sur la surface extérieure, cette inscription en trois lignes :

       E. I. R. M. — H. I. I. A. R. — I. Y. I. A.

Est-ce une inscription en l'honneur du personnage enterré, ou tout simplem[ent]
les noms du verrier ? que d'autres prononcent. — Puis un *præfericulum* ou vas[e de]
sacrifice en terre noire et d'une forme élégante et peu commune, dont l'évasem[ent]
est écrasé ou plutôt recourbé en forme de trèfle. Montfaucon dans son *Antiq*[uité]

expliquée, donne la gravure d'un semblable vaisseau trouvé avec d'autres instruments de sacrifice, lors d'une fouille faite à Langres. — Puis un *Armilla*, ou bracelet, en jais, d'un seul morceau et sans solution : ce genre de bracelets n'est pas commun non plus, l'antiquité de celui-ci, qui est d'une parfaite conservation, sans la moindre brisure et d'un poli achevé, ne peut être contestée, puisqu'il a été trouvé parmi les autres objets que renfermait ce tombeau. — Enfin, la tête du personnage auquel ce monument était consacré. Ce crâne antique, remarquable par sa belle conformation, est précieux aujourd'hui, que l'étude de la phrénologie a fait tant de disciples.

Archives du district de Reims. — On nous a quelquefois affirmé qu'à la révolution il avait été brûlé ou vendu fort peu de papiers provenant des archives publiques : voici une pièce authentique, qui, sur ce sujet en dira plus que nos assertions :

Je soussigné, receveur des domaines nationaux, à Reims, certifie que par procès-verbal de Mené, huissier public en ladite commune, il a été procédé les cinq et six brumaire dernier, à la vente et délivrance des vieux parchemins et papiers, provenant du ci-devant district de Reims : que le poids s'est trouvé monter à 22,280 livres, lesquels vendus en plusieurs lots et à différents prix, ont produit en numéraire la somme de 3,649 fr. 15 s. 2 d. — Reims, le six nivôse, an VI de la république. *Signé* RAULIN.

Ancien nom de Reims. — Dans une séance particulière de la société royale des antiquaires de France, M. Liénard, notre compatriote, a lu dernièrement une dissertation, sur des médailles gauloises autonomes de Reims, dans laquelle il prétend que le plus ancien nom de cette métropole des Belges était *Turo-Krato*, changé depuis en celui de *Duro-Corto*. Ce nom, dit-il, est gravé sur ces monnaies en caractères grecs semblables à ceux en usage dans le Péloponèse, depuis Eurotas, roi de Lacédémone jusqu'au règne d'Archidamos, 380 avant Jésus-Christ.

Quel est le véritable auteur de l'Imitation de Jésus-Christ ? — M. O. Leroy, vient de retrouver à la bibliothèque de Valenciennes, le manuscrit original de l'Imitation de J.-C., avec le nom de Jean Gerson, notre compatriote, sur lequel nous avons donné une courte notice dans le 1er N° de *la Chronique de Champagne*, (p. 81). Ainsi, se terminent les interminables querelles des érudits, au sujet du véritable auteur de cet admirable et presque saint ouvrage : ainsi meurent les mille et une brochures de M. le président de Grégory, qui prétendait, contre les assertions et sentiments de M. Gence, en attribuer tout l'honneur au moine italien Jean Gersen, de la petite ville de Verceil. — M. Leroy, dans une lettre qu'il vient d'adresser à M. de Lamartine, parle ainsi de sa découverte. « Ce manuscrit inappréciable, contient 1° le texte primitif de l'Imitation, composé d'abord en français par Gerson pour ses sœurs, et copié par ordre du bon duc de Bourgogne ; 2° deux discours semi-politiques, sur la Passion de J.-C., prononcés par ce même Gerson à Paris, l'année où les confrères de la Passion y représentaient le grand drame, dont la bibliothèque de Valence nous offre aussi le texte manuscrit, comme pour rapprocher ce que l'éloquence et la poésie française ont eu de remarquable dans le xve siècle. » — M. O. Leroy, annonce une prochaine édition de *l'Imitation de J.-C.*, d'après le texte de ce précieux manuscrit.

Passeport des gens suspects, sous l'Empire. — La note qui suit no[us] est communiquée par M. l'Archiviste de la Préfecture de la Marne.

« Signe dont, sous Napoléon, on marquait les passeports des gens placés sous
» surveillance de la police. Ce signe ou lettre majuscule se mettait immédiateme[nt]
» après le n° d'ordre du passeport. »

A. Assassin ayant subi procès et acquitté. —B. Banqueroutier. —C. Vagabo[nd.] D. Femme sans mœurs, et vivant avec des voleurs. — E. Faux monnayeur [ou] distributeur de fausse monnaie.—F. Partisan de chouans.—G. Chouan.—H. Jac[o]bin forcené.—I. Ennemi du Gouvernement.—K. Faussaire.—L. Mauvais sujet. M. Joueur de profession aux jeux de hasard.—N. Suppôt de mauvais lieux.—[O.] Sans moyen d'existence.—P. Escroc adroit.—Q. Receleur.—R. Voleur expé[ri]menté.—S. Repris de justice, plusieurs fois.—T. Repris par la police correctio[n]nelle.—V. Ayant déjà subi condamnation, pour vol ou autre délit. —X. Aya[nt] subi jugement criminel et acquitté.

PETITE CORRESPONDANCE.

Aux Rédacteurs de la Chronique de Champagne.

Ay, 30 avril.

MESSIEURS,

Je reçois à l'instant l'Annuaire de la Marne, pour l'année 1857, et ce n'est [pas] sans quelque surprise, je l'avoue, que je m'y vois désigné par l'estimable auteur [de] la statistique du canton d'Ay, comme ayant donné, en apparence pour cet ouvra[ge,] quelques étymologies de noms de pays, moi, qui depuis seize ans ne me suis p[lus] occupé de ces sortes de recherches. Il est bien vrai que, dans une conversation [qui] remonte déjà à plusieurs années, j'ai pu parler vaguement des étymologies [de] différents noms de lieux, mais j'étais loin de m'attendre à ce qu'on eût assez [de] confiance en mes faibles connaissances en ce genre, pour citer mon nom com[me] une autorité, sans quoi il est probable que j'aurais présenté autrement les éty[mo]logies de Mareuil et d'Avenay, ou plutôt que je ne les aurais pas présentée[s du] tout.

J'ai l'honneur d'être, etc.,

D'HERBÈS.

Châlons, avril 1857.

Aux mêmes.

MESSIEURS,

J'ai lu dans votre 1er N°, au sujet d'une découverte à Châlons quelques mot[s d']un certain Lampas, personnage figurant ici dans quelques histoires popula[ires] sous le nom de roi Lampas : Voici une de celles que l'on raconte.

Le fils de ce roi s'étant noyé, fut ressuscité par saint Memmie, premier évêque de Châlons, et pour reconnaître ce miracle, il fit construire une église qu'il avait le projet de couvrir en argent. Cette église, suivant l'histoire, serait Notre-Dame-en-Vaux, ce qui n'est pas vrai; Notre-Dame étant beaucoup plus moderne. Suivant un ancien manuscrit concernant l'histoire de notre ville, ce fils de Lampadus, préfet de Châlons pour les Romains, qui fut ressuscité par saint Memmie, s'étant fait chrétien prit le nom de Lazare. A sa prière, Lampadus céda une partie de son palais pour faire un hôpital qui prit également le nom de Lazare: sainte Pomme sœur de saint Memmie y réunit de suite un certain nombre de vierges que les Châlonnais appelèrent *Filles-Dieu*.—Ce lieu n'était pas loin de la chapelle de Marie en Vaux, depuis Notre-Dame, (En 1560, cet hôpital a été changé en collége, et le 24 février 1617, ce collége a été remis aux pères jésuites auxquels le chapitre fit abandon de tous les bâtiments et revenus de l'hôpital Saint-Lazare). — Ce que nous savons du roi Lampas ou Lampadus, a fourni à un jeune artiste Châlonnais, le sujet d'un tableau qui se trouve aujourd'hui dans notre cathédrale.

Agréez, etc.

Et. GODART.

Aux mêmes.

MESSIEURS,

Il existe à Reims un individu qui semble avoir été créé tout exprès pour rédiger dans une revue, la partie appelée *Petite Chronique*. Voulez-vous l'accepter pour collaborateur? je vais vous le faire connaître. — C'est un homme de beaucoup d'esprit, qui en a plus qu'il n'en paraît avoir : observateur très désintéressé, mais d'une curiosité insatiable, qui irait d'un bout de la ville à l'autre, pour remonter à la source d'un petit bruit, à l'origine d'un cancan: peu affecté du bien, peu du mal; mais notant l'un et l'autre comme faits de mœurs; souriant plutôt que riant, malin plutôt que caustique, et, pour son propre plaisir, bien plus que pour l'effet; aimant le détail égrillard, parce qu'il est vieux garçon, et que le mariage en fait le plus souvent les frais; trouvant qu'il y a plus à apprendre dans les hommes que dans les livres, et pour cela multipliant ses relations sans engager sa liberté. On le voit partout et on ne le tient nulle part; on se passe facilement de lui, parce qu'il ne paie point de sa personne, et qu'au lieu de poser devant les gens, il fait poser les gens devant lui, sans qu'ils s'en doutent; par là se rendant inévitable, et point nécessaire : homme heureux entre tous, parfaitement désillusionné des partis, des gloires littéraires; sachant que l'homme est double, mannequin en public et homme dans le privé: laissant traiter le mannequin par les auteurs à la mode, et lui se réservant l'homme, pour s'en amuser tout seul sous son toit; par conséquent, ne négligeant pas les propos des laquais et des femmes de chambre. Cet homme a l'habitude de tenir note tous les jours de ce qu'il a appris; il aime à fixer ses souvenirs sur le papier, non pour la gloire, mais pour sa satisfaction la plus secrète. Chaque soir donc, comme un joueur qui vide ses poches et compte son gain, lui, mais avec moins d'émotion, vide sa mémoire de tout ce qu'il a recueilli, et écrit les faits et dits de ses héros, au courant de la plume, avec la simple attention qu'un homme réfléchi met à tout ce qu'il fait, mais sans fatigue littéraire; il ne voudrait pas que sa rédaction compromit le moins du monde son sommeil. Ce homme, vous le connaissez aussi : peu ont plus et méritent moins la réputation d simple ; on ne le soupçonne point et on se cache d'autant moins à lui. Que de gen lui font les honneurs d'eux-mêmes, le croyant trop distrait ou trop bon pou profiter des aveux qui leur échappent. Combien qui l'aiment et lui offrent l grand fauteuil à leur foyer, qui ne se doutent pas que cet homme impitoyable pren leur empreinte dans sa mémoire, pendant qu'ils pensent le moins à composer leu attitude, pour l'emporter le soir et l'ajouter à sa petite galerie ; sans malice aucune sans ambition de moraliste qui veut sauver des fautes à la postérité, mais san prendre non plus de précautions contre les chroniqueurs futurs, qui pourraient venir quelque jour fureter dans son armoire, et donner l'importance d'une œuv satirique aux notes de son album.

Je me lasse de parler de moi en tierce personne, Messieurs, et c'est un soin fo superflu ; car vous sentez bien que cet individu c'est moi-même. — Vous me dir sans doute que j'aurais dû vous faire mon portrait moral en termes moins flatteurs la parfaite modestie le voudrait autrement peut-être, mais ce n'est pas ma faut si je reluis au point de m'éblouir moi-même.

L'INDIVIDU.

DÉCOUVERTE D'UN MONUMENT RÉMO-ROMAIN.

Reims, le 12 mai 1837.

A Monsieur le Maire de la ville de Reims.

MONSIEUR LE MAIRE,

Un monument romain d'une très haute importance pour la ville de Reims vient d'être découvert dans un terrain dépendant des anciennes prisons, sises ru de *Prison-Bonne-Semaine.* C'est un bas-relief haut de trois pieds dix pouces, s trois pieds quatre pouces de large, en pierre *dite de Saint-Dizier,* représentant tro personnages en ronde bosse. L'un d'eux, Apollon, est figuré debout, nu, tenan une lyre. A côté, assis sur un trône et les jambes repliées, est un personnage ba bu, ayant comme des cornes au front ; son cou est orné d'un collier, son bras d bracelets : il tient contre lui une outre dont il tire et répand à profusion, su vant nous, des pièces de monnaies, et suivant d'autres, du raisin ou des fruits d fêne. La figure a quelque peu souffert des coups de pioche des ouvriers. — L troisième personnage est Mercure, tenant son caducée de la main droite, et de sacs de la main gauche.

A la simple vue de ce bas-relief, une explication toute naturelle se présente à l'e prit : Ces trois figures semblent être la personnification frappante des beaux-arts du commerce et de la richesse qui en est comme la conséquence et le produit. S' en est ainsi, ce n'est pas trop dire, en avançant comme je l'ai fait au commer cement de cette lettre, que ce monument est d'une très haute importance pour

Chronique de Champagne.   3.ᵉ 5.ᵉ   5.ᵉ Livraison

H. Durand del.   Lithographié par Pellée.

Croquis d'un Bas-relief antique trouvé à Reims.

ville de Reims, puisqu'il atteste, quel était du temps des Romains, le développement en notre ville des beaux-arts et de l'industrie. On y élevait déjà des monuments à Plutus, ce dieu payen, aveugle dispensateur de la richesse, auquel notre société moderne a conservé un culte si fervent, malgré la régénération chrétienne. On y voit encore au pied du trône sur lequel siège le personnage du milieu un cerf et un taureau, et dans le fronton un vérat : trois animaux voués sans doute aux sacrifices.

Ce morceau de sculpture est d'une exécution d'ailleurs remarquable. L'Apollon et surtout le Mercure sont d'une bonne époque et d'une grande fermeté de style. Le Plutus est moins satisfaisant. Dans les mêmes fouilles, ont été trouvés des débris d'amphores et de vases de sacrifices avec des ossements d'animaux : des fragments de marbres de différentes sortes, des conges, des grosses tuiles, et diverses médailles de Tibère, d'Antonin, de Vespasien. La plupart de ces débris ont été recueillis.

Quant au bas-relief, le propriétaire sur le terrain duquel il a été trouvé, M. Couvert, animé d'un noble désintéressement, m'a immédiatement chargé de vous dire, Monsieur le Maire, qu'il en faisait hommage à la ville, pour la décoration du Musée que vous vous proposez de fonder à Reims. M. Couvert, en cette occasion, donne un exemple, qui, nous l'espérons, ne sera pas perdu pour l'avenir de notre Musée.

J'ai l'honneur de vous proposer, Monsieur le Maire, d'accueillir ce monument curieux et qui intéresse à un si haut point les arts et l'histoire de Reims, d'en ordonner le dépôt provisoire dans un endroit convenable de l'Hôtel-de-Ville, et de faire inscrire au bas cette mention :

MONUMENT RÉMO-ROMAIN, *trouvé en 1837, rue de Prison-Bonne-Semaine, et offert au Musée de la ville de Reims, par* M. COUVERT, *négt.*

Je suis avec respect,

Monsieur le Maire,

Votre très humble et très obéissant serviteur.

LOUIS PARIS,
Inspecteur des monuments historiques du
Dépt. de la Marne.

Nous avons retardé de quelques jours la publication du 5ᵉ Nº de *la Chronique de Champagne*, pour donner à nos abonnés la reproduction fidèle de ce curieux monument. Ce dessin que nous devons à l'obligeance de M. Durand, notre collaborateur, sera, nous l'espérons, accueilli favorablement, et nous servira d'excuse.

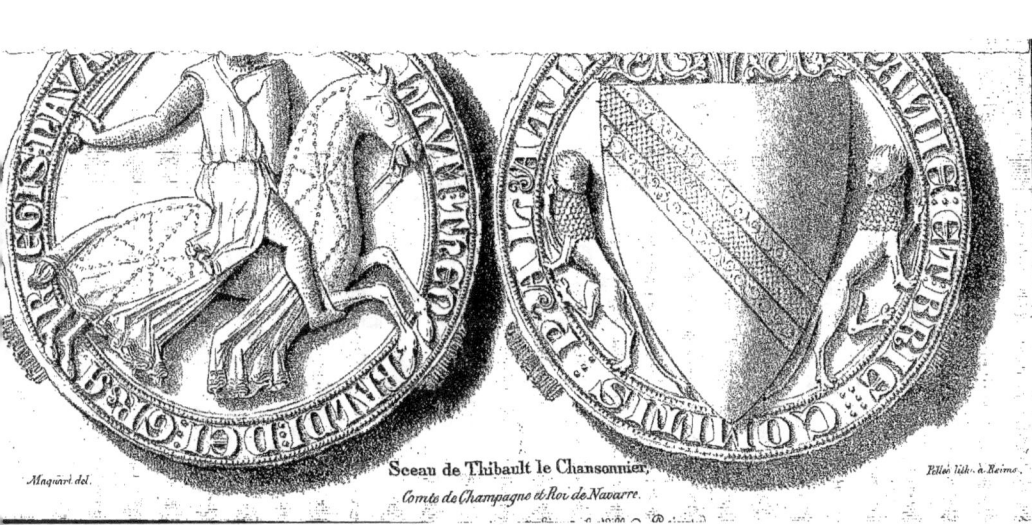

Sceau de Thibault le Chansonnier,
Comte de Champagne et Roi de Navarre.

HISTOIRE.

APERÇU GÉNÉRAL

ET

L'HISTOIRE DE CHAMPAGNE.

Les Comtes de Champagne.

« Qui t'a fait comte ? » A cette question hautaine de Hugues Capet, le fier vassal répondit : « Qui t'a fait roi ?» Et cette brève réponse résumait toute la logique du système féodal. En dispersant les déplorables restes de la race de Charlemagne, les barons français avaient conquis pour tous et pour chacun d'eux une souveraine indépendance, et si le principe de l'unité sociale continua de se personnifier en celui qui reçut le titre de Roi, c'est que le principe de l'unité chrétienne dominait, à leur insu peut-être, les copartageants du royaume. Le pouvoir et le sol morcelés par la force, et divisés de fait, n'avaient pas cessé, en droit, d'être, l'un et l'autre, le domaine indivis de cette société française, indivisible comme la vérité chrétienne dont elle était née, et comprenant toujours dans sa vaste individualité, la Gaule entière, telle qu'elle s'était donnée à Clovis, telle que l'avait laissée le fils de Peppin le Bref. Cette puissante union nationale s'appelait alors l'Eglise de France. C'était le peuple lui-même, le peuple, source unique de force et d'autorité, le peuple à qui seul il est donné de légitimer le pouvoir, soit qu'il le choisisse, ou qu'il l'accepte.

En subissant cet étrange ordre de choses, dans lequel la souveraineté publique s'incorporait, toujours complète quoique divisée, à chaque fraction du territoire, et en devenait comme le fruit nécessaire, l'Eglise, gardienne vigilante des libertés nationales et du droit populaire, fit, au profit de la civilisation, réserve du principe chrétien de l'unité sociale. Un sacerdoce nouveau fut institué, qui d'abord fut l'image, et dans la suite des temps, la vivante expression de l'unité politique : arche mystérieuse, où les tables de la loi échappées au désastre, reposèrent intactes et pures, révélant à chaque siècle, par une succession lente, il est vrai, mais admirable d'opportunité, les oracles méconnus de l'éternelle sagesse. Ce ministère de progrès et d'avenir fut la royauté nouvelle, royauté qui, la première, et seule entre tous les pouvoirs publics de cette époque, subsista distincte et indépendante de toute propriété territoriale ; car « le royaume, dit Montesquieu, » se trouva sans domaine, comme est aujourd'hui l'em» pire (d'Allemagne) : on donna la couronne à un des plus » puissants vassaux ». Cette royauté si pauvre, et partant si fragile, se fit forte et riche du droit commun, qu'elle avait reçu en dépôt, pour le conserver et l'exercer au profit de tous, et comme une si noble et si sainte mission ne lui pouvait venir que d'en haut, la religion l'entoura de solennelles inviolabilités du sanctuaire. Roi, Hugues Capet fut le chef temporel de l'Eglise Gallicane, le pontife de l'intérêt national, et à ce titre, il obtint hommage et fidélité ; seigneur féodal, il n'exerça l'entière souveraineté que sur la portion du sol français qui lui était échue en partage, dans le démembrement du royaume. Les grands vassaux que, selon Lévêque de la Ravallière, « on ne peut » mieux comparer qu'aux électeurs d'Allemagne, qui re- » connaissent l'empereur pour leur chef, et sont absolus » dans leurs états », étaient les ducs de Bourgogne, d'A-quitaine, de Normandie, les comtes de Flandre, de Champagne et de Toulouse.

Eudes, premier comte de Champagne, de la maison de Blois, fut célèbre par son ambition, ses guerres désastreuses contre l'empereur Conrad le Salique, et les désordres de sa vie privée. Il releva et enrichit l'église de Saint-Martin d'Epernay, celle de N.-D. de Château-Thierry, et donna de grands biens à l'abbaye de Marmoutiers. Aussi la légende de ce monastère raconte que, lorsqu'il fut tué à la bataille de Bar-le-Duc, le 17 septembre 1037, son âme était déjà au pouvoir de Satan, et y serait encore, quand saint Martin accourut pour la sauver, et la mit à l'abri dans le pan de cette merveilleuse chape, qui long-temps servit d'étendard aux rois franks, puis après aux comtes d'Anjou. Au nombre des pieuses fondations d'Eudes I, il en faut citer une fort remarquable pour l'époque, et dont le commerce et les populations intéressées furent redevables aux bienfaisantes inspirations du Christianisme. Il construisit de ses deniers un pont sur la Loire, mais au lieu d'y établir un péage, avec la tour féodale bien garnie de gens d'armes, il voulut, *pro remedio animæ suæ*, que le passage y fût à perpétuité libre et gratuit.

Eudes eut pour successeur au comté de Champagne son fils Etienne II, dont le règne fut une guerre continuelle contre le roi de France Henri I. Etienne mourut, après sa défaite et sa fuite à la bataille de Saint-Martin le Bel, en 1047 ou 1048.

Son frère, Thibault I, qui vint après, est le fondateur

du prieuré de Saint-Ayoul de Provins. Entre autres dons pieux, Thibault accorda à l'abbaye de Montier-en-Der, dont les moines étaient très pauvres et exténués par les travaux de défrichement et d'agriculture, une exemption de toute taxe sur les vins d'Epernay et du pays Barrois. Cet impôt paraît avoir été une espèce de droit de mouvement, mais multiple, et dont la perception se renouvelait au profit de chacune des seigneuries, dont la marchandise traversait le territoire. Gautier de Brienne l'entendait ainsi, au grand préjudice des habitants de Montier-en-Der; et il ne fallut pas moins que l'anathème fulminé contre ce seigneur, en 1082, dans le concile de Meaux, pour mettre fin à ses violences, et établir en principe que le droit sur les vins ne serait dû qu'une seule fois, et au point de départ.

Thibault fut le premier, entre les comtes de Champagne, qui prit le titre de Palatin, que tous ses successeurs ont porté depuis. Selon Ducange, le palatin avait, indépendamment de la juridiction inhérente à son fief, droit de justice même sur les officiers du palais du Roi, et, dans les provinces, il continuait les *missi dominici* de l'institution de Charlemagne, avec cette différence toutefois que ceux-ci n'étaient que de simples délégués par commissions temporaires, et que le Palatin exerçait un droit héréditaire et personnel. Ainsi ce dernier, retenant à titre de réelle propriété, la plénitude de la juridiction royale, en était lui-même indépendant ; c'était pour le puissant feudataire le complément de la souveraineté. Les lieux où siégeait le Palatin rendant la justice, prirent, de son titre, le nom de palais, qui d'abord n'avait désigné que les demeures royales, et qui s'est transmis à tous les édifices consacrés aux établissements judiciaires.

La date de la mort de Thibault, et le lieu de sa sépulture, sont fort incertains. Ce prince mourut, selon Mabillon, en 1066; selon David Blondel, en 1085 ; selon le père Daniel, en 1082, et d'après l'épitaphe, d'ailleurs très peu authentique, de l'église de Saint-Martin d'Epernay, en 1080. Les écrivains qui ont traité de l'histoire particulière de la Champagne, et de ce nombre est le savant Grosley, admettent généralement que Thibault mourut à Epernay, et y fut inhumé en 1090. Mais, dans ce système, il faut nier le règne de Henri, dit Etienne, et pour expliquer les actes nombreux de souveraineté qui lui appartiennent, dire qu'il gouvernait en même temps et avec le même pouvoir que son père, en même temps et avec le même pouvoir que son frère puîné, Hugues I, inscrit comme le successeur immédiat de Thibault I. Avec David Blondel, au contraire, le règne de Henri trouve sa place, et les nombreux instruments qui nous en restent, leur explication la plus naturelle.

Henri, de qui l'on a dit qu'il eut autant de châteaux qu'il y a de jours en l'an, fut renommé pour son habileté politique, qui parfois fut plutôt astuce que sagesse. Les barons d'outre-mer l'appelaient le père du Conseil. Car ce fut de son temps que Pierre l'Hermite émut la chrétienté de ses lamentables récits, de ses plaintes éloquentes. Le joug des Sarrazins avait été bien dur à la Palestine; celui des Turcs lui fut intolérable. Les chrétiens d'orient, et les nombreux pèlerins partis de l'occident, tous en but à des vexations inouïes jusqu'alors, protestèrent par un cri unanime d'horreur et de vengeance, contre la spoliation et le meurtre, et contre d'abominables profanations. C'en était fait de ces pieux et longs pèlerinages d'où revenaient en Europe, avec la poésie, le commerce et les arts, tous les germes civilisateurs éclos aux fécondes clartés du soleil d'orient ; les conquêtes pacifiques du bourdon et du bâton blanc allaient manquer au progrès, et la société, tourmentée d'un indéfinissable malaise, s'efforçait, inquiète et troublée, de ressaisir l'un des éléments nécessaires de son développement. Le Christianisme lui vint en aide. Un pauvre moine, natif de Châtillon-sur-Marne, Urbain II, qui, sur la chaire de Saint-Pierre, représentait alors l'unité intellectuelle et morale, fit appel à l'unité politique depuis long-temps brisée. A sa voix, le grand principe sortit tout armé des divins tabernacles, où, depuis le sacre de Hugues Capet, l'épiscopat le tenait en réserve; il se leva, plein de jeunesse et de force, au milieu du concile de Clermont, et à ce cri d'enthousiasme et de foi : *Dieu le veut ! Dieu le veut !* tous ducs, comtes et barons, nobles soldats du Christ, se jetèrent à l'envi, de l'indépendant isolement du pouvoir souverain, dans le lien sacré d'une discipline commune. Toute tête couronnée subit le joug de la croix, et si haute qu'elle pût être, si riche que fût sa couronne, s'inclina sous la royale épée, que l'Eglise envoyait à la conquête du Calvaire. Ainsi naissait, dans l'ardeur religieuse d'une volontaire subordination, le système politique des monarchies européennes ; et une crise généreuse ouvrait au corps social cette voie large, féconde, où circule, active et brillante, la civilisation moderne. Déjà un concile tenu à Reims avait interdit, pendant les trois derniers jours de chaque semaine, les guerres féodales, et la *trêve de Dieu,* bien que souvent violée, fût un immense bienfait. Le concile de Clermont, à son tour, proclama la paix universelle, et protégea de ses redoutés anathèmes le domaine de quiconque prenait la croix.

Henri, qui revenait d'Hautvillers, où il avait assisté à la solennelle translation des reliques de sainte Hélène, et fondé une foire, avec de grands privilèges pour les habitants et pour le commerce, Henri fut des premiers à entrer dans la ligue chrétienne. Il recueillit de son pélerinage militaire plus de profit que de gloire, et, pour laver la honte de sa fuite au siège d'Antioche, et de son retour précipité en France, il se croisa de nouveau, après la prise de Jérusalem, et le 22 juillet 1102, disparut, mort ou prisonnier, sous les murs de l'antique Joppé.

Hugues I, son frère, qui régna, ou continua de régner après lui, fit aussi plus d'un voyage en Terre-Sainte. Chacun de ses pèlerinages fut signalé par de vastes libéralités en faveur des monastères et des hôpitaux, et entre autres, par le don qu'il fit, en 1115, à saint Bernard, du domaine de Clairvaux.

Car tel fut l'un des grands bienfaits de ce mouvement fécond, dans lequel se transformait l'ordre social, que la propriété qui, jusque-là, n'était le plus souvent qu'une conquête et le prix de la force, devint un droit pacifique résultant de l'accord des volontés. La démocratie réfugiée soit à l'ombre des cloîtres, soit dans l'activité d'un commerce naissant, rentra dès-lors peu à peu dans la propriété foncière, et, par un progrès insensible, mais sûr, se substitua aux grands possesseurs, enfants de la conquête. La première subdivision un peu importante du sol commun, sortit des nécessités de la croisade, et, jamais à aucune époque, les actes translatifs de propriété, ventes, donations, inféodations, ne furent proportionnellement plus multipliés. Le nombre des propriétaires se décupla, et ainsi, les décrets de Clermont accomplirent, dans la société féodale, la plus importante des révolutions, en mettant partout à la place de la propriété conquise, la propriété acquise. Le règne du droit était fondé.

Hugues I, dont la dévotion peu éclairée s'exaltait encore dans les chagrins d'une union mal assortie, voulut, en 1113, visiter le Saint-Sépulcre, et se vouer entièrement à la vie monastique. Yves de Chartres s'y opposa. « Prenez » garde, lui dit le sage prélat,..... d'omettre ce que la » nature et la loi ordonnent. Si vous gardez la chasteté sans » le consentement de votre femme, quoique vous le fassiez » pour Dieu, vous violez la loi du mariage, et le sacrifice

» que vous offrez est du bien d'autrui, et non du vôtre. »
Le comte, pour cette fois, se borna donc au voyage de la Terre-Sainte, mais toujours livré aux mêmes préoccupations, toujours en proie aux soupçons et à la jalousie, humilié d'ailleurs du peu de succès de ses armes contre le roi de France, il se croisa de nouveau en 1125, après avoir donné ou vendu le comté de Champagne à son neveu, Thibault II, fils d'Etienne, dit Henri, et fit profession religieuse dans l'Ordre des Chevaliers du Temple. Saint Bernard, quoiqu'on en ait dit, n'applaudit qu'avec restriction à cette dernière résolution de Hugues I. « De » riche, vous vous êtes fait pauvre, lui dit-il, et de comte, » soldat ; si c'est pour Dieu, nous vous en félicitons. »

Depuis dix ans déjà, Bernard, dont le nom seul exprime tout ce que la vertu a de plus pur, tout ce que le génie a de plus élevé, tout ce que l'éloquence a de plus entraînant, tout ce que l'autorité du talent a de plus glorieux, Bernard, du fond de la solitude, gouvernait l'Eglise et le monde. Il fut le réformateur du clergé, le guide et le conseiller des rois, l'âme de plusieurs grands conciles, le médiateur de l'Europe, l'inflexible ennemi de l'oppression comme de l'erreur. L'univers agenouillé sous sa parole reçut de lui deux souverains pontifes, et en prit un troisième parmi ses disciples. On sait l'énergie de ses reproches à Louis le Jeune, après l'incendie de Vitry; et sa première lettre au pape Eugène III, dit assez jusqu'où il poussa l'indépendance, et le soin de sa dignité personnelle. Bernard fut le plus grand, dans ce douzième siècle si fécond en grands hommes et en grands événements; le plus grand dans l'Eglise, où brillaient Norbert, Pierre le Vénérable, Robert d'Arbrissel, Anselme de Cantorbéry; le plus grand dans les affaires publiques, dont le poids fut léger pourtant aux Suger, aux Etienne de Senlis; le plus grand dans la science, où il se rencontra avec Pierre Lombard, Guillaume de Champeaux, Abélard, Hugues de Saint-Victor. La civilisation lui dut cette grande croisade de 1147, qui, précipitant un million d'hommes de l'Occident sur l'Orient, rejeta hors d'Europe tant et de si dangereux éléments de discorde et de guerre. Deux fois saint Bernard pacifia l'Italie, deux fois l'Allemagne, et plus souvent encore la France sa patrie, en même temps que toute la puissance de son génie s'appliquait à pacifier les intelligences, et à bannir du domaine de la pensée le trouble, la confusion et l'erreur. Ainsi, tandis qu'il combattait à outrance le moine Raoul, coupable d'avoir enseigné qu'il faut tuer tous les Juifs, tandis qu'il poursuivait devant le concile de Reims les étrangetés dont Gilbert de la Porrée obscurcissait le dogme de la Trinité divine, il fit une rude guerre, mais loyale et généreuse, aux erreurs d'Abélard, qui, en répandant le doute sur la certitude elle-même, menaçait l'existence de toute vérité.

Abélard, dialecticien habile et profond théologien, eut pour maîtres et pour rivaux Guillaume de Champeaux, qu'il suffit de nommer, et Anselme, le savant écolâtre de Laon. Célèbre par son éloquence et par la hardiesse de ses enseignements, Abélard comptait ses disciples par milliers, et du jour où il éleva sa chaire dans Paris, toutes les autres furent désertes. Fulbert, chanoine de Notre-Dame, le reçut, et lui confia sa nièce bien-aimée, Héloïse, dont il voulait qu'une éducation mâle et sérieuse développât les brillantes facultés. Héloïse était belle ; le jeune professeur, de mœurs jusqu'alors si austères, l'aima et la séduisit. Leur liaison devint publique, et Fulbert irrité chassa Abélard. Bientôt Héloïse fut mère, et l'indignation du vieux chanoine, et la colère de toute une famille outragée allaient éclater peut-être en une sanglante catastrophe, quand Abélard offrit d'épouser son élève. Mais dans ces temps où le célibat semblait la condition nécessaire des fortes études, où le savoir n'avait sa place et ses plus nobles récompenses que dans l'Eglise, avouer son mariage, c'était, pour le docte Abélard, ruiner sa renommée, disperser ses disciples, renoncer aux honneurs et à la fortune. Il voulut donc que leur union demeurât secrète. De son côté, la nièce de Fulbert, ardente, dévouée, enthousiaste, livrée aux chimériques raffinements d'un amour bizarrement quintessencié, refusa d'abord le mariage, préférant, dans sa subtile exaltation, le titre d'amante à celui d'épouse. Elle céda toutefois; mais ensuite elle protestait hautement qu'elle n'était point mariée, démentant sa famille et Fulbert lui-même, qui, pour couvrir sa honte et de crainte du scandale, s'étaient hâtés de divulguer le mariage. Enfin Abélard, pour mieux tromper l'opinion, envoya Héloïse au monastère d'Argenteuil, où elle prit l'habit de novice. La rage de la famille ne connut plus de frein; on pénétra la nuit dans la demeure du faible et vaniteux époux, et, par une atroce dérision, on lui fit une nécessité de ce célibat, dont il était si jaloux de garder les honneurs.

L'abbaye de Saint-Denis l'accueillit dans son malheur; il y prit l'habit religieux. Mais l'aigreur, ou peut-être la justesse de ses critiques, son âpreté, ou peut-être sa supériorité dans les discussions l'en chassèrent bientôt. C'est alors que Thibault II lui donna asile dans le prieuré de Saint-Ayoul de Provins. Il y ouvrit une école, qui devenait célèbre et fréquentée, quand les graves erreurs qu'il professait, lui attirèrent, au concile de Soissons, les censures ecclésiastiques, et une sentence de réclusion perpétuelle dans l'abbaye de Saint-Médard. L'éclat de ses talents, et la protectrice influence de saint Bernard lui ouvrirent, après vingt-quatre heures, les portes de sa prison, et il revint à Saint-Denis. A peine de retour dans ce monastère, il y souleva de nouveaux troubles, et encourut de nouvelles colères, en proclamant ses doutes sur l'authenticité de la légende de Saint-Denis. La discussion était futile; les animosités en furent d'autant plus vives, et Abélard, toujours en fugitif, regagna les terres du comte de Champagne.

Il s'arrêta, non loin des rives de la Seine, en un lieu désert et inculte, où, avec la protection de Thibaut II et l'aide de Hatton, évêque de Troyes, il se construisit une retraite sur la petite rivière de l'Ardusson. Bientôt une foule de disciples accourut à lui de tous les points de l'Europe, et le modeste ermitage fut en peu de temps un nombreux et renommé monastère. Ce fut le Paraclet.

Abélard avait quitté cette solitude pour l'abbaye de Ruys, dont les moines l'élurent supérieur, quand l'abbé Suger, pour rétablir l'ordre et la régularité dans le prieuré d'Argenteuil, en chassa les religieuses, et les remplaça par des moines de l'ordre de saint Benoît. Héloïse et ses compagnes, errantes et dépouillées, acceptèrent un asile au Paraclet, que le pape Innocent II érigea en monastère, et consacra par les priviléges apostoliques. Héloïse en fut la première abbesse; puis quand, après avoir une seconde fois éprouvé la sévérité de saint Bernard pour ses erreurs, et son indulgente charité pour sa personne, Abélard, dont Cluny la sainte avait recueilli la vieillesse et les infirmités, quitta cette vie, Héloïse reçut des mains de Pierre le Vénérable tout ce qui restait de son époux, un cadavre auquel plus tard elle réunit sa cendre.

Thibaut II fut un des bienfaiteurs du Paraclet, comme il l'était de Clairvaux.

A cette époque encore les chartes des grands feudataires fondaient et amortissaient souverainement, sans le concours du pouvoir royal; et les terres féodales, en entrant, par donation ou acquisition, dans le domaine ecclésiastique, devenaient terres de franc alleu. Ainsi, par un double bienfait, le sol s'affranchissait en se subdivisant, e après avoir fondé la liberté morale et politique de l'homme le sacerdoce chrétien, en passant par la propriété, lui imprimait le divin caractère de sa propre indépendance. E lorsqu'au jour marqué par la Providence, la société vint après quatorze siècles, revendiquer cette terre qu'elle n'a vait su ni conserver ni défendre, le Prêtre, à qui ell était échue esclave, inhabitée, stérile, la quitta franch et libre, fertile et riche, populeuse et parée des chefs d'œuvre de l'art.

Au nombre des grands hommes, dont le génie puissan activa, au douzième siècle, le travail progressif de la ci vilisation, il faut compter saint Norbert, qui institu l'ordre des Prémontrés, et fut, avec saint Bernard, l'am fidèle et le conseiller de Thibault. Ce prince, dans la fer veur d'un zèle plus vif qu'éclairé, voulut, comme Hu gues I, quitter le palais pour le cloître, et la couronne d comte pour la tonsure monacale; il s'adressa à Norbert mais il lui fut répondu : « il ne nous est pas permis d
» détruire les desseins de Dieu sur vous; vous porterez
» comme vous avez commencé, le joug du Seigneur, ave
» celui du mariage ». Thibault, devant qui se fermaie les portes des monastères, en fit un de son palais; sa cha rité devint prodigue, et « pour être en état, dit l'évêqu
» de la Ravallière, de soulager un plus grand nombre d
» malheureux, il mit la réforme dans sa maison; en bann
» le faste et le luxe...... Si quelqu'un, soit à la ville
» soit à la campagne, gémissait secrètement sous le poic
» de la pauvreté et de l'oppression, il voulait en être avert
» Ses courtisans, soit par religion, soit pour plaire a
» prince, lui amenaient souvent des pauvres qui étaie
» opprimés..... Deux chanoines de Prémontré avaie
» soin de visiter les pauvres en son nom, et de leur distr

» buer ce qui était nécessaire pour les nourrir et les vê-
» tir....... A une époque de famine, bien loin de vou-
» loir profiter de la misère de ses sujets, il les soulagea
» sans rien exiger d'eux. »

Les aumônes du comte, la religieuse simplicité de sa vie, son intimité avec saint Bernard et saint Norbert, lui valurent plus d'un sarcasme, dans cette France de tout temps moqueuse, qui se raille indifféremment du bien comme du mal, pourvu qu'elle raille. En Champagne, disait-on, les hommes d'arme sont des moines, et les forteresses des couvents. Et Thibault cependant avait fait ses preuves en toute chevalerie. Et quand Louis le Gros menait contre lui les paroisses du domaine royal, ayant en tête évêques et curés, tous bien armés en guerre ; c'est que déjà la baronnie de France avait vu de près l'écu d'azur à la bande d'argent, cotoyée de deux doubles cottices potencées et contrepotencées (1), c'est qu'au cri glorieux *Champagne et Passavant, Passavant li mélior*, il ne suffisait plus d'opposer *Montjoye et saint Denis*, et que, pour le couvrir, il ne fallait rien moins que la grande voix du peuple (2). On sait aussi ses guerres contre Louis VII, qui ne se terminèrent que par la médiation des papes, des conciles, et de tout ce que l'Europe avait alors d'illustre par le renom de science et de sainteté. Il protégea et fit respecter le commerce de ses sujets. Salon, vicomte de Sens, avait maltraité et mis à rançon les marchands et changeurs de Vèzelai, qui se rendaient à la foire de Provins. Thibault irrité en écrivit à l'abbé Suger, alors régent de France,

---

(1) Ce blason était celui des comtes de Champagne, et devint celui de la province elle-même. Par une singularité remarquable, le sceau authentique, dont le dessin est ci-joint, ne reproduit qu'incomplètement cet emblème, et paraît même n'avoir pas été blasonné correctement, et selon les règles de l'art héraldique.

(2) Il est bon d'observer que, dans cette guerre contre Louis VI, Thibault avait pour allié son oncle, le roi d'Angleterre, duc de Normandie.

menaça de ses troupes les terres du vicomte, et obtint r[é]paration et indemnité.

En 1128, il avait assisté au concile de Troyes, dans le[quel] furent accordés à Hugues de Payens, son paren[t,] premier grand-maître du Temple, la confirmation de s[on] ordre, et les statuts qui firent de cette association gue[r]rière, une congrégation de réguliers. En 1141, il refu[sa] l'offre qu'on lui faisait de la couronne d'Angleterre; da[ns] cette même année, il exempta l'hôpital de Provins [de] toute taxe et de tout impôt, et en 1147, il envoya en P[a]lestine son fils aîné, Henri, qui prit la croix avec le r[oi] Louis le Jeune.

Thibault II mourut à Lagny, au mois de janvier 115[2.] Il est le dernier qui ait possédé tout à la fois les comtés [de] Champagne, de Brie, de Blois et de Chartres. Il lais[sa] onze enfants, dont l'aîné, Henri dit le Large ou le Libéra[l,] succéda au comté de Champagne. « Tous ses fils, dit l'a[u]
» teur des mémoires historiques, furent grands seigneur[s,]
» et ses filles hautes et illustres dames. Il fut magnanime,
» libéral, brave de sa personne et fort renommé pour s[es]
» grandes actions. L'histoire remarque qu'il était en Fran[ce]
» *secundus a rege*, et qu'il était le plus grand prince de s[on]
» temps. »

H. FLEURY.
(*La suite à un prochain numéro*)

PALEOGRAPHIE.

Passage de Marie-Louise à Reims.

Du 10 mars 1810 : trois heures de relevée.

Messieurs, composant la commission formée ce matin pour assister au mode de réception de S. M. l'Impératrice, ont fait rapport des différentes mesures, que d'après les anciens cérémoniaux, les dispositions du décret du 24 messidor an XII, leur zèle et l'intention municipale, ils ont cru devoir proposer.

Ce rapport très détaillé, entendu et en approuvant tout ce qu'il contient, il a été arrêté ce qui suit :

1° Aussitôt que M. l'Adjoint faisant fonction de Maire sera prévenu du jour et de l'arrivée de S. M. l'Impératrice, il en informera ses collègues et les membres du conseil municipal qui, à l'heure convenue se réuniront à l'Hôtel-de-Ville pour se rendre avec un détachement de la garde nationale, représenté par une garde d'honneur, au-delà de la porte de Dieu-Lumière et sur les confins du territoire de Reims, pour y attendre et recevoir Sa Majesté.

2° M. l'Adjoint, qui, aux premiers avis qu'il a eu de l'arrivée de S. M. a conçu de former pour ce sujet une garde d'honneur et qui s'est déjà donné des soins pour y parvenir, est invité de réunir dès aujourd'hui par-devant lui les citoyens qu'il croira pouvoir la composer, à l'effet d'organiser cette garde d'honneur.

3° Les ordres nécessaires seront donnés pour, au moment de l'arrivée de S. M. l'Impératrice en cette ville, faire sonner toutes les cloches des différentes églises de la ville.

4° Il sera établi un orchestre d'harmonie sur la porte Dieu-Lu[mière] par laquelle S. M. l'Impératrice fera son entrée à Reims, cette porte, celle de Cérès, près du palais où elle descendra, et l[a] porte de Vesle, par laquelle elle passera pour se rendre à Compiègne, seront décorées ainsi que le piédestal de la place Impériale.

5° Il sera élevé deux arcs de triomphe, l'un dans la rue du Bar[ba]tre et l'autre dans la rue de Vesle.

6° Le proviseur du lycée en cette ville sera invité à se trouver à l[a] tête des autres officiers et élèves avec leur musique, en haie, a[u] devant dudit lycée, au moment du passage de S. M.

7° Les habitants de cette ville et faubourgs, les propriétaires de[s] maisons vacantes, et les administrateurs des bâtiments et édifice[s] publics seront tenus d'illuminer les façades desdites maisons e[t] édifices les jour et heure qui seront indiqués par des avis parti[cu]liers.

8° La rue de Cérès, où logera l'Impératrice, devant être illumin[ée] jusqu'au jour, les citoyens de cette rue sont invités à illuminer p[ar] des casselles ou terrines, ou par de simples lampions en les reno[u]velant.

9° L'uniformité des bâtiments de la place Impériale et des ru[es] adjacentes fournit aux citoyens qui les occupent, l'occasion [de] former une illumination régulière et intéressante, en l'établissa[nt] d'accord sur la plainte, au-dessous des croisées du premier; [le] conseil les invite à profiter de cet avantage, et il espère qu'ils [ne] l'abandonneront point.

10° La façade du palais où logera S. M. l'Impératrice, et le fo[nd] du jardin seront décorés et illuminés avec soin et élégance.

11° L'entrepreneur de l'illumination publique par réverbèr[es] sera prévenu de faire un éclairage général durable pendant la n[uit] que S. M. séjournera à Reims, et jusqu'au jour.

12° Indépendamment de l'illumination prescrite aux habita[nts] de la place Impériale, cette place sera illuminée avec plus [de] pompe aux frais de la ville.

13° M. le Sous-Préfet sera invité à donner les ordres nécessai[res] pour faire repaver, après quoi cette place sera grevée.

14° Il y aura des danses publiques sur cette place, et les orchest[res] des musiciens seront établis dans l'intérieur de la grille.

15° Le corps municipal offrira à S. M. les présents d'usage re[n]fermés dans des corbeilles soigneusement ornées.

16° Il sera fait choix de jeunes demoiselles qui seront chargées de les présenter à S. M.

17° Le conseil informé que S. M. séjournera en cette ville, a arrêté de nommer une députation de trois membres, laquelle sera invitée à se rendre auprès de S. E. le ministre de l'Intérieur pour obtenir la permission d'exprimer, par une fête, à S. M. son amour inviolable pour ses augustes souverains.

18° Que cette même députation se présentera chez monsieur le Sénateur, comte de Valence, commandant en chef de l'ancienne garde d'honneur, pour l'inviter, au nom du conseil, à commander celle qui vient de se réorganiser.

19° Procédant au choix des membres devant composer la députation, le conseil a nommé à l'unanimité M. Assy-Prevoteau, Adjoint au Maire, et MM. Camu-Didier et Gard, tous deux membres du conseil municipal.

20° Ampliation de la présente délibération sera délivrée à ces députés pour leur servir de commission, et les mettre à même de justifier des pouvoirs dont ils sont revêtus.

21° Le conseil considérant que les différents objets qui viennent d'être arrêtés demandent des détails, et une activité auxquels Messieurs composant la commission ne pourraient suffire, ils ont été autorisés à s'adjoindre, savoir :

Pour les décorations, emblèmes et inscriptions MM. Bergeat, Siret, Permelet-Siret, Ponsardin-Simon, Perin-Salbruk et Serrurier.

Pour la charpente, la menuiserie et les illuminations, MM. Camu-Didier, Rondelet, Chambal, Delamotte-Fourneaux, Dessain-Perin et Clément-Regnart.

MM. les commissaires-adjoints qui viennent d'être nommés en seront prévenus, et priés d'accepter la mission qui leur est confiée.

22° Les vins d'honneur seront présentés à qui de droit, par le premier Adjoint ou celui qui en fera les fonctions.

23° Les corbeilles de fruit seront offertes au nom de la ville par douze jeunes demoiselles dont il a été fait choix, ainsi qu'il suit : *Mesdemoiselles* Assy-Prevoteau, qui portera la parole; Andrieux-Lasnier; Delamotte-Barrachin; Baron-Ladoulte; Ruinart-Garvey; Peuvrel-David; Vélart; Henriot; Paquot; Legrand-Lasnier; Clicquot-Ponsardin; Assy-Olivier.

M. Leleu a été invité à prévenir de ces choix les pères et mères des jeunes demoiselles.

Le conseil municipal arrête qu'il sera offert par la municipalité tous les rafraîchissements nécessaires, tant pour S. M. que pour sa maison; et que pour subvenir aux premières dépenses relatives au passage, le conseil demandera à M. le Préfet qu'il soit ouvert à M. le Maire un crédit de 15,000 fr.

Fait et arrêté au conseil municipal les jour, mois et an que dessus, et sera une expédition du présent adressée à monsieur le Sous-Préfet pour, sur son avis, être homologué par monsieur le Préfet.

Le passage à Reims pour le 27 mars 1810 de S. M. l'Impératrice Marie-Louise d'Autriche avait été annoncé dès le commencement du même mois: aussitôt que cette heureuse nouvelle fut répandue et confirmée, la Mairie s'empressa de répondre au vœu unanime de tous les habitants, en faisant toutes les dispositions nécessaires pour donner aux fêtes un ensemble et un éclat dignes de l'illustre princesse qui en était l'objet; elle s'occupa en conséquence de concert avec le conseil municipal autorisé à se réunir, de former plusieurs commissions, qui toutes animées du même esprit, se livrèrent sans relâche à organiser tous les travaux dont la direction leur était confiée, et à surveiller les ouvriers employés pour leur exécution.

Les rapports continuels des commissions à la Mairie, les décisions prises de suite sur les objets sur lesquels elle était consultée ont été la cause qu'il n'a existé aucune confusion, les ouvrages ont été exécutés avec ordre et régularité, les fournitures faites avec exactitude, et une sage économie a présidé à tous les travaux.

Dans le courant du mois d'avril, la Mairie de concert avec les commissions s'occupa de la réunion de tous les mémoires: ils sont classés par chapitres d'après les instructions données aux ouvriers et fournisseurs, cette classification a eu pour but de mettre à même chaque commission chargée de la vérification des fournitures, de l'examen des travaux et de la surveillance des ouvriers de reconnaître les mémoires présentés, de s'assurer si les prix réclamés étaient conformes à ceux du cours et notamment à ceux convenus.

M. Leleu en déposant sur le bureau la liasse de ces mémoires auxquels se trouve annexé le tableau raisonné de toutes les dépenses, ensemble des motifs qui les ont nécessitées, demande renvoi du tout à la commission du conseil municipal chargée de l'examen des comptes, avec invitation à cette commission de se réu nir à la Mairie pour, après avoir recueilli tous les renseignements qui seront jugés nécessaires, lesdits mémoires être arrêtés, et la somme totale en résultante, être portée au budjet de 1811, titre v: dépenses extraordinaires, chapitre VIII de l'arriéré.

(suit la teneur du tableau)

Tableau général des dépenses faites par la ville de Reims, lors du passage de Sa Majesté l'Impératrice, le 27 mars 1810.

CHAPITRE I*er*. *Réparation des Avenues*. Une des premières dépenses à faire et reconnue l'une des plus urgentes, était la réparation des avenues, à partir de la porte de Dieu-Lumière par laquelle devait passer S. M. l'Impératrice, jusqu'à la maison de M. Ponsardin père, sise rue de Cérès et désignée pour le palais, et depuis le palais jusqu'à la porte de Vesle, laquelle était indiquée pour le départ.

Ces réparations ont consisté tant en recherches de pavés, fournitures de grèves qu'en réparation du parapet du faubourg de Vesle et encore en main-d'œuvre, fourniture de toiles et tapisseries, à l'effet de couvrir les façades de deux maisons en démolition dans la rue de Cérès. Le peu de temps qui restait à courir jusqu'au moment de l'arrivée de S. M. l'Impératrice ne permettait pas de reconstruire les façades de ces maisons dont on avait jugé à propos, dans la crainte d'accidents, d'abattre des saillies avançant sur la voie publique.

Ces différents ouvrages ont nécessité une dépense de 535 fr. 66 c.

CHAPITRE II. *Mesures de police, de sûreté, et autres analogues : Impressions, publications, réverbères : pompes à incendie.*

Le séjour que devait faire à Reims S. M. l'Impératrice, avait nécessité de prendre des mesures pour que toute la ville fût éclairée en réverbères pendant la nuit entière : les ordres les plus précis avaient été donnés à l'entrepreneur à ce sujet, et l'éclairage a eu lieu, quoique S. M. l'Impératrice n'eût point séjournée; l'affluence des étrangers dans la ville et une quantité considérable d'habitants de la campagne environnant cette cité, ont nécessité une telle mesure de police.

Indépendamment de cet éclairage, il a été établi des réverbères sur les fossés de la ville depuis la porte de Dieu-Lumière jusqu'à celle de Cérès et il en a été également établi pour l'éclairage des différents corps de garde. Ces établissements ont en outre nécessité des fournitures de crochets pour attacher les réverbères aux arbres. Des pompes et sceaux à incendie ont été conduits par mesure de sûreté à la maison désignée pour le palais. Différents arrêtés et avis relatifs à des mesures de police, ont été imprimés, publiés et affichés dans toute la ville.

Corps de Garde. La surveillance continuelle que tous les préparatifs de la fête nécessitaient, ont déterminé la Mairie à établir dans différents quartiers de la ville, des corps de garde nationale. Ces établissements ont donné lieu à des dépenses d'ameublement, loyers de poêles, réparations de fusils et fournitures de bois : Des citoyens de la ville ont offert généreusement des locaux dans leurs maisons pour y établir des corps de garde : la Mairie a accepté leurs offres avec reconnaissance, et ne s'est trouvée dans la nécessité que d'en louer un verbalement au sieur Détombes, lamier, rue Canneton près celle de Cérès, moyennant la somme de vingt-quatre francs ; l'emplacement fourni par ce particulier, était d'autant plus convenable que ce corps de garde se trouvait établi près de la rue de Cérès dans laquelle était désignée la maison servant de palais. Le sieur Détombes peu fortuné, ayant besoin de la place qui lui était demandée, a réclamé une indemnité de la somme ci-dessus relatée, elle lui a été promise.

Garde Nationale. La garde nationale sédentaire ayant été appelée à faire le service intérieur, plusieurs citoyens par rapport à la nature de leurs affaires, ne pouvant faire leur service en personne ont demandé à se faire remplacer, la Mairie s'est chargée de ce soin et a employé pour ce sujet d'anciens militaires réformés : il a été dès lors nécessaire de dresser jour par jour des contrôles pour cette garde, de faire rentrer les fonds nécessaires pour le paiement de ces remplaçants.

Le sieur Roucinot a été chargé de tout ce détail, s'est constamment occupé de la rentrée des fonds, du paiement des remplaçants, il s'est acquitté de ce service à la satisfaction de la Mairie, il a droit pour ce sujet à une indemnité qui lui a été promise par le Maire. Ces différents objets ont nécessité une dépense de 740 fr. 68 c.

CHAPITRE III. *Frais de Voyage.* Le conseil municipal infor-

que S. M. l'Impératrice devait séjourner à Reims, s'était empressé de nommer une députation composée de trois membres, laquelle avait été invitée à se rendre auprès de S. E. Monseigneur le ministre de l'Intérieur pour obtenir la permission d'exprimer par une fête à S. M. l'Impératrice, son amour inviolable pour ses augustes souverains et en même temps pour se rendre chez M. le sénateur, comte de Valence, commandant en chef de l'ancienne garde d'honneur, pour l'inviter au nom du conseil à venir la commander de nouveau.

Cette députation, dont M. Assy-Prevoteau adjoint au Maire, faisait partie, a rempli sa mission. Ce voyage n'a pu se faire sans frais de diverses natures et dont M. Assy-Prevoteau a bien voulu faire les avances, et qu'il est de toute justice de lui rembourser ainsi que toutes celles occasionées par un autre voyage entrepris par des députés de la garde d'honneur qui se sont également rendus à Paris auprès de M. de Valence leur chef, pour objets relatifs à cette même garde. Mémoire de M. Assy-Prévoteau, adjoint. . . . 1200 fr.

CHAPITRE IV. *Garde d'Honneur.* Aussitôt que la nouvelle du passage par cette ville de S. M. l'Impératrice fut connue des habitants, plusieurs jeunes gens de cette ville appartenant à des familles honnêtes se sont présentés et ont témoigné le désir le plus vif de faire partie de la garde d'honneur: la Mairie en applaudissant au zèle de ces jeunes gens s'est occupée de leur organisation: leur uniforme une fois adopté, elle a cru devoir faire revenir directement de Paris plusieurs objets de ce même uniforme que ces gardes d'honneur ne pouvaient se procurer en cette ville : par un concours de circonstances, ces objets n'ont pu être utilisés, elle a cru dès lors devoir engager le fournisseur soit à les reprendre, soit à s'en défaire pour le compte de la municipalité. N'ayant point obtempéré à cette demande, ainsi qu'il est justifié par la lettre annexée à son mémoire, la Mairie s'est déterminée à garder ces effets, se proposant de les faire servir, lorsque quelqu'occasion favorable se présentera.

Un seul mémoire compose ce chapitre savoir : Mémoire du sieur Sabattier-Bouquet, chapelier. 830 fr. 70 c.

CHAPITRE V. *Habillement des Appariteurs.* Les adjoints au Maire, les membres du conseil municipal et des différentes commissions, étant, d'après la nature de leurs fonctions, dans la nécessité de se transporter à chaque instant dans les divers quartiers de la ville, soit pour achever les travaux, soit pour surveiller ce qui était de leur compétence, et étant dans le cas de faire transmettre leurs ordres, la Mairie a jugé à propos de fournir aux cinq appariteurs de la Mairie un habillement complet et uniforme, ce qui les y a encore plus déterminé, c'est que ces mêmes appariteurs devant les accompagner, notamment lors de leur transport au palais, il était essentiel que les individus attachés à la Mairie, fussent habillés d'une manière décente et convenable.

Ces objets d'habillement ont nécessité une dépense de 798 fr. 10 c.

CHAPITRE VI. *Construction et Ameublement de Loges.* La Mairie devant se rendre avec le conseil municipal, au-delà de la porte de Dieu-Lumière et sur les confins du territoire de Reims pour y attendre et recevoir S. M. l'Impératrice, a fait établir en dehors de cette porte, une tente destinée à recevoir les autorités constituées.

Informé que le sieur Dupuis entrepreneur de bals champêtres, avait une loge se démontant à volonté et parfaitement convenable pour l'objet dont s'agit, elle s'est arrangée avec cet entrepreneur, moyennant une somme de 200 fr. : cette loge a été placée en dehors de la porte de Dieu-Lumière, elle a exigé de nouvelles constructions en charpente jugées nécessaires pour l'agrandir, indépendamment de l'ameublement qu'elle était susceptible de recevoir.

Ces constructions et ameublement ont donné lieu à une dépense de 624 fr. 70 c.

CHAPITRE VII. *Orchestres et Tentes dressés pour les Musiciens.* Le conseil municipal ayant arrêté qu'il serait placé à la porte de Dieu-Lumière des groupes de musiciens qui seraient chargés d'exécuter différents airs, au moment du passage de S. M. l'Impératrice, la Mairie a fait placer au-dessus de cette porte une tente pour servir d'orchestre.

Elle a fait également construire deux orchestres sur la place du Marché avoisinant la place Impériale, où devait se tirer le feu d'artifice, à l'effet de procurer aux habitants le plaisir gratuit de la danse, aussitôt le tirage de ce feu.

La façon de la tente, sa tenture en toiles, le loyer des effets, les meubles et la construction des orchestres, ont nécessité une dépense de 612 fr. 25 c.

CHAPITRE VIII. *Musique.* En conséquence de la décision du conseil municipal portant qu'il serait placé des groupes de musi-

rendus à cette porte, et ont exécuté les différents morceaux de musique qui leur ont été demandés.

Le feu d'artifice qui devait avoir lieu le 27 mars, jour du passage de S. M. l'Impératrice, ayant été remis au dimanche suivant 1er avril, par la raison que S. M. l'Impératrice qui devait séjourner, n'a fait que traverser la ville, la Mairie a arrêté que des danses publiques et gratuites depuis quatre heures du soir jusqu'à minuit auraient lieu sur la place de la Couture, choisie pour le tirage de ce feu. Le sieur Dupuis entrepreneur de bals a fourni ses musiciens pour ces dernières danses.

La Mairie avait également arrêté qu'il y aurait des danses publiques gratuites sur le marché aussitôt le tirage du feu d'artifice, mais ce feu, pour les causes ci-dessus déduites n'ayant point eu lieu, il n'y a point eu non plus de danses : les musiciens ayant été retenus, ils réclament une indemnité que la Mairie estime devoir être portée à trente-six francs, attendu qu'ils devaient être au nombre de douze.

Les frais de musique ont occasioné une dépense de 321 fr.

CHAPITRE IX. *Décoration des portes, places publiques et arcs de triomphe.* La porte de Dieu-Lumière par laquelle S. M. l'Impératrice devait entrer dans nos murs, celle de Vesle par laquelle elle devait partir, ont été décorées par les soins des commissaires chargés de cette partie, la place Impériale sur laquelle devait passer le cortége, en traversant la ville, était également décorée : deux arcs de triomphe ont été élevés dans deux quartiers de la ville, l'un rue du Barbâtre, près la fontaine des Augustins, et l'autre rue de Vesle, près celle des Capucins.

Il a été employé pour la construction de ce dernier, les bois qui ont servi à un arc de triomphe, élevé deux ans auparavant en dehors du faubourg de Cérès, lors du passage par cette ville d'une portion de la grande armée; mais ce nouvel arc de triomphe, eu égard à la disposition du local, a embrassé une plus grande largeur, il a été nécessaire conséquemment de lui donner plus de hauteur, ce qui dès lors a nécessité un surcroît de dépenses et multiplié singulièrement les journées d'ouvriers, pour mettre à profit tous les bois.

Des ouvriers de tout genre ont été employés aux décorations dont ces portes, places et arcs de triomphe étaient susceptibles.
ciens dans une tente dressée au-dessus de la porte de Dieu-Lumière, il a été fait choix d'un nombre de musiciens qui se sont

Indépendamment des peintres qui ont fourni leurs mémoires, trois particuliers connus avantageusement à Reims par leurs talents en peinture, mais n'en faisant pas leur principal état, ont bien voulu, à la demande de la Mairie et des Commissions, quitter leurs occupations particulières, pour se livrer exclusivement aux travaux relatifs aux décorations des portes et des arcs de triomphe, et se sont chargés de la plus grande partie des figures qu'ils ont dessiné et peint à la satisfaction générale.

Ces artistes s'étant constamment refusés de présenter leurs mémoires, s'en rapportant à la Mairie pour les indemnités qu'il lui plairait leur allouer, elle s'est empressée de prendre les renseignements les plus précis à ce sujet ; et elle est d'avis que l'indemnité à laquelle ils ont des droits légitimement acquis, peut être arbitrée à une somme de mille francs; et que la répartition de cette somme doit être faite entre ces trois artistes de la manière suivante :

Savoir : 1° A M. Perrin-Salbruck, six cents francs.
       2° A M. Alexandre, trois cents francs.
       3° A M. Lefebvre, cent francs.

Les ouvrages exécutés consistent dans les suivants :

Construction d'un nouvel arc de triomphe, reconstruction d'un ancien, fourniture de tous les bois de charpente.

Fourniture de crochets, boulons, chevilles en tête, broches, crochets, pattes, chiffre et bras de fer; ces derniers pour les pilastres de la porte de Paris.

Journées employées à la couture des toiles, et fourniture de clous pour ces mêmes toiles, remplissant les panneaux de ces arcs de triomphe.

Fourniture des mêmes toiles, leurs impressions, peinture des inscriptions, armoiries de France et d'Autriche, réunies sous la couronne impériale, des médaillons et des emblêmes décorant, tant les deux arcs de triomphe que les portes de Paris, de Dieu-Lumière et la place Impériale.

Peinture en couleur des pierres de la façade, du dehors, du ceintre et des côtés des rampes de la porte de Dieu-Lumière.

Fourniture de plâtre pour les pilastres de cette même porte.

Façon d'un globe, placé sur le piédestal de la place Impériale, peinture de ce même globe.

Fourniture des bois et ornements des deux couronnes Impériales placées, l'une sur la place Impériale et l'autre à la porte de Vesle.

Fourniture et pose des guirlandes à la porte de Dieu-lumière.

Location de poêles et quinquets, et fourniture de lumière dans le local assigné aux peintres chargés des décorations.

Conduite des décors, des arcs de triomphe et d'autres effets servant aux peintres.

Reconstruction en maçonnerie d'une rampe du mur de la porte de Dieu-Lumière.

Conduite des matériaux pour lester les arcs de triomphe.

Réparation, en pavé, des trous de poteaux, de barrières aux deux arcs de triomphe.

Enlèvement après le passage, des tableaux et des pilastres décorant la porte de Vesle.

Tous ces objets ont nécessité une dépense de 11,315 fr. 16 c.

CHAPITRE X. *Réparations au palais et maisons attenantes.* Le passage de S. M. l'Impératrice par Reims, une fois déterminé et assuré, et la certitude qui avait été donnée qu'elle y séjournerait, les autorités constituées se sont occupées de trouver un local convenable; la maison de M. Ponsardin, président du tribunal de Commerce et membre du conseil municipal, ayant été jugée réunir tous les avantages désirés, elle a été choisie pour le palais Impérial, avec d'autant plus de motifs que déjà elle avait été désignée lors du passage de S. M. l'Empereur il y a quelques années; les ordres les plus précis furent donnés de suite, tant pour enlever dans un autre local les meubles appartenant à M. Ponsardin, que pour faire à cette maison toutes les réparations nécessaires, en un mot l'approprier d'une manière convenable.

Les commissaires ayant reconnu que dans la rue de Cérès, plusieurs maisons voisines de celle de M. Ponsardin, avaient sur la rue des saillies assez considérables qu'il était urgent de démolir, par la raison qu'il était d'une bonne police de prévoir jusqu'à l'apparence du moindre danger; qu'en outre, les saillies présentaient à la vue des sinuosités désagréables et empêchaient même de découvrir la place Impériale, où devait se tirer le feu d'artifice, ils se sont concertés avec les propriétaires de ces maisons pour les faire disparaître, ces particuliers y ayant consenti sous la condition néanmoins qu'il leur serait accordé par le Maire une indemnité à même de les indemniser des frais de la démolition de ces mêmes saillies, la Mairie s'est empressée de souscrire à ces conditions.

Les mêmes commissaires, instruits qu'au moyen d'une galerie que l'on pouvait construire, partant de la maison de M. Ponsardin, pour regagner la maison en face, dite l'Auberge du Tonnelet, on serait à même de voir parfaitement le feu d'artifice qui devait se tirer sur la place Impériale, que la construction de cette galerie présentait encore un avantage d'autant plus grand que S. M. l'Impératrice pourrait voir ce feu sans se déplacer de la maison désignée pour son palais, ont donné d'après le consentement de la Mairie les ordres nécessaires pour sa construction.

Les réparations tant du palais que des maisons y attenantes et la construction de la galerie dont il vient d'être parlé, ont donné lieu à une dépense de 6,070 fr. 73 c.

CHAPITRE XI. *Ameublement.* La Mairie et les commissions se sont réunies pour décorer la maison désignée pour le palais qui devait recevoir S. M. l'Impératrice, de tout ce que les arts et l'industrie pouvaient produire de plus flatteur et de plus délicat : ce qui a néanmoins de beaucoup diminué la dépense et par conséquent donné beaucoup plus de latitude pour transformer ce local en palais avec tous ses accessoires, et digne de recevoir S. M. l'Impératrice, c'est qu'une infinité d'objets nécessaires à l'ameublement ont pu être loués, et la mairie a profité de cet avantage.

Les ameublements, façons et locations ont donné lieu à une dépense de 4597 fr. 61 c.

CHAPITRE XII. *Chevaux et Voitures.* La veille de l'arrivée de S. M. l'Impératrice et le jour du passage, la mairie a cru devoir requérir chevaux et voitures pour les mettre à la disposition tant des autorités constituées que de la garde d'honneur, cette mesure a été d'autant plus nécessaire que S. M. qui devait séjourner à Reims n'ayant fait que traverser la ville, après avoir déjeûné à Sillery distant de la ville de 10 kilomètres, les autorités s'y sont transportées ainsi que la garde d'honneur, cette dernière, d'après l'ordre qu'elle en avait reçu du sénateur, comte de Valence, son commandant, et propriétaire dudit château de Sillery.

Un courrier a été également mis à la disposition de M. le commandant de la garde d'honneur et du Sous-Préfet.

La dépense en courriers, chevaux et voitures, est montée à la somme de 486 fr. 50.

CHAPITRE XIII. *Présents.* Douze jeunes demoiselles de la ville avaient été désignées pour présenter à S. M. l'Impératrice, de bouquets ainsi que le présent d'honneur, consistant en poires de rousselet et pain d'épices, productions du pays : ces objets ont été déposés dans des corbeilles artistement travaillées et ornées de fleurs, guirlandes et perles : Des caisses avaient été également commandées et disposées pour transport des présents.

Css présents ont nécessité une dépense de 1519 fr. 95 c.

CHAPITRE XIV. *Banquets.* Le conseil municipal ayant arrêté qu'il serait offert par la ville à S. M. l'Impératrice ainsi qu'à sa maison, tous les rafraîchissements convenables, il avait été donné les ordres à l'avance pour se procurer pendant le séjour de S. M., des provisions de tout genre : des apprêts avaient été faits en conséquence, mais S. M. ne s'étant point arrêtée à Reims, la Mairie a jugé à propos de donner le dimanche suivant 1ᵉʳ avril, tant aux autorités constituées qu'à la garde d'honneur ; un banquet dans la grande salle de l'Hôtel-de-Ville.

Un détachement de la garde impériale étant arrivée à Reims, pour y séjourner jusqu'au passage de S. M. l'Impératrice ; la mairie a jugé également convenable de réunir les chefs de ce détachement à un banquet, où elle avait aussi invité la garde d'honneur avec plusieurs membres des autorités constituées.

Ces banquets ont occasioné une dépense de 3,121 fr. 15 c.

CHAPITRE XV. *Illuminations.* Des illuminations avaient été ordonnées dans toute la ville, et devaient être exécutées le 27 mars, jour de l'arrivée de S. M. l'Impératrice, tous les préparatifs étaient faits par les soins de la Mairie, pour que les place publiques, l'Hôtel-de-Ville, les portes, et notamment la place Impériale dans tout son pourtour, ainsi que le palais, fussent illuminés avec tout le soin et la régularité possibles. Il avait été également construit une quantité considérable d'ifs, qui se trouvaient disséminés sur les points principaux. S. M. n'ayant fait que traverser la ville, il en est résulté que l'illumination générale n'a pas eu lieu, néanmoins la Mairie a cru devoir ce jour même faire illuminer l'Hôtel-de-Ville, la place Impériale en entier, et chaque arc de triomphe ainsi que les portes de la ville, se réservant de faire exécuter une illumination complète et plus générale, lors de la célébration des fêtes publiques annoncées pour le mois d'août prochain.

Ces illuminations ont occasioné une dépense de 8,736 fr. 47 c.

CHAPITRE XVI. *Feux d'artifice et boîtes.* Les commissaires députés à Paris, à l'effet d'obtenir pour la ville l'autorisation de donner une fête à S. M. l'Impératrice, ayant fait rapport que S. M. l'Empereur sensible aux témoignages d'affection de la ville de Reims, désirait que les habitants se bornassent à ajouter un feu d'artifice à toutes les dispositions précédemment faites et dont il lui avait été donné connaissance, la Mairie a fait de suite les dispositions nécessaires pour qu'il fût tiré sur la place Impériale un feu d'artifice dirigé, de manière que S. M. l'Impératrice pût le voir parfaitement de la galerie dont la construction venait également d'être ordonnée, et dont il a été ci-dessus parlé : toutes les dispositions ont en conséquence été faites, les ordres les plus précis ont été donnés et tout était prêt au jour indiqué, lorsque la ville reçut la nouvelle que S. M. ne ferait que traverser la ville : dès lors, il a été jugé à propos de ne point tirer ce feu sur la place Impériale, mais bien plutôt sur celle de la Couture qui présente une plus grande étendue, et par conséquent une plus grande facilité pour la circulation : ce feu a été tiré le dimanche suivant 1ᵉʳ avril, en présence de toutes les autorités constituées et d'un concours immense de citoyens. Le déplacement de ce feu a dû nécessairement occasioner un surcroît de dépenses.

Le sieur Ruggiery, artificier de Paris, s'était engagé envers la Mairie à tirer à Reims un feu d'artifice, moyennant une somme dont il était convenu, d'après la notice des pièces qui devaient le composer, mais à beaucoup près elles n'ont pas répondu à l'attente du public, et généralement toutes les personnes témoins de ce feu en ont été singulièrement mécontentes.

Le travail immense dont se trouvaient chargées à cette époque la Mairie ainsi que les différentes commissions n'ont point permis non-seulement de vérifier le nombre de toutes les pièces dont le feu devait être composé, mais encore leur volume et dimension, elles n'ont pu être placées que la veille du jour du passage de S. M. l'Impératrice.

Le changement survenu dans l'itinéraire du voyage de S. M. a été la cause que le tirage de ce feu a été suspendu, et qu'il a eu lieu ainsi qu'il a été dit plus haut, sur la place de la Couture, le 1ᵉʳ avril suivant.

La Mairie a cru dès lors ne devoir offrir au sieur Ruggiery qu'un prix moindre de celui convenu précédemment, cet artificier n'a poin jugé à propos d'y obtempérer, mais a adressé au contraire à M. le Préfet ses réclamations, et en même temps une demande tendant à être autorisé à poursuivre en justice la Mairie de Reims, aux fins d'être payé de son entreprise; cependant à la suite de plusieurs conférences avec un agent envoyé à Reims par cet artiste, pour terminer toutes contestations, et au moment où l'affaire était sur le point d'être conclue, moyennant une somme de trois mille huit cents francs, il a été reconnu que des boulons de fer commandés par l'artificier à un serrurier employé par la ville, et dont le sieur Ruggiery devait le paiement étaient disparus, ils ont été réclamés; l'artificier, informé de cette réclamation à Paris, s'est empressé de les renvoyer, dans cet intervalle, l'agent était reparti sans avoir rien terminé. La Mairie estime dès lors, qu'en allouant au sieur Ruggiery, la somme ci-dessus désignée, il se trouvera suffisamment payé, elle ne portera en conséquence que ladite somme dans le présent rapport.

Il a été également fait plusieurs décharges de boites, tant la veille que le jour de l'arrivée de S. M. Le tirage de ce feu et la décharge des boites ont nécessité une dépense de 5,304 fr. 45 c.

CHAPITRE XVII. *Surveillance et conduite des différents travaux.* Le sieur Serrurier, architecte de la Mairie, réclame le vingtième du prix des ouvrages exécutés par différents ouvriers employés, pour indemnités, par rapport à la surveillance continuelle qu'il a exercée d'après les ordres des autorités; la Mairie, en rendant justice au zèle, à l'activité et aux talents de cet architecte, croit devoir observer que ce vingtième ne lui paraît pas légitimement dû, par la raison que lorsque ce vingtième est accordé aux architectes, ils sont obligés de garantir les ouvrages pendant un nombre d'années déterminées, et que dans l'espèce présente, il n'y a aucune garantie puisque tous les ouvrages exécutés devaient durer un mois au plus; le sieur Serrurier réclame le vingtième sur le prix des seize mémoires dont l'importance est de 15,704 fr. 88 c.

Cette somme de quinze mille sept cent quatre-vingt-huit centimes, donnerait pour le vingtième, celle de sept cent quatre-vingt-cinq fr. vingt-quatre centimes : en accordant une indemnité de quatre cents fr., la mairie estime que cet architecte se trouvera suffisamment payé, elle croit en conséquence ne devoir réclamer que cette somme en faveur du sieur Serrurier.

Supplément au I.er CHAPITRE. Réparation des avenues. 116. fr. 96.
Mémoire du sieur Role, charpentier.

Total général de la dépense.........47,331 fr. 87 c.

Le conseil municipal, après avoir entendu ce rapport, examen fait des différents mémoires déposés sur le bureau, prenant en considération les motifs qui viennent d'être déduits par M. Leleu, président, prononce le renvoi de tous ces mémoires, ensemble des différentes observations insérées dans ces présentes à la commission chargée de l'examen des comptes, se réservant après son rapport de réclamer au budjet de l'an 1811, les sommes nécessaires pour le paiement des ouvriers et fournisseurs.

Fait et arrêté au conseil municipal de la ville de Reims, les jour, mois et an susdits.

VARIÉTÉS.

Souvenirs de Russie.

Pétersbourg—1829.

Saint-Isaac. — Le Clergé.

J'ai visité les travaux de l'église de Saint-Isaac. C'est une chose qui frappe d'étonnement et de stupéfaction que la vue de ces immenses préparatifs de constructions gigantesques. D'innombrables ouvriers sont occupés les uns à scier le marbre, les autres à le dégrossir : ceux-ci précipités dans les profondeurs des fondations, ceux-là hissés sur les sommités des chapiteaux. Il faut surtout voir l'atelier où gisent les fûts de granit destinés à être taillés en colonnes. Deux ou trois cents ouvriers attelés après ces masses les travaillent en tous sens, les uns, debout, armés de marteaux et d'outils contondants font retentir l'enceinte de coups multipliés : les autres suspendus par des machines, ou assis à califourchon sur ces colonnes, munis de scies, de grattoirs ou de ciseaux, s'occupent à polir et façonner la pierre. On entend un mélange confus de voix, de cris, de chants bizarres : des nuages de poussière bleuâtre s'échappent de divers points de l'enceinte. C'est un brouhaha étrange qui blesse l'oreille et fatigue l'esprit; on dirait quelque chose de la folle entreprise des enfants de Noé, de la tour de Babel et de la confusion des langues.

L'église de Saint-Isaac existait depuis long-temps à Pétersbourg : ébranlée, presqu'en ruines, elle avait été restaurée sous Catherine II. Murs, pilastres, colonnes, tout était en marbre, à l'intérieur comme à l'extérieur; à la mort de l'Impératrice ce monument se trouvait aux deux tiers achevé, et pour la grandeur et la magnificence, c'était déjà l'édifice le plus remarquable de Pétersbourg.—Les marbres et granit amenés à grands frais de Finlande pour l'achèvement de l'église, eurent sous Paul Ier une autre destination : car voilà comme tout se fait en Russie : une ardeur, un empressement inimaginables pour commencer : c'est toujours un chef-d'œuvre achevé que celui qu'on entreprend; il ne s'agit que de le finir, et c'est à quoi l'on ne parvient jamais.—Ces marbres furent employés à la construction d'un nouveau palais dans le jardin d'été.

Sous Alexandre, l'église de Saint-Isaac, fut de nouveau condamnée. Ce prince voulut signaler son règne par un monument qui surpassât en magnificence tout ce que l'on pouvait connaître et qui allât même au-delà du possible et de l'imagination. Les architectes s'évertuèrent à fournir des plans.—Ce fut celui d'un Français qui l'emporta. Le terrain sur lequel reposait l'ancienne église n'était pas solide : la proximité de la Néva en avait miné les fondations. Toutefois l'emplacement fut conservé. On se contenta de prendre des mesures de précaution dont les architectes du premier édifice n'avaient pas eu l'idée. Les fondations furent jetées sur pilotis à plus de trente pieds de profondeur.—On avait cru jusqu'alors que la colonnade de l'église de Kasan était le plus grand effort de l'art et de l'industrie. Or chaque fût n'a que trente-cinq pieds de haut sur trois à quatre de diamètre. Ceux de Saint-Isaac ont cinquante-six pieds de hauteur sur sept de diamètre et sont tous d'un seul morceau. La pierre des colonnes de Kasan est, comme je l'ai dit ailleurs, grasse, spongieuse et grisâtre : l'action de l'air lui est fatale : le granit des colonnes d'Isaac se compose de feldspath rougeâtre de quartzbrun, et de mica.—Si cet édifice est un jour mis à fin, ce sera certainement le plus colossal et le plus magnifique du monde connu.

Puisque je vous ai parlé de quelques églises de Pétersbourg, il faut que je vous entretienne de la religion et surtout du Clergé russe, qui tient une si grande place en ce pays.

L'introduction du Christianisme en Russie date seulement du milieu du Xe siècle. Des hommes sages, dit la chronique, choisis par Vladimir-le-Grand allèrent étudier les diverses religions de la terre : la magnificence des églises grecques, l'éclat des ornements, la splendeur des cérémonies frappèrent d'admiration ces hommes grossiers, qui décidèrent Vladimir à recevoir le baptême des Grecs.—Les Russes peu instruits allèguent le pays qui leur a donné l'instruction religieuse pour dire qu'ils ont toujours été séparés de l'église Romaine. C'est une erreur. En 998, époque de la conversion de Vladimir l'église grecque était soumise à celle de Rome. Le grand schisme d'Orient n'éclata que vers le milieu du XIe siècle. Le fougueux Photius avait premier levé l'étendard contre la papauté, en lui disputant le titre de Patriarche œcuménique (universel), mais il ne s'était pas séparé de la communion romaine. Michel Cérulaire acheva ce que Photius avait commencé

Jamais schisme n'eut des prétextes plus légers et des suites plus graves. Rien de plus frivole que les reproches faits par les Grecs aux Latins. Ceux-ci, disaient les premiers, consacraient avec du pain azyme, mangeaient des viandes d'animaux suffoqués, jeûnaient les samedis de carême, et durant ce temps ne chantaient pas l'Alleluia. C'était là, comme on le voit, de véritables abominations. Il y eut quelque chose de plus grave cependant. Les Grecs permettaient aux prêtres de vivre avec les femmes qu'ils avaient épousées avant leur ordination, chose que l'église Romaine ne voulait tolérer.--Voilà les griefs sur lesquels les Patriarches de Constantinople fondèrent leur indépendance du siège de Rome. Ce schisme fut consommé l'an 1054, malgré les efforts de Léon IX pour concilier les esprits et arrêter le mal.

Les Russes, en relations continuelles avec les Grecs dont ils avaient reçu des prêtres et des églises, imitèrent leur église et tombèrent dans le schisme; mais le fait important à rectifier, c'est que lors de l'introduction du Christianisme en Russie, l'église Grecque n'était point séparée de celle de Rome et que les historiens russes se trompent ou sont de mauvaise foi, en écrivant que Vladimir avait des motifs pour adopter le rit grec plutôt que le rit romain, qui, je le répète, à cette époque ne différaient en rien l'un de l'autre. Les Russes ont donc été catholiques romains, et raisonnablement, il faudrait bien peu de chose aujourd'hui même pour les ramener à notre église, si la religion en Russie n'était, avant tout, une institution politique, une arme puissante dont le chef de l'État s'est réservé la disposition.

Nulle part cependant la hiérarchie ecclésiastique n'est aussi respectée qu'en Russie : fixée dès le premiers temps, elle n'y éprouva d'altération sensible que sous Pierre-le-Grand.

La puissance du clergé était autrefois excessivement étendue en Russie. Une ancienne chronique donne la preuve de ce pouvoir exorbitant dans l'histoire des crimes d'un évêque nommé Phéodor, qui vivait à la fin du douzième siècle. Ce Phéodor s'était présenté, en 1171, à Rostof comme ayant été sacré évêque de cette ville par le patriarche de Constantinople, et, sans donner aucune preuve de son ordination, il avait pris possession du siège épiscopal. D'autres chroniques disent qu'André, qui régnait alors, ayant eu bonne opinion de lui, et lui voulant du bien, l'avait envoyé à Kiew pour y recevoir l'investiture de son évêché; ce qui laisserait croire qu'il n'était point encore sacré évêque, mais seulement choisi par le prince ou par le peuple. Quoi qu'il en soit, Phéodor, mis en possession de son évêché, se conduisit, non point en homme de Dieu, mais en véritable brigand. « Beaucoup de personnes, dit la chronique, qui dépendaient de son évêché, eurent à souffrir de cruelles vexations;

TOME I. 28

il les privait de leurs armes et de leurs chevaux; d'autres furent réduites en esclavage ou exilées et dépouillées de leurs biens : non-seulement des laïcs, mais même des moines, des abbés, des prêtres, etc. Phéodor persécutait les princes, les boïards et les ouvriers d'André; il faisait cuire les femmes dans des chaudières, coupait les nez et les oreilles, et faisait trembler tout le monde, car il rugissait comme un lion, était haut comme un chêne, avait le langage pur et éloquent, le raisonnement subtil et artificieux. »—Cet étrange scélérat fut condamné le 8 mai 1169. La Chronique de Nicon dit que, *par grâce*, on lui attacha au col une meule de moulin, et qu'il fut noyé dans la mer. Tatischef se contente de l'envoyer en exil dans l'île de Psi.

Le clergé russe, dès le douzième siècle, étayait le pouvoir presque illimité qu'il avait usurpé, sur un réglement ecclésiastique, dont il attribuait la concession à Vladimir-le-Grand. Par ce réglement, le prince ordonnait de payer au clergé la dîme du revenu de l'Etat et du bénéfice que procure chaque semaine le commerce : il défendait à ses enfants et à ses descendants, jusqu'à la dernière génération, de s'immiscer dans le jugement des affaires ecclésiastiques, qui n'appartient, disait-il, ni aux princes temporels, ni aux boyards, et qui doit être réservé aux métropolites et aux évêques. Les prières, les fiançailles, les mariages, les dissentions entre époux, les divorces, le délai à faire baptiser les enfants, les mariages ou fiançailles entre parents ou compères, les annonces des gens consacrés à Dieu, le rapt, le viol, l'adultère, la polygamie, les infractions aux jeûnes ordonnés et aux grands carêmes, le jeûne observé le samedi à la manière de l'église latine (ce qui est criminel dans l'église grecque), les profanations des églises, les divinations, les sortiléges, les maléfices, les poisons, les hérésies, l'insulte faite à quelqu'un en le traitant d'hérétique ou de sorcier; le crime des enfants qui frappent leur père ou leur mère, ou des brus qui ont battu les mères de leurs époux; le vol des églises, les actions indécentes qui s'y commettent, et le mépris témoigné pour les temples en y conduisant les troupeaux *sans une grande nécessité*; les prières adressées au soleil, à la lune, aux étoiles, aux nuages, aux vents, aux forêts, aux rivières, aux montagnes, aux rochers, aux animaux; le judaïsme, l'apostasie, la bâtardise, le crime des filles qui détruisent leur fruit; les contestations qui avaient rapport aux poids et mesures : toutes ces causes, et beaucoup d'autres encore, étaient attribuées aux juges ecclésiastiques par ce réglement de Vladimir.

La juridiction de l'église s'étendait encore par le nombre prodigieux de ceux qui jouissaient du privilége de cléricature. Les évêques, les archimandrites, les doyens des moines, les abbesses, les popes et leurs femmes, les diacres et les diaconesses, les moines et les religieuses, les sonneurs et autres valets d'église, ceux qui en gardaient les portes, ceux qui brûlaient l'encens; les vieilles, les veuves, les pauvres, les malades, les médecins, et une foule d'autres gens, appartenaient à l'église, et ne pouvaient être jugés que par elle. Le même règlement ajoute que du revenu des jugements dans les affaires civiles, il devait appartenir neuf parts au souverain et la dixième à l'église, et afin qu'elle ne fût pas fraudée de cette dîme, il était défendu de juger les causes civiles sans l'intervention des juges du métropolitain.—Cette loi prouve que les souverains ne faisaient pas rendre gratuitement la justice à leurs sujets.

Ce règlement, dont nous empruntons l'analyse au judicieux Levesque, donne une idée de ce que pouvait être le clergé en Russie avant Pierre-le-Grand, qui, le premier, sentit la nécessité de refréner cette audacieuse puissance. Il est bien établi que ce titre n'est pas de Vladimir Ier. On y fait dire à ce prince qu'il a reçu le métropolite de Kiew des mains du patriarche Photius, et Photius avait été élevé au patriarchat en 857, par l'empereur Michel: ainsi, il était mort cent ans avant le baptême de Vladimir. Néanmoins, quoique supposée, cette pièce est fort ancienne, car elle fut évidemment composée à une époque où il se trouvait encore chez les Russes des restes d'idolâtrie.

Autrefois la première dignité ecclésiastique était celle de métropolite: il était établi par le patriarche de Constantinople. Mais en 1588, sous le règne de Phéodor Ier Ivanovitch, le patriarche de cette ville, Jérémie, étant venu en Russie solliciter des secours du tzar, crut se rendre favorables les Russes en accordant à leur église quelques nouvelles prérogatives. Il représenta donc à ce prince que l'église autrefois avait eu cinq chefs, l'évêque de Rome, et les patriarches d'Alexandrie, d'Antioche, de Constantinople et de Jérusalem; que le pape de Rome, déchu depuis long-temps de sa dignité par les innombrables hérésies dont il s'était rendu coupable, devait être remplacé; qu'à cet effet il proposait de consacrer le métropolite russe en qualité de patriarche. Le tzar y consentit avec joie; et depuis ce temps, l'église russe fut tout-à-fait indépendante de celle de Constantinople. Le patriarche russe était choisi par les métropolitains, dont le nombre fut porté à quatre, et par les premiers dignitaires du clergé. Le tzar choisissait entre eux le patriarche: quelquefois c'était le sort qui en décidait, puis le nouveau pontife était consacré et installé par les prélats qui l'avaient choisi. L'autorité du patriarche égalait presque celle du tzar: il avait sa cour, ses officiers de justice, et une autorité sans bornes. On ne pouvait appeler de ses jugements au souverain lui-même, qui, de son côté, n'entreprenait rien d'important sans le consulter. A la procession du dimanche des Rameaux, on voyait le tzar à pied, tête nue, conduisant par la bride l'âne ou le cheval que montait le patriarche, figurant l'entrée triomphante de Jésus-Christ à Jérusalem.

Parmi les patriarches que compta l'église russe, se trouvèrent des hommes du plus haut mérite. Tel fut l'illustre Philarète, père de Michel Romanof, chef de la puissante maison qui gouverne aujourd'hui la Russie ; tel fut surtout le célèbre Nicon, dont la jeunesse, semée d'orages, semblait présager une vie extraordinaire. Fait successivement archimandrite et métropolite de Novogorod, il était devenu, en 1652, patriarche de la Russie. Eloquent, austère, mais inflexible et dur, Nicon employa cependant ses revenus au soulagement des malheureux. Nourri de la lecture des livres saints, il réforma la lithurgie russe, modifia le chant des églises, donna une version plus littérale des textes sacrés. Appelé au Conseil-d'Etat, il dirigea lui-même toutes les affaires civiles, et se créa de nombreux ennemis qui le perdirent dans l'esprit du prince. La puissance de ce prélat était devenue si imposante, qu'on crut nécessaire pour le déposer de convoquer un concile. Retiré du monde, Nicon se donna tout entier à l'étude des chroniques, et forma, des différents ouvrages manuscrits qu'il put réunir, un corps d'histoire, aujourd'hui connu sous le nom de Chronique de Nicon, et qu'on a long-temps confondu mal-à-propos avec la chronique de Nestor.

Le tzar Alexis remplaça le patriarche déposé, par un autre d'un esprit extrêmement borné, et dont son autorité ne pouvait prendre ombrage, et c'est dans cet esprit que furent faites les élections des prélats qui succédèrent à celui-ci. L'Etat se contentait de leur donner des revenus propres à soutenir la splendeur de leur dignité : on leur rendait les hommages qu'on croyait devoir à leur rang ; mais, quant au surplus, leur nom paraissait à peine, et les mouvements de la politique leur étaient entièrement étrangers. Toutefois, Pierre-le-Grand résolut d'abolir cette dignité, et de faire passer au souverain les attributions et la puissance ecclésiastique du patriarcat : dans cette intention, et pour sonder l'opinion, il fit publier un livre dans lequel l'auteur, Procopovitch, démontrait avec beaucoup d'érudition et de solidité que les premiers empereurs chrétiens avaient été revêtus, comme les empereurs païens, de la dignité de pontife, jusqu'au temps où l'église romaine parvint à les en dépouiller. Il insinuait ensuite que dans un état chrétien, il n'y avait que le prince qui eût le droit d'inspection sur les affaires qui concernent l'église. » Enfin, Pierre voulut bien charger un conseil composé de quinze personnes, et qu'il appela le *très saint synode* de prendre connaissance des affaires ecclésiastiques, et généralement de toutes celle qui avaient été du ressort du patriarche. A la vérité, le membres de ce collége étaient nommés par lui, et ne prêtaient serment qu'entre ses mains.

Depuis cette époque, le clergé, entièrement soumis à l'autorité du souverain, n'eut plus sur les masses qu'une puissance secondaire et facile à combattre. — Il est aujourd'hui composé de trois métropolitains : ceux de Novogorod, de Kiew et de Moscou; de huit archevêques, de trente à quarante évêques, d'environ soixante archimandrites ou abbés réguliers, et de moines. Le clergé séculier est composé de protopopes ou archiprêtres, de popes ou curés de paroisse, de diacres et de chantres ou sous-diacres.

Les évêques sont tirés des monastères, et par conséquent ne sont pas mariés. Les popes sont mariés, et c'est même une condition nécessaire à la prêtrise. Un prêtre qui perd son épouse est ordinairement obligé de renoncer à sa cure : plusieurs se retirent dans les monastères, et quoique ayant des enfants ils peuvent devenir évêques.

Le clergé porte la barbe, les cheveux longs, la tonsure, de grands chapeaux rabattus, une robe longue, croisée et serrée avec une ceinture, et dont la couleur n'est pas fixée comme chez nous. On n'ordonne prêtre, dans le clergé séculier, que des enfants de popes, de diacres et de chantres. Si un laïc d'une naissance relevée, désire consacrer sa vie à Dieu, il doit se faire moine, quelque vocation qu'il éprouve d'ailleurs à travailler au salut des âmes dans le ministère de paroisse. Les popes dans les villes ont un petit revenu fixe en argent, augmenté par les offrandes des fidèles et par les rétributions pour les prières qu'ils vont réciter chez les particuliers qui les font appeler. Les popes des campagnes ont pour revenu fixe un fonds de terre qu'ils cultivent eux-mêmes, et, pour casuel, les offrandes et libéralités de ceux qui les emploient. — Les évêques et les moines jouissent en Russie de toutes les richesses du clergé. Les prêtres sont très pauvres, parce que les cures et les dessertes sont trop nombreuses. Les évêchés sont à la nomination du saint synode, mais il est nécessaire qu'elle soit confirmée par le souverain. Les évêques nomment aux abbayes et à toutes les places du bas clergé. Elles sont amovibles, ainsi que celles des abbés, et leur état dépend absolument du caprice de l'évêque. Toutes ces causes tendent à jeter de la déconsidération sur le bas clergé, qui, du reste, est ignorant et plein d'intempérance. « Son éducation, dit un écrivain moderne, ne le sépare pas assez des dernières classes pour qu'elles l'entourent de leurs respects, et, en général, les mœurs des prêtres sont peu propres à les faire honorer. D'ailleurs, les seigneurs russes ne donnent point l'exemple de la vénération pour les ministres du culte, et leur conduite, à leurs yeux, n'est point de nature à les relever aux yeux du peuple. Lorsqu'un prêtre de village vient visiter le seigneur, jamais il n'est l'objet de ces égards que devrait commander le caractère dont il est revêtu : on ne l'admet pas même au salon; le maître donne ordre à ses valets de le faire dîner à l'office, et c'est au milieu d'eux qu'il prend son repas. »

Voilà des détails un peu longs ; ils me dispenseront de revenir sur ce point, dans les récits que je pourrais vous faire des mœurs moscovites sur lesquelles le clergé, malgré son abaissement conserve encore une étrange influence.

(La suite à un prochain Numéro).

ÉTUDE MORALE.
Le Choix d'un État.

Mon père, vous connaissez mon aveugle obéissance : il vous suffira toujours d'ordonner pour que je trouve bien, et que je fasse à l'instant ce qui semblerait vous plaire. Il fallut, pour me rendre à Paris, il y a quelques années, quitter un pays que j'aime, et vous surtout : je partis sans me plaindre, content de vous donner cette preuve de ma soumission. Quand vous vous décidâtes à me rappeler, je m'étais fait à mon exil, et je quittai en pleurant cet asile de tous les arts, et de tant de merveilles, accumulées à force d'ans et de victoires. Vous me parlez aujourd'hui d'un état : il en sera de même, et votre fils se trouvera heureux d'obéir. Si cependant vous ne voulez consulter que mon goût, et connaître ma pensée, je vous avouerai que je consentirais de grand cœur à n'être jamais *quelque chose*, et qu'un état quel qu'il soit, ne convient à mes idées, non plus qu'il ne pourrait, je crois, assurer mon bonheur.

Je l'avoue, lorsque le besoin se fait sentir, il n'y a point à discuter; et le sage doit se soumettre alors, non pas au préjugé qu'il méprise, mais à la nécessité qui le presse, mais à la plus sainte loi, celle qui lui commande d'assurer l'existence d'une famille dont il est le seul appui. J'honore l'homme qui, sacrifiant ses goûts, ses espérances, son repos, se jette pour la vie entière, dans des occupations et des soins qui lui répugnent, et se dévoue chaque jour à ce qu'il aime; il trouve, il est vrai, un dédommagement assez doux dans la reconnaissance et l'amour de tout ce qui l'entoure : il peut avec orgueil essuyer la sueur qui couvre son front, puisqu'elle empêche de couler des larmes; il peut lever la tête, car, après Dieu, c'est lui qui soutient sa propre vie et celle de sa famille.

Soit encore, lorsqu'un malheureux ne trouve rien en lui pour échapper à la longueur des jours, lorsque l'esprit et le cœur, vides à la fois, ne lui fournissent aucune pensée qui le charme, aucun sentiment qui le fasse tressaillir et lui rende plus léger le poids de la vie, que pour échapper à l'ennui qui le ronge, il cherche la fatigue et le bruit, je le veux..... mais grâce à Dieu, il n'en est pas ainsi de votre fils, qui, sous le ciel, n'a que lui-même après vous : lui que vos soins généreux ont mis au-dessus du besoin, et à qui vous enseignâtes avant tout à mépriser la fortune et à se passer d'autrui. Cependant, dites-vous, l'avenir est incertain : la richesse échappe, et bien souvent il n'y a qu'un pas pour arriver à la misère : et puis un état donne dans le monde une considération que ne saurait acquérir celui qui vit obscur et loin des hommes..... faut-il enfin, avec des talents et de la jeunesse, rester inutile aux autres et à soi-même?

Que je fasse justice enfin de tant de raisons, dont me fatiguent des gens qui ne raisonnent jamais! je leur pourrais répondre, mais il les faudrait écouter; et je ne m'inquiète point assez d'eux pour les occuper de moi. C'est à mon père que je parle; celui-là saura me comprendre, et ne regardera pas en pitié ma jeunesse.

La fortune est inconstante, c'est le cri de tous! Quant à moi, je ne saurais m'en effrayer ni m'en plaindre. Si sa faveur est un bien réel, il est bon que chacun l'obtienne à son tour; si c'est un mal, il est juste que les mêmes n'en soient pas affligés sans cesse : mais on ne raisonne guère, je le sais, dans cette dernière hypothèse, et ce n'est pas non plus mon intention.

La fortune est inconstante.... ô mon père! se fixera-t-elle pour moi? et me rendrai-je moins dépendant de ses caprices en recherchant plus ses faveurs? elle peut m'enlever les biens que me donna mon père; respectera-t-elle ceux qu'aurait amassés mon bras?—Voyez pâlir le commerçant qui vit dans l'opulence, si le girofle a manqué de l'autre côté de la terre; il tient dans sa main les deux mondes, mais les orages de l'océan sont devenus pour lui comme ceux de son cœur, et le vent qui gronde sur les pôles ride son front et fait trembler ses lèvres.—Pour ceux qui poursuivent autrement la richesse, est-il plus de bonheur? L'homme en place, que dévorent à la fois le desir de monter encore et la crainte de tomber tout-à-coup : l'avocat se débattant au milieu des cris et du naufrage; le médecin qui vit entouré de mourants, et quitte dans la nuit sa couche pour assister à d'affreuses agonies : tous en proie à l'ardente ambition, aux sourdes calomnies, à la haine, à l'envie, à la soif de l'or et des vains éloges..... Ah!

contre une pareille vie, contre ses biens qui m'épouvantent, irais-je échanger mon doux repos, mes vagues et séduisantes rêveries, la liberté que j'adore, et l'intime et profonde jouissance de moi-même, qui vaut cent fois les palais de Crassus et tous les lauriers de César? et cet or baigné de ma sueur et de mes larmes peut-être, acheté par tant de soins et de fatigues, qu'en ferai-je à mesure qu'il s'accumulera sous ma main? mettrai-je pièces sur pièces, sacs sur sacs? faudra-t-il, vivant, m'enterrer sous cet impur et vil métal, ou en irai-je payer cent plaisirs nouveaux qui demain deviendront des chaînes pour m'attacher de plus en plus à la terre? non, non! Jamais ne se vit le bonheur sur les pas de cette fortune qu'on déifie, et les insensés qui l'adorent n'invoquent que des autels impuissants et sourds. La nature, mère des hommes, les invite également à son banquet: elle-même posa la borne du bien qui leur fut destiné, et tous les trésors de l'Inde et du Couchant ne peuvent aider à la franchir. Roi, si fier de ton opulence, dans ta coupe de rubis et d'or, le vin coulera-t-il plus généreux? pour riche que soit ta couche, ton sommeil sera-t-il plus doux? dans tes jardins pompeux que décorent les marbres d'Athènes et de Rome, l'air est-il plus pur, les ombrages plus frais; l'iris et les feux du soleil y exhalent-ils un plus suave parfum? Vaine grandeur, dont se rient la sagesse et la mort! il faudra tout quitter un jour; et cet homme, qui n'est pas content de ses mille palais et de sa puissance, n'emportera, comme le pauvre, qu'un morceau de toile pour cacher son cadavre.

Mais dites-vous, l'espoir de s'enrichir n'est pas ici la seule raison, et toute âme généreuse a besoin de l'estime de ses semblables! oui, sans doute; et je ne sais quelle voix s'élève au fond de mon cœur et me crie que je n'en suis pas indigne. Mais, pour la mériter, suffit-il de l'habit ou du titre? et la patente, la robe ou l'épée changeront-elles mon esprit et mon âme, et me vaudront-elles la considération, comme elles peuvent me valoir l'argent? — Tu n'as aucun titre, tu n'es rien! me dit-on. Ainsi jusqu'au diplôme, l'œuvre d'un Dieu doit rester imparfaite, et sa plus noble créature attend pour se montrer qu'un commis obscur lui délivre son brevet de vie! Pour s'élever vers le ciel, il faut à son front une mitre ou des plumets : il faut, pour mériter le nom d'homme, des rubans comme aux femmes; il faut pendre à ses reins un fer homicide, vendre les épices du levant, ou s'enfouir dans la poudre des bureaux ou d'un greffe!

Mais l'honneur, l'estime du monde, vous ne l'aurez point! — Et ne sais-tu pas, mon père, quelle est cette estime que je méprise? ne te souvient-il plus de cet homme que nous avons connu tous deux? dans des jours de sang et de terreur, il brava tous les dangers, et seul défendit ses concitoyens des horreurs de l'anarchie et de la rage des proconsuls

Rome libre, eût été fière d'un pareil citoyen. Qu'est-ce parmi nous? un pauvre cuisinier; et chacun de sourire : on l'estime cependant, on le salue parfois, et même on lui donnerait la main, si l'on n'était vu de personne ! Et ce lâche qui fuit le maître vaincu, pour s'agenouiller devant le maître vainqueur; qui boit les sueurs du peuple et lèche les pieds d'un ministre, cet infâme, dont le nom ne souillera point ma plume, est accueilli, vanté, honoré; tout le monde le méprise, et tout le monde lui sourit; tout le monde est enchanté de ses belles manières, de son luxe, de son goût exquis : avec quel ravissement on parle encore de sa dernière fête!

Me préserve le ciel de me façonner jamais à cette injuste opinion, qui se tait devant le crime heureux, et poursuit de ses mépris la vertu souffrante! Hommes, devant qui je m'incline, vous qui sûtes rester pauvres, et dont les noms ont été consacrés par la voix des siècles, que, vous connaissiez peu le véritable honneur, s'il faut en croire les héros et les citoyens de nos jours! et toi, dont les haillons offensaient le disciple brillant de Socrate, toi qui crus follement que la vertu consistait dans l'oubli de soi-même et le mépris de la fortune, viens nous apprendre comment, jouet des enfants d'autrefois et des hommes d'aujourd'hui, tu pus mériter l'hommage d'Alexandre et le respect de tous les sages.

A mes yeux, la plus grave considération pour ne pas prendre d'état, est précisément celle dont on prétend faire résulter l'obligation d'en embrasser un.—Il faut se rendre utile; soit : le précepte est bon; il ne resterait qu'à l'entendre. Car je me crois utile, par cela seul que j'existe, par cela que j'ai des besoins qui ne peuvent être satisfaits qu'en récourant au savoir faire et au talent d'autrui : pas un jour ne se passe sans que j'accomplisse la loi qu'on me reproche de violer sans cesse. Le pain que je mange, l'habit dont je me couvre, le toit qui m'abrite, rendent témoignage des services que je rends, et je ne puis faire un pas qui ne profite au riche fabricant ou à l'obscur ouvrier. Serai-je plus utile, quand, au lieu d'user de l'assistance de mon voisin pour le faire vivre, je lui offrirai la mienne, dont il n'a que faire ? J'entends cent voix qui se récrient; j'entends cent propos où ne manque pas l'éclat du moins; on me fatigue du pompeux éloge de chaque profession, et leur excellence, si bien démontrée, mettrait presque au regret de ne pas les embrasser toutes. Avocat, vous assisterez de vos conseils le malheureux que peut égarer l'ignorance des lois, vous défendrez le bon droit méconnu, l'innocence opprimée; médecin, les souffrances s'apaisent à votre vue seule, la mort recule; soldat, la patrie vous doit son repos et sa puissance; administrateur, elle vous confie ses intérêts les plus chers; artiste, les temples et les palais s'élèvent à votre voix, le marbre vit, la toile respire, le génie vient embellir et consoler la terre ! — Voilà qui est grand et beau; mais moi seul, dois-je accomplir tant de travaux et de merveilles? Le monde va-t-il manquer d'appui, si je lui refuse mon bras? Sans moi quelque homme vivant restera-t-il dans le besoin? N'y a-t-il pas des gens de tout état, et plus qu'il n'en faudrait même? Les malades appellent-ils vainement? Le client manque-t-il de patron, les emplois sont-ils refusés, ou plutôt n'est-il pas trop d'ouvriers pour l'œuvre? Et pourquoi donc irais-je grossir inutilement la foule? — Mais si tous raisonnaient ainsi, avec le travail disparaîtraient les arts et l'abondance, et le monde retournerait aux temps de barbarie! — Et si tous raisonnaient, les fils d'Esculape et de Vulcain, tous marcheraient armés de la trousse et du marteau!... Prenons les hommes tels qu'ils sont, et, pour étayer un vain sophisme, ne faisons point mentir la nature. Et cette crainte serait-elle sérieuse en effet, que d'un consentement unanime ils en vinssent à dédaigner jamais la richesse? La terre a vu, dit-on, des miracles : je ne sache pas que celui-là ait été du nombre, et le Christ, vainqueur de tant de faux dieux, laissa debout la fortune, qu'on adore bien plus que ses images. Non, le soleil du désert ne donne pas autant que le monde cette soif que rien ne peut éteindre : et le nègre expirant est moins avide de l'eau qui doit le rendre à la vie, que nous de cet or, qu'on apprit à nos yeux à dévorer dès l'enfance.

Au milieu de cette folie générale, l'exemple d'une sage modération ne peut-il être utile? N'est-ce rien que de montrer à ces insensés le bonheur toujours près d'eux, et ne s'échappant que lorsqu'ils le poursuivent avec tant d'éclat et de bruit? Quelque riche peut-être, en me voyant content de ce peu que vous m'avez donné, cessera d'ajouter à ses trésors, et tâchera de vivre enfin. Ce vieillard qui fatigue et s'agite encore malgré le poids des ans, quand il verra que jeune et fort, je croise les bras, et que je regarde en pitié ses vains efforts, voudra peut-être se reposer lui-même avant de mourir. Qu'un seul ouvre les yeux et revienne à la sagesse, n'aurai-je pas mérité de l'humanité bien plus que si j'allais ramper avec la foule aux pieds des grands et de la fortune.

Et quels désordres ne produit pas cette fureur de s'enrichir toujours, et qui, pour le châtiment de celui qui s'y livre, va croissant à mesure qu'on la veut satisfaire? les uns dégoûtés à force d'or, les autres échappant à grand'peine à la faim. A côté de ce médecin dont le luxe étonne bien plus que la science, combien vivent obscurs qui mieux que lui connaissent et peuvent soulager nos maux? A combien de ses confrères indigents ne suffiraient pas les cent causes de cet orateur, dont la gloire n'est pas méritée? Ce marchand, qui ne compte que par millions, daignera-t-il laisser tomber son regard sur tous les malheureux qu'écrasa son crédit, et qu'il abattit sans pitié pour s'élever plus haut lui-même? Et où en veulent-ils venir enfin, où courent-ils avec tant de trésors? Les douceurs de la vie sont-elles à si haut prix; et s'ils ont besoin de magnificence et de grandeur, espèrent-ils arriver jamais? Insensé! montre-moi tous ces monuments qu'éleva l'orgueil, depuis la ville aux cent portes, jusqu'aux colonnes des Médicis et de Versailles; ajoute encore à ces vains ouvrages, et dis-moi jusqu'où vont tes desirs, pour que je t'en fasse rougir, en te montrant de combien les miens sont plus hauts. Tu veux un palais qui couvre cent arpents, qui soit décoré de marbre et de bronze; dont les portiques, les degrés, les galeries, brillent des chefs-d'œuvre de Raphaël et de Michel Ange!—Il me faut plus, à moi, il m'en faut un, vaste autant que les ruines de l'antique Palmyre, tout entier de jaspe et d'or, dont les voûtes étincellent de rubis, et où me servent mille esclaves plus belles que les anges.... Avec tes misérables trésors enflés des larmes et du denier du pauvre, me l'éleveras-tu jamais?... Qu'ai-je besoin dès lors de ta richesse? elle n'est point assez pour moi, et tes rêves si pompeux ne valent pas l'asile où m'éleva mon père : j'y veux rester sous les arbres qu'il planta lui-même : l'opulence n'en décora point les murailles, mais la gêne en est bannie ainsi que la bassesse et le vil orgueil, que je hais plus encore.

Grâce à vous, mon père, je vis tranquille et libre : c'est assez pour moi; et plus que le flatteur d'Auguste, j'aime cette médiocrité qu'il chante si bien. Les ans n'ont point blanchi ma tête; je sais toutefois combien je paie cette grandeur tant enviée, et qui n'enivre pendant un jour que pour couvrir bientôt d'ennuis et de lâches regrets la vie tout entière.

Laissez-moi donc, ah! laissez-moi, mon père, savourer à longs traits ces jours qui m'ont été donnés, avant qu'ils soient empoisonnés pour moi! Laissez-moi goûter le bonheur de vous avoir pour ami, d'entendre sortir de votre bouche ces leçons qui me charment, et qui me rendaient naguères les heures si rapides et si douces! Peut-être doit s'obscurcir cet avenir dont vous m'apprîtes à me défier toujours; peut-être s'éteindra bientôt ce soleil si pur de mes premiers ans.... Si le malheur m'attend, faut-il m'y préparer par les ennuis? que le ciel vous laisse vivre! que m'importent les hommes et moi-même.

L'auteur de FOLLE HISTOIRE
(roman inédit).

HISTOIRE AU MOYEN-AGE.

A l'Editeur de *la Chronique de Champagne.*

Mon cher ami,

Votre amicale partialité à mon égard vous fait insister pour que mon nom se trouve mêlé à ceux dont s'est enrichie la liste de vos collaborateurs. Mais j'ai de trop bonnes raisons pour ne point me rendre là-dessus à vos désirs, et plus tard vous me remercierez sans doute de ne pas y avoir cédé. Ne croyez point cependant que je refuse mon tribut à votre excellent recueil. La preuve du contraire est dans les quelques pages que vous trouverez griffonnées à la suite de celle-ci. Seulement l'épisode d'histoire champenoise qu'elles contiennent, n'est point sorti de ma plume bien qu'il soit devenu ma propriété. Ma conscience me permet donc d'en disposer en faveur de votre Chronique, mais me défend en même temps de me l'attribuer.

Que si vous voulez savoir comment et à quel titre je puis disposer d'un ouvrage dont je ne suis point l'auteur, je vous l'expliquerai en quelques mots.

En 1830, à l'époque où l'effervescence politique à son début n'avait pas encore tué l'effervescence littéraire qui touchait à son déclin, j'exerçais de mon mieux à Versailles les laborieuses fonctions que depuis vous m'avez vu remplir à Reims. Les jeunes collégiens d'alors ne rêvaient que romantisme. Nous autres, les vieux pédagogues, nous ne rêvions que réaction ; et ne pouvant encore l'opérer *moralement*, comme cela est en si bon train de s'accomplir, nous la tentions *physiquement* en usant du droit du plus fort qui est au monde ce qu'il y a de plus commode. A chaque élucubration romantique de nos élèves, nous répondions par les répressions *classiques* dont nous pouvions disposer, et Dieu sait si nous les leur avons épargnées plus que ne le fait M. Nisard à l'endroit de ces autres écoliers qui se nomment Lamartine et V. Hugo. Seulement, plus heureux que les critiques écrivains, nous autres les critiques pédagogues, nous avions une ressource qui, malheureusement échappe à ceux-ci, en vertu d'un article de la charte dont les Universitaires se sont toujours montrés peu soucieux ; je veux parler *de la confiscation*. Donc, parmi nos moyens répressifs nous comptions la confiscation ; et de celui-ci comme des autres, nous usions. C'est ainsi qu'est passé des mains d'un pauvre élève de rhétorique dans les miennes le morceau de prose poétique qui était son œuvre et que je vous envoie. Vous verrez qu'il est écrit sous l'inspiration d'une époque déjà bien éloignée de la nôtre ; c'est peut-être même ce qu'il a de plus curieux. En le relisant, je me suis cru transporté aux plus beaux jours de nos luttes contre le Romantisme alors que celui-ci nous donnait si large prise à travers ses bonds désordonnés. Il me semblait retrouver une œuvre de ce que ces Messieurs nommaient alors la bonne école, et j'aurais désiré la voir livrée à la justice publique dans vos colonnes, ne fut-ce que par un reste de vindicte, si un autre sentiment tout en m'inspirant le même désir ne fut venu cependant remplacer le premier.

En effet il me revint tout-à-coup en mémoire que ce jet d'une sève exubérante que j'avais autrefois comprimée était le seul qui dût jamais s'élancer d'un cerveau si bouillonnant alors, si plein de vigueur, d'espérance, d'avenir, et qui maintenant s'est dissous obscurément sous la pierre d'une tombe. A ce souvenir d'une jeunesse ardente, folle peut-être et exagérée dans les manifestations comme tout ce qui est printanier, mais si vite amortie hélas! et pour toujours sous la main glacée d'un autre pédagogue bien plus terrible, il prit comme un remords à l'ancien pédagogue de ce qu'il avait fait. Il lui sembla qu'il se trouvait comme de moitié dans les calculs de la mort, qu'il ne tenait qu'à lui de la compléter; qu'elle avait compté sur lui comme sur un complice. Mon cher Louis je ne veux pas être complice de la mort; cette idée m'obsède, aidez-moi à l'éloigner, aidez-moi dans mon projet de pieuse réparation envers cette pauvre jeune intelligence que je n'aurais moissonnée le premier pour en conserver les fruits, que pour les remettre au jour après que l'autre moissonneur aura cru tout anéantir. Oui, aidez-moi, rien ne s'y oppose. — Au milieu de l'ivraie qu'avait semée son école dans cette imagination trop hâtive, il se trouve du bon grain qu'elle ne devait qu'à elle-même. Acceptez la récolte en faveur du bon grain; acceptez, car par un heureux hasard elle a cru sur un sol champenois : mon pauvre élève était Champenois et son soc trop précoce avait essayé de défricher un coin dans l'histoire de Meaux. Vos greniers peuvent donc s'ouvrir, ami, pour l'unique gerbe que j'ai dérobée à l'orage.

Comptez sur moi, et à charge de revanche pour les morts de votre connaissance.

Pierre Varin.

25 mai 1837.

Déclaration d'Amour,

à Madame......y.

§ Ier. *L'Orme de Vaurus.*

Parfois durant l'été, vers le soir, après une marche bien longue à travers la poudre des plaines embrasées, au moment où le soleil fatigué lui-même déploie comme un monarque les voiles de pourpre qui doivent protéger son repos; vous voyez voltiger devant son disque, entre vos yeux et le gîte où ils aspirent, des myriades d'insectes formant une danse étrange, qui montent et descendent, tournoient et se croisent sans bruit, et dont le vol insensé trace comme de longs fils noirs s'entremêlant en des trames incompréhensibles.

C'est ainsi qu'après les ardeurs d'une folle jeunesse, si je veux arrêter mes pensées sur ma vie qui décline et chercher un asile où la délasser de tant de fatigues; soudain, malgré moi, du fond de mon ame où fermentent trop d'amers souvenirs, s'élèvent comme de noires exhalaisons; mes idées se teignent à leurs reflets, et tourbillonnant à mes yeux, les obsèdent, les fascinent, interceptent leurs regards, ou si quelque vague rayon glissant à travers leur réseau m'indique enfin ma tombe, lieu du repos, il ne fait que mieux apparaître les évocations funestes, qui, jusque-là me serviront d'escorte.

C'était la fin d'une belle nuit d'été. Il y a long-temps de cela. Tout semblait frais, riant et pur dans les riches plaines de la Brie. Des océans d'épis ondulés avec grâce se courbaient sous un poids d'or.

La rosée jetait une couronne de perles sur la tête de chaque bleuet, ou glissait un miroir liquide au sein de chaque pavot. Tout près, les vallons de la Marne, sous cette lueur incertaine qui n'est pas encore le jour, offraient les reflets soyeux d'un velours vert où les fleurs entr'ouvrant aux abeilles leurs celliers de parfums, se diapraient comme des arabesques de pierres précieuses. Plus loin au sein des arbres d'où partaient de joyeux préludes, le fleuve réfléchissant et les arbres et les étoiles et le ciel bleu, se glissait comme un grand serpent tout rayé de vert avec ses écailles de nacre et sa peau d'azur.

Puis voici venir l'aube aux longs voiles blancs. Une teinte de rose monte à son front pâle; alors elle s'évanouit, et l'aurore vient décorer de ses splendeurs la route que le soleil doit parcourir. Bientôt s'élance à l'orient sous une glorieuse auréole le nimbe ardent devant lequel se baissent tous les yeux; et ses premiers rayons teignent non pas la moisson dorée, non pas la fleur où butine l'abeille, ni les ailes de l'oiseau qui chante son retour, ni les hautes murailles crenelées de la ville de Meaux; mais bien loin par-delà, sur la montagne qui les domine, un orme aux feuilles tachées de rouge d'où pendent ainsi qu'une affreuse récolte, des os blanchis, des squelettes à jour et des cadavres.

Une brise toute embaumée de la senteur des vallons arrive avec de nouveaux flots de lumière, caresse en passant les morts violets, murmure doucement dans les squelettes et vient expirer avec harmonie à travers les ossements qui rendent comme un bruit joyeux de castagnettes; mais la brise redouble et avec elle l'affreux cliquetis; des mains, des bras, des têtes s'échappent du tronc et roulent à terre; les cadavres se balancent, se heurtent; des lambeaux de chair s'en détachent; les entrailles se rompent et pendent jusqu'en bas, et la douce haleine en secoue une pluie de vers qui jonchent au loin les gazons émaillés de fleurs et de rosée sous l'orme de Vaurus (1).

§ II. *La Noce.*

Une autre fois, l'orage venait aux approches de la nuit. De chaudes bouffées de vent luttaient lourdement entre elles par-dessus les chaumes du joli village de Lisy. La lune rouge se dégageait à l'horizon, des branches de la forêt : mais ses rayons blafards ne pouvaient percer encore l'épaisse enceinte de saules et d'osiers, qui, vers le bas du village, près de la Marne, recèle une petite nappe de verdure. Là, flottent dans l'ombre naissante des voiles légers de jeunes filles : — et ceux qui caressent les bras de leurs replis prodigues; et ceux qui, étreints d'abord pour dessiner une taille svelte sous un corsage arrondi, s'enflent, en tombant, de molles ondulations;— et ceux dont les banderolles vaporeuses voltigent au sommet de cheveux noirs ou blonds, pour retomber jusqu'à terre : et blonds ou noirs leurs cheveux sont si beaux!... Une surtout; elle était blonde celle-là, blonde aux yeux noirs; vous savez, une de ces figure d'anges comme on en rêve quelquefois au temps du premier amour! avec un long regard qui se voile sous des cils de soie; un peu pâle, mais la bouche vermeille qui sourit si bien, ne parle pas et qu'on voudrait baiser toujours; et puis, des contours si déliés sous une tête qui penche... C'était la fiancée! Tout alentour ses compagnes: près de chacune d'elles un jeune garçon au cœur inondé de joie et d'espérance! et ces couples prenaient de bizarres ébats. C'était comme une danse, mais une danse de fantômes. Ils allaient et venaient, et leurs pas mesurés avec grâce se cadençaient en symétrie. Mais les sons accoutumés manquaient aux danseurs. Aucun ménétrier ne dirigeait le chœur silencieux; aucun bruit ne s'en échappait, sinon celui des marches légères et des robes froissées et de quelques mots prononcés tout bas; aucun, car on redoutait Vaurus. Seulement, dans un coin de la pelouse, sur un tronc de saule abattu, et près du fiancé à qui l'usage interdit les plaisirs, se tient assise la vieille grand'mère, dont le front est ridé, les yeux pleins de larmes, et qui d'une voix chevrotante et basse module un air d'autrefois :

(1) On pardonne tout aux morts, et cependant nous n'eussions pu pardonner à notre pauvre élève cette hideuse description, si elle n'était pas conforme à la vérité *la plus strictement historique*. Non-seulement l'Orme de Vaurus a existé, mais l'histoire qui va suivre, toute atroce qu'elle est, se trouve malheureusement vraie de point en point. Les incrédules pourront consulter les grandes chroniques de Saint-Denis, en l'an 1421 au mois de mars. (*Note du Pédagogue*).

« Enfants! écoutez la grand'mère. Dans son bon temps, on n'avait pas
» de béquilles; on riait, on sautait, on dansait, on aimait les rondes : riez,
» sautez, dansez, tournez en ronde, enfants! écoutez la grand'mère!

« Enfants! sa tête n'a pas toujours branlé. Tout en dansant parfois on
» l'embrassait, car elle était jolie! Riez, sautez, dansez, embrassez la plus
» jolie, enfants! écoutez la grand'mère!

« Enfants! écoutez bien. Après la plus jolie, on embrassait qui l'on
» aimait.... toujours c'était la même! Riez, sautez, dansez, embrassez qui
» vous aimez. Ecoutez la grand'mère.

« Pauvre grand'mère! Quand elle avait chanté, qu'on avait bien dansé!
» parfois aussi on l'embrassait, car on l'aimait; riez, sautez, dansez,
» embrassez-la, si vous l'aimez. Enfants! embrassez la grand'mère! »

Et la ronde se rompit.... La pelouse fut déserte, hormis le petit coin de la grand'mère. Et combien elle reçut de baisers! mais elle ne les reçut pas tous.

Cependant de grands nuages gris s'étaient condensés au ciel en un hémisphère de plomb. On les voyait tourner sur eux-mêmes comme une meule immense qui descendait en spirale sur la terre. Ils descendirent long-temps, se teignirent des lueurs rousses de la lune, la voilèrent, et tout fut obscurité. — Puis tout redevint lumière. Des serpents de feu s'entrelacèrent aux flancs rougis de la nue. Leurs traits dardés à travers de rapides éblouissements s'éteignaient, se succédaient plus rapides encore. Réunis par faisceaux, ils ondulaient comme une chevelure divine ou se hérissaient comme pour le front d'une gorgone ; et tout se résolvait par une pluie de rayons au milieu d'une explosion d'étincelles. Dans la vallée où papillottait leur tremblant éclat, plus de danse, plus de chants, plus de baisers, mais le son de la cloche qui chassait l'orage et sous la coudrée, un cercle de jeunes filles à genoux, recueillies écoutant la grand'mère.

« Seigneur Très-Haut, Seigneur puissant, vous qui jetez l'ouragan dans
» l'espace comme une pensée de colère, vous qui faites flamboyer l'éclair
» comme l'épée de l'ange exterminateur, et qui lancez le tonnerre, ainsi
» qu'une mort de feu, Seigneur, ayez pitié de nous.

Et le chœur de jeunes filles éleva ses douces voix comme un chœur d'anges : « Seigneur, écoutez la grand'mère! »

« Mère bien-aimée de Jésus, Vierge par qui le bonheur éternel est l'amour
» infini, voyez ma fille, épouse et vierge encore. Craintive, elle tremble
» sous l'orage qui traverse le soir de sa belle journée comme une menace
» pour l'avenir de ses chastes amours. Vierge au cœur de mère, ayez pitié
» de ses amours.

« Bonne Vierge, écoutez la grand'mère! »

« Bienheureux Isidore, vous que Dieu place près du laboureur pour mesurer la sueur à son front et faire jaunir l'épi qu'elle arrose; vous qui aimez à doubler la moisson sous la faucille de la veuve et de l'orphelin; je suis veuve; bientôt mes enfants seront orphelins, et voici l'orage! Bienheureux, ayez pitié de nos moissons!

« Bienheureux! écoutez la grand'mère!

« Grande sainte Brigite, vous qui aimez le séjour des nues durant la tempête, et qui entre vos deux mains agiles, éteignez l'éclair avant que la foudre n'en sorte pour frapper un malheureux; grande sainte, Vaurus est près de nous, et la vallée a déjà plus d'un malheureux! Hélas! par pitié éteignez le tonnerre! »

Le chœur de voix fut étouffé sous un coup de tonnerre.....

Et cependant, au milieu du bruit épouvantable on entendit les éclats d'un rire qui se raillait; et à chaque éblouissement nouveau on vit à travers les arbres s'illuminer comme une ronde de fantômes. Chose étrange! Leurs formes incertaines renvoyaient les feux de l'éclair avec des reflets d'acier.

§ III. *La Grand'Mère.*

Et le tonnerre bondissait à coups pressés du nuage dans la vallée pour remonter de la vallée au nuage. Puis vingt autres tonnerres éclataient à la fois lançant vingt incendies à la terre, vingt roulements horribles dans les échos du ciel.

Sous la lueur qui jaillit avec la foudre s'avance vers Meaux une troupe de chevaliers; ce sont de joyeux vivants, car ils chantent au milieu de l'orage, et leurs refrains, chefs-d'œuvre populaires de quelque jongleur, célèbrent le vin et les faciles amours. Cependant une voix domine toutes les leurs, une voix de détresse qui semble s'exhaler de la terre, et qu'élève une femme, horreur! une pauvre vieille femme, dont un lien enlace les pieds à la croupe d'un cheval, tandis que la tête pend et traîne! Des reproches, des exécrations se distinguent encore; le jeune homme qui les prodigue est garrotté de même. Et les chevaliers s'avancent, et chantent en chœur, et des cris de souffrance, et des hurlements de rage, et des coups de tonnerre accompagnent toujours l'horrible mélodie. Mais un cri plus aigu et déchirant comme celui d'une jeune femme qui meurt en donnant le jour à son premier né, s'élève et retentit par-dessus tous les bruits. Les chants en demeurent interrompus, car les chevaliers se taisent comme effrayés d'eux-mêmes. Un instant la foudre se tait aussi et l'on n'entend plus que la plainte lamentable décroître, décroître encore en se modulant sur tous

les accents de la douleur. Puis quand elle se tait à son tour, le gan[t]
du chef déploie en l'air son index d'acier avec le geste du commandem[ent]
Enfants, dit-il, à ses hommes d'armes, enfants, écoutez la grand'mè[re]
et la cruelle raillerie éveille des rires sauvages,—sans doute aussi le t[on]
nerre. Il vient d'éclater si terrible que tous les casques s'inclinant à la [fois]
ont été frapper ensemble la tête des coursiers. La troupe entière s[est]
signée.—Que Monsieur St-Julien, dit Vaurus, soit en aide aux pau[vres]
voyageurs! La vieille maudite sait des charmes, et ses clameurs nous men[a]
cent de malencontre. Mais je connais un remède à la chose. . . . —[Les]
chevaliers font halte, une lourde pierre large et plate gisait le long [du]
chemin. Vaurus l'enlève dans ses bras robustes, s'approche de la pau[vre]
grand'mère dont il tourne contre le sol et le visage et le sein: puis sur [la]
tête, sur ses épaules, il pose le poids immense qu'il y rattache par [de]
liens nombreux.

Le fiancé battait du front la terre que broyaient ses dents.—Marchon[s]
chevaliers et point de coups d'éperon; ménagez vos chevaux et la vieill[e]
avant la mort il lui faut du loisir.—Mais il n'avait point achevé que le ci[el]
se fendit traversé par une large crevasse de feu. Une nappe de lumière
de flamme et de souffre en tomba comme d'une cataracte de l'enfer; de[s]
tourbillons de fumée d'où sortaient des langues dévorantes enveloppèren[t]
la troupe maudite, on entendit une explosion immense comme celle de cen[t]
trombes.—Une voix qui implorait le Seigneur.—Un dernier soupir. . . .
Puis du sein de la nue s'élança un cheval noir qui dévorait l'espace. [Il]
traînait après lui quelque chose, et portait un cavalier tout resplendissant
dont l'armure était rouge comme au sortir de la fournaise: et lorsque ses
flancs baignés d'écume touchaient aux bottes rougies, ils y traçaient une
tache noire avec un frémissement semblable à celui de l'acier qu'on
trempe. . . . et peu à peu toute l'armure noircit de même. Mais le
coursier volait toujours, volait haletant et plus rapide. Le guet qui veillait
dans les murs de Meaux l'entendit de loin bondir sur la plaine et ne put
se défendre d'un instant de terreur, lorsqu'élancé de toute sa vitesse,
il vint heurter, s'abattre et mourir aux portes de la ville. . . . On les
ouvrit cependant; car on avait entendu un bruit étrange, comme celui
d'une armure qui roulerait à terre. . . . ., et les premiers qui touchèrent
à l'armure, retirèrent la main en blasphémant, parce qu'ils s'étaient brûlés;
et ils n'y aperçurent rien, si ce n'est au-dedans un peu de suie noire et
grasse sur laquelle dansait une petite flamme bleue; et par derrière le cheval se trouvait, spectacle bizarre! et sans doute magique, ainsi que tout ce
qu'ils voyaient. . . . ., se trouvait un cadavre de vieille femme, et au bout
du tronc, au lieu d'une tête, c'était une pierre. . . . Cependant après avoir

soulevé cette pierre, ils crurent démêler comme des débris d'os broyés, avec des traces de cervelle et de sang.

§ IV. *Le Fiancé.*

Je n'ai jamais aimé; mais j'ai songé parfois que je pourrais aimer, et mon cœur se perdait alors en vagues rêveries de jeune homme. Oh! quelle longue suite d'images enchantées se succédaient lentement à mes yeux sous je ne sais quel voile de parfums vaporeux. L'une avec de longs cheveux blonds ondulés autour de son cou comme les flots d'or qui caressent un beau cygne, s'évanouissait par degrés, ainsi qu'une harmonie. L'autre aux yeux noirs jetait en passant une agacerie entre deux sourires et disparaissait soudain. Une autre encore.... Hélas! celle-ci n'était point seulement une vision. Une fois, une seule, je l'ai entrevue pour ne plus la revoir, et ne l'oublier jamais. Faible et ployant avec grâce sous le poids de sa faiblesse, elle apparut près de moi. Je la vis belle et triste comme un ange déchu; un bras puissant semblait garotter, non soutenir le sien! et le bras puissant l'entraîna..... mais son œil humide s'était soulevé jusqu'à moi et m'avait révélé son ame, son ame! que la mienne eut si bien comprise.... Non je n'ai jamais aimé! Mais parmi ces fantastiques images et dans mille encore au milieu desquelles se jouaient avec délices, mes rêveries, il n'en est qu'une, oui une seulement, aussi charmante que la jeune femme, pâle, en habits de deuil, dont la voix timide et entrecoupée de pleurs prie les archers de Meaux de la conduire vers Monseigneur le bâtard de Vaurus.

Vaurus sans doute en jugea de même, Vaurus qui, dans le préau des ébats, poursuivait en jouant un de ses chevaliers à coups de masse d'armes, et qui, à l'aspect de la jeune femme, laissa retomber son bras. — Lequel de vous tous est Monseigneur? Les archers l'amenèrent aux pieds de Vaurus : elle s'y jeta. — Eh! bien, Monseigneur, voici une pauvre infortunée orpheline et veuve de votre fait et qui vient vous demander la mort.

La mort! par saint Pharon de Meaux, ce serait péché, ma mie; pour le moment du moins. Car vous semblez accorte et bien apprise, et l'on peut vous rendre ce que vous avez perdu. — Hélas! non plus jamais ma pauvre mère! mais celui qui, tandis que nous fuyions, prenait sa défense et perdait la liberté! Vous pouvez me le rendre encore, le voudrez-vous, Monseigneur? — Varlet délace mon heaume, car je me sens attendrir et mes larmes en terniraient l'acier; bien; enlève aussi ma cuirasse, on est mal à l'aise là-dessous pour sangloter..... et la figure du monstre apparut dans toute sa laideur, froide, cruelle et railleuse, tapissée d'un cuir bourgeonné tendu sous un poil rouge. — Qu'en pensez-vous, belle dame, mon visage ne vaut-il pas celui du fiancé? Sa laide bouche se tordit pour un sourire, puis il se pencha vers le varlet, lui parla long-temps à voix basse, et le varlet sourit à son tour. Un geste congédia tous les chevaliers.

—Pour vous, belle dame, c'est en lieu plus séant que nous voulons recevoir votre requête, et notre chambre de parement n'est point trop magnifique pour si gente damoiselle.

La chambre de parement vaste et splendide brillait d'un luxe sans symétrie pour lequel étaient entassés bien des larcins. Un buffet d'or, des faisceaux d'armes, des tentures de soie, un lit de brocard en faisaient le principal ornement. — Ainsi donc, jeune femme, il t'est venu dans l'esprit que Vaurus pouvait pardonner! — Non, je n'ai rien cru, sinon que vous faisiez mourir. — Eh! bien tu t'es trompée; Vaurus, il est vrai, ne sait ce que c'est que merci, mais il connaît trop la mort pour ignorer qu'elle n'est point la pire des choses, qu'une vie sans bonheur est un bien autre supplice, et ses ennemis ne meurent pas tous, mais ceux-là seulement dont il a pitié. Pour toi, jeune femme, tu ne mourras pas, ni ton fiancé non plus, vrai comme je suis bâtard, mais tes enfants seront bâtards comme moi, et je serai leur père.—Au nom de Dieu notre rédempteur, je vous en adjure, ne parlez pas ainsi, car ce que vous dites est horrible! Songez, songez à sa rage, à son désespoir, à l'enfer qui rongerait mon ame, à Satan qui réclamerait la vôtre, et ne parlez pas ainsi!— L'enfer et Satan, vassale, c'est bon pour rustres tels que vous; moi je ne sais de paradis que celui qu'on se bâtit à soi-même, et je veux m'en créer un dans tes bras. — Eh bien! c'est un mensonge, un affreux mensonge, car il est un Dieu, et dans mes bras tu ne trouverais que la mort.... je t'y étoufferais.... Mais non, c'était une raillerie bien cruelle seulement! et vous ne voudriez pas, Monseigneur, abuser de la faiblesse d'une pauvre jeune femme qui est venue seule, sans défense, tenter un appel à votre générosité, qui s'y confie encore et veut l'implorer à deux genoux!— Reste debout! on prend ainsi bien mieux un baiser. — En même temps deux bras de fer l'étreignaient et deux lèvres bleues se posaient comme deux chenilles sur la rose de sa bouche. Mais elle, souple et rapide comme une jeune panthère aux abois, s'arrache d'un bond à la funeste étreinte retombe près d'un faisceau d'armes, et sa main armée d'une hache brille sur la tête de l'infâme, si prompte qu'à peine l'avait-il aperçue. Le monstre pâlit, mais la hache s'abaissa sans le frapper et vola au loin. — Va, je ne veux point de ta vie et t'enseigne comme on pardonne. Et moi aussi je pouvais me venger à mon tour! ta tête serait là maintenant, ton cadavre ici, et ton ame devant Dieu..... Ne frémis point ainsi; je ne te parlerai plus du ciel, mais de ta vie qui t'est conservée, de la mienne que tu peux embellir, de lui que j'aime tant et pour qui, moi, tout-à-l'heure maîtresse de tes jours, je me traîne à terre, là, devant toi que j'épargnai et dont j'attends un mot de grâce......

Elle s'était prosternée mais, -- elle ne se releva pas.

Lorsque les archers entrèrent dans la chambre de parement, conduisant un prisonnier chargé de fers; ils la virent........................
....
....(1) Les archers sourirent entre eux. Mais le prisonnier poussa un grand cri semblable à celui d'une intelligence qui expire. Les yeux hagards, les bras tendus en avant malgré leurs entraves, il recula de trois pas; et dans sa bouche ouverte, la langue remuait sans trouver de paroles, comme les tronçons d'un serpent coupé; puis échappant à ses gardes, il s'élança avec un bruit de chaînes en s'écriant : un vampire ! un vampire ! Les archers s'élancèrent après lui. Le maître leur fit signe de le laisser. -- Oui laissez-moi, car je sais des choses qui feront plaisir au vampire; entends-tu, qui te feront frissonner de plaisir ? écoute ! par-dessous terre, -- non pas dans un cimetière; je sais un endroit où il y a beaucoup de jeunes femmes et des hommes en quantité. Aucun n'est mort, mais tous voudraient mourir : et tu aurais beaucoup de sang à sucer.... du sang chaud ! Viens, c'est dans les prisons de Vaurus.—Quoi, tu hésites; tu penses peut-être que je te trompe pour t'arracher ta proie? Mais, tiens, voilà ma poitrine, commence par moi et laisse là ce cadavre blanc d'où il ne doit sortir que du lait. Voilà ma poitrine, large et charnue et qui te fera plus d'un repas? -- Eh bien! tu demeures immobile?... et tu parais railler ! C'est que peut-être tu aimes mieux la chair macérée déjà, le sang noir et caillé, viens alors. Viens, je te guiderai vers l'orme de Vaurus, où pendent tant de corps morts. Je sais l'époque de tous leurs trépas, c'étaient mes compagnons, et je t'enseignerai l'heure propice, l'heure où brille la lune, parce qu'alors à sa lueur, ils paraissent plus violets ! Vampire, pourquoi railler toujours? ignores-tu donc que je connais le secret, l'épouvantable secret de te replonger avant le temps dans la tombe? un vieux prêtre me l'a révélé; il suffit de connaître ta dernière victime, et je l'ai sous les yeux!.. Tu ris encore !.... Eh bien! redescends aux enfers ! Et le malheureux prompt comme le vautour qui tombe, saisit le bras pendant de la jeune femme, le porte à ses lèvres et les en détache toutes rouges, y laissant une place rouge et creuse, puis se penchant sur Vaurus, il lui crache une bouchée de chair au visage....

(1) Notre jeune élève de rhétorique se perd ici dans des hallucinations beaucoup trop romantiques : nos lecteurs nous pardonneront les coupures. *(Note des Éd.)*

Et le bras mutilé se crispa deux fois, et l'on entendit comme une sourde plainte. Mais la voix de Vaurus l'étouffa; la voix de Vaurus debout et qui s'essuyait le front en souriant: — Archers le rôle de vampire est doux,..
....
..................(1) le fiancé avait perdu l'esprit.

§ V. *Le Lit du Marié.*

Dans ces moments où mon esprit se consumant en stériles efforts, égare ses désirs à travers des régions idéales où ils poursuivent le mensonge du bonheur; dans ces moments, dis-je, où tout est fiction décevante et auxquels on se complaît cependant, si soudain un bel ange apparaissait à mes yeux, m'apportant le choix de la plus belle de mes chimères, vous croyez peut-être que je demanderais à la revoir, seule, et me faisant expirer sous un baiser. Mais moi je choisirais la folie, oui la folie, non pas lamentable ou furieuse, mais triste et gaie tour-à-tour, se perdant en d'inextricables pensées, et poursuivant à travers des labyrinthes d'images une autre image, mélancolique ou joyeuse, qui fuit toujours, que l'on voit cependant, et qu'on ne saurait fixer. Oh! quelles délices alors! car cette image, ce serait elle..... ne l'avez-vous point aperçue passer dans le lointain avec des formes confuses et sa robe de vapeur comme celle d'une fée? une fée!..... J'en aurai une à mes ordres! J'en aurai mille! toutes mes pensées sont autant de fées et chacune a sa baguette..... Voyez, voyez plutôt! Des ombrages qui naissent! des lits de mousse et de fleurs : et là-bas la montagne aux flancs brumeux, et sur sa crête rougie le rayon du soir qui se joue dans les bruyères comme un follet; et tout près un saule. Dessous quelqu'un qui pleure et que je connais..... Elle! c'est elle! c'est ma bien-aimée! hélas, pourquoi pleurer ainsi? Est-ce qu'il va venir menaçant et terrible revendiquer ta foi, et poursuivre nos amours. Bien-aimée, réponds vite, car tes larmes brûlent; et regarde; les miennes creusent sur mes joues deux traces comme du métal fondu.

Oh! viens et fuyons. La mer est immense, un ciel pur se mire en un flot limpide; et l'image du soleil s'allonge comme une traînée de feux, du prochain rivage au plus lointain horizon...... Et que vienne aussi la tempête. J'aime la tempête, la mer verte et qui bondit, et les vagues qui se brisent et qui lancent des myriades de perles..... Je sais qu'elle les aime

---

(1) L'extase romantique continue : il est triste d'avoir à déplorer la mort prématurée de notre jeune auteur! Ces jeux d'une imagination de seize ans, promettaient un grand poète à l'École!! (*Note des Éd.*)

les perles, et je lui en destine une parure. Il y en aura pour ses cheveux et pour ses bras ; les plus belles seront pour ses oreilles, et moi-même j'en placerai sur son cou; et cependant je crains qu'elles n'y perdent leur éclat; car des gouttes de glace ne brillent point sur un lit de neige, jeune folle qui ris maintenant, et moi plus fou qui ris avec elle! mais approche ; un baiser pour mon beau présent; et assieds-toi là sur mes genoux.—Bien comme cela. — Ta tête contre mon sein. . . . . encore un baiser, et puis que tu es gaie je vais te conter une histoire :

Dans ma chambre où nulle ouverture n'avait été pratiquée pour laisser pénétrer le jour, un large brasier était allumé, sa lueur rampait sur des murailles verdâtres, et en révélait partout l'ameublement funeste. En face un luxe effrayant de tenailles, de cordes, de scies: Au-dessous des maillets, un lit et des chevalets, à gauche un cordon de lourds anneaux fortement scellé à trois pieds du sol, et à douze pieds de distance un cordon parallèle semant les dalles du pavé; à droite un banc étroit où se pressait Vaurus avec ses chevaliers. Quatre sergents suspendaient à chaque angle de la salle un flambeau de résine. L'un d'eux était le bourreau. Ce fut lui qui sortit et ramena le fiancé.—Or donc, vassal, tu persistes à nous dénier ton trésor, à nous ton suzerain. — Un trésor : hélas, oui j'en avais un; mon beau trésor que j'aimais bien. Est-ce ma faute à moi si on me l'a ravi?—Et quel est le ravisseur?—C'est Vaurus. . . . . sur du brocard d'or où j'ai fait une tache de sang ; et son brocard est souillé! aussi je suis bien malheureux.—Sergents, ce doit être chose vraiment délectable qu'un fou à la question ; et il faut que ce soit moi qui m'en avise ! ah! maître bourrel, je crois que je te recorderais ton métier. Voyons cependant, à toi le fou.

Alors le bourreau fit tomber ses chaînes et bientôt après ses vêtements. Une simple toile les remplaça nouée à la ceinture et aux genoux. Une escabelle fut placée entre le double rang d'anneaux. Le fou s'y assit. Deux cordes se rattachant au mur étreignirent fortement ses poignets. Deux autres enlacèrent ses pieds, puis, glissant dans les œillets de fer qui hérissaient les dalles, demeurèrent aux mains des sergents. Soudain, chacun d'eux imprimant à celle qu'il tenait une secousse violente, la tendit avec effort. Les membres se tendirent avec elles et le corps fut soulevé. — Et par où se sont-ils donc évanouis tous ceux-là que je voyais roder autour de moi avec leurs yeux de charbon, des ongles de fer et un pied fourchu? Ange Gardien, mon bon ange, est-ce bien vous qui me bercez ainsi sur vos deux bras dans les airs? oh! ce doit être vous, car trop de voluptés inondent mon âme.... assez, bon ange, tant de délices la font défaillir : et ce doux chatouillement qui court le long de mes veines, qui se glisse entre chaque jointure, cet ineffable chatouillement est à faire pâmer.

Vaurus s'élança de son banc l'œil terrible, poussa rudement le bourreau et lui-même saisit la corde. Une affreuse secousse, une autre encore se suivirent ; les cordes, les muscles se tendaient toujours. Mais à une troisième, plus rien ne se tendit. Seulement, lorsque rassemblant leur vigueur pour un dernier effort, le maître et les sergents pressèrent la terre de leurs pieds en attirant vers eux le lien fatal, de sourds craquements partirent des os qui se disloquaient. Alors la tension fut jugée suffisante et les nœuds prodigués pour la maintenir. L'autre bourreau reprit ses fonctions. Un chevalet plus élevé que ne l'était le corps du fou fut introduit sous ses reins à coups de maillet. Ensuite un sergent se saisit d'une corne creuse qu'il introduisit dans la bouche du malheureux dont un autre sergent soutenait la tête et comprimait les narines. Puis le bourreau y versa lentement, goutte à goutte une pinte d'eau ; il en versa deux, trois, quatre. C'était la question ordinaire. Et le torturé se taisait. A un signal de Vaurus, on retira le chevalet pour en substituer un autre plus élevé. — Et maintenant, mes maîtres, je crois que je vous connais ; nous sommes tous en purgatoire, et moi je suis puni pour l'avoir trop aimée. Hélas ! oui je l'aimais, et je veux l'aimer encore, plus tard, là-haut.... Mais par pitié signez-moi, car je sens tout mon ventre qui se rompt. — Vaurus perdait haleine à force de rire. Mais tout-à-coup un cri effroyable le fit tressaillir sur son banc. La tête du fou s'inclina en avant sur ses muscles affaissés ; ses yeux se fermèrent ; un gonflement subit envahit le bas-ventre ; ses flancs s'étaient rompus. Et le fou rire avait repris Vaurus ; mais il eut encore la force de faire un signe. Soudain le chevalet frappé en même temps de deux coups de marteau par les deux pieds glissa rapidement au loin, et le corps suspendu aux cordes seulement retomba de tout son poids. C'était une invention du bourreau. Vaurus battit des mains. — Bien frappé ! compère, et ce coup vaut un fait d'armes : je le soutiendrais la lance à la main envers et contre tous. Seulement, je trouve le fiancé un peu ménager de paroles ; mettons-lui les brodequins, et si tu le fais jaser à loisir, je t'avoue passé maître.

Le moribond, la poitrine pantelante, les membres tordus, râlant son hoquet de mort, fut déposé à terre, devant le feu. Puis chacune de ses jambes fut emboîtée entre deux planches qui dépassaient les pieds et se prolongeaient au-delà des genoux. Deux cordes adaptées aux deux extrémités réunirent tout l'appareil, et un bâton faisant l'office de tourniquet tordit les liens et les tordit encore, de manière à produire une horrible pression. — Ensuite le bout aigu d'un coin de fer fut introduit dans l'étroite excavation qui disjoignait sur leurs bords, les deux planches intérieures. Un coup de maillet l'y enfonça tout entier. — Pas un cri. — Un autre disparut de même — pas un geste, — le maillet s'abaissa de nouveau, rien encore. Il se leva pour la quatrième fois.... mais il tremblait dans la main du tourmenteur qui craignait de manquer son coup, son coup décisif, celui qui devait écraser les deux chevilles. Il s'abattit............ le torturé saillit en l'air et retombe debout. Ses cheveux étaient hérissés ; ses yeux démesurément ouverts, s'agitaient dans leur orbite ; ses dents grinçaient ; ses lèvres pendantes remuaient en tout sens et bavaient une écume de sang... Ses doigts raides et écartés cherchèrent à quoi se prendre, mais en vain. Le corps sans appui chancela et tomba....... Ce n'avait été qu'un instant, mais un instant épouvantable ; chevaliers, sergents, bourreau, tous s'étaient machinalement enfui loin du spectre. Vaurus seul était resté ; mais en quittant la salle, il avoua qu'il aurait cru s'amuser davantage à la question d'un fou.

Et maintenant, bien-aimée, que mon histoire est finie, je ne te retrouve plus sur mes genoux ; car le délire est passé, le délire enivrant qui se parait de ton ombre..... le délire indiscret qui t'a révélé mon amour ! Mais, va, ne crois pas que je m'en repente jamais ; car pourquoi le citer encore ? Tout mon bonheur, s'il m'était donné de te revoir, maintenant que rien ne saurait être commun entre nous qu'un enfer de regrets dont je veux me réserver les tortures, tout mon bonheur serait de te rencontrer un soir, un soir d'hiver, près d'un foyer brûlant, dans un petit cercle choisi, lui dût-il même s'y trouver encore, et là de lire mes horribles récits, faits pour toi à ton insu ; eh ! je verrais tes beaux yeux se mouiller ; ton pâle visage pâlir encore, et tous tes membres frissonner. Et peut-être tu songerais que pour parler ainsi de douleurs, il a fallu beaucoup souffrir !....... puis ton sein se gonflerait d'un soupir, et ce serait là mon triomphe. Mais puisque je ne dois jamais l'obtenir, un jour du moins, lorsque tu voudras tromper tes loisirs, un jour, puissent les mêmes récits tomber sous tes yeux, par hasard... Alors sans doute tu me plaindras : et croyant parler d'un autre, tu me souhaiteras un doux retour, et tu diras : il est bien malheureux !

§ VI. *Le bon Ménage.*

La chambre de parement s'ouvrit avec fracas pour Vaurus, derrière lui une femme et des archers, une femme vêtue de noir dont les traits sont flétris et les vêtements souillés de poussière, et qui n'ignore point les horreurs de ces lieux, car elle chancelle en entrant. Archers prenez-garde qu'elle ne tombe, car elle sera bientôt mère et sa chute tuerait peut-être votre enfant.--Ainsi donc, vassale, tu as mis à profit la gracieuse merci que nous avons daigné t'octroyer ? et te voilà de retour avec la rançon?-- Oui, voici la rançon, pas un denier n'y manque, car bien des escarcelles se sont ouvertes au récit de mes malheurs.—Vive Dieu! tu es une habile quêteuse, et il me prend envie de te continuer ton emploi; car la somme était grande, j'en conviens.—Aussi huit mois d'aumônes n'ont point suffi pour l'amasser, il a fallu y joindre encore le prix de tout ce que je possédais.—Eh bien soit! je veux être indulgent; assez long-temps on m'accusa de cruauté et toi-même, jeune femme, as sans doute été semant par le pays des propos où je n'étais pas épargné?—Je ne pouvais louer votre générosité. Tu vas l'éprouver tout entière. Viens, je veux moi-même te rejoindre au bien-aimé.—Va, tes bontés seraient encore un supplice, car, tu le sais bien, souillée, profanée par vous tous, je ne saurais plus être à lui! mais s'il est vrai qu'un rayon de pitié ait lui dans ton cœur, vite, cours, hâte-toi, rends-le à la liberté, car le bien chez toi doit être suivi de remords. —Vois, pauvre infortunée combien un instant a changé mon ame. Tu m'insultes, moi, Vaurus, et je te réponds avec douceur; car tes malheurs m'ont touché et j'y veux mettre un terme, oui, crois-moi, si je le veux, je le puis; je puis te rendre le bien-aimé; vous réunir pour toujours; et jamais une parole de reproche, jamais un amer souvenir, jamais un nuage de regret n'obscurcira votre bonheur: oui, j'en jure par mes éperons de chevalier, votre bonheur sera sans nuage, seulement mets ta confiance en moi et suis mes pas.

Comme l'hyène qui pour attirer sa victime imite parfois de profonds gémissements; on écoute, on hésite long-tems; puis la douce pitié l'emporte; et il faut être parvenu jusqu'à l'abîme aux bords duquel il se tapit pour qu'à vos yeux se révèle le monstre. . . . . .

Ainsi la jeune femme écoutait surprise, et promenait ses vagues regards sur Vaurus, puis dans l'enfoncement où brillait du brocard, et les ramenait sur Vaurus.—Hélas! dit-elle; je ne croyais pas que mon faible cœur pût se laisser décevoir encore; mais s'il était possible: si tu ne mentais pas, et que le bonheur pût renaître, non pas pour moi, le mien est détruit à tout jamais, mais pour lui qui en était si digne, oh! je ne veux pas te tromper, ici-bas je ne saurais te pardonner, mais là-haut je prierai pour toi.

Et tout le temps qu'ils traversèrent les rues de la ville, son cœur se fondit comme une lave dans un volcan de délices et de tourments, et cependant elle marchait légère. Mais lorsqu'arrivée près des portes elle eût entendu crier les deux lourds battants dans leurs gonds, elle se prit à défaillir. Ses regards avaient rencontré à travers le cintre béant une colline, et sur le sommet l'orme de Vaurus.

On l'y porta mourante;—Vois donc, ouvre les yeux, le voilà, c'est lui que je t'ai promis et tel que je le garantissais, incapable d'adresser un reproche, ou de concevoir un regret. Ingrate qui ne m'entends pas! . . ou serait-elle point par hasard vierge folle dont la lampe s'est éteinte l'approche du fiancé?.... non, car son cœur est chaud, et j'y sens de la vie encore; assez pour un supplice.

Les froides ondées de mars s'épanchaient par intervalles; une petite pluie fine et pénétrante tombait d'un ciel gris comme des cendres qu'on tamise; et quand vint la nuit, la bise s'éleva. Mais à travers l'orme fatal, elle ne lança qu'un sifflement monotone, car les squelettes, qu'elle y faisait soupirer parfois comme des harpes éoliennes, en avaient disparu. La galanterie de Vaurus avait voulu faire aux jeunes époux les honneurs de son gibet. L'un d'eux était déjà cadavre. L'autre dont une corde traversait les reins nus pour se nouer aux aisselles pendait ainsi, toujours plongée en un profond sommeil. Mais la bise l'éveille, car sur sa chair que rien n'abrite, le souffle glacé vient de fixer chaque goutte de pluie, douloureuse comme une larme de cire qui brûle : et sa longue chevelure éployée et raidie n'est plus qu'une gerbe de frimats. Cependant à son premier réveil, au moment où la bise qui redouble, la balance dans une de ses bouffées, à travers le givre, et la glace et le froid, elle sent encore quelque chose de plus froid........ C'est le fiancé qui la heurte d'un baiser. Elle veut étendre les bras, elle veut le presser sur son cœur et se lier à lui par une suprême étreinte. Mais ses bras sont raides, comme ceux du bien-aimé ; et le vent qui les unit, le vent qui les sépare les fait tournoyer comme par une danse infernale en des cercles étourdissants: et les cercles roulés sur eux-mêmes se déroulaient ensuite, et toujours recommencés s'interrompaient toujours en des chocs nouveaux. Et une fois le choc fut affreux. Les genoux du cadavre élancé de bien loin frappèrent les flancs de la jeune mère....... et elle eut voulu avoir mille voix pour jeter mille cris, et elle en jeta d'horribles, car quelque chose se déchirait dans ses entrailles et elle songeait à son enfant: sa plainte expira comme un murmure.—Pauvre enfant ! ta naissance et ta mort se seront suivies de près comme tous les crimes de ton père!..... Et tout d'abord elle entendit bruire parmi les rameaux une sourde moquerie, et un écho railleur qui répétait : son père! Alors elle songea que la bise avait des jeux bien bizarres : puis il lui vint une autre idée, après quoi toute ses idées furent confuses comme un écheveau mêlé. Elle vit d'abord des rubans de feu semblables à ceux que formé en l'agitant un brandon qui s'éteint. Puis les rubans traçaient des cercles, et dans les cercles deux yeux de braise, une bouche de flamme avec des dents de fer rouge qui grinçaient avant de s'ouvrir pour laisser pendre une langue insultante, et toutes ces langues la léchaient à la fois, ce qui la réchauffait un peu. Ensuite à toutes ces têtes qui s'étaient remises à voltiger, il poussa des corps tout-à-coup : à l'une un corps de couleuvre qui s'enlaçait à la pauvre victime comme l'ange maudit autour du bel arbre d'Eden; à l'autre un corps de singe avec ses longues jambes grêles

qui dansaient sur les épaules du cadavre, puis un des farfadets transformé en hérisson grimpait au plus haut de l'arbre d'où il retombait avec des pointes aigues sur le sein meurtri. Ou bien plusieurs se pendaient ensemble à la longue chevelure et forçaient la tête à se renverser en arrière, tandis que sur les branches un autre lutin dans les convulsions de nausées diaboliques vomissait comme de la fonte liquéfiée qui venait éclabousser de brûlures tout le pauvre visage. Un autre enfin petit, faible, et bien charmant à voir semblait délaissé dans un sillon, où il vagissait comme un tout nouveau né. Et devant l'affreuse vision, la malheureuse mère recouvra ses esprits. . . . .
. . . .
. . . .
. . . .
. . . .
. . . .
. . . .
. . . .
. . . .

Alors au sommet de la montagne on entendit un gémissement prolongé et tandis qu'il expirait, il s'éleva à travers les ténèbres un grondement lointain dans les forêts. An autre gémissement, le bruit sourd grossit et s'approcha. Une autre plainte encore, et l'on eût dit un signal. De cent points divers les bois voisins laissèrent échapper cent hurlements, et comme si l'enfer eût prêté à leurs taillis ses illuminations pour quelque fête du sabbat, on vit leurs lizières bordées soudain d'une ligne de lueurs jumelles qui, vertes et rouges, lançaient des rayons changeants. La pauvre victime ferma les yeux d'effroi. Quand elle les r'ouvrit, un cercle de loups assis à terre, tout l'entour, allongeaient cent têtes hurlantes. Tout-à-coup elle entendit broyer quelque chose au-dessous d'elle. C'étaient ses pieds.... ses pieds glacés de froid et de mort. Et comme depuis bien des jours, l'orme ne leur offrait plus de pâture, les loups avaient faim. Ainsi l'espérait Vaurus. Et le cadavre, et la jeune femme n'eurent bientôt plus de jambes.... et une griffe acérée plongea bien avant ... — Le pauvre jeune enfant se prit à vagir dans la gueule qui l'emportait.

Et maintenant, si vous vous présentiez aux portes de la ville de Meaux le guet vous interrogerait avec un langage anglais, car les léopards veillent dans leurs drapeaux rouges sur les créneaux de la ville. Et si gravissant la montagne, vous passiez près de l'arbre maudit, vous verriez, non pas à ses branches les plus basses, où les loups pourraient atteindre, mais à l'endroit où il est le plus touffu, un tronc pourri et sans tête, et au milieu du moignon qui fut le cou, dans le trou de la gorge, un grand bois de lance enfoncé; puis bien haut par-dessus le feuillage, au bout de la lance, une tête coupée. Elle est toute rongée déjà par les vers et les oiseaux du ciel. Le berger vous dirait bien que la nuit, dans leurs cavités agrandies par les corbeaux, les deux yeux tout luisants, oscillent avec mesure comme le balancier d'une horloge, il vous dirait encore qu'à l'heure où l'on entendit un rire se mêler à l'agonie d'un enfant, les deux globes plus ternes cessent de vibrer, sortent des creux et se traînent le long du visage comme deux froides limaces; mais aucun, s'il n'en est instruit d'avance, ne saurait vous dire que l'horrible tête est la tête de Monseigneur le bâtard de Vaurus.

L'Elève de Rhétorique.

POÉSIE.

Ce qui plaît aux Rois.

Conte.

Ce n'est le fait d'un mérite vulgaire
Que d'agréer aux puissants de la terre.
Antigonus fut le meilleur des rois ;
En Macédoine il régnait autrefois,
Et ses vertus comme homme et comme prince
Faisaient qu'au loin dans toute la province
On adorait sa personne et ses lois.
Ayant appris le métier de la guerre
Sous Alexandre, il avait vu de près
Cet appareil de maux et de regrets
Dont le dieu Mars et sa sœur sanguinaire
Ont composé leur cortége ordinaire ;
Dans ses états il fit fleurir la paix,
Encouragea les arts et l'industrie
Et protégea les hommes de génie.
Dans les jardins de son vaste palais,
Il fit bâtir une salle à grands frais
Où l'on jouait parfois la comédie.
Ces passe-temps faisaient gronder les sots ;
Le sage roi dédaignait leurs propos.
Ce n'est pas tout : il fit des ordonnances,
De beaux édits concernant les finances,
Et réduisit la moitié des impôts.
De l'abondance il ouvrit les canaux ;

Il établit une exacte police,
Et sans argent devant les tribunaux,
Grands et petits, tous obtenaient justice.
Que vous dirai-je ? au dehors respecté,
Chéri des bons, des méchants redouté,
Antigonus depuis plus d'une année
Régnait au sein de la prospérité.
Pour terminer dignement sa journée,
Quand il avait par d'assidus travaux
De ses sujets assuré le repos,
Il appelait chaque soir à sa table
Quelques savants d'un esprit agréable,
Dont l'entretien doux, solide, amusant,
Le délassait encore en l'instruisant.
De ces soupers la froide flatterie
Avec grand soin par le roi fut bannie,
Car vous saurez qu'Antigone en son cœur
Gardait contre elle une invincible horreur.
On connaissait si bien son caractère,
Et si puissant est le désir de plaire,
Que sur ce point il corrigea les mœurs,
Et qu'à la cour on vit une merveille
Qui n'aura pas de long-temps sa pareille :
C'est, près du trône, aspirant aux grandeurs,
Des courtisans qui n'étaient point flatteurs.
Mais par malheur dans notre humaine espèce,
Tout est borné ; chacun a sa faiblesse.
Un diamant, si parfait qu'il paraisse,
Presque toujours cache un léger défaut;
Le prince grec, il faut qu'on le confesse,
Avait le sien que je dirai bientôt.
Mais observez avant tout qu'Antigone,
Robuste, grand, bien fait de sa personne,
Avait ses traits majestueux et doux,
Cette beauté que la nature donne
(Non pas toujours) à ceux que parmi nous
Elle destine à porter la couronne.
Par un seul trait l'ensemble était gâté :
Cet air divin, ce visage vanté,
Ce dont le prince, avec beaucoup d'adresse,
Avait, dit-on, auprès de la beauté
Tiré parti souvent dans sa jeunesse;
Ce beau visage, unique en son espèce,

Qui fit long-temps sa gloire et son orgueil,
Ce beau visage, enfin, n'avait qu'un œil !
Pour Alexandre, au siége d'une ville,
Antigonus commandant les drapeaux,
Du haut des murs, un archer trop habile
A diriger ses funestes careaux,
Avait éteint l'un de ces deux flambeaux
Dont l'éclat vif savait fondre la glace
Autour du cœur des dames de la Thrace.
Antigonus s'empara de la place
Le lendemain : mais ce fait glorieux
N'adoucit point sa cruelle disgrâce.
Que sert, hélas ! d'être victorieux
Quand on est borgne et qu'on est amoureux ?

Puis il pensait, pour comble de misère,
Avec deux yeux si les rois n'y voient guère,
Si, pour suffire à peine à leurs besoins,
Un œil de plus leur serait nécessaire,
Que feront-ils avec un œil de moins ?
Antigonus, depuis cette aventure,
Ne pouvait plus supporter sa figure ;
Au lieu de voir dans son éborgnement
De sa valeur un signe permanent,
Il n'y voyait qu'une laide blessure ;
Rien ne pouvait soulager son tourment.
Essayait-on quelques phrases honnêtes
Pour le calmer, lui faisant entrevoir
Qu'un grand guerrier, fameux par cent conquêtes,
Ne devait pas pour un œil gris ou noir
Se désoler comme une femmelette ;
Le pauvre roi se mettait dans la tête
Qu'on insultait à son chagrin mortel ;
Le maladroit lui semblait criminel,
Et ses efforts irritaient la tempête.
Antigonus, en proie au désespoir,
Brisait alors jusqu'au moindre miroir.

Sentant son faible et doué de prudence,
On cherche encor par quelle inconséquence
Antigonus conçut le beau projet
D'être en peinture et d'avoir son portrait.
Un secrétaire écrit en diligence :

On vit bientôt arriver au palais
Protagoras, Apelle et Dioclès,
De qui la main ingénieuse et sûre,
En l'imitant sait orner la nature.
Le roi leur dit : « Je vous accorde un mois;
» Chacun à part travaillez tous les trois.
» Ce terme échu, celui de qui l'ouvrage
» Méritera d'emporter mon suffrage,
» Sera payé d'abord de son succès,
» Et je le garde à ma cour désormais. »
A ce discours les rivaux s'inclinèrent ;
Et sans délai chez eux se renfermèrent,
Brûlant de zèle et d'émulation ;
Et tous les trois en secret s'adjugèrent
Le prix offert à leur ambition.

Mais au moment d'entamer l'entreprise,
En y songeant chacun de son côté,
Les trois rivaux virent avec surprise
Qu'il fallait vaincre une difficulté
Qui tint d'abord leur génie arrêté :
Représenter sur la toile sincère
Du souverain la triste infirmité,
C'était vouloir à coup sûr lui déplaire ;
De supprimer l'outrage de la guerre
Et rétablir ce qu'elle avait ôté,
C'était manquer à la fidélité ;
C'était flatter, et le monarque austère
Voudrait venger la sainte vérité.
Quel parti prendre ? à quelle extrémité
Se décider en ce combat terrible ?
Fuir l'une et l'autre ? il n'était pas possible.
Ayant long-temps sur ce point médité,
Protagoras, homme dur, inflexible,
Esprit revêche, en tout temps révolté
Contre cet art d'aimable tromperie,
Cette imposture obligeante et polie
Dont chaque jour la réciprocité
Du genre humain entretient l'harmonie,
Et sert de nœud à la société ;
Protagoras avec orgueil s'écrie :
O mes pinceaux ! mon art libre et sacré !
Qui, moi ? j'irais, par une flatterie,

Vous avilir? plutôt perdre la vie !
Borgne est le roi, borgne je le peindrai ;
Tant pis pour lui s'il m'en sait mauvais gré,
On vantera ma fière indépendance.
Mais lui, qui fait avec tant d'arrogance
Profession d'aimer la vérité,
Sera forcé dans cette circonstance,
Content ou non, de paraître enchanté !
Oui, son orgueil me doit la préférence.
J'aurai le prix, et je l'aurai gagné
Avec l'honneur de l'avoir dédaigné.
Dans ce système il commença de peindre.

 Tout autrement en jugea Dioclès ;
Chez un tyran nourri par des valets,
Accoutumé de flatter et de craindre,
Il s'avisa, pour sortir d'embarras,
De remonter au temps de la jeunesse
D'Antigonus, quand le dieu des combats,
Le ménageant encore, n'avait pas
De son visage altéré la noblesse.
Le prince, âgé de vingt ans à peu près,
Brillait de grâce et de mâles attraits.
Charmant tableau s'il eût été fidèle !
L'habile artiste en peignant son modèle
Avec la taille et les yeux d'Adonis,
Se répétait tout bas : J'aurai le prix!
 Le plus gêné, ce fut le bon Apelle.
Il se creusait vainement la cervelle :
Il ne pouvait se résoudre à mentir,
Cela blessait son âme généreuse ;
La vérité lui semblait périlleuse,
Car si le roi n'allait pas le choisir !
S'il échouait, quel grave déplaisir !
Pour un moment d'indiscrète franchise
Il exposait sa réputation ;
Vingt ans l'avait à grand peine conquise,
Vingt ans de soins et d'application.
C'était risquer une terrible chance
Qui valait bien quelque réflexion !
Aussi l'artiste en fit en abondance.
Il rassembla ses parents, ses amis ;
Une moitié se trouva d'un avis,

L'autre moitié fut de l'avis contraire.
De tels conseils c'est assez l'ordinaire :
On controverse, on raisonne, on s'éclaire,
Et l'on finit par rester indécis.
En pareil cas, le mieux qu'on puisse faire,
C'est d'agir seul en suivant son esprit,
Quand on en a, sinon c'est autre chose ;
Mais comme Apelle en avait bonne dose,
Il s'en tira : vous verrez ce qu'il fit.

   Le mois fini, dans une galerie
Où l'on avait des illustres rivaux,
En grande pompe exposé les tableaux,
Antigonus vint en cérémonie
Voir le combat et nommer le vainqueur.
La crainte vague et la douce espérance
Rapidement faisaient battre le cœur.
Des concurrents, qui debout, en silence,
Chacun auprès de son œuvre rangé,
Protagoras fut le premier jugé.
Le roi tressaille en voyant la peinture
Qui rappelait sa fatale aventure,
Poursuit sa route, et sur l'auteur surpris
Jette en passant un regard de mépris.
La dignité du magnifique artiste,
Bien qu'il cachât de son mieux son ennui,
Souffrit un peu de cet accueil si triste.

   Pour Dioclés, qui venait après lui,
Le roi charmé quelque temps envisage
D'un air pensif cette flatteuse image.
Voilà, dit-il, un chef-d'œuvre parfait !
Mais (il rougit) ce n'est pas mon portrait.
Et Dioclès, qui souriait d'avance,
Et triomphait de se voir couronné,
Resta muet avec un pied de né.
De son esprit ce fut la récompense.

   Restait Apelle ; il fermait la séance.
Lui, par un trait délicat et subtil,
Avait montré le prince de profil.
Antigonus, grâce à cet artifice,
Sans offenser les droits de sa justice,
Put ménager ceux de sa vanité.

L'heureux Apelle avec humilité
Reçut du Roi les éloges extrêmes ;
Il eut le prix, et ses rivaux eux-mêmes
Reconnaissaient qu'il l'avait mérité.

Vous qui vivez à la cour des monarques,
De leur faveur désirez-vous des marques ?
Tâchez d'apprendre, afin de réussir,
Le beau secret de flatter sans mentir.

F. GÉNIN.

PETITE CHRONIQUE.

LETTRES CHAMPENOISES.

(IIIe).

Les Quatre Fiancées.

> Nos affections passagères,
> Tenant de nos humeurs légères
> Se font vieilles en un moment.
> Quelque nouveau désir, comme un vent, les emporte.
> MALHERBE.

Madame,

Voilà bien des fêtes à vous décrire : des arcs de triomphe, des trophées avec emblèmes, inscriptions et devises : — Des acclamations, des transports qui peignent la joie et l'ivresse : des populations empressées, des gardes-civiques, des députations avec harangues, discours et compliments : — Puis des drapeaux flottants de toute part, des guirlandes de fleurs et de feuillages, — le bruit de la mousqueterie, les cris du populaire, les étouffements de la foule, en un mot, un enthousiasme digne des plus heureux temps de la monarchie française, voilà ce que je voudrais pouvoir vous peindre, pour vous distraire et pour charmer un instant votre solitude.

Il faut le dire : c'est une chose belle et sacrée que le mariage de deux jeunes gens sur qui repose l'avenir d'un grand peuple. Il y a je ne sais quoi de touchant et qui parle à l'âme, dans l'arrivée d'une jeune fille, qui se fiant aux émotions respectueuses et dévouées d'une nation étrangère, abandonne le pays qui l'a vu naître, des parents chéris, des amis d'enfance, ses souvenirs de jeune fille, l'avenir de bonheur que promet toujours la patrie, et s'en vient se livrer à la foi, à la loyauté d'un peuple dont elle ignore les haines ou les sympathies; enchaîner sa vie à celle d'un homme qu'elle ne connaît pas, à qui la destinée réserve, à coup sûr, de nombreuses et cruelles insomnies, et pour unique dédommagement, l'éclat, un titre, une couronne... peut-être.

Voilà, Madame, un *peut-être* qui vous surprendra peu de ma part. Hélas! malgré la pompe et l'ivresse de ces fêtes, comment ne me souviendrait-il pas à moi, vieux et homme du passé, de l'éclat, des pompes et de l'ivresse de fêtes semblables, données en d'autres temps, à de jeunes et royales fiancées, que la tempête populaire a si cruellement découronnées!

Permettez-moi de rappeler mes souvenirs de vieillard, et je vous redirai des fêtes et des joies qui vous sembleront d'hier, tant grande est leur similitude avec les joies et les fêtes d'aujourd'hui....

— C'était comme en ce temps-ci, par un des plus beaux jours du mois de mai : Toute la brillante jeunesse de Reims et du pays des environs s'était parée de ses plus riches habits de fête. Une belle et royale fiancée nous était promise. Ce n'était pas à la fille du Mecklembourg que nous allions vouer nos cœurs, offrir nos hommages : mais à la fille d'une auguste maison, d'une puissance long-temps rivale, ennemie de la France, à la fille des Césars, à la belle Archiduchesse d'Autriche.

Vous parlerai-je maintenant des fêtes et de l'enthousiasme des populations? Il me faudrait vous dire que dans nos petites villes même, elles surpassèrent en éclat, en magnificence toutes celles qu'on avait vues jusqu'alors : phrase de rigueur et qu'on ne manque pas de répéter à chaque occasion semblable.—Mais ici, j'en atteste l'histoire, et surtout mes souvenirs de quinze ans, j'en atteste le concours de circonstances extraordinaires qui, après tant de deuil et de désastres, rendait populaire et du plus heureux augure pour la France, le mariage du Dauphin de France, avec la fille de Marie-Thérèse, avec la belle Marie-Antoinette.—Oui, Madame, Marie-Antoinette, c'est d'elle que je vous parle; et ne vous étonnez plus de la tournure mélancolique qu'ont subitement prise mes idées! Hélas, je fus témoin de ces fêtes dont la France se promettait tant de joie! je fus témoin de l'enivrement de la foule à l'arrivée de cette jeune fille âgée de moins de quinze ans, à la vue de tant de grâces et de majesté, unie à tant de douceur, de jeunesse et de beauté! Je pourrais vous dire comme étaient parées nos portes, nos rues, nos places publiques: vous peindre les décorations de tout genre aux frontons des temples et des édifices, les guirlandes, les feuillages et les somptueux tapis aux habitations de nous tous : le bruit des cloches et des fanfares se mariant aux feux de la mousqueterie, aux acclamations du populaire... Je vous ferais passer sous les nombreux arcs de triomphe que décoraient d'ingénieux emblèmes, d'aimables et innocentes devises, telles que celle-ci :

> Redoublez vos concerts chantres harmonieux,
> Célébrez Antoinette, et la saison nouvelle,
> L'une rend la terre plus belle
> Et l'autre embellira les cieux.

Je vous conduirais à l'église métropolitaine : car alors en ces solennités où se préparaient les destinées des empires, l'intervention divine semblait encore aux peuples, une garantie de bonheur et d'avenir. Je vous y montrerais notre digne archevêque, M. de la Roche-Aymon, revêtu de ses ornements pontificaux, à la tête de son nombreux et fidèle clergé, haranguant au parvis de Notre-Dame, la jeune étrangère, puis entonnant, de concert avec la foule, le cantique d'actions de grâces... De-là conduisant la Dauphine en son palais où l'attendait une cour gracieuse, selon son âge et son cœur, je vous ferais voir douze jeunes filles aux yeux bleus, au teint virginal, aux têtes blondes et bouclées : douze jeunes vierges aux robes blanches, aux écharpes soyeuses et flottantes qui, dotées par la ville, et déjà comme la jeune étrangère promises à l'époux de leur choix, attendaient la royale fiancée pour lui souhaiter ce bonheur conjugal que leur cœur de jeune fille osait rêver pour elles-mêmes.

Je vous montrerais la belle et rayonnante archiduchesse, fille adoptive de France, au milieu des transports qu'excitait sa présence, accueillant tout le monde, distribuant les grâces, promettant aux infortunés l'appui de son crédit et les faveurs royales... Elle aussi, je vous assure, avait des mots heureux et que la foule charmée répétait avec amour. M. le Cardinal lui présentait une femme de 105 ans. « Je prie Dieu, madame, lui dit cette bonne vieille, qu'il vous donne des jours aussi longs, exempts d'infirmités ! — Oui, dit Marie-Antoinette, si c'est pour le bonheur la France ! »

Puis des fêtes de Reims, je vous conduirais aux fêtes de Paris ; fêtes plus magnifiques, plus somptueuses, plus royales, mais fêtes troublées par d'imprévues catastrophes dont l'imagination populaire se frappa et qui semblèrent présager les malheurs hélas ! trop véritables, réservés plus tard à ces jeunes époux, objet de tant de vœux, de tant d'espérances !...

A quelques années de-là qu'est devenue Marie-Antoinette, la gracieuse fiancée, la plus belle et la plus aimable des Reines ? — Interrogez les auteurs des infâmes pamphlets semés avec tant de persévérance et de scélératesse contre la plus noble et la plus chaste des femmes : voyez la fille des Césars, l'épouse du roi de France, la mère de l'héritier présomptif de la couronne, attaquée dans ces libelles ordurière, accusée de dilapidations effrénées et de trames odieuses, à qui l'on reproche comme un crime, son attachement à ceux de sa famille, et jusqu'à ses amitiés de jeune femme ! Voyez des Français projeter d'envelopper dans un même complot et d'égorger dans un même jour, le roi, la reine et leurs enfants : voyez ce que Paris recèle de plus débauché, de plus pervers, en espions, en brigands, en assassins, soudoyés par d'implacables et puissantes inimitiés, armés de piques et de poignards envahir le château royal, égorger les gardes fidèles ; puis frustrés de leur victime, s'abandonner à la fureur, à la rage, et percer de leurs glaives régicides le lit que venait de fuir l'épouse de leur Roi : Rappelez-vous Jourdan *Coupe-tête*, la hache sur l'épaule, le visage rouge du sang qu'il vient de répandre, escortant le char royal que ramène à Paris, aux cris de la *Carmagnole* et du *Ça ira*, une hideuse bande de cannibales !

Et puis à quelques mois de-là, quand pour fuir les horribles destinées auxquelles les avaient voués la haine de leurs ennemis, quand la Reine et son malheureux époux furent arrêtés hélas ! sur le territoire de notre Champagne, rappelez-vous, et les dégoûtantes atrocités dont la plus vile populace accabla cette héroïque princesse, et ce jeune énergumène qui, lui portant le poing au visage, lui dit, le blasphème à la bouche : *Infâme, tu voulais faire baigner les autrichiens dans notre sang, tu le paieras de ta tête !...* — Puis voyez-la, le 14 octobre, au tribunal où siègent comme juges, un perruquier, un tailleur, un menuisier, un recors... Entendez l'odieux Fouquier-Tainville déclarer qu'à l'instar de Frédégonde et de Brunehaut,

Marie-Antoinette s'est montrée le fléau, la sangsue des Français... qu'elle a médité d'horribles conspirations, qu'elle a mâché les balles dont les suisses assassinaient les patriotes... ! Écoutez l'horrible Hébert accuser la fille de Marie-Thérèse d'avoir elle-même attenté à la pudeur, à la vie de ses propres enfants. « Ah ! » s'écrie indignée, sanglotante la pauvre Reine, « j'en appelle à toutes les mères ici présentes, ce crime est-il possible ! » —Puis rappelez-vous la jeune et brillante fiancée du 3o mai 1770, et dites-moi si vous la reconnaissez dans cette femme encore vêtue de blanc, les mains liées derrière le dos, assise sur la fatale charrette, qu'accompagnent le bourreau et les cris et sanguinaires de la multitude... !!

Hélas belle et noble Marie-Antoinette, qu'êtes-vous venue demander à la France?
— Et son fils, l'héritier de tant de Rois, celui qui devait assurer l'avenir de la grande nation, qui nous racontera comment a péri ce noble enfant, ce royal héritier, qui unissait à la beauté la plus rare, à toutes les grâces du jeune âge, un esprit si précoce? —Interrogez l'infâme Simon.... ou plutôt écoutez ce récit : « Il était dans un lit qu'on n'avait pas refait depuis plus de six mois et que le pauvre enfant n'avait plus la force de remuer : les puces, les punaises le rongeaient : son linge et sa personne en étaient couverts : pendant plus d'un an, on ne le changea ni de bas, ni de chemise; les ordures restaient dans sa chambre, jamais pendant ce temps personne ne les a emportées : sa fenêtre fermée en dedans avec des verroux n'était jamais ouverte et l'on ne pouvait tenir dans cette chambre à cause de l'odeur infecte : « et quand le pauvre enfant, la nuit, accablé de fatigue et d'inanition, commençait à sommeiller, une voix effroyable lui criait : »Capet, dors-tu? ici, Capet! » « et l'enfant effrayé accourait en chemise, et l'infâme Simon lui donnait un coup de pied et le renvoyait coucher avec d'affreux jurements !»

Hélas, pauvre fils de France, quelle destinée fut la vôtre !

Il est, Madame, d'inexorables destinées !

. . . .

Mais avec le temps changent les circonstances et changent aussi les hommes. La France sortie de l'abîme où d'incroyables saturnales l'avaient précipitée, la France forte et respectée au dehors, contenue, réprimée au-dedans, tremble sous la main puissante de l'homme du destin. Les idées sociales ont repris leur empire et avec elles, les nécessités hiérarchiques. L'écolier de Brienne est aujourd'hui le grand, le magnifique Empereur des Français. —Ne me parlez plus ni de l'antique monarchie de St-Louis; ses derniers rejetons errants, proscrits, oubliés, foulent la terre étrangère; ni des farouches républicains que naguère encore faisaient frémir d'indignation les mots de Roi, de cour, de gentilhomme; nos Brutus, nos Lycurgue et nos Mutius Scévola sont aujourd'hui chambellans, cordons rouges, et valets d'antichambre de la nouvelle monarchie. Il n'y a plus en France, comme au temps du grand Roi, qu'un homme dans l'état, un homme, *nec pluribus impar*, et cet homme c'est l'Empereur.

Donc nous sommes au mois de mars 1810. —Je vous ai promis des fêtes et des joies qui vous sembleraient d'hier, tant grande est leur similitude avec les joies et les fêtes d'aujourd'hui : écoutez, c'est un journal de l'époque qui nous le dit :

Strasbourg, 22 *mars* 1810 : « La Princesse est arrivée aujourd'hui dans nos murs, cette belle journée sera à jamais célèbre dans les annales de notre ville. Son entrée a été annoncée par le son des cloches et par le canon de la place, etc., etc. « Avant de quitter notre ville, S. M. a fait présent d'un collier superbe de diamants à madame de.... dans la maison de laquelle elle avait logé.—Toutes les personnes qui ont eu l'honneur d'approcher de la Princesse, font le plus grand éloge de sa grâce et de son esprit, elle possède dit on, une foule de talents agréables et de talents utiles. Elle parle très bien le français, l'italien et l'anglais; et n'est pas même étrangère à la langue latine: elle touche à merveille du piano, et excelle dans le dessin et la broderie.—La journée d'hier, ajoute M. le Préfet du Haut-Rhin, a été la plus belle de l'Alsace, le tiers de la population était à Strasbourg pour voir notre nouvelle souveraine qui s'est montrée partout, et qui a gagné tous les cœurs. »

Mais c'est à Reims que l'enthousiasme et le dévouement vont surtout éclater sur le passage de la jeune autrichienne. «La ville de Reims, « c'est ainsi que commence la description imprimée des décorations et arcs de triomphe préparés à cet effet: «La ville de Reims, toujours empressée de donner à ses souverains des marques de son amour et de sa fidélité, ne pouvait avoir une occasion plus glorieuse de manifester ses sentiments, que le passage de S. M. Marie-Louise d'Autriche, impératrice des Français, reine d'Italie, allant combler les vœux de son auguste époux. Aussitôt que l'époque d'un événement si désiré fut bien connue, la nouvelle s'en est répandue rapidement dans tous les quartiers: les travaux sont suspendus, les rues se remplissent de citoyens qui se précipitent dans les bras les uns des autres en se félicitant: c'est un peuple de frères qui se livrent aux transports d'une commune allégresse»..., Puis suit la description des arcs de triomphe, des décorations de tout genre avec les emblèmes, devises et inscriptions par lesquelles les poètes savent donner à tout une sorte de vie. Je pourrais ici vous dire toutes les démonstrations de zèle et d'enthousiasme que les magistrats de notre bonne ville tenaient en réserve pour cette fête nationale: les apprêts de tout genre, les illuminations, feux d'artifice de Ruggiery, le palais impérial de la rue de Vesle, disposé avec tant de pompe et sur le fronton duquel on lisait:

Du grand Napoléon suivant les nobles traces,
Louise, dans ces lieux, tint un instant sa cour,
Et fait de ce simple séjour
Le temple des vertus et le palais des grâces.

Je pourrais vous décrire la fête et le couronnement de la rosière, dont par une ingénieuse et délicate attention, on avait fait revivre, à cette occasion, l'antique et pastorale royauté. J'aimerais surtout à vous faire voir les douze jeunes filles aux yeux bleus, au teint virginal, aux têtes blondes et bouclées; ces douze jeunes vierges aux robes blanches, aux écharpes soyeuses et flottantes, qui, des corbeilles de fleurs à la main, attendaient l'auguste fiancée pour la complimenter et lui souhaiter ce bonheur conjugal que leur cœur de jeune fille osait rêver pour elles-mêmes...... Mais, ô cruelle déception, amère contrariété...., la princesse, pour qui sont préparées toutes ces fêtes, ne s'arrêtera pas dans la ville du sacre! Un splendide déjeuner l'attend au château de Sillery, et Reims, dédaigné n'a la joie de contempler les traits de sa bien-aimée souveraine que l'espace d'une minute, le temps du relai des chevaux....

Que du moins, je vous fasse voir à Paris l'impériale fiancée! c'est là que ne manquent pas de l'accueillir des fêtes plus somptueuses, plus magnifiques, plus royales, des fêtes, hélas! troublées par d'imprévues catastrophes dont l'imagination populaire se frappa, et qui semblèrent présager les malheurs trop véritables réservés plus tard à ces époux, objet de tant de vœux et de tant d'espérances (1).

A quelques années de là, qu'est devenue Marie-Louise d'Autriche, la glorieuse et puissante impératrice des Français? qu'est devenu

Celui de qui la tête au ciel était voisine.

et cet enfant, l'orgueil et l'espoir de la nouvelle dynastie, ce

Petit fils de César, et fils d'un empereur;
Légataire du monde, en naissant, roi de Rome?

Hélas! interrogez encore nos discordes civiles! interrogez les échos du rocher de Sainte-Hélène et ceux du palais de Schœnbrunn! Comme l'autre archiduchesse d'Autriche, séparée violemment de son époux et de son fils, Marie-Louise n'a pas il est vrai, subi les fatales destinées de l'un et de l'autre;... mais dans la femme vulgaire d'un colonel allemand, reconnaîtriez-vous aujourd'hui la noble et brillante fiancée de l'année 1810?

Voilà donc ce que font les crises politiques, les caprices populaires et la fatalité qui pèse sur les empires, des grandeurs mondaines et de leurs pompes royales!

Il est, Madame, d'inexorables destinées..............................
....

Après l'ouragan révolutionnaire et le passage du glorieux mais sanglant météore, reparaît l'oriflamme de l'antique monarchie, de la monarchie oubliée. L'écu déjà porté par Philippe-Auguste au pont de Bovines, et qui, sur la poitrine de Jeanne la Pucelle, de Duguesclin, de Bayard et de Crillon, de Turenne et de Jean-Bart, avait si souvent repoussé l'étranger, l'écu d'azur aux trois fleurs de lys d'or, a soudain reparu parmi nous. A cette nouvelle, bien des cœurs ont frémi. Nous comprenons les colères et les aveugles emportements. Tant de français avaient posé leur brillant avenir sur les ailes rapides de l'aigle déchue!—Mais en présence de faits accomplis, que faire?—Attendre ou se résigner.

Au milieu des haines et des défiances de tout genre, quelques années d'un gouvernement conservateur, d'une administration éclairée, avaient déjà réparé bien des maux et séché bien des pleurs. La paix, après si longues oppressions militaires, semblait chose douce et salutaire. Le commerce avait repris son activité, et l'industrie un rapide développement. Puis, quoique journellement mise en défiance par les bâtards rancuneux du sans-culotisme et par la vieille domesticité de l'empire, la génération nouvelle qui subissait l'impérieuse loi de la nécessité, cette génération, forte et vivace, n'avait pu, toute entière, adopter les haines et les antipathies des générations précédentes; car elle n'avait ni fléchi le genou devant l'idole impériale, ni baigné ses bras nus dans les sanglantes gémonies du maratisme. — Beaucoup, parmi les jeunes surtout, savaient qu'un acte de barbare iniquité avait été

(1) Voici à ce sujet ce qu'on lit dans un historien du temps. « Le prince de Schwartzemberg donna une fête au nom de son maître durant laquelle le feu prit à la salle du bal construite dans le jardin. Rien ne put arrêter les progrès de l'incendie, plusieurs personnes périrent dans les flammes ou sous les décombres. L'issue malheureuse de cette fête parut un sinistre présage: Napoléon qui n'était pourtant pas superstitieux en eut un pénible pressentiment. »

commis : qu'un roi, une reine, avaient péri sur l'échafaud, et que leur race proscrite en des jours de colère et d'aveugle égarement, avait erré, grandi sur la terre étrangère. Eh bien ! les hommes de la nouvelle France pouvaient bien se demander la raison, la justice de semblables destinées, et dans la conscience de plus d'un, la restauration n'était pas, ainsi qu'on l'a dit, chose injuste, ni odieuse.—Puis à la louange de notre caractère national, ne sommes-nous pas nous autres Français, naturellement oublieux, insouciants, disposés aux joies, aux fêtes, à l'entraînement ?

Je vous le dis en vérité, Madame, ce fut une belle fête, une grande joie, quand l'Europe apprit le prochain mariage de Marie-Caroline-Thérèse, et de Charles-Ferdinand, tous deux enfants d'une même maison, tous deux témoins de l'abaissement de leur famille, tous deux remontés à leur rang, n'ayant guère connu jusqu'alors que l'exil et l'infortune.

Je ne vous peindrai pas, Madame, toutes les fêtes et réjouissances qui signalèrent l'arrivée en France de la jeune duchesse. Vous vous en fiez au caractère bien connu de notre aimable nation. Il me faudrait d'ailleurs vous répéter tout ce que j'ai dit des fêtes et des joies publiques de la France, à la venue de la fiancée du dauphin Louis, à la venue de la fiancée de l'empereur Napoléon : qu'il vous suffise de savoir qu'il n'y manqua ni le concours ni les acclamations du populaire, ni l'empressement dévoué des magistrats et fonctionnaires, ni les arcs de triomphe, ni les trophées, ni les jeunes filles aux yeux bleus, au teint virginal, aux têtes blondes et bouclées, ni rien enfin de ce qui pouvait attester l'ivresse et le bonheur des populations.— La princesse Marie-Caroline, arrivait par le midi de la France: Châlons et Reims, n'eurent pas cette fois-ci l'occasion *de donner à leurs souverains, des marques de leur amour et de leur fidélité*. D'autres cités exprimèrent leurs vœux et leurs joies.—La nouvelle fiancée fut reçue par la famille de son futur époux, à la croix de St.-Harem, dans la forêt de Fontainebleau, lieu célèbre et qui semble encore refléter les grandes ombres de saint Louis, de Charles le Victorieux, de Louis le Père du Peuple, de François le Restaurateur des Lettres, de Henri le Grand, de Louis le Juste, de Louis le Grand et de Louis le Martyr.

A ce sujet, Madame, je vous dirai que c'est une assez bonne famille que cette famille de Bourbon : elle a produit trente-sept rois de France, vingt-deux rois de Portugal, douze rois de Naples, cinq rois des Espagnes et des Indes, quatre rois de Hongrie, trois empereurs de Constantinople, quatre rois de Navarre, sans compter dix-sept ducs de Bourgogne, douze ducs de Bretagne, des rois d'Etrurie, des ducs de Luques et de Piombino, et une infinité d'autres grands princes..... Tous n'ont pas été des rois de paille, des hommes sans valeur, comme vous pouvez savoir, Madame ; vous qui savez l'histoire.

Eh bien, Madame, il s'est trouvé un homme qui s'est dit : «A moi toutes ces gloires, »à moi toutes ces splendeurs, à moi tous ces trônes, à moi toutes ces couronnes!»—Cet homme s'était dit encore : « Il est d'inexorables destinées ; le premier des Condés est »mort à Jarnac, assassiné d'un coup de pistolet, le dernier à Vincennes, d'un coup de »carabine; le premier roi de la branche des Bourbons est mort du poignard, eh bien, »le dernier de sa race périra sous mon poignard!» — Et il a péri sous le poignard, le prince qu'avait épousé la noble fiancée du mois de mai 1816.—C'était pourtant un prince à la fleur de l'âge, héritier du plus beau royaume de la terre, un prince qui, déjà par une longue proscription, avait expié des fautes qui n'étaient pas les siennes, et qui, confiant et oublieux comme un français, était revenu demander à des Français son toit paternel, sa part de vie commune, et la protection que les lois de la patrie accordent à tous. Eh bien, Charles-Ferdinand est mort sous le poignard de l'assassin, au milieu des fêtes publiques, des joies du carnaval, et sous les yeux de sa femme, à qui pour derniers adieux, il dit: «Vivez, Madame, pour l'enfant que vous devez à la France!»

Pauvre veuve d'un fils de France, que deviendra-t-il l'enfant que votre époux assassiné promet à la France?—Déjà à côté du lit, près de vous, où doit naître ce dernier espoir d'une race que les bourreaux et les assassins ont épuisée, déjà retentit le pétard incendiaire: Louvel l'auteur du crime *isolé* n'est pas mort tout entier.—Voici maintenant Gravier…—Ah madame! épargnez-moi la continuation de ce récit. Tant de forfaits au nom de la France, me découragent et m'attristent. D'ailleurs il faudrait poursuivre et vous faire de l'histoire contemporaine, de l'histoire d'hier!—Vous savez quelle fut la destinée de cette troisième fiancée d'un fils de France: et tout ce que la haine et la fureur ont réservé à son cœur d'épouse, à son cœur de mère, à son cœur de femme!

Il est, Madame, d'inexorables destinées.

....

J'ai voulu, Madame, me traîner encore aux fêtes qu'Epernay avait préparées à la fiancée d'un fils de France.—Ce fut un beau jour pour cette ville que le dimanche 23 mai dernier, et dont la population gardera long souvenir. Feuillages et guirlandes de verdure, couronnes et chiffres entrelacés; trophées, arcs-de-triomphe, concours de populaire et de soldats citoyens; effusion, rires et larmes, flacons de champagne et force cruchons de bierre, trente-six coups de canon et par-dessus tout cela, le glorieux soleil de juillet… Voilà des joies!—La princesse s'est fait attendre, et les estomacs en ont pâti; mais enfin elle est arrivée.—*La foule avide de contempler les traits de sa future souveraine se pressait sur son passage, encombrait tellement les rues, que la troupe qui formait la haie pouvait à peine la contenir.*

Vous voyez bien, Madame, que toutes ces choses là se ressemblent, et qu'il ne tiendrait qu'à moi de vous répéter tout ce que je vous ai dit des fêtes données à l'arrivée des trois autres fiancées dont vous connaissez l'histoire. En effet, même élan, mêmes joies, même enthousiasme; rien n'y manque, je vous jure, pas même les seize jeunes filles aux yeux bleus, au teint virginal, aux têtes blondes et bouclées; les seize jeunes vierges aux robes blanches, aux écharpes soyeuses et flottantes, qui des fleurs à la main attendent l'auguste fiancée pour lui souhaiter ce bonheur conjugal que leur cœur de jeune fille ose rêver pour elles-mêmes… En un mot, d'un côté, confiance dans l'avenir, illusions brillantes;—de l'autre, soumission, transports, dévouement, affection, voilà ce qui se voit à toutes ces solennelles occasions, où se lient les destinées des grands.—Mais si hautes que soient ces destinées, elles ne planent pas au-dessus des orages politiques, des atteintes populaires et de la fatalité qui pèse sur les empires! Il n'est aujourd'hui nul de nous qui ne fasse des vœux pour le bonheur des deux époux dont Versailles vient de célébrer l'hyménée: il n'est personne qui n'impose silence, en ce moment, à ses vielles rancunes, à ses vieilles affections, qui ne soit disposé à regarder ces touchantes solennités comme une occasion de grande réconciliation: L'avenir et le bonheur du pays semblent le vouloir ainsi.—D'ailleurs, nous autres Français, ne sommes-nous pas naturellement oublieux, insouciants, disposés aux joies, aux fêtes, à l'entraînement !.... Il est vrai, Madame. — Toutefois en jetant un regard sur le passé, (et comment s'en défendre?) vous remarquerez avec amertume et découragement sans doute qu'à chacune de ces fêtes, les passions muettes et surprises semblent étouffées; la joie d'un grand nombre fait croire au bonheur de tous. Et pourtant, de tristes faits s'accomplissent ! — C'est qu'hélas, Madame, il est d'inexorables destinées.

Malgré tant d'exemples de la vicissitude des choses et de la fragilité des grandeurs humaines, nous vivons au milieu des rires, des pensées insouciantes, avec l'oubli du passé, l'indifférence de l'avenir. — Eh bien, est-ce à moi dont les émotions d'une si longue vie ont émoussé la sensibilité, moi refroidi par l'âge et détaché d'affections vingt fois trahies, à venir, vieillard morose et maussade accuser le présent et la génération nouvelle des erreurs et des folies du passé ? Avec les plus favorables chances pour le bien, les capacités les moins douteuses et l'opportunité de toute chose, des faits déplorables ont eu lieu. — A qui la faute ? chaque jour en France est-il voué aux expiations des erreurs du jour qui précède ?

J'entends des gens d'humeur chagrine s'écrier au milieu de notre dévergondage social : Où allons nous?, où va la société, cette écervelée, cette bacchante éhontée; cette effrénée bohémienne, en guenille et sans feuille de route? — Mon Dieu, Madame, je n'en sais vraiment rien. Nul de nous, je crois, jeune ou vieux ne le saurait dire. Toutefois, fussions-nous à notre décrépitude, il est un fait fort rassurant; c'est que l'humanité ne périra pas : c'est que notre société, au dernier râle, cédera la place à la jeune, forte et vigoureuse société son héritière. D'où nous viendra-t-elle cette héritière? je l'ignore. — En attendant, nos jeunes hommes font l'amour, boivent le champagne, fument le cigare, disent des folies,... et peut-être suis-je au regret de ne pouvoir plus faire comme eux.

Ce qui ne m'empêche pas, Madame, après m'être humblement recommandé à vos bonnes grâces, de vous assurer de tous les sentiments de zèle et de dévouement de

Votre très humble et très affectionné serviteur.
Michel Champenois
(de Rilly-la-Montagne).

Le Monument Rémo-Romain. — Dans son feuilleton du 28 mai dernier, l'*Industriel* attaque l'opinion émise par nous sur le curieux bas-relief offert par M. Couvert au musée de la ville de Reims. Notre spirituel adversaire en revient encore à la malheureuse idée du Marsyas dont l'*Industriel* avait déjà entretenu ses lecteurs. M. X... se fait un malin plaisir de prouver une chose que tout le monde avoue : à savoir que le personnage assis n'est point un Marsyas. Voilà bien une habitude d'architecte, qui construit un édifice pour avoir le plaisir de le renverser ! Je ne sache personne, si ce n'est le critique de l'*Industriel* qui ait vu un Marsyas dans cette figure principale. Tout au plus, quand le bas-relief était encore en l'état d'empâtement dont a parlé l'*Industriel*, et en raison des deux espèces de cornes qui surchargent le front dudit personnage, a-t-on pu y voir un Midas : mais à coup sûr, aussitôt que cette sculpture a été décrassée, personne, hormi l'*Industriel* peut-être, ne s'est imaginé y reconnaître Marsyas, Midas non plus qu'un Bacchus indien.

Je ne veux pas suivre M. X... dans ses plaisanteries érudites. Il combat fort agréablement l'opinion hasardée par *la Chronique de Champagne* : il en a certes le droit, et bien plus, peut-être a-t-il raison. Cependant si notre spirituel adversaire avait bien voulu nous lire attentivement, il se serait aperçu que nous ne donnions au personnage en question le nom de Plutus que par analogie, induction. Dans la description que nous faisons du groupe, nous nommons Apollon et Mercure, les deux types connus et sur lesquels il ne peut y avoir contestation, puis nous ajoutons : « A côté est un personnage barbu *ayant comme des cornes* au front ; son cou est orné d'un collier, son bras de bracelets : (toutes choses étrangères au dieu Plutus) il tient contre lui une outre dont il tire à profusion, suivant nous, des pièces de monnaie, suivant d'autres, du raisin, des fruits ou des faines. » —Il nous a semblé que tombât-il de cette outre des pièces d'argent, des fruits, ou tout simplement des graines, la figure devait être l'emblème de la richesse, la représentation du dieu que les Romains nommaient Plutus et dont le nom gaulois n'est pas arrivé jusqu'à nous. Notre conjecture n'est pas irréfragable : ce n'est qu'une conjecture, nous y tenons fort peu : cependant elle pouvait être combattue d'une manière plus victorieuse. Ce personnage, est selon M. X... Thot, Theut ou Theutatès. On peut choisir, nous dit-il. Non, en vérité, nous ne choisirons pas ; car le type en question n'est ni Thot, ni Theut, ni Theutatès. M. X... fait une grande dépense d'érudition pour nous dire ce qu'était Thot, Theut, ou Theutatès, je ne le contredirai pas. Je lui dirai seulement que le Thot des Egyptiens, le Theut des Espagnols et le Theutatès des Gaulois n'était rien autre chose que le Mercure des Grecs et des Romains, et qu'il eût été tout-à-fait superflu, inusité de placer ensemble deux types de la même divinité : ajoutez que les Gaulois n'ont pas laissé de simulacre de Theutatès et que le Thot des Egyptiens, est toujours représenté d'une manière différente et avec une tête de chien.

Le dieu par excellence des Gaulois n'était pas comme le dit M. X... Theut, Thot ou Theutatès, mais bien *Hésus*, que d'autres nomment *Heus*, d'origine druidique, et qui dans le polythéisme celtique figurait le dieu de la guerre et de la paix, c'est-à-dire la vie et la mort, aussi considéraient-ils Hésus comme l'être suprême. L'Académie des Inscriptions a publié un bas-relief qui nous montre ce prêtre-législateur, couronné de feuillages, à demi-nu, une cognée à la main, et donnant à ses sujets l'exemple des travaux rustiques. —Je commence par déclarer à M. X... que je ne tiens guère plus à Heus ou Hésus qu'à Plutus, qu'à Marsyas, qu'au Bacchus indien et surtout qu'à Thot, Theut ou Theutatès : c'est seulement un nouveau candidat que je lui présente : et s'il me refuse celui-là, j'en ai d'autres en réserve que je lui décocherai à l'occasion. Toutefois pour faciliter l'admission de Heus ou Hésus, le dieu par excellence, je ferai remarquer à M. X..., que les deux protubérances du dieu assis, protubérances hasardées par *la Chronique de Champagne* et regardées par M. X... comme des cornes, pourraient bien n'être que des fragments de branches dont le feuillage ombrageait le front du personnage : feuillage qui peut-être allait se rattacher sous le fronton du bas-relief, où se retrouvent effectivement en plusieurs endroits, des traces de brisures ! —Je laisse à M. X... l'examen plus approfondi de cette nouvelle conjecture.

M. X... tient beaucoup à ce que l'animal qui figure au fronton soit reconnu pour un rat : le fait est que l'aimable artiste auquel nous devons la lithographie que nos lecteurs ont reçue, semble s'être entendu avec M. X. pour faire de notre animal un véritable rat. Il en a non-seulement la queue, mais la forme allongée, rampante et toute la *désinvolture*, qu'on me passe le mot, un peu hasardé je l'avoue, à propos d'un porc ou d'un rat ! Cependant notre animal n'est pas si rat qu'il en a l'air.

C'est une galanterie que notre collaborateur aura voulu faire à notre spirituel adversaire, avec lequel nous lui soupçonnons d'intimes rapports : il en a le droit ! mais, allons, sauf la queue, que le sculpteur aurait pu faire moins longue et plus tortillée, je vous assure M. X. que votre rat n'est qu'un cochon.—Le rat, dit M. X., est l'emblême de la fécondité et de la destruction, caractères qui appartiennent à la divinité suprême que les Gaulois nommaient Thot, Theut ou Theutatés. — Je le crois : mais ce double caractère de la destruction et de la fécondité appartient bien plus à l'animal vulgairement appelé cochon, voué aux sacrifices de Hésus, le dieu vraiment suprême, auprès duquel pâlit le Thot, Theut ou Theutatés de M. X.— On nous fait de l'érudition à propos du rat, et bien en voici à propos du cochon. —Le culte du cochon se retrouve partout dans le polythéisme payen. Vichenou se transforme en porc : les compagnons d'Ulysse se métamorphosent en cochons. Le cochon était immolé par les Grecs en l'honneur de Cérès, en l'honneur de Mercure, en l'honneur de Bacchus, en l'honneur de presque tous les dieux de l'Olympe. Atys est blessé par un cochon : un cochon tue Adonis : un cochon a les honneurs du combat singulier avec Hercule. — Les Syriens appelaient la grande ourse, cochon : et les Egyptiens, dans les mystères d'Isis portaient le cochon en triomphe. Suivant Hérodote, ceux-ci l'employaient dans les travaux de l'agriculture : ils le conduisaient sur leurs terres pour y dévorer les racines des plantes aquatiques, le frai des grenouilles, des crapauds, et pour y détruire les plantes parasites et les animaux nuisibles à la végétation. En un mot, dans la mythologie, le porc est un des animaux dont la représentation se reproduit le plus fréquemment. Or, je défie qu'on me cite un seul monument antique où le rat ait trouvé la moindre place. On ne connaît du rat, dans les cabinets d'antiquité, que de très petites figurines en bronze trouvées isolément, dans certaines fouilles, ces petits rats que les curieux conservent, sont tous de la même forme, dressés sur leurs pattes de derrière ; et tenant de leurs deux pattes de devant le *placentia*, espèce de gâteau dont ce petit animal se montrait fort friand. —Mais ces petites images ne se rattachent à aucun monument, à aucune idée religieuse, à aucun mythe.

M. X... nous fait un autre reproche, c'est d'avoir dans notre lithographie, ajouté de notre seule autorité, certain ornement qui ne se trouve nullement dans le bas-relief. *L'art*, nous dit M. X..., *purifie ce qu'il touche*. S'il en est ainsi, cela fait le plus grand honneur à l'art. Cependant nous nous permettrons de dire à M. X... qu'il est des monuments très artistiques et cependant fort peu purifiés, selon nous, tels que les admirables dessins de Jules Romain et les *Monuments secrets des douze Césars*, dont nous nous garderions bien d'offrir à nos lectrices la représentation, malgré les beautés artistiques qui les caractérisent.

Il nous reste à dire un mot sur la dénomination de *rémo-romain*, donnée par nous au monument de M. Couvert.

Il est évident, même aux yeux de M. X..., que ce monument a été exécuté à Reims : la pierre appartient au sol du pays, il a de plus été fait pour l'ornement de la cité. Nous avons des médailles gauloises, qui sont désignées par les antiquaires sous le nom de médailles *rémo-romaines*, parce qu'elles sont frappées à Reims, en l'honneur de la ville de Reims et sous la domination romaine. Telle est la médaille publiée dans Marlot, ayant pour type d'un côté une victoire ou le soleil, en quadrige, et de l'autre trois têtes accolées avec la légende *rémo*. — Pourquoi ne donnerait-on pas le nom de *rémo-romain*, à un monument fait du temps des Ro-

mains, à Reims, et pour Reims : Le nom de *gallo-romain* que préfère M. X....
est vague et d'un emploi général : il ne fait que désigner un monument gaulois du
temps des romains. La dénomination de *rémo-romain* exprime la même idée, et de
plus insinue qu'il a été exécuté à Reims, pour Reims, et qu'il appartient à Reims.
Le doute qui s'élève sur le caractère du personnage assis du bas-relief en question,
excitera vraisemblablement l'attention et les recherches des antiquaires étrangers.
Le nom de monument *gallo-romain* ne rappellerait rien de fixe. — Celui de *rémo-romain* que nous avons choisi, rappellera qu'il s'agit d'un monument découvert à
Reims, exécuté à Reims, exprimant une idée relative à l'état social de Reims sous la
domination des Romains. Nous persisterons donc à nommer ce bas-relief un monument rémo-romain, et comme dit M. X..., en finissant, nous conserverons notre
opinion, jusqu'à ce que des raisons plus spécieuses soient venues la détruire. L. P.

— Des figurines en terre cuite, et divers petits objets d'antiquité, en verre et en
bronze sont journellement trouvés dans les fouilles et travaux qui ont amené déjà
la découverte du monument dont nous venons de parler. La plupart de ces objets
sont recueillis pour le Musée.

Fêtes du Mariage de Marie-Antoinette. — On lit dans la *Gazette de France*,
du 4 juin 1770. — « Les plaisirs de cette fête ont été troublés par un malheur qu'on
ne pouvait ni prévenir ni prévoir. La rue Royale par laquelle le peuple se porta avec
le plus d'affluence après le feu d'artifice, s'étant trouvée embarrassée par différents
obstacles, et la foule étant prodigieuse, un grand nombre de personnes de tout âge
et de tout sexe ont été étouffées. Le nombre des morts monte à cent trente-deux,
savoir : quarante-neuf hommes ou garçons, et quatre-vingt-trois femmes ou filles.
Celui des blessés est de vingt-six. » — Mais, ajoute un historien, comme il y eut encore des accidents sur d'autres points, et particulièrement sur le Quai des Tuileries, et comme plusieurs personnes moururent des suites de la presse de la rue
Royale, on ne croit point qu'il y ait de l'exagération à évaluer ainsi qu'on le fit
dans le temps, le nombre des victimes de la journée du 30 mai 1770, à douze cents
personnes !

— On a parlé, comme d'une chose extraordinaire, de la robe de noce de la jeune duchesse d'Orléans qui, dit-on, a coûté 8000 francs. Celle de l'Impératrice Marie-Louise en avait coûté 500,000.

— Le tableau de M. Herbé représentant Louis IX, juge des démêlés des échevins
de la ville de Reims avec l'archevêque Thomas de Baumets, est enfin arrivé et a déjà
pris place dans la grande salle d'élection de l'Hôtel-de-Ville. Le défaut d'espace
nous empêche de rendre compte de cette importante composition qui fait honneur
au pinceau de l'artiste. Nous y reviendrons.

— L'Académie des Inscriptions a, dans sa séance du 2 juin, procédé au remplacement de M. Raynouard, auteur de savants travaux sur la littérature du moyen-âge.
M. Raynouard, membre de l'Académie des Inscriptions était aussi de l'Académie
Française, dont sa tragédie des *Templiers* lui avait ouvert l'entrée. — M. Villemain,
déjà membre et secrétaire perpétuel de l'Académie Française, se portait comme
candidat à la place de M. Raynouard. Il avait pour concurrent M. Paulin Paris. —
Au premier tour de scrutin, ce dernier ayant réuni 17 voix contre 15 a été proclamé.
— Il n'y a plus aujourd'hui que M. Guizot qui soit membre des deux Académies.

—L'abondance des matières nous oblige à différer la publication d'articles, lettres et réclamations qui nous arrivent de divers endroits : Nous prions nos correspondants et collaborateurs de ne pas voir dans ce retard un refus d'insertion.

La Chronique de Champagne. —Nous voici parvenus à la seconde période de l'existence de la *Chronique de Champagne*. Nous devons ici quelques mots à nos bienveillants lecteurs. Nous ne nous étions pas dissimulé la plupart des difficultés qu'a rencontrées notre entreprise : difficultés de position, de principes et de mode d'exécution, nous les avions toutes pressenties.

Nous savons que des personnes dont nous honorons de toute manière, le caractère et la position sociale nous ont pris en haine, et témoignent grand mépris de nous et de nos œuvres : nous savons qu'à leurs yeux notre publication est une entreprise aussi téméraire qu'impertinente, que dans leur conviction nous irons de mal en pis, et qu'ils auront la joie de nous voir tomber faute de crédit et d'abonnés.—L'on ne se contente pas de nous prédire malheur, on calomnie nos intentions, on met nos amis en défiance de nous et des nôtres : on sème de méchants bruits, on nous fait l'honneur de nous écrire des lettres anonymes remplies de douceurs et d'aménités. — En vérité tout cela ne nous surprend ni ne nous attriste.—Notre œuvre est une œuvre de travail et de dévouement. Nous l'avons entreprise, nous l'acomplirons.

Toutefois nous sommes bien décidés à ne reculer devant aucune contrariété, à ne céder à aucune exigeance, à ne plier sous aucun joug, si ce n'est sous celui des bienséances et du respect public, auquel nous ne pensons pas avoir encore failli.— Nous voulons seulement rassurer nos vrais amis sur le sort de *la Chronique de Champagne*.—De puissants auxiliaires lui sont acquis : de hauts personnages dont nous n'avons nullement sollicité l'appui, ont bien voulu nous assurer de leur estime, et en terme de journal, l'estime de quelqu'un doit s'escompter à la caisse. Nous ne parlons pas des encouragements qui nous sont venus des corps savants et de notabilités de tout genre : ces témoignages sont pour notre satisfaction personnelle. Nous nous bornons à dire à nos lecteurs, qu'à dater du mois de juillet prochain, *la Chronique de Champagne* rivalisera pour le texte, l'impression, le papier, les vignettes et la composition des matières avec les revues les plus justement accréditées. Et pour ces nouvelles dépenses, ce surcroît de travail et de soins, nous n'aurons à recourir à aucun appel de fonds, ainsi que l'on en a menacé nos actionnaires, et le prix de l'abonnement ne sera nullement augmenté. — Décidément *la Chronique de Champagne* est fondée.

Dans l'un des numéros du second volume, nous publierons la liste de nos actionnaires et celle de nos abonnés.

FIN DU PREMIER VOLUME.

TABLE DES MATIÈRES

DU 1ᵉʳ VOLUME.

(JANVIER A JUIN 1837.)

Histoire.

Aperçu général de l'Histoire de Champagne. 1ʳᵉ époque : *Romains et Franks.* — Par M. H. FLEURY. (1ᵉʳ article).	3
Aperçu général de l'Histoire de Champagne. 2ᵉ époque : *Les Karolingiens.* — Par M. H. FLEURY. (2ᵉ article).	89
Histoire et Bibliographie : *Un Pamphlet au XVIᵉ siècle.* Par M. LOUIS PARIS.	162
De l'Etablissement du Christianisme à Châlons, et des Institutions qui s'y rattachent. — Par M. JULES GARINET.	217
Histoire et Biographie : *Les Seigneurs de Louvois.* — Par M. LOUIS PARIS.	293
Aperçu général de l'Histoire de Champagne. 3ᵉ époque : *Les Comtes.* — Par M. H. FLEURY. (3ᵉ article).	373

Paléographie.

Jehanne la Pucelle à Reims. *Extraits de Cocquault.*	22
Extrait de Marlot.	26
Instruments : *Lettres du roi d'Angleterre et autres pièces relatives à la Pucelle.*	33
Correspondance Littéraire : *Manuscrit slavon, sur lequel les rois de France prêtaient serment à leur sacre.*	40
Incendie de l'Abbaye de St-Remy. (Extrait d'un Mns. de la Bib. de Reims.) *Histoire secrète de l'Incendie de St-Remy.* Par DOM CHASTELAIN.	105
INSTRUMENTS : *Lettres de MM. Talleyrand de Périgord à MM. les Chanoines de la Cathédrale de Reims.*	119
Pièces relatives à Growesteins.	120
Relation de l'arrivée, de la réception et du mariage de Madame la Dauphine en la ville de Châlons en Champagne. (1680)	174
INSTRUMENTS : —VIII. Le Cardinal de Lorraine, archevêque de Reims, à la reine-mère, Catherine de Médicis. — IX.	

Lettre de Dom Martenne au prieur de St-Thierry. — X. Lettre de Pigalle, sculpteur, à MM. de l'Hôte-de-Ville de Reims. — XI. Dénonciation républicaine, par le citoyen Mogue. — XII. Lettre du conventionnel Thuriot aux officiers municipaux de la ville de Reims. — XIII. Lettre de Pie Duruissel père, entrepreneur du spectacle de Reims, aux officiers municipaux de la dite ville. 181

Lettre d'un Gentilhomme ardenais à Madame l'intendante de Champagne. — Journée des Serviettes. 246

Instruments. — XIV. Notes et pièces à consulter pour l'Histoire d'Epernay. 253

Les Annales de la ville de Ste-Menehould. — Par André Charpentier, docteur-médecin. 317

Passage de Marie-Louise à Reims, 10 mars 1810. 336

Variétés.

Tradition Populaire. — *Growesteins ou les Souvenirs de mon Oncle.* — Par M. Louis Paris. 57

Critique Littéraire. — *Le Notaire de Chantilly*, de M. Léon Gozlan. — Par Madame Jenny D'Avrigney. 62

Louise et sa Mère, Essai sur l'Education, de Madame Pauline Cirier. — Par Mme E. 164

Eloquence au Moyen-Age. — Par M. Eugène Géruzez. 130

Souvenir Historique. — *La Croix de Vitry-le-Brûlé.* — Par M. Etienne Gallois. 140

Littérature : — *Quelques redites sur de vieilles questions.* — Par M. E. H. (Diot). 190

Correspondance Littéraire. — *Lettre de M. J.-B. Hubert de Charleville*, à MM. les éditeurs de la *Chronique de Champagne*. 196

Etudes de Mœurs. — *Un Cœur à Placer.* — Par M. Paul Bonnet. 259

Correspondance Littéraire. — *Réponse au Manifeste de MM. Michel Champenois et Hubert de Charleville.* — Par M. Alphonse Dubreuil. 271

Le Musée de Troyes. — Par un ami des arts. 274

Tradition Religieuse : — *La Pompelle.* — Par M. H. Fleury. 331

Cause Célèbre : — *Les Sorcières de Sugny.* — Par M. d'Oseray. (1657) 332

Science Héraldique : — *Origine du Blason. — Armes Parlantes.* Par MM. Hédouin de Pons-Ludon et C. de G. 339

Critique Littéraire : — *Les Manuscrits Français de la Bibliothèque du Roi*, par M. Paulin Paris. — Par M. Ernest de Royer. 342

Souvenirs de Russie : — *St-Isaac, le Clergé.* 403

Etude morale. *Le Choix d'un état,* Par l'auteur de FOLLE HISTOIRE. 410

Histoire au Moyen-Age : —*Déclaration d'Amour: précédée d'une lettre au directeur de la Chronique de Champagne.* —Par M. P. VARIN. 416

Poésie.

A mon ami E.-A. Sainte-Beuve, *Dernier Amour.* — Par M. THÉODORE CARLIER. 67
Epigrammes, par feu l'abbé BERGEAT, et notice sur cet auteur. 70
A Madame... — Par M. L. 146
Fable : — *Le Papillon et la Chenille.* — Par M. SOURDILLE DE LA VALETTE. 147
Réponse à M... — Par M. ERNEST DE R. 201
Une Fille sans Cœur. — Par M. A. MAT. 205
Mort d'un Enfant. — Par M. L. DE J. 278
Un Homme sans Cœur. — Par M. J. D. 280
Adieux à ma Dame. *Virelay.* — Par M. EUSTACHE DESCHAMPS. 356
Le Voleur par Humanité. — *Conte.* — Par M. CASIMIR BONJOUR. 357
Le Sylphe : — *Harmonie.* — Par M. L. DE J. 359
Les Fiancés du Devonshire : — *Ballade.* — Par Mme JENNY D'AVRIGNEY. 360
Ce qui plaît aux Rois : — *Conte.* — Par M. F. GÉNIN. 434

Petite Chronique.

Société de la Bibliothèque de Reims. — Buste de Linguet, et portraits divers. — Monuments géographiques de la Bibliothèque de Nancy. — Tableaux de M. Herbé. — Robert de Luzarches et Robert de Coucy. — Remparts de Reims. — Tombeaux et pierres tumulaires. — Médailles et antiquités diverses. — Découvertes à Reims. — Découverte à Châlons. — Découverte à Jonchery-sur-Suippes : — Provins. — Eglise de St.-Quiriace. — Vaucouleurs : statuette de Jeanne-d'Arc. — Rethel : Jean Gerson. — Bibliographie : Ouvrages accordés par le gouvernement à la Bibliothèque de Reims. — Lettres d'adhésion des collaborateurs à *La Chronique de Champagne.* 74

Lettres champenoises (Ire). Par M. Michel Champenois, de Rilly-la-Montagne. 140

Conseil de surveillance de *La Chronique de Champagne*. — Le Mardi-gras à Reims. — Polyptique de St.-Remi. — Découvertes à Jonchery-sur-Vesle. — Découverte à Monthelon, près d'Epernay. — Plans d'alignements pour la ville de Reims. — Cours d'éloquence française, professé à la Sorbonne. — Concert de madame Lahore. — Nouvelles adhésions à *La Chronique de Champagne*. 154

Théâtre de Reims : soirée du 14 mars 1837. — Soirée du 16 : Bénéfice de madame Monneuse. — Les Tauréadors. — Les Dames de Miséricorde. — Portrait de Colbert. — Manuscrit d'Hincmar à Epernay. — Procès de Presse. — Eglise des Capucins. — Peine de Mort. — Académie des Inscriptions. — La Tribune de la Jeunesse Française. — Collection de raretés bibliographiques, en vente au 1er avril prochain. 207

La Foire de Pâques. — Par M. Jules Salmon. 283

Conseil de surveillance de *La Chronique de Champagne*. — La Centenaire d'Avenay. — Musée à vendre. — Origine du Poisson d'avril. — Théâtre d'Alger. — M. Casimir Bonjour. — MM. Chaix-d'Est-Ange et Dugabé. — Académie des Inscriptions. — Bibliographie : Anciennes tapisseries. — Abrégé de l'Histoire Sainte. — Histoire de Ste-Menehould. 287

Lettres Champenoises (IIe), par M. Jean Sinice. 364

Des réjouissances publiques. Par M. Jules Salmon. 365

Conservation des monuments historiques de France. — Antiquités acquises pour le musée. — Archives du district de Reims. — Ancien nom de Reims. — Quel est le véritable auteur de l'Imitation de Jésus-Christ. — Passeport des gens suspects sous l'Empire. — Petite correspondance. — Découverte d'un monument rémo-romain. 365

Lettres Champenoises (IIIe). Les quatre Fiancées. — Par M. Michel Champenois, de Rilly-la-Montagne. 441

Le Monument Rémo-Romain. — Faits divers. — La Chronique de Champagne. 449

Table des matières du 1er vol. 455

www.ingramcontent.com/pod-product-compliance
Lightning Source LLC
Chambersburg PA
CBHW071720230426
43670CB00008B/1068